Thomas Pröpper

Evangelium und freie Vernunft

Thomas Pröpper

Evangelium und freie Vernunft

Konturen einer
theologischen Hermeneutik

Herder
Freiburg · Basel · Wien

Die deutsche Bibliothek – CIP-Einheitsaufnahme

Pröpper, Thomas:
Evangelium und freie Vernunft : Konturen einer
theologischen Hermeneutik / Thomas Pröpper. –
Freiburg im Breisgau ; Basel ; Wien : Herder 2001.
ISBN 3-451-27562-7

Alle Rechte vorbehalten – Printed in Germany
© Verlag Herder Freiburg im Breisgau 2001
Umschlaggestaltung: Finken & Bumiller, Stuttgart
Satz: SatzWeise, Föhren
Inhalt gesetzt in Minion und Abadi
Druck und Bindung: Difo-Druck, Bamberg 2001
Gedruckt auf umweltfreundlichem, chlorfrei gebleichtem Papier
ISBN 3-451-27562-7

Inhalt

Vorwort VII

I ■ Der elliptische Ansatz:
Brennpunkte und Kategorien

Freiheit als philosophisches Prinzip theologischer Hermeneutik 5

»Wenn alles gleich gültig ist ...«
Subjektwerdung und Gottesgedächtnis 23

»Daß nichts uns scheiden kann von Gottes Liebe ...«
Ein Beitrag zum Verständnis der »Endgültigkeit« der Erlösung 40

Autonomie und Solidarität
Begründungsprobleme sozialethischer Verpflichtung 57

Zur theoretischen Verantwortung der Rede von Gott
Kritische Adaption neuzeitlicher Denkvorgaben 72

Theologie und Philosophie 93

II ■ Bestimmung des Standorts:
Problemverläufe und Kontroversen

Freiheit
Ausprägungen ihres Bewußtseins 103

Schleiermachers Bestimmung des Christentums und der Erlösung
Zur Problematik der transzendental-anthropologischen Hermeneutik des Glaubens 129

Inhalt

Das Faktum der Sünde und die Konstitution menschlicher Identität
Ein Beitrag zur kritischen Aneignung der Anthropologie Wolfhart Pannenbergs 153

Erstphilosophischer Begriff oder Aufweis letztgültigen Sinnes?
Anfragen an Hansjürgen Verweyens »Grundriß der Fundamentaltheologie« 180

Sollensevidenz, Sinnvollzug und Offenbarung
Im Gespräch mit Hansjürgen Verweyen 197

III ■ Einweisung in die Geschichte:
Anwege zur Gotteslehre

Thesen zum Wunderverständnis 225

Zur vielfältigen Rede von der Gegenwart Gottes und Jesu Christi
Versuch einer systematischen Erschließung 245

Fragende und Gefragte zugleich
Notizen zur Theodizee 266

Wegmarken zu einer Christologie nach Auschwitz 276

Allmacht Gottes 288

Freiheit Gottes 294

Gott hat auf uns gehofft ...
Theologische Folgen des Freiheitsparadigmas 300

Nachweis der Erstveröffentlichungen 322
Personenregister 324

Vorwort

Die für den vorliegenden Band ausgewählten, bisher nur verstreut (oder gar nicht) publizierten Beiträge eint das Bemühen, den theologischen Ansatz, zu dem ich in »Erlösungsglaube und Freiheitsgeschichte« (1985/88) durch die Arbeit an der soteriologischen Thematik gelangt war, voranzutreiben und an weiteren zentralen Inhalten des Glaubens wie den zugehörigen Schlüsselproblemen theologischer Systematik zu erproben. Obwohl fast alle – wie so oft, wenn sich die Pflichten, die man mit der Einladung zu Vorträgen oder zur Mitwirkung an Festschriften, Handbüchern und ähnlichem übernahm, als vordringlich behaupten – aus eher zufälligem Anlaß entstanden, habe ich doch den Vorsatz, auf dem eingeschlagenen Weg weiterzugehen, mit ihnen ebenso stetig wie bei meinen Lehraufgaben in Münster verfolgt und zugleich – teils herausgefordert, teils aus eigenem Antrieb – die Gelegenheit wahrgenommen, in der systematischen Grundlagendiskussion, wie sie in der katholischen Theologie durch Karl Rahner in Gang kam und nach wie vor ansteht, entschieden Position zu beziehen. Dem dabei nicht selten verspürten wie auch von anderen geäußerten Wunsch, daß dies noch eingehender, als es der jeweilige Anlaß erlaubte, geschehen und der ins Spiel gebrachte, inzwischen weiter entfaltete Ansatz doch wenigstens leichter zugänglich sein sollte, möchte ich nun dadurch entsprechen, daß ich die verstreuten, sich sachlich ergänzenden Einzelarbeiten zusammenfüge und so als die Einheit erkennbar und nachprüfbar werden lasse, die mir selber bei ihnen vor Augen stand.

Bei der Formulierung ihres gemeinsamen Titels habe ich mir zwei Eigenwilligkeiten gestattet, die vorab zu erläutern sind. So zunächst der Terminus »Hermeneutik«, der ja streng genommen die Theorie oder *Lehre* vom Verstehen und Auslegen meint und erst in einem weiteren, abgeleiteten Sinn auch die Arbeit des Verstehens und Auslegens selbst. Tatsächlich verwende ich ihn in einem Sinn, der zwischen beiden Bedeutungen oszilliert und sie verbindet: verstehe ich doch die Dogmatik, wenn ich sie als theologische Hermeneutik oder Hermeneutik des Glaubens bezeichne, als die untrennbar mit der systematischen Explikation seiner Wahrheit verbundene Vergegenwärtigung ihrer Bedeutung – als eine Erschließung ihrer Bedeutung jedoch, die ihr Tun kontrolliert und deshalb die Erfordernisse, die für sie gelten, reflektiert haben muß.

Will sie ernsthaft Vermittlung des Glaubens, Aneignung seines Inhalts und nicht bloß Pflege oder interner Abgleich überlieferter Sprachspiele sein, dann wird sie auch über die *Begründung* der Wahrheit, die sie auslegt, und ebenso das *Denken*, das sie für ihre Erschließung beansprucht, Rechenschaft geben, sich also seiner Angemessenheit zu den Ansprüchen des Glaubens wie denen der Vernunft vergewissern und dabei vorzüglich beachten und durchklären müssen, was über das Gelingen ihrer hermeneutischen Arbeit grundlegend entscheidet: das Verständnis vom Menschen, der doch – darum heißt er ja Ebenbild Gottes – durch die Wahrheit, die der Glaube bezeugt, zu seiner Bestimmung gelangen, ja für sie schon erschaffen sein soll – bis hin zur Einsicht in die Gratuität dieser Wahrheit, für die das Wort Evangelium steht. Wenn also solche Dogmatik die Grenze zur Fundamentaltheologie überschreitet oder auf philosophisches Terrain sich begibt, muß dies nicht Übermut oder noch Schlimmeres verraten – sie übernimmt nur, ohne den Sinn theologischer Arbeitsteilung infrage zu stellen, die Pflichten, die aus ihrer Verständigung über sich selbst resultieren und die sie, ohne ihrem hermeneutischen Auftrag zu entfliehen, nicht delegieren kann. Ihr Interesse dabei ist nicht, sich vom konkreten Gehalt der überlieferten Wahrheit zu dispensieren, sondern in ihn – ihn erschließend – zu finden. Wer sich jemals überzeugt und je mehr er sich überzeugt hat, daß der Glaube ohne die Bestimmtheit seiner Wahrheit, die ihr von ihrem Ursprung her eignet, zuletzt auch menschlich belanglos sein würde, wird umso bewußter für sie eintreten, konkret sie zur Geltung bringen und je neu bewährt finden können. Und so ist der Grad solcher Erschließung denn auch der Maßstab, nach dem der hier vorgelegte theologische Ansatz sich am liebsten beurteilt sehen würde.

Einer genaueren Rechtfertigung, als sie einleitend möglich ist, bedürfte sodann der Ausdruck »freie Vernunft«: darf doch, wer ihn als Pleonasmus empfindet, meiner emphatischen Zustimmung sicher sein. Trotzdem mochte ich angesichts der Freiheits- und Vernunftkonzeptionen, die in der gegenwärtigen Theologie dominieren, auf ihn nicht verzichten – der indizierte Streitpunkt ist mir zu wichtig. Denn wäre die Vernunft, die allerdings in dem um sich wissenden Leben, das jeder Mensch ist, ihren Ort hat, nicht als selbst *wurzelhaft freie* anzusetzen, dann blieben nicht nur ihre Reflexionsleistungen und ursprüngliche Praktizität unverständlich, sondern es wäre auch die *Freiheit* als das doch unersetzbare Prinzip preisgegeben, das aufgrund seiner formalen Unbedingtheit die Verstehensarbeit spezifisch theologischer, offenbarungsbezogener Hermeneutik überhaupt als genuin menschlichen Vollzug ermöglicht, ihre inhaltlichen Einsichten durchgehend, weil mitbegründend bestimmt und ihre Verbindlichkeitsansprüche verbürgt. Nicht einmal die *Frage* nach Gott wäre dann dem Menschen ursprünglich zu eigen – geschweige denn, daß Gottes frei ergehendes Wort ihn unbedingt angehen, als solches von ihm vernommen und bei ihm selbst, durch die eigene Antwort, ankommen könnte. Was sich damit an Problemen und Perspektiven andeutet, wird eingehend zu beleuchten sein – und sich dabei erst recht, hoffe ich, auch das im Titel noch nicht ausgeschlossene Mißverständnis erledigen, als wolle der Ausdruck »freie Vernunft« womöglich denen entgegenkommen, die sich – die geltungsbegründende Valenz des Freiheitsprinzips übersehend – angewöhnt haben, das letzte Wort zu den anstehenden Fragen dem hermeneutischen Relativismus (und ethischen Dezisionismus) zu überlassen. Was den Streit um das philosophische Prinzip der theologischen Hermeneutik so dringlich und das leidenschaftliche Interesse an ihm wohl verständlich macht, soll sich in den Diskussionen dieses Bandes, aber auch den konstruktiven Erschließungsversuchen bis ins einzelne zeigen: stehen mit ihm doch immer auch der bestimmte Inhalt des Glaubens und in eins seine humane Bedeutung zur Debatte.

Natürlich wollen die Beiträge dieses Bandes, auch in ihrer Einheit, keine Dogmatik sein und skizzieren doch – den essentiellen und auch bedrängenden Themen des Glaubens verpflichtet und konzentriert auf die systematisch neuralgischen Fragen – deutlich ihre Konturen. Ihre Anordnung, die ich in kurzen Einleitungen zu den drei Teilen begründe, ist deshalb auch nicht nach chronologischen, sondern sachlichen Aspekten erfolgt. Auf Veränderungen der publizierten Texte (einschließlich der Titel und Anmerkungen) habe ich jedoch in allen Fällen verzichtet, obwohl ich dafür in Kauf nehmen mußte, daß sich – aufs Ganze gesehen – gelegentlich Wiederholungen finden. Ohne Rückgriff auf den zugehörigen Verstehenskontext wären die Themen, die den Einzelbeiträgen aufgegeben waren, eben nicht zu behandeln gewesen. Als Vorteil könnte sich immerhin erweisen, daß jeder Beitrag auch jeweils für sich lesbar und verständlich und zudem die Verfugung des Ganzen leichter wahrnehmbar und zu prüfen ist. Sollten dabei in den jüngeren Texten gegenüber den älteren ein paar Präzisierungen – aber kaum, hoffe ich, sachliche Inkonsistenzen – auffallen, wird mir das sehr recht sein.

Herzlich danken möchte ich Frau Bärbel Müller, die gewissenhaft das Manuskript betreut und das Personenregister erstellt hat, und ebenso Frau Susanne Scharf und Frau Susanne Schaefer, die durch das Korrekturlesen und andere Arbeiten das Buch fertigzustellen halfen. Daß es überhaupt auf den Weg gebracht wurde, verdanke ich dem freundschaftlichen Komplott von Gotthard Fuchs, Georg Essen und Magnus Striet und bin ihnen – nicht nur dafür – herzlich verbunden. Ein besonderer Dank gilt auch Herrn Dr. Peter Suchla vom Herder-Verlag für die angenehme Zusammenarbeit.

Ich widme dieses Buch Herrn Professor Dr. Dr. h.c. Hermann Krings, einem meiner wichtigsten »Lehrer durch Schriften«, dessen Denken mir in entscheidender Zeit das eigene Denken zu klären half.

Münster, 7. März 2001 *Thomas Pröpper*

I ■ Der elliptische Ansatz:
Brennpunkte und Kategorien

Als eine Ellipse mit der Tendenz zum Kreis, der das christologische Zentrum auf das anthropologische reduziere und Christus zum Prädikat des Menschen werden lasse, hat Karl Barth die Glaubenslehre Schleiermachers bezeichnet und konnte seinerseits den Verdacht nicht hindern, daß seine eigene Theologie dem umgekehrten Gefälle erliege und so das Gegenüber von Gott und Mensch nicht weniger verdunkle. Träfe es zu, wäre eins so fatal wie das andere: kann theologische Hermeneutik doch nur *zweipolig* strukturiert sein. Der Begriff der Offenbarung, die einen verstehens- und antwortfähigen Empfänger voraussetzt (mag er dazu auch erst freigesetzt werden), verlangt dies ebenso wie der des ihr gemäßen, ihr freies Gegebensein achtenden Verstehens. Welches Denken für solches Verstehen geeignet und zudem philosophisch ausweisbar sei, läßt sich vorab nicht garantieren. Alle Arbeiten dieses Bandes sind Ergebnisse des Versuchs, bei der Erschließung der offenbarten Wahrheit auf die menschliche *Freiheit* als philosophischen Bestimmungsgrund zu setzen.

Der kompakte Beitrag »Freiheit als philosophisches Prinzip theologischer Hermeneutik« steht als *Eröffnungstext*, weil er am ausführlichsten das Selbstverständnis theologischer Hermeneutik entwickelt, ihren doppelpoligen Ansatz profiliert und den Umriß seiner möglichen Ausführung vorzeichnet. Er beginnt mit der These, daß es die wesentliche Bedeutung der Geschichte Jesu ausmacht, der Erweis der unbedingt für die Menschen entschiedenen Liebe Gottes und als solcher Gottes Selbstoffenbarung zu sein, und erläutert sie hinsichtlich ihrer Begründung wie ihrer systematischen Funktion als Grundwahrheit christlicher Theologie. Aus dem Inhalt und der ihm wesentlichen Form der Zugänglichkeit dieser Wahrheit und zugleich der Bestimmung der Dogmatik als Explikation des dem Glauben eigenen Verstehens resultiert dann das Anforderungsprofil theologischer Hermeneutik, für dessen Einlösung sich das transzendentale Freiheitsdenken, das seinerseits kurz gekennzeichnet und philosophisch wie theologisch positioniert wird, durch seine spezifischen Leistungen empfiehlt. Grundlegend sind 1. die Minimalbestimmung der Idee Gottes und der Aufweis seiner möglichen Existenz und Offenbarung, 2. der Aufweis der menschlichen Hinordnung auf Gott und die Einsicht in die unbedingte Bedeutung wie die wesenhafte Gratuität seiner Offenbarung, 3. die Sicherung der menschlichen Antwortfähigkeit, 4. die Anerkennung der autonomen Freiheit als Geltungsgrund ethischen Sollens und Ermöglichung verbindlich argumentierender Kritik, 5. die Bereitstellung erschließender Kategorien für die materiale Dogmatik und 6. die Einordnung der theologischen Reflexion in den Prozeß der Glaubensüberlieferung. – Als Einführung wäre wohl auch der (streckenweise narrative) *zweite* Beitrag geeignet (23–39), zumal sein Kernstück, die Sinnerschließung christlicher Gottesrede, am eingehendsten den Gang der Freiheitsanalyse skizziert. Sein Leitthema ist die Veränderung der Verstehensvoraussetzungen des Glaubens zwischen den 70er und 90er Jahren, insbesondere die Abhängigkeit der Konstitution selbstverpflichteter Freiheit von den gesellschaftlichen Konditionen, die deshalb unter signifikanten Stichworten beleuchtet und auf Konsequenzen für die Glaubensvergegenwärtigung hin bedacht werden.

Die weiteren Beiträge dieses Teils führen wesentliche Punkte des exponierten Programms konstruktiv aus. Der *dritte* (40–56) begründet eingehender die theologische Grundwahrheit von Jesu Geschichte als Selbstoffenbarung Gottes, um dann mit Hilfe der Symbolkategorie die Struktur des Gottes Liebe vermittelnden Wirkens Jesu (wie der sie darstellenden Glaubenspraxis) zu erhellen und dabei ein Verständnis der »Endgültigkeit« der Erlösung zu gewinnen, in dem das eschatologische Gewissen der jüdischen Tradition (und die Theodizeefrage) nicht stillgelegt ist. Der *vierte* Beitrag (57–71) bekräftigt die Option für einen autonomen Ansatz der Ethik und versucht, von der selbstverpflichteten Freiheit zur Einsicht in die Verbindlichkeit unbedingter Solidarität zu gelangen, indem er den Bedeutsamkeitsaufweis für Gottes Selbstoffenbarung auf die menschliche Beanspruchung durch sie fokussiert und seine Einzelschritte unter ethikrelevanten Aspekten entfaltet. Bestimmbar wird das Verhältnis von Sünde und Schuld, Glaube und Ethik und evident – angesichts der Aporien ethischer Existenz – die humane Relevanz der Sinnvorgabe des Glaubens. Der *fünfte* Beitrag (72–92) zielt auf den Nachweis, daß die beiden grundlegenden philosophischen Aufgaben, die aus den Ansprüchen theologischer Hermeneutik resultieren, durch ein und denselben Ansatz einlösbar sind, wenn nur die Vernunft als selbst wurzelhaft freie angesetzt wird. Nach einer Erinnerung an den Relevanzaufweis für die Wahrheit des Glaubens führt er deshalb den Möglichkeitsaufweis, indem er die Grundtypen neuzeitlichen Gott-Denkens – ihrer Problemlogik folgend – erörtert und den gültigen Ertrag im kritischen Anschluß an Schleiermacher benennt: eben die Minimalbestimmung der Idee Gottes, die alle offenbarungsbegründeten Aussagen über ihn mitkonstituiert. Im *Schlußtext* (93–97) wird das Bestimmungsverhältnis, das Offenbarung und Vernunfteinsicht eingehen, als treibendes Problem in der Geschichte der Beziehung von Theologie und Philosophie erkennbar und zugleich als genuines, in ihr selbst auszutragendes Problem der theologischen Hermeneutik identifiziert.

Freiheit als philosophisches Prinzip
theologischer Hermeneutik

Die Entschiedenheit, mit der ich für die theologische Aufnahme des transzendentalen Freiheitsdenkens plädiere und von der Rechenschaft zu geben mein Thema mir aufträgt[1], hat nicht nur philosophische Gründe. Sie ist ebensosehr von der Zuversicht bestimmt, daß gerade die Wahl dieses Denkens auch den spezifischen Erfordernissen entspricht, die für die Dogmatik – verstanden als Hermeneutik des Glaubens – aus der Bestimmtheit der Wahrheit resultieren, deren Inhalt sie systematisch zu explizieren und in seiner unbedingten Bedeutung zu vergegenwärtigen hat. Auf die Verdeutlichung dieses Aspekts möchte ich, ohne die philosophischen Argumente zu übergehen, meine Rechenschaft konzentrieren. Von »Zuversicht« spreche ich, weil die Perspektive, die ich verfolge, zunächst nur als Option gelten kann und der Nachweis, daß sie sachlich gerechtfertigt ist, d. h. das Freiheitsdenken sich nicht nur in philosophischer Instanz zu legitimieren, sondern sich zugleich auch im theologischen Gebrauch zu bewähren vermag, natürlich durch die Ausführung der dogmatischen Arbeit selbst erbracht werden müßte. Was im folgenden thesenhaft aus-

---

[1] Unveränderter Text des Vortrags, der auf Einladung der Systematischen Sektion der »Netherlands School for Advanced Studies in Theology and Religion« am 26. 5. 1997 in Utrecht gehalten wurde. Auch auf nachträgliche Anmerkungen habe ich verzichtet. Zur eingehenderen Darstellung und Begründung der Thesen, die im folgenden zusammengefaßt, z. T. aber auch ergänzt und weitergeführt sind, vgl. *Th. Pröpper*, Freiheit als philosophisches Prinzip der Dogmatik. Systematische Reflexionen im Anschluß an W. Kaspers Konzeption der Dogmatik: *E. Schockenhoff / P. Walter* (Hg.), Dogma und Glaube. Bausteine für eine theologische Erkenntnislehre, Mainz 1993, 165–192; zur Ausführung weiterer Themenaspekte *Th. Pröpper*, Erlösungsglaube und Freiheitsgeschichte. Eine Skizze zur Soteriologie, München ³1991, 38–69. 123–137. 171–224; *ders.*, Autonomie und Solidarität. Begründungsprobleme sozialethischer Verpflichtung: *A. Holderegger* (Hg.), Fundamente der theologischen Ethik. Bilanz und Neuansätze, Freiburg 1996, 168–183. Zu den ebenfalls nur angedeuteten Bezügen auf W. Pannenberg und H. Verweyen vgl. *Th. Pröpper*, Das Faktum der Sünde und die Konstitution menschlicher Identität. Ein Beitrag zur kritischen Aneignung der Anthropologie Wolfhart Pannenbergs: ThQ 170 (1990) 267–289; *ders.*, Erstphilosophischer Begriff oder Aufweis letztgültigen Sinnes? Anfragen an Hansjürgen Verweyens »Grundriß der Fundamentaltheologie«: ThQ 174 (1994) 272–287; *ders.*, Sollensevidenz, Sinnvollzug und Offenbarung: *G. Larcher / K. Müller / Th. Pröpper* (Hg.), Hoffnung, die Gründe nennt. Zu Hansjürgen Verweyens Projekt einer erstphilosophischen Glaubensverantwortung, Regensburg 1996, 27–48.

geführt wird, kann dafür lediglich die Richtung markieren und einen Umriß vorzeichnen. Immerhin dürften die zentralen Erfordernisse theologischer Hermeneutik, die dabei zur Sprache kommen, ihren kriteriologischen Anspruch auch dann noch behaupten, wenn man den vorgeschlagenen Weg ihrer Einlösung nicht mitzugehen bereit ist. Meiner eigenen Rechenschaftspflicht aber möchte ich nun dadurch nachkommen, daß ich zwei korrespondierende Thesen entfalte, die der elliptischen Doppelpoligkeit des systematisch-theologischen Ansatzes, den ich favorisiere, entsprechen und sie so deutlich wie möglich zur Geltung zu bringen versuchen: Bei der Erläuterung der ersten, die sich auf die Grundwahrheit christlicher Theologie und namentlich der Dogmatik bezieht, wird sich das Anforderungsprofil theologischer Hermeneutik abzeichnen, auf das hin die zweite These, die das Freiheitsdenken ins Spiel bringt und dabei Freiheit als philosophisches Vermittlungsprinzip und zweiten Bestimmungsgrund der zu vergegenwärtigenden Glaubenswahrheit ansetzt, dann expliziert werden kann.

1. Die These von der Selbstoffenbarung Gottes in der Geschichte Jesu als Grundwahrheit christlicher Theologie

Ich beginne also mit der These, die dem Theologie- bzw. Dogmatikkonzept, das ich vertrete, als genuin theologisches Fundament zugrundeliegt und ihrerseits aus zwei Teilthesen besteht. Die erste besagt, daß es die *wesentliche Bedeutung der Geschichte Jesu ausmacht, der Erweis der unbedingt für die Menschen entschiedenen Liebe Gottes und als solcher Gottes Selbstoffenbarung zu sein*. Die zweite besagt, daß eben diese als Selbstoffenbarung Gottes verstandene Geschichte Jesu, das Grunddatum des christlichen Glaubens, auch als die *Grundwahrheit christlicher Theologie* gelten müsse. Um diese zweite, eher formale Aussage, bei der es um die systematische Funktion der genannten Grundwahrheit geht, verdeutlichen zu können, möchte ich zunächst die erste Aussage, die ihren Inhalt betrifft, unter fünf Hinsichten erläutern.

Erstens soll mit ihr keineswegs gesagt sein, daß sich Gott nicht auch auf anderen Wegen den Menschen kundmacht und kundgemacht hat, und ebensowenig ausgeschlossen werden, daß in anderen Religionen auch wahre und gültige Gottes*erkenntnis* begegnet. Erst recht kann es nicht darum gehen, die besondere Geschichte Jesu aus ihrem Zusammenhang mit der Glaubens- und Bundesgeschichte Israels zu lösen. Ein solches Unterfangen wäre nicht nur theologisch skandalös, sondern auch schon aus hermeneutischen Gründen unmöglich: Ohne diesen Zusammenhang mit den Voraussetzungen des jüdischen Glaubens wäre Jesu Geschichte ja selber nicht einmal verständlich. Behauptet wird nur, daß die besondere Geschichtsoffenbarung Gottes, die mit der Berufung seines erwählten Volkes Israel begann, in Leben und Geschick Jesu eine *Gestalt* fand, die es erlaubt und sogar fordert, sie als *endgültig* zu bezeichnen und im strengen Sinn von Gottes *Selbst*offenbarung zu sprechen.

Zweitens ist vorsorglich zu bemerken, daß die vorgeschlagene Formulierung, obwohl sie die ihr zugedachte systematische Funktion durchaus erfüllt, für einen erschöpfenden Begriff der Selbstoffenbarung Gottes doch insofern noch nicht ausreicht, als zur Vollständigkeit dieser Selbstoffenbarung nach christlicher Überzeugung auch die Sendung des *Geistes* gehört, durch den Gott den Menschen innerlich nahe ist und ihnen sich mitteilt, sie zur Wahrnehmung seiner definitiven Selbstbestimmung in Jesus Christus disponiert und zum Glauben bewegt, die Gläubigen in ihrem Glauben trägt, sie auch miteinander verbindet und in die volle Wahrheit einführt. Erst als *Zusammenkunft* der Selbstbestimmung Gottes für uns in der Geschichte Jesu und der Selbstgegenwart Gottes im Geist wäre also Gottes Selbstoffenbarung zureichend verstanden. Da zugleich mit einer *universalen* Wirksamkeit des Geistes zu rechnen ist, ergibt sich von hier aus eine wichtige Orientierung für eine Theologie der Religionen.

Was nun *drittens* die *Begründung* der These betrifft, so ist diese Aufgabe m. E. am überzeugendsten auszuführen, wenn man sie (wie es die Formulierung schon nahelegt) in zwei Teilaufgaben zerlegt. Somit wäre im ersten Schritt die Berechtigung zu prüfen, die Geschichte Jesu als Erweis von Gottes eigener, unbedingt für die Menschen entschiedener Liebe zu verstehen. Obwohl nun diese Benennung von der grundsätzlichen (und geschichtstheoretisch zu vertretenden) Offenheit für ein solches Geschehen abhängt und sie zunächst – methodisch und hermeneutisch betrachtet – auch nur eine subjektive Interpretationsleistung darstellt, darf sie doch in eben dem Maße als *bewährt* gelten, wie sie ein integratives Verständnis dessen ermöglicht, was sich über die Geschichte Jesu historisch noch ausmachen läßt. Eben hier liegt der unverzichtbare Beitrag der historisch-kritischen Arbeit für die Theologie: Indem sie jeden Verstehensentwurf der Geschichte Jesu dazu zwingt, sich an dem methodisch erreichten und überprüfbaren Einzelwissen über sie zu bewähren, erreicht das Verstehen den uns möglichen Grad von Objektivität und genügt damit dem wissenschaftlichen Standard, von dem eine heutige Theologie nicht dispensiert werden kann. Zugleich dient sie unter den Bedingungen des modernen Bewußtseins dem wesenhaft antimythologischen und antidoketischen Interesse des Glaubens – geht es doch um die Rechenschaft über die Begründung seiner Wahrheit in der Wirklichkeit der Geschichte Jesu und zugleich um ihre inhaltliche Bestimmung durch diese Geschichte. Vorausgesetzt ist bei dieser Aufgabe, daß man Jesu Geschichte als Einheit, d. h. als einen Zusammenhang von Ereignissen (Verkündigung, Tod und Auferweckung Jesu) betrachtet, die sich in ihrer Bedeutung gegenseitig bestimmen und nur als solcher Bestimmungszusammenhang die vorgeschlagene Gesamtdeutung erlauben. Was nun die Ausführung angeht, muß ich mich hier damit begnügen, das im weiteren schon vorausgesetzte Resultat anzudeuten. Es lautet: Ohne Jesu Verkündigung wäre Gott nicht als schon gegenwärtige und bedingungslos zuvorkommende Liebe, ohne seine erwiesene Bereitschaft zum Tod nicht der Ernst und die unwiderrufliche Entschiedenheit dieser Liebe und ohne seine (offenbare) Auferweckung nicht ihre verläßliche Treue und todüberwindende Macht und somit auch nicht Gott selbst als ihr wahrer Ursprung offenbar geworden. In dieser Einheit ihrer wesentlichen Momente ist Jesu Geschichte der Erweis von Gottes unbedingt für die Menschen entschiedener Liebe.

Viertens wären, wenn diese Basisaussage als bewährt gelten darf, im nächsten Schritt durch eine Reflexion auf ihre sachlichen Implikationen sowohl die Einsicht in die *Endgültigkeit* der Offenbarung als auch ihre Kennzeichnung als Gottes *Selbst*offenbarung zu begründen. Was zunächst den Aspekt der Selbstoffenbarung betrifft, nenne ich wiederum nur die Logik des entscheidenden Arguments. Als (im bisherigen Ergebnis schon enthaltener) Ausgangspunkt kann nämlich gelten: Jesus ist – wie es sein faktischer Anspruch war und seine Auferweckung es bestätigt – die reale Gegenwart der unbedingt für die Menschen entschiedenen Liebe Gottes (Er hatte sie ja nicht etwa nur als noch zu erhoffende verkündet, sondern selbst in seinem aktuellen Handeln sie als jetzt schon gültige gesetzt). Es folgt der allgemeine Zwischengedanke: Sofern in jedem Geschehen unbedingter Liebe der Liebende selbst und als er selbst anwesend ist und in seinem unbedingten Entschluß für den anderen nicht irgendetwas, sondern sich selber ihm mitteilt, erfüllt ein solches Geschehen den Begriff der Selbstoffenbarung, da Subjekt und Inhalt der Mitteilung hier identisch sind. Die Schlußfolgerung lautet: Also ist Jesus, sofern er die reale Gegenwart der unbedingten Liebe *Gottes* ist, nicht etwa nur Medium einer von Gott noch verschiedenen Botschaft, sondern im strengen Sinne Selbstoffenbarung Gottes: *das geschichtliche Dasein des für die Menschen entschiedenen Gottes selbst*. Und da endlich – dies sei noch hinzugefügt – diese Offenbarungseinheit Jesu mit Gott, sobald nach Gottes Sein und Wesen in ihr gefragt wird, als Wesenseinheit expliziert werden muß, eröffnet sich auch ein Zugang zur altkirchlichen Trinitätslehre und Christologie.

Beim Aspekt der *Endgültigkeit* ist es wesentlich, auf seine Differenz zum Begriff der *Vollendung* zu achten. Vollendet wird Gottes Mitteilung seiner Liebe erst in einer Gestalt ihrer Gegenwart sein, in der die noch unversöhnten und ihr widersprechenden Verhältnisse erneuert, alles menschlich Gelungene bewahrt und vollendet und zugleich die Zerbrochenen der Geschichte geheilt und ihre Tränen abgewischt sein werden. Solange das himmelschreiende Leiden noch dauert, unsere reale Welt nicht erlöst und die Hoffnung Israels auf universale Gerechtigkeit und eschatologischen Frieden noch unerfüllt und strittig ist, steht die letztlich angemessene, weil alle Wirklichkeit umfassende und vollendende, jeden Menschen erreichende und auch das Verlorene noch rettende Manifestation der Liebe Gottes noch aus. Daß dennoch schon jetzt von ihrer *Endgültigkeit* die Rede sein darf, liegt ebenfalls in der Wahrnehmung der *Unbedingtheit* begründet, die Gottes Zuwendung seiner Liebe in der Geschichte Jesu kennzeichnet und die als solche – sofern man nur auf ihren Zeitindex achtet – das Versprechen ihrer Treue, also Endgültigkeit impliziert. In Jesu Wirken kommt diese Unbedingtheit schon in der Zuvorkommenheit zum Ausdruck, mit der er Gottes Liebe ohne jede Vorbedingung den Menschen zuwendet. Sie zeigt sich weiter in der entschiedenen Treue, mit der er an seiner Sendung festhält und sich – »bis an das Ende« – allein auf den Weg und die Mittel der Liebe verläßt. Sie wird endlich besiegelt und in ihrer vollen Bedeutung enthüllt, indem Gott selber das in der Gegenwart seiner Liebe beschlossene Versprechen ihrer Zukunft an ihrem getöteten Zeugen erfüllt und somit in der denkbar äußersten Situation ihr bedingungsloses Angebot bekräftigt und ihre verläßliche Treue bewährt. Dieser Erweis ihrer Unbedingtheit ist geschichtlich unüberbietbar, denn er ist – als Erweis ihrer Macht auch noch über den Tod – durch kein geschichtliches Ereignis mehr widerlegbar und insofern Erweis ihrer Endgültigkeit. Seitdem ist sie, weil an keine Vorbedingung gebunden und für immer in ihrer Gültigkeit bestätigt, in jeder Situation und für alle Menschen verkündbar geworden: als Gottes unwiderrufliche Vorgabe seiner Liebe, von der sie, obwohl sie auf ihre Vollendung noch zugehen, doch bei allem, was sie beginnen, schon ausgehen dürfen.

Fünftens verdienen die systematisch folgenreichen Bestimmungen Beachtung, die mit dem bisher Gesagten für den *Begriff der Offenbarung* getroffen sind. Grundlegend zeigt sich: Gottes geschichtliches Offenbarungs- und Heilshandeln sind dasselbe Geschehen – ein Geschehen überdies, in dem – wo es die Dignität der Selbstoffenbarung und Endgültigkeit erreicht – Gott als er selbst gegenwärtig ist. In Jesu Verkündigung, Tod und Auferweckung *geschieht* ja, was offenbar wird; und man wird sogleich hinzufügen müssen, daß Gottes seit jeher für die Menschen entschiedene Liebe auch nur, *weil* sie geschah, offenbar werden *konnte*. Schon menschliche Liebe, so ehrlich und tief sie auch sein mag, kann doch – da sie wesentlich frei ist – für den anderen, den sie meint, Wahrheit erst werden, indem sie in Freiheit sich äußert und wahrnehmbar macht: sich realisiert. Genauso konnte (wie sich im Nachhinein sehr wohl begreifen läßt) auch *Gottes* Liebe für die Menschen, ihre aus Freiheit Erwählten, zur eigenen Wahrheit nur werden, indem sie in unsere menschliche Wirklichkeit eintrat und in ihr die Gestalt fand, die ihrer Unbedingtheit den angemessenen Ausdruck zu geben vermochte: durch einen Menschen also, der ihrer unmittelbar gewiß war und ihr mit dem eigenen Leben, seinem Dasein für die anderen, bis in das Äußerste entsprach. »Kein Wille«, schrieb *Schelling*, »offenbart sich anders als durch die That«[2]. Wie auch sollte er, ohne den realen Ernst seiner Äußerung, für andere Gewißheit begründen? Für die Theologie aber heißt das zum einen, daß ihre Wahrheit eine aus Freiheit geschehende und somit wesentlich eine *gegebene* ist und *als* gegebene auch anerkannt *bleiben* muß: als eine Wahrheit also, die sich Menschen wohl wünschen und womöglich sogar ausdenken können, die sie aber niemals, bevor sie geschehen ist, als Wahrheit behaupten und ebensowenig, nachdem sie geschehen ist, in ein Wissen »aufheben« können, das ihnen von sich aus verfügbar oder kraft eigener Vernunft zu verbürgen wäre. Für den Begriff der theologischen Wahrheit ist es daher konstitutiv, daß *Inhalt und Form der Offenbarung unlösbar zusammengehören:* eben weil die Form der Zugänglichkeit ihrer Wahrheit (ihr Gegebensein) dem Inhalt dieser Wahrheit (Gottes Geschenk seiner Liebe) nicht zufällig oder nur vorläufig anhaftet, sondern von ihm selbst her gefordert ist und seinem *Wesen* entspricht. Zum anderen zeigt sich, daß diese Wahrheit von der Geschichte Jesu, in der sie offenbar wird, nicht etwa getrennt und ihr äußerlich ist, so daß sie durch sie bloß bekanntgemacht würde, sondern mit ihrer Wirklichkeit so ursprünglich und unablösbar verbunden ist, daß sie eben als die ihr selbst eigene und ihr Wesen bezeichnende *Bedeutung* angesetzt werden mußte – als ihre Bedeutung freilich so, daß sich diese Wirklichkeit *in* ihrer Bedeutung (nämlich Gottes Geschenk seiner Liebe und in ihr seiner selbst zu sein) mit Gottes eigener Wirklichkeit verbunden zeigt, also diese Bedeutung ihrerseits im Sein Gottes begründet und somit auf dieses Sein, als Bezeichnung seiner offenbaren Bestimmtheit für uns, ebenfalls bezogen ist. Indem, so halte ich fest, der Glaube die Bedeutung der Geschichte Jesu darin erkennt, das endgültig offenbarende Geschehen der Liebe Gottes zu sein, *findet* er seine Wahrheit – er findet sie in der Wahrnehmung dieser Geschichte *als* Gottes Selbstoffenbarung. Das traditionell-instruktionstheoretische Offenbarungsverständnis ist damit schon im Ansatz überwunden. Denn dasselbe geschichtliche Ereignis, in dem der Glaube als seinem Ursprung und Fundament gründet, ist auch der *erste Gegenstand* und der *ursprüngliche Inhalt* des Glaubens.

Mit den Bemerkungen zum theologischen Wahrheitsbegriff bin ich bereits zum zweiten Teil meiner These, der die *systematische Funktion* der Grundaussage betrifft, übergegangen. Warum empfiehlt sich die vorgeschlagene Formulierung als »Grundwahrheit christlicher Theologie«? Sie empfiehlt sich gerade deshalb, weil sie das Geschehen betrifft und als Wahrheit ausspricht, in dem der Glaube nicht nur seinen unableitbaren geschichtlichen Ursprung und sein bleibendes Fundament, sondern eben auch seinen ursprünglichen Inhalt und ersten Gegenstand hat. Und wie der christliche Glaube, so auch die Theologie, die sich

---

[2] *F. W. J. Schelling*, Philosophie der Offenbarung 2, Darmstadt 1966, 10.

mit ihrer durchaus bescheidenen, wenn auch unverzichtbaren Aufgabe in den Überlieferungsprozeß dieses Glaubens ja eingebunden weiß. Seit jeher sieht sie die Besonderheit ihrer »Rede von Gott« dadurch konstituiert, daß sie von Gottes eigenem Reden und Handeln schon herkommt. Auch Gottes*erkenntnis* will sie nur oder doch primär insofern sein, als Gott selber sich zu erkennen *gibt*. In der Bezogenheit auf diesen Ursprung, in dem allein sie finden kann, was sie als christliche Theologie an Eigenem zu sagen hat, hat sie ihr bleibendes Thema und ihre spezifische Identität.

Grundwahrheit christlicher Theologie – das heißt nun aber auch und gleichsam in umgekehrter Richtung betrachtet: Die als Selbstoffenbarung Gottes erkannte Geschichte Jesu ist die Wahrheit, welche die Vielzahl der theologischen Einzelaussagen trägt, sie *als* theologische letztlich begründet oder doch endgültig bestimmt, den Maßstab für ihre Beurteilung bildet und sie zu *einer* Wissenschaft verbindet. Dies gilt für die Theologie insgesamt und dann nochmals in besonderer Weise für die Dogmatik, sofern ihr ja die spezifische Aufgabe zufällt, die wissenschaftliche Reflexion der eigentlichen Glaubens*wahrheit* zu leisten: die systematische Darstellung ihres Inhalts und in eins die Vergegenwärtigung ihrer Bedeutung. Natürlich ist ihre Entfaltung nicht so vorzustellen, als ob der die Grundwahrheit bezeichnende Fundamentalsatz dabei die Rolle eines obersten Prinzips innehätte, aus dem sämtliche übrigen Aussagen unmittelbar deduziert werden könnten. Dies wäre schon deshalb eine abwegige Konzeption, weil zum Inhalt der Dogmatik ja auch alles gehört, was sich ihrer Grundwahrheit auf *synthetische* Weise anfügen läßt: so etwa die Überzeugungen, die der christliche Glaube der Geschichte des jüdischen Glaubens verdankt und die durch Gottes Selbstoffenbarung in der Geschichte Jesu sowohl bekräftigt wie ihrerseits bestimmt werden; und so vor allem die Vielzahl der von der Dogmatik aufgenommenen Einsichten, die überhaupt erst aufgrund der genannten Synthesis zu *theologischen* werden und dann mit allen anderen den sachlichen Zusammenhang gewinnen können, der für jede Wissenschaft unerläßlich ist. Nicht also primär als Deduktionsgrund eines Systems analytischer Sätze konstituiert die Grundwahrheit des Glaubens die Einheit der Dogmatik, sondern als *Bestimmungs*grund für viele Erkenntnisse und Fragen, die in das Glaubensverständnis schon eingebracht werden, so daß zur Dogmatik alle Einsichten zählen, die sich – um die bekannte Definition des *Thomas von Aquin* zu modifizieren – aus der Betrachtung der Wirklichkeit *sub ratione Dei seipsum revelantis* ergeben: aus der Beziehung aller uns zugänglichen Wahrheit und Wirklichkeit auf die Wahrheit des in der Geschichte Jesu selbst offenbaren Gottes.

Ohne ein organisierendes Zentrum ihrer Aussagen, d. h. ohne eine Wesensbestimmung ihres Gegenstandes (einen Begriff ihrer Grundwahrheit) kommt die Dogmatik nicht aus. Der Versuch, ihn zu bestimmen und dann systematisch zur Geltung zu bringen, hat mit Systemzwang so wenig zu tun, als damit doch nur ins reflexe Bewußtsein erhoben und methodisch diszipliniert wird, was als faktisches Apriori die dogmatische Arbeit in jedem Fall leitet und sonst eben unbesehen wirksam sein würde. Allerdings bleibt es dabei, daß jede solche Bestimmung, auch wenn sie faktisch vom kirchlichen Glaubensbewußtsein ausgeht und seinen Inhalt integrierend zu benennen versucht, eine zunächst nur subjektive Verstehensleistung darstellt, die sich als solche im hermeneutischen Zirkel bewegt und deshalb – zumal sie im Vollzug der dogmatischen Arbeit eine orientierende, begründende und kriteriologische Funktion übernimmt – auch ihrerseits der Kontrolle bedarf, d.h. sich an eben den Anforderungen zu bewähren hat, um derentwillen sie unentbehrlich ist: zu bewähren nämlich zunächst (wovon schon die Rede war) durch ihre Leistung für ein zusammenhängendes Verstehen des über die Geschichte Jesu erreichbaren historischen Wissens; zu bewähren aber auch durch ihre Funktion bei der weiterbildenden Aneignung der Tradition und d.h. insbesondere dadurch, daß sie die Kontinuität der neutestamentlichen und aller späterer Glaubensüberlieferung zu erhellen, ihre Sachlogik zu rekonstruieren und das Wesentliche in ihr kritisch zu identifizieren erlaubt; und zu bewähren endlich besonders durch ihre Fruchtbarkeit für die systematische Explikation des Glaubensinhalts und die Vergegenwärtigung seiner Bedeutung, die ihrerseits eine konsistente Verbindung des genuin theologischen mit dem nichttheologischen Wissen erfordert.

Zur Veranschaulichung der systematischen Funktion der theologischen Grundwahrheit wäre es sicher nun hilfreich, das Gesagte an der Ausdifferenzierung der dogmatischen *Traktate* zu illustrieren. Denn da sie letztlich alle denselben Grund und Gegenstand haben, kann ihre Verschiedenheit nur aus dem *Gesichtspunkt* resultieren, unter dem das eine (als Selbstoffenbarung Gottes verstandene) Grundereignis des Glaubens jeweils thematisiert wird – gleichgültig, ob es nun in seiner Möglichkeit reflektiert, auf seine sachlichen Implikationen und Voraussetzungen hin befragt, in seinem Wahrheitsanspruch geprüft oder in seiner Bedeutung weiter entfaltet, d.h. auf unsere Hoffnungen und Probleme bezogen, mit den Erkenntnissen anderer Wissenschaften in Verbindung gebracht oder mit den Erfahrungen, die menschliches Leben bestimmen, vermittelt wird. Doch so interessant – nicht zuletzt im Blick auf die unsichere und umstrittene Einteilung der Dogmatik – ein solcher Versuch ihrer Gliederung vom gewählten systematischen Grundansatz aus wäre, muß ich mich jetzt doch mit dem Hinweis auf den Vorschlag, den ich bei anderer Gelegenheit angedeutet habe[3], begnügen.

Daß die Dogmatik ihre Grundwahrheit aber überhaupt in Beziehung zu Einsichten externer Provenienz setzt – dies entspricht nicht nur der Unabweis-

---

[3] Vgl. *Th. Pröpper*, Freiheit als philosophisches Prinzip der Dogmatik (s. Anm. 1), 182.

barkeit, mit der unsere Vernunft auf die Zusammenstimmung aller Erkenntnisse drängt, sondern zugleich auch der Forderung, die aus dem affirmierten Inhalt der Grundwahrheit selbst resultiert: Wenn nämlich Gott, die alles bestimmende und begründende Wirklichkeit, sich selbst offenbarte, dann ist dadurch alle Wirklichkeit betroffen und für die Bewahrheitung dieses Glaubens in Anspruch genommen. Und wenn insbesondere, in eins mit Gottes Selbstbestimmung für uns, die endgültige Bestimmung des *Menschen* offenbar wurde, dann prätendiert diese Wahrheit eine jeden Menschen betreffende, ja unbedingt angehende Bedeutsamkeit, die als solche auch einsichtig und deshalb vordringlich expliziert werden muß.

2. Zwischenbemerkung zur Dogmatik als wahrheitsverpflichteter Hermeneutik des Glaubens

Indem die Dogmatik die beschriebene Synthesis leistet, erfüllt sie ihre spezifische Aufgabe, die wissenschaftliche Explikation des dem Glauben eigenen *Verstehens* zu sein. Denn wie dieser durch Gottes Offenbarungshandeln ermöglichte und von seiner Gnade getragene Glaube doch erst wirklich ist als menschliche Antwort, so wird auch seine Wahrheit dem Gläubigen erst zu eigen als menschlich verstandene – und nur als verstehend angeeignete auch vergegenwärtigte, bedeutungsvolle Wahrheit. Dies aber heißt zugleich: Was ein Mensch für überzeugend und wahr hält, geht in sein Verstehen des Glaubensinhaltes ein. Immer ist das vollzogene Glaubensverständnis eine Synthesis aus dem, was Menschen zugesagt wird und wie sie es denken. Das damit berührte Problem wird gewöhnlich unter dem mißverständlichen Stichwort »theologische Denkform« verhandelt – mißverständlich insofern, als es sich bei Denkformen (wie sie hier interessieren) eben nicht bloß um leere, gegen jeden Inhalt noch gleichgültige Formen, sondern durchaus schon um Gefüge von Gehalten handelt, die sich gegenseitig bestimmen. Denkformen sind bereits – mögen sie auch noch so verschiedene Grade der Klarheit, Konsistenz und Formalisierung aufweisen – bestimmte Auslegungen der Gesamtwirklichkeit, die dann als »Vorverständnis« bei allem weiteren Verstehen von Wirklichem fungieren. Und es ist eben die schon interne Bestimmtheit eines Denkens, durch die alle Inhalte, die es aufnimmt, ihrerseits bestimmt werden, so wie es umgekehrt selbst durch sie weiterbestimmt und möglicherweise auch zur Revision veranlaßt wird. Sofern nun die Dogmatik einen solchen Bestimmungszusammenhang zwischen der gegebenen Glaubenswahrheit und dem für ihre Explikation aufgenommenen Denken ausdrücklich herstellt, läßt sich ihre Arbeit sehr angemessen als »Vermittlung« (Synthesis) bezeichnen. Klar ist aber auch schon geworden, daß das dafür beanspruchte Denken genau angebbaren Anforderungen unterliegt: Es muß zunächst einmal vernünftig, also in sich konsistent und für die Vernunft als ursprüngliche Instanz wahrer Einsicht vollziehbar sein; zugleich aber muß es der Gegebenheit der Glaubenswahrheit entsprechen und sich für ihr Verstehen als geeignet erweisen, d. h. mit ihr kompatibel und für sein Bestimmtwerden durch sie noch offen sein, also ihren Inhalt als sinnvoll, ja sogar als unbedingt bedeutsam einsehen können und überdies Kategorien bereitstellen, die sich bei seiner Explikation als fruchtbar bewähren. Gelingt die Vermittlung (was sich vorab nicht garantieren läßt), wird die Glaubenswahrheit unbeschadet ihres bleibenden Geschenkcharakters in das aufgenommene Denken »übersetzt« und dieses zu einem Denken erweitert sein, in dem der Inhalt des Glaubens in einer mit dem nichttheologischen Wissen zusammenstimmenden Weise »verstanden« ist und somit der Verstehende als Subjekt seines Glaubens wie seines vernünftigen Denkens und Erkennens mit sich *identisch* sein kann.

Allerdings ist nun die geläufige (auch unter Theologen verbreitete) Meinung ziemlich naiv, für solche Vermittlung sei jede Sprache, jedes Denken gleich gut geeignet. Sie sind es ebensowenig, wie man voraussetzen kann, daß sie in gleichem Maße wahr und human sind. Es gibt doch falsches, verblendetes Bewußtsein, entfremdetes Denken, deformierte und deformierende Sprache: den Bann der Lüge und die Gefangenschaft der Sünde. Hermeneutisches Ziel kann deshalb nur sein, ein Denken und eine Sprache zu finden, in der *Menschen sich wahr gemacht finden* können und die sich *zugleich* als geeignet erweist, den gegebenen, irreduziblen Inhalt des Glaubens angemessen zu artikulieren. Sich dabei einfach dem herrschenden Bewußtsein und Zeitgeist auszuliefern, ist der Theologie also nicht nur aufgrund ihres unableitbaren Inhalts, sondern auch deshalb verwehrt, weil dessen angezielte Vermittlung nach eigenem Anspruch eine *vernünftige* sein will, die Vernunft aber, auf die sie sich damit verpflichtet, ihrerseits in ursprünglich-verbindlicher Weise dem *Anspruch der Wahrheit* untersteht. Und dieser Anspruch reicht weiter, als daß er auf das faktisch Geltende reduziert werden könnte oder mit funktionalen Stimmigkeiten, situativen Plausibilitäten und dergleichen schon abgegolten wäre. Kurz: Der Glaube *sucht* das ihm angemessene Denken, er findet es keineswegs einfach schon vor. Was er der Vernunft zu denken gibt, gibt er ihr in einer grundsätzlich innovativen und überdies (im Falle ihrer Verschlossenheit oder Verkehrung) in einer kritischen, aber dabei auch aufdeckenden Weise zu denken: eben mit dem Anspruch, noch im bestimmten Widerspruch der Vernunft zu entsprechen. Wie also die zuvorkommende Einladung des Evangeliums faktisch die Zumutung der Umkehr impliziert, so auch die vernünftige Vermittlung des Glaubens eine Kritik der faktischen Gestalt der Vernunft: der Vernunft des einzelnen wie der im Allgemeinen der Verhältnisse objektivierten. Da sie zugleich aber mit der wesenhaften Bestimmung aller Menschen zur Gottesgemeinschaft rechnet, kann sie auch in der schärfsten Kritik noch die geduldige Hoffnung bewahren, die für vernünftiges Argumentieren erforderlich ist. Ohne diese Bereitschaft jedoch, die den Menschen in sein Wahrheitsgewissen freiläßt und auf das hin anspricht, was ihm die eigene Zustimmung ermöglicht, würden Verkündigung und Theologie ihn zwar immer noch anklagen, aber kaum noch kraft ihrer Wahrheit überzeugen und nicht mehr ihn *selbst* gewinnen können.

3. Die These von der Freiheit als dem philosophischen Prinzip theologischer Hermeneutik

Das für die Explikation und Vermittlung der durch den erläuterten Grundbegriff bestimmten Glaubenswahrheit geeignete und deshalb heranzuziehende Denken, so lautet nun meine zweite Hauptthese, kann nur das Denken der *Freiheit* und dieses nur *transzendental* sein. Allerdings schließt die theologische Aufnahme dieses Denkens die Verpflichtung zur Anerkennung auch der Ansprüche ein, die aus der formalen Unbedingtheit der Freiheit resultieren. Denn so wenig Freiheit als metaphysisches Prinzip zur Erklärung der Wirklichkeit in Betracht kommt, hat sie doch als die unbedingte Instanz zu gelten, an der jedes Denken, sofern es human sein will, sich orientieren und deshalb seine Inhalte durch sie bestimmen muß. In diesem Sinn, d. h. als *zweiter Bestimmungsgrund* bei der Explikation und Vermittlung der Wahrheit des Glaubens, ist Freiheit das philosophische Prinzip der theologischen Hermeneutik.

Bevor ich diese These begründe, d. h. die Eignung des Freiheitsdenkens als theologischer Denkform an den dafür benannten Erfordernissen prüfe, zunächst eine *knappe Kennzeichnung des Ansatzes selbst*. Da Freiheit nicht objektiv, sondern nur retorsiv aufweisbar ist und jede metaphysische Begründung ihre Ursprünglichkeit verfehlt, bleibt für ihre Thematisierung nur ein *reduktiv-transzendentales* Verfahren, das Freiheit als die unbedingte Bedingung eruiert, ohne die spezifisch humane Vollzüge wie Moralität, Kommunikation, Recht usw., aber auch die Reflexionsleistungen der Vernunft sich nicht als möglich begreifen lassen. Näherhin ist sie zu denken als unbedingtes Sichverhalten, grenzenloses Sichöffnen und ursprüngliches Sichentschließen: als *Fähigkeit der Selbstbestimmung* also, bei der sie 1. das durch sich Bestimmbare, 2. das (durch die Affirmation eines Inhalts) sich Bestimmende und 3. in ihrer formalen Unbedingtheit auch der Maßstab der wirklichen Selbstbestimmung ist. Die Verpflichtung auf diesen ihr wesenseigenen Maßstab verbürgt ihre *Autonomie:* Freiheit ist sich selber Gesetz, ist als existierende sich selbst als Aufgabe gegeben. Da ihrem unbedingten Sichöffnen aber nur ein seinerseits durch Unbedingtheit sich auszeichnender Inhalt gemäß ist, ergibt sich die *unbedingte Anerkennung anderer Freiheit* als oberste ethische Norm. Zugleich zeigt sich, daß die unbedingte Bejahung und das in ihr intendierte Seinsollen des anderen der Vermittlung durch endliche Gehalte bedürfen und deshalb nur *symbolisch*, bedingt und vorläufig realisiert werden können.

Dieses zur theologischen Aufnahme empfohlene Freiheitsdenken entspricht den Kriterien, denen die als Instanz wahrer Einsicht anzuerkennende philosophische Vernunft selbst untersteht. Es empfiehlt sich vor allem, weil es das mit der fortschreitenden Selbstreflexion des neuzeitlichen Denkens erreichte Problemniveau einhält und dem ursprünglichen Vernunftinteresse gerecht wird, das Fragen bis zur Einsicht in ein Unbedingtes zu führen. Angesichts der gegenwärtigen Situation der Vernunft, deren hohe methodische und operative Präzision mit einer auffallenden, oft sogar bornierten Abblendung weitergehender Fragen einhergeht und sich in einer eigentümlichen Bewußtlosigkeit über das, was sie selbst ist und treibt, einspinnt, bietet die Aktualisierung jener Selbstreflexion mit ihrem Rückgang auf die Unbedingtheit der Freiheit die Chance, ja inzwischen – je mehr die Vernunft, einst als verbindende Instanz der jeden Menschen beanspruchenden Wahrheit geachtet, nun zugunsten einer »transversalen Vernunft«, die sich flexibel in allen (gleich gültigen) Sprachspielen tummelt, verabschiedet wird – die vielleicht noch einzige Chance für eine Kritik, die nicht nur humanes Interesse, sondern auch einsichtige Geltung beanspruchen kann. Zugleich hängt an ihr die Vermittlung des Glaubens: Denn ohne den Rekurs auf ein Unbedingtes, das im Menschen selbst angesetzt werden darf, wäre weder die jeden Menschen unbedingt angehende Bedeutung der Selbstoffenbarung Gottes vertretbar noch der Gottesgedanke überhaupt in autonomer Einsicht bestimmbar.

Statt nun, wie es eigentlich erforderlich wäre, den gewählten Ansatz im philosophieinternen Diskurs auszuweisen, muß ich mich mit einer groben *Positionsbestimmung* begnügen. *Historisch* eingeordnet ist er ein Versuch, mit *Hermann Krings* und anderen Vertretern des transzendentalen Denkens auf dem von *Kant* und *Fichte* eröffneten Weg weiterzugehen, aber dabei auch Einsichten des späten *Schelling, Schleiermachers, Kierkegaards* und anderer zu integrieren und nicht zuletzt die genuine Entdeckung der Ursprünglichkeit menschlicher Freiheit in Erinnerung zu halten, die sich schon bei *Duns Scotus* und *Ockham* vollzog. Zu *aktuellen* Denkrichtungen – etwa zur Transzendentalpragmatik *Karl-Otto Apels*, zur Selbstbewußtseinstheorie *Dieter Henrichs*, zur transzendentalen Dialogik von *Johannes Heinrichs* oder auch zur Phänomenologie von *Emanuel Levinas* – suche ich den Ansatz ins Verhältnis zu setzen, indem ich mich teils seiner Kompatibilität mit ihnen vergewissere, teils ihre Frageüberhänge benenne und als Aufgabe übernehme. *Innertheologisch* verstehe ich das favorisierte Freiheitsdenken als Ermöglichung einer Alternative zu den Entwürfen, die ebenfalls auf philosophische Vermittlung bedacht sind, aber dabei aufgrund ihrer noch deutlichen Befangenheit in der thomistischen Erkenntnismetaphysik (so *Karl Rahner*) oder ihrer strukturellen Affinität zur 3. Meditation des *Descartes* (so vor allem *Wolfhart Pannenberg*, in anderer Weise auch *Hansjürgen Verweyen*) die formale Unbedingtheit der Freiheit systematisch nicht fruchtbar machen, wenn nicht sogar auf theologisch folgenreiche Weise verfehlen[4]. Alles Nähere dazu muß ich unserer Diskussion überlassen ...

Wie aber steht es nun mit der *Fruchtbarkeit dieses Denkens für die theologische Hermeneutik?* Um wenigstens in dieser Hinsicht meine These zu verifizieren, möchte ich jetzt eine Reihe spezifischer Leistungen benennen, welche die zentralen Erfordernisse der Glaubensvermittlung betreffen, aber nur vom transzendentalen Freiheitsdenken erbracht werden können und es insofern tatsächlich als die der Offenbarungswahrheit gemäße Denkform auszuweisen vermögen.

Erstens bietet es nämlich die Möglichkeit, durch eine Reflexion auf die strukturelle Verfassung der endlichen Freiheit, die als irreduzible Synthesis von unbedingter Spontaneität und Angewiesenheit auf Gegebenes weder von der Freiheit erzeugt noch auf Welthaftes rückführbar ist, das Kontingenzbewußtsein und mit ihm die Frage nach absoluter Begründung transzendentalphilosophisch zu reformulieren, auf diesem Wege die Minimalbestimmung einer von Welt und Mensch verschiedenen, alles begründenden göttlichen Wirklichkeit zu eruieren und überdies das gesicherte Kontingenzbewußtsein als Indiz für deren Freiheit geltend zu machen. Letzte Instanz gegen jeden Monismus ist in der Tat das Bewußtsein der menschlichen Freiheit von der eigenen formalen Unbedingtheit: Soll dieses gelten, kann menschliche Freiheit sich nur noch als »ins Dasein geworfene« hinnehmen oder als durch einen freisetzenden Schöpfungsakt begründet verstehen. Natürlich hat die angedeutete Reflexion, obwohl sie jede anthropologische Reduktion des Gehalts der Gottesidee als Unterbietung abzuweisen erlaubt, nicht den Status einer theoretischen Erkenntnis; durch sie wird das Geschaffensein der menschlichen Freiheit weder beweisbar noch positiv begreifbar. Wohl aber hält sie die Deutung der menschlichen Freiheit als geschaffener offen – und zwar ohne in die Schwierigkeiten der Ansätze zu geraten, die (wie *Rahner, Pannenberg* u. a.) die Freiheit direkt von ihrem Ziel (ihrem Woraufhin) her erklären, aber dabei ihre Unbedingtheit übergehen und im Ergebnis genötigt sind, den möglichen Widerspruch gegen Gott als »absoluten Widerspruch in der Freiheit« auszugeben, die »die Bedingung ihrer eigenen Möglichkeit« angeblich im selben Akt bejaht und verneint[5]. Zudem wird durch jene Reflexion, indem sie die Offenheit für die Existenz eines freien Gottes überhaupt legitimiert, auch die Bereitschaft legitimiert, mit der

---
[4] Vgl. dazu die Hinweise in Anm. 1.
[5] So *K. Rahner*, Theologie der Freiheit: Schriften zur Theologie 6, Einsiedeln 1965, 215–237, 218 f.; ähnlich *W. Pannenberg*, Anthropologie in theologischer Perspektive, Göttingen 1983, 66 f. 113 f. u. ö.

Möglichkeit seiner geschichtlichen Selbstbekundung zu rechnen. Vor allem aber – dies ist ihre hermeneutisch grundlegende Leistung – sichert sie die Minimalbestimmung, ohne die der Gehalt des Wortes »Gott« nicht unterschieden und somit die Existenz eines mit Welt und Mensch nicht identischen Gottes nicht einmal als möglich gedacht werden könnte. Es ist eben die *Minimalbestimmung*, die als noch bestimmungsfähige und -bedürftige Grundbestimmung in die tatsächliche, durch Offenbarung begründete theologische Erkenntnis konstituierend eingeht und ihre sämtlichen Aussagen überhaupt erst (im inhaltlichen Sinne) zu *theologischen* qualifiziert.

Zweitens läßt sich im Ausgang von der Aporie, die in der Symbolstruktur realer Affirmation von Freiheit beschlossen liegt, auch ihre *wesenhafte Hinordnung auf Gott* nicht-zirkulär aufzeigen. Daß die unbedingte Bejahung anderer Freiheit stets nur auf bedingte, symbolische Weise realisiert und ihr unbedingtes Seinsollen zwar intendiert, aber von Menschen nicht eingelöst werden kann, braucht nämlich insofern noch nicht als eine definitiv unlösbare Aporie zu gelten, als die Idee einer nicht nur formal, sondern auch material unbedingten Freiheit ja denkmöglich bleibt: In der Idee Gottes wird also die Wirklichkeit gedacht, die sich menschliche Freiheit voraussetzen muß, wenn das unbedingte Seinsollen, das sie im Entschluß zu sich selbst und anderer Freiheit intendiert, als begründbar und somit möglich gedacht werden soll. *Ob* sie aber vorausgesetzt werden darf, wird auch schon für die gegenwärtigen, auf Sinnantizipation angewiesenen Vollzüge der Freiheit bedeutungsvoll sein. Da es Sinn für Freiheit nur gibt, wo sie frei affirmiert wird, läßt sich sagen: Entweder ist das absoluten Sinn für die menschliche Freiheit Verbürgende selbst Freiheit (und zwar absolute, aller Wirklichkeit mächtige und zur Liebe entschlossene Freiheit) oder es ist kein letzter, der Freiheit gemäßer Sinn und ihr Dasein absurd. Die Leistung dieses Aufweises liegt also darin, daß er (in Verbindung mit dem ersten Reflexionsgang) Gott sogleich als vollkommene Freiheit und somit (gegen den Hauptstrom der traditionellen Metaphysik) die Möglichkeit freier Selbstmitteilung als primäres Gottesprädikat denkt, überdies die tatsächliche Mitteilung seiner selbst in seiner Liebe nun auch als *unbedingt bedeutsam* erweist und dabei zugleich ihre wesentliche *Gratuität* (die Entsprechung von Inhalt und Form der Offenbarung) einsichtig macht. Gerade indem er auf den Anspruch eines Gottesbeweises verzichtet und sich damit begnügt, durch den Bezug der vom Glauben affirmierten Offenbarungswahrheit auf das Unbedingte der Freiheit ihre humane Bedeutung zu klären, läßt er die Positivität dieser Wahrheit unangetastet und löst, indem er ihre Gratuität sogar als wesentlich einsieht, eine Aufgabe ein, die im Zuge der neuzeitlichen Polarisierung zwischen einer Apologetik, die den dogmatischen Inhalt durch seine formale Autorisierung immunisierte, und einer Vernunft, die sich die Aufhebung der Offenbarungswahrheit in ihr eigenes Wissen zutraute, durchweg nicht einmal gesehen wurde: zu zeigen nämlich, daß der Mensch wesenhaft, eben aufgrund seiner Freiheit, für eine Wahrheit ansprechbar ist, die ihm doch nur geschenkt werden kann und auch nur *als* Geschenk der Sinn seiner Freiheit sein kann. Durch dieselbe Einsicht werden die Aporien der traditionellen Natur-Gnade-Problematik (und zwar auch noch der Rahnerschen Lösung) überwindbar: Nur was aus unverfügbarer Freiheit begegnet, kann ja die Freiheit, die wir selbst sind, erfüllen. Und daß Gott sein mit der Erschaffung endlicher Freiheit gestiftetes »Versprechen« tatsächlich hält, ist als Ausdruck der Treue seiner ursprünglichen Erwählung des Menschen so ungeschuldet wie diese selbst.

Wenn nun – *drittens* – ebenso gelten darf, daß nur ein freies Geschöpf seinen Gott als Gott anerkennen und deshalb Gott auch nur ihm das Höchste: in seiner Liebe sich selbst, schenken kann, dann schließt ihre Mitteilung, in der Gottes Ehre und menschlicher Sinn in eins sich ereignen, auch *Gottes Achtung der menschlichen Freiheit* ein: sichtbar am Weg Jesu bis an das ohnmächtige Ende. In diesem Sinn, d. h. nicht nur als Grund der Ansprechbarkeit des Menschen für Gott, sondern auch als Instanz seiner *Antwortfähigkeit* im Gegenüber zu Gott, hat nun eben die formal unbedingte Freiheit als *die von Gottes Offenbarung und Gnade selbst beanspruchte anthropologische Voraussetzung* zu gelten, die auch durch die Sünde niemals so restlos zerstört werden kann, daß sie von der Gnade nicht aktualisiert und wieder freigesetzt werden könnte. Ohne diese Voraussetzung, die der Differenz von Gottes Schöpfungs- und Gnadenhandeln entspricht, würde ja die Gnade nicht nur den alten Menschen erneuern, sondern allererst ihren Adressaten erschaffen: ein ganz anderes, nicht mehr mit dem früheren identisches Subjekt, ja nicht einmal (fürchte ich) ein Subjekt, da nun womöglich der Glaube zum bloßen Appendix des Gnadengeschehens würde, in dem Gott sich im Grunde nur mit sich selber beschäftigt. Der Offenbarungsbegriff wäre dann sinnlos, desgleichen die Verantwortung des Menschen vor Gott nicht mehr denkbar. Aber auch beim Verständnis der Allmacht Gottes, seines Vorherwissens und seiner wirksamen Gnade ist konsequent zu beachten, daß er sich selber dazu bestimmt hat, sich von der menschlichen Freiheit bestimmen zu lassen, d. h. die Würde ihrer Zustimmungsfähigkeit zu achten und auf ihr Tun antwortend einzugehen: in der Offenheit einer Geschichte also, die ihre verheißungsvolle Zukunft Gottes unerschöpflicher Innovationsmacht und ihre Kontinuität der Treue seines unbedingten Heilswillens verdankt. Eben diese Unbedingtheit seiner für die Menschen entschiedenen Liebe ist es ja auch, die seine *Identität* in den kontingenten Entschlüssen seines geschichtlichen Handelns verbürgt.

Viertens ermöglicht das Freiheitsdenken eine Vermittlung des Glaubens, die sich auf den *Autonomieanspruch* der sittlichen Freiheit einläßt und dabei sogar anzuerkennen vermag (denn hier liegt ja die eigentliche Schärfe des Problems), daß sie aufgrund ihrer Unbedingtheit auch allein als Prinzip der *Ver-*

bindlichkeit ethischer Pflicht in Betracht kommt. Solche Anerkennung schließt es nicht aus, die autonome Freiheit theologisch als zur Theonomie finalisierte zu deuten: Es ist letztlich ja Gott, der als Schöpfer der Freiheit durch ihr Wesensgesetz zu ihr spricht und sie auf seine Gemeinschaft hinordnet. Gleichwohl kann sie diese theonome Bestimmung, die philosophisch nicht unmittelbar geltend zu machen ist, als *eigene* erst ergreifen und in ihr zugleich zu sich *selber* nur finden, wenn sie in ihre Autonomie freigelassen wird. Gerade der Rückgang auf die Freiheit als Geltungsgrund moralischen Sollens erlaubt es nun aber, Gottes verbindlichen Anspruch an sie, der in der Einladung seines Evangeliums impliziert ist, dem Heteronomieverdacht zu entziehen und die Sünde als Schuld auch im genuin ethischen Sinn zu begreifen: Denn da allein Gott die *absolute* Gutheißung (das intendierte *unbedingte* Seinsollen) der Freiheit verbürgen kann, würde ihre Selbstverschließung gegen seine Zuwendung sich ja in Widerspruch setzen zu dem, was sie selbst will, wenn sie tut, was sie (sich selbst und anderer Freiheit verpflichtet) tun *soll*. Zugleich freilich kommt der Ethik die damit festgestellte Begrenzung ihrer Zuständigkeit durch den Glauben zugute. Im Blick auf die antinomische Verfassung der existierenden Freiheit und die aus ihr resultierende Dialektik erweist sich die geradezu fundamentale anthropologische Bedeutung der Rechtfertigungslehre – wird doch die humane Relevanz der unerschöpflich zuvorkommenden Gnade und ihrer gültigen Verheißung gerade angesichts der Aporien einer *nur* moralisch sich orientierenden Freiheit evident: sei es, daß sie sich die letzte Sinnproblematik des Daseins auflädt und in die zerstörende Dynamik der Selbstvergewisserung (des verzweifelten Selbstseinwollens) hineintreibt oder auch die Risiken und Kosten ihrer Entschiedenheit zum Guten erfährt und ihr ganzes Bemühen vom Anschein definitiver Vergeblichkeit bedroht sieht.

Wenn nun, wie faktisch unvermeidlich, die Bezeugung des Evangeliums mit *Kritik* einhergehen wird: mit einer Kritik des jeweils Einzelnen, der sich zu einem Selbstsein ohne Gnade verurteilt hat oder verurteilt glaubt, wie auch der historischen Prozesse, als deren Stimulanz ebenfalls der aporetische Wille diagnostiziert werden kann, die Antinomie der endlichen Freiheit, ihres Bestandes und ihrer Erfüllung nicht mächtig zu sein, in eigener Verfügung zu lösen, dann wird solche Kritik doch nicht zur heteronomen Beschuldigung geraten, sondern – indem sie die Unbedingtheit der Freiheit und damit das Eigenste jedes Menschen als Basis beansprucht – zum verbindlich-verbindenden *Argumentieren* fähig sein. Indem sie, in der Instanz freiheitsverpflichteter Vernunft, die Not verfehlter Selbstbestimmung zu begreifen, die tödliche Logik der Selbstbehauptung aufzudecken und den faktischen Gang der Freiheitsgeschichte wie die von ihr geschaffenen Verhältnisse begründet zu kritisieren vermag, vertritt sie mit dem Angebot des Evangeliums zugleich seinen Anspruch, noch im bestimmten Widerspruch der Vernunft zu entsprechen.

Was nun – *fünftens* – die Leistung des Freiheitsdenkens für die *Explikation des Offenbarungs- und Glaubensgeschehens selbst und seines positiven Inhalts* betrifft, so ist grundlegend natürlich die Einsicht, daß jede Liebe, auch die Gottes zum Menschen, nur als Freiheitsgeschehen adäquat gedacht werden kann: als Selbstmitteilung von Freiheiten füreinander, die im Entschluß der einen Freiheit für die andere gründet und in deren einstimmender Antwort zum Ziel kommt. Erst in der eigenen Antwort erreicht den Menschen die Antwort auf die Frage, die er in seiner Freiheit sich selbst *ist*. Präzise bestimmbar wird sodann der soteriologische Sinn des Terminus »christliche Freiheit«: Sie ist eben die durch Gottes geschichtliche Selbstbestimmung für die Menschen zuvorkommend bestimmte und aus ihr kraft des Geistes sich selbst bestimmende menschlich-geschöpfliche Freiheit, konstituiert also durch die Gegenwart seiner unbedingt bejahenden Liebe, die zugleich Verheißung ihrer Treue, Vergebung der Sünde und Befreiung aus der Sündenmacht ist. In ihr gewinnt die Selbstverwirklichung der Freiheit nun die Qualität des »darstellenden Handelns«, d. h. eines Handelns, in dem Menschen auf symbolische, niemals erschöpfende Weise realisieren und anderen weitergeben, was sie selber empfangen haben. Im Blick auf die intersubjektive Konstitution wirklicher Freiheit und mit Hilfe namentlich der *Symbolkategorie*, in der die Präsenz der sich mitteilenden Freiheit und die Unbedingtheit der Anerkennung mit der Endlichkeit ihrer Realisierung zusammengedacht werden und zudem die objektiven Vermittlungen der Freiheit in den Blick treten, lassen sich weitere zentrale Themen erschließen: Jesu Leben und Geschick als Realsymbol Gottes; Endgültigkeit der Erlösung trotz noch ausstehender Vollendung; sakramentales und kirchliches Handeln; Macht der Sünde und ihrer Objektivationen; äußere Gnade u. a. m.

Sechstens noch ein Hinweis auf die zentrale Bedeutung einer »Theorie gläubiger Praxis«, für die der Begriff des »darstellenden Handelns« grundlegend ist. Sie könnte als Basistheorie nicht nur eine Vielzahl zerstreuter Lehrstücke integrieren, sondern wäre auch – zumal der Praxis des Glaubens, in der auf seine Wahrheit im Entschluß der Freiheit gesetzt wird und diese Wahrheit jeweils zur Wirklichkeit kommt, die tragende Rolle für die Glaubensvergegenwärtigung zukommt – als umfassend dimensionierte »Theorie der Glaubensüberlieferung« anzusetzen, zu deren Elementen auch die theologische Reflexion noch gehört. Gleichwohl bliebe – sofern das gläubige Handeln ja selbst in Lob, Bitte und Dank, Erinnerung und Hoffnung seinen ermöglichenden Grund von sich selbst unterscheidet – die Theorie-Praxis-Dialektik gewahrt. Indem nämlich die Theologie, namentlich die Dogmatik, die praktisch beanspruchte Wahrheit ausdrücklich thematisiert, methodisch erschließt und argumentierend vertritt, wirkt sie ihrerseits orientierend, ermutigend und kritisch auf die Praxis, von der sie herkommt, zurück.

4. Schlußbemerkung zur Abhängigkeit des Freiheitsdenkens von der Aktualität des Freiheitsvollzugs

Wenn es nicht ein Unbedingtes im Menschen selbst gäbe und dieses Unbedingte nicht aktualisiert werden könnte, dann würde – so habe ich behauptet – auch Gott uns nicht unbedingt angehen können. Aber ist es, wenn schon alternativlos, so nicht faktisch doch auch aussichtslos, so dezidert auf die Freiheit als Vermittlungsprinzip des Glaubens zu setzen? In der Tat: Die Evidenz des Freiheitsdenkens hängt an der Aktualität des Freiheitsvollzugs – an der Voraussetzung näherhin, daß ein Mensch in seiner unausweichlichen Freiheit sich im Akt der unvertretbaren »Selbstwahl« zu ihr auch entschließt und das heißt: sich auf ihr unbedingtes Wesen als Maßstab seiner Selbstbestimmung verpflichtet und dann zu allen weiteren Konsequenzen und Einsichten steht. Nimmt man hinzu, daß Freiheit in die Realität ihres Selbstvollzugs durch den Anruf anderer Freiheit vermittelt wird und überdies, um ihr volles Wesensmaß zu erfassen, wohl auch von religiösen Sinnvorgaben abhängig war, und beachtet man zugleich die reale gesellschaftliche Bedingtheit aller Freiheitsvollzüge – dann wird die Frage bedrängend, ob und wieweit das Faktum selbstverpflichteter Freiheit, nachdem zur Dialektik ihrer herrschaftswilligen Selbstverwirklichung in der Moderne nun auch noch ihre postmoderne Bindungsunwilligkeit trat, überhaupt noch vorausgesetzt werden kann. Die Symptome einer zunehmenden Regression des Freiheitsbewußtseins sind ja unübersehbar – und sie sind (ich brauche dies und die Ursachen hier nicht zu analysieren) wirklich bedrückend. Indessen kann die Konsequenz für die Theologie doch nur sein, nach Wegen einer praktischen Bezeugung des Glaubens zu suchen, die Menschen zur verbindlichen Übernahme ihrer Freiheit ermutigt und zu sich selbst als autonomen Hörern des Evangeliums finden läßt. An diese Aufgabe beharrlich zu erinnern, gehört durchaus noch zur genuinen Vermittlungsintention der Dogmatik, auch wenn sie mit ihr zugleich an die Grenze der eigenen Zuständigkeit stößt.

»Wenn alles gleich gültig ist ...«
Subjektwerdung und Gottesgedächtnis[1]

Es liegt nun schon vier Jahre zurück, daß ich in einer Vorlesung zur Christologie u. a. über die Jesus-Deutung von Karl Jaspers gesprochen habe – nicht um sie einfach zur Übernahme zu empfehlen, sondern um mit ihr eine Diskussion anzustoßen, in der es überhaupt um die Bedeutung Jesu für unser Menschsein gehen sollte. Immerhin hatte Jaspers seine Jesus-Darstellung, was immer man sonst von ihr halten mag, ja auf die menschliche Existenz und ihre Sinnfrage bezogen und diese Frage mit einem Ernst wie sonst kaum jemand gestellt. Jesus gilt ihm als einer der »maßgebenden Menschen« – derjenigen also, die »Erfahrungen und Antriebe des Menschseins im Äußersten« kundgemacht haben[2]. Gemeinsam ist ihnen, »sich an eine tiefste Innerlichkeit (in uns) zu wenden, die noch vor allem Tun liegt«, und darin auf »etwas unbedingt Gültiges« bezogen zu sein (224). Jesu ganzes Leben, so Jaspers, scheint wie von der Gottheit durchleuchtet; seine Gottesnähe »steht unter keiner Bedingung, aber die Maßstäbe, die von dort sprechen, stellen alles andere unter ihre Bedingung«. Und so ist das Wesen seines Glaubens die Freiheit: denn in ihm »wird die Seele weit im schlechthin Umgreifenden. Während sie Glück und Unheil dieser Welt erfährt, erwacht sie zu sich selbst. Was nur endlich, was nur Welt ist, kann sie nicht gefangenhalten« (204), da ihr, gerade in der Erschütterung jeden endlichen Halts, das Bewußtsein wird, »sich von Gott geschenkt zu sein«. Und eben die Unbedingtheit, die sein Leben bestimmte, enthüllt auch sein Tod: Jesus starb, weil er es wagte, die Wahrheit des Menschseins zu sagen und selbst wahr zu sein. Seine Verkündigung zu hören, verwehrt uns die Selbstzufriedenheit, erinnert an die höhere Instanz (212). Orientierung an Jesus heißt deshalb, sich von ihm zu dem uns möglichen Ernst aufrufen zu lassen und im je eigenen, unvertretbaren Bezug auf die Transzendenz Wahrheit und Sinn der Existenz zu gewinnen.

---

[1] Unveränderter Text des Vortrags vom 23. 10. 1995 im Rahmen der Bistumsschulwoche »Aufbrechen – Gottes Spuren suchen«. Die nachträglichen Anmerkungen dienen ausschließlich Zitatbelegen und Literaturhinweisen.
[2] K. *Jaspers*, Die großen Philosophen I, München 1959, 226 f. (weitere Zitatangaben im Text). Zu Jaspers' Jesus-Deutung vgl. *Th. Pröpper*, Der Jesus der Philosophen und der Jesus des Glaubens, Mainz 1976, 19–28.

Das waren große, ja pathetische Worte – aber schon beim Vortrag hatte ich das Gefühl, mit ihnen nicht nur nicht überzukommen, sondern schlicht auf Unverständnis zu stoßen. Aber lag es vielleicht nur an der Sprache? Also habe ich, um wenigstens Jaspers' Anliegen, seinen Aufruf zu einem unbedingt-verbindlichen Existieren zu retten, in der nächsten Vorlesung noch eins »draufgesetzt« und zu verdeutlichen versucht: Wo das Objektwissen ende, fingen die existentiell belangvollen Fragen erst an. Und gerade die Wahrheiten, die zählen in einem Leben, seien niemals ohne die eigene Beteiligung zu haben. Im Grunde, wenn auch in verschiedenen Graden, sei das bei allen Wahrheiten so, ganz sicher aber bei denen, die dadurch, daß ich persönlich, als Subjekt involviert bin, überhaupt erst konstituiert sind und anders auch nicht verstanden werden können. Wer nicht selber wenigstens anfanghaft Liebe erfuhr, dem ist auch mit der besten Liebeslyrik nicht zu helfen: er weiß nicht, wovon die Rede ist. Wem niemals das Bewußtsein unbedingter Verpflichtung aufging, sei es als Anspruch auf Wahrhaftigkeit oder Treue, als Scham über eine Gemeinheit oder als Unruhe über die eigene Teilnahmslosigkeit an fremder Not, den werden auch Moralpredigten höchstens einschüchtern können, weil ihm die Dimension ursprünglicher Moralität selber verschlossen ist. Und ebenso: Wer kein Wissen hat von der bleibenden Sehnsucht noch *in* jedem Glück: daß die erreichten Ziele nicht halten, was sie versprachen; wer nichts weiß von dem Absturz des Denkens und nichts von der Angst, die unser zufälliges Dasein begleitet; wer seine menschlichsten Hoffnungen vorzeitig begräbt, sich dem Tod schon als Lebender unterwirft und niemals empört war über das Schicksal der Vielen, die betrogen und elend, ohne Erinnerung und Rechtfertigung sterben – der wird natürlich auch keine »Sinnfragen« stellen. Und schließlich: Wer niemals den Wunsch gespürt hat, daß sein Dasein nicht bloßer Zufall und am Ende ersetzbar sein möge, aber zugleich auch den Anspruch, daß er sich selbst und seine Wirklichkeit übernehmen, eine verbindliche Einstellung zu sich finden und – statt für den Gang seines Lebens immer nur auf andere, auf die Umstände und Verhältnisse zu verweisen – endlich doch einmal selbst für sich einstehen muß – wem diese Erfahrung ganz fremd ist, der wird wahrscheinlich auch niemals verstehen, was Jaspers und andere meinen, wenn sie von Existenz oder Selbstsein, von Identität oder Subjektwerdung sprechen.

Ob diese engagierten Worte, sie waren ja etwas konkreter als Jaspers, aber immer noch ziemlich steil und pathetisch – ob sie etwas bewirkten: ich habe es nicht feststellen können. Und ich erzähle es auch nur: zum einen, um Ihnen die Genugtuung zu gönnen, daß auch und gerade wir Hochschullehrer didaktisch oft Schiffbruch erleiden; zum anderen und vor allem jedoch, weil es eine der Schlüsselerfahrungen für mich war, wie schnell und gründlich *sich für die Frage nach Gott und die Rede von ihm die Verstehensvoraussetzungen ändern*. Und damit bin ich nun, endgültig, beim Thema. Denn von dieser Veränderung, wie ich sie erlebt habe und einschätze, soll und möchte ich sprechen. Es ist deshalb keineswegs Nostalgie, wenn ich zunächst zurückblicke auf die gut zwei Jahrzehnte, in denen sich mein theologisches Denken ausgeprägt hat. Denn zum einen ist das, was mir auf diesem Weg klar wurde, dasselbe, was ich auch heute vertrete und Ihnen deshalb (im I. Teil) mitteilen möchte (etwas anderes habe ich nicht). Zum anderen lassen sich aus dieser Perspektive (im II. Teil) gerade auch die Veränderungen der Situation benennen, in der wir uns mit der Rede von Gott inzwischen befinden und in der – das sage ich offen vorweg – auch ich kein Patentrezept weiß, sondern stärker und bewußter als früher die *Grenze* der theologischen Reflexionsarbeit erlebe und das heißt: ihre Angewiesenheit auf das Bemühen von *allen*, die im Prozeß der Glaubensüberlieferung stehen.

I.

Daß *die Rede von Gott und vom Menschen unlösbar zusammengehören* – das war damals, vor gut zwei Jahrzehnten, die alle verbindende Basisüberzeugung. In einer beispielhaften Ablösungsarbeit hatte namentlich Karl Rahner die katholische Theologie aus der neuscholastischen Erstarrung befreit und sie unwiderruflich auf die »anthropologische Wende« des Denkens und damit auf die Neuzeit verpflichtet[3]. »Es zeigt sich«, so hatte ebenfalls (schon 1925) Rudolf Bultmann notiert: »will man von Gott reden, so muß man offenbar *von sich selbst reden*«[4]. Dabei war auch Karl Barth durchaus nicht vergessen. Sein scharfes Verdikt, gegen die bürgerliche Verflachung der liberalen Theologie formuliert, hallte uns noch in den Ohren: daß nämlich von Gott zu reden doch wohl noch anderes und mehr besagen müsse, als nur »in etwas erhöhtem Ton vom Menschen reden«[5]. Es *ging* uns, entschieden und ehrlich, um *Gott* – aber um den Gott *für uns Menschen*. Und wenn schon – was viele von uns nur mit Schmerzen akzeptierten – seine Existenz nicht beweisbar war, so mußte der Glaube an ihn und seine Selbstoffenbarung sich doch wenigstens als *unbedingt bedeutsam* aufzeigen lassen. Darunter war die Wahrheit des Glaubens, deren Verheißung uns in die Kindheit geleuchtet hatte, nicht mehr zu vertreten. Gerade das Konzil hatte dazu ja ermutigt, indem es die über 100 Jahre verfolgte (und in sich auch durchaus erfolgreiche) Strategie der katholischen Kirche, sich gleichsam als Gegenkultur zur neuzeitlichen Lebenswelt zu behaupten, offiziell revidierte und nun, erklärtermaßen, auf Dialogbereitschaft setzte. Vor allem

---

[3] Vgl. bes. *K. Rahners* programmatischen Aufsatz »Theologie und Anthropologie«: ders., Schriften zur Theologie VIII, Einsiedeln 1967, 43–65.
[4] *R. Bultmann*, Welchen Sinn hat es, von Gott zu reden?: ders., Glauben und Verstehen I, Tübingen ⁵1964, 26–37, 28.
[5] *K. Barth*, Das Wort Gottes und die Theologie. Gesammelte Vorträge, München 1925, 164.

hatte es sich – der wohl epochalste Schritt – in seiner heißumkämpften »Erklärung über die Religionsfreiheit« zum Prinzip der Neuzeit bekannt, daß der Anspruch der Wahrheit die Anerkennung der Freiheit einschließe und deshalb nur in verantworteter, also freier Einsicht zu der Geltung gelangen könne, die ihr entspricht[6]. Und es sei doch auch (interpretiert Walter Kasper) eben die Freiheit selbst, die »von ihrem eigenen Wesen gedrängt (wird), die Wahrheit zu suchen«[7]. Ebenso wegweisend der Eröffnungssatz der Pastoralkonstitution, daß »Freude und Hoffnung, Trauer und Angst der Menschen von heute, besonders der Armen und Bedrängten« auch die »Freude und Hoffnung, Trauer und Angst der Jünger Christi« seien[8] (von Jüngerinnen sprach auch das II. Vatikanum noch nicht). Und ermutigend nicht zuletzt die konziliare Ermahnung, uns auf die »Zeichen der Zeit« einzulassen.

Und diese Zeichen, so schien alles, standen günstig. Gerade die Nichtchristen, auch wenn sie das Christentum mit Ideologiekritik nicht verschonten, gaben die Stichworte vor, die man unmittelbar aufgreifen konnte. Ernst Bloch unermüdlich das Thema »Hoffnung«, so daß sich (ich habe das in Tübingen erlebt) die Diskussion sogleich darauf richten konnte, ob das menschliche Potential dieser Hoffnung tatsächlich selbst Gott (Deus Spes) heißen könne oder ob von ihr, gerade um ihrer Reichweite willen, nicht doch ein »Gott *der* Hoffnung« (Deus Spei) zu unterscheiden sei[9]. Auch mit den intellektuell so redlichen Atheisten wie Albert Camus gab es eine gemeinsame Basis, denn seine Definition des Absurden (Der Mensch ist eine Frage, aber die Welt antwortet nicht[10]) setzte den Vollzug der Sinnfrage ja schon ausdrücklich voraus. Theologische Vorreiter wie Johann Baptist Metz, Jürgen Moltmann u. a. schärften uns ein, daß die Reflexion auf ihren gesellschaftlichen Ort zur Grundlegung der theologischen Arbeit gehöre. Und selbst als die tatsächliche gesellschaftliche Misere, die verhängnisvolle »Dialektik der Aufklärung« unser Bewußtsein einholte, waren noch Gesprächspartner da: auch die »Negative Dialektik« Adornos kennt ja, wie verhalten und theologiekritisch auch immer, die Idee der Versöhnung[11]. Jürgen Habermas war uns willkommen, weil sein Konzept der kommunikativen Vernunft die zur Herrschaftsrationalität verkommene Vernunft

---

[6] Erklärung über die Religionsfreiheit »Dignitatis humanae« Nr. 2f.
[7] *W. Kasper*, Wahrheit und Freiheit. Die »Erklärung über die Religionsfreiheit« des II. Vatikanischen Konzils, Heidelberg 1988, 29.
[8] Pastoralkonstitution über die Kirche in der Welt von heute »Gaudium et spes« Nr. 1.
[9] Vgl. etwa *J. Moltmanns* Vorwort zu *E. Bloch*, Religion im Erbe. Eine Auswahl aus seinen religionsphilosophischen Schriften, München/Hamburg 1967; *M. Seckler*, Hoffnungsversuche, Freiburg 1972, 94–103.
[10] *A. Camus*, Der Mythos von Sisyphos. Ein Versuch über das Absurde (rde 90), Reinbek 1960, 29: »Das Absurde entsteht aus dieser Gegenüberstellung des Menschen, der fragt, und der Welt, die vernunftwidrig schweigt«.
[11] Vgl. *Th. W. Adorno*, Negative Dialektik, Frankfurt 1966, 393f.

ersichtlich humanisierte. Blieb freilich auch an ihn die Frage (Helmut Peukert stellt sie beharrlich), ob ein entschlossenes kommunikatives Handeln, wenn es sich mit der definitiven Vernichtung der Opfer der Geschichte abfinde, nicht an den eigenen Widersprüchen zerbricht[12] ... Und schließlich, nicht zu vergessen: Die Theologen begannen damals, die so lange ignorierten Klassiker der Neuzeit (Kant, Hegel, später auch Nietzsche) endlich selbst zur Kenntnis zu nehmen: zur Vertiefung der anstehenden Probleme und als Herausforderung.

Ich will diese Erinnerungen jetzt nicht weiter verfolgen – sie illustrieren jedenfalls das Klima, in dem unsere Theologie sich entwickelte und entwickeln konnte, weil die Fragen so explizit gestellt und allgegenwärtig waren, daß man sie gar nicht umgehen konnte. Wie aber läßt sich in diesem Kontext – denn dies war ja unser Interesse – *die christliche Rede von Gott als sinnvoll, ja sogar als unbedingt bedeutsam* erschließen? Ich kann Ihnen, meine Damen und Herren, dazu nur *meine* Antwort vortragen, weil ich nur für sie in der Diskussion dann auch eintreten kann. Und ich will es versuchen in einem Gedankengang von sieben Schritten, für den ich Sie nun um Ihre Bereitschaft zum kritischen Mitvollzug bitte[13].

Das Erste und Wichtigste ist natürlich, einen tragfähigen *Ausgangspunkt* zu finden: geeignet für die Erschließung des Glaubens und mitvollziehbar für jeden, der überhaupt am Gespräch interessiert ist. Unhintergehbar ist nun aber die menschliche *Freiheit*. Noch wer sie bezweifelt, macht von ihr ja Gebrauch. Ohne sie wären spezifisch humane Vollzüge (Moralität, Kommunikation, Recht usw.) überhaupt nicht zu denken. Und so kann es für unseren Gedankengang auch genügen, daß wir uns gegenseitig Freiheit alltäglich unterstellen, sie für uns selber in Anspruch nehmen und selbst noch ihre hartgesottensten Bestreiter sich in der Praxis nicht gerne beim Wort nehmen lassen. Hinzu kommt, daß Freiheit als das zentrale Motiv und bis heute unerledigte Thema der Neuzeit gelten kann[14], so daß (wenn überhaupt) sich am ehesten noch bei ihm die Aussicht eröffnet, zu einem Diskurs auch über den Glauben zu kommen. Daß dies nicht auf bloße Anpassung hinauslaufen kann, ist angesichts der schon früh

---

[12] Vgl. *H. Peukert*, Wissenschaftstheorie – Handlungstheorie – Fundamentale Theologie. Analysen zu Ansatz und Status theologischer Theoriebildung, Düsseldorf 1976, 273–282
[13] Grundlegend für den folgenden Gedankengang *Th. Pröpper*, Erlösungsglaube und Freiheitsgeschichte. Eine Skizze zur Soteriologie, München ³1991, 171–224 (dort weitere Literatur); vgl. *ders.*, Autonomie und Solidarität. Begründungsprobleme sozialethischer Verpflichtung: *E. Arens* (Hg.), Anerkennung der Anderen. Eine theologische Grunddimension interkultureller Kommunikation, Freiburg 1995, 95–112; *H. Krings*, System und Freiheit. Gesammelte Aufsätze, Freiburg – München 1980.
[14] Vgl. *W. Pannenberg*, Gottesgedanke und menschliche Freiheit, Göttingen 1972; zum folgenden auch *Th. Pröpper*, Art. Freiheit: NHthG 2, München (erweiterte Neuausgabe) 1991, 66–95.

angebahnten und inzwischen fast unaufhaltsam erscheinenden realen historischen Prozesse natürlich klar. Aber ebenso gewiß ist, daß jede Kritik am herrschenden Freiheitsverständnis nur einleuchten kann, wenn die gemeinsame Basis, eben die Option für Freiheit, dabei anerkannt bleibt. Und schließlich, nicht zuletzt, sind es genuin theologische Gründe, die den Freiheitsansatz empfehlen. Seit den Tagen des Exodus geschieht Heilsgeschichte ja als Befreiungsgeschichte. Von Paulus wird Freiheit als zentrales Heilsgut beschrieben. Vor allem aber, für mich besonders bewegend: Gott selbst hat in der Mitteilung seiner Liebe die Freiheit der Menschen, die er suchte, schon anerkannt und geachtet: sichtbar am Weg Jesu bis an sein ohnmächtiges Ende … Gründe genug also für das theologische Denken, sich auf die Instanz der Freiheit zu verpflichten.

Um nun – zweiter Schritt – mit diesem Anfang auch etwas anfangen zu können, brauchen wir einen klaren *Begriff*. Wie wird uns Freiheit bewußt? Am deutlichsten, denke ich, als unsere Fähigkeit, zu schlechthin allem (zu jeder Gegebenheit, jeder Forderung, sogar noch zum eigenen Dasein) uns verhalten zu können, d.h. jedes Gegebene distanzieren, es überschreiten und dann bejahen oder verneinen zu können. Also ist Freiheit zu denken als spontanes Sichverhalten, als grenzenloses Sichöffnen und ursprüngliches Sichentschließen: als (mit einem Wort) *Fähigkeit der Selbstbestimmung*. Und diese Fähigkeit – das ist nun entscheidend – ist *unbedingt*, d.h. durch nichts außer ihr zu erklären (vielmehr hätte jeder Versuch einer solchen Erklärung unser Bewußtsein von ihr schon verraten). Nicht als ob Freiheit ganz isoliert, gleichsam pur und für sich allein, auch schon wirklich sein könnte – in dieser Hinsicht, also als tatsächlich existierende Freiheit, ist sie vielmehr auf vielfache Weise bedingt: leibhaft gebunden, welthaft situiert und zudem intersubjektiv, also durch andere Freiheit zu ihrem aktuellen Selbstvollzug stets schon vermittelt. Und doch hebt diese (wie ich sie nenne) *materiale Bedingtheit* ihre *formale Unbedingtheit* nicht auf: »bedingt sein« heißt nicht »verursacht sein« – auch zu ihrer Bedingtheit kann sich Freiheit ja noch verhalten.

Mit dem dritten Schritt kommt nun unsere Überlegung in Fluß. Freiheit ist Fähigkeit der Selbstbestimmung, sagte ich. Also ist sie das durch sich selbst Bestimmbare und zugleich (wenn sie es will) das sich selber Bestimmende. Zur *wirklichen* Selbstbestimmung aber kommt es erst dadurch, daß sie sich für bestimmte Inhalte tatsächlich entschließt; nur so gewinnt sie reale Identität, werden wir Subjekte einer eigenen Geschichte. Freiheit kann sich ja nicht darin erfüllen, daß sie zu allem Wirklichen nur auf Distanz geht, sich in abstrakter Reinheit bewahrt und schließlich den schönen Tod der inneren Auszehrung stirbt. Zugleich aber stoßen wir hier auf ein erstes Problem: Wenn Freiheit, gerade aufgrund ihres unbedingten Sichöffnens, sich von jedem gegebenen Inhalt wieder losreißen, ihn überschreiten und zurücklassen kann – gibt es dann überhaupt einen *angemessenen Inhalt* für sie? Ist der freie Mensch womöglich eine Fehlkonstruktion, eine ruhelos-unerfüllbare Sehnsucht, eine (wie Sartre formulierte[15]) »nutzlose Leidenschaft«?

Freiheit kann nicht nur, sie *soll* sich auch selber bestimmen. Dieser Anruf ergeht dem vorfindlich existierenden Menschen aus dem Bewußtsein der eigenen Freiheit: eben weil sie noch nicht ist, was sie sein kann. Und eben darum kann nun auch – vierter Schritt – der Maßstab für den gesuchten, ihr angemessenen Inhalt nur wieder sie *selbst* sein. Dasselbe besagt, ethisch ausgedrückt, der Begriff der *Autonomie*: daß Freiheit sich selber Gesetz ist. Autonom wird also ihre Selbstbestimmung nur sein, wenn sie sich zu sich selber entschließt und auf die *Unbedingtheit des eigenen Wesens als Kriterium ihrer Selbstverwirklichung* verpflichtet. Als Inhalt, der ihrem unbedingten Sichöffnen entspricht, kommt dann aber letztlich nur ein solcher in Frage, der sich seinerseits durch Unbedingtheit auszeichnet: die andere Freiheit also, die Freiheit der anderen. Was wir damit erreicht haben, meine Damen und Herren, ist der oberste Grundsatz der Ethik: *Freiheit soll andere Freiheit unbedingt anerkennen*. Diese Forderung (ebenso unbedingt wie die Freiheit) gilt auch dann, wenn der andere die Bejahung nicht erwidert, vielleicht auch noch nicht oder nicht mehr erwidern kann. Gleichwohl werden wir von wirklicher, beglückender Erfüllung der Freiheit erst sprechen, wenn die Anerkennung auch gegenseitig geschieht. Hier aber zeigt sich ein zweites Problem: Denn da diese Sinnerfüllung vom Anderen her ja ebenfalls dessen freier, ursprünglicher Entschluß ist, bleibt sie für uns wesentlich *unverfügbar*, wobei wir zugleich freilich sehr genau wissen, daß auch nur das, was aus unverfügbarer Freiheit geschenkt wird, die Freiheit, die wir selbst sind, zu *erfüllen* vermag. Eben dies macht ja das ganze Glück und die Not menschlicher Beziehungen aus: daß wir einander als Freie wollen, die *freie* Anerkennung begehren, aber deshalb einander auch frei *lassen* müssen. Und mit der Not wiederum wächst die Gefahr, uns dennoch zum Herrn des Verhältnisses aufzuschwingen und den Anderen, wie raffiniert auch immer, unter die eigene Regie und Verfügung zu bringen.

Um zu meinem Ziel zu gelangen, muß ich – fünftens – noch einen Zwischenschritt einschalten. Denn was heißt das eigentlich: eine andere Freiheit unbedingt anerkennen? Nichts anderes, denke ich, als ihr sagen: Es ist gut, daß du bist, und genauer noch: Du sollst sein! Anerkennung will das *Sein* der anderen Freiheit. Eben darum aber geschieht sie auch nur ernsthaft, wenn sie sich durch konkrete Handlungen und Inhalte vermittelt, die dieses Seinsollen des anderen nicht nur bekunden, sondern auch schon – wenigstens anfanghaft – realisieren (Dazu gehören die Blumen zum Geburtstag und das ermutigende Gespräch ebenso wie der Einsatz für eine gerechte Weltwirtschaftsordnung,

---

[15] *J. P. Sartre*, Das Sein und das Nichts. Versuch einer phänomenologischen Ontologie, Hamburg 1974, 770.

denn jede Freiheit trägt Verantwortung für eine Welt, durch deren Verhältnisse die Bestimmung aller Menschen zum Freisein gefördert wird). Wesentlich dabei ist, daß dieselben Dinge und Gehalte, die als adäquate Erfüllung der Freiheit ausschieden, nun als Medien der Anerkennung eine veränderte Zielrichtung gewinnen. Aus Objekten werden *Symbole* (wie ich sie nenne), weil durch sie die eine der anderen Freiheit sich mitteilt, ohne doch einfach mit ihnen identisch zu sein. Zugleich freilich kehrt, wenn auch auf höherer Ebene, die alte Schwierigkeit wieder: Denn weder kann sich der Entschluß der Freiheit in solchen Symbolen erschöpfen, noch kann sie das Seinsollen des Anderen so unbedingt, wie es gemeint ist, schon realisieren. Immer nur auf bedingte und endliche Weise kann unbedingte Bejahung Wirklichkeit werden. Daher die Vorläufigkeit ihrer Symbole: sie versprechen noch, was in ihnen doch auch schon geschieht. Und daher übrigens auch ihre Bezweifelbarkeit – doch das wäre ein eigenes Thema ...

Ich komme zum sechsten Schritt. Der unbedingte Entschluß für den anderen wie sein unbedingtes Seinsollen sind stets, so unser Zwischenergebnis, nur bedingt realisierbar. Mit dieser Einsicht in die *Vorläufigkeit wirklicher Anerkennung* zeigt die Aporie, die im Wesen der endlichen Freiheit selbst wurzelt, ihre von uns nicht mehr aufhebbare Gestalt: Menschen wollen, ja sie beginnen sogar, was sie doch nicht vollenden können (»du sollst unbedingt sein« heißt letztlich: »du sollst nicht sterben«[16]). Hat diese Aporie nun nicht nur für uns, sondern überhaupt und definitiv als unlösbar zu gelten? Theoretisch zwingend jedenfalls hat sie es nicht. Denn theoretisch ebenso möglich und deshalb mit intellektueller Redlichkeit vertretbar ist die Idee einer Freiheit, die nicht nur wie die unsere formal, sondern auch material unbedingt und insofern vollkommen wäre: Einheit von unbedingtem Entschluß und ursprünglicher Verfügung über allen Gehalt, theologisch gesprochen: Einheit von Liebe und Allmacht. Sie allein könnte die Intention unbedingter Anerkennung einlösen und somit den Sinn menschlicher Freiheit verbürgen. In der *Idee Gottes* wird also die Wirklichkeit gedacht, die sich Menschen voraussetzen müssen, wenn das unbedingte Seinsollen, das sie im Entschluß ihrer Freiheit für sich selbst und für andere intendieren, als möglich gedacht werden soll. Wohlgemerkt aber: *wenn* es als möglich gedacht werden soll.

Vielleicht denken Sie jetzt, ich hab's ja gewußt: am Ende wieder der Lückenbüßer-Gott und natürlich der Rekurs auf den Tod. Immerhin, so würde ich gegenhalten, haben wir unser Ergebnis, die Offenheit für Gott, auf eine

---

[16] Dieses oft zitierte Wort *Gabriel Marcels* hat bei ihm ursprünglich sogar eine indikativisch-antizipatorische Fassung: »Einen Menschen lieben ... heißt: du aber wirst nicht sterben ... Dem Tod eines Menschen zustimmen, heißt, in gewisser Weise ihn dem Tod ausliefern« (Das ontologische Geheimnis. Drei Essais, Stuttgart 1961, 79).

streng analytische und verbindliche, sogar für die autonome Freiheit verbindliche Weise erreicht. Und außerdem: es folgt ja noch der siebte Schritt. Ob die genannte Voraussetzung gemacht werden kann, ist nämlich – entsprechend der eigentümlichen Zeitstruktur unseres Freiheitsvollzugs – keineswegs erst ein künftiges, sondern ein durchaus *schon jetzt virulentes Problem.* Denn Menschen wissen nun einmal – wie latent auch immer und dennoch beständig – um ihre Endlichkeit und also auch um die Bedrohtheit dessen, was sie beginnen. Ohne die genannte Voraussetzung könnte – bei hellem Bewußtsein – ihre gegenseitige Anerkennung und Liebe nicht mehr zu sein hoffen als der zwar tapfere, aber dennoch vergebliche Kampf gegen das Schicksal der Absurdität und der Vernichtung. Umso erstaunlicher ist freilich, daß Menschen immer wieder und wie selbstverständlich von einem bleibenden Sinn dessen, was sie beginnen, schon ausgehen. Unter dem Gesetz der Angst könnte es ja auch in der Tat kaum gelingen. Liebe kann nur gelingen, wo ihr vertraut wird – und dies nicht nur, weil jeder, ohne die Freiheit des anderen berechnen zu können, *anfangen* muß, wenn überhaupt etwas glücken und stark werden soll, sondern eben auch deshalb, weil er (wie beschrieben) die in der unbedingten Affirmation von Freiheit intendierte, vielleicht sogar antizipierte Sinnvoraussetzung nicht selbst garantieren kann. Die Gefährdungen, die sich auftun, wenn sie verlorengeht, sind vielfältiger Art: Selbstüberforderung und Übererwartung an andere, lähmende Entmutigung, resignierter Rückzug auf sich selbst und die eigene Sicherung, wenn nicht sogar die Verkehrung der eigenen Wesensbestimmung auf den eskalierenden, lebenzerstörenden Wegen des Willens zur Macht. Ob der Hoffnung der Freiheit vertraut werden kann und sie schon jetzt als verbürgt gelten darf, kann also für die Verwirklichung der Freiheit nicht gleichgültig sein. Und wird besonders dann nicht bedeutungslos sein, wenn die Anerkennung einseitig bleibt, der geforderte Selbsteinsatz riskant und kostenreich wird und vielleicht sogar alles Bemühen vergeblich erscheint.

Natürlich, meine Damen und Herren, habe ich Ihnen mit alledem keinen Gottesbeweis geliefert. Nichts berechtigt dazu, aus der Idee Gottes, so möglich und sinnvoll sie ist, auch schon auf seine Wirklichkeit zu schließen. Und erst recht können wir über sein freies Verhältnis zu uns nicht entscheiden. Wohl aber läßt sich, mit den gewonnenen Kategorien, die durch die Erinnerung des Glaubens begründete Rede von Gott in ihrer unbedingten Bedeutung erschließen. Daß Gott selbst sich für uns bestimmt hat, indem seine Liebe in Jesu Wirken bis in den Tod uns zuvorkam und an ihm ihre Treue erwies – diese *absolute Affirmation unserer Freiheit* ist die *Vorgabe,* aus der sie nun selbst sich bestimmen, mit der sie ihrerseits beginnen und von der sie, unwiderruflich und unerschöpflich, für sich selbst und für jeden Gebrauch machen darf. Was dies für die Annahme unserer selbst, unser Freiwerden *mit* den anderen, für unser individuelles und gesellschaftliches Handeln besagt, ließe sich leicht durchbuchstabieren und dabei auch der Sinn von Rechtfertigung, Versöhnung, Erlösung erhellen. *Gerade als Freie sind wir Gottes bedürftig.* Denn alles, was Menschen sich selber, den Anderen und nicht zuletzt der erschöpften natürlichen Umwelt antun: in beständigem Kampf um Anerkennung, in der rivalisierenden Sorge um Einfluß und Geltung, im Versuch eigener Selbstvergewisserung durch den Verschleiß von Gütern und die Ausnutzung von Menschen, im Willen zur Übermächtigung von allem, was sich nicht fügt oder Angst macht, und der schonungslosen Selbstbehauptung auf Kosten der Gedemütigten und Verletzten, nicht zuletzt auch im beständigen Schwanken zwischen Selbstüberanstrengung und nachfolgender Depression, zwischen projektiver Übererwartung und dann der vorwurfsvollen Enttäuschung, daß der andere auch nur ein Mensch ist – dies alles hat doch seine gemeinsame Wurzel darin, daß sie die wesenhafte Antinomie ihrer Freiheit, sofern sie bedingt und unbedingt zugleich ist, entweder vor sich selber nicht zulassen wollen oder aber bewußt sich entschieden, sie allein und aus eigenem Vermögen zu lösen. Und fast immer wird, noch hinter den Verzerrungen des Bösen, das Unglück einer Freiheit erkennbar, die sich dazu verurteilt hat oder verurteilt glaubt, ohne Gnade leben zu müssen ...

Damit habe ich gesagt, zumindest grundrißhaft angedeutet, was ich Konstruktives zur Vergegenwärtigung der christlichen Rede von Gott sagen kann. Um die Schwierigkeiten, die sich anschließen, soll es im (kurzen) zweiten Teil gehen.

II.

War es richtig, meine Damen und Herren, die Vermittlung der christlichen Rede von Gott so dezidiert, wie ich es getan habe, an das Selbstbewußtsein der menschlichen Freiheit zu binden? Grundsätzlich kann ich darauf nur wiederholen: ich sehe keinen anderen Weg. Und ich spitze sogar noch zu: Wenn es nicht etwas Unbedingtes im Menschen selbst gäbe und dieses Unbedingte, eben die Freiheit, nicht aktualisiert werden könnte, dann gäbe es auch keine Möglichkeit, daß die Frage nach Gott ihn unbedingt angehen könnte. Oder anders (mit Paul Tillich[17]) formuliert: es würde Gott, eben sofern er das uns unbedingt Angehende ist, für uns schlicht bedeutungslos bleiben. Also verschiebt sich die Frage: Ist es denn, lautet sie jetzt, wenigstens *aussichtsreich*, so dezidiert auf die Freiheit zu setzen? So zu fragen, mag zunächst wohl verwundern, denn: Frei sein – das wollen doch alle, und im Sinne von »tu und denke, was du willst« sind sie es auch. Doch ist dies gar nicht der Punkt. Die Voraussetzung, von der meine Überlegungen ausgingen, war anspruchsvoller. Denn

---

[17] Vgl. *P. Tillich*, Wesen und Wandel des Glaubens (Ullstein Buch 318), Frankfurt/Berlin 1963.

ihre Überzeugungskraft hängt daran, daß ein Mensch in seiner unausweichlichen Freiheit sich zu ihr auch *entschließt* und das heißt: sich auf ihr unbedingtes Wesen als Maßstab seiner Selbstbestimmung verpflichtet und dann zu allen weiteren Konsequenzen und Einsichten steht. Nur so wird er verbindlich »er selbst«, gewinnt reale Identität, wird Subjekt seiner Geschichte. Kant hat diesen ursprünglichen Akt als Konstitution moralischer Freiheit, Kierkegaard ihn als »Selbstwahl« beschrieben (Jaspers, Sartre u. a. sind ihm gefolgt)[18]. Man braucht dabei gar nicht primär an ein einmaliges, hochreflektiertes, womöglich dramatisches oder gar feierliches Geschehen zu denken (»in der einsamen Stille der Nacht«) – unvertretbar jedoch und deshalb auch nicht erzwingbar ist dieser Akt allemal. Unbeschadet dieser Ursprünglichkeit aber ist er – was schon Fichte erkannte[19] und die Sozial- und Entwicklungspsychologie empirisch rekonstruiert hat – durch die Begegnung anderer Freiheit *vermittelt* und somit zugleich von den *gesellschaftlichen* Verhältnissen beeinflußt. Und man wird noch hinzufügen dürfen, daß die Freiheit, um ihr *volles* Wesensmaß zu erfassen, auch von *religiösen* Sinnvorgaben abhängig war. Zumindest historisch ist unbestritten, daß es namentlich die biblisch begründete jüdisch-christliche Tradition war, die eben dadurch, daß sie dem einzelnen, jedem einzelnen Menschen vor Gott unersetzbaren Wert und persönliche Verantwortung zusprach, der Entdeckung der Unbedingtheit menschlicher Freiheit zum weltgeschichtlichen Durchbruch verhalf. Aber stellen wir diesen Aspekt noch zurück und bleiben bei den *gesellschaftlichen* Konditionen, um die Probleme unserer Situation in den Blick zu bekommen. Ich will das streiflichtartig unter drei Stichworten versuchen und dann mit ein paar tastenden Überlegungen schließen – nicht etwa um die Lösung, sondern allenfalls noch Bedingungen für die Lösungs*suche* zu nennen und so die Problematik, die uns ja alle betrifft, an unsere Diskussion weiterzugeben.

Mit dem soziologischen Stichwort »Individualisierung« zu beginnen, empfiehlt sich schon deshalb, damit die Diagnose nicht gleich unter den Druck moralischer Kategorien gerät. Gemeint ist der oft beschriebene Vorgang[20], daß die fortschreitende Differenzierung der Industriegesellschaft, bei der sich die traditionalen Milieus und Lebenszusammenhänge auflösen, zwar einerseits einen enormen Individualitätsschub und Freiheitszuwachs bewirkte, auf der

---

[18] Vgl. *S. Kierkegaard*, Entweder – Oder II/2, Gütersloh 1980, 180. 188 f. 227; zu Kant *K. Konhardt*, Die Unbegreiflichkeit der Freiheit. Überlegungen zu Kants Lehre vom Bösen: ZPhF 42 (1988) 379–416.
[19] Vgl. *J. G. Fichte*, Grundlage des Naturrechts nach Principien der Wissenschaftslehre: WW III (ed. *I. H. Fichte*), Berlin (Neudruck) 1971, 1–385, 30–40.
[20] Vgl. u. a. *U. Beck*, Risikogesellschaft. Auf dem Weg in eine andere Moderne, Frankfurt 1986; *ders./E. Beck-Gernsheim* (Hg.), Riskante Freiheiten. Individualisierung in modernen Gesellschaften, Frankfurt 1994; zum folgenden bes. *K. Gabriel*, Christentum zwischen Tradition und Postmoderne, Freiburg 1992, 121–202.

anderen Seite aber die nun ganz individuell zu leistende Aufgabe der Identitätsbildung für Unzählige (besonders die Jüngeren) fast zur Überforderung werden ließ, zumal sie gleichzeitig in allen Bereichen (Arbeitswelt, Bildung, Konsum) neue Abhängigkeiten und strukturelle Anpassungszwänge schuf. *Eine* Erscheinungsform des fragmentierten individuellen Bewußtseins bildet die diffuse, oft auch synkretistische Religiosität bis in die Kirchen hinein, worauf ich aber jetzt ebenso nur hinweisen kann wie auf die Probleme, die aus dem selektiven Umgang mit dem pluralen Angebot religiöser Deutesysteme für die institutionelle Form der christlichen Glaubenstradierung entstehen. Wichtig ist außerdem, daß das allgemeine Krisenbewußtsein angesichts der systemisch nicht bewältigten, frei flottierenden Kontingenzen ein Potential von Angst und Unsicherheit (nach Ulrich Beck das Schlüsselproblem der »Risikogesellschaft«[21]) erzeugte und mit ihm – entgegen allen Prognosen einer religionslosen Zukunft – einen Bedarf an Religion produziert, der weithin durch eindeutig kompensatorische Religionsformen gedeckt wird, während Minderheiten (namentlich die Basisbewegungen) auf die selbstzerstörerische Logik der Gesellschaftsentwicklung und den eklatanten Widerspruch zwischen den verbalen universalistischen Normen und der tatsächlichen Lage der Weltbevölkerung durch eine Aktualisierung der prophetischen Tradition des Christentums reagieren und zugleich das von den Modernisierungsprozessen uneingelöste Versprechen selbstbestimmter Subjektivität durch Gemeinschaftsformen »intersubjektiver Anerkennung«[22] zu verwirklichen suchen. Ich komme darauf zurück.

Das zweite Stichwort (es klang eben schon an) heißt »Pluralismus« – und ihm ausgesetzt der Einzelne, der – zersplittert in Rollen und aufgeteilt in Funktionen – seine Gespaltenheit nicht mehr zu versöhnen vermag, ja das Bedürfnis, eine eigene Identität auszubilden, oft kaum noch verspürt[23]. Und so wird denn auch, was einmal Subjekt hieß, entschieden fast nur noch als Recht auf individuelles Denken, Fühlen und Tun reklamiert. Alle Sprachmuster sind dabei möglich, alle Handlungsmuster gleichrangig geworden. Der Spätmoderne weiß nicht mehr, was er denken soll, weil er alles denken kann. Im pluralistischen Einerlei traut er sich keine Wertungen mehr zu. Sokrates, Goethe, Walt Disney oder Simmel: andersartig, aber gleichwertig; Fragen der Metaphysik oder Sexualität, Fragen der Vollwertkost oder der Gerechtigkeit: andersartig, aber

---

[21] *U. Beck*, Risikogesellschaft (s. Anm. 20), 66.
[22] *A. Honneth*, Pluralisierung und Anerkennung. Zum Selbstmißverständnis postmoderner Sozialtheorien: *W. Zapf* (Hg.), Die Modernisierung moderner Gesellschaften, Frankfurt 1991, 165–173, 172.
[23] Zum folgenden vgl. *Th. Pröpper*, Meinungsmarkt und Wahrheitsanspruch: Christ in der Gegenwart 45 (1993) 325 f.; *J. Altwegg / A. Schmidt*, Französische Denker der Gegenwart. Zwanzig Porträts, München 1987; *H. J. Türk*, Postmoderne, Mainz/Stuttgart 1990; *W. D. Rehfus*, Die Vernunft frißt ihre Kinder. Zeitgeist und Zerfall des modernen Weltbilds, Hamburg 1990.

gleichwertig. Lehrer berichten, daß die Schüler, sobald die Diskussion verbindlicher wird, sich schweigsam verweigern. Toleranz, einst eine höchst anstrengende Tugend, ist zum augenzwinkernden Verständnis erschlafft, das fast allen Bedürfnissen recht gibt. Man ist liberal, weil man den Zusammenhang nicht mehr begreift, man erzieht antiautoritär, weil einem nichts anderes einfällt (Müssen wir – Zitat aus dem Kinderhort – heute schon wieder tun, was wir wollen?). Die Kultur – ein fröhliches Durcheinander der Zeiten und Stile; die Bilder Tizians, der röhrende Hirsch, der Harlekin Picassos, das Softgirl von Hamilton: alles Kultur. Über den Rang entscheiden objektiv Marktwert und Einschaltquoten, subjektiv meine momentanen Impulse. Und überall der Zerfall des Bewußtseins: Bilder statt Sprache, Feeling statt Denken – vom unverdauten Informationssalat ganz zu schweigen ...

Neu ist nicht das *Problem* des Relativismus, sondern wie aus der Not eine fröhliche Tugend gemacht und der *definitive* Pluralismus als Freiheitszuwachs gefeiert wird. Die postmodernen Vordenker trauern den universalen Visionen nicht nach, die in der Neuzeit projektiert worden sind. Denn der Versuch, so der Vorwurf, das Ganze zu denken, sei doch totalitärer Terror gewesen. Also erhält die Vernunft, einst als alle Menschen verbindende Instanz der Wahrheit geachtet, ihren Abschied – zugunsten der (so Wolfgang Welsch[24]) »transversalen Vernunft«, die sich flexibel in allen Sprachspielen tummelt, und zugunsten der neuen »Polymythie«, deren Lob – zwecks Gewaltenteilung – bei Odo Marquard erklingt[25] ... Neu ist ebensowenig die Bedrängnis des Freiheitsbewußtseins. Schon der alte Fichte beklagte, »die meisten Menschen würden leichter dahin zu bringen seyn, sich für ein Stück Lava im Monde ... zu halten« als ihrer Bestimmung zur Freiheit zu trauen[26] (im heutigen Jargon müßte es wohl heißen: für einen selbstdomestizierten Primaten oder Chemo-Computer). Aber selbst Nietzsche, der die Destruktion des Subjekts womöglich schon gründlicher als seine gegenwärtigen Nachfahren betrieb, gelang doch die trockene Gelassenheit nicht, mit der heute der »Tod des Subjekts« konstatiert wird[27]: erst eine Erfindung der späten Neuzeit sei es gewesen, eine Überlebensfiktion der Evolution nur, die nun wieder verschwinde (das Weitere hänge weniger von dem selbstreflexiven Menschen als der Dynamik der selbstreferentiel-

---

[24] W. *Welsch*, Unsere postmoderne Moderne, Weinheim ³1991; *ders.* (Hg.), Wege aus der Moderne. Schlüsseltexte der Postmoderne-Diskussion, Weinheim 1988.
[25] O. *Marquard*, Lob des Polytheismus. Über Monomythie und Polymythie: *ders.*, Abschied vom Prinzipiellen. Philosophische Studien, Stuttgart 1981, 90–116.
[26] J. G. *Fichte*, Grundlage der gesamten Wissenschaftslehre: WW I (ed. I. H. Fichte), Berlin (Neudruck) 1971, 83–328, 175.
[27] Vgl. *M. Foucault*, Die Ordnung der Dinge, Frankfurt 1971; *H. J. Türk*, Postmoderne (s. Anm. 23), 63–74; zu J. Derrida auch *J. Altwegg / A. Schmidt*, Französische Denker (s. Anm. 23), 71–77.

len Systeme ab). Mehr noch als die real laufenden Prozesse selbst sind es ihre philosophischen Affirmationen, die ich beunruhigend finde.

Das dritte Stichwort hat Gerhard Schulze mit seiner Analyse der »Erlebnisgesellschaft« geliefert – und ich erwähne sie nur noch, weil sie den inzwischen (nach der Transformation der Arbeits- zur Überflußgesellschaft) vorherrschenden Trend in den Blick rückt, mit der latenten *Sinn*problematik fertig zu werden[28]. Denn die Antwort auf die wieder verstärkt sich meldende Frage »Was will ich eigentlich?« lautet zumeist und jedenfalls praktisch: »Erlebe dein Leben«. Und das heißt: Zum Kriterium der alltäglichen Entscheidungen ist die innenorientierte, rein subjektive Erlebnisqualität avanciert. Wurde in meiner Kindheit etwa für Seife noch mit ihrem Gebrauchswert Reinigung geworben, so später mit ihrer Duftnote und heute damit, daß sie »Ihrer Haut schmeichelt«. Aber es kann auch Beethovens Neunte, die Autowäsche, der Meditationskurs oder die Disco sein – denn Erlebnisse werden gemacht, inszeniert, und entscheidend ist stets, daß man »sich selbst spürt«. Freilich: Das von Wahlmöglichkeiten überflutete und vor Enttäuschung durch inflationäre Häufung nicht sichere Individuum bedarf der Stabilisierung, und es findet sie – hier kommt das offenbar konstante Bedürfnis nach Anerkennung ins Spiel – in den nach weiteren Kriterien (Bildung, Arbeit, Lebensstil) konstituierten Milieus, in denen man jeweils – aufgrund der gleichen Geschmacksdisposition von den »Erlebnispartnern« bestätigt – sich seiner selbst vergewissert, während der Bezug zu den anderen Milieus durch »Indifferenz oder achselzuckende Verächtlichkeit« bestimmt ist[29]. Aber nicht nur das manifeste Desinteresse an gesamtgesellschaftlichen Belangen ist an dieser Sinnorientierung neu (und problematisch), sondern auch die unbedingte Gegenwartsoption mit ihrer Abblendung der Zeitdimensionen Erinnerung und Zukunft, ohne die *reale* Identität und Freiheit womöglich doch nicht zu gewinnen sind. Und wie übrigens sollten die Marginalisierten dieser Gesellschaft in ihr noch anderes sehen können als den zynischen Komplott derer, die ohnehin alles haben und oben sind?[30]

Was ergibt sich nun, meine Damen und Herren, aus den angesprochenen gesellschaftlichen Tendenzen, wenn doch – das war ja meine These – die Vergegenwärtigung der christlichen Rede von Gott und die Konstitution selbstverpflichteter Freiheit untrennbar zusammengehören? Ich will versuchen, die Richtung meiner Gedanken in drei Punkten noch anzudeuten.

---

[28] *G. Schulze*, Die Erlebnisgesellschaft. Kultursoziologie der Gegenwart, Frankfurt 1992.
[29] A.a.O. 405.
[30] So die abschließende Frage von *M. Bongardt* in seinem (unveröffentlichten) Promotionsvortrag vom 4. 2. 1994 an der Kath.-Theol. Fakultät Münster, in dem er die Nähe von Schulzes Untersuchungsergebnissen zu Kierkegaards Analysen der »ästhetischen Existenz« herausgearbeitet hat.

1. Historisch gesehen steht die Kirche – Ironie der Geschichte – vor der Aufgabe, die humanen Intentionen der emanzipierten Neuzeit, mit der sie Jahrhunderte entzweit war, im Stadium ihrer Krise sich entschieden zu eigen zu machen: zum einen, weil die christliche Rede von Gott selbst die Freisetzung der autonomen (selbstverpflichteten) Freiheit voraussetzt bzw. einschließt (und mit sich bringt), und zum andern, weil sie aus der Erinnerung ihres Glaubens die Sinnvorgabe zu vergegenwärtigen hat, von der die menschliche Freiheit, um ihr volles Wesensmaß zu erfassen, historisch abhängig war und möglicherweise, um Mut zu sich selbst zu behalten, auch abhängig bleibt. Denn was sein wird, wenn diese subkutan noch wirksamen Sinnvorgaben erst einmal völlig aufgezehrt und vergessen sind, steht durchaus noch dahin. Ernst Bloch hat den Optimismus, mit dem der »sogenannte moderne Mensch« die früheren Hoffnungen beerbte, an deren Begründung er doch nicht mehr glaubte, als »Zechen auf fremde Kreide« bezeichnet und ein »hilfloses Grauen« für den Augenblick befürchtet, an dem das dürftige verbale »Bekenntnis zum Nichts« uns tatsächlich einholt[31]. Indessen: Zum Abwarten mit der Aussicht apokalyptischer Schadenfreude ist den Christen die Verheißung des Evangeliums nicht anvertraut worden. Und außerdem könnte es ja ebenso sein, daß Nietzsches Vision von den »letzten Menschen« und ihrem blinzelnden Glück sich erfüllte[32].

2. Was die künftige Gestalt der Glaubensüberlieferung angeht, so setze ich (übrigens wie Karl Gabriel[33]) auf eine Kirche, die konflikt- und dialogfähig genug ist, die verschiedenen in der gegenwärtigen Situation sich ausprägenden Strömungen in sich zusammenzuhalten. Denn weder ist auf die verfaßte Kirche als den Ort zu verzichten, an dem über die kurze Kraft der einzelnen hinaus (also institutionell gesichert: jeden Sonntag um 10 Uhr) die Ereignisse der von Gott eröffneten Freiheitsgeschichte erinnert und verkündet werden[34], noch kann die Kirche sich umgekehrt Menschen verschließen, die – wie partiell und selektiv auch immer – zu ihr gehören wollen. Dabei hoffe ich allerdings, daß die schon erwähnten explizit christlichen Suchbewegungen eindeutige Anerkennung und subsidiäre Unterstützung erfahren – und dies nicht nur, weil sie (nach dem Urteil der Soziologen) einen »besonders innovativen und zukunftsfähigen Teil der christlichen Tradition« darstellen[35] und weil sich die Kirche,

---

[31] E. Bloch, Das Prinzip Hoffnung (stw 3), Frankfurt 1973, 1360 f.
[32] F. Nietzsche, Also sprach Zarathustra: Werke in drei Bänden II (ed. K. Schlechta), Darmstadt ⁷1973, 275–561, 284 f.
[33] Vgl. K. Gabriel, Christentum (s. Anm. 20), 193–202.
[34] Vgl. F. Steffensky, »Ich muß nicht nur ich sein«. Fragen zur religiösen Lage an den Hamburger Theologen Fulbert Steffensky: Herder-Korrespondenz 49 (1995) 418–423, 421.
[35] K. Gabriel (s. Anm. 20), 200; vgl. F. X. Kaufmann, Christentum im Westen: Spannungsfeld der Verweltlichung: ders./J. B. Metz, Zukunftsfähigkeit. Suchbewegungen im Christentum, Freiburg 1987, 55–90, 87.

falls sie die regressiv-fundamentalistische Reaktion auf die Spätmoderne offiziell favorisieren würde, zu einer Sonderkultur mit sektenhaften Zügen entwickeln müßte, sondern vor allem auch, weil eine primär individualistisch-kompensatorische, ethisch defizitäre und gesellschaftlich abstinente Religiosität, so legitim sie als Indikator unabgegoltener humaner Bedürfnisse sein mag, doch kaum schon die Glaubensgestalt wäre, die dem Zeugnis des biblischen Gottes entspricht. Sie allein jedenfalls wird die ökonomischen Strategen nicht daran hindern, im Blick auf die aus dem Weltwirtschaftskreislauf herausgefallenen Armen von überzähligen Menschen zu reden[36]. Was die Kirche der Gegenwart schuldet, ist nicht primär die Sinnberuhigung der durch die laufenden Prozesse Verunsicherten und Frustrierten, sondern in eins mit der identitätsstiftenden Sinnvorgabe des Glaubens die Befähigung zur Wahrnehmung eigener moralischer Kompetenz.

Bleibt freilich 3. die Frage nach der Glaubensvergegenwärtigung gegenüber den Zeitgenossen, die sich nur locker oder gar nicht mit der Kirche verbunden wissen und doch in zahllosen (nicht zuletzt den schulischen) Zusammenhängen begegnen. Hier erreicht die theologische Reflexion und überhaupt jede theoretische Darstellung des Glaubens insofern ihre Grenze, als sie ohne eine auf die Wahrheit des Glaubens setzende Praxis oder doch wenigstens ohne Verweismöglichkeiten auf solche Praxis wirkungslos bleiben würde. Was es für die Form einer über Inhalte laufenden Glaubensvermittlung bedeutet, daß die Sinnerfahrungen selbst primär interaktiv mitgeteilt werden, verdient deshalb größte Beachtung. Desgleichen die Konsequenzen aus dem beschriebenen Befund, daß – korrelationsdidaktisch gesprochen – die Plausibilitätsvoraussetzungen für den Glauben kaum noch unmittelbar abrufbar sind und damit die Korrelation selbst dialektisch wird. Evident scheint mir jedenfalls, daß das Verkündigungsinteresse nicht ohne das (und wohl auch nicht vor dem) Interesse an autonomer Humanität zum Zuge kommen kann. Vielleicht auch gewinnt, sofern sie auf ehrliche Aufklärung zielt, die Reflexion auf die *Aporien* der herrschenden anthropologischen Leitbilder an Bedeutung. Und es wäre ja schon viel, wenn deutlich wird, daß es um Fragen geht, über die nachzudenken sich lohnt, und womöglich einige motiviert werden, es nun wirklich »selbst wissen« zu wollen. Wer sagt denn, daß hinter den gelangweilten Fassaden nicht ein eingeschüchtertes Ich darauf wartet, zu sich selbst ermutigt, vielleicht sogar gefordert zu werden? Und deutet nicht manches darauf, daß das Nichts der resultierenden Gleichgültigkeit, wenn tatsächlich alles gleich gültig wäre, die letzte Auskunft für Menschen nicht sein kann?

Bitte nehmen Sie, meine Damen und Herren, die Allgemeinheit meiner Perspektiven als das, was sie ist: Ausdruck ehrlicher Angewiesenheit auf *alle*,

---

[36] Vgl. *J. Sobrino*, Aus der Sicht Lateinamerikas: Orientierung 56 (1992) 125–130.

die in der Glaubensüberlieferung stehen. Meine Grundoption für diese Aufgabe, hoffe ich aber, ist übergekommen. Ich halte es (gerade heute) mit Nikolaus Cusanus, der an der Schwelle zur Neuzeit in eins mit Gottes Zuwendung die Aufforderung wahrnahm: »Sei du dein, so werde ich dein sein!«[37]

---

[37] *Nikolaus von Kues*, De visione Dei, Kap. VII.

»Daß nichts uns scheiden kann von Gottes Liebe ...«
Ein Beitrag zum Verständnis der »Endgültigkeit« der Erlösung

Die Schwierigkeiten, die dem christlichen Erlösungsglauben entgegenstehen, sind vielfältig, aber nicht alle von gleichem Gewicht. Soweit sie auf der traditionellen Ausprägung dieses Glaubens (vor allem auf seiner kreuzestheologischen Verengung) beruhen, können sie durch geduldige theologische Besinnung immerhin aufgearbeitet werden. Substantiell und bedrängend aber bleiben die Einwände, die sich gegen ihn im Namen des Leidens erheben. Ist es nicht blanker Zynismus, angesichts der schreienden Unerlöstheit der Welt von Erlösung zu reden? Wer also verstünde es nicht, wenn Christen, um die Autorität der Leidenden zu achten, von Erlösung, jedenfalls von schon geschehener Erlösung, lieber ganz schweigen? Andererseits aber: Würden sie mit solchem Verstummen nicht auch an wesentlichen Inhalten ihres Glaubens verzweifeln? Man sollte diese Frage nicht sogleich als Ausdruck einer fragwürdigen Identitätsvergewisserung abtun. Es geht auch und eigentlich primär um die Rechenschaft über die Hoffnung (1 Petr 3,15), die den Christen ja nicht nur für sich selbst, sondern für alle gegeben und somit auch zu bezeugen ist.

Was aber kann Erlösung bedeuten, da die Welt doch unerlöst ist? Betrifft sie etwa nur die jenseitige Zukunft und also jetzt nur den Bereich des Unsichtbar-Inneren, einen Vorgang innerhalb der Seele, ohne Entsprechung im Äußeren, in den Verhältnissen der Geschichte, ohne Bindung ans Materielle und die Härte der widersprüchlichen Realität? Es läßt sich nicht leugnen, daß solche Vorstellungen, nicht zuletzt unter augustinischem Einfluß, die christliche Heilsauffassung bis in die jüngste Vergangenheit prägen, während die religiösen Denker des Judentums darin stets eine Umdeutung der prophetischen Verheißungen erkannten: eine »illegitime Vorwegnahme« ihrer Erfüllung. Denn das Judentum, schreibt Gershom Scholem, »hat in allen seinen Formen und Gestaltungen stets an einem Begriff von Erlösung festgehalten, der sie als einen Vorgang auffaßte, welcher sich in der Öffentlichkeit vollzieht, auf dem Schauplatz der Geschichte und im Medium der Gemeinschaft, kurz, der sich entscheidend in der Welt des Sichtbaren vollzieht und ohne solche Erscheinung im Sichtbaren nicht gedacht werden kann«[1]. Ebenso Schalom Ben-Chorin: »Der Jude weiß

---

[1] *G. Scholem*, Über einige Begriffe des Judentums, Frankfurt 1970, 121. Vgl. auch *G. Greshake*, Erlöst in einer unerlösten Welt?, Mainz 1987, 11–28.

zutiefst um die Unerlöstheit der Welt, und er erkennt und anerkennt inmitten dieser Unerlöstheit keine Enklaven der Erlösung. Die Konzeption der erlösten Seele inmitten einer unerlösten Welt ist ihm wesensfremd, urfremd, vom Urgrund seiner Existenz her unzugänglich«[2]. Wenn nun aber die Erwartung Israels und seiner Propheten, die Verheißung des universalen Schalom, Perspektive und gültiges Maß auch der *christlichen* Heilshoffnung bleibt – was heißt es dann, an die in Jesus Christus schon geschehene Erlösung zu glauben? Wie verhält sich diese schon geschehene zur noch ausstehenden Erlösung, worin besteht ihre Endgültigkeit? Und läßt sich ihr Inhalt in einer Weise begreifen, die das Innerste und Tiefste des Menschen und doch ebenso wesentlich das Äußere umfaßt? In einer Weise auch, die jeden christlichen Triumphalismus verhindert und stattdessen eine solidarische Hoffnung begründet, die sich der Not der Leidenden aussetzt und die unversöhnte Realität als den ihr zugewiesenen Ort übernimmt?

Mit der Aufnahme dieser Fragen möchten die folgenden Überlegungen zu einem Verständnis des christlichen Erlösungsglaubens beitragen, in dem das eschatologische Gewissen der jüdischen Tradition nicht stillgelegt ist. Indem sie diesen Glauben mit dem Bekenntnis zu Jesus Christus verbinden und in ihm begründen, machen sie freilich erneut und umso schmerzhafter auch das Juden und Christen Trennende bewußt. Was sie vielleicht zu ihrem gegenseitigen Verstehen beitragen können, ist also von vorneherein äußerst begrenzt. Und begrenzt natürlich auch ihr Beitrag zu der noch weitergehenden Frage der Theodizee, von der sie ebenfalls bewegt sind. Denn auch wenn sich alle Erlösungshoffnung erfüllt und es tatsächlich geschieht, daß Gott selber die Tränen abwischt und die Leidenden der Geschichte aufrichtet – selbst dann bleibt ja immer noch die Frage, warum es nicht auch anders ging: nicht ohne das Leiden. Auch der Glaube verfügt nicht über die Antwort auf diese Frage – vielmehr wirft er sie, da er Gottes Liebe die Möglichkeit seiner Rechtfertigung noch zutraut, in ihrer ganzen Schärfe erst auf und hält sie wach. Gerade so aber bewahrt er auch das Gedächtnis des Leidens – im Widerspruch zum Denken der Neuzeit, das schließlich – wie Stendhal und Nietzsche formulierten – die »einfachste Lösung« des Theodizeeproblems darin fand, daß Gott eben nicht existiert. Denn mit Gott als der Instanz, die man immerhin noch anklagen konnte, entschwand auch der Grund der noch möglichen Hoffnung: die Sinnlosigkeit des geschichtlichen Leidens wurde definitiv. Es hat durchaus seine Logik, wenn das gegenwärtige Bewußtsein die Berührung mit dem tatsächlichen Leiden, das seinen Traum vom ungetrübten Glück und seinen heimlichen Allmachtswunsch hartnäckig widerlegt, geradezu zwanghaft vermeidet und abzudrängen sucht.

---

[2] S. Ben-Chorin, Die Antwort des Jona, Hamburg 1956, 99.

Zu widerstehen ist also auch allen Tendenzen, die Erlösung zur alleinigen Sache des Menschen zu erklären. Ebenso wie christliche Theologie das Verhältnis von Gegenwart und Zukunft der Erlösung zu verdeutlichen hat, muß sie aufeinander beziehen und deshalb auch klar unterscheiden, was Sache des Menschen ist und was allein Sache Gottes sein kann. Einen solchen Verstehensversuch möchte ich nun in einer zusammenhängenden Gedankenreihe vortragen, wobei die wesentlichen Schritte durch Leitsätze markiert sind, die in den nachfolgenden Abschnitten jeweils erläutert werden. Vielleicht hilft es – so jedenfalls meine Zuversicht – bei den angesprochenen Fragen weiter, wenn vor allem auf den *Inhalt* des christlichen Erlösungsglaubens geachtet, d.h. dieser Inhalt so genau wie möglich bestimmt und dann in seinen Konsequenzen bedacht wird[3].

1. Christlicher Glaube erkennt die wesentliche Bedeutung der Geschichte Jesu darin, die Offenbarung der unbedingt für die Menschen entschiedenen Liebe Gottes zu sein.

Mit dieser These ist zu beginnen, weil sie das Grunddatum des christlichen Glaubens bezeichnet, das den vielen Einzelaussagen der christlichen Theologie zugrundeliegt und durch sie in seiner Bedeutung entfaltet wird. Obwohl es sich um eine Glaubensaussage handelt, die sich im strengen Sinn nicht beweisen läßt, hat die Theologie doch Rechenschaft von ihr zu geben. Sie muß zum einen für die *Möglichkeit* des behaupteten Geschehens eintreten, indem sie den Gedanken Gottes als vernünftig erweist – eines Gottes näherhin, der frei ist zur geschichtlichen Mitteilung seiner Liebe. Zum anderen hat sie die Behauptung der *Wirklichkeit* dieses Geschehens vor der historischen Vernunft zu bewähren und deshalb die Deutung der Geschichte Jesu als Offenbarung der Liebe Gottes daran zu prüfen, ob sie ein angemessenes und zusammenhängendes Verstehen dessen ermöglicht, was sich über diese Geschichte historisch noch ausmachen läßt. Natürlich können beide Aufgaben hier nicht ausgeführt werden. Es muß genügen, auf die wesentlichen Schritte wenigstens der zweiten Aufgabe zu ver-

---

[3] Mit dem Verständnis der Endgültigkeit der Erlösung, das die folgenden Überlegungen entwickeln, möchten sie – vielleicht unerwartet, weil es im Ausdruck »Endgültigkeit« leicht überhört wird – gerade das »Unterwegssein« des christlichen Glaubens akzentuieren; sie fügen sich damit in die Thematik dieses Bandes, der Bischof R. Lettmann gewidmet ist. – Um den Gedankengang nicht zu sehr zu belasten, muß ich nicht nur auf eingehende Begründungen und theologische Auseinandersetzungen, sondern leider auch auf viele naheliegende Verdeutlichungen verzichten; zur theologischen Vertiefung vgl. deshalb *Th. Pröpper*, Erlösungsglaube und Freiheitsgeschichte. Eine Skizze zur Soteriologie, München ³1991; zur Konkretisierung außerdem *ders.*, Gottes Ja – unsere Freiheit, Mainz 1983.

weisen und damit etwas deutlicher die Voraussetzungen zu nennen, auf denen die weiteren Überlegungen beruhen[4].

Auszugehen ist von der Einsicht, daß Jesu Verkündigung, Tod und Auferweckung einen Ereigniszusammenhang bilden, der als Bedeutungszusammenhang wahrzunehmen ist. Deshalb ist *erstens* Jesu Basileia-Verkündigung ins Auge zu fassen, wie sie in seinen Worten, aber auch durch sein praktisches Verhalten geschieht und als deren charakteristische Eigenart sich zeigt, daß Jesus (trotz des futurischen Ansatzes seiner Botschaft) die schon nahegekommene, ja bereits anbrechende Gottesherrschaft verkündet und sie inhaltlich als die zuvorkommende und bedingungslos gütige Menschenzuwendung Gottes bestimmt. Besonders einzugehen wäre dabei auf die Worte, die auf den Eintritt der verheißenen Zeitenwende und die Gegenwart der Basileia hinweisen (Lk 10, 18; 17, 21) und Jesu Taten als Zeichen ihrer Ankunft, als Teil des eschatologischen Geschehens qualifizieren (Lk 11, 20; 10, 23 f.); ebenso auf die Seligpreisungen, die das eschatologisch gültige Erwählungshandeln Gottes schon jetzt proklamieren (Mt 5, 3 ff.), und auf die Gleichnisse, mit denen die Unscheinbarkeit des Anfangs der Gottesherrschaft thematisiert, aber auch die Dringlichkeit vor Augen gerückt wird, die mit ihr gebotene Chance zu ergreifen (Mk 4; Mt 13). Zugleich wäre darauf zu achten, daß im Geschehen der Gottesherrschaft und der Annahme ihres Heils alles von Gott Trennende verschwindet und Gott seine Güte ohne Vorbedingung den Menschen zuwendet: sichtbar vor allem in Jesu eigener schrankenüberwindender Hinwendung zu den Verlorenen und seinem Zuspruch der Sündenvergebung (Mk 2, 5 ff.), in seinen Mahlgemeinschaften mit den Sündern und in den Gleichnissen, die solches Tun als Gottes eigenes Handeln auslegen (Lk 15); sichtbar aber auch in der Interpretation des überlieferten Gottesrechts, in der sich Jesu unmittelbare Gewißheit des Gotteswillens bekundet und deren eigentlicher Sinn wiederum darin liegt, daß sie das dem Geschenk der Gottesherrschaft entsprechende Handeln einfordert und deshalb ihre weitgehenden Weisungen wie auch die Möglichkeit ihrer Befolgung in der Güte des eschatologisch handelnden Gottes begründet (Mt 6, 33; 18, 21 ff.; 5, 44 ff.). Wesentlich bei alledem ist, daß Jesus die unbedingt entschiedene Güte Gottes als gegenwärtig schon wirksame setzt und sie für sein eigenes Handeln in Anspruch nimmt, ja mit ihm identifiziert. Daß er sich Gottes bedingungsloser Liebe gewiß ist, sie als Gegenwart behauptet und praktisch er-

---

[4] Zu der in diesem Abschnitt nur summarisch behandelten Thematik vgl. *H. Kessler*, Sucht den Lebenden nicht bei den Toten. Die Auferstehung Jesu Christi in biblischer, fundamentaltheologischer und systematischer Sicht, Düsseldorf 1985, 79–238; *P. Hoffmann*, »Er weiß, was ihr braucht ...« (Mk 6,7). Jesu einfache und konkrete Rede von Gott: *H. Merklein/E. Zenger* (Hg.), »Ich will euer Gott werden«. Beispiele biblischen Redens von Gott, Stuttgart 1981, 152–176; *H. Merklein*, Jesus, Künder des Reiches Gottes: HFTh 2, 145–174; *W. Pannenberg*, Systematische Theologie II, Göttingen 1991, 365–405.

fahrbar macht. Daß diese Liebe also nicht nur erhofft werden darf, sondern schon gilt und vollmächtig zugesagt wird, so daß sie allem, was Menschen tun und von sich aus erwarten können, zuvorkommt: als unverdientes, unverdienbares Evangelium und als Anfang, von dem sie schon ausgehen dürfen und mit dem sie dann ihrerseits anfangen können. Also knüpft Jesus den aktuellen Herrschaftsantritt Gottes an sein eigenes vollmächtiges Wirken. Zwar tritt er selbst hinter der theozentrischen Ausrichtung seiner Botschaft zurück, ja er geht geradezu darin auf, der Ankunft Gottes bei den Menschen zu dienen. Aber eben deshalb entscheidet sich an ihrer gegenwärtigen Stellung zu ihm auch ihre Stellung zu Gott und ihrem künftigen Heil (Lk 12,8). Gerade indem er ganz seiner Sendung sich hingibt, gehört er selber in seine Botschaft, in das Geschehen der Zuwendung Gottes zu den Menschen hinein. In dieser unlösbaren Verbindung seiner Sache an seine Person liegt Jesu einzigartiger Anspruch – auch wenn er als solcher nur indirekt thematisiert wird und mit den damals bereitliegenden messianischen oder eschatologischen Prädikaten auch kaum hätte thematisiert werden können, ohne zu Mißverständnissen seiner Sendung zu führen.

Zweitens muß man sich klarmachen, daß Jesu Verkündigung schon aufgrund ihres Inhalts der Rechtfertigung bedurfte: eben weil sie Gottes freies Verhalten zum Menschen betraf und eine Wahrheit zusagte, die sich Menschen wohl wünschen und ausdenken mögen, die aber dennoch begründete Wahrheit nur sein kann, wenn sie ihnen von Gott selbst her begegnet. Durfte sich denn ein Mensch als Ort der Gegenwart Gottes ausgeben? Daß dieser Anspruch durch Jesu Hinrichtung radikal in Frage gestellt war, wenn nicht sogar als widerlegt gelten mußte, dürfte sich kaum bestreiten oder abschwächen lassen. Nicht nur für die jüdische Obrigkeit und Öffentlichkeit war Jesu Gottesbotschaft erledigt, auch für die Jünger mußte sein schmähliches Ende eine kaum zu überschätzende Katastrophe bedeuten. Zumindest ist nicht ersichtlich, mit welchem Recht sie unter den gegebenen Bedingungen seines Todes seine vollmächtige Verkündigung hätten fortsetzen können und wie der Glaube, den er eröffnet hatte, überhaupt noch möglich sein sollte.

Deshalb sind *drittens* die historischen und hermeneutischen Probleme zu erörtern, die das neutestamentliche Auferweckungszeugnis aufwirft. Läßt sich nämlich die Offenbarung der Auferweckung des Gekreuzigten, die es behauptet, als glaubwürdig dartun, dann leuchtet ihre Bedeutung unmittelbar ein: durch sie wird der Glaube der Jünger endgültig begründet und legitimiert – dies aber so, daß er sich nun auch noch auf ein dem Wirken Jesu gegenüber *neues* Handeln Gottes bezogen weiß. Indem Gott *an* Jesus schon vollendet, was er *durch* ihn für die Menschen begann, wird auch Jesu vollmächtige Verkündigung in Geltung gesetzt: Jesu Wirken identifiziert Gott als den Gott der schon gegenwärtigen und bedingungslos zuvorkommenden Liebe, während durch Jesu offenbare Auferweckung Gott sich selbst (für die Menschen) identifiziert als der Gott, der aus dem Tode errettet, und sich zugleich mit dem Gekreuzigten und also mit dem Gott identifiziert, den Jesus verkündet hatte. Für den Inhalt des Glaubens aber heißt das, daß die *Liebe*, aus der Jesus lebte, für die er einstand und die er als Liebe *Gottes* identifizierte, sich tatsächlich als Gottes Liebe *erwies*: als die ursprüngliche und schöpferische Liebe also, von der wir – da sie ganz umsonst geschenkt wird – schon ausgehen dürfen und auf deren Treue – da sie ihre Macht über den Tod an Jesus erwies – in jeder Situation Verlaß ist. Also ist Jesu Geschichte, als Einheit betrachtet, die Offenbarung der unbedingt für die Menschen entschiedenen Liebe Gottes und als solche das Grunddatum des christlichen Glaubens und die Grundwahrheit christlicher Theologie.

2. Die Offenbarung der Liebe Gottes in Jesus Christus ist Gottes Selbstoffenbarung.

Mit diesem Satz soll nur ausdrücklich bewußt gemacht werden, was in der Ausgangsthese schon enthalten ist. Dies kann in drei Schritten geschehen, wobei dem Inhalt der Offenbarung eine Schlüsselrolle zukommt. Gehen wir davon aus, daß eine Offenbarung dann den Begriff der Selbstoffenbarung erfüllt, wenn ihr Subjekt und ihr Inhalt, also der Offenbarer und das Geoffenbarte identisch sind und deshalb dann auch das Medium der Offenbarung von beiden (dem Subjekt und Inhalt der Offenbarung) nicht mehr getrennt werden kann. Eben dies aber, so nun der nächste Schritt, ist ja tatsächlich (aber auch nur) in jedem Geschehen der *Liebe* der Fall – vorausgesetzt nur, daß es ernsthaft den Namen Liebe verdient: Es ist im eigentlichen Sinn Selbstoffenbarung, weil in ihm nicht irgend etwas mitgeteilt wird, sondern der Liebende als er selbst anwesend ist, genauer noch: weil in ihm die Freiheit, die eine andere Freiheit bejaht, sich selber ihr mitteilt. Zwar läßt sie sich von dem realen und stets endlichen Ausdruck, den sie für ihre Zuwendung findet, noch formal unterscheiden – doch ist dieser Ausdruck nicht irgendeine beliebige und ihr selbst äußere Realität, sondern eben die Gestalt, in der sie wirklich für den anderen *da ist*: die Realität der für den anderen entschiedenen Freiheit selbst. Bis hierhin freilich ist unsere Überlegung noch allgemein. Wenn sich nun aber (wie im ersten Abschnitt vorausgesetzt wurde) das Verständnis der Geschichte Jesu als Offenbarung der für den Menschen entschiedenen Liebe Gottes rechtfertigen läßt und also diese Liebe in Jesus schon anwesend ist, dann ist darin (so können wir jetzt folgern) auch der Gedanke der *Selbst*offenbarung Gottes schon impliziert: Jesus ist die reale Gegenwart der Liebe Gottes zum Menschen, also das geschichtliche Dasein des für den Menschen entschiedenen Gottes selbst, also im strengen Sinn Selbstoffenbarung Gottes.

Nun wäre es zunächst sicher ganz richtig, diese Verbindung Gottes und seiner Liebe mit Jesu Person und Wirken als Offenbarungs- oder Ereigniseinheit, als Funktions-, Aktions- oder Geschehenseinheit zu bezeichnen. Sobald jedoch nach dem Sein und Wesen Gottes in diesem Geschehen gefragt wird und nach Jesu Verhältnis zu ihm, dürften solche Begriffe kaum noch genügen. Doch brauchen wir diese Fragerichtung nicht zu verfolgen; sie würde uns auf die Probleme der christologischen Lehrentwicklung führen. Hier kann es genügen, wenn die Berechtigung deutlicher wurde, von Gottes Selbstoffenbarung und Gottes eigenem Handeln in Jesus Christus zu sprechen, auch wenn später noch darauf zu achten sein wird, wie dieses Handeln durch Jesu Menschsein vermittelt ist.

3. Gottes geschichtliches Offenbarungs- und Heilshandeln sind dasselbe Geschehen.

Die Gleichsetzung, die dieser Satz ausspricht, ist theologisch inzwischen durchaus geläufig. Völlig einsichtig jedoch wird sie erst, wenn man wiederum auf den Inhalt der Offenbarung achtet. Denn Liebe, auch die Liebe Gottes zum Menschen, kann für den, den sie meint, überhaupt Wahrheit nur werden, wenn sie *geschieht*. Gerade weil sie als ursprünglicher Entschluß einer Freiheit für den, den sie bejaht, gedacht werden muß, kann sie von ihm nur gewußt werden, wenn sie ihm als unableitbares Geschehen begegnet. Und selbst wenn sie geschehen ist, kann er auch noch die Zukunft ihrer Zuwendung nicht eigentlich wissen, sondern nur ihrer Gültigkeit und Treue vertrauen; denn auch ihre Treue bleibt Tat der Freiheit. Hier sind der Inhalt und die Form seines Wahrseins unlösbar verbunden: Liebe ist nur als gegebene wahr und muß in ihrer Freiheit anerkannt bleiben; also muß sie, um offenbare Wahrheit zu sein, auch tatsächlich geschehen und sich wahrnehmbar machen.

In Gottes geschichtlicher Offenbarung *geschieht* also, was offenbar wird, und nur *weil* es geschieht, kann es offenbar werden: eben Gottes für die Menschen entschiedene Liebe. Diese Einsicht hat Konsequenzen für das Offenbarungs- wie auch das Erlösungsverständnis. Denn mit ihr ist die über Jahrhunderte vorherrschende Auffassung verlassen, die Gottes Offenbarung, statt sie als offenbarendes Geschehen ihrer Wahrheit zu begreifen, als Verlautbarung satzhafter Informationen verstand. Überwunden ist zugleich das traditionelle Erlösungsverständnis, sofern es sich – mit verhängnisvollen theologischen und menschlichen Folgen – auf das Kreuzesgeschehen verengte. Dennoch wird die zentrale Stellung des Todes Jesu innerhalb des Heilsgeschehens nicht etwa geleugnet, sondern dieser Tod nur in den Ereigniszusammenhang der Geschichte Jesu gerückt und dadurch seine Heilsbedeutung überhaupt erst angemessen bestimmbar. Im Blick auf den in seiner Verkündigung enthaltenen Anspruch Jesu, an Gottes Stelle zu handeln, mußte seine Hinrichtung ja als radikale Infragestellung erscheinen. Unter der Voraussetzung jedoch, daß Gott ihn vom Tode erweckte, ändert sich die Perspektive: Jetzt wird Jesu Weg bis an das Ende als der äußerste Erweis der für die Menschen entschiedenen Liebe Gottes verstehbar. Dabei gewinnt dann allerdings auch die Frage nach Jesu eigenem Verständnis seines Todes erhebliches Gewicht: die Frage also, ob vorausgesetzt werden darf, daß er auch noch sein Märtyrerschicksal mit seiner dem Kommen Gottes dienenden Sendung verbunden und es in der Treue zu ihr auf sich genommen hat. Denn hätte er dieses Schicksal *nur* als äußeres Widerfahrnis, nur als zusammenhanglosen Abbruch seines Wirkens erlitten, dann wäre sein Tod zwar immer noch als Anlaß für einen neuen Offenbarungsakt und Machterweis Gottes, nicht aber mehr selbst als Heilsereignis, als Ausdruck seiner Menschenzuwendung verstehbar. Darf die genannte Voraussetzung jedoch gelten, läßt sich der Heilssinn dieses Todes, auf der Linie von Jesu Wirken und im Lichte der Auferweckung, deutlich benennen. Denn mit der Hingabe seines Lebens, die Gott als Erweis der eigenen Liebe qualifizierte, hat die Offenbarkeit dieser Liebe eine auch noch der Verkündigung Jesu gegenüber neue Stufe erreicht: einen Grad der Sichtbarkeit ihrer Entschiedenheit für uns, wie er innerhalb der Geschichte nicht höher gedacht werden kann. Offenbar wurde ihre Unwiderruflichkeit: daß sie trotz der tödlichen Ablehnung, die sie fand, gültiges Angebot bleibt. Und so darf man zusammenfassend wohl formulieren: Ohne Jesu Verkündigung wäre Gott nicht als schon gegenwärtige und bedingungslos zuvorkommende Liebe, ohne seine erwiesene Bereitschaft zum Tod nicht der Ernst und die unwiderrufliche Entschiedenheit dieser Liebe und ohne seine Auferweckung nicht ihre verläßliche Treue und todüberwindende Macht und auch nicht Gott selbst als ihr wahrer Ursprung offenbar geworden. In dieser Einheit ihrer Momente ist Jesu Geschichte die Selbstoffenbarung Gottes zum Heile der Menschen.

4. Die Selbstoffenbarung Gottes als Liebe schließt ihre Endgültigkeit ein; Endgültigkeit jedoch heißt nicht Vollendung.

Aufgrund der bisherigen Überlegungen läßt sich nun auch genauer fassen, was mit der »Endgültigkeit« von Gottes Offenbarungs- und Heilshandeln gemeint ist. Denn in der Tat schließt seine Selbstoffenbarung, wie sie gekennzeichnet wurde, ihre Endgültigkeit ein – vorausgesetzt wiederum nur, daß Gott in ihr eben seine Liebe mitteilt und diese nur dann ihren Namen verdient, wenn sie *unbedingt* ist. An diesem Punkt hängt freilich alles, denn der weitere Gedanke ist dann leicht: Gerade weil in jedem Geschehen der Liebe der Liebende zwar als er selbst anwesend ist, zugleich aber seiner eigentlichen Intention, nämlich der unbedingten Bejahung des anderen, immer nur einen endlichen und zeitlich begrenzten Ausdruck zu geben vermag, *verspricht* er in diesem Geschehen zugleich seine *Treue*. Treue ist ja nichts anderes als die Unbedingtheit der Liebe selbst, sofern man sie unter dem Zeitindex betrachtet. Wie aber, diese Frage drängt sich dann noch einmal auf, wie aber läßt sich in der Geschichte Jesu dieser unbedingte Charakter der Liebe Gottes *erkennen*? Nicht anders allerdings, ist zu antworten, als auch sonst die unbedingte Intention eines Menschen erkannt werden kann: nämlich immer nur als die Bedeutung des realen Geschehens, in dem sie ihren Ausdruck findet. Sie ist also niemals objektiv beweisbar, wohl aber wahrnehmbar und diese Wahrnehmung dann in künftigen Erfahrungen auch durchaus zu bewähren. In Jesu Wirken kommt diese Unbedingtheit zunächst in der Zuvorkommenheit zum Ausdruck, mit der er Gottes Liebe ohne jede Vorbedingung den Menschen zuwendet. Sie zeigt sich dann weiter in der Treue, mit der er an seiner Sendung festhält und sich dabei – »bis an das Ende« (Joh 13,1) – allein auf den Weg und die Mittel der Liebe verläßt. Dennoch konnte auch Jesus Gottes Liebe nur auf menschliche, d. h. auf endliche und bedingte Weise darstellen: auch sein Wirken verspricht noch, was es doch schon enthält; auch in ihm ist die Zuwendung Gottes, mit der es schon anfängt, doch zugleich noch antizipiert. Und es steht als ganzes sogar unter der Fraglichkeit seines Scheiterns, in dem sich wohl der Ernst seiner Liebe, aber auch ihre menschliche Ohnmacht erwies. Schenkt man ihm dennoch den Glauben, daß es den Anfang der unbedingten Menschenzuwendung Gottes darstellt, dann ist das eben durch das Zeugnis begründet, Gott selber habe das Versprechen der Liebe, für die Jesus als schon gegenwärtige einstand, an ihm als ihrem ursprünglichen, getöteten Zeugen selbst schon bewährt und somit in der denkbar äußersten Situation ihre Treue *erwiesen*. Dieser Erweis ist geschichtlich unüberbietbar, denn er ist – als Erweis ihrer Macht auch noch über den Tod – durch kein geschichtliches Ereignis mehr widerlegbar und insofern Erweis ihrer Unbedingtheit, also auch ihrer Endgültigkeit. An dieser Endgültigkeit dennoch zu zweifeln, hieße einen nominalistischen Verdacht auf Gott projizieren, der dieses Gottes nicht würdig ist. Allerdings bleibt theoretisch immer noch die bange Möglichkeit offen, daß Gott auch ganz anders könnte: daß er sich in der Ursprünglichkeit seiner Freiheit womöglich von seiner Entschiedenheit für den Menschen noch distanziert. Doch um dies wirklich von ihm annehmen zu können, müßten wir geringer von ihm denken, als wir es Menschen gegenüber tun würden: wir müßten ihm dann jedenfalls das Vertrauen aufkündigen, zu dem er uns durch sein Handeln in Jesus Christus doch gerade ermutigen wollte.

Trotzdem ist nun sogleich auch der Aspekt zu betonen, der im eben Gesagten nur erst angeklungen ist: Endgültigkeit heißt nicht schon Vollendung. Solange die Verheißungen der Propheten Israels noch unerfüllt sind, steht die

Vollendung der Selbstoffenbarung Gottes noch aus. Vollendet wäre sie erst, wenn Gottes Liebe in allen Verhältnissen ihre reale Gestalt gefunden hätte und es niemanden mehr gäbe, den sie nicht so wirksam erreicht hat, daß er durch sie versöhnt und heil werden kann. Daß ihre End-gültigkeit gleichwohl schon offenbar wurde, ist dennoch relevant und bedeutsam – es begründet die geschichtliche Möglichkeit des Heils, die Gott der menschlichen Freiheit zugedacht hat: daß ihr nämlich gesagt ist, was ihr nur von Gott gesagt werden konnte, damit sie, aus der Endgültigkeit dieser Zusage, ihre neuen Möglichkeiten als geschichtliche Freiheit ergreift. Doch bevor wir dies weiter verfolgen, soll die Unterscheidung zwischen Endgültigkeit und Vollendung noch einsichtiger werden, indem wir unser Nachdenken auf den Weg richten, den Gott für seine Selbstoffenbarung gewählt hat.

5. Gottes Liebe erreicht die Menschen auf menschliche Weise und geschieht als symbolisches Handeln, in dem schon gegenwärtig ist, was noch versprochen wird.

Schon dies, daß Gott eines Menschen bedurfte, um mit seiner Liebe und in ihr als er selbst den Menschen nahezukommen, gibt ja zu denken. War dieser Weg mehr oder weniger beliebig oder war gerade er Gottes Absicht gemäß, den Menschen seine Entschiedenheit für sie zu offenbaren? Auch wenn man die vielfachen Möglichkeiten Gottes, den Menschen sich kundzutun und bei ihnen zu sein, nicht bestreitet und mit dem Wirken seines Geistes überall rechnet[5] – ich bezweifle dennoch, daß er in derselben Bestimmtheit, mit der er in der Geschichte Jesu begegnet, auf anderem Wege gewiß werden konnte. Und dies nicht nur, weil allen Versuchen, sich Gottes auf innere Weise zu vergewissern, eine letzte Zweideutigkeit anhaftet, ob es sich nun tatsächlich um ein Ergriffensein durch die Wirklichkeit Gottes oder doch nur um die Erfahrung des menschlichen Geistes von seiner unendlichen Offenheit und eigenen Abgründigkeit handelt, sondern auch deshalb, weil der Gewißheit solcher Erfahrungen die äußere Bewahrheitung mangelt und es in ihnen wohl niemals zur Entscheidung über Gottes definitives Verhältnis zum Menschen kommen kann. Denn Liebe, so sahen wir schon, kann ja für den, den sie meint, Wahrheit nur werden, indem sie aus Freiheit *geschieht* – und d. h. nun auch, sofern es Menschen sind, die sie meint: indem sie auf reale Weise *sich äußert*. Also konnte

---

[5] Auch für die gläubige Wahrnehmung der geschichtlichen Selbstoffenbarung Gottes muß das Wirken des Geistes ja vorausgesetzt werden. Im übrigen geht es diesen Überlegungen nicht darum, über die vielfältigen Heilswege Gottes nachzudenken (die unbestritten sind), sondern die Bedeutung des bestimmten Heilsangebotes herauszustellen, das Gott in der Geschichte Jesu begründet hat und von den Christen geschichtlich zu bezeugen ist.

auch *Gottes* für die Menschen entschiedene Liebe Wahrheit für sie nur werden, indem sie in ihre Wirklichkeit eintrat und eine Gestalt fand, die ihrer Unbedingtheit entsprach und angemessenen Ausdruck gab: vermittelt also durch einen Menschen, der ihrer ursprünglich gewiß war, sich von ihr bestimmen ließ und sie in der konkreten Gestalt seiner Existenz für die anderen darstellte und noch im Äußersten realisierte. Vielleicht wäre dies tatsächlich eine Antwort auf die Frage, die seit Anselm von Canterbury immer wieder gestellt wird: Cur Deus homo? Warum wurde Gott Mensch? Eben weil er selbst in seiner Liebe bei den Menschen sein wollte, aber nur auf menschliche Weise bei ihnen sein konnte ...

Wird Gottes Offenbarung also als das Ereignis begriffen, in dem geschieht, was offenbar wird, und zwar durch Vermittlung eines Menschen geschieht, dessen Hinwendung zu den anderen Ausdruck seiner ursprünglichen Bestimmtheit durch Gottes Liebe und zugleich der eigenen Einstimmung in ihre Menschenzuwendung ist, dann haben wir der Sache nach auch den Gedanken der Heilsmittlerschaft Jesu erreicht: Durch die freie und zur letzten Konsequenz bereite Verfügbarkeit seines Lebens hat er Gottes Ankommen bei den Menschen gedient – in einer Gewißheit Gottes, der nicht erspart blieb, auf dem menschlichen Weg ihrer Bewährung Gehorsam zu lernen (Hebr 5,8), und mit einer Vollmacht, die als Vollmacht der Liebe die Bereitschaft zur realen Ohnmacht einschloß. *Wie* aber ein Mensch Gottes Liebe unmittelbar so gewiß und mit ihr so einig sein konnte, daß sein Leben und Sterben Gottes eigenes »Dasein für uns« wurde – das ist das eigentliche *Geheimnis* der Person Jesu Christi, dessen Innenaspekt uns verschlossen bleibt und das die Christologie dadurch zu wahren versucht, daß sie Jesu Wesenseinheit mit Gott bekennt und sein bestimmtes Menschsein als das geschichtliche Dasein des ewigen Sohnes begreift. Allerdings würden diese Aussagen auf schlimme Weise verzeichnet, wenn nicht zugleich Jesu volles Menschsein herausgestellt würde und also auch das, was den Menschen wesentlich ausmacht: die Ursprünglichkeit seiner Freiheit. Ohne ihre Beteiligung wäre der Mensch nicht Partner Gottes und auch Jesus nur das Instrument seines Wirkens, ein mythologisches Fabelwesen – Gottes Liebe könnte gar nicht zum Menschen gelangen, eben weil sie – als Liebe – nur in freier Zustimmung ankommen kann. Zu Recht hat deshalb Karl Rahner die Besonderheit des »absoluten Heilbringers« dadurch bestimmt, daß er nur »als Zusage und Annahme (zugleich) die Selbstmitteilung Gottes« sein könne[6]; und zu Recht hat deshalb besonders die westliche Theologie stets auf die Heilsbedeutung der Menschheit Jesu großen Nachdruck gelegt.

In der Gestalt einer menschlichen Geschichte also erwies Gottes Liebe ihre Endgültigkeit: vermittelt durch die Freiheit dieses ursprünglich mit ihr einigen

---

[6] *K. Rahner,* Grundkurs des Glaubens, Freiburg 1976, 202.

Menschen und seit der Auferweckung des Gekreuzigten gültiges Angebot für jeden, der sie annehmen will. Durch menschliche Vermittlung kommt sie zur Welt. Damit sind wir erneut bei der Unterscheidung zwischen Endgültigkeit und Vollendung der Erlösung, die nun im Blick auf das *Wirken* Jesu, seine Eigenart und Struktur, noch vertieft und einsichtiger werden kann. Grundlegend nämlich ist Jesu Wirken als *symbolisches Handeln* zu charakterisieren. Mit dieser Kennzeichnung nehme ich den Begriff des Realsymbols auf, den Karl Rahner in die theologische Diskussion eingebracht hat, und versuche ihn weiterzuführen[7]. Was also heißt symbolisches Handeln? Setzen wir noch einmal bei der Beobachtung ein, daß die unbedingte Bejahung eines Menschen, um wahrnehmbar (und übrigens auch ernsthaft) zu sein, sich durch konkrete Handlungen ausdrücken muß, die diese Bejahung (und d. h. konkret: das Seinsollen des anderen) anzeigen und wenigstens schon anfänglich auch realisieren. Soweit nun ein bestimmtes Geschehen, eine Handlung oder Wirklichkeit sich als geeignet erweist, solche Bejahung tatsächlich zu vermitteln, kommt ihr symbolische Dignität zu, denn sie hat dann ja die Bedeutung, das reale Dasein einer Freiheit für eine andere zu sein, der sie sich selber mitteilen will. In ihr fällt zusammen (griechisch: symballein), was formal dennoch zu unterscheiden ist: die unbedingt entschiedene Freiheit und ihre reale, sie ausdrückende Gestalt. Eben deshalb gilt aber auch, daß die Bejahung eines Menschen, eben weil das Unbedingte nur auf endliche Weise real werden kann, stets *nur* symbolisch geschieht: ebenso wie der unbedingte Entschluß sich in keiner seiner Äußerungen erschöpft, bleibt auch seine Intention nur endlich realisierbar, niemals können wir einlösen und vollenden, was wir anderen wünschen, wenn wir sie unbedingt bejahen und lieben (Denn jemanden lieben heißt letztlich ihm sagen: du wirst nicht sterben). Daher die Vorläufigkeit aller Symbole: sie versprechen noch, was sie doch auch schon enthalten. Und daher auch ihre Bezweifelbarkeit: Liebe hat nur den Beweis ihrer situativen Evidenz; ihre Unbedingtheit wird nur wahrnehmen können, wer sich selber zu ihr entschließt.

Die Fruchtbarkeit des Symbolbegriffs für das Verständnis des Handelns Jesu tritt klar vor Augen, wenn wir Jesu symbolische Realisierung der Zuwendung Gottes durch ihre wesentlichen Merkmale näher bestimmen. So zunächst läßt sie sich als *darstellendes* Handeln bezeichnen. Damit ist gemeint, daß sein

---

[7] Rahner lag vor allem daran, die traditionelle Unterscheidung von Gnade und Gnadenzeichen als getrennter Wirklichkeiten zu überwinden und wieder ins Bewußtsein zu rufen, daß die Gnade in dem Zeichen, das sie eben als ihr Realsymbol hervorbringt, selbst zur Wirklichkeit kommt. Ähnlich sollte dieser Begriff in christologischer Verwendung besagen, daß Jesus nicht nur die Offenbarung dessen ist, »was Gott in sich selbst ist, sondern auch das ausdrückende Da-sein dessen, was (oder besser: wer) Gott in freier Gnade der Welt gegenüber sein wollte« (Schriften zur Theologie IV, Einsiedeln ²1961, 294). Zur Aufnahme und Ausarbeitung dieses Begriffs in Freiheitskategorien s. *Th. Pröpper*, Erlösungsglaube (Anm. 3), 188 f. 246–248.

eigentlicher Gehalt sich in seiner realen Gestalt nicht erschöpft und erst recht nicht durch sie produziert wird, sondern umgekehrt in ihr seinen Ausdruck findet: eben weil Liebe sich niemals herstellen, sondern wesentlich nur darstellen läßt, da sie bereits vor ihrer Darstellung gilt und ihre Unbedingtheit sich in keiner Gestaltung erschöpft. Natürlich gilt dies bereits für jedes menschliche Handeln, das Bejahung und Anerkennung vermittelt: es ist ja nicht bloß äußeres Tun, sondern Ausdruck der Entschiedenheit einer Freiheit für eine andere Freiheit in den konkreten Verhältnissen des Lebens. Und es gilt umso mehr, als es *Gottes* entschiedene Menschenzuwendung ist, die in Jesu Wirken begegnet. Daraus ergibt sich als zweites: Jesu Wirken ist im prägnanten Sinn *indikativisches* Handeln. Es kommt von Gottes Liebe, die es zusagt und mitteilt, schon her und realisiert sie als Vorgabe, von der jeder, der sie wahrnehmen will, nun seinerseits ausgehen und Gebrauch machen darf. Wenn irgend etwas charakteristisch für Jesu Verkündigung ist, dann diese Priorität der Zusage Gottes. Vor jeder Forderung begegnet sie als Angebot an die menschliche Freiheit, sich selbst (und so auch ihr Tun) aus ihr neu zu bestimmen. Indem Jesus nun diese identitätsstiftende Selbstzusage Gottes ursprünglich verwirklicht und dabei Verhältnisse und Trennungen überwindet, durch die Menschen ausgegrenzt und bedrückt, in ihrer Identität deformiert und auf ihr Schuldigsein festgelegt sind, ist sein Handeln (drittens) *innovatorisches* Handeln. Und dennoch: Auch Jesus überwindet nicht alles, was das volle Kommen der Basileia noch hindert, auch sein Wirken bleibt das Wirken eines einzelnen Menschen – endlich und bedingt also und aufs Ganze gesehen fragmentarisch und partiell. Und so ist es (viertens) *antizipatorisches* Handeln: bedingungsloser Anfang der Zuwendung Gottes, deren Zukunft es doch noch verspricht; wirkliche Gegenwart seiner Liebe, deren volle Realisierung noch aussteht.

Mit der Einsicht in die symbolische Grundstruktur des Wirkens Jesu fällt nun auch Licht auf die Probleme, die unsere Überlegungen motivierten. Da ist *zuerst* die eigentümliche Verschränkung von Ankunft und Zukunft der Basileia in der Verkündigung Jesu, die zumeist nur metaphorisch beschrieben oder in bloß formaler Weise bestimmt wird. Und in der Tat wird diese Verschränkung ja voll erst verständlich, ein eschatologisches Jetzt bei noch ausstehendem Dann ohne Widerspruch erst denkbar, wenn auf den Inhalt der Basileia als Gegenwart der Liebe Gottes und zugleich auf die symbolische Struktur wirklicher Liebe reflektiert wird: daß nämlich in jeder geschichtlichen Gestalt unbedingter Liebe der Liebende durchaus schon als er selbst anwesend ist und doch auch noch seine künftige Treue verspricht ... Dieselbe Einsicht könnte nun *zweitens* vielleicht auch für das Problem relevant sein, von dem wir ausgingen und das namentlich im Gespräch mit den Juden zentral ist: für das Verständnis des spannungsvollen Glaubens der Christen an die schon geschehene und doch noch zu erwartende Erlösung. Es wäre tatsächlich Verrat an den gültigen Verheißungen des jüdischen Glaubens, sich in Enklaven des Heils einrichten zu wollen, solange unsere reale Welt unerlöst ist und die Erwartung Israels, seine Hoffnung auf universale Gerechtigkeit und eschatologischen Frieden, noch unerfüllt und strittig. Es gibt keine Enklaven des Heils und darf sie nicht geben, es gibt nur Zeichen des Heils – die letztlich angemessene, weil alle Wirklichkeit umfassende und erneuernde, auch das Verlorene noch rettende Manifestation der Liebe Gottes jedoch steht weiterhin aus. Daß sie aber dennoch in dem Sinn, der nun deutlicher wurde und für den christliche Theologie auch eintreten muß, schon als »end-gültige« offenbar wurde, qualifiziert die Geschichte Jesu dann auch und jedenfalls insofern zur eschatologischen und durchaus auch wirksamen Wende der Geschichte, als unser menschliches Dasein dadurch seine definitive Bestimmung erfuhr[8] und nun die Verkündigung Jesu und die in seiner Auferweckung schon angebrochene Verheißung als Gottes zuverlässiges, eben end-gültiges Wort für uns gelten kann: als die Vorgabe, die wir bei allem, was wir beginnen, versuchen und hoffen, schon voraussetzen dürfen ... *Drittens* wäre mit dem, was über die symbolische Struktur wirklicher Liebe ausgeführt wurde, wohl auch den Einwänden zu begegnen, die gegen das inhaltliche Verständnis des Heils und der Offenbarung als *Liebe* häufig vorgebracht werden. Allerdings ist dieses Wort zum abgegriffenen und geschundenen Allerweltswort geworden, verbunden überdies mit romantischen und bürgerlich-privatistischen Konnotationen. Trotzdem scheint es mir unverzichtbar, weil es wie kein anderes ein integratives Verständnis aller Heilsaspekte der Offenbarung erlaubt: zu ihnen gehören die Aspekte der Vergebung und Versöhnung ebenso wie die der Befreiung aus vielfacher Entfremdung, der Rettung aus der Selbstverlorenheit an die lebenverslavenden Mächte und nicht zuletzt der alle menschliche Möglichkeit und aktuelle Erwartung noch übersteigenden Verheißung. Noch klarer zeigt sich die umfassende Bedeutung des Offenbarungs- und Heilsinhaltes Liebe, wenn man ihre anthropologischen Dimensionen in Betracht zieht. Denn die Liebe, die Gott schenkt und so auch unter Menschen ermöglicht, verbürgt und anerkennt den unersetzlichen Wert jedes Einzelnen (seine »ewige Gültigkeit«, wie Kierkegaard sagte) und führt ihn doch in die Gemeinschaft mit anderen; sie betrifft sein Innerstes und zugleich seine äußere Realität: Jede unbedingte Bejahung meint ja den anderen *selbst* und ist doch nur ernsthaft, wenn sie das Seinsollen, das sie ihm wünscht, auf reale und auch objektiv vermittelte Weise ins Werk setzt. Abwegig auch ist es deshalb, Liebe

---

[8] Allerdings hängt (wie gesagt) dieser Glaube daran, daß auch Jesu Auferweckung geglaubt und gleichsam als Zeichenhandlung Gottes selbst (der Tote lebendig macht) anerkannt wird. Nur in der Einheit des Handelns Gottes *durch* Jesus und *an* ihm ist Jesu Geschichte der Selbsterweis Gottes als Liebe und die Offenbarung der Bestimmung des Menschen. Ohne den Glauben an die in Jesu Auferweckung schon angebrochene Verheißung könnte auch sein irdisches Wirken nicht als Realsymbol Gottes und seines eschatologischen Willens anerkannt werden.

und Gerechtigkeit gegeneinander ausspielen zu wollen: denn Gerechtigkeit ohne Liebe müßte äußerlich bleiben, Liebe ohne Gerechtigkeit jedoch wäre unwahr. Zu Recht schreibt Edward Schillebeeckx: »Wesentlich und substantiell ist Heil Liebe«, doch ist sie »eben nicht reine Innerlichkeit; das Leibliche und das Gesellschaftliche treten ... in die Substanz der Liebe ein«[9].

6. Erlösung geschieht nicht ohne die Menschen – aber was Gott begonnen hat und Menschen nun darstellen dürfen, kann nur er selber vollenden. Und er allein Gerechtigkeit schaffen, das Zerstörte und Verlorene retten und die Leiden der Geschichte versöhnen.

Durch Gottes definitive Zusage seiner Liebe wurde den Menschen geschichtlich die absolute Bestimmung eröffnet, für die sie erschaffen sind. Vor jeder Forderung begegnet sie als Einladung an die menschliche Freiheit, sich selbst schon jetzt aus ihr zu bestimmen und so die geschichtlichen Möglichkeiten, die Gott ihr zugedacht hat, zu gewinnen. Was dies für den Selbstvollzug des Menschen und sein Handeln bedeutet, läßt sich (jedenfalls grundsätzlich) eindeutig sagen: Weil ihm das, dessen er wesentlich bedarf, ohne es doch von sich aus verdienen oder herstellen zu können, umsonst und zuvorkommend geschenkt wird, braucht er sein Handeln nicht mehr mit den Aporien zu belasten, in die menschliches Dasein unausweichlich gerät, wenn es sich das Gesetz auferlegt, die eigene Berechtigung beweisen und seinen Sinn selbst leisten zu müssen – auf Wegen der Selbstbehauptung und Selbstvergewisserung, deren ruinöse menschlichen und gesellschaftlichen Folgen evident sind; zugleich wird er durch die in Jesu Verkündigung schon enthaltene und in seiner Auferweckung schon angebrochene Verheißung gedrängt und ermutigt, ohne Angst um sich selber in den realen Verhältnissen das ihm nun Mögliche zu beginnen. Also hat Gott durch sein endgültiges Handeln in Jesu Geschichte uns Menschen zur Freiheit der Gnade und zur Darstellung seiner Liebe ermächtigt[10].

Wie Gottes Liebe erst in freier Zustimmung ankommt, so kommt sein Heilswille nicht ohne die Menschen zum Ziel. Einen anderen Weg aber, einen Weg an der menschlichen Freiheit vorbei und ohne sie zu beteiligen – wie hätte Gott ihn wählen können, ohne die Freiheit der Menschen, die er gewinnen wollte, zu mißachten? Allerdings ist dies ein sehr weitgehender Gedanke, und

---

[9] *E. Schillebeeckx,* Christus und die Christen, Freiburg 1977, 727.
[10] Ebenso wie das Wirken Jesu ist auch die Praxis des christlichen Glaubens, die an ihm orientiert ist und von ihm lernt, als symbolisches Handeln zu charakterisieren. Aber da sie durch Gottes Handeln in Jesus Christus ermöglicht ist und auf die in ihm schon angebrochene Verheißung noch zugeht, bleibt sie wesentlich durch Dank und Bitte, Erinnerung und Hoffnung bestimmt. Vgl. *Th. Pröpper,* Erlösungsglaube (Anm. 3), 210–224.

man kann ihn auch nur mit Zögern aussprechen. Wem hätte sich angesichts des Bösen, zu dem Menschen fähig sind, und des tatsächlichen Leidens, das daraus entstand, angesichts der langwierigen Geschichte aber auch und ihrer Qualen, die jedes Maß menschlicher Schuld übersteigen – wem hätte nicht schon die Frage sich aufgedrängt, ob dieser Preis denn doch nicht zu hoch war? Aber wer (andererseits) möchte es wagen, diese Frage definitiv zu bejahen? Was bleibt uns denn, wenn wir nicht die absolute Heil- und Trostlosigkeit des Leidens einfach konstatieren wollen und dann vielleicht, um diesem schlechthin Unerträglichen nicht ständig ausgesetzt zu werden, auch von den Leidenden selber wegblicken müssen und schließlich die Opfer allen Unrechts und Leidens vergessen – was bleibt denn anders, als uns an den Gott zu erinnern, der sich aus dem menschlichen Leid nicht heraushielt, sondern in der Hingabe des Sohnes sich selber ihm ausgesetzt hat? Und was anders, als für seine Liebe, die sich in Jesu Auferweckung bewährte, dann auch die Möglichkeit offenzuhalten, daß sie die Leiden der Geschichte doch noch zu versöhnen, sich selber doch noch zu rechtfertigen vermag?

Und doch ist es kein Wissen, das auf diese Option setzt, sondern die Hoffnung des Glaubens – unterwegs in einer Geschichte, die ihre Widerlegungen gegen sie sammelt, die Hoffnungen von Menschen begräbt und über ihre Leiden hinweggeht. Was sich an Jesus erfüllte, ist ja für den Glaubenden selbst noch, immer noch Verheißung. Und gerade je ernsthafter er auf den Herrschaftsantritt der Liebe Gottes sich einläßt und die eigene Hoffnung in der schon angebrochenen Verheißung begründet, desto bedrängender wird das Noch-nicht ihrer Erfüllung. Also bleiben in der Bitte um das Kommen des Reiches Juden und Christen verbunden – einer Bitte, die den Bann des Selbstverständlichen aufbricht, den Widerspruch gegen die Macht des Todes und des endgültig tötenden Vergessens durchhält und als solidarische Klage an Gott selber herantritt. Wer an Jesus Christus erkannt hat, wozu alle Menschen bestimmt sind, wird wahrnehmen, was ihr Menschsein entstellt und verhindert. Wird nicht hinnehmen und ruhig sein, wenn Unrecht beschwichtigt und die Freiheit Unzähliger schon unterdrückt wird, noch ehe sie zu sich selber erwacht. Sich nicht abfinden, daß Menschen zerbrechen und ihre Hoffnungen denunzieren. Und sich doch nicht mit Anklagen gegen andere begnügen, sondern selber zu handeln beginnen und dabei, da Gott dem von ihm selber Begonnenen treu ist, dem lähmenden Anschein letzter Vergeblichkeit widerstehen. Dabei weiß er: Selbst wo Menschen es wagen zu lieben, werden sie doch nicht vollenden, was sie beginnen, und erst recht niemals heilmachen können, was unwiederbringlich zerstört ist. Also wird er tun, was Menschen tun können, und dazu Mut finden in dem Glauben, daß Gott selber tun wird, was Menschen nicht können: daß er alles Gute und Gelungene bewahrt und sogar das Verlorene und Vergessene rettet.

Was heißt nun, mit einem Wort, Endgültigkeit der Erlösung? Es heißt, mit Paulus gesprochen, daß nichts, aber auch gar nichts »uns scheiden kann von Gottes Liebe in Christus Jesus« (Röm 8,39): keine äußere Bedrängnis, kein eigenes Versagen, nicht einmal der Tod. Und wo immer diese durch die Erinnerung des Glaubens verbürgte Verheißung von menschlicher Freiheit ergriffen und auf sie in der Entschlossenheit eigener Liebe gesetzt wird, da sind Menschen, wie Johannes genau formuliert, schon »aus dem Tod in das Leben geschritten« (1 Joh 3,14). Und eben dies ist die Gegenwart, die geschichtliche Wirklichkeit der Erlösung.

Autonomie und Solidarität

Begründungsprobleme sozialethischer Verpflichtung[1]

Wenn ein Dogmatiker so offensichtlich, wie es mein Thema ankündet, in sozialethische Gefilde einbricht, tut er gut daran, sein Vorhaben zu erklären und wohlweisliche Schutzvorkehrungen zu treffen, damit er nicht beim Tanz auf fremdem Parkett ins Schleudern gerät und sich nur zum Gespött der Gastgeber (in meinem Fall also der Sozialethiker) macht. Deshalb zunächst, erste Vorbemerkung, mein Vorhaben: ich will es kurz anhand der Signalwörter des Titels erläutern. Was ich vortragen möchte, beruht auf der entschiedenen theologischen Option für einen autonomen Ansatz der Ethik. Ziel ist, vom Prinzip der Autonomie zur Idee der Solidarität zu gelangen, wobei Solidarität – was im Blick auf die Begriffsgeschichte durchaus nicht selbstverständlich, inzwischen aber angesichts der globalen Interdependenzen bei den großen uns bedrängenden Problemen wohl plausibel sein dürfte – in einem *universalen*, alle Menschen einschließenden Sinne gemeint ist und zudem keiner einschränkenden Bedingung unterworfen sein soll. In Frage stehen (und auf diesen Punkt will ich mich konzentrieren) eben die *unbedingte Verpflichtung* zu solcher Solidarität und ihre angemessene *Begründung*. Daß der Anspruch, sie im Ausgang vom Autonomieprinzip erreichen zu können, gegenwärtig wachsendem Mißtrauen begegnet, so etwa das Dialogprinzip dem Autonomiegedanken entgegengesetzt, die Andersheit des Anderen gegen das Subjektivitätsdenken ausgespielt wird – dies stellt für mich die eigentliche Herausforderung dar; durch einen konkreten Versuch (darum geht es im ersten Teil) möchte ich diesem Mißtrauen begegnen. Da andererseits die Anerkennung des Autonomieprinzips auch bei Theologen keineswegs selbstverständlich, vielmehr das Verhältnis der katholischen

---

[1] Unveränderter Text eines Vortrags, der am 18.5.1993 im Rahmen der Ringvorlesung »Christliche Sozialethik im Gespräch mit anderen theologischen Disziplinen« in Münster gehalten wurde und deshalb zuerst im »Jahrbuch für christliche Sozialwissenschaften« Band 36 (1995) erschien. Auf eine nachträgliche, in vieler Hinsicht naheliegende Erweiterung habe ich verzichtet und den Ausführungen lieber den Charakter eines Aufrisses und Diskussionsbeitrages gelassen. Ich widme sie Helmut Peukert, dessen Denken ich mich seit langem verbunden weiß, in dankbarer Freundschaft zum 60. Geburtstag. – Zur Ausführung und theologischen Aneignung der transzendentalen Freiheitsanalyse, die im Folgenden nur unter einigen ethikrelevanten Aspekten aufgenommen wird, vgl. *Th. Pröpper*, Erlösungsglaube und Freiheitsgeschichte. Eine Skizze zur Soteriologie, München ³1991, 171–224 (Lit.).

Brennpunkte und Kategorien

Theologie zu ihm traditionellerweise gestört ist und seine Aufnahme durch die theologische Ethik auch noch heute (wenn mein Eindruck nicht trügt) weithin nur halbherzig geschieht, möchte ich im zweiten Teil über die Ankündigung des Themas hinaus meine Option für eine autonome Ethik noch etwas eingehender theologisch begründen – woraus sich dann abschließend die Aufgabe ergibt, die beiden dabei Unterschiedenen, autonome Ethik und christlichen Glauben, wieder zueinander ins Verhältnis zu setzen.

Und nun – zweite Vorbemerkung – mein wohlweisliches Absicherungsmanöver. Was ich vortragen möchte, entspringt nämlich gar nicht einer übermütigen Lust zur dogmatischen Grenzüberschreitung, sondern ist integrierter Teil der Grundlagenreflexion, mit der ich Rechenschaft über die philosophischen Implikationen der *Dogmatik* zu geben versuche. Auch dies sei in aller Kürze erläutert[2]. Dogmatik ist ja, ihrem Selbstverständnis entsprechend, Hermeneutik des Glaubens: systematische Darstellung seines Inhalts und in eins Vergegenwärtigung seiner Bedeutung. Solche Vermittlungsarbeit aber kann sie in methodisch kontrollierter Weise nur leisten, wenn sie einerseits die wesentliche »Sache« des Glaubens inhaltlich bestimmt – in dieser Hinsicht bezeichne ich die Selbstoffenbarung Gottes in der Geschichte Jesu als die Grundwahrheit christlicher Theologie – und wenn sie sich andererseits über die Anforderungen klar ist, denen das Denken, das sie für ihre Vermittlungsaufgabe beansprucht, unterliegt. Denn dieses Denken muß nicht nur der wesentlichen Gegebenheit der Glaubenswahrheit entsprechen und sich für ihr inhaltliches Verständnis als geeignet erweisen, es muß nicht nur in sich selbst konsistent sein und mit dem nichttheologischen Wissen vereinbar, sondern es muß auch, wenn die Glaubensvermittlung mehr als unkritische Akkomodation an zufällige Plausibilitäten sein soll, insbesondere dazu taugen, den von der Glaubenswahrheit unablösbaren Anspruch auf universale, jeden Menschen angehende und ihn unbedingt beanspruchende Bedeutung einsehen zu lassen. Dies wiederum ist auf nichtzirkuläre Weise nur möglich, wenn als Basis solcher Einsicht ein Unbedingtes im Menschen selbst namhaft gemacht werden kann. Dies Unbedingte aber kann nur die *Freiheit* sein. Ich will jetzt auf eine Aufzählung weiterer Argumente für die dogmatische Aneignung des Freiheitsdenkens verzichten – klar muß nur sein, daß seine Aufnahme natürlich die Verpflichtung zur Anerkennung auch der *Ansprüche* einschließt, die aus der Unbedingtheit der Freiheit resultieren. Die für die Dogmatik relevanten Bestimmungen, Einsichten und Fragen ergeben sich, wenn die Analyse auf die Wesensverfassung der existieren-

---

[2] Vgl. zum Folgenden *Th. Pröpper*, Freiheit als philosophisches Prinzip der Dogmatik. Systematische Reflexionen im Anschluß an Walter Kaspers Konzeption der Dogmatik, in: E. Schokkenhoff/P. Walter (Hg.), Dogma und Glaube. Bausteine für eine theologische Erkenntnislehre. FS für Bischof Walter Kasper, Mainz 1993, 165–192.

den Freiheit in ihrer formalen Unbedingtheit und ihrer gleichzeitigen realen Bedingtheit reflektiert und dann die Frage nach der ihrer Unbedingtheit entsprechenden und durch sie gebotenen Verwirklichung verfolgt. Und weil es mir nun scheint, daß einige der Einsichten, die sich auf diesem Wege einstellen, wohl auch für die Ethik und Sozialethik von Interesse sein könnten, spreche ich dies, um die Chance eines Brückenschlags zu nutzen, an dieser Stelle nur einmal ganz ungeschützt aus. Im Blick auf den Erfolg freilich möchte ich mich vorsichtiger ausdrücken und lieber nur sagen: ich nutze die Gelegenheit, einen Versuchsballon aufsteigen zu lassen.

1. Ethische und sozialethische Aspekte transzendentalen Freiheitsdenkens

Um den Einstieg zu sichern und die Einordnung zu erleichtern, will ich Ausgangspunkt und Methode des Gedankengangs, den ich gleich vortragen möchte, zuvor kurz charakterisieren. So entschieden ich nämlich bei der menschlichen Freiheit einsetze, werde ich mich doch hüten, sie vorab beweisen zu wollen. Denn sie läßt sich nun einmal nicht beweisen (jedenfalls nicht auf objektiv-wissenschaftliche Weise). Wohl aber läßt sich »beweisen«, in reflektierender Besinnung einsehen, daß sie sich nicht beweisen läßt. Und beweisen zudem (wie es *Kant* mit der Auflösung seiner dritten Antinomie vorgeführt hat), daß ihre Möglichkeit nicht auszuschließen ist. Für die Annahme ihrer Wirklichkeit aber kann es genügen, daß wir uns Freiheit alltäglich unterstellen, sie durch retorsive Argumente verteidigen und uns ihrer reflektierend vergewissern können. Freiheit wird thematisierbar, indem sie in einem reduktiven Verfahren als die unbedingte Bedingung gedacht wird, ohne die sich spezifisch humane Vollzüge wie Moralität, Kommunikation, Recht usw. nicht als möglich begreifen lassen. Ein solches, transzendentalphilosophisch zu nennendes Verfahren trägt dem Sachverhalt Rechnung, daß die ursprüngliche Evidenz moralisch-unbedingter Verpflichtung niemals andemonstriert, sondern eigentlich nur aufgeklärt und somit auch nur auf rekonstruktive Weise begründet werden kann. Damit steht es in der Nachfolge *Kants*, geht aber über ihn mit *Fichte* und der neueren Transzendentalphilosophie (*Hermann Krings, Hans Michael Baumgartner* und anderen[3]) doch insofern hinaus, als es den sittlichen Willen, den Kant in den ethischen Grundlegungsschriften zunächst nur seiner Form nach bestimmte, auch in seiner unbedingten Aktualität zu denken und diese krite-

---

[3] Vgl. *H. Krings*, System und Freiheit. Gesammelte Aufsätze, Freiburg/München 1980; *H. M. Baumgartner* (Hg.), Prinzip Freiheit. Eine Auseinandersetzung um Chancen und Grenzen transzendentalphilosophischen Denkens, Freiburg/München 1979.

riologisch in Anschlag zu bringen versucht. Von der Transzendentalpragmatik *Karl-Otto Apels* wiederum, die als Entwurf einer postkonventionellen Moral und wegen ihrer im Rahmen des »linguistic turn« energisch aufrechterhaltenen Letztbegründungsansprüche zu Recht viel Beachtung findet, unterscheidet sich der von mir bevorzugte Weg durch die Hartnäckigkeit, mit der er die für die Ethik konstitutive Unterscheidung von Gut und Böse einklagt und auf der Frage nach dem Verbindlichkeitsgrund moralischen Sollens insistiert. Vor allem durch diese Frage und den Versuch, sie durch den Rückgang auf ein Unbedingtes zu lösen (d. h. die Konstitution von Geltung durch es zu denken), trennt sich der transzendentalphilosophische vom transzendentalpragmatischen Ansatz, der sich seinerseits mit der Identifikation von pragmatisch nicht hintergehbaren Regelbedingungen der Kommunikation begnügt oder es doch beim bloßen Faktum ihrer Anerkennung beläßt.

Aber nun zu dem Gedankengang selbst, der (wie gesagt) eigentlich die dogmatische Absicht verfolgt, die den Menschen unbedingt angehende und beanspruchende Bedeutung der Selbstoffenbarung Gottes zu zeigen – ein Ziel, zu dem er freilich erst über Zwischeneinsichten gelangt. Ich werde sie jeweils durch einen Hauptsatz markieren und sie, soweit es mir aus der Perspektive des Dogmatikers möglich ist, in ihrer ethischen Relevanz kurz erläutern.

Der *erste* Satz lautet: *Freiheit soll sein*. Diese vielleicht zunächst verwunderliche Formulierung bringt doch nur auf den Begriff, daß der Mensch das Wesen ist, das nicht nur einfachhin ist, sondern das zu sein *hat*. Zum Bewußtsein seiner Freiheit erwacht, findet er sich in eine Distanz zu der Wirklichkeit versetzt, in der und als die er bereits existiert. Zu ihr kann er nun in ein freies Verhältnis eintreten, kann die konkrete Gestalt seiner Identität projektieren und sie wirklich ausbilden – er kann es, aber er muß es auch, wenn seine Freiheit nicht im Haltlosen verschweben und ungenutzt bleiben soll. Aber selbst in diesem Fall würde er wählen – und sei es auch nur in der Weise, daß er auf den bewußten Gebrauch seiner Freiheit verzichtet und sich vom Zufall abhängig macht. Kurz: Freiheit ist zu denken als ursprüngliche Fähigkeit der Distanzierung, als grenzenloses Sichöffnen, als ursprüngliches Sichverhalten und Sichentschließen – und sie ist mit alledem unbedingt: durch nichts außer ihr zu erklären. Sie ist (mit einem Wort) als *Fähigkeit der Selbstbestimmung* zu denken; *wirkliche* Selbstbestimmung ist sie erst durch die tatsächliche Affirmation eines Inhalts. In diesem Prozeß nun spielt sie eine dreifache Rolle: sie ist 1. das durch sich selber Bestimmbare, 2. das sich (durch die Affirmation eines Inhalts) selber Bestimmende, aber 3. in ihrer formalen Unbedingtheit auch der Maßstab für die wirkliche Selbstbestimmung. Und erst dies Dritte, daß sie sich zu sich selber entschließt und auf ihr eigenes Wesen als Kriterium ihrer Selbstverwirklichung verpflichtet, garantiert ihre *Autonomie* – ein Begriff übrigens, der zugleich ihre Endlichkeit indiziert. Denn Autonomie heißt ja nichts anderes, als daß die *Freiheit sich selber Gesetz* ist, *sich selbst als Aufgabe gegeben*. Das Phänomen ursprünglich ethischer Evidenz, also die Erfahrung unbedingter Verpflichtung läßt sich überhaupt nur auf diese Weise erklären: daß der bedingt existierenden Freiheit die Unbedingtheit des eigenen Wesens bewußt wird und sich als Anspruch geltend macht, an dem sie ihr Handeln orientieren soll. Nicht anders wäre das Gewissensphänomen zu begreifen: als der an die Freiheit in ihrer vorfindlichen Existenz ergehende Anruf der eigenen Wesensbestimmung ... Soviel also zum ersten Satz: Freiheit soll sein. Indem er als ethisches Grunddatum die Selbstaufgegebenheit der Freiheit benennt, sichert er die Autonomie und unbedingte Gültigkeit aller Forderungen, die in ihm begründet sind.

Im zweiten Schritt geht es darum, die oberste *inhaltliche* Norm ethischen Handelns zu finden. Sie ergibt sich durch die Reflexion auf die möglichen Gehalte der Freiheit. Ist Freiheit nämlich, wie wir sahen, bei ihrer realen Selbstbestimmung dem Maßstab des eigenen Wesens verpflichtet, dann kann der Unbedingtheit ihres Sichöffnens letztlich nur ein Inhalt gemäß sein, der sich seinerseits durch formale Unbedingtheit auszeichnet: die andere Freiheit also, die Freiheit der Anderen. Erst im Entschluß für andere Freiheit wird die Unbedingtheit freier Affirmation angemessen betätigt, erst in ihm vollzieht sich menschliche Freiheit im vollen Sinne *als* Freiheit, während sie in der Objektwelt einen ebenbürtigen Inhalt nicht finden, sondern sich selbst nur als perennierendes Streben verzehren, sich in die schlechte Unendlichkeit verlaufen und als »nutzlose Leidenschaft« aufreiben könnte. Der *zweite* Satz muß also lauten: *Freiheit soll andere Freiheit unbedingt anerkennen.* Der ethische Ernst dieser Forderung wird freilich erst sichtbar, wenn sie nicht nur auf die glücklichen Fälle begrenzt bleibt, wo ein Wechselverhältnis gegenseitiger Anerkennung zustande kommt und gelingt, sondern auch dort noch befolgt wird, wo die Bejahung einseitig und ohne Erwiderung bleibt und sich zu den Kosten und Risiken innovatorischen Handelns bereitfinden muß. Es ist gerade dieser Verzicht auf jede Bedingung, das Interesse am Freisein und somit auch Frei*werden* der Anderen, aller Anderen, was der Idee der Solidarität erst ihre ethische Dignität gibt. Eine normativ dimensionierte humane Interaktion, schreibt Helmut Peukert, zielt »auf die Genese von Subjekten. Sie ist auch advokatorisch, stellvertretend notwendig«[4]. Und insofern wäre der Satz, den wir aufgestellt haben, noch durch zwei weitere zu erläutern. Der erste könnte lauten: Begegne jeder möglichen Freiheit so, daß du sie schon anerkennst und zuvorkommend als wirkliche behandelst; und der zweite: Gib niemals einen Menschen auf und verweigere ihm deine Anerkennung nicht, auch wenn er sie nicht mehr oder

---

[4] H. Peukert, Über die Zukunft von Bildung, in: Frankfurter Hefte, FH-extra 6 (1984) 129–137, 134.

noch nicht erwidert oder nicht erwidern kann[5] ... Übrigens stimmt der Grundsatz, der die Freiheit auf die unbedingte Anerkennung jeder anderen (wirklichen und möglichen) Freiheit verpflichtet, präzise mit der Forderung überein, die *Kant* in seiner dritten, also der (von seinen Kritikern oft übersehenen) durchaus schon inhaltlich bestimmten Fassung des kategorischen Imperativs formuliert hat und die eben besagt, daß ein Mensch niemals als Mittel, sondern jederzeit als Zweck an sich selbst zu behandeln sei. Zugleich ist hier der Ort, dem eingangs erwähnten Mißtrauen entgegenzutreten; es gipfelt zumeist in dem Vorwurf, ein autonomer Ansatz der Ethik müsse notwendig die ursprüngliche Dignität intersubjektiver Verpflichtung verfehlen, da er den Mitmenschen zur Funktion des eigenen Selbstseins depotenziere. Ein solches Verdikt, meine ich, kann nur äußern, wer das eigentliche Pathos der bisherigen Überlegungen und ihren wesentlichen Ertrag übersieht: ihre Spitze gegen jeden autarken Individualismus und ihre Einsicht, daß gerade die Selbstverpflichtung der Freiheit doch die Anerkennung des Anderen in der Unbedingtheit seiner Freiheit und somit auch die Freilassung in seine ursprüngliche Andersheit fordert. Vermutlich beruhen die Mißverständnisse auch darauf, daß man die transzendentallogischen Begründungsverhältnisse nicht hinreichend vom realen Konstitutionsprozeß unterscheidet. Denn allerdings wird faktisch das Bewußtsein unbedingter Verpflichtung durch mitmenschliche Begegnung vermittelt und vom Anderen her eröffnet: Im Anblick des Fremden, im Angerufensein meiner Freiheit und ihrer Beanspruchung durch ihn geht ihr die Evidenz des Ethischen auf. Aber damit ist die unbedingte Verbindlichkeit des Anspruchs, den ich vornehme, keineswegs auch schon einsichtig geworden. Wie ist sie überhaupt denkbar? Und wie zu begründen? Methodisch sehe ich dafür keinen anderen Weg, als bei der Freiheit desjenigen, der sich beansprucht erfährt, einzusetzen (denn sie ist das einzige Unbedingte, dessen er unmittelbar bewußt werden kann) und dann eben zu zeigen, daß er gerade dadurch sich selber entspricht, daß er vom Anderen sich beanspruchen läßt. Für die ethische Grundlagenreflexion jedenfalls wäre es fatal, den Ansatz der Autonomie als monologischen

---

[5] Auch noch im letzten Fall scheint mir die Verpflichtung zur unbedingten Anerkennung begründbar: zum einen, weil Menschen von Natur aus zwar keineswegs schon frei, wohl aber zur Freiheit bestimmt sind und ethisches Handeln an dieser Bestimmung auch im äußersten, aussichtslos scheinenden Fall schon deshalb orientiert bleiben muß, weil es sich gegen die Möglichkeit ihrer Verwirklichung jenseits menschlicher Möglichkeiten nicht abschließen darf; zum anderen und grundsätzlich aber, weil unbedingte Bejahung das unbedingte Seinsollen des Bejahten intendiert und sich damit in Widerspruch zum Gedanken seiner definitiven Vernichtung setzt. »Dem Tod eines Menschen zustimmen, heißt, in gewisser Weise ihn dem Tod ausliefern«, schreibt *Gabriel Marcel* (Das ontologische Geheimnis. Drei Essais, Stuttgart 1961, 79) – ein Gedanke, der auch in *Helmut Peukerts* Begriff der »anamnetischen Solidarität« impliziert ist.

Subjektivismus zu perhorreszieren und die Prinzipien der Alterität und Kommunikation dann nur noch heteronom einklagen zu können. Denn dies hieße im Endeffekt nichts anderes, als auf die Begründung *un*bedingter Verpflichtung überhaupt zu verzichten.

Mit unserem Satz, der die unbedingte Anerkennung von Freiheit fordert, haben wir zwar die inhaltliche Grundnorm ethischen Handelns erreicht, doch kann sie, da sich weitere Normen aus ihr nicht mehr unmittelbar ableiten lassen, nur als das oberste Beurteilungskriterium fungieren, an dem jede Einzelnorm und der Prozeß der Normfindung selber zu messen sind. Was konkret das Freisein von Menschen fördert oder behindert, hängt immer auch von kontingenten historischen Gegebenheiten ab. Hier hat die sittliche Urteilskraft ihr Betätigungsfeld, das sachgerechte Erkenntnisbemühen, im Zweifels- und Konfliktfall der ethische Diskurs, nicht zuletzt auch die situative Aufmerksamkeit. Bedenkt man nun aber, daß wirkliche Anerkennung stets (wie ich es nenne) die Struktur des *Symbols* hat, die unbedingte Bejahung sich also durch bedingte, endliche Inhalte, Handlungen oder Verhältnisse vermittelt, die das Seinsollen der anderen Freiheit ausdrücken und (wenigstens anfanghaft) auch realisieren, und achtet man ferner darauf, daß zu diesen symbolischen Wirklichkeiten nicht etwa nur die Blumen zum Geburtstag oder der Besuch eines Kranken gehören, sondern ebenso die Ordnungen des Rechts, des Marktes, der Arbeit und überhaupt alle umfassenden Systeme, die für den Bestand der Freiheit grundsätzlich ebenso wesentlich sind, wie sie faktisch die Freiheit von Menschen behindern oder sogar auslöschen können – dann läßt sich doch noch ein *dritter,* wenngleich ebenfalls nur allgemeiner Satz formulieren. Er könnte lauten: *Freiheit trägt Verantwortung für eine Welt, durch deren Verhältnisse die Bestimmung aller Menschen zur Freiheit gefördert wird und ihre Anerkennung eine gemeinsame Darstellung findet.* Erst dieser Satz, denke ich, schlägt die Brücke zu den spezifisch *sozial*ethischen Themen, weil er die objektiv-institutionelle Vermittlung von Freiheiten in den Blick rückt. Wesentlich scheinen mir drei Aspekte. Erstens die prinzipiell *mediale* Auffassung aller Ordnungen und Systeme als objektivierter, strukturierender Gestalten menschlicher Interaktion. Zweitens das Bewußtsein der unaufhebbaren *Dialektik von Freiheit und System.* Die Wesensbestimmung der Freiheit erschöpft sich nicht in den Ordnungen, in denen sie Bestand hat und mit anderen koexistiert. Nur im Widerspruch zu den Systemen, die sie als Bedingung der eigenen und der gemeinsamen Existenz setzt, kann sie deshalb ihre Unbedingtheit und die Unbedingtheit anderer Freiheit behaupten; ein System, das solchen Widerspruch ausschließen wollte, wäre daher ebenso inhuman wie eine Freiheit, die sich jeder Einbindung entzöge. Wesentlich ist drittens die *Orientierung* der notwendigen Veränderungen *am unbedingten Seinsollen jeglicher Freiheit.* Eine Wirtschaftsethik z. B., die dieses Kriterium zugunsten systeminterner Funktionalität absorbierte, verdiente nicht mehr ihren Namen. Der Begriff von Solidarität, den ich starkgemacht habe, hat gerade darum Konsequenzen für das gesellschaftliche Handeln, weil er die Ethik des Rechts konstruktiv auf eine Ethik des Guten bezieht und darauf insistiert, daß gelingendes Leben die Versöhnung von Individualität und Sozialität zur Voraussetzung hat. Anerkennung ist ja mehr als bloß das gleichgültige Gelten-lassen des jeweils Anderen und seiner legalen Rechte; die korrektive Funktion, die die Solidaritätsidee gegenüber dem klassischen Liberalismus erfüllte, bleibt deshalb weiterhin aktuell: aktuell jedenfalls in einer Gesellschaft, in der die subjektive Teilnahmslosigkeit aller gegen alle das Pendant zu ihren objektiven Verbrechen bildet, die sie sich gleichzeitig verschleiert.

Ich erlaube mir nun, damit ich mein Ziel als Dogmatiker erreiche, noch einen *vierten* Schritt zu vollziehen. Obwohl er sozialethisch nicht unmittelbar relevant ist, benötige ich ihn doch für die noch ausstehenden Hinweise zum Verhältnis von autonomer Ethik und christlichem Glauben. Meine dogmatische Leitfrage war ja, ob die Freiheitsreflexion etwas für das Gottesverhältnis erbringt und womöglich sogar etwas, das auch ethische Verbindlichkeit hätte. Die Möglichkeit dazu eröffnet sich tatsächlich, sobald man die schon angedeutete Aporie in den Blick faßt, daß Menschen, wenn sie andere Freiheit unbedingt und ernsthaft bejahen, etwas intendieren und sogar schon beginnen, was sie dennoch selbst nicht vollenden und einlösen können: das unbedingte Sein-sollen der Freiheit, das wir stets nur symbolisch, also nur begrenzt und prinzipiell vorläufig ins Werk setzen können. Diese Aporie für definitiv unlösbar zu halten, ist nun jedoch theoretisch nicht zwingend, weil sich hier zugleich die Idee einer Freiheit auftut, die nicht nur formal, sondern auch material unbedingt wäre: Einheit von unbedingtem Sicherschließen und ursprünglicher Eröffnung allen Gehalts, theologisch gesprochen: Einheit von Liebe und Allmacht. In der Idee Gottes wird also die Wirklichkeit gedacht, die Menschen voraussetzen müssen, wenn das unbedingte Seinsollen, das sie im Entschluß zu sich selbst und zu Anderen intendieren, als begründbar und somit überhaupt als möglich gedacht werden soll. *Ob* sie aber vorausgesetzt werden darf, wird auch schon für ihre gegenwärtigen Freiheitsvollzüge nicht bedeutungs- und folgenlos sein ... Der Gewinn dieses Schrittes liegt nun darin, daß er (wie es mein Ziel war) den Glauben an Gott und seine Selbstoffenbarung in seiner unbedingten Bedeutsamkeit philosophisch erschließt – und zwar in einer Weise, die durchaus auch ethische Verbindlichkeit hat. Wenn nämlich das unbedingte Seinsollen, das im Entschluß der Freiheit intendiert ist, allein durch Gott verbürgt werden kann, dann würde sich die Freiheit mit der Ablehnung Gottes ja in Widerspruch setzen zu dem, was sie selbst will, wenn sie tut, was sie – sich selber und anderer Freiheit verpflichtet – tun *soll*. Insofern wäre Sünde, als Selbstverweigerung gegenüber Gott und seiner Zuwendung verstanden, tatsächlich Schuld: Schuld auch im genuin ethischen Sinn. Allerdings ist dabei zu beachten, daß dieses Resultat noch von einer Voraussetzung abhängt, die es zu einem bloß hypothetischen macht. Denn unsere Analyse der Freiheit war ja lediglich bis zur *Idee* Gottes gelangt. Zwar kann sie ihn denken als den, der allein zu vollenden vermag, was zu beginnen in jedem Fall unsere Pflicht ist; doch verbietet es gerade der transzendentale Charakter dieser Idee, aus ihr auf Gottes Dasein zu schließen oder seine Offenbarungswahrheit vorwegnehmen zu wollen. Kann philosophische Reflexion nun aber schon über Gottes Existenz nichts entscheiden, dann kann sie auch seine Bejahung nicht fordern, so daß es für die autonome Ethik bei der Aussage bleibt, es sei menschliche Pflicht, Gott zu bejahen, *wenn* er uns seine Zuwendung schenkt. Wenn also überhaupt Sünde als aktuelles Gottesverhältnis möglich wird und tatsächlich geschieht, dann ist sie auch Schuld.

Umgekehrt ist Schuld, als genuin ethisches Phänomen begriffen, natürlich als solche nicht auch schon Sünde. Es ist (um es mit *Kierkegaard* zu sagen) eben die Bestimmung »vor Gott«[6], die noch hinzukommen muß, um menschlicher Schuld die spezifische Qualität der Sünde zu verleihen. Dies ist nun allerdings nicht so zu verstehen, als würden die ethischen Pflichten dadurch unmittelbar zu positiv gesetzten göttlichen Geboten, obwohl sie nun – wie die Adaption humaner ethischer Reflexion durch die christliche Ethik seit jeher beweist – durchaus zu Kriterien avancieren, an denen der Glaube sich praktisch zu bewähren hat. Aber schon die Spitzenaussagen der Bergpredigt werden nicht einfach als positives Gesetz ausgesprochen, sondern als praktische Folge der Verheißung und Selbstzusage Gottes, die ihnen unmittelbar vorausgeht. Was also ethische Schuld zur Sünde qualifiziert, ist im wesentlichen die Weigerung des Menschen, auf diese Zusage zu setzen und aus ihren Möglichkeiten zu leben. Gläubige Praxis, so verstehe ich es, ist *darstellendes* Handeln: ein Handeln, durch das Menschen für andere weitergeben und auf symbolische, niemals erschöpfende Weise realisieren, was sie selber empfangen haben. Und nicht materiale Differenzen konstituieren das Spezifikum christlicher Ethik gegenüber der autonomen, sondern daß sie diese in die »Perspektive der wirksamen Hoffnung« rückt[7]. Die praktische Relevanz dieser Hoffnung wird man freilich umso höher einschätzen, als sie den Menschen gilt, wie sie sich tatsächlich finden, während die Unerbittlichkeit ethischen Sollens davon absieht und wohl auch absehen muß. Dementsprechend liegt die wesentliche Bedeutung der theologischen Kategorie Sünde darin, daß sie die ethische Verfehlung in einen umfassenden Zusammenhang rückt[8]: in den Zusammenhang der umgreifenden

---

[6] *S. Kierkegaard*, Die Krankheit zum Tode (GTB 620), Gütersloh ²1982, 75.
[7] *E. Schillebeeckx*, Christus und die Christen. Die Geschichte einer neuen Lebenspraxis, Freiburg 1977, 581.
[8] Vgl. zum Folgenden *J. Werbick*, Schulderfahrung und Bußsakrament, Mainz 1985, 45 f. 49.

Sündenmacht, in die der Mensch immer schon einwilligt und die er immer schon fortzeugt, einerseits und in den Zusammenhang der in Jesus Christus offenbaren und seither menschlich bezeugten Liebe Gottes andererseits. Letztlich ist Sünde das Zurückweichen vor den Zumutungen der Liebe aus mangelndem Vertrauen auf die Verheißungen der Liebe und damit auf Gott selbst, der für diese Verheißungen einstehen will. Sie ist (mit einem Wort) die Deutung ethischer Schuld von den Möglichkeiten Gottes her, an denen wir im Glauben Anteil gewinnen könnten.

2. Autonome Ethik und christlicher Glaube

Dieser zweite Teil, weitaus kürzer als der erste, ist nur ein Nachtrag zum bisher Gesagten. Zum einen möchte ich – angesichts der traditionell-katholischen Abwehr des Autonomiegedankens, aber auch im Blick auf die gegenwärtigen Diskussionen – die Option für einen autonomen Ansatz der Ethik, von der ich ausging, nochmals bekräftigen, zum anderen aber auch das positive Verhältnis von autonomer Ethik und christlichem Glauben noch genauer bestimmen und deshalb auf einige Grundprobleme hinweisen, bei denen die Angewiesenheit des ethischen Daseins auf die Sinnvorgabe des Glaubens deutlich hervortritt.

Unter den genuin theologischen Gründen, die sich für die Anerkennung des Autonomieanspruchs menschlicher Freiheit anführen lassen, hat m. E. die Tatsache besonderes Gewicht, daß Gott selber sich bei der geschichtlichen Mitteilung seiner Liebe an die Freiheit des Menschen gebunden hat und sie unbedingt achtet – sichtbar am Weg Jesu bis an sein ohnmächtiges Ende. Ein ganz anderes, aber ebenso schwerwiegendes Argument ergibt sich daraus, daß auch die Möglichkeit allgemeinverbindlicher ethischer Diskurse, an denen der christlichen Ethik doch gelegen sein muß, die Anerkennung des Autonomieprinzips voraussetzt. Ich will diese und andere mögliche Argumente aber jetzt nicht weiter verfolgen, sondern nur so klar wie möglich das Kernproblem bezeichnen, auf das die theologische Autonomiedebatte zuläuft und an dem sich, wie ich meine, ihre Angemessenheit zum neuzeitlichen Reflexionsstand entscheidet. Denn die eigentliche Herausforderung liegt ja darin, daß im Zuge der anthropologischen Wende des Denkens nicht nur die Erkenntnis des sittlich Gebotenen, sondern auch der *Geltungsgrund* moralischen Sollens in das vernünftige *Subjekt* gesetzt wird – und dies wiederum heißt, daß die Berufung auf den Willen Gottes zur Begründung ethischer Pflichten nicht nur entbehrlich, sondern überdies die Aufgabe dringlich wird, angesichts des prinzipiellen Heteronomieverdachts die Anerkennung des die Menschen beanspruchenden Gottes selbst noch als sittlich verbindliche auszuweisen. Daß diese Zuspitzung des Problems theologischerseits durchweg wahrgenommen und angemessen erörtert würde, läßt sich wohl schwerlich behaupten. Häufig begnügt man sich damit, an *Thomas von Aquin* anzuknüpfen, seine schöpfungstheologische Konzeption zu aktualisieren und damit die Autonomiefrage schon für abgegolten zu halten. So etwa stellte die »Autonome Moral« von *Alfons Auer*, obwohl ihr Erscheinen für heftige Aufregung sorgte, doch nur den überfälligen Versuch dar, gegenüber dem moraltheologischen Positivismus die der Welt selbst eingestiftete Rationalität zu normativer Geltung zu bringen; für die Sollensproblematik genügte Auer dabei noch der Hinweis, daß der Mensch »die Tendenz der Welt auf ihre je bessere Verwirklichung hin in seinem Bewußtsein als unausweichliche Verbindlichkeit« erfahre[9]. Aber auch *Franz Böckle*, der sich in seiner »Fundamentalmoral« ein gutes Stück weit auf das Freiheitsdenken einläßt, bricht dann der entscheidenden Herausforderung doch lieber die Spitze ab, indem er den Gedanken, »daß ein bedingtes Subjekt durch sich selbst oder durch andere bedingte Subjekte unbedingt beansprucht wird«, schlicht als Widerspruch beurteilt, die Notwendigkeit einer »theonomen Legitimation des sittlichen Anspruchs« somit als erwiesen betrachtet und sich deshalb befugt sieht, ihn unverzüglich »aus der Beanspruchung des kontingenten Menschen durch den absoluten Gott« herzuleiten[10]. Aber so einfach, denke ich, kommt man an Kant nicht vorbei und zu Thomas zurück. Denn eine Gehorsamspflicht, für die unmittelbar auf den Schöpfergott rekurriert wird, bleibt nicht nur philosophisch unausgewiesen, sondern hätte auch kaum schon moralische Dignität. Zu zeigen ist vielmehr (und eben dies habe ich im ersten Teil versucht), daß die menschliche Freiheit sich *selber* entspricht, wenn sie von Gott sich beanspruchen läßt. Die Möglichkeit, ihre Autonomie zugleich theologisch aus theonomer Perspektive zu deuten, bleibt davon unberührt. Es ist ja Gott, der als Schöpfer der menschlichen Freiheit durch ihr Wesensgesetz zu ihr spricht. Aber theologisch ebenso wesentlich ist, daß er die geschaffene Freiheit sich selbst übergibt und bedingungslos freiläßt. Gerade darin erweist sich die göttliche Souveränität seiner Herrschaft: daß er unbedingte Freiheit neben sich wollte – eine Freiheit, die erst wahrhaft zu ihm, ihrem Gott, kommt und nicht anders zu ihm kommen *soll*, als daß sie zugleich zu sich *selbst* kommt. Nicht obwohl, sondern *weil* er frei ist, ist der Mensch auf Gott hingeordnet und kann dies eben im Maße der Bewußtheit seiner Freiheit als *eigene* Bestimmung erfahren.

---

[9] *A. Auer*, Autonome Moral und christlicher Glaube, Düsseldorf 1971, 36.
[10] *F. Böckle*, Fundamentalmoral, München ⁴1985, 91.85. Differenzierter allerdings *D. Mieth* (Art. Autonomie, in: NHthG 1, ²1991, 139–148), der Kants Verständnis von Autonomie »im Sinne der Identität von Freiheit und Norm« ausdrücklich aufnimmt (144) und eine weiterführende Zuordnung von autonomer Ethik und Glaubenspraxis bietet. Gleichwohl scheint auch für Mieth weniger die eigentlich geltungstheoretische Frage nach der Begründung unbedingten Sollens als das Interesse an der »methodisch richtigen Erkenntnis« und »methodischen Selbständigkeit der sittlichen Vernunft« (145.148) im Mittelpunkt zu stehen.

Erst mit dieser Einsicht, denke ich, wird das Schema der Konkurrenz, in dem die Neuzeit die Beziehung von göttlicher und menschlicher Freiheit weithin gedacht hat, von Grund auf überwindbar. Zugleich bietet sie die Möglichkeit, auch die Sünde nicht nur als Widerspruch gegen Gott, sondern ebenso ursprünglich als Selbstwiderspruch des Menschen, als Verfehlung seiner wesentlichen Bestimmung zu begreifen und sich damit auf eine Sichtweise einzulassen, die der Theologie zwar seit jeher bewußt war, aber erst in der Neuzeit für das Sündenverständnis zentral wird: grundlegend bei *Kant* und dann klassisch durchgeführt in *Kierkegaards* Analysen der Sünde als Verzweiflung. Erst sie erlaubt es, den Menschen auf eine nicht nur äußerliche, nicht bloß heteronom-anklagende Weise bei seiner Verantwortung vor Gott zu behaften. Auch wenn das Wesen der Sünde erst in der Aktualität des Gottesverhältnisses konstituiert und offenbar wird, ist sie deshalb doch keineswegs nur der Schatten, den der Glaube auf die Selbstbeurteilung des Menschen zurückwirft, sondern als Verfehlung seiner Wesensbestimmung wirksam auch dort, wo die aufgehende Möglichkeit des Glaubens niedergehalten und das Bewußtsein der Sünde verdunkelt wird. Wäre es anders, wäre die Sünde nicht eine Grundverkehrtheit des Menschen selbst, die dann auch seine konkrete Wirklichkeit heimsucht: ein schlimmes, durchaus erfahrbares Übel – dann würde man den Menschen die Not ihrer Sünde erst einreden müssen, um ihnen sodann den Trost des Glaubens bieten zu können[11]. Sünde ist, anthropologisch gesehen, der von vorneherein hoffnungslose Versuch des Menschen, das Problem der Freiheit, als die er existiert, aus eigenem Vermögen lösen zu wollen: auf dem Weg einer Selbstbehauptung nämlich, die sich dazu verurteilt hat oder verurteilt glaubt, ohne Gnade leben zu müssen.

Das zuletzt Gesagte führt uns nochmals zum Verhältnis von autonomer Ethik und christlichem Glauben. Mit zwei Hinweisen möchte ich abschließend versuchen, nun auch die faktische Angewiesenheit der Ethik auf die Sinnvorgabe und Verheißung des Glaubens anzudeuten. Der erste betrifft die beiden Grundaporien, die im Vollzug des ethischen Handelns aufbrechen und es insbesondere dann gefährden, wenn die Existenz eines Menschen sich *nur* moralisch versteht. Die erste Aporie resultiert aus dem grundlegenden Mißverständnis darüber, was von moralischem Handeln letztlich zu erwarten ist, oder anders gesagt: sie ergibt sich aus der mangelnden Unterscheidung zwischen dem, was Sache der Ethik, und dem, was Sache des Glaubens ist. Wir sahen ja, daß Menschen die letzte Sinnhoffnung ihrer Freiheit, ihr in der unbedingten Bejahung intendiertes unbedingtes Seinsollen, doch selber nicht einzulösen vermögen.

---

[11] Vgl. auch *W. Pannenberg*, Anthropologie in theologischer Perspektive, Göttingen 1983, 88 f.

Zwar können sie diesen Sinn ihres Daseins füreinander »darstellen« und vermitteln, aber sie können es doch begründet nur dann, wenn er als schon eröffnet vorausgesetzt werden darf[12]. Was damit in den Blick rückt, ist nichts anderes als die anthropologische Relevanz der Rechtfertigungslehre. Denn Rechtfertigungsglaube bedeutet, daß der Mensch sich befreit wissen kann von der Notwendigkeit, die letzte Berechtigung seines Daseins (eben sein *absolutes* Bejahtsein und die Gültigkeit seines unbedingten Seinsollens) selber gewährleisten zu müssen – ein selbstauferlegter, aber zerstörender Zwang, weil seine unstillbare, angstgetriebene Dynamik den Menschen wesentlich überfordert und gerade auch sein moralisches Tun pervertiert: pervertiert zum Mittel einer verbissenen, aber letztlich vergeblichen Selbstvergewisserung[13]. Indem also der Glaube das ethische Handeln von der Sinnproblematik unseres kontingenten Daseins entlastet, *begrenzt* er die Ansprüche der Ethik. Aber, und dies ist entscheidend: er tut es *zugunsten* der Ethik.

Die zweite Aporie zeigt sich, sobald die Sinnbedürftigkeit der Ethik selber bewußt wird. Was zu ihr zu sagen ist, hat bereits *Kant* mit maßgeblicher Klarheit durchdacht[14]. Denn so rigoros er das von allen erstrebte Glück als Prinzip autonomer Sittlichkeit ausschloß, anerkannte er es doch als dem natürlichen Endziel des Menschen gemäßen Bestandteil des moralisch gebotenen »höchsten Guts«. Moralität und Glück sind nicht identisch: weder ist das Glücklich-sein-Wollen Tugend, noch die Moral schon das Glück. Ebensowenig ist ihr Zusammenhang synthetisch gegeben: beide folgen auch nicht auseinander, wie der faktische Weltlauf zur Genüge beweist. Gerade weil Kant sich so tief auf ihren realen Unterschied einließ und dennoch keines von beiden aufgab, weder das Verlangen nach Glück noch die Unbedingtheit der Pflicht, konnte das Problem ihrer Vereinigung überhaupt so bedrängend für ihn werden. Kaum jemals, urteilt *Paul Ricœur*, wurde schärfer gesehen, daß die Versöhnung von Freiheit und Natur, die Synthese von Sittlichkeit und Glück nur eine erhoffte sein könne und

---

[12] Es ist wesentlich für die Liebe, formuliert *E. Schillebeeckx*, Christus 817, daß sie »die Existenz jemandes gutheißt ... Aber unsere geschöpfliche Liebe ist darin nur eine Bejahung der schöpferischen Liebe Gottes, aus der sie ihre Wahrheit bezieht«.
[13] Natürlich resultieren entsprechende Aporien und zerstörende Überforderungen auch dann, wenn die Begründung des Daseinssinnes vom *Anderen* erbracht oder *für* ihn geleistet werden soll.
[14] In seiner Grenzreflexion der zunächst als Basistheorie wissenschaftlicher Rationalität ausgewiesenen Theorie kommunikativen Handelns hat *H. Peukert* (Wissenschaftstheorie – Handlungstheorie – Fundamentale Theologie. Analysen zu Ansatz und Status theologischer Theoriebildung, Düsseldorf 1976) Kants Dialektik der praktischen Vernunft als Dialektik der kommunikativen Vernunft reformuliert und so in beispielhafter wissenschaftstheoretischer Vermittlung die Relevanz der jüdisch-christlichen Tradition, die Gott als rettende Wirklichkeit für die Toten behauptet, aufgewiesen und kritisch vergegenwärtigt.

eines transzendenten Urhebers bedürfe[15]. Die Möglichkeit einer absurden Ethik freilich hat Kant nie erwogen, er hätte sie kaum für vollziehbar gehalten. Die Sinnhaftigkeit der Moral war für ihn vielmehr so fraglos, daß sie ihrerseits sogar zur Basis der Gottesgewißheit avancierte. Aber auch wenn man Kant in diesem Punkt nicht mehr folgt, bleibt davon unberührt doch seine Einsicht, daß moralisches Handeln, *wenn* es denn sinnvoll sein soll, über diesen Sinn jedenfalls selber nicht mehr verfügt. Die Unterscheidung zwischen dem, was Sache des Menschen ist, und dem, was allein Sache Gottes sein kann, konnte eindeutiger kaum festgestellt werden. Und auch diese Unterscheidung, im Glauben vollzogen, kommt der Ethik zugute, weil sie dem lähmenden Anschein letzter Vergeblichkeit widerspricht und uns somit ermutigt zu tun, was wir als Menschen tun können.

Mein letzter Hinweis zur Angewiesenheit der Ethik auf die Sinnvorgaben des Glaubens rückt einen Sachverhalt in den Blick, den ich bei allen Überlegungen vorausgesetzt habe und der gleichwohl nicht gesichert, sondern heute eher gefährdet erscheint. Die Evidenz des Freiheitsdenkens, das ich starkgemacht habe, hängt nämlich an der Aktualität des Freiheitsvollzugs – an der Voraussetzung näherhin, daß sich die einzelne Freiheit im unvertretbaren Akt ihrer Selbstwahl zu sich selber entschließt und auf ihr eigenes Wesen als Maß ihrer Selbstbestimmung verpflichtet. Bedenkt man nun aber, daß sie in die Realität dieses Vollzugs, unbeschadet seiner Ursprünglichkeit, doch durch den Anruf anderer Freiheit faktisch vermittelt wird und überdies, um ihr volles Wesensmaß zu erfassen, wohl auch von religiösen Sinnvorgaben abhängig war, und beachtet man zugleich die reale gesellschaftliche Bedingtheit aller Freiheitsvollzüge – dann wird die Frage bedrängend, ob und wieweit das Faktum selbstverpflichteter Freiheit überhaupt vorausgesetzt werden kann. Die laufenden realen Prozesse, flankiert von Strömungen des Denkens, die dem ohnehin bedrängten Freiheitsbewußtsein das letzte Zutrauen zu sich nehmen, rufen eher Befürchtungen wach. Anonymisierung der Schuld, Manipulation der Leitbilder und Werte, fragmentiertes Bewußtsein, diffuse und fragile Identitäten, Verlust einer Sprache, die noch unbedingt Angehendes aussagt, Ästhetisierung und Individualisierung der Verbindlichkeiten, Schwinden moralischer Kompetenz – die Symptome einer Regression des Freiheitsbewußtseins sind unübersehbar. Und was sein wird, wenn die historisch noch wirksamen Sinnvorgaben des Glaubens erst einmal völlig verabschiedet, aufgebraucht und vergessen sind, steht durchaus noch dahin. Die Konsequenz für Theologie und Kirche kann deshalb nur sein, nach realen Vermittlungsprozessen des Glaubens zu suchen, durch die Menschen sich unbedingt anerkannt und zur verbindlichen Über-

---

[15] Vgl. *P. Ricœur*, Die Freiheit im Licht der Hoffnung, in: *ders.*, Hermeneutik und Strukturalismus. Der Konflikt der Interpretationen I, München 1973, 199–226, 216 ff.

nahme ihrer Freiheit ermutigt erfahren. Dabei läßt sich die hermeneutische Aufgabe der Glaubensvermittlung vom praktischen Interesse an der Subjektwerdung aller nicht trennen. Denn gerade weil die Wahrheit des Glaubens als Erfüllung menschlicher Freiheit erst in deren autonomer Zustimmung zum Ziel kommt, wird auch die Frage nach den realen Bedingungen für die Konstitution verantwortlichen Subjektseins unabweisbar und dringend. Und hier, denke ich, liegt auch das Interesse, das christliche Sozialethik und Dogmatik wie kein anderes verbindet.

Zur theoretischen Verantwortung der Rede von Gott

Kritische Adaption neuzeitlicher Denkvorgaben[1]

Meine sehr verehrten Damen und Herren! Die Zeit für mein Thema ist knapp, also gehe ich sogleich *in medias res*. Ich werde zunächst – ausgehend von dem theologischen Grundansatz, den ich vertrete – die beiden wesentlichen philosophischen Aufgaben der Theologie exponieren und kurz das für ihre Bearbeitung favorisierte transzendentale Freiheitsdenken vorstellen, um sodann den Weg ihrer Bearbeitung selbst zu skizzieren, wobei der Schwerpunkt auf die im Titel angekündigte *theoretische* Verantwortung der christlichen Gottesrede gelegt werden soll. Gleichwohl zielt mein primäres Interesse, das auch die Erörterung der neuzeitlichen Denkvorgaben leiten wird, auf den Nachweis, daß sich – wie es aus hermeneutisch-systematischen Gründen ja auch erforderlich ist – tatsächlich *beide* Aufgaben mit Hilfe desselben philosophischen Denkansatzes einlösen lassen. Der Preis für diese systematische Absicht ist freilich, bezüglich der Ausführung nur einen perspektivischen Umriß markieren zu können – mit zahlreichen offenen Flanken, aber auch (hoffe ich) Anstößen für unsere Diskussion.

1. Die philosophischen Aufgaben der Theologie

Nicht selten und zu Recht, meine Damen und Herren, wird angesichts der Verzweigung, wenn nicht sogar Zersplitterung der Theologie und überhaupt der vielen Glaubenswahrheiten nach einem Inbegriff, einer Kurzformel des christlichen Glaubens gefragt – und auch die theologische Arbeit selbst (namentlich die Dogmatik, die ich als Hermeneutik des Glaubens verstehe und aus deren Optik ich mein Thema angehe) kommt ohne so etwas wie eine Wesensbestimmung ihrer Sache nicht aus. Mit ihr wird ja nur ins Bewußtsein erhoben und

---

[1] Der folgende Text, den ich (leicht gekürzt) am 6.10.1999 im Rahmen des Bochumer Kongresses »Religion -Metaphysik(kritik) – Theologie im Kontext der Moderne bzw. Postmoderne« vorgetragen und dessen Redestil ich unverändert gelassen habe, ist die Neufassung eines unveröffentlichten Vortrags, der am 25.4.1998 anläßlich des 60. Geburtstages von *Hans Kessler* in Frankfurt und am 11.12.1998 in Graz gehalten wurde. Ich widme ihn Hans Kessler, dessen theologischem Denken ich mich seit vielen Jahren verbunden weiß, in dankbarer Freundschaft.

methodisch disziplinierbar, was als faktisches Apriori die dogmatische Arbeit in jedem Fall leitet und sonst eben unkontrolliert wirksam sein würde. Schon *Schleiermacher* hat dies in seiner Glaubenslehre beherzigt und *Ernst Troeltsch* die einschlägigen Probleme in bis heute herausfordernder Weise bedacht[2]. Meine eigene Antwort auf die angesprochene Frage lautet (und ich nenne sie vorweg, weil alles Weitere von ihr abhängt): Der wesentliche Inhalt des Glaubens ist darin zu erkennen, daß der Gott Israels in Verkündigung, Tod und Auferweckung Jesu seine für alle Menschen entschiedene Liebe geschichtlich-endgültig erwiesen und in ihr, d. h. in eins mit ihrer offenbaren Unbedingtheit, sich *selbst* geoffenbart hat. Daß es die Bedeutung der Geschichte Jesu ausmacht, die Selbstoffenbarung des Gottes der Liebe zu sein – das ist die Grundwahrheit christlicher Theologie. Grundwahrheit nenne ich sie, weil sie als der entscheidende *Bestimmungsgrund* fungiert, der die Vielzahl der theologischen Einzelaussagen zu *einer* Wissenschaft verbindet: nicht nur die Einsichten, die sich aus ihr durch sachlogische Reflexionen gewinnen lassen, sondern auch die zahllosen Erkenntnisse (und Fragen), die externer Provenienz sind und synthetisch ihr angefügt werden, so daß zur Dogmatik schließlich alle Einsichten zählen, die sich – um *Thomas von Aquin* zu modifizieren[3] – aus der Betrachtung der Wirklichkeit *sub ratione Dei seipsum revelantis* ergeben: aus der Beziehung aller uns zugänglichen Wahrheit und Wirklichkeit auf die Wahrheit des in und seit der Geschichte Jesu für uns in seinem Selbstsein bestimmten, uns zugewandten Gottes.

Wesentlich ist nun, daß der genannte Grundbegriff eine Wahrheit erfaßt, die sich Menschen zwar wünschen, vielleicht sogar ausdenken könnten, die aber dennoch – eben weil sie Gottes freies Verhältnis zum Menschen betrifft – ihnen nur von Gott selbst gesagt werden konnte (ja sogar nicht anders, als daß sie *Wirklichkeit* für sie wurde, ihnen gesagt werden konnte) und die sich, auch nachdem dies geschehen ist, in kein Wissen »aufheben« läßt, das ihnen von sich aus verfügbar oder kraft eigener Vernunft zu verbürgen wäre. Deshalb ist und bleibt der geschichtliche Ursprung des Glaubens auch der ursprüngliche Inhalt

---

[2] Vgl. *F. Schleiermacher*, Der christliche Glaube. Bd. 1 (ed. *M. Redeker*), Berlin ⁷1960, 125–154 (§§ 20–27); *E. Troeltsch*, Was heißt »Wesen des Christentums«?: Gesammelte Schriften. Bd. 2, Aalen (Neudruck der 2. Aufl. 1922) 1962, 386–451; zur Funktion der Wesensbestimmung ihres Gegenstandes in der dogmatischen Arbeit *Th. Pröpper*, Freiheit als philosophisches Prinzip der Dogmatik: *E. Schockenhoff/P. Walter* (Hg.), Dogma und Glaube. Bausteine für eine theologische Erkenntnislehre, Mainz 1993, 165–192, bes. 177–183; *G. Essen/Th. Pröpper*, Aneignungsprobleme der christologischen Überlieferung. Hermeneutische Vorüberlegungen: *R. Laufen* (Hg.), Gottes ewiger Sohn. Die Präexistenz Christi, Paderborn 1997, 163–178.
[3] Bei Thomas lautet die Bestimmung des Gegenstandes der Theologie: »Omnia autem pertractantur in sacra doctrina sub ratione Dei vel quia sunt ipse Deus; vel quia habent ordinem ad Deum, ut ad principium et finem. Unde sequitur quod Deus vere sit subiectum huius scientiae« (S.th. I, 1, 7).

und erste Gegenstand des Glaubens und dieser so wesentlich an die Form der Zugänglichkeit seiner Wahrheit (nämlich ihr faktisches Gegebensein) gebunden, wie uns ihr Inhalt (Gottes unbedingte Entschiedenheit für uns) eben nur als der Gehalt eines kontingenten *Geschehens* (eines menschlich *vermittelten* Geschehens) eröffnet und wahrnehmbar werden konnte[4]. Gleichwohl – das ist nun die andere Seite – behauptet das Bekenntnis des Glaubens doch *Wahrheit*, unterscheidet sie also vom subjektiven Akt der Zustimmung zu ihr und macht sich begründungspflichtig für die Geltungsansprüche, die im Vollzug dieser Unterscheidung gesetzt sind: *Meine* Wahrheit wäre nicht *Wahrheit*, wenn sie nicht Wahrheit für *alle* sein könnte. Zum einen gilt es, Rechenschaft über die Begründung der Glaubenswahrheit in eben dem Geschehen zu geben, auf das sie selber zurückweist und dessen wahre Bedeutung sie auszusagen beansprucht. Zum anderen geht es um den Nachweis ihrer Vereinbarkeit mit allem, was sonst noch gewußt wird und als wahr gelten kann. Diese Forderung ergeht dem Menschen bereits ursprünglich aus seiner Vernunft, sofern sie (wie *Kant* konstatierte[5]) auf die »höchste Einheit des Denkens«, die »systematische Einheit der Verstandeserkenntnisse« und die Klärung ihrer Zusammenstimmung dringt. Sie resultiert ebenso drängend aus dem affirmierten Inhalt des Glaubens selbst: Wenn Gott, die alles bestimmende und begründende Wirklichkeit, sich selbst offenbarte, dann ist dadurch alle übrige Wirklichkeit für die Bewahrheitung dieses Glaubens in Anspruch genommen[6]. Und wenn insbesondere, in eins mit Gottes geschichtlicher Selbstbestimmung für uns, die endgültige Bestimmung des *Menschen* offenbar wurde, dann prätendiert diese Wahrheit eine jeden Menschen angehende, ja unbedingt angehende Bedeutsamkeit, die als solche von seinem Wesen her verständlich und somit ebenfalls expliziert werden muß.

Die erste Aufgabe samt den mit ihr anfallenden historisch-methodischen und geschichtstheoretischen Fragen ist jetzt nicht unser Thema – und so setze ich die Vertretbarkeit einer affirmativen Antwort auf die *quaestio facti* einfach

---

[4] Zur näheren Differenzierung sowie den weitreichenden theologischen (und praktischen) Konsequenzen dieser wesentlichen Entsprechung von Inhalt und Form (Gestalt) der Offenbarung und ihrer Überlieferung s. *Th. Pröpper*, Erlösungsglaube und Freiheitsgeschichte. Eine Skizze zur Soteriologie, München ³1991, 98 ff. 122. 208–214. 236 ff.

[5] KrV B 355.675; vgl. 361.364.673.693 f.699.

[6] Daß aufgrund des Wahrheitsanspruchs der Dogmatik – entsprechend der Nominaldefinition Gottes als der alles bestimmenden und begründenden Wirklichkeit – die gesamte endliche Wirklichkeit als Zeugnis für die Gottheit Gottes in Anspruch genommen ist und deshalb die Bewahrheitung ihrer Rede von Gott (wie auch – darf man hinzufügen – die Entfaltung ihrer Bedeutung) den Entwurf eines Verstehensmodells von Welt und Mensch »als in Gott begründet« verlangt, das der Anforderung systematischer Konsistenz unterliegt und sich durch seine Bezugnahme auf das nichttheologische Wissen zu bewähren hat, arbeitet eindrucksvoll heraus *W. Pannenberg*, Systematische Theologie 1, Göttingen 1988, 58–72. Zur theologischen Unverzichtbarkeit der genannten »Nominaldefinition« Gottes s. *ders*., Wissenschaftstheorie und Theologie, Frankfurt 1973, 304 f.

voraus[7]. Anders die zweite und dritte Aufgabenstellung, die (sachlich gesehen) schon *vor* ihr bearbeitet sein müssen und nur in philosophischer Instanz bearbeitet werden können. Es machte ja wenig Sinn, nach der Wirklichkeit der Selbstoffenbarung Gottes in Jesu Geschichte ernsthaft zu fragen, wenn nicht einmal ihre *Möglichkeit* aufweisbar wäre. Ohne eine positive Auskunft auf die Frage, ob der Gehalt des Wortes »Gott«, das längst dem Sinnlosigkeitsverdacht unterliegt, vernünftig bestimmt[8] und zwar so weit bestimmt werden kann, daß Gott als von Welt und Mensch verschiedene Wirklichkeit wenigstens denkbar wird und überdies die so erreichte Minimalbestimmung noch dahin weiterbestimmt werden kann, daß auch Gottes freie Selbstoffenbarung als möglich erscheint, wäre der Glaube mit den Ansprüchen der Vernunft schlechterdings nicht zu vereinen. Aber selbst wenn diese Aufgabe einlösbar ist, bleibt immer noch die dritte: Denn warum sollte eine bloß mögliche Wahrheit, die uns im Grunde nichts angeht (nicht mehr jedenfalls angeht als die Existenz eines noch unentdeckten Planeten), uns überhaupt interessieren, ja sogar beanspruchen können? Also muß in eins mit der theoretischen Möglichkeit der Selbstoffenbarung Gottes auch ihre unbedingte Bedeutsamkeit für den Menschen einsichtig werden: daß es (um es mit *Kierkegaard* zu sagen) seine Auszeichnung ausmacht, wesenhaft Gottes bedürftig zu sein[9], genauer noch: wesenhaft eines freien Gottes bedürftig zu sein.

Daß beide Aufgaben (der Möglichkeits- und der Bedeutsamkeitsaufweis) tatsächlich untrennbar zusammenhängen und ein in sich kohärentes Denken erfordern, erhellt bereits daraus, daß es den Glauben, so wesentlich er in Gottes Offenbarungshandeln begründet und von seiner Gnade getragen ist, doch realiter nur als menschlichen Akt gibt und ebenso seine Wahrheit stets nur als menschlich verstandene. Und wirklich angeeignet, gegenwärtig vollzogen, tatsächlich bedeutsam wird sie erst sein, wenn sie in Beziehung gebracht ist zu allem, was ein Mensch schon verstanden *hat*. Sofern nun die Dogmatik dieses dem Glauben eigene Verstehen und die mit ihm vollzogene Synthesis systematisch zu explizieren und sich deshalb der »Zusammenstimmung« der Wege, auf

---

[7] Zur näheren Bestimmung dieser Aufgabe und ihrer Ausführung s. aber *Th. Pröpper*, Freiheit als philosophisches Prinzip der Dogmatik (s. Anm. 2), 179 ff.; *ders.*, »Daß nichts uns scheiden kann von Gottes Liebe ...«. Ein Beitrag zum Verständnis der »Endgültigkeit« der Erlösung: *A. Angenendt/H. Vorgrimler* (Hg.), Sie wandern von Kraft zu Kraft (FS Bischof R. Lettmann), Kevelaer 1993, 301–319.
[8] Dieses Wort ist ja nicht ein Eigenname oder bloß »Interpretament« einer (womöglich auch rein anthropologisch dechiffrierbaren) Erfahrung, sondern durchaus Ausdruck für einen Gedanken und Begriff, auch wenn dessen Gehalt, der Einzigkeit Gottes entsprechend, nur singulär realisiert ist. Vgl. zur Problematik auch *W. Pannenberg*, Systematische Theologie 1 (s. Anm. 6), 73–83.
[9] *S. Kierkegaard*, Vier erbauliche Reden 1844, Gütersloh 1981, 5: »Gottes bedürfen ist des Menschen höchste Vollkommenheit«.

denen sie den kognitiven Gehalt der Glaubenswahrheit *und* ihren existentiellen Anspruch erschließt, ausdrücklich zu versichern hat, lassen sich die genannten Aufgaben auch als zusammengehörige Anforderungen an das von der Dogmatik für ihre hermeneutische Arbeit beanspruchte *Denken* exponieren. Denn natürlich muß dieses zunächst einmal in sich selbst konsistent und für die Vernunft als ursprüngliche Instanz wahrer Einsicht vollziehbar sein; zugleich aber muß es der zugesagten Glaubenswahrheit entsprechen, sich für ihr Verstehen als geeignet erweisen – und dies heißt nun: es muß mit ihr kompatibel und dabei einerseits für sein Bestimmtwerden durch sie noch offen sein und sie doch andererseits als unbedingt bedeutsam einsehen können. Nur wo die geschenkte Wahrheit des Glaubens sich einem Denken, das diesen Forderungen gerecht wird, verbindet, kann sie in einer mit dem nichttheologischen Wissen kohärenten, zugleich ihrem Anspruch gemäßen und so ihr Bedeutungspotential getreu realisierenden Weise »verstanden« werden und auch nur dann der Verstehende als Subjekt seines Glaubens wie seines vernünftigen Wissens mit sich *identisch* sein.

Gilt das Gesagte, wirkt allerdings die geläufige Meinung ziemlich naiv, für solche Vermittlung sei jegliches Denken gleich gut geeignet. Auch wenn der boomende hermeneutische Relativismus darüber geflissentlich schweigt: es gibt doch unentwickeltes, sogar falsches, verblendetes Bewußtsein, entfremdetes Denken, deformierte und deformierende Sprache. Bloße Akkomodation ist also der Hermeneutik des Glaubens schon deshalb verwehrt, weil sie nach eigenem Anspruch *vernunftgemäß* sein will. Und dieser Anspruch reicht weiter, als daß er aufs faktisch Geltende reduzierbar oder mit funktionalen Stimmigkeiten, situativen Plausibilitäten und dergleichen schon abgegolten wäre. In der Regel *sucht* der Glaube erst noch die ihm adäquate Gestalt der Vernunft, denn was er ihr zu denken gibt, gibt er ihr in einer *ab ovo* innovativen und zudem (im Falle ihrer Verschlossenheit oder Verkehrung) in einer kritischen, aber dabei doch immer auch aufdeckenden Weise zu denken: eben mit dem Anspruch, noch im bestimmten Widerspruch der ihrerseits wahrheitsverpflichteten Vernunft zu entsprechen[10]. Aus derselben, vom Glauben bestärkten Vernunftoption erwächst die angstfreie Geduld, die zu verbindlichem Argumentieren

---

[10] Sofern die Offenbarung das menschliche Verstehen beansprucht, das seinerseits unter dem Anspruch der wahrheitsverpflichteten Vernunft steht, fällt der Philosophie eine theologiekritische Funktion zu. Umgekehrt ist nicht auszuschließen, daß die Theologie, sofern sie von einer Wahrheitserschließung herkommt, die sie für die unentwickelten Möglichkeiten wie die Entstellungen der Vernunft hellsichtig macht, eine philosophiekritische Kompetenz zuwachsen kann, die sie ihrer Argumentationspflicht jedoch nicht enthebt. Die Argumente wiederum können von Vollzügen abhängen, die zwar menschliche Wesensmöglichkeiten darstellen, aber tatsächlich auch aktualisiert sein müssen, um bestimmte Einsichten eröffnen zu können: Einsichten also, die im höchsten Maß »subjektiv« (an den unvertretbaren Selbstvollzug des Subjekts gebunden) und doch verbindlich sind. Ich komme darauf zurück.

befähigt. Ohne diese Bereitschaft jedoch, die den anderen in sein Wahrheitsgewissen freiläßt und auf das hin anspricht, was ihm die *eigene* Zustimmung ermöglicht, würden Verkündigung und Theologie ihn zwar immer noch anklagen, aber weder kraft ihrer Wahrheit ihn gewinnen noch er selbst (wie es *Gerhard Ebeling* ausdrückt[11]) sich »wahr gemacht« finden können.

Das transzendentale Freiheitsdenken, für dessen theologische Adaption ich plädiere, empfiehlt sich dafür vor allem, weil es das mit der fortschreitenden Selbstreflexion des neuzeitlichen Denkens erreichte Problemniveau einhält und dem ursprünglichen Vernunftinteresse gerecht wird, das Fragen bis zur Einsicht in ein Unbedingtes zu führen. Angesichts der gegenwärtigen Situation der Vernunft, deren hohe operative Präzision mit einer progressiven Abblendung weitergehender Fragen einhergeht und sich in einer eigentümlichen Bewußtlosigkeit über das, was sie selbst ist und treibt, einspinnt, bietet die Aktualisierung jener Selbstreflexion mit ihrem Rückgang auf die formale Unbedingtheit der Freiheit die Chance, ja inzwischen – je fröhlicher die Vernunft, einst als verbindende Instanz der jeden Menschen beanspruchenden Wahrheit geachtet, zugunsten einer »transversalen Vernunft«[12], die sich flexibel in allen Sprachspielen tummelt, verabschiedet und ebenso Freiheit zwar individuell in Anspruch genommen, in ihrer das moralische Sollen konstituierenden Valenz jedoch nicht beachtet wird – die vielleicht noch einzige Chance für eine Kritik, die nicht nur humanes Interesse, sondern auch einsichtige Geltung beanspruchen kann. Zugleich hängt an ihr die Vermittlung des Glaubens. Denn, so nun meine Generalthese: Ohne den Rekurs auf ein Unbedingtes, das im Menschen selbst vorausgesetzt werden darf, wäre weder die jeden Menschen unbedingt angehende Bedeutung der Selbstoffenbarung Gottes begründet vertretbar noch überhaupt der Gottesgedanke in autonomer Einsicht bestimmbar. Dies ist der Grund dafür, daß ich die Freiheit als *zweiten* Bestimmungsgrund, nämlich als das *philosophische* Prinzip der theologischen Hermeneutik ansetze[13] (und übrigens der

---

[11] Vgl. G. *Ebeling*, Dogmatik des christlichen Glaubens II, Tübingen 1979, 116 ff.; *ders.*, Gott und Wort, Tübingen 1966, 48 ff. Sehr schön, aber voraussetzungsreich auch die Formulierung: »Wort Gottes [...] verifiziert sich selbst, indem es den Menschen verifiziert« (77).
[12] Vgl. W. *Welsch*, Unsere postmoderne Moderne, Weinheim ³1991; *ders.* (Hg.), Wege aus der Moderne. Schlüsseltexte der Postmoderne-Diskussion, Weinheim 1988.
[13] Natürlich muß die theologisch interessierte Aufnahme des Freiheitsdenkens und seiner (angedeuteten) hermeneutischen Leistungen auch zur Wahrung der Ansprüche bereit sein, die aus der Unbedingtheit der Freiheit resultieren, und sie eben deshalb als zweites *Prinzip* theologischer Hermeneutik (und inhaltlichen Bestimmungs*grund* der zu explizierenden Glaubenswahrheit) ansetzen. So ergibt sich ein doppelpoliger Ansatz (theologische Grundwahrheit – philosophischer Bestimmungsgrund), der durchaus der elliptischen Grundstruktur der Glaubenslehre *Schleiermachers* entspricht – mit dem entscheidenden Unterschied jedoch, daß Schleiermacher das philosophische Prinzip (Gottesbewußtsein als menschliche Wesensanlage) inhaltlich über- und die Besonderheit des Christentums bzw. des Erlösers (Kräftigkeit des Gottesbewußtseins) unterbestimmt und deshalb die bleibende Bezogenheit der Gläubigen auf Je-

Grund auch dafür, daß sich eine theologisch relevante Interpretation an *humanwissenschaftliche* Befunde erst anschließen läßt, wenn die einschlägigen Phänomene zuvor als Realität der Freiheit bestimmt worden sind[14]).

Um meine These zu explizieren, will ich zunächst den *Relevanz*aufweis für die Wahrheit des Glaubens skizzieren. Zwar fasse ich dabei nur knapp zusammen, wozu ich mich schon öfter geäußert habe[15], doch liegt mir (wie gesagt) daran, die erforderliche »Zusammenstimmung« beider Aufweise sichtbar zu machen. Denn auch schon der Möglichkeitsaufweis – darauf läuft dann die kritische Aneignung der neuzeitlichen Denkvorgaben hinaus – läßt sich auf nichtzirkuläre Weise nur führen, sofern die Vernunft, das Vermögen zum »Begriff des Unbedingten« und der »Forderung auf das Unbedingte« (wie *Kant* sie nannte[16]), als selbst wurzelhaft *freie* angesetzt werden darf.

2. Gott als Sinngrund der Freiheit
(Relevanzaufweis für die Wahrheit des christlichen Glaubens)

Die menschliche Hinordnung auf Gott und die unbedingte Bedeutung seiner Selbstoffenbarung können im selben Maße ansichtig werden, wie auf die Kon-

---

sus Christus letztlich nicht einsichtig wird. Demgegenüber läßt das Freiheitsprinzip in seiner bedeutungserschließenden Valenz die Positivität der Glaubenswahrheit unangetastet und erlaubt es sogar, sie als wesentlich zu begreifen und somit das Verhältnis von Vernunft und Offenbarung (Philosophie und Theologie) strikt als *Bestimmungsverhältnis* zu fassen. Vgl. *Th. Pröpper*, Schleiermachers Bestimmung des Christentums und der Erlösung: ThQ 168 (1988) 193–214.

[14] Gegenüber dem von *W. Pannenberg* in seiner großen »Anthropologie in theologischer Perspektive« (Göttingen 1983) geübten Verfahren, an den »empirisch erhobenen anthropologischen Phänomenen« ihre »religiösen und also theologisch relevanten Implikationen« aufzuweisen (19–21), ist geltend zu machen, daß erst (wie noch deutlicher werden soll) die Selbstreflexion der freien Vernunft den Gottesgedanken zu bestimmen und eine Bestimmtheit des Endlichen durch die Wirklichkeit Gottes zu denken erlaubt und schon deshalb jene Phänomene als konkreter Ausdruck für die wesenhafte Gottverwiesenheit des Menschen oder sein faktisches Gottesverhältnis erst in Betracht kommen können, wenn sie als Wirklichkeitsgestalten der Freiheit erschlossen werden, in der allein (auf Seiten des Menschen) die Möglichkeit der Gottesbeziehung gründet und die sie vollzieht.

[15] Vgl. zum folgenden Abschnitt bes. *Th. Pröpper*, Freiheit als philosophisches Prinzip theologischer Hermeneutik: Bijdragen 59 (1998) 20–40, 30 ff.; grundlegend *ders.*, Erlösungsglaube (s. Anm. 4), 171–194; *H. Krings*, System und Freiheit. Gesammelte Aufsätze, Freiburg – München 1980.

[16] KrV B 379; KU B 339. Zu beachten ist, daß Kant jenen Begriff als »notwendigen Vernunftbegriff« (Idee) bezeichnet: »durch die Natur der Vernunft selbst aufgegeben« (KrV B 383 f.). Eindrucksvoll auch die Herausstellung der »reinen Spontaneität« des Vernunftvermögens, »dadurch er [der Mensch] sich von allen andern Dingen, ja von sich selbst, so fern er durch Gegenstände affiziert wird, unterscheidet« und das »als reine Selbsttätigkeit [...] noch über den Verstand erhoben« ist (GMS B 107 f.). Vgl. ferner: KrV B XXI. 364; KU B 341.

stitution der menschlichen Freiheit in ihrer formalen Unbedingtheit und materialen Bedingtheit geachtet und das Problem ihrer angemessenen, durch sie selbst gebotenen *Realisierung* durchdacht wird. Was zunächst die Vergewisserung des Ausgangspunktes betrifft, so bleibt dafür freilich – da Freiheit nicht objektiv, sondern nur retorsiv aufweisbar ist und auch jede metaphysische Begründung ihre Ursprünglichkeit schon verfehlt – nur ein reduktiv-transzendentales Verfahren, das Freiheit als die unbedingte Bedingung eruiert, ohne die sich gerade die spezifisch humanen Vollzüge (Moralität, Recht, alltägliche Interaktion usw.) nicht als möglich begreifen lassen. Näherhin ist sie zu denken als unbedingtes Sichverhalten, grenzenloses Sichöffnen und ursprüngliches Sichentschließen: als *Fähigkeit der Selbstbestimmung* also, bei der sie 1. das durch sich Bestimmbare, 2. das (durch die Affirmation eines Inhalts) sich Bestimmende und 3. in ihrer formalen Unbedingtheit auch der Maßstab der wirklichen Selbstbestimmung ist. Die Verpflichtung auf diesen ihr wesenseigenen Maßstab verbürgt ihre moralische *Autonomie:* Freiheit ist sich selber Gesetz, in ihrer vorfindlichen Existenz sich selbst als Aufgabe gegeben. Da ihrem unbedingten Sichöffnen aber nur ein seinerseits durch Unbedingtheit sich auszeichnender Inhalt gemäß ist, ergibt sich die *unbedingte Anerkennung anderer Freiheit* als oberste ethische Norm. Zugleich zeigt sich, daß die unbedingte Bejahung wie das in ihr intendierte unbedingte Seinsollen des anderen der Vermittlung durch endliche Gehalte bedürfen und deshalb nur *symbolisch*, bedingt und vorläufig realisiert werden können.

Wollte die formal unbedingte Freiheit in der Objektwelt ihren Halt und ebenbürtigen Inhalt suchen, könnte sie sich selbst nur als perennierer des Streben verzehren, in die schlechte Unendlichkeit verlaufen und sich aufreiben als »nutzlose Leidenschaft«[17]. Aber auch dort noch, wo sie in der Affirmation anderer Freiheit ihren sinngerechten Selbstvollzug findet und die endlichen Gehalte zum Medium, ja Realsymbol füreinander entschiedener Freiheiten werden, bleibt die aus ihrer Wesensverfassung resultierende Aporie unaufhebbar. Daß die unbedingte Bejahung von Freiheit stets nur auf bedingte Weise realisiert und ihr unbedingtes Seinsollen zwar intendiert, aber von Menschen weder vollendet noch irgendwie gewährleistet werden kann – diese Aporie braucht dennoch und zwar insofern nicht als *definitiv* unlösbar zu gelten, als die Idee einer nicht nur formal, sondern auch material unbedingten und insofern vollkommenen Freiheit durchaus denkmöglich bleibt: In der Idee Gottes wird eben die Wirklichkeit gedacht, die menschliche Freiheit voraussetzen muß, wenn das unbedingte Seinsollen, das sie im Entschluß zu sich selbst und anderer Freiheit intendiert, als möglich und somit das Faktum der Freiheit nicht als absurd

---

[17] *J. P. Sartre*, Das Sein und das Nichts. Versuch einer phänomenologischen Ontologie, Hamburg 1974, 770.

gelten soll. *Ob* sie vorausgesetzt werden darf, wird dann aber auch schon für die gegenwärtigen Vollzüge der Freiheit in eben dem Maße folgenreich sein, wie sie der Antizipation letzten Sinnes bedürfen.

Hermeneutisch wesentlich ist, daß dieser Aufweis nicht nur (unter einer weiteren, noch zu klärenden Voraussetzung allerdings) Gott sogleich als vollkommene Freiheit und somit (im Gegenzug zur traditionellen, vorwiegend sachontologisch geprägten Metaphysik) die Möglichkeit freier Selbstmitteilung als primäres Gottesprädikat zu denken vermag, sondern Gottes *tatsächliche* Mitteilung seiner selbst in seiner Liebe eben auch als *unbedingt bedeutsam* erschließt – und dies sogar so, daß in eins ihre wesenhafte *Gratuität* einsichtig und damit eine Aufgabe eingelöst wird, die im Zuge der neuzeitlichen Polarisierung zwischen einer Apologetik, die den Glaubensinhalt durch seine formale Autorisierung hermeneutisch immunisierte, und einer Vernunft, die sich seine Aufhebung in ihr eigenes Wissen zutraute, durchweg nicht einmal gesehen wurde: zu zeigen nämlich, daß der Mensch wesenhaft für eine Wahrheit ansprechbar ist, die ihm doch nur geschenkt werden kann und auch nur *als* Geschenk adäquater Sinn für ihn sein kann. Durch dieselbe Einsicht wird das Dilemma der traditionellen – auch noch durch *Karl Rahners* Theorem des »übernatürlichen Existentials« nicht gelösten, sondern nur verschobenen und in Vergessenheit geratenen – Natur-Gnade-Problematik überwunden und ihre gültige Intention reformulierbar: Nur was aus unverfügbarer Freiheit begegnet, kann ja die Freiheit, die wir selbst sind, erfüllen. Und daß der Gott der Offenbarung und Gnade sein mit der Erschaffung endlicher Freiheit gestiftetes »Versprechen« tatsächlich hält, ist als Treueerweis seiner ursprünglichen Erwählung des Menschen so ungeschuldet und frei wie diese selbst[18].

Für die philosophische Akzeptanz des Aufweises ist entscheidend, daß er sich auf den *Autonomieanspruch* der sittlichen Freiheit einläßt und anzuerkennen vermag (denn hier liegt ja der Kern des Problems), daß sie aufgrund ihrer Unbedingtheit auch allein als Prinzip der *Verbindlichkeit* ethischer Pflicht in Betracht kommt. Daß es letztlich *Gott* bleibt, der als Schöpfer der Freiheit durch ihr Wesensgesetz zu ihr spricht und sie auf sich finalisiert, wird damit nicht etwa revoziert, sondern nur die Konsequenz ernstgenommen, daß die Freiheit diese Bestimmung doch als *eigene* erst ergreifen kann, wenn sie in ihre Autonomie ehrlich entlassen wird[19]. Gerade der Rückgang auf die Freiheit als Gel-

---

[18] Dies gegen das Hauptargument, das *K. Rahner* (Über das Verhältnis von Natur und Gnade: Schriften zur Theologie I, Einsiedeln ⁵1961, 323–345, 332 ff.) für seinen Lösungsversuch formuliert hat. Vgl. *ders.*, Natur und Gnade: Schriften zur Theologie IV, Einsiedeln ²1961, 209–236; zur weiteren Kritik der Rahnerschen Lösung *Th. Pröpper*, Erlösungsglaube (s. Anm. 4), 269 ff. 277 ff.; *H. Verweyen*, Wie wird ein Existential übernatürlich? Zu einem Grundproblem der Anthropologie K. Rahners: TThZ 95 (1986) 115–131.

[19] Und der Mensch, indem er zu sich selbst findet, wird Gott auch *näher* sein, »als wenn er

tungsgrund moralischen Sollens erlaubt es dann auch, Gottes verbindlichen Anspruch an sie, den sein Evangelium durchaus nicht verschweigt, dem Heteronomieverdacht zu entziehen und die Sünde im genuin ethischen Sinn als Schuld zu begreifen: Denn da allein Gott das unbedingte Seinsollen der Freiheit *verbürgen* kann, würde ihre Selbstverschließung gegen seine Zuwendung sich ja in Widerspruch setzen zu dem, was sie selbst will, wenn sie tut, was sie (sich selbst und anderer Freiheit verpflichtet) tun *soll*. Zugleich freilich kommt der Ethik die damit festgestellte Begrenzung ihrer Zuständigkeit durch den Glauben *zugute* – wird doch die humane Relevanz der unbedingten Priorität der Gnade und der Gültigkeit ihrer Verheißung nicht zuletzt angesichts der Antinomien einer *nur* moralisch sich orientierenden Freiheit evident: sei es, daß sie sich die letzte Sinnproblematik des Daseins auflädt und in die zerstörende Dynamik der Selbstvergewisserung (des verzweifelten Selbstseinwollens) hineintreibt, oder sei es, daß sie die Risiken und Kosten ihrer Entschiedenheit zum Guten erfährt und ihr Einsatz für die Lebenden wie ihre Treue zu den Toten am Anschein definitiver Vergeblichkeit zu zerbrechen droht. *Kierkegaards* Analysen der Sünde als Verzweiflung sowie *Kants* Dialektik der praktischen und *Helmut Peukerts* Dialektik der kommunikativen Vernunft haben dies gültig expliziert[20].

Unterstreichen möchte ich noch, daß die formal unbedingte Freiheit natürlich nicht nur als Prinzip der Ansprechbarkeit des Menschen für Gott, sondern auch als die Instanz seiner Antwortfähigkeit im Gegenüber zu Gott gelten muß: als die von Gottes Offenbarung und Gnade selbst beanspruchte anthropologische Voraussetzung also, die auch durch die Sünde niemals so restlos zerstört werden kann, daß sie von der Gnade nicht aktualisiert und wieder freigesetzt werden könnte. Erst in der eigenen Antwort *erreicht* den Menschen die Antwort auf die Frage, die er als endliche Freiheit selbst *ist*. Präzise bestimmbar wird von hier aus der soteriologische Terminus »christliche Freiheit«: Sie ist eben die durch Gottes geschichtliche Selbstbestimmung für uns zuvorkommend bestimmte und aus ihr kraft des Geistes selbst sich bestimmende menschlich-geschöpfliche Freiheit, konstituiert also durch die Präsenz seiner unbedingt bejahenden Liebe, die zugleich Verheißung ihrer Treue, Vergebung der Sünde und Befreiung aus der Sündenmacht ist. Was dies für die Annahme unserer selbst, für unser reales Freiwerden miteinander, für unser individuelles und gesellschaftliches Handeln besagt, wäre nun weiter durchzubuchstabieren, desgleichen auf die weitreichenden Konsequenzen für zentrale theologische Themen einzugehen, die sich aus Gottes Selbstbindung an die

---

Gott nur faktisch anerkennt, ohne sein Menschsein erschlossen zu haben« (*J. Möller*, Freiheit und Erlösung: ThQ 162 (1982) 275–288, 279).

[20] *S. Kierkegaard*, Die Krankheit zum Tode (GTB 620), Gütersloh ²1982; *H. Peukert*, Wissenschaftstheorie – Handlungstheorie – Fundamentale Theologie. Analysen zu Ansatz und Status theologischer Theoriebildung, Düsseldorf 1976, 273–323.

menschliche Freiheit ergeben. Indessen: An Hinweisen auf die *relevanz*erschließende Valenz des Freiheitsprinzips innerhalb der Hermeneutik des Glaubens muß das Gesagte genügen. Denn zu prüfen ist jetzt, ob der Rückgang auf dieses Prinzip tatsächlich auch bei der anderen, noch zurückgestellten philosophischen Aufgabe der Theologie unumgänglich ist.

3. Der Gottesgedanke der freien Vernunft
(Möglichkeitsaufweis für die Wahrheit des christlichen Glaubens)

Bei der noch zu klärenden Prämisse, auf die ich im Zusammenhang der Idee Gottes als der vollkommenen Freiheit und des Sinngrunds endlicher Freiheit nur erst verwiesen habe, geht es um nicht weniger als die theoretische Berechtigung, mit der Existenz Gottes als einer von Mensch und Welt verschiedenen (und überdies freien) Wirklichkeit wenigstens rechnen zu dürfen. Ohne die vernunftgemäße Sicherung dieser Möglichkeit wäre dem Anspruch *Feuerbachs*, den kognitiven Gehalt der Gottesidee als identisch mit dem Wesen des Menschen strikt erwiesen zu haben, argumentativ nichts entgegenzusetzen und Theologie kaum noch intellektuell redlich vollziehbar. Bei den *drei Grundtypen* des neuzeitlichen Gott-Denkens, die ich deshalb im Gegenzug zu Feuerbachs Reduktionsprogramm jetzt in den Blick nehmen möchte, muß ich mich natürlich sogleich (ohne historisches und anderes Beiwerk) auf den jeweiligen *nervus probandi* konzentrieren[21]. Meine These ist, daß auf der Linie ihrer kritischen Aneignung, sofern sie nur ihrer Problemlogik folgt, tatsächlich die von der christlichen Theologie schon vorausgesetzte Minimalbestimmung des Gottesgedankens (nicht mehr, doch auch nicht weniger) ausweisbar ist. Ausweisbar aber nur, wenn die formal unbedingte Freiheit als die Wurzel der Vernunft selbst gelten kann.

Ich beginne mit dem sogenannten »ontologischen Argument«, das zwar

---

[21] Auch läßt die Absicht, Grundtypen zu sondieren und mit systematischer Zielsetzung zu erörtern, es leider nicht zu, die knappen, sachlogisch fokussierten und eigentlich nur Resultate bietenden Interpretationen dieses Abschnitts weiter auszuführen, durch Zitation von Einzelaussagen zu stützen oder im Blick auf die Sekundärliteratur zu erhärten. Außer den Basistexten selbst wurden durchgehend konsultiert: *O. Bayer*, Umstrittene Freiheit. Theologisch-philosophische Kontroversen, Tübingen 1981; *W. Cramer*, Gottesbeweise und ihre Kritik. Prüfung ihrer Beweiskraft, Frankfurt 1967; *A. Halder/K. Kienzler/J. Möller* (Hg.), Auf der Suche nach dem verborgenen Gott. Zur theologischen Relevanz neuzeitlichen Denkens, Düsseldorf 1987; *D. Henrich*, Der ontologische Gottesbeweis. Sein Problem und seine Geschichte in der Neuzeit, Tübingen ²1967; *O. Höffe* (Hg.), Klassiker der Philosophie. 2 Bde., München 1981; *W. Pannenberg*, Systematische Theologie 1 (s. Anm. 6), 7–132; *W. Schulz*, Der Gott der neuzeitlichen Metaphysik, Pfullingen ³1957; *ders.*, Philosophie in der veränderten Welt, Pfullingen 1972; *W. Weischedel*, Der Gott der Philosophen. Bd. 1: Wesen, Aufstieg und Verfall der philosophischen Theologie, Darmstadt ²1972.

Zur theoretischen Verantwortung der Rede von Gott

schon auf *Anselm von Canterbury* zurückgeht, aber in der Neufassung des *Descartes* zum Herzstück der neuzeitlichen Ontotheologie avanciert und noch bis zum späten *Schelling* eine Art Katalysator darstellt, an dem die Richtungen des philosophischen Denkens sich scheiden und klären. Und seit *Kant* in ihm das unverzichtbar-apriorische Schlußprinzip schon der traditionellen erfahrungsverpflichteten Gottesbeweise identifizierte, steht mit ihm auch *deren* Gültigkeit zur Debatte[22].

Neuzeitlich ist Anselms Argument insofern, als er es vernunftautark macht, d. h. einen erfahrungsunabhängigen, von jedem Denkenden vollziehbaren Ausgangspunkt wählt: den genuinen *höchsten* Gedanken der Vernunft. Niemand (auch nicht der Gottesleugner) wird ja bestreiten, daß er Gott denken kann als das, *»quo maius cogitari nequit«*. Und bestreiten wohl ebensowenig, daß zwischen Sein im Denken und Sein in der Wirklichkeit zu unterscheiden und das, was als wirklich gedacht ist, mehr ist als das, was nur gedacht wird. Gibt er dies (und *nur* dies) aber zu, ist er im Grunde schon überführt: Wäre nämlich das, worüber hinaus Größeres nicht gedacht werden kann, nur im Denken, so wäre es nicht als das gedacht, worüber hinaus Größeres nicht gedacht werden kann – ein offenkundiger Widerspruch! Also existiert, worüber Größeres nicht gedacht werden kann, »sowohl im Verstande als auch in Wirklichkeit«[23].

Der Schwachpunkt dieses Schlusses liegt nicht darin, daß Anselm nicht zwischen wirklichem und gedachtem Sein unterschied, sondern daß er das Dasein additiv zu den anderen Vollkommenheiten Gottes in dessen Wesensbegriff aufnahm, ohne doch ihren Zusammenhang einsehen zu lassen. Erst dadurch, daß *Descartes* – fasziniert von der Evidenz mathematischer Einsicht – die entsprechende Nachbesserung vornahm[24], nämlich den Aspekt der höchsten *Macht* des »höchstvollkommenen Wesens«, die als solche Gottes Mächtigkeit seiner selbst impliziere wie auch seine übrigen Vollkommenheiten begründe, als tragendes Schlußprinzip exponierte, konnte der fast schon vergessene Beweis – nun mit dem Spitzenbegriff des *ens necessarium* – seine neuzeitliche Karriere antreten. Hätte nun *Kants* Kritik nur die 100 möglichen und wirklichen Taler gegen ihn aufgeboten, hätte sie bloß *Thomas von Aquin* repetiert. Tatsächlich jedoch gilt ihre Hauptenergie dem Gedanken des notwendigen We-

---

[22] Wichtige Aspekte für die Beurteilung des »ontologischen Arguments« und seiner Geschichte verdanke ich *D. Henrich*, Der ontologische Gottesbeweis (s. Anm. 21).
[23] *Anselm von Canterbury*, Proslogion (ed. *F. S. Schmitt*), Stuttgart – Bad Canstatt ²1984, 85–87 (Kap. 2). Vgl. *K. Flasch*, Anselm von Canterbury: *O. Höffe* (Hg.), Klassiker der Philosophie I (s. Anm. 21), 177–197.
[24] Der entscheidende Schritt geschieht freilich noch nicht in der V. Meditation, in der Descartes Anselms Beweis reformuliert, sondern erst in seiner Erwiderung auf Caterus' Einwände gegen sie. Vgl. *D. Henrich*, Der ontologische Gottesbeweis (s. Anm. 21), 10–22; *W. Schulz*, Der Gott (s. Anm. 21), 63 f.

Brennpunkte und Kategorien

sens, an dem zuletzt die Schlußkraft *aller* Gottesbeweise hängt[25]. Während nämlich der teleologische Beweis – abgesehen davon, daß Zweckmäßigkeit in der Natur nicht objektiv feststellbar ist – allenfalls einen intelligenten Weltordner, der nicht einmal Schöpfer sein müßte, beweist und deshalb im weiteren des kosmologischen Beweises bedarf, kann von diesem – will er mehr als ein *relativ* notwendiges, selbst wieder nur bedingtes Wesen erreichen – das *in sich* notwendige Wesen zu allem Zufälligen und Bedingten doch nur *hinzugedacht* werden, so daß tatsächlich die ganze rationale Theologie auf die Frage hinausläuft, ob das *ens necessarium* so bestimmt gedacht werden kann, daß es sein Nichtsein zu denken unmöglich macht. Ihre Prüfung ergibt: Weder *Descartes'* Erläuterung noch *Spinozas* Begriff der *causa sui*, der Descartes' Einfall eher diskreditierte als explizierte, noch die Verbesserungen der *Leibniz*-Schule kamen über Tautologien und Nominaldefinitionen hinaus. *Kant* erkennt im *ens necessarium* das abgründigste Problem der Vernunft, deren hyperthrophe Verwechslung der ursprünglich ihr aufgegebenen Idee mit apriori verfügbarer Erkenntnis sie unlösbar in den Widerstreit mit sich selber verstrickt: Denn allerdings bedarf sie notwendig dieses in sich notwendigen Wesens, um endlich Halt zu finden und nicht alles ins Nichts versinken zu lassen[26] – und kann doch, sobald sie es als existierendes setzt, es inhaltlich nicht so bestimmt denken, daß sie sein Dasein nicht sofort wieder wegdenken könnte. Wie nämlich, wenn Gott zu sich selbst sagte: »Ich bin von Ewigkeit zu Ewigkeit, außer mir ist nichts, ohne das, was bloß durch meinen Willen etwas ist; *aber woher bin ich denn?* Hier sinkt alles unter uns ...«[27].

Ich muß gestehen, meine Damen und Herren, daß mir Kants Diagnose des Kernproblems zwingend erscheint: Weder gelangen wir je zur Erkenntnis von etwas, dessen Begriff die Möglichkeit seines Nichtseins ausschlösse, noch taugt ein Gedanke, der von einem Wesen nur weiß bzw. denkt, daß es in sich notwendig ist, als Basis für dessen Erkenntnis. Insofern wäre nicht einmal auszuschließen, daß die ganze *Reihe* der Bedingungen eines Bedingten das *ens necessarium* ist[28]. Nur eben: es wäre auch nicht zu beweisen – fehlt für sie doch erst recht ein bestimmter Begriff. Ein *dogmatischer* Naturalismus fände sich überdies der Herausforderung konfrontiert, das Faktum von Bewußtsein und Freiheit, ohne ihren Begriff zu verfehlen, auch tatsächlich als transitorisches Phänomen von Naturprozessen *erklären* zu müssen. Und doch: Mag das in sich Notwendige auch nirgends antreffbar sein – muß es denn nicht, wenn und da doch überhaupt etwas ist, dann auch ein »unmittelbar, einfach nothwendig

---

[25] Die folgende Auswertung des 3. Hauptstücks der »transzendentalen Dialektik« (KrV B 595–670) konzentriert sich auf diesen Gesichtspunkt.
[26] Vgl. KrV B 650.
[27] KrV B 641.
[28] Vgl. *D. Henrich*, Der ontologische Gottesbeweis (s. Anm. 21), 160.173.

Seyendes«, schlechthin »bloß Existirendes« geben? *Schellings* Spätphilosophie, die *Spinozas* System für die Entdeckung dieser in der Tat unabweisbaren Evidenz lobte, aber für ihre systematische Explikation unter dem Titel der einzigen Substanz tadelte[29], sah deshalb die eigentliche Aufgabe darin, eben dieses einfachhin »reine Sein«, in das als »unvordenkliches« das Denken sich aufgibt, zum Begriff des seienden Gottes fortzubestimmen, der wahrhaft *freier* Grund der Welt und der Offenbarung (also alles nicht konstruierbaren Faktischen) sein könne. Die Frage ist nur, ob Schellings Ausführung dieses Programms nicht einerseits den »Herrn des Seins«[30] noch immer der vorgreifenden Macht des Begriffs unterwarf[31] und andererseits nicht schon auf Voraussetzungen rekurrierte, die den Unterschied seiner positiven Philosophie zur systematischen Theologie undeutlich werden lassen …

Deshalb lieber nochmals zurück zu *Anselm*. Bekanntlich hat er Gott nicht nur definiert als das, worüber Größeres nicht gedacht werden kann, sondern auch gefordert, ihn zu denken als »etwas Größeres, als gedacht werden kann«[32] – eine Forderung, die bereits die *Dialektik* der Vernunft im Vollzug ihres höchsten Gedankens intonierte, die zum verborgenen Antrieb des neuzeitlichen Gott-Denkens wurde: Gott nämlich als das Andere, das Jenseits der Vernunft dennoch zu *denken!* Bei *Spinoza*, der den Schluß des ontologischen Arguments als intuitive Einsicht, ja sogar die Vernunft als Erscheinung des durch sich selbst präsenten Gottes auffaßte, ging die reale *Differenz* beider ebenso verloren wie bei *Hegel*, der den von *Kant* befestigten, angeblich nur subjektiven Unterschied von Begriff und Sein revozierte und alles Endliche (einschließlich der endlichen Subjekte) als Momente des »wahrhaft Unendlichen« zu begreifen sich traute, das sich durch sie mit sich selber vermittelt. Auf der anderen Seite jedoch wurden die auf stets höherem Reflexionsniveau etablierten Systeme nicht nur im Namen der irreduziblen einzelnen Freiheit und der unversöhnten Geschichte, sondern auch der Transzendenz des größeren Gottes immer wieder gesprengt: bei *Kant*, beim späten *Fichte*, bei *Kierkegaard* – noch *Karl Jaspers* sah im Scheitern der Vernunft an ihrem höchsten Gedanken ihre wahre Vollendung[33]. Wo-

---

[29] *F. W. J. Schelling*, Philosophie der Offenbarung. Bd. 1, Darmstadt 1966, 155–174.
[30] A. a. O. 93.160.
[31] Zur Stützung dieser Einschätzung s. *W. Schulz*, Die Vollendung des Deutschen Idealismus in der Spätphilosophie Schellings, Pfullingen ²1975, bes. 75–94.
[32] Proslogion (s. Anm. 23), 111 (Kap. 15).
[33] Zu *Fichtes* Denkweg, vorangetrieben durch die schon in der frühen Wissenschaftslehre von 1794 (§ 5) vorhandene Einsicht in das bloß formale Freiheitswesen des Ich, verweise ich auf die Andeutungen in *Th. Pröpper*, Erlösungsglaube (s. Anm. 4), 266 f. In der WL von 1801 wird auf dem Weg einer vertieften Selbstdurchdringung des absoluten Wissens das Unbegreifliche als solches thematisch. Ob die letzten Fassungen der WL (1812/13) gegenüber denen von 1804–1810 eine nochmalige Präzisierung im Sinne konsequenter Transzendentalphilosophie bedeuten, scheint mir weiterhin gründlicher Aufmerksamkeit wert. – *Kierkegaard* hat in seiner »me-

her aber diese Leidenschaft der Vernunft, das Gesamt des von ihr Begreiflichen (einschließlich des begriffenen Gottes) doch wieder zum Unbegreifbaren hin zu überschreiten? Anselm hat darauf keine Antwort gegeben, sondern nur den alten Topos vom Bild Gottes erzählt, das Gott selbst uns eingepflanzt hat[34].

Und damit bin ich beim *zweiten* Modell: dem original *cartesianischen* Gottesbeweis[35]. Auch er schließt von der Idee Gottes auf sein Dasein – nur daß jetzt nicht ihr Inhalt, sondern eben ihr Vorhandensein in uns das Schlußprinzip bildet. Die peinliche Defizienz des *fundamentum inconcussum* für die künftige Wissenschaft, das dem methodisch inszenierten und mithilfe des fiktiven *genius malignus* auf die Spitze getriebenen Zweifel standgehalten hatte, lag ja darin, daß die Existenz des Ich nur für die Dauer seines aktuellen Sich-Denkens verbürgt war und dieses Ich zudem einsames, menschen- und weltloses Ich geblieben wäre, hätte es – zum Glück – nicht unter seinen Vorstellungen die Idee einer »Substanz, die unendlich, unabhängig, allwissend und allmächtig ist«[36], gefunden, die den rettenden Ausweg eröffnete. Ihre Unbeliebigkeit findet Descartes dadurch gesichert, daß sie in eins mit dem Wissen um meine Unvollkommenheit auftritt, ja geradezu als Implikat, wenn nicht sogar Voraussetzung meines Selbstbewußtseins als eines endlichen (wie überhaupt jedes qualifizierten Endlichkeitsbewußtseins) erscheint[37]. Subjektivitäts- und Gottesthematik werden so – ein historischer Schritt – von Descartes miteinander verkoppelt, ohne daß er sich freilich dadurch schon entlastet sah, die Existenz Gottes als des Urhebers unserer Idee von ihm auch förmlich noch zu beweisen. Ich will auf diesen umstrittenen Beweis mit seinem umständlichen Rekurs auf den Sachgehalt von Vorstellungen, der jeweils eine ihm angemessene und letztlich reale Ursache haben müsse, jetzt nicht eingehen, sondern sogleich die Alternative erwägen, die – wenn ihr Ansatz vertretbar ist – den ganzen Beweis erledigen, weil erübrigen würde. Es ist im Grunde erstaunlich, daß Descartes nicht selber auf sie verfiel: hatte er doch in gut nominalistischer Tradition die Freiheit – »in se

---

taphysischen Grille« über das »Schlechthin-Verschiedene« des Verstandes (Philosophische Brocken [GTB 607], Gütersloh ²1985, 34–46) die Problematik, die Gottes Transzendenz der menschlichen Vernunft aufgibt, genial geschildert, ohne allerdings zu einer methodischen und systematischen Durchklärung zu finden, die den Spätphilosophien Fichtes und Schellings vergleichbar wäre. Bei *K. Jaspers*, der das Verbot aller Aussagen über Gott mit dem Appell zur wahrhaften »Existenz« verbindet (Von der Wahrheit, München 1958, 690 ff.), bleiben die Auskünfte zum Problem in einer eigentümlichen Mehrdeutigkeit. Sie zeigt sich in dem Schein von Objektivität, den seine Rede von der »Transzendenz« ständig erzeugt, obwohl sie doch, um wahr zu sein, über den reinen Akt radikalen Transzendierens, den sie aufrufen will, nicht hinausgehen dürfte.

[34] Proslogion (s. Anm. 23), 83 (Kap. 1).
[35] *R. Descartes*, Meditationes de prima philosophia (Phil. Bibl. 250a), Hamburg 1959, 61–97 (III. Meditation).
[36] A. a. O. 83 (III. 22).
[37] Vgl. a. a. O. 83.97 (III. 24; IV. 1).

formaliter et praecise spectata« – als größer nicht denkbar und »in keine Schranken eingeschlossen« erfaßt und allein sie, vor allen anderen Vermögen, als das Signum unserer Gottebenbildlichkeit ausgezeichnet[38]. Warum also sollte die Vernunft, sofern sie doch jedes Endliche als solches zu begreifen vermag und zudem um die Überschreitbarkeit *alles* derart von ihr Begreifbaren reflexiv wissen kann, nicht eben im Akt solcher Reflexion und abstrahierenden Negation dieser ganzen Sphäre auch der Andersheit des möglichen Gottes ansichtig werden, also *selbst* die Gottesidee bilden können? Allerdings müßte sie dann als Vermögen des Unbedingten[39] nicht nur (wie bei *Kant*) konstatiert, sondern als solches (wie es auf der Linie *Fichtes* versucht wurde und wird) auch aufgehellt, d. h. in ihrer Wurzel als Freiheit, als unbedingtes *Sich*öffnen verstanden werden[40].

An dieser Alternative liegt mir umso mehr, als das cartesianische Modell sich in der gegenwärtigen Theologie, soweit sie überhaupt philosophiert, einer geradezu dominanten Beliebtheit erfreut – mit bedenklichen theologischen Folgen, wie ich meine. Bei *Rahner* entschied sich die Affinität zu ihm bereits an der Stelle, wo seine Urteilsanalyse das menschliche Transzendieren (die Erfassung des Endlichen als Endlichen) durch den Ausgriff, den Ausgriff als Vorgriff und den Vorgriff von seinem Woraufhin her erklärte – und bei dieser philosophischen Grundfigur ist es geblieben[41]. Ganz ähnlich begründet *Pannenberg* die Weltoffenheit des Menschen durch seinen Bezug auf die göttliche, ihm »vorgegebene Wirklichkeit«: vorgegeben als »ein Anderes jenseits aller Gegenstände der Welt, das zugleich diese ganze Welt umgreift«[42]. Zumeist freilich zieht er es vor, mit milder Korrektur an seinem Gewährsmann *Descartes* von einem nur »verworrenen Gewahrsein«, einer »Intuition des Unendlichen als Bedingung aller Vorstellung endlicher Gegenstände« (ja »schon der Denkbarkeit alles Endlichen mit Einschluß des Ich selber«) und überhaupt aller transzendierenden Vollzüge zu sprechen. Daß es sich um ein Gewahrsein der *göttlichen* Wirklichkeit handelt, soll zwar bestimmt erst gewußt werden können, wenn die »Urin-

---

[38] A.a.O. 103.105 (IV. 8).
[39] Zur Berechtigung dieser abkürzenden Benennung s. o. Anm. 16.
[40] Erinnert sei nur an die von Kant hinterlassene Problematik des Ich der transzendentalen Apperzeption, desgleichen an die nicht mehr gelungene Darstellung der Einheit der »reinen praktischen Vernunft [...] mit der spekulativen in einem gemeinschaftlichen Prinzip« (GMS BA XV). Eine überzeugende Rekonstruktion des für Kants Denken integralen (und seinem Vernunftverständnis impliziten) Begriffs der transzendentalen Freiheit bietet *H. Meyer*, Kants transzendentale Freiheitslehre, Freiburg/München 1996. Beispielhaft und umfassend in Ansatz gebracht wurde die unbedingte Aktualität des als reflexe Transzendenz begriffenen transzendentalen Ich bereits von *H. Krings*, Transzendentale Logik, München 1964.
[41] Vgl. *K. Rahner*, Hörer des Wortes, München ²1963, bes. 71–88; ders., Grundkurs des Glaubens, Freiburg 1976, bes. 35–142. Zur Kritik *Th. Pröpper*, Erlösungsglaube (s. Anm. 4), 123–137. 269–274.
[42] *W. Pannenberg*, Anthropologie (s. Anm. 14), 65 f.

tuition unseres Gewahrseins von Wirklichkeit überhaupt« sich in Selbst-, Welt- und Gottesbewußtsein ausdifferenziert, doch soll die eben dies leistende Reflexion bereits ihrerseits durch jenes Gewahrsein ermöglicht sein[43]. Was Descartes noch umständlich zu beweisen suchte, avanciert so zur kategorischen Basisannahme. Wie folgenreich es sich bei Rahner und noch mehr Pannenberg auswirkt, daß bei der ebenfalls von ihrem Ziel her erklärten Freiheit ihr ursprüngliches *Gegenüber* zu Gott nicht adäquat mehr bedacht wird, kann ich jetzt leider nicht illustrieren[44]. Die dezidierte Abwehr aller Ansätze und Theoreme, die noch irgendwie auf spontane Leistungen des Subjekts rekurrieren, durchzieht jedenfalls alle Arbeiten Pannenbergs seit der großen »Anthropologie«. Bei *Hansjürgen Verweyen* wiederum ist die ursprüngliche Nähe zu Descartes inzwischen abgeschwächt worden – und so möchte ich hier auf eine Diskussion seines Ansatzes verzichten[45].

Stattdessen, um die vorgeschlagene Alternative zu erhärten, sogleich das *dritte* Modell, für das ich – es wären auch andere Beispiele möglich – der Einfachheit halber *Schleiermacher* auswähle, obwohl er den gültigen Kerngehalt seiner Analyse des Gefühls schlechthinniger Abhängigkeit anders eingeschätzt hat, als es die strenge Nachprüfung zuläßt[46]. Besorgt darum, in der nachkantischen Situation die Religion als ursprüngliche, von Metaphysik und Moral unabhängige menschliche Wesensanlage zur Geltung zu bringen, behauptet auch er ein unmittelbares, nämlich im unmittelbaren Selbstbewußtsein schon beschlossenes Gottesbewußtsein – und bietet doch, um es rechenschaftsbewußt zu verorten, nicht weniger als eine transzendentale Theorie des Subjekts auf, die nun tatsächlich die Reflexionsebene markiert, die für eine freiheitsverpflichtete Durchklärung der cartesianischen Verklammerung der Subjekt- und Gottesthematik unerläßlich ist. Ausgangspunkt ist das existierende Bewußtsein, das sich

---

[43] W. *Pannenberg*, Systematische Theologie 1 (s. Anm. 6), 127 f. 380–386; vgl. *ders.*, Anthropologie (s. Anm. 14), 66. 241 ff. 371 f.; *ders.*, Metaphysik und Gottesgedanke, Göttingen 1988, 21 ff.

[44] Zur diesbezüglichen Kritik an Rahner s. Anm. 41; zur eingehenden Auseinandersetzung mit Pannenberg Th. *Pröpper,* Das Faktum der Sünde und die Konstitution menschlicher Identität. Ein Beitrag zur kritischen Aneignung der Anthropologie Wolfhart Pannenbergs: ThQ 170 (1990) 267–289.

[45] Zu vergleichen wäre H. *Verweyen*, Gottes letztes Wort. Grundriß der Fundamentaltheologie, Düsseldorf 1991 mit der dritten, vollständig überarbeiteten Auflage (Regensburg 2000) und zuvor schon *ders.*, Botschaft eines Toten? Den Glauben rational verantworten, Regensburg 1997.

[46] Zur folgenden, ganz auf die Argumentationslogik zielenden Interpretation und Diskussion der berühmten §§ 3 und 4 der Glaubenslehre (s. Anm. 2) vgl. ausführlich (und mit eingehenden Belegen) Th. *Pröpper*, Schleiermachers Bestimmung (s. Anm. 13); ferner *K. Cramer*, Die subjektivitätstheoretischen Prämissen von Schleiermachers Bestimmung des religiösen Bewußtseins: *D. Lange* (Hg.), Friedrich Schleiermacher 1768–1834. Theologe – Philosoph – Pädagoge, Göttingen 1985, 129–162.

im Wechsel seiner konkreten Inhalte, deren Woher es zusammenfassend als Welt bezeichnet, doch stets mit sich selber identisch weiß und insofern als »Sichselbstsetzen« (spontane Tätigkeit) angesetzt werden muß. Der Rückgang auf die invariante Struktur des Subjekts selber ergibt nun, daß sie – sofern sein Bestimmtwerden durch die gegebenen Gehalte die eigene Bestimmbarkeit schon voraussetzt – als Funktionseinheit von »Selbsttätigkeit *und* Empfänglichkeit« zu begreifen ist. Ein zweiter Reflexionsgang klärt auf, daß sich diese Wesensverfassung, in der sich das Subjekt auch und gerade als selbsttätiges schon findet, somit nicht auf es selbst, aber auch nicht auf etwas in der Welt zurückführen läßt: kann doch das, wofür es vermittels ihrer empfänglich und dessen es zugleich dank ihrer mächtig ist, unmöglich noch als Erklärungsgrund für sie fungieren. Da aber das Dasein der Freiheit – eben als an ihre vorfindliche Verfassung gebundenes – auch nicht in sich notwendig ist, setzt Schleiermacher im dritten Schritt Gott als das *Woher* unseres empfänglichen und selbsttätigen Daseins, womit zugleich – so sein Anspruch – auch erst der ursprüngliche *Sinn* des Ausdrucks »Gott« hermeneutisch erschlossen ist.

Natürlich kann ein Gottesbewußtsein, wie es dieser Aufweis mit so viel Aufwand rekonstruiert, kein *un*mittelbares mehr sein: demonstriert er doch geradezu das Dilemma, ein unmittelbares Gottesbewußtsein entweder nur behaupten oder eben nur noch ein Resultat der Reflexion präsentieren zu können. Und obwohl er tatsächlich die Reflexionsbestimmungen ans Licht bringt, die in jede reale Gotteserfahrung, soweit sie als solche bewußt wird, schon eingehen bzw. von ihr vorausgesetzt, aktualisiert und beansprucht werden – um einen *Aufweis* für die Wirklichkeit Gottes handelt es sich doch ebenfalls nicht, weil der *dritte* Schritt nicht mehr zwingend ist. Zu deutlich ist er von der Forderung diktiert, daß das Faktum der Freiheit, da es sinnvoll sein müsse, nicht als unbegründet hinnehmbar sei[47]. Es mag ja noch so gute theologische Gründe geben, mit einer Präsenz Gottes in unserem Innern, einem »unmittelbaren Existentialverhältnis« zu ihm[48], einem »übernatürlichen Existential« (Rahner) oder wie immer zu rechnen – für die *philosophischen* Aufgaben der Theologie ist damit nichts gewonnen. Unbetroffen von dieser Kritik jedoch, mitvollziehbar und im Resultat unabweisbar sind Schleiermachers erster und zweiter Reflexionsschritt. Was ist mit ihnen erreicht?

---

[47] Zwar läßt sich bei Vollzügen, in denen Menschen (vielleicht unter dem Einfluß der Gnade oder geschichtlich noch wirksamer Sinnvorgaben) faktisch letzten Sinn affirmieren und praktisch sogar schon antizipieren, die Voraussetzung Gottes als ihr logisches Implikat eruieren, doch wäre damit keineswegs der (durch philosophische Reflexion nicht entscheidbare) problematische Status der Sinnantizipation selber behoben, also auch nicht die *Realität* des beanspruchten Sinnes (und seiner logischen Implikate) gesichert.
[48] So Schleiermacher selbst einmal im ersten Sendschreiben an Lücke: *H. Bolli* (Hg.), Schleiermacher-Auswahl, München – Hamburg 1968, 120–139, 126; auch der Ausdruck »ursprüngliche Offenbarung Gottes an den Menschen« begegnet: Der christliche Glaube I (s. Anm. 2), 30.

Ich meine nun im Ernst, meine Damen und Herren, daß sich auf dem von ihnen gewiesenen Weg der gesuchte Möglichkeitsaufweis führen läßt. In dem ihr selbst, von sich aus möglichen Akt unbedingter Reflexion erzeugt die freie Vernunft, nachdem sie sich selbst als irreduzible Synthese von unbedingter Spontaneität und Angewiesenheit auf Gegebenes durchsichtig geworden, in eins die Einsicht in die Kontingenz ihres Daseins und in dessen Nichtbegründbarkeit aus der Welt. Ausgeschlossen ist durch sie nicht nur *Feuerbachs* spätere Beziehung des schlechthinnigen Abhängigkeitsgefühls auf die Natur[49], sondern es ist auch die für seine gesamte anthropologische Dechiffrierung der Gottesidee ausschlaggebende Prämisse, die Schranke des menschlichen Wesens sei auch die des Bewußtseins[50], als reflexionslose dogmatische Setzung erwiesen: Der Mensch ist gerade nicht das durch sich selbst verständliche Wesen, sondern wesenhaft offene Frage. Erreicht ist die Einsicht, die als einzige (wie ich meine) die theoretische Möglichkeit einer real von Welt und Mensch unterschiedenen göttlichen Wirklichkeit eröffnet, es überdies nahelegt, das zumindest für den Fall der freien Vernunft selbst gesicherte Kontingenzbewußtsein als Indiz für die *Freiheit* des möglichen Gottes zu werten, und es somit auch zuläßt, nicht nur die menschliche Freiheit als zu ihrem ursprünglichen Selbstvollzug *ermächtigte* zu verstehen, sondern auch – zumal ein in sich Notwendiges in keinem Erkannten antreffbar ist – die *Welt* als Schöpfung zu glauben. Legitimiert ist zugleich die Bereitschaft, gemäß der Sinnintention menschlicher Freiheit mit Gottes geschichtlicher Selbstbekundung zu rechnen[51], und gesichert – dies ist der hermeneutisch grundlegende Ertrag – die Minimalbestimmung Gottes, die als noch bestimmungsfähige und -bedürftige Grundbestimmung in alle theologischen Aussagen eingeht und sie materialiter, eben als Rede von Gott, mitkonstituiert. Dies freilich erst im Vollzug der tatsächlichen und bestimmten

---

[49] Vgl. *L. Feuerbach*, Das Wesen der Religion (1846): Werke in sechs Bänden 4 (ed. *E. Thies*), Frankfurt 1975, 81–153, 81 f.

[50] Vgl. *L. Feuerbach*, Das Wesen des Christentums (1841): Werke in sechs Bänden 5 (ed. *E. Thies*), Frankfurt 1976, 17 ff. Schon in diesen Eingangspassagen erreicht Feuerbach ja durch die Kombination von vier Prämissen die These, die in allem Weiteren nur noch angewandt und entfaltet wird: Ist nämlich der Mensch wesentlich Bewußtsein (1) und eigentliches Bewußtsein ohne Bewußtsein des Unendlichen nicht möglich (2), zugleich aber die Schranke eines Wesens auch die Grenze der Reichweite seines Bewußtseins (3), dann ist allerdings das Bewußtsein des Unendlichen nichts anderes als das Bewußtsein des Menschen von der Unendlichkeit seines Wesens und somit in der Religion, sofern sie per definitionem Bewußtsein des Unendlichen ist (4), er selbst sich Gegenstand.

[51] Hier also treffen der Relevanz- und der Möglichkeitsaufweis für die Wahrheit des christlichen Glaubens zusammen: Wurde durch den ersten die menschliche Hinordnung auf den Gott der Liebe (1Joh 4, 8.16) philosophisch gezeigt und seine mögliche Selbstmitteilung als unbedingt bedeutsam erschlossen, so durch den zweiten die (dabei schon vorausgesetzte) Vertretbarkeit der biblischen Realdefinition Gottes, der das Nichtseiende ins Dasein ruft (Röm 4, 17), ausgewiesen und die Möglichkeit seiner freien Offenbarung ansichtig.

Gottes*erkenntnis*, die ihrerseits – auch dies gehört zum erreichten Ergebnis – nur von Gottes geschichtlicher *Selbst*bestimmung für uns zu erwarten war.

Für die Überhangfragen und Verdeutlichungswünsche, die sich hier aufdrängen, aber auch die Perspektiven, die sich auftun, ist jetzt leider, meine Damen und Herren, nicht mehr die Zeit (Weiter zu sichern wäre das Prinzip der »freien Vernunft« und dabei nicht nur die Auseinandersetzung mit *Nietzsche* zu führen, sondern auch nach der Möglichkeit einer Verbindung gegenwärtiger freiheits- und (selbst)bewußtseinstheoretischer Ansätze zu fragen; zu verdeutlichen wären ferner der Kontingenzbegriff wie der Schöpfungsgedanke und dann die Konsequenzen zu ziehen: für die theologische Erkenntnislehre überhaupt, insbesondere aber – nach Wegfall der ontologischen Basis der traditionellen Analogielehre – die Gotteslehre, andererseits für mögliche Brückenschläge zur Naturwissenschaft, ihrem Gesetzesverständnis u. a. m.). Statt dessen noch ein ganz kurzes Schlußwort.

Meine hermeneutische Hauptthese war: Ohne ein Unbedingtes im Menschen selbst würde weder Gott uns unbedingt angehen noch der Gottesgedanke in autonomer Einsicht erreicht werden können. Allerdings gebe ich zu: Die Evidenz des Freiheitsdenkens hängt – unbeschadet ihrer Verbindlichkeit[52] – an der Aktualität des Freiheitsvollzugs: daß nämlich der Einzelne in seiner faktisch unausweichlichen Freiheit sich zu ihr auch entschließt, d. h. auf ihr unbedingtes Wesen verpflichtet und dann zu allen weiteren Einsichten steht. In *diesem* Sinn, gerade nicht dem einer subjektiven Beliebigkeit, war ja bereits *Fichtes* berühmtes Diktum gemeint, »was für eine Philosophie man wähle«, hänge davon ab, »was man für ein Mensch ist«[53]. Was ähnlich schon *Kant* als Konstitution moralischer Freiheit[54], *Kierkegaard* dann als »Selbstwahl« beschrieb[55] – unvertretbar und nicht erzwingbar ist dieser Akt allemal. Bedenkt man zugleich, daß jede Freiheit in die Aktualität ihres Selbstvollzugs durch andere, begegnende Freiheit vermittelt wird, wie weitreichend sie zudem von den gesellschaftlichen Verhältnissen konditioniert ist und daß sie überdies, um ihr *volles* Wesensmaß zu erfassen, auch von religiösen Sinnvorgaben abhängig war – dann wird die Frage

---

[52] Denn daß die Hermeneutik des Glaubens ein Nachdenken beansprucht, das die Denkenden selbst involviert, mindert die Evidenz der nur so erreichbaren Einsichten nicht.
[53] *J. G. Fichte*, Erste Einleitung in die Wissenschaftslehre: Fichtes Werke I (ed. *I. H. Fichte*), Berlin 1971, 417–449, 434.
[54] Vgl. dazu *K. Konhardt*, Die Unbegreiflichkeit der Freiheit. Überlegungen zu Kants Lehre vom Bösen: ZPhF 42 (1988) 379–416.
[55] *S. Kierkegaard*, Entweder – Oder II/2, Gütersloh 1980, 180: »Mein Entweder/Oder bezeichnet zuallernächst nicht die Wahl zwischen Gut und Böse, es bezeichnet jene Wahl, mit der man Gut und Böse wählt, oder Gut und Böse abtut. Die Frage geht hier darum, unter welchen Bestimmungen man das ganze Dasein betrachten und selber leben will«. In dieser »absoluten Wahl« wird der Mensch »nicht ein andrer denn er zuvor gewesen, nein, er wird er selbst; das Bewußtsein schließt sich zum Ringe, und er ist er selbst« (188).

bedrängend, wie weit das Faktum selbstverpflichteter Freiheit, nachdem zur Dialektik ihrer herrschaftswilligen Selbstverwirklichung in der Moderne nun auch noch ihre postmoderne Bindungsunwilligkeit trat, überhaupt noch vorausgesetzt werden kann. Die Symptome einer zunehmenden Regression des Freiheitsbewußtseins sind ja unübersehbar und – wirklich bedrückend. Die theologische Vermittlungsarbeit stößt hier an ihre Grenze. Umso beharrlicher wird sie alle, von denen die Überlieferung des Glaubens abhängt, zu einer *praktischen* Bezeugung der Offenbarungswahrheit drängen, die Menschen zur verbindlichen Übernahme ihrer Freiheit ermutigt: zur Konstitution ihrer Autonomie im Hören des Evangeliums.

Theologie und Philosophie

Historisch-theologisch: Das Verhältnis der Theologie zur Philosophie ist nicht unabhängig von der Geschichte bestimmbar, in der sie sich durch die aneignende Auseinandersetzung mit der Philosophie als Theologie entfaltet, sich dann in verschärftem Bewußtsein ihres spezifischen Ursprungs in Gottes geschichtlicher Offenbarung formell als Glaubenswissenschaft konstituiert und schließlich durch die autonome, von ihr emanzipierte Philosophie genötigt ist, eine partnerschaftliche Beziehung zu finden, die der prinzipiellen Selbständigkeit beider gerecht wird. War die griechische Philosophie als mythenkritisch-vernunftgeleitete Erkenntnisbemühung um die wahre Natur des Göttlichen entstanden und bis Plotin und Proklos immer auch Theologie (vgl. Aristot. metaph. 1026a, 19; die Stoiker sprechen von »natürlicher« im Gegensatz zu mythischer und politischer Theologie), so formiert sich die christliche Theologie, indem sich die Verkündigung – ihrem universalen Geltungsanspruch gemäß – auf diese Philosophie (besonders in ihrer mittel- und neuplatonischen Gestalt) einläßt, sie als Bestätigung der Glaubenswahrheit beansprucht und für deren Entfaltung sich integriert. Obwohl der überlieferte Glaube dabei unantastbares Kriterium ist und seine Annahme stets Umkehr bedeutet, werden Theologie und Philosophie noch nicht methodisch streng unterschieden, da die Väter zwischen Schöpfungs- und Heilsordnung kaum schon in einer für das Verhältnis von Vernunft- und Glaubenswissen belangvollen Weise differenzieren und mit wahrer, d. h. kraft göttlicher Erleuchtung bzw. des Logos realisierter Erkenntnis auch bei den Heiden rechnen. Wie in der Philosophie bleibt der Terminus Theologie der Lehre von Gott vorbehalten, während Gottes Wirken ad extra als οἰκονομία thematisiert wird; desgleichen wundert es nicht, daß schon im 2. Jahrhundert christliche Lehrer, dem Beispiel hellenistischer Juden (Philon u. a.) folgend, als »Philosophen« und zugleich mit der Ansicht auftreten, das ursprüngliche theologische Wissen der griechischen Philosophie sei Israels Schriften entlehnt. So kann Justinos, den Topos von den λόγοι σπερματικοί mit dem Inkarnationsglauben verbindend, das Christentum als die überlegene, »allein zuverlässige und heilsame Philosophie« empfehlen (dial. 8; vgl. 1 apol. 2). Klemens von Alexandrien setzt der Mythologie die »Theologie des unvergänglichen Logos« entgegen (strom. I, 57, 1 u. 6), begreift die Philosophie aber als Pädagogie der Griechen auf Christus hin und vertieft mit ihrer Hilfe den Glauben zur wahren Gnosis. Selbst Tertullian, der gegen die Philosophie reservierteste der antignostischen Väter, rekurriert auf das »testimonium animae naturaliter Christianae« (apol. 17,6). Seit Origenes setzt sich der Gebrauch der Philosophie zur Präzisierung und systematischen Erschließung der Glaubenswahrheit allgemein durch, wobei zum Katalysator der Lehrbildung und Schnittpunkt ihrer Hauptthemen der seit den Apologeten rezipierte Logos-Begriff avanciert. Die Gewinne, die der metaphysische Gottesbegriff der Glaubensvermittlung bot (Einzigkeit, Transzendenz und Geistigkeit Gottes), wurden damit erkauft, daß seine Verbindung mit den heilsökonomischen Aussagen unausgleichbare Spannungen hinterließ und die Umgestaltung der adaptierten Philosophie zu einer konsistenten, dem biblischen Zeugnis gemäßen Denkform trotz innovativer Korrekturen (*creatio ex nihilo*, Trinität, Personbegriff) nicht gelang. Wie unscharf das prinzipielle Verhältnis von Philosophie und Theologie blieb, zeigt Augustinus' neuplatonisch geprägtes, auf die innere Wahrheit gerichtetes Glaubensverständnis (conf. XI, 8, 10).

Akut wird das Problem von *fides* und *ratio* im mittelalterlichen Streit um die Dialektik. Während Petrus Damiani ihre Geltung mit Berufung auf Gottes Allmacht begrenzt und sie zur *ancilla* der *sacra doctrina* erklärt und P. Abaelard sie vor allem zur Lösung der scheinbaren Widersprüche zwischen den Autoritäten nutzt, traut Anselm von Canterbury der gottebenbildlichen, im Glauben zu sich befreiten Vernunft auch die autonome Einsicht der zentralen Glaubensinhalte zu. Da sein Programm *(Fides quaerens intellectum)* den Glauben, den es heuristisch und angesichts der Sünde voraussetzt, methodisch klar suspendiert und (Augustinus' *credo, ut intelligam* vereindeutigend) nur *rationes necessariae* zuläßt, scheint Anselm die Glaubenswahrheit *sola ratione* beweisen, nicht nur verstehen zu wollen. Mit der Rezeption des vollständigen Aristoteles tritt dann die Grenze der Philosophie bezüglich des Heilswissens und in eins die Aufgabe in den Blick, die Theologie als Wissenschaft zu legitimieren. Thomas von Aquin konzipiert sie nach aristotelischem Muster als *scientia subalternata:* als auf die *articula fidei* gegründete Heils-Wissenschaft, die primär Gott und *sub ratione Dei* alle Wirklichkeit zum Thema hat und somit, da dies eine Beziehungslosigkeit von Theologie und Philosophie (doppelte Wahrheit) unmöglich macht, der Vernunft bedarf, um die *praeambula fidei* zu sichern, den Glaubensinhalt als Sinnganzes zu erschließen, ihn durch Wahrscheinlichkeitsgründe zu stützen und die Einwände gegen ihn zu entkräften. Die Probleme, die diese epochale Zuordnung von Theologie und Philosophie und ihr instruktionstheoretischer Offenbarungsbegriff bargen, brechen bei Thomas aufgrund der hermeneutisch leitenden Heilsfrage und der klaren Hinordnung der Vernunft auf den Glauben (wie der Natur zur Gnade) noch nicht auf. Aber schon im Nominalismus, der im Namen der Freiheit, ohne sie als Prinzip einer neuen Synthese von Philosophie und Theologie anzusetzen, die aristotelische Metaphysik destruiert, gewinnt das Offenbarungsdenken die autoritären und extrinsezistischen Züge, die es der Philosophie der Neuzeit entzweien. M. Luthers Philosophie-Kritik, obwohl ockhamistisch beeinflußt, hat vor allem die Verwurzelung des faktischen Vernunftgebrauchs in der Gesamtorientierung des (ursprünglich mit einer Kenntnis Gottes beschenkten) Menschen als Sünder oder Glaubender im Blick.

Die autonome Philosophie der Neuzeit bringt, soweit sie es nicht bei der schiedlichen Koexistenz von Theologie und Philosophie beläßt und bevor sie als radikale Religionskritik auftritt, die Idee der Einheit der Wahrheit zur Geltung, indem sie den Offenbarungsinhalt am vernünftig Erkennbaren bemißt, ja tendenziell mit ihm gleichsetzt und gerade auch dort, wo sie die Entwicklungsgeschichte der Vernunft vom Glauben bedingt weiß, für seinen Gehalt die Form philosophischen Wissens anstrebt – für die Theologie eine im Blick auf den Inhalt wie den Offenbarungsstatus ihrer Wahrheit substantielle Herausforderung. Während die protestantische Theologie, die schon Ph. Melanchthon der scholastischen Philosophie wieder öffnet, seit F. D. E. Schleiermacher im steten (erst durch K. Barths Einspruch unterbrochenen) Kontakt zur zeitgenössischen Philosophie Glaubensvermittlung sein will, befestigt die katholische Theologie die Unterscheidung der natürlichen und übernatürlichen Ordnung und konzentriert ihre Abwehr der Offenbarungskritik wie des »Rationalismus« darauf, durch den Nachweis der objektiven Glaubwürdigkeit der Offenbarung ihren übernatürlichen Inhalt formell zu autorisieren. Die dringende hermeneutische Aufgabe, philosophisch die wesentliche Hinordnung des Menschen auf eine ihm unverfügbare Wahrheit zu zeigen und in eins diese Unverfügbarkeit als ihrem Inhalt gemäß einzusehen, wird um so weniger bemerkt, als die extrinsezistische Neuscholastik die Neuansätze des 19. Jahrhunderts (Wiener und Tübinger Schule) zurückdrängt und die anthropologische Sinnerschließung des Glaubens erst von der Immanenzapologetik M. Blondels, der Nouvelle Théologie (H. de Lubac) und im Gefolge J. Maréchals von K. Rahner vorangebracht wird. Das Vatikanum I bekräftigt gegen den Atheismus und Pantheismus die theistischen Prämissen des Offenbarungsglaubens (DH 3001 ff.), bestimmt unter Voraussetzung des instruktionstheoretischen Offenbarungsbegriffs und der doppelten Erkenntnisordnung den Glauben als vernunftgemäßen Gehorsam (DH 3009 3015) und weist damit den Fideismus, Traditionalismus und Agnostizismus, aber auch den Rationalismus ab, da es die Reichweite der natürlichen Vernunft faktisch auf die *praeambula fidei* und die äußeren *motiva credibilitatis* der Offenbarungstatsache einschränkt und doch ihr Vermögen betont, Gott als Ursprung und Ziel aller Dinge gewiß zu erkennen (DH 3004) – letzteres eine Aussage, die nach dem Vatikanum II (DV 6; GS 21 f.) und gemäß dem gegenwärtigen Problemstand als Anweisung zur philosophischen Rechenschaft über die Verstehensvoraussetzungen des Glaubens zu lesen ist. Zudem legt es der Paradigmenwechsel des Vatikanum II im Offenbarungsverständnis nahe, die in Gottes Selbstoffenbarung zu erkennende Bedeutung der Geschichte Jesu als die Grundwahrheit der christlichen Theologie anzusetzen.

Systematisch-theologisch: Da der von der Offenbarung begründete und von der Gnade getragene Glaube *actus humanus* und seine Wahrheit stets menschlich verstandene, ja nur im Maß ihres Verstandenseins bedeutungsvoll-angeeignete Wahrheit ist, Verstehen sich aber als Synthesis eines Gegebenen mit schon Verstandenem vollzieht, drängt sie selbst wie das ursprüngliche Bedürfnis des Menschen, als Subjekt seines Glaubens und vernünftigen Wissens identisch zu sein, auf die Klärung ihrer Zusammenstimmung mit allem Gewußten (Einheit der Wahrheit, Kohärenzpostulat). Dasselbe fordert, verstärkt noch, ihr spezifischer Inhalt: ist doch von der zu bewährenden Behauptung, daß Gott, die alles bestimmende und den Menschen unbedingt angehende Wirklichkeit, in Jesu Geschichte seine unbedingte Liebe und in ihr sich selbst offenbarte, ab initio die Wirklichkeit als ganze und namentlich der nach ihr wie der eigenen Bestimmung fragende Mensch in Anspruch genommen (und deshalb christliche Theologie Betrachtung aller Wirklichkeit *sub specie Dei seipsum revelantis*). Da der Gottesgedanke nun seinerseits erst angesichts dieser genuin philosophischen Fragen bestimmbar wird, ist für die Theologie als wissenschaftliche Explikation des *intellectus fidei* die Philosophie die primäre Bezugswissenschaft und als solche so wenig durch partikuläre, namentlich die Humanwissenschaften ersetzbar, wie sich deren Resultate ohne philosophische Vermittlung einer theologischen Deutung erschließen. Zugleich ergibt sich, daß das Verhältnis von Philosophie und Theologie angesichts ihres universalen Anspruchs wie der irreduziblen Verschiedenheit ihres Ursprungs weder als regionale Abgrenzung oder gleichgültige Koexistenz noch im Sinn einseitig-ablösender Aufhebung, sondern gemäß dem Bestimmungsverhältnis, das Offenbarung und Vernunft-Einsicht eingehen, zu fassen ist und somit der Vernunft über ihre propädeutischen und instrumentellen Dienste hinaus der Rang eines Coprinzips der Glaubenswissenschaft zukommt. Dabei schließt die aus ethischen und theologischen Gründen geforderte (insbesondere der Bestimmung des Menschen zum freien Hörer des Wortes entsprechende) Anerkennung der autonomen Vernunft als Organ wahrer und kriteriologisch gültiger Einsicht eine Kritik ihrer faktischen Ausprägung nicht aus: Was ihr der Glaube zu denken gibt, gibt er ihr in einer ab ovo innovativen und im Fall ihrer Verschlossenheit oder Verkehrung auch korrektiven und doch aufdeckenden Weise zu denken – eben im Namen der wahrheitsverpflichteten Vernunft, der er selbst zu entsprechen beansprucht. Seine eigene Explikation verlangt also ein Denken, das in sich konsistent und in philosophischer Instanz legitimierbar und zugleich der gegebenen Glaubenswahrheit gemäß, d. h. mit ihr kompatibel und dabei ebenso für sie noch offen wie für ihren Geltungsanspruch empfänglich ist: eine Philosophie näherhin, die die mögliche Existenz eines von Welt und Mensch verschiedenen und zur Selbstmitteilung freien Gottes und mit ihr die Minimalbestimmung Gottes, die jede theologische, d. h. offenbarungsbegründete Aussage schon voraussetzt, auszuweisen und in eins die wesentliche Gratuität seiner tatsächlichen Selbstoffenbarung wie ihre den Menschen unbedingt angehende Bedeutung einzusehen vermag. Daß die unbedingte Frageintention der Vernunft im szientistisch zerfächerten und als geltungstheoretischer Pluralismus sich etablierenden Denken der Gegenwart nur wenige Anwälte hat, enthebt die Theologie der genannten Aufgaben nicht, sondern spricht nur dafür, für ihre Einlösung den Weg der Selbstreflexion der endlichen, aber selbstverpflichteten freien Vernunft aufzunehmen, den die Philosophie der Neuzeit angebahnt hatte.

Lit.: RGG³ 6, 782–830 (G. Ebeling); SM 3, 1205–15 (K. Rahner); EKL³, 1205–11; HFTh 4, 179–241 (M. Seckler). – R. Schaeffler: Die Wechselbeziehungen zwischen Philosophie und katholischer Theologie. Da 1980; Pannenberg Sy 1, 11–132; H. Verweyen: Gottes letztes Wort. D 1991, 285–329; Th. Pröpper: Freiheit als philosophisches Prinzip theologischer Hermeneutik: Bijdr 59 (1998) 20–40.

II ■ Bestimmung des Standorts:
Problemverläufe und Kontroversen

Nach der Ausführung von Grundlinien der freiheitstheoretischen Glaubenshermeneutik vereint Teil II einige Studien und Kontroversen, bei denen der Ansatz von anderen lernen, geschichtlich sich informieren, am vorgegebenen Problemstand erproben, in aktuellen Debatten positionieren, kurz: über sich selbst sich verständigen konnte. Die Texte sind nun, abgesehen vom ersten, auf einzelne systematische Entwürfe bezogen, darum chronologisch geordnet und die wichtigsten Themen in allen präsent. Daß diese im Wechsel der Horizonte sich ändern, differenzieren und neue Seiten, vielleicht gar Rand- und Tiefenschärfe gewinnen, versteht sich ebenso wie die Frage, welcher Ansatz ihnen gemäß sei. So geht es im Kern um die Diagnose von Denkformen und den Streit zwischen ihnen – gibt es doch kein mit sich einiges Denken, das die aufgegebenen Inhalte unberührt ließe.

Den Auftakt bildet der schon ältere, aber deutlich auf den favorisierten Ansatz zulaufende Handbuchartikel »Freiheit« (Der Untertitel »Ausprägungen ihres Bewußtseins« wurde hinzugefügt). Obwohl sein materialreicher, von den griechischen wie den biblischen Ursprüngen über die theologische Tradition und die Philosophie der Neuzeit bis zur nachidealistischen Moderne und Gegenwart sich erstreckender Rückblick auf die Geschichte der Freiheitsidee primär informieren will, intendiert er doch ebenso – besonders im Blick auf die theoretischen und praktischen Ambivalenzen des neuzeitlichen Freiheitsbewußtseins – eine Vergewisserung seines entschieden transzendentalen, der formalen Unbedingtheit der Freiheit verpflichteten Standpunkts, eruiert zudem die für die Ausfaltung des Freiheitsbegriffs und seine theologische Adaption relevanten Problemvorgaben und Denkangebote und projektiert dann – im Gespräch mit konvergierenden Theorieansätzen – eine »Theologie der Freiheit« bzw. »der Liebe als der Sinnwirklichkeit menschlicher Freiheit«, die hier zwar noch nicht systematisch gefaßt ist, aber ihre hermeneutische und kritische Valenz und praktische Relevanz bis ins Konkrete auszuweisen sucht.

Die *zweite*, dem großen *Schleiermacher* gewidmete Studie (129–152), mit der die Einzelanalysen und -kontroversen beginnen, wendet sich seiner Glaubenslehre als Prototyp anthropologisch vermittelter Dogmatik nicht zu, um die Intention solcher Vermittlung zu denunzieren, sondern in der Kritik ihrer Ausführung aufrechterhalten zu können. Denn angesichts der Probleme, die sie im Verhältnis der Wesensbestimmung des Christentums zu der als Wesenselement des Menschen gesicherten Frömmigkeit aufdeckt und über den Erlösungsbegriff, die Christologie und das Sündenverständnis bis in die Gotteslehre verfolgt, gelangt sie zur Einsicht, daß eine Alternative, die den inhaltlichen Zirkel zwischen Anthropologie und Christologie öffnet, nicht ohne Revision der philosophischen Prämissen wie des Offenbarungsbegriffs zu haben ist. Auf eine »kritische Aneignung« zielt auch der *dritte*, die Anthropologie *Wolfhart Pannenbergs* betreffende Beitrag (153–179). Er nimmt dessen Sündenverständnis, das auf jede Verbindung des Ursprungs der Sünde mit der Freiheit verzichtet, nicht nur zum Anlaß, einen Gegenvorschlag ins Spiel zu bringen, sondern auch die Konzeption von Identität und Identitätsbildung, die Pannenberg im bewußten Gegenzug zur Subjektivitätsphilosophie entfaltet, zu beleuchten und zugleich Status und Geltung seiner Aufweise religiöser Implikationen der empirisch erhobenen anthropologischen Phänomene zu prüfen. Der Haupteinwand lautet, daß Pannenbergs Untersuchungen die faktische Genese und externen Konstitutionsbedingungen realer menschlicher Identität überzeugend erhellen, aber eine transzendentale Selbstbewußtseins- und Freiheitstheorie so wenig erübrigen, wie die angezielten Aufweise, sofern sie Interpretationen »in theologischer Perspektive« darstellen, Alternativen argumentativ ausschließen können. Pannenberg hat seine Antwort, die zusammen mit meinem Beitrag erschien (ThQ 170 [1990] 289–298), inzwischen erneut publiziert (Beiträge zur Syst. Theol. 2, Gö 2000, 235–245).

Die beiden letzten Beiträge (180–219) gelten *Hansjürgen Verweyens* »Grundriß der Fundamentaltheologie«: Der *vierte* – meine »Anfragen« – stand am Anfang der Diskussion über seinen Gesamtentwurf, der *fünfte* – meine Replik auf Verweyens Antwort – griff erneut in sie ein. Viele waren da schon an ihr beteiligt – und sie dauert bis heute. Umso mehr freue ich mich, daß die Gemeinsamkeit unserer wichtigsten Intention unbeirrbar gehalten hat: Verweyens fundamentaltheologisch unverzichtbares Unternehmen, in der Instanz erstphilosophischer Argumentation einen Begriff letztgültigen Sinnes zu erstellen und ihn zum Begriff letztgültiger (und als solche vernehmbarer) Offenbarung weiterzubestimmen, traf sich ja mit meinem hermeneutischen Bemühen, die uns unbedingt angehende und beanspruchende Bedeutung der Offenbarung durch den transzendentalen Rekurs auf das Unbedingte der Freiheit auszuweisen – der Streit ging immer nur um den geeigneten Weg. Allerdings hat sich bald das Themenspektrum erweitert: Ging es zuerst um die jeweils tragende philosophische Argumentation und ihre Geltungsansprüche, verlangten schnell auch die Einzelthemen (und Folgeprobleme) ihr Recht: so die »historische Rückfrage nach Jesus«, die Auferstehungsthematik, die Eschatologie und die Theodizee sowie Einzelaspekte im Gottes- und Offenbarungsverständnis. Ich will Weiteres nicht vorwegnehmen und erst recht hier die Diskussion nicht weitertreiben, sondern nur meinen bisherigen (schriftlichen) Anteil an ihr dokumentieren. Ob meine Fragen an Hansjürgen Verweyen nach seinem Entgegenkommen in »Botschaft eines Toten?« (1997) und der 3., vollständig überarbeiteten Auflage des »Grundrisses« (2000) beantwortet sind und mein Ansatz umgekehrt seinen Gegenfragen standhält, mag vorerst und vertrauensvoll dahingestellt sein.

Freiheit

Ausprägungen ihres Bewußtseins

I. Griechisches Denken

1. Anfänge des Freiheitsbewußtseins. An das Wort Hegels, daß erst in den Griechen das Bewußtsein der Freiheit aufging, kann sich seine geschichtliche Darstellung halten. Denn in den vorgriechischen Kulturen des Mittelmeerraumes und des Alten Orients waren zwar soziale Freiheit und Knechtschaft bekannt, doch hat es vor den Griechen weder eine Vorstellung von politischer Freiheit noch einen philosophisch-ethischen oder psychologischen Begriff von Freiheit gegeben. Der starke Hang des hellenischen Menschen, über sich selbst verfügen zu können, läßt ihm Freiheit zum Lebensideal werden. Die Polarität von Freiheit und Maß prägt sein Lebensgefühl, die Spannung von Eleutheria und Nomos treibt sein Denken über Freiheit voran. Seiner Herkunft nach auf den Stammesangehörigen (im Gegensatz zur unterworfenen Bevölkerung) bezogen, meint ἐλεύθερος zugleich »Heimat als den Bereich, wo einer sein und bleiben kann« (Nestle 1967, 135). Die sozial-rechtliche Bedeutung von Freiheit, die zunächst auch für die Griechen im Vordergrund stand, blieb in der Folgezeit ebenso selbstverständlich erhalten, wie der Sklave zum Erscheinungsbild der antiken Gesellschaft gehörte. Doch tritt schon vom 7. Jh. an die politische Bedeutung hinzu. In den Perserkriegen gewinnt der Freiheitsbegriff panhellenischen Klang und wird bald eindeutig auf die Polis bezogen: frei ist, wer (im Gegensatz zum Barbaren) auf der Polis-Erde leben darf, wo ein Nomos herrscht, in dem Gewalt und Recht zur Harmonie gebracht sind. Wie der gottgegründete Nomos, der das Miteinander der Freien ermöglicht, genießt die Freiheit kultische Verehrung. Im Zuge der innenpolitischen Entwicklung von der Adelsherrschaft zur Demokratie nimmt Freiheit den Sinn der Selbstregierung der Staatsbürger an. Allerdings hatten an ihr nur die Vollbürger Anteil, denen Rechtsgleichheit und Rede-Freiheit gewährt waren.

Die weitgehende Einbindung in die Gemeinschaft schloß das Bewußtsein individueller Freiheit nicht aus. Schon dem frühen Griechentum dient ἑκών (freiwillig) zur Bezeichnung des Menschen, der – keiner äußeren Gewalt unterworfen – aus dem Antrieb der eigensten Natur tätig ist. Im heroischen Menschen tritt diese Freiheit sogar der Moira entgegen, bei den Tragikern wird sie sittlich bestimmt: nur wer das göttliche Gesetz zum eigenen macht, kann wahrhaft frei und gelegentlich auch (wie die Antigone des Sophokles) »autonom« heißen. Im Konflikt des endlichen Wollens mit der Übermacht des Schicksals, wie die attische Tragödie ihn darstellt, wird zugleich die Dimension der inneren Freiheit entdeckt und mit ihr dem Menschen die Möglichkeit erschlossen, das undurchschaubare Geschick in Auflehnung und Hinnahme von innen her zu besiegen und noch im Untergang seine Würde und Integrität zu bewahren.

2. Philosophie der Freiheit im Horizont von Polis und Kosmos. Die in den Demokratien realisierte politische Freiheit zog die Freiheit der individuellen Lebensführung nach sich. Zu einem Wort der philosophischen Sprache aber wird ἐλεύθερος erst, als die Sophisten Physis und Nomos in radikalen Gegensatz stellen und die ungehinderte Entfaltung der Natur propagieren: nicht durch Bindung an Gesetze und Traditionen, die nun als menschliche relativiert sind, sondern im Gehorsam gegen die eigene Natur und der Wahl des ihr Zuträglichen soll der einzelne seine Freiheit gewinnen. Eine Begründung verbindlicher Normen des Zusammenlebens war fortan nur möglich, indem die von der Sophistik geleistete Aufklärung vollendet, ihr bloß technischer Gebrauch des Logos überwunden und ihr Prinzip transzendiert wurden.

Mit seiner kritischen Prüfung des Selbst hat Sokrates diese Richtung beschritten und Freiheit als das Tun des Besten bestimmt, das aus dem Wissen des Besten erfolgt. Die Erkenntnis des jeweils Besseren aber hängt nicht nur von methodischer Forschung und der warnenden Belehrung des »Daimonion«, sondern auch der Bereitschaft zur sittlichen Läuterung ab, von einer Übung der Selbstbeherrschung, die auf vollendete Autarkie zielt. Daß die sittliche Praxis ineinsfällt mit der bürgerlichen Tugend, gilt für Sokrates ebenso wie für Platon, der den Autarkiegedanken aufgreift, ihn ontologisch begründet und auf ihn seine Staatslehre baut: da allein das Gute um seiner selbst willen ist, kommt Freiheit nur demjenigen zu, dessen Handeln auf das Gute sich richtet; und wie der Mensch seine Autarkie nur erreicht und bewahrt, wenn das Wissen um das Gute die unteren Seelenkräfte regiert, so ist auch die Polis frei in dem Maß, als sie der Herrschaftsbereich des Nous ist.

Erst Aristoteles bewegt sich insofern über den Rahmen des Polis-Denkens hinaus, als er im βίος θεωρητικός die höchste Form der Autarkie findet und damit die enge Verbindung von Freiheit und Poliszugehörigkeit löst. Endgültig verloren geht sie in hellenistischer Zeit, als die Ökumene an die Stelle der untergegangenen Stadtstaaten tritt und fortan der Kosmos den Horizont bildet, in dem das menschliche Selbst- und Freiheitsverständnis sich artikuliert. Das Verhältnis des einzelnen zum Weltganzen wird nun beherrschendes Thema und die rechte Lebenskunst Hauptziel des Philosophierens. So verschieden nach Inhalt und Niveau die Antworten ausfallen, welche die einzelnen Schulen zumeist im umfassenden Rahmen einer metaphysischen Weltdeutung bieten, stimmen sie in der Verinnerlichung der Freiheitsvorstellung doch überein.

3. *Freiheit der Handlung, Wahlfreiheit, Autarkie.* Überblickt man den grundlegenden Beitrag, den das griechische Denken von Sokrates bis zum Neuplatonismus für das Freiheitsverständnis erbracht hat, lassen sich (mit Krämer 1977, 245 ff.) drei Aspekte festhalten.

a. Als erster der Begriff der Zurechenbarkeit, des Willentlichen oder der Handlungs-Freiheit, die von Aristoteles durch die Abwesenheit von äußerem Zwang oder auch dadurch definiert wird, daß die Unterlassung bei uns steht. Ihm ging es zunächst nur darum, wie der natürliche Impuls zur Auswirkung kommt. Die Frage nach der Freiheit des Willens selbst stellte sich als ontologisches Problem erstmals in der Stoa, die den Konflikt zwischen der Selbstbestimmung des Menschen und seiner Einfügung in den logosdurchwalteten Kosmos exemplarisch bis zu dem Punkte verfolgt hat, wo die Freiheit in der totalen Providenz aufgehen mußte. Schien nämlich einerseits in der Fähigkeit zur »Zustimmung« das eigentliche Spontaneitätszentrum des Menschen gefunden und seine Verfügung über die eigenen Akte gesichert, so erlaubte andererseits der Providenzgedanke nur die Empfehlung, den eigenen Willen mit dem Weltlogos in Übereinstimmung zu bringen und den Weltplan durch Einwilligung sich zu eigen zu machen; dem Vorwurf des Quietismus aber hielten die Stoiker entgegen, daß auch die Mitwirkung verhängt sei und gerade durch sie hindurch das Fatum sich realisiere – eine Antwort, die alles Freiheitsbewußtsein zum subjektiven Schein qualifizierte. Unbefriedigt aber ließen auch die Lösungen der Gegner: Während Epikur der Ausgleich der Freiheit mit seinem mechanistischen Weltbild nur durch Zusatzannahmen gelang, die die Konsistenz seines Systems sprengten, entzogen sich die Skeptiker dem stoischen Dilemma, indem sie jeden Anspruch auf sichere Erkenntnis preisgaben.

b. Als Spezialfall des Willentlichen galt die Freiheit der Wahl. Nach Aristoteles, der sie am genauesten analysiert hat, zeichnet sich der Mensch gerade durch sie vor allem anderen Seienden im telosgerichteten Naturzusammenhang aus. Sofern die Wahl Streben ist, geht sie auf das Gute, aber – sofern sie Einsicht ist – auf das Gute als das Gesollte. Sie betrifft nur, was in konkreter Situation in unserer Macht steht, bedarf (bezüglich der Mittel) der vernünftigen Überlegung, kann im Grenzfall Freiheit der Indifferenz sein und wird zur eigentlichen Entscheidung im Tun. Eine bedeutsame Rolle spielt sie für den Aufbau des Charakters, der nach aristotelischer Einsicht nichts Naturgegebenes ist, sondern aus den Einzelhandlungen resultiert, auf die er seinerseits zurückwirkt.

c. Den für die Griechen grundlegenden Aspekt zeigt ihr Verständnis der Freiheit als Selbstsein im Sinne der Autarkie. Zu ihr gehören die Momente der Selbsterhaltung und Unabhängigkeit, der Selbstgenügsamkeit, Erfülltheit und Eudämonie. Folgenreich wurde die Ontologisierung des Begriffs, die maßgeblich durch Platon erfolgte und seitdem das antike Freiheitsdenken beherrschte. So wie gut ist, wonach ein jedes seiner Natur gemäß strebt, so ist autark, was in sein Wesen gelangt, mit sich selbst eins und auch nach außen als eines bestimmt ist. Zwar setzt beim Menschen solche Seins-Freiheit die Wahl- und Handlungs-Freiheit voraus, doch bleiben beide ihr subordiniert: im höchsten Sinn frei wird nur sein, wer die richtigen Grundentscheidungen trifft. Daß dies ein Selbstverhältnis einschließt und also freies Selbstsein das Resultat eines Identifikationsprozesses darstellt, zeigt die stoische Zueignungslehre: indem der Mensch, was er eigentlich ist (nämlich Logos), sich selber zueignet, gewinnt er allererst seine (innere) Freiheit und sondert sich ineins vom nicht Zugehörigen ab. Entsprechend den Stufen, die der Autarkiegedanke zuläßt, mußte das göttliche Sein, wo immer die philosophische Theologie es bedachte, als das vollkommen Autarke erscheinen: so bei Aristoteles als das sich selber denkende Denken und als das, was – nichts außer sich liebend – von allen geliebt wird, und so im Neuplatonismus als das Eine, das ganz bei sich selbst, ja aus und durch sich selbst ist. Aus der radikalen Zuspitzung des Autarkiegedankens erwächst hier der Gedanke der Aseität. Zugleich fällt ein Licht zurück auf den Menschen: er ist frei nur insofern, als seine einfache geistige Substanz am Absoluten partizipiert; und er realisiert diese Freiheit im Streben zum Einen, in dessen Betrachtung und in der Vereinigung mit ihm – ein Vorgang, der schließlich auch als Erlösungsgeschehen dargestellt wird, dem der Mensch im Akt der bloßen Hingabe entspricht.

Indessen bleibt zu beachten, daß das praktisch-soteriologische Interesse das spekulative oft überwog. Schon die Kyniker hatten von Sokrates nur das Moment der Autarkie übernommen und sie in Gestalt radikaler Bedürfnislosigkeit gelebt. Epikur fand sie in der aufgeklärten Kultur eines furcht- und schmerzlosen Daseins und der Behauptung der uns möglichen Lust. Auch die spätere Stoa hat die Freiheits-Schicksals-Antinomie wieder abgeschwächt und sich durch die sorgfältige Unterscheidung des Eigenen und Fremden um die Wahrung einer inneren Lebensordnung bemüht. Mit der Gnosis endlich wird der Boden des griechischen Lebensverständnisses verlassen. Ihrer Erfahrung der Welt als Exil und der Verfallenheit des Ich an die Mächte entspricht die Idee einer Freiheit, deren Heimat die Transzendenz ist und deren Besitz der Erlöste doch schon im Wissen um die naturhafte Einheit seines Selbst mit dem göttlichen Pneuma erlangen und in Akten des Libertinismus und der Askese auch verdeutlichen kann. An die Stelle philosophischer Ethik war damit eine Heilslehre getreten, die mit ihrer Interpretation von Entfremdung, Erlösung und Freiheit den Menschen aus der Zuständigkeit für sich selber entließ und aus jeder verantwortlichen Bindung an die Welt löste.

II. Altes und Neues Testament

1. Gottes befreiendes Handeln und Verantwortung des Menschen. Die biblischen Schriften kennen Freiheit nicht als philosophisches Thema, sondern bezeugen Gottes befreiendes Handeln. Doch setzt schon das Alte Testament, obwohl es das Wort »frei« außer im sozialen und politischen Sinn nicht verwendet, mit seiner Rede von Sünde und Strafe, von Gehorsam, Abfall, Umkehr und Reue die Freiheit des Menschen voraus. Daß Gott ihn als Partner anspricht und fordert, gibt ihr eine Aktualität und seinem Personsein eine Auszeichnung und Würde, wie sie außerhalb dieses Zusammenhangs kaum vorstellbar sind. Zwar weiß das Alte Testament um den Hang des Menschen zum Bösen und z. T. sogar seine Unfähigkeit, Gottes Forderung zu erfüllen, doch wird die persönliche Sünde weder als unabwendbares Schicksal bewertet noch zurückgeführt auf ein metaphysisches Prinzip. Erst recht legen die neutestamentlichen Texte es nahe, zwischen formaler und materialer Freiheit zu differenzieren (Niederwimmer 1966, 89). Denn so einhellig sie das Unvermögen des Menschen betonen, das gesollte Sein aus sich zu bewirken, so wenig stellen sie seine Verantwortung und Entscheidungsfähigkeit in Frage. Wenn bei Johannes eine durch die Herkunft des Menschen bedingte Bestimmung zum Bösen oder Guten ausgesagt scheint, ist solcher Dualismus nicht ontologisch, sondern geschichtlich zu interpretieren. Auch Paulus, der die Versklavung unter die Sünde und den Zwiespalt von Wollen und Vollbringen am eindringlichsten erörtert, hält an der menschlichen Unentschuldbarkeit fest (und dies trotz des prädestinatianischen Ansatzes auch in Röm 9–11). Zugleich benennt er die Situation, die dem theologischen Freiheitsbegriff seinen spezifisch soteriologischen Sinn gibt: er bezieht sich auf das geschichtliche, faktisch heillose Gottesverhältnis des Menschen und meint dementsprechend die Freiheit, die nur Gott schenken konnte und in Jesus Christus geschenkt hat. Beruht das Verhängnis des Menschen darauf, daß er sich in der Verwirklichung seiner Freiheit von Gott getrennt und sich selber verfehlt hat, so besteht nun seine Befreiung darin, in Gottes Liebe sich selbst neu finden und sein Leben aus ihr bestimmen zu können.

Als Heilsgut, das der freie Gott in der Geschichte verwirklicht, hat schon Israel die Freiheit erfahren und damit den neutestamentlichen Freiheitsbegriff prästrukturiert. Die Befreiung aus der Knechtschaft Ägyptens war zum Grund einer Hoffnung geworden, die immer neu aktualisiert werden konnte und noch die Erwartungen der Apokalyptik und die messianische Theologie der Zeloten bestimmt hat. Aber auch in Einzelzügen weist das Alte Testament auf das neutestamentliche Freiheitsverständnis: so im Wissen um die innere Widersprüchlichkeit des gefallenen Menschen und endlich mit der Verheißung, daß Gott einen neuen Bund schließen und sein Gesetz den Menschen ins Herz schreiben werde (Jer 31, 31 ff.).

2. Das Evangelium der Freiheit und Theologie der Freiheit bei Paulus

a. Die mit der Gottesherrschaft einbrechende Freiheit prägt das Leben und die Verkündigung Jesu (auch wenn das Wort selbst in seinem Mund nicht begegnet). Seine Heilungen signalisieren das Ende der Mächte; sein Aufruf zur Sorglosigkeit, Armut und Feindesliebe entspricht der Freude an Gottes Kommen und seiner unbegrenzten Güte. Im Blick auf ihn, der das Heil aller will, kann Jesus die geltenden Trennungen mißachten, den Verlorenen nachgehen und Sünden vergeben. Mit der Autorität ursprünglicher Gottesgewißheit kritisiert er die Religion, wo sie Menschen Gott und sich selber entfremdet, interpretiert das den Menschen gegebene Gesetz im Interesse des Menschen und ermächtigt zur Freiheit der Liebe, die das Gesetz überbietet, weil sie eins ist mit Gottes Willen und offen zum Nächsten. Jesu Vollmacht aber ist sein Gehorsam: Freiheit des Sohnes, die – allein und unmittelbar an den Gott der Liebe gebunden – den Gegensatz von Autonomie und Heteronomie in sich aufhebt. Aus dem Grund dieser Liebe ist sie Freiheit für andere, im Vertrauen auf sie Bereitschaft zur Ohnmacht und in der Treue zu ihr Hingabe des Lebens.

b. Als Deutung des Todes Jesu im Licht seiner Auferweckung und im Kampf mit den gnostischen und judaistischen Gegnern hat Paulus (in den Briefen an die Römer, Korinther und Galater) seine Theologie der Freiheit entwickelt. Die Unfreiheit, auf die der Glaube zurückblickt, ist radikaler, als die Griechen sie dachten: nicht nur äußere Begrenzung der Selbstverfügung oder moralische Schwäche, sondern Selbstverfallenheit des Menschen, der im Vollzug seiner Freiheit der in ihr beschlossenen Versuchung, sich vom Ursprung des Lebens zu lösen, schon immer Raum gegeben hat und faktisch vom Willen beherrscht ist, sein Dasein selber zu leisten. Sofern das Gesetz (die jüdische Thora wie die *lex naturae* der Heiden) auf den von Gott getrennten Menschen schon trifft, bewirkt es das Gegenteil des von ihm Intendierten: es erregt und offenbart die Sünde des Menschen, der – in der Übertretung ebenso wie im fixierten oder selbstgerechten Gehorsam – bei sich selber verharrt und dem ihn einfordernden Ruf widersteht. Obwohl zum Leben gegeben, wird es zum Mittel der Sünde, die dem Menschen zwar das Leben verspricht, doch sein Dasein im selben Maß dem Tod unterwirft, als er sich gegen ihn zu behaupten versucht. Nun aber hat uns Christus zur Freiheit befreit (Gal 5,1): wirkliche Freiheit ist Gnade. Sie gründet in Gott, der aus schöpferischem Anfang den Sünder gewählt hat, damit er ihn wählen könne. Sie wurde offenbar in Christus, der sein in Gott geborgenes Leben nicht festhielt, sondern dahingab und so die Sünden- und Todesmacht besiegte (vgl. Phil 2,6–11). Sie wird – vermittelt durch Wort, Taufe und Zeugnis – zugeeignet im Geist, der die Gläubigen in die Einheit mit Gott bringt und mit Christus verbindet. Sie realisiert sich als Freiheit von der Sünde in der Fähigkeit zu wollen, was Gott tut; als Freiheit vom Gesetz im mündigen Gehorsam der Söhne; als Freiheit vom Tod in der Überwindung der das Dasein lähmenden und die Liebe hindernden Angst. So hat sie teil an der Auferstehungsmacht Christi, aber innerhalb des irdischen Lebens und gebunden an den Weg Jesu.

Der sittliche Imperativ behält seinen Ernst, doch ändert sich seine Stellung: er fordert, was das Evangelium gibt. Gerade darin bewährt sich christliche Freiheit, daß sie – gehalten und orientiert durch die Liebe und deshalb jenseits der Alternative von (jüdischem) Nomismus und (gnostischem) Libertinismus – auf den Nächsten sich einstellt und tut, was aufbaut und hilft. Aus der Überlegenheit, mit der sie alles beurteilt und über alles verfügt, wächst ihr die Möglichkeit zu, sich auf jede Situation einlassen und verantwortlich binden zu können. So kommt sie der Welt zugute, ohne sich an sie zu verlieren. Obwohl Paulus an eine Veränderung der politisch-sozialen Verhältnisse (noch) nicht gedacht hat, erscheinen sie doch relativiert. Die seiner Freiheitstheologie innewohnende Tendenz zu universaler Befreiung läßt sich vielfach erkennen: an der sozialen Ausrichtung seiner Ethik, am Gedanken der Hinfälligkeit menschlicher Unterschiede angesichts der Einheit aller in Christus und an der Einbeziehung der Schöpfung in die endzeitliche Vollendung der Freiheit.

3. Probleme der Folgezeit und Entscheidungen des kirchlichen Lehramts. An Bestimmungen, die dem Freiheitsdenken aus der Offenbarung erwuchsen, sind vor allem zu nennen: der Gedanke der Freiheit Gottes als des aus dem Nichts ins Sein rufenden Schöpfers und das Problem der geschaffenen Freiheit; die Eröffnung und eschatologische Ausrichtung der Geschichte; der Gedanke des unbedingten Wertes jedes einzelnen Menschen und die Sinnbestimmung seiner Freiheit zur Liebe; die Angewiesenheit der gefallenen Freiheit auf Gottes befreiendes Handeln und die Frage nach dem Verhältnis von göttlicher und menschlicher Freiheit im Heils- und Gnadengeschehen. In den Auseinandersetzungen der Folgezeit hat das kirchliche Lehramt die Freiheit als wesentlichen, auch im infralapsarischen Zustand und der Begnadung unverlierbaren Bestandteil der Natur des Menschen und als Voraussetzung seiner Verantwortung vor Gott herausgestellt und sie (negativ) als Freiheit von äußerem und innerem Zwang sowie jeglicher Prädestination zum Bösen beschrieben, zugleich aber ihre erbsündliche Schwächung hervorgehoben und betont, daß sie ohne die ungeschuldete Gnade Gottes zum heilshaft Guten absolut unvermögend sei und ihre gnadenhafte Befreiung als Gabe nicht nur der Ermöglichung, sondern auch des Vollzugs der heilswirksamen Freiheitstat aufzufassen sei.

III. Theologische Tradition

1. Krise des Freiheitsbewußtseins bei Augustinus. Schon die frühe Patristik hat die Willens-Freiheit gegen die Gnosis und den antiken Fatalismus verteidigt und sie als Ausdruck der Gottebenbildlichkeit des Menschen gewürdigt. In der von platonisch-stoischen Denkmustern geprägten Soteriologie des Ostens, die seit Irenäus in den Grundzügen festlegt, erscheint die dem Menschen mit der Schöpfung geschenkte und auf die Teilhabe an Gottes Leben hingeordnete Freiheit als Voraussetzung des universalen Prozesses, in dem Gott durch geschichtliche Ereignisse, die in der Offenbarung seines Sohnes im Fleisch gipfeln, an den Menschen sich wendet, ihn aus der Gottesferne herausruft und zur Vollendung hinführt.

Es ist die Erkenntnis des Bösen im Wollen, die Augustin vom Optimismus dieser Konzeption trennt. Zwar billigt Augustin auch dem Sünder Wahl-Freiheit zu, doch unterscheidet er sie von der *voluntas*, die als wirkendes Grundvermögen den Menschen in den radikalen Selbstand erhebt und die als Entschiedenheit für das höchste Gut wahre (ihrer Geschaffenheit gemäße) Freiheit sein würde, durch ihre tatsächliche Zerrissenheit aber, die sich bis zur bewußten Abkehr von Gott steigern kann, ihre Sündigkeit offenbart: eine Verkehrtheit des Willens, die aus der Freiheit entspringt und zugleich Ausdruck ihrer Ohnmacht, Folge der Ursünde ist. Soll Gottes Heilswirken also den Menschen erreichen, muß es vor allem sein Wollen betreffen. Durch den inneren Aufgang des *bonum aeternum* wird der Widerstreit überwunden: Gott senkt dem Sünder seine Liebe so tief ins Herz, daß sie – als das Innerste seiner Innerlichkeit – ihn unweigerlich zu Gott hin bewegt. Die Vertiefung des Sünden- und Gnadenverständnisses, die Augustinus gelang, schuf freilich Probleme, die zum Schicksal der westlichen Gnaden- und Freiheitslehre wurden. Durch die Akzentuierung der inneren Gnade wurde nicht nur die Vernachlässigung ihrer äußeren Vermittlung, sondern auch die Verdinglichung der »geschaffenen Gnade« begünstigt. Zudem schien die Verabsolutierung des Gnadenprimats, der für eine Freiheit *angesichts* der Gnade keinen Raum ließ, an die Stelle des überwundenen Heilssynergismus einen theologischen Determinismus zu setzen, der die späteren Bestimmungen des Verhältnisses von göttlicher und menschlicher Freiheit weithin auf die Aporien eines Konkurrenzmodells fixierte. Mit seiner (partikularistischen) Prädestinationslehre endlich, die sich mehr am Begriff der Gerechtigkeit als an Gottes konkretem Heilsratschluß orientierte, hat Augustin den biblischen Erwählungsgedanken verdunkelt und die ihm folgende Theologie mit der fast unvermeidbaren Konsequenz eines Parallelismus von Erwählung und Verwerfung belastet.

2. *Metaphysik der Freiheit bei Thomas.* Trotz einer augustinisch-pessimistischen Unterströmung hat freilich schon das Mittelalter Augustins Freiheitsverständnis nicht voll rezipiert. Seit Anselm, der das *liberum arbitrium* von seinem Ziel her bestimmt, das die Vernunft zeigt und der Wille ungezwungen erwählt, ist die latente Beschränkung der Wahl-Freiheit auf die Fähigkeit zu sündigen überwunden. Indem man zugleich aber festhielt, daß alles heilsverdienstliche

Handeln der Gnade bedürfe und doch die Freiheit durch sie keine Einbuße erleide, war der theologische Rahmen für eine Diskussion abgesteckt, die sich zunehmend mit den philosophisch-psychologischen Problemen befaßte und besonders in der Frage nach dem Verhältnis von *ratio* und *voluntas* im (bzw. zum) Akt des *liberum arbitrium* eine Fülle divergierender Antworten bot, bis endlich Thomas, beeinflußt von der aristotelischen Psychologie der Wahl und der neuplatonischen Metaphysik des Guten, eine metaphysische Deutung der Freiheit entwirft, die alle von der Tradition erörterten Aspekte integriert und namentlich die Wahl-Freiheit ganz in der Natur des Geistwillens und seines Objektes begründet. Sie geht aus vom naturhaften Streben, das aus dem substantialen Wesen jedes endlichen Seienden erfolgt und sein Wirken ermöglicht. Da es nun die Wesensform des geistigen Willens ausmacht, in allen besonderen Akten auf das *bonum universale* (und darin auf die Glückseligkeit und implizit auf die Wirklichkeit Gottes) gerichtet zu sein, eignet ihm nicht nur Freiheit von Zwang und der Spontaneität (d. h. Eigentätigkeit kraft naturhafter Neigung), sondern auch – auf Grund der jede zwingende Zuordnung ausschließenden Inkommensurabilität des Endlichen und Unendlichen – eine Indifferenz gegenüber allem Konkreten, die Bedingung der Wahl-Freiheit ist. Und weil der Mensch als Wesen der *reditio completa* in der Helle unmittelbarer Selbstgegebenheit um diese ursprüngliche Gewilltheit zum Guten überhaupt weiß, besitzt er im Innern seines Selbstvollzugs einen Meßgrund, durch den er jeder Einzelhandlung vorweg ist und sie beurteilen, selbstursächlich setzen und sich zueignen kann. Sofern endlich die Vernunft, indem sie Möglichkeiten der Spezifikation präsentiert, zu einer bestimmten Selbstdetermination in der Weite des eröffneten Spielraums doch nicht nötigt, bleibt der Vollzug der Wahl (wie schon das In-Gang-Bringen der Überlegung) Sache des Willens, dessen originäre Selbstbewegung von jenem Urwollen lebt, das Gott selber ihm mitteilt, indem er ihn als aktive transzendentale Neigung in der *creatio continua* erschafft und zugleich dadurch, daß er ihn notwendig nur zu seinem transzendentalen Objekt hin bewegt, zur Wahl-Freiheit ermächtigt und in der Ausübung freiläßt.

Mit alledem war eine Philosophie der Freiheit erstellt, die den theologischen Bedürfnissen weitgehend entsprach. Schon im *actus primus* seiner ontologischen Konstitution erweist der Mensch sich auf Gott als Grund und letztes Ziel seiner Freiheit bezogen. Durch die Unterscheidung von Erst- und Zweitursache wird dem Wirkprimat Gottes wie der Selbstursächlichkeit der geschaffenen Freiheit Rechnung getragen. Unter dem Aspekt des Zieles zeigt sich nicht nur die Aufgabe des Menschen, in freier Wesensbindung sein Selbstsein zu realisieren und den unentfalteten Gottesbezug in reflexe Entschiedenheit zu überführen, sondern auch – da er das *bonum commune* weder auf Gott hin erhellen noch seiner im partikulären Handeln eingedenk sein muß, sondern im wirklichen Akt sein Wesen verfehlen und sich sogar (wenn auch nur unter dem

▬ Freiheit

Anschein des Guten) gegen es kehren kann – die Möglichkeit der Freiheit zum Bösen und endlich, sofern seine ursprüngliche Entschlossenheit das Kreatürliche überhaupt übersteigt, seine Empfänglichkeit für die freie Selbstmitteilung Gottes. Allerdings werden gerade an den Aussagen zum Verhältnis von Gnade und Freiheit auch die Grenzen der verwendeten aristotelischen Denkmittel sichtbar, und dies nicht etwa nur an der mit der menschlichen Freiheit schwer vereinbaren instrumentalursächlichen Erklärung des Miteinander von göttlichem und menschlichem Willen, wie sie Thomas im Fall der »wirkenden Gnade« anbietet, sondern auch schon daran, daß er die *visio beatifica* als *secundum* und *supra naturam* kennzeichnet und dabei der später im Streit mit Baius aufbrechenden Alternative zwischen einer zur Naturalisierung der Gnade führenden Interpretation der natürlichen Finalität einerseits und einer bis zur ursprünglichen Beziehungslosigkeit trennenden Unterscheidung von Natur und Übernatur andererseits zwar dadurch zuvorkommt, daß er die Natur schon immer als *für* die Begnadung geschaffene betrachtet, aber auf diese Weise jenes Dilemma doch nicht positiv ausschließt: denn als gedanklich angemessenen Ausdruck für die Erfahrung, daß das Erfüllende der Freiheit nur geschenkt werden kann, wird man den Begriff einer in sich nicht vollendbaren »Natur« und ihrer wesentlichen Hinordnung auf ein durch sie unerreichbares Letztziel wohl kaum ansehen können.

3. *Spätmittelalter, Humanismus und Reformation.* War durch die mittelalterliche Übernahme der aristotelischen Begriffe von Substanz und Vermögen die kreatürliche Eigenständigkeit des Menschen neu zur Geltung gekommen, so führte die Frage nach dem Umfang seines Könnens zur Lehre von den »Dispositionen« und endlich in der Spätscholastik zu einer Deutung der Vorbereitung auf die Gnade, die faktisch – wenn auch unter Voraussetzung der verläßlichen Zusage Gottes – dem Menschen die Initiative für das Gnadenverhältnis zuerkannte und damit das Gefälle im Heilsgeschehen umkehrte. Da zugleich das Motiv der absoluten Indeterminiertheit des Willens immer stärker hervortrat, wies die Entwicklung auf ein Freiheitsverständnis, wie es (von verschiedenen Ursprüngen her) dann bei den Humanisten und klassisch in der Definition des Erasmus begegnet, das *liberum arbitrium* sei die Kraft des menschlichen Willens, sich dem, was zum ewigen Heil führt, zuwenden oder sich davon abwenden zu können.

Luthers Gegenthese vom *servum arbitrium* bestreitet keineswegs die sittliche Verantwortung des Menschen und seine Entscheidungs-Freiheit in weltlichen Dingen, noch leugnet sie, daß er im Geschehen der Rechtfertigung Gott antworten und seinem Wirken in der Welt dienen könne. Eben dies macht ja die »Freiheit eines Christenmenschen« aus, daß er – im Glauben befreit von der Last, sein Heil durch Werke zu sichern, frei also von der Angst um sich selbst und der Knechtschaft unter Gesetze – sich jedermann untertan machen und in der Dienstbarkeit der Liebe für ihn tun kann, was ihm wirklich entspricht. Um so entschiedener aber insistiert Luther, im Namen dieser allein durch das Evangelium möglichen Freiheit, auf der Unfähigkeit des Menschen, sich kraft eigener Entscheidung in das gerecht machende Verhältnis zu Gott zu versetzen.

So weit damit klargestellt war, daß es keine Zustimmung zur Gnade und kein Mitwirken gebe, das sie selber nicht ausgelöst hätte, ist das Tridentinum Luther gefolgt. Doch sofern er, unter Hinweis auf Gottes Vorherwissen und ungehinderte Allmacht, die Freiheit des Willens zum *nomen divinum* erklärt und sie dem Menschen vor Gott überhaupt abspricht, scheint die zunächst soteriologische, auf die Selbstverschlossenheit des Sünders und die Unverfügbarkeit der Gnade zielende These eine metaphysische Ausweitung zu erfahren, durch die u. a. auch die Möglichkeit menschlicher Zustimmung zweifelhaft wird. Was Thomas ontologisch zu differenzieren und vereinbaren suchte, tritt jetzt ins Verhältnis gegenseitiger Begrenzung. Zumindest wird in der Anthropologie Luthers, die den Menschen als Sein *coram Deo* und seinen Willen als stets schon entschiedenen, d. h. in der Grundrichtung seines Vollzugs von Gottes Zuwendung oder Abwesenheit bestimmten betrachtet, das Moment der formalen Freiheit nicht expliziert. Um so eindeutiger bezeugt sie, daß der Mensch die rechtfertigende Gewißheit seiner selbst allein von Gott her gewinnt und somit die Realität seiner Freiheit an Gottes Zusage hängt.

4. *»Gnadenstreit« und katholische Schultheologie.* Eine überzeugende Darstellung des Verhältnisses von göttlichem Handeln und menschlicher Freiheit ist allerdings auch der nachtridentinischen Theologie nicht gelungen. Im Mittelpunkt ihrer Kontroversen über Prädestination und allgemeinen Heilswillen Gottes, über Gnadenprimat und Verantwortung des Menschen stand das Verständnis der »wirksamen« im Unterschied zur bloß »hinreichenden« Gnade. Während die banezianisch-thomistische Schule entschlossen bei der – wie sie meinte – durch sich selbst wirksamen Gnade einsetzte und sie als *praemotio physica* dachte, die den Menschen unfehlbar zum Vollzug des (gleichwohl freien) Heilsaktes bestimme, sahen die Molinisten den Vorzug der *gratia efficax* lediglich darin begründet, daß Gott in ihrem Fall eine Situation auswähle und realisiere, von der er auf Grund der *scientia media* wisse, daß der Mensch sie als Heilsangebot wahrnehmen und frei zustimmen werde. Wurde im ersten System Wahl-Freiheit zur bloßen Behauptung, so wurde durch sie nach dem zweiten die Gnade allererst wirksam. Sein Vermittlungsversuch scheiterte daran, daß er mit einem Begriff göttlicher Präszienz operierte, der die ideale Gegebenheit des »bedingt zukünftigen Freien« ungeklärt ließ, und deshalb entweder die Sicherheit dieses Wissens und mit ihm Gottes souveräne Verfügung oder die menschliche Freiheit fraglich erscheinen mußte. Was im Resultat der Parteien an Aporien hervortrat, lag freilich schon im gemeinsamen Ansatz: in der traditionell abstrakten Exposition der Prädestinationsproblematik und vor allem in der am

Schema konkurrierender Ursachen orientierten Gegenüberstellung der göttlichen und menschlichen Freiheit. Insofern ist das einzige, was der erregte und schließlich stagnierende »Gnadenstreit« beweist, die Unzulänglichkeit sachontologischer Kategorien für das Verständnis der Freiheit im Gnadengeschehen.

Die Herausforderung und die Chance, die das neuzeitliche Denken mit seiner Frage nach der Konstitution menschlicher Subjektivität und Freiheit hätte darstellen können, wurde von der katholischen Schultheologie nicht mehr beachtet. Vielmehr hat sie, indem sie (in Reaktion auf Baius und Jansenius) den Gedanken einer »reinen Natur« (mit einem natürlichen Ziel) konzipierte und sich zunehmend auf das Gebiet der »übernatürlichen« Wahrheit zurückzog, die zeitgenössische Philosophie ihrer antitheologischen Tendenz überlassen und die eigene Beziehungslosigkeit zu ihr noch legitimiert.

IV. Philosophie der Neuzeit

1. »Epochenschwelle« und Entwicklung des Freiheitsgedankens bis Kant. Der neuzeitliche Weg zum Verständnis der Freiheit als Autonomie läßt sich weder von einem einzigen Ursprung herleiten noch geradlinig rekonstruieren. Zu vielfältig sind die geistigen und die äußeren Faktoren, zu ambivalent die Motive und zu wechselnd die Problemkonstellationen, die seinen Verlauf bestimmen. Schon die »Epochenschwelle« bereitet Interpretationsschwierigkeiten. Ist die Neuzeit die Gegenposition zum unerträglich gewordenen theologischen Absolutismus des Spätmittelalters, herausgefordert durch die Übermacht eines Gottes, gegen dessen mögliche Willkür es keine Sicherheit gab? Dann hätten die Etablierung des Menschen zum Herrschaftssubjekt, der methodische Atheismus der aufkommenden Naturwissenschaft und die Ersetzung der Theodizee durch die Fortschrittsidee als Ausdruck humaner Selbstbehauptung zu gelten. Oder stellt das neue Selbst- und Weltverhältnis des Menschen eher die Folge des Schöpfungs- und Inkarnationsglaubens und der vom Gedanken der Gottebenbildlichkeit und Sohnschaft unendlich bestärkten menschlichen Selbstachtung dar? In jedem Fall wird die Theologie, um ihr Verhältnis zum Freiheitsdenken der Neuzeit zu bestimmen, sich auf seine Argumente und Probleme einlassen müssen.

a. Der Verlust des geozentrischen Weltbildes hat die Wende zur Anthropozentrik entscheidend gefördert. Doch geht der naturwissenschaftlichen Depotenzierung der kosmischen Orientierung die philosophisch-theologische voraus. Schon immer hatte das Christentum ja den *creator ex nihilo* und ein eschatologisches Ziel der Geschichte verkündet und als Antwort auf Gottes Handeln den unbedingten Akt des Glaubens und der Liebe gefordert. Seit Scotus und Ockham wird die Freisetzung des Willens zum Kern der metaphysischen und ethischen Theorie und das »facere de potentia absoluta« ihr tragender Begriff. Sie handelt zunächst vom Willen Gottes, dessen absolute Freiheit als das Begründende der Ordnung gedacht wird, innerhalb derer alles Handeln geschieht. Zugleich betrifft sie den Menschen, dessen Würde es ausmacht, daß er dem Bestehenden gegenüber an der Unbedingtheit solcher Freiheit teilhat. In der tragenden Rolle, die der Glaubensentscheidung im nominalistischen Denken zufällt, findet diese Auszeichnung ebenso Ausdruck wie in der Kritik am mittelalterlichen Universalien-Realismus und der Freisetzung des begrifflichen Denkens. Bei Cusanus, der Gott nicht mehr in Analogie zum welthaft Seienden versteht, sondern ihn als reines Können und ersehendes Sehen dem Seinszusammenhang vorausdenkt, erscheint der Mensch als *deus secundus*: als geschaffener Schöpfer einer Welt von Gedanken. Und Pico della Mirandola schildert, wie Adam in die Mitte der Welt gestellt wird und Gott ihn ermächtigt, als freier Bildner die Form zu bestimmen, in der er zu leben wünscht.

b. Auch Descartes sieht die Gottebenbildlichkeit des Menschen in der alle Vernunftbestimmung transzendierenden Weite und formalen Entscheidungsmacht seines Willens begründet. Daß er Gottes Schöpfer-Freiheit nur in der Umkehrung (der gedanklichen *annihilatio mundi*) zu entsprechen vermag und faktisch nur soweit frei ist, als die methodisch gewonnene und vom *deus verax* verbürgte gewisse Erkenntnis ihn leitet, indiziert die Endlichkeit seiner Freiheit: sie ist frei, dem klar und distinkt Eingesehenen zustimmen und alles andere bezweifeln zu können. Doch hebt Descartes zugleich ihre konstruktive Leistung hervor: ihre Fähigkeit, zur Lösung anstehender Probleme über die Dinge und ihre Ordnung Hypothesen zu bilden. Wird deren Ursprung in der Freiheit der produktiven Einbildungskraft vergessen, die erfolgreiche Erklärung als Erkenntnis der Sachen selbst mißverstanden und endlich die Natur als absoluter Kausalzusammenhang und der Mensch als Teil von ihr betrachtet, muß sein (praktisches) Bewußtsein, frei zu sein, allerdings problematisch, wenn nicht widersprüchlich erscheinen. Insofern stellt der Determinismus des 17. und 18. Jh. – jedenfalls soweit er einer objektivistischen Theorie des stärkeren Motivs folgt, den Willensakt mechanistisch erklärt und Freiheit nur noch als Eigenschaft des Handelns (als Abwesenheit von physischem Zwang) kennt – einen Rückfall hinter das von Descartes inaugurierte Wissenschaftsverständnis dar. Er ist von Hume erkenntniskritisch als Dogmatismus der »Gewöhnung« und von Rousseau ideologiekritisch als Ausdruck moralischer Depravierung diagnostiziert worden. Auf der metaphysischen Linie der cartesianischen Tradition, in den logisch-ontologischen Systemen des Rationalismus, kommt es zur Aufhebung der Freiheit in die vernunftbestimmte Seinsordnung. Da nach Spinoza nur frei heißen kann, was allein aus der Notwendigkeit seines Wesens existiert und zum Handeln bestimmt wird, und dies (gemäß Spinozas Definition von Substanz) einzig von Gott gilt, muß die dem Menschen mögliche Freiheit in der

Identifikation mit Gott liegen: in einer Bejahung der Notwendigkeit, die aus der Aufklärung und Ordnung der Affekte hervorgeht und als *amor intellectualis* einen Ausdruck der unendlichen Liebe darstellt, mit der Gott sich selbst liebt. Demgegenüber lehrt Leibniz zwar eine Vielzahl individueller (spontaner und intelligenter) Substanzen, doch schließt die im System der prästabilierten Harmonie herrschende Rationalität und das für Gott und Mensch geltende Prinzip des zureichenden Grundes ebenfalls jede Freiheit der Indifferenz aus.

2. Philosophie der Autonomie und des Geistes (Kant, Fichte, Hegel). a. Erst indem Kant den Erkenntnisbegriff der überkommenen Metaphysik kritisierte und zugleich Status und Anspruch der empirischen Wissenschaft klärte, wurde der Begriff von Autonomie möglich, der als klassischer Ausdruck der neuzeitlichen Freiheitsidee gilt. Die Selbstvergewisserung der praktischen Vernunft setzte ihre Unterscheidung von der theoretischen und deren Begrenzung voraus. Sofern die Erkenntnisgesetze nach Kant nur Erscheinungen betreffen, läßt sich ein »Vermögen, einen Zustand von selbst anzufangen«, ohne Widerspruch denken, die Antinomie von Freiheit und Naturnotwendigkeit lösen und der Fatalismus abweisen. Allerdings bliebe diese »transzendentale« oder »kosmologische« Freiheit, auf deren Idee sich die (negative) Bestimmung der praktischen Freiheit als »Unabhängigkeit der Willkür von der Nötigung durch sinnliche Antriebe« gründet, in ihrer Realität problematisch, wenn sie nicht im Bewußtsein sittlicher Verpflichtung, dem einzigen Faktum der reinen Vernunft, impliziert wäre und somit als Postulat der praktischen Vernunft feststünde. Obwohl durch kein Objekt des Erkennens und Begehrens gebunden, besagt Freiheit nicht Gesetzlosigkeit, denn sie ist (positiv) Freiheit des Willens, d. h. des Vermögens vernünftiger Wesen, nach der Vorstellung von Gesetzen zu handeln. Nicht mehr der Wahl-Freiheit angesichts gegebener Ziele gilt daher Kants primäres Interesse, sondern der Frage, durch welches Prinzip der selbst regelsetzende Wille bestimmt sein müsse, um als unbedingt gut (und in diesem Sinn frei) gelten und die Moralität der Handlungen verbürgen zu können. Der Begriff Autonomie vereint Gesetz und Unbedingtheit des Willens: eben in der Bestimmung durch sich selbst als vernünftigen Willen, d. h. der Bindung seiner Maximen an die Form der Vernunft (das Kriterium möglicher Allgemeingültigkeit) besteht seine Freiheit; so ist sie das »Vermögen der reinen Vernunft, für sich selbst praktisch zu sein«. Obwohl Kants Ethik auf die vernünftige Gestaltung der Wirklichkeit zielt, konnte sie wegen ihrer prinzipiellen Unterscheidung von Wille und Handlung als reine Gesinnungsethik verstanden und abgetan werden. Theologen wiederum kritisieren, daß sie Gott von ihrem Ansatz ausschließe und die Frage seiner Existenz erst in der Dialektik der praktischen Vernunft stelle. Aber läßt sich Freiheit, sofern sie unbedingt ist, begründen? Bedeutsam an Kants transzendentaler Theorie des Erkennens und sittlichen Handelns ist doch, daß sie, gerade als Philosophie der Autonomie, um die

Grenzen der Vernunft weiß und an ihrem Verlangen nach Ganzheit dennoch festhält. Kaum jemals wurde schärfer gesehen, daß die Versöhnung von Freiheit und Natur, die Synthese von Sittlichkeit und Glück und mit ihr der *Sinn* moralischen Handelns eines transzendenten Urhebers bedürfe.

b. Hatte Kant seine kritische Erkenntnisanalyse an das »Ich denke« als »höchsten Punkt« angeknüpft und auch das Prinzip der Moral nur seiner Form nach erörtert, so sucht Fichte, um dem Anspruch einheitlicher Letztbegründung zu genügen und Freiheit als »Standpunkt aller Philosophie« zu bewähren, das theoretische und praktische Ich aus dem absoluten Ich herzuleiten, dessen Wesen als ursprünglich reflexible Tathandlung expliziert wird. Da in ihm die notwendige Handlungsweise menschlicher Vernunft, die Offenheit für bestimmten Gehalt und die Möglichkeit wirklichen Selbstbewußtseins prinzipiiert sind, konnte Fichte die Wissenschaftslehre als das »erste System der Freiheit« bezeichnen. Ihre späteren Fassungen wenden sich, genötigt von der Einsicht in das formale Freiheitswesen des Ich, dem Verhältnis von Urbegriff (Ich) und Urrealität (Gott) zu: auf dem Weg der Selbstdurchdringung des absoluten Wissens wird dieses als Bild des unbegreiflichen Absoluten und dessen mögliche Erscheinung aus Freiheit als Sinn faktisch-welthaften Daseins einsichtig. Fichtes Selbstreflexion der Vernunft erreicht Gott als (Ab-)Grund der in ihrer reinen Ursprünglichkeit haltlosen Freiheit; die Möglichkeit rationaler Theologie oder spekulativer Logik aber schneidet sie ab. Sie führt zugleich zur Selbstbegrenzung und Rückbindung der Philosophie an das Leben, die sittliche Praxis und die Geschichte, deren Verlauf sie nur orientieren, nicht deduzieren kann. Dabei ist Fichte der erste, der die intersubjektive Konstitution wirklicher Freiheit durchdacht und im Kontext interpersonal-geschichtlichen Handelns das Gottesproblem thematisiert hat.

c. Die Freiheitslehre Hegels (auch er nennt Freiheit den Zweck der Philosophie) ist Metaphysik des Absoluten und Philosophie der Geschichte. Sie beansprucht, indem sie die Welt- und Bewußtseinsgeschichte als Offenbarung der Freiheit des Absoluten im Endlichen auslegt, die Geschichte auf ihren Begriff gebracht, sie im Prinzip als vollendet erkannt und die Gegenwart mit ihrer Vergangenheit versöhnt zu haben. Durch den Aufweis unabdingbarer Vermittlung wird der emanzipatorische Ansatz beim abstrakten Subjekt korrigiert, die Autonomie des Menschen aufgehoben in die des Geistes. Denn im Sinn unabhängigen Beisichselbstseins ist Freiheit die eigentliche Bestimmung des Absoluten; doch gehört es (da es bloßer Gegensatz zum Endlichen nicht sein kann) zur Notwendigkeit seines Wesens, daß es selbst sich zur Endlichkeit herabsetzt und seinen Selbstbesitz in der Zeit als wahrhafte Selbstgewißheit realisiert. Das in der Überwindung der Gegensätze erscheinende Absolute aber nennt Hegel Geist. Ist Geschichte somit »Geistesgeschichte« und der »Fortschritt im Bewußtsein der Freiheit« der wahre Leitfaden ihrer Betrachtung, muß das Christentum als Zeitenwende gelten. Denn mit ihm kam das Wissen in die Welt, daß jeder Mensch als Gegenstand der Liebe Gottes von unendlichem Wert, also unabhängig von Geburt, Stand und Bildung zur höchsten Freiheit bestimmt sei. Zwar blieb die Vorstellung der wesentlichen Einheit von Gott und Mensch zunächst an der einzelnen Person Jesu haften, doch schuf die Reformation, indem sie die Tiefe der Subjektivität aufschloß und den Glauben von allem Äußeren löste, die Voraussetzung dafür, daß die allgemeine Freiheit im Denken erfaßt und in der Französischen Revolution real werden konnte. Da die Aufklärung aber nicht nur jede Autorität, sondern mit dem Inhalt der Religion auch den absoluten Gehalt der Freiheit negierte, fiel der Philosophie die Aufgabe zu, die Vernünftigkeit der christlichen »Freiheit in Gott« zu erweisen. Denn der Staat, soll er die »Wirklichkeit der Freiheit« sein können, bedarf dieses Wissens als Grundlage der ihn tragenden Gesinnung, so wie umgekehrt die subjektive Freiheit nur Bestand hat, wenn sie durch objektiv gewordene Freiheit vermittelt und – statt etwas für sich sein zu wollen – »im anderen bei sich selbst« ist. Hat der Rückzug in die Innerlichkeit (sei es die Reinheit moralischer Gesinnung, die pietistische Frömmigkeit oder die Eitelkeit des romantischen Ich) den sittlichen Atheismus der bürgerlichen Gesellschaft nur befestigt, so glaubt Hegel im modernen Rechtsstaat, der (im Verein mit Religion und Philosophie) das unendliche Recht des Subjekts mit der substantiellen Sittlichkeit versöhnt und Gesetz und Gesinnung vereint, das »Reich der Freiheit« schon zu erkennen: den göttlichen Willen als gegenwärtigen, sich zur wirklichen Gestalt und Organisation einer Welt entfaltenden Geist.

Seit Hegel gehört die geschichtliche und institutionelle Bedingtheit wirklicher Freiheit zum geistigen Allgemeingut. Gegenüber seinem System aber bleiben (auch theologisch relevante) Bedenken: ob es mit seiner Auffassung von Dialektik (als Schema eines absoluten Prozesses) nicht auf einer Hypostasierung der Reflexion beruhe und zur spekulativen Verdinglichung der Freiheit und Geschichte führe. Ob es Gottes schöpferische Freiheit nicht auf die Logizität des Begriffs festlege und das Individuum zum Mittel der sich realisierenden Idee degradiere. Ob seine Analyse der Interpersonalität, auch wo sie das Rechtsverhältnis überschreite, die nichtgegenständliche Unmittelbarkeit und ursprüngliche Positivität der anderen Freiheit erreiche. Und ob sich endlich die Form der Religion unbeschadet ihres Inhalts aufheben, d. h. Gottes zugesagte Liebe spekulativ aneignen lasse.

3. Richtungen des nachidealistischen Denkens. In der nachidealistischen Kritik an Hegels Geist- und Versöhnungsprämisse brechen neue Dimensionen der Freiheitsproblematik auf.

a. *Marx* enthüllt die Totalität, mit der Hegel den existierenden Menschen vermittelt, als Zwangszusammenhang der bestehenden Klassengesellschaft und das liberale Freiheitsdenken als Ideologie, die das bürgerliche Interesse als allgemeines ausgibt und das Elend der Opfer verschleiert. An die Stelle der nachträglichen, dem Geschehen selbst äußeren Versöhnung in Gedanken tritt für Marx die Praxis des wirklichen Menschen, der als sinnlich-gegenständliches und in seiner Tätigkeit immer schon gesellschaftliches Wesen sein wahres Selbstbewußtsein durch die schöpferische Gestaltung der Natur erst hervorbringt. Die somit vom Prozeß gemeinsamer Arbeit her zu begreifende, in ihrem Verlauf aber durch die Dialektik von Produktivkräften und Produktionsverhältnissen bestimmte Geschichte hat in der bürgerlich-kapitalistischen Phase zur vollendeten Entfremdung des Menschen von sich selbst: von seiner Tätigkeit und ihren Produkten, von Natur und Mitmensch geführt. Ihre Aufhebung wird nicht durch ethische Appelle, sondern dadurch gelingen, daß sich das Proletariat, durch die Not zur Empörung gezwungen, als revolutionäre Klasse konstituiert und für alle die entfremdenden Verhältnisse ändert. Im Vergleich zu Marx' kritischen Analysen bleibt das Ziel der klassenlosen Gesellschaft, mit der die Geschichte der Freiheit erst anhebt, allerdings vage: es erscheint als allseitige Selbstaneignung des Menschen, als Einheit von Humanismus und Naturalismus, von Individuum und Gattung, aber auch als das »wahre Reich der Freiheit«, das über der Sphäre der materiellen Produktion, dem »Reich der Notwendigkeit«, aufblüht. Die Berücksichtigung der Produktionsverhältnisse bleibt Marx' aktueller Beitrag zur Freiheitsdebatte – trotz der Einseitigkeiten seiner Theorie, die in der Folge noch verstärkt, im Neomarxismus aber problematisiert und z. T. revidiert wurden: so die ökonomistische Sicht der Geschichte, die Reduktion des Individuums zur Funktion der Gesellschaft, das vorwiegend instrumentelle Verständnis des Handelns und die These vom Absterben der Religion.

b. Für den späten *Schelling* wird die Faktizität und Ohnmacht der Vernunft zum Problem. Im Gegenzug zur alles übergreifenden Geistphilosophie Hegels, aber auch zu Kants Gleichung von Freiheit und praktischer Vernunft sucht Schelling das »formelle« Freiheitsverständnis seines frühen Idealismus zu überbieten und Freiheit als »Vermögen des Guten und des Bösen« zu denken, indem er im Subjekt drei Potenzen ansetzt: die naturhafte Kraft, die nun Wille genannt wird, den formenden Verstand und die seinsollende Einheit beider, den Geist. Während Gott, als »von sich selbst freier Geist« über Natur und Verstand in sich erhoben, mit ihnen uneingeschränkt walten und schöpferischer Anfang sein kann, bleibt die Freiheit des Menschen, obwohl als reines substanzloses Können beiden übergeordnet, auf sie als Bedingungen ihrer Realisierung verwiesen: sie kann den Willen durch den Maß gebenden Verstand lenken und gestalten, aber ebenso ihre Ordnung verkehren und sich selber zerstören.

Mehr als Schellings Wiederentdeckung des *liberum arbitrium* hat sich im 19. Jh. das naturalistische Motiv durchgesetzt: die Ablösung des Willens von der Vernunft und seine Deutung als blinder Drang und selbstische Kraft, die jederzeit freigesetzt und übermächtig werden kann. Von *Schopenhauer* wird dieser Wille, der sich im Verstand nur ein Licht angezündet hat, zum Prinzip alles Seienden, von *Nietzsche* zum Grundcharakter des Lebens erklärt. Doch während Schopenhauer gegen die Qual des unstillbaren Wollens die Mittel der Kunst und Askese aufbietet, eine Ethik universellen Mitleids entwirft und in der Haltung wissender Resignation die Ruhe des Gleichgültigen sucht, propagiert Nietzsche die Bejahung des Willens zur Macht: das gesteigerte Lebensgefühl des Schaffenden, der die moralischen Ideen von Ich, Verantwortung und Freiheit durchschaut hat und in das ziellose Spiel der ewigen Wiederkehr einstimmt.

Seit das verwissenschaftlichte Denken das metaphysische ablöste, sind die Zweifel an den Möglichkeiten freier Selbstbestimmung noch gewachsen. Nach dem psychoanalytischen Modell *Freuds* befindet sich das Ich in der mühsamen Lage, sich zwischen Es und Über-Ich behaupten und seinen Entscheidungsraum durch die Arbeit analytischer Selbstaufklärung erst gewinnen zu müssen. Von der modernen (biologisch orientierten) Anthropologie und Verhaltensforschung ist das Verhältnis der Triebe zu den höheren Schichten, des zentrischen zum weltoffenen Verhalten vorwiegend empirisch untersucht und dabei die Frage nach der Natur und den Vermögen des Menschen immer mehr zugunsten einzelwissenschaftlicher Aspekte und funktioneller Ansätze aufgegeben worden.

c. Im Namen des einzelnen und seines unvertretbaren Existierenmüssens protestiert *Kierkegaard* gegen Hegels »mediierende« Dialektik. Nicht der sich realisierende Weltgeist, sondern der individuelle Geist mit seiner Lebensgeschichte ist die »Synthese von Unendlichkeit und Endlichkeit« – und zwar mit der Bestimmung, zu diesem Verhältnis und der Macht, die es setzte, ins Verhältnis der Freiheit zu treten. Durch die »absolute Wahl«, die als Wahl der Freiheit die Freiheit der Wahl erst begründet und den Unterschied von Gut und Böse eröffnet, konstituiert sich das Selbst, indem es sich »ewige Gültigkeit« zudenkt und zugleich seine Endlichkeit übernimmt. Doch erfüllt die Subjektivität, die sich im ethischen Stadium als Wahrheit erfaßt, die Struktur wahren Existierens noch nicht, weil sie die Aporie, als die der Mensch existiert, aus sich nicht zu lösen und die Vermittlung von Ewigkeit und Zeit, auf die er angelegt ist, nicht zu leisten vermag. Kierkegaards Analyse der Angst (als Schwindel der Freiheit, die in ihre Möglichkeit hinabschaut und das Endliche ergreift, um sich daran zu halten) und seine Deutung der Sünde (als der Krankheit im Geist, vor Gott verzweifelt man selbst oder nicht man selbst sein zu wollen) sind für eine Theologie der Freiheit ebenso bedeutsam wie sein Versuch, Gottes Allmacht als Freisetzung des Geschaffenen zu verstehen und seine Offenbarung (das absolute Paradox: Gott in der Zeit, der Gestalt eines Knechtes) als das Tun seiner Liebe, die – indem sie die Freiheit des Menschen achtet und um sie wirbt – sich selber entspricht und als absolutes Verhältnis bestätigt.

Mit ihrem Aufruf zum eigentlichen Selbstsein hat die Existenzphilosophie Kierkegaards Denken erneuert, doch zumeist um die Perspektive des Glaubens gekürzt. Da nach *Jaspers* die Existenz (das durch Freiheit bestimmte Selbst) allein im Bezug zur Transzendenz sich gewinnt, aber diese sich jedem Zugriff entzieht, fällt der uns mögliche Sinn in den Akt des Transzendierens als solchen: nur in der tiefsten Innerlichkeit, im Scheitern von allem, was Welt ist, kann die Vergewisserung des Eigentlichen geschehen. In *Heideggers* Existenzialanalytik steht Freiheit für das im Vorlaufen zum eigenen Tod mögliche »Ganzseinkönnen des Daseins«, nach Heideggers »Kehre« für das »eksistente, entbergende Seinlassen des Seienden«: die Entschlossenheit zur Wahrheit.

Bei *Sartre* wird die Freiheit zum kontingenten Faktum und Absolutum. Sie ist weder eine Eigenschaft noch bloße Willkür, sondern als Wahl das Sein des Menschen selbst: sein unentrinnbares Schicksal. An die Stelle der Hegelschen Dialektik des Ansich- und Fürsichseins tritt der irreduzible, unvermittelbare Gegensatz zwischen beiden. Sofern das Fürsich das Ansich voraussetzt, um sich ihm zu entziehen, und es nicht erreichen kann, ohne sich zu verlieren, ist es ein minderes, zerrissenes Sein: der Mensch eine nutzlose Leidenschaft, unglückliches Bewußtsein und die im Gedanken Gottes gemeinte Seinsmöglichkeit ein widersinniges Ideal. Kraft der Negation aber, die ihm als Selbstbezug und Gegenwärtigsein eignet, behauptet es seine Überlegenheit und erweist sich als Schöpfer der Welt. Situationen sind nur relevant, Vergangenheit und Zukunft nur wesentlich und Werte nur gültig, sofern ich sie wähle. Und zwar immer neu wähle, denn Freiheit bleibt Loßreißungskraft, Untreue, Ironie: nur als stets hinfälliger läßt sich Sinn realisieren. Sartres Verabsolutierung der formalen Freiheit stellt ein Extrem der möglichen Freiheitsauffassungen dar. Sein »postulatorischer« Atheismus und die letztlich dezisionistische Praxis folgten aus ihr ebenso wie die Einseitigkeit, mit der das Verhältnis zum anderen, der als mich »transzendierende Transzendenz« und »Tod meiner Möglichkeiten« begegnet, als ursprünglich und unaufhebbar negatives reflektiert wird. Auch nach seiner Hinwendung zum Marxismus hat Sartre zur Realisierung absoluter Freiheit in permanenter Revolution aufgefordert, zugleich aber seine frühe Handlungstheorie revidiert und im übrigen das »metaphysische Übel« angesichts der Ausbeutung von Menschen und der an Hunger sterbenden Kinder an die zweite Stelle verwiesen.

V. Theologie der Freiheit

1. Die Notwendigkeit kritischer Vermittlung mit dem Bewußtsein der Neuzeit und Gegenwart. Die Theologie der Freiheit kann sich nicht damit begnügen, das thomistische Verständnis von Freiheit zu erneuern und ihre Charakterisierung als »Seins-Freiheit« (Rahner, 216 ff.) durch eine Phänomenologie ihrer Existenzialien zu bereichern. Denn ein »transzendentales« Denken, das das ursprüngliche Selbstverhältnis und »Beisichsein« des Menschen zwar beansprucht, aber – statt es in seiner Struktur aufzuhellen und als Prinzip transzendentaler Erklärung gelten zu lassen – die Freiheit aus dem »Woraufhin« ihrer Transzendenz metaphysisch begründet (und ihr mögliches Nein zu Gott dann als ontologischen Widerspruch beurteilt), hat die Konsequenzen der »kopernikanischen Wende« noch nicht vollzogen. Desgleichen bliebe die Aufnahme einzelner Philosopheme (wie »Entfremdung«) zur Aktualisierung theologischer Lehren (etwa von der Erbsünde oder »äußeren Gnade«) solange beliebig, als gegenüber der Bestreitung des Glaubens im Namen der Freiheit nicht zuvor seine Möglichkeit gezeigt wird. Dem Anspruch, daß keine Ordnung des Wissens und Handelns gelten solle, die nicht mit der Freiheit verträglich und durch sie bestimmt sei, könnte sich die Theologie nur um den Preis eines heteronomen Doktrinalismus entziehen, der ihren Inhalt diskreditiert und historisch wohl die Hauptschuld an ihrer Entzweiung zum neuzeitlichen Freiheitsdenken trägt. Wenn Gottes Handeln an den Menschen sich wendet und die Gnade, obwohl sie seine Sünde aufdeckt und richtet, ihn als Subjekt doch nicht auslöscht, sondern in der Kritik seiner Wirklichkeit ihm seine unverfügbare Wahrheit eröffnet, dann muß die vorauszusetzende Ansprechbarkeit seiner Freiheit philosophischer Reflexion zugänglich sein. Daß deren faktische Möglichkeit geschichtlich bedingt ist und bedroht bleibt, beeinträchtigt nicht ihre Geltung. Nicht schon, daß die Neuzeit sich auf die Ursprünglichkeit menschlicher Freiheit besann, sondern daß und soweit sie ihre Unbedingtheit als Absolutheit auslegte und sie mit solchem Anspruch dem Gesetz der Selbstbehauptung und Angst unterwarf, verdient theologische Kritik – eine Kritik zugunsten der Freiheit, denn »die Konstitution der Subjektivität, ihre Verwirklichung im Sinne inhaltsvoller Freiheit, bleibt das unerledigte Thema des modernen Denkens« (Pannenberg 1972, 75).

Doch kann die Theologie ihre Wahrheit, die von der Form der Zusage unablösbar und gerade deshalb für das Schicksal der Freiheit bedeutungsvoll sein soll, überzeugend nur vertreten, wenn sie sich weder in abstrakter Negation noch unbesehener Affirmation, sondern der Bereitschaft zu argumentierender Vermittlung, die bestimmten Widerspruch erst ermöglicht, auf das Denken der Neuzeit bezieht. Angesichts der gegenwärtigen Tendenzen zur *posthistoire* und Regression des Freiheitsbewußtseins, der Verabschiedung des Subjekts bei Systemtheoretikern und Strukturalisten und seiner zugleich tödlichen Gefährdung durch die anonym gewordene Geschichte wird es zur Gewissensfrage für die Theologie, ob sie an der Freiheitsthematik festhalten oder sich etwa mit der funktionalistischen Zumutung an die Religion, als Institution bloßer Kontingenzbewältigungspraxis die Irrationalität einer auf Machtsteigerung beruhenden gesellschaftlichen Mechanik zu legitimieren, abfinden will.

2. Ansätze zur Explikation des theologischen Freiheitsbegriffs. Eine differenzierende Einstellung zur Neuzeit wird die Möglichkeiten wahrnehmen, die sie für die Explikation des theologischen Freiheitsbegriffs bietet. Denn neben der Tendenz zur Übersteigerung menschlicher Freiheit findet sich durchaus die Einsicht in das formale Wesen ihrer Unbedingtheit; neben dem Pathos der begrifflich-technischen Aneignung der Welt die Erfahrung ihrer abgründigen Kontingenz; neben der Analyse des monologisch-weltbezogenen Subjekts die Besinnung auf seine geschichtliche, interpersonale und institutionelle Konstitution; neben der »vernünftigen« Rekonstruktion und Aufhebung der überlieferten Wahrheit das Wissen um die Gebundenheit des Offenbarungsinhalts an seine Form und neben der anthropologischen Dechiffrierung der Idee Gottes das vertiefte Bewußtsein seiner Freiheit und Transzendenz. Den »totalen Menschen« als Produkt seiner eigenen Setzung, den Feuerbach und Marx proklamierten, zum Skopus der neuzeitlichen Philosophie zu stilisieren, wäre ebenso ungerecht wie der Versuch, ihr Verständnis von Subjektivität und Vernunft auf das sich selbst entfaltende possessive Subjekt und die operative Vernunft festzulegen, wie sie allerdings seit dem Empirismus begegnen und mit der Ideologie des Liberalismus zur Herrschaft gelangten.

Angesichts der gesellschaftlichen Macht eines Szientismus, der sich seines praktischen Ursprungs selten bewußt ist, wäre ferner die Konsequenz zu beachten, mit der die Selbstreflexion der Wissenschaft auf Themen der praktischen Philosophie stößt. *H. Peukert* hat diesen in Wissenschaftstheorie, Linguistik und Sozialwissenschaften erkennbaren Prozeß rekonstruiert, zugleich aber – um den Ansatz einer interdisziplinär ausgewiesenen fundamentalen Theologie zu bestimmen – die als Basistheorie wissenschaftlicher Rationalität sich anbietende Theorie kommunikativen Handelns auf die (seiner immanenten Norm universaler Solidarität entsprechende) Aufgabe einer kritischen Gesellschafts- und Geschichtstheorie verpflichtet und einer dialektischen Grenzreflexion unterzogen: das Paradox anamnetischer Solidarität zeigt die Aporie einer normativ sich verstehenden kommunikativen Vernunft und mit ihr die handlungstheoretische Relevanz der Tradition, die Gott als rettende Wirklichkeit für die Toten behauptet. Am signifikanten Grenzfall wird deutlich, was die Logik gläubiger Praxis ausmacht und von der des Diskurses, dessen Bedingungen kontrafaktisch postuliert werden müssen, unterscheidet: daß sie von der unbedingten Anerkennung jedes Menschen durch Gott schon ausgehen darf, ermöglicht und orientiert ist. Daß die begriffliche Klärung dieses Glaubens eine Ausarbeitung von Freiheitskategorien fordert, die an den Einsichten der klassischen Philosophie zu messen wäre, betont auch Peukert (1976, 305).

Umstritten ist die Universal- bzw. Transzendentalpragmatik (Habermas, Apel) auch hinsichtlich ihrer Legitimationskompetenz. Um die Geltung praktischer Normen (einschließlich der Regelbedingungen des pragmatisch nicht hintergehbaren Diskurses) als begründet denken zu können und zugleich die

Frage nach der unbedingten Aktualität des von Kant nur seiner Form nach bestimmten sittlichen Willens zu klären, geht die Freiheitslehre von *H. Krings* den Weg der transzendentallogischen Reduktion. Als primär geltungsbegründende Instanz und Regel aller Regelsetzung identifiziert sie einen als transzendentale Freiheit bezeichneten Akt unbedingter »Affirmation von Freiheit durch Freiheit« (Krings 1980, 65) und denkt ihn konstruktiv als Selbstbestimmung, die das ursprüngliche Sich-Öffnen, das Erschließen des Gehalts und das durch ihn vermittelte Selbstsein als Momente enthält. Die Idee dieses Unbedingten erlaubt keine Objektivierung: sie ist weder Deduktionsgrund metaphysischer oder ethischer Sätze noch Ideal, Gesetz oder Ziel der Geschichte, sondern ein Sinnbegriff, der die Normensetzung und -kritik orientiert. Denn konkrete Freiheit bleibt ambivalent: im Widerspruch zu den Systemen, die sie als Bedingung ihrer Existenz setzt, behauptet sich ihre Unbedingtheit. Sofern ihre ursprüngliche Aktualität auch als Verweigerung der Anerkennung und Versuch unvermittelter Selbstsetzung hervortreten kann, ist Freiheit das Vermögen des Guten und Bösen. Doch sofern der Rang ihres Selbstseins von der transzendentalen Dignität ihres Terminus abhängt, muß sich dieser, um ihre Form erfüllen und ihre Realisierung *als* Freiheit ermöglichen zu können, selbst durch Freiheit auszeichnen: nur im Entschluß zu anderer Freiheit setzt sich Freiheit ihrer vollen Form nach (a. a. O. 174); ein Mensch allein kann nicht frei sein (a. a. O. 125). Da sich endlich das Kommerzium der Freiheit durch Gehalte vollzieht, die ihr originäres Sichöffnen niemals erschöpfen, entspringt ihm die Idee einer vollkommenen Freiheit, die als Einheit von unbedingtem Sichöffnen und unvermittelter Fülle des Inhalts der endlichen Freiheit als das schlechthin Sinnerfüllende entspräche. Erst im Vorgriff auf sie kann sich menschliche Freiheit als unbedingt sein sollend verstehen und die Bejahung des anderen die angemessene Offenheit finden.

Im Rahmen der Analytik der Freiheit wird also nicht nur das Relationale (Intersubjektivität) als das Konstituierende begreifbar, sondern auch ein Gott-Denken möglich, das sich (anders als die *via eminentiae*, durch Extrapolation ontologischer Begriffe konzipierten Aussagen) mit dem Zeugnis seiner geschichtlichen Selbstoffenbarung verträgt und ihren Sinn ausweist, ohne sie ableiten oder ablösen zu können. Ansätze zu einer die traditionellen Aporien überwindenden Reformulierung der Gnadenlehre bietet überdies die *transzendentale Dialogik* (Heinrichs 1974, 395 ff.), die als Analyse der Sinnbeziehung zwischen Subjekten das transzendentale Bezugs-Denken, soweit es an der Subjekt-Objekt-Dialektik orientiert blieb, vertieft und damit die eher phänomenologischen Einsichten des dialogischen Personalismus transzendentallogisch klärt sowie durch die Entwicklung gesellschaftstheoretischer Kategorien ergänzt. Indem sie die Differenz-Einheit verschiedener Freiheiten als ursprünglich positives, notwendig-ungeschuldetes Verhältnis gegenseitiger Ermöglichung und gemeinsamen Erwirkens begreift und mit einem Angerufensein des wirklichen Menschen durch Gott rechnet, gewinnt sie ein Gnadenverständnis, das der menschlichen Hinordnung auf Gott, der Freiheit seiner Mitteilung und der Freiheit ihrer menschlichen Annahme gerecht wird. Schon immer ist Gott ein »Versprechen« an die Freiheit des Menschen, den er sich in der Schöpfungsbeziehung als möglichen Partner voraussetzt; aber niemals wird er in seiner Zuwendung unfrei, »da die geschöpfliche Freiheit ihn frei sein läßt im Maße ihres Befreitseins« (a. a. O. 415). Zugleich wird das Konzept einer Geschichte der Freiheitserweckung und -verwirklichung möglich, das die Bedeutung der (stets welthaft und gesellschaftlich verfaßten) Interpersonalität und insbesondere der mit der Gottheit einigen Menschheit Jesu für die reale Vermittlung der Gnade zu würdigen weiß. Wie endlich das Geschaffensein der (möglichen) endlichen Freiheit unbeschadet ihrer formalen Unbedingtheit gedacht und die Begriffe von Gottes Allmacht, Ewigkeit und Allwissenheit gefaßt werden könnten, um seiner bis zur Entäußerung gehenden Achtung der menschlichen Freiheit zu entsprechen, kann hier nicht mehr angedeutet werden.

3. *Theologie der Liebe als der Sinnwirklichkeit menschlicher Freiheit.* Läßt sich christliche Theologie auf die Herausforderung der Freiheitsthematik ein, bleibt sie bei ihrer Sache. Sie wird als Ganze zur Theologie der Freiheit oder besser: der Liebe, für deren Möglichkeit und Bestimmung sie als *Theologie* der Freiheit einsteht. Denn Liebe ist das Geschehen, in dem Freiheiten sich verbinden und unterscheiden, der eine im anderen und durch ihn er selbst ist, Menschen sich »selbst« mitteilen und erreichen und zugleich welthaft-wirklich bestimmen: symbolische Realität also, in der absoluter Sinn schon gegenwärtig und doch noch versprochen wird, Synthese von Freiheit und Realität, formal unbedingt und eben deshalb alle Verhältnisse prägend und auf ihre Veränderung aus, wo sie ihr widersprechen. Sie ist das Allermenschlichste, weil sie wie nichts sonst nahegeht und eingeht, von Menschen gesucht und versucht wird, und doch mehr als menschlich, weil von Gott, der schlechthin ursprünglichen Liebe, begonnen und nur durch ihn zu vollenden, in Menschen darum stets von der Angst um ihre Endlichkeit gefährdet, entstellt oder verloren. Sie ist der Grund des Geschaffenen, durch Jesus, Gottes verwirklichtes Ja (2 Kor 1, 19) ausdrückliche Wahrheit und befreiender Anfang geworden, in der Auferweckung des Gekreuzigten als Liebe *Gottes* bewährt und seitdem bewußt in der Vollmacht des Glaubens vollziehbar. Wo immer sie von ihrer intendierten, aber unverfügbaren Zukunft schon herkommt und in unbedingter Entschlossenheit anfängt, sind Menschen »aus dem Tod ins Leben geschritten« (1 Joh 3, 14).

4. *Die Relevanz der Unterscheidung von Evangelium und Gesetz und die Logik glaubender Praxis.* Ihre kritische Valenz aber erweist die Freiheitstheologie darin, daß sie der Transformation des Evangeliums der Freiheit zum Gesetz, wie sie »die Auflösung der Eigenständigkeit der Religion und die Verwaltung

ihres Nachlasses allein in den Formen des Wissens und Tuns« (Bayer 1981, 10) zur Folge hatte, widersteht. Zwar bleibt die Lösung von religiöser Bevormundung irreversibel und die Würde freier Selbstbestimmung bedingungslos anzuerkennen, doch geht es inzwischen um mehr. Wenn man – nicht aus Rechthaberei, sondern Verantwortung für die gemeinsame Geschichte – die Aporie des neuzeitlichen Freiheitsprozesses darin erkennt, daß Befreiung das aktualisierte Bewußtsein von Freiheit voraussetzt und deshalb, jedenfalls bei einem allein emanzipativen Verhältnis zur Herkunftsgeschichte, die angeeignete, aber nur abstrakt vergewisserte Freiheit zum noch unabgegoltenen Anspruch und das Wissen um die Externität ihrer realen Konstitution zum Grund permanenten Selbstverwirklichungsstrebens werden mußte, leuchtet der Sinn des Glaubens an Rechtfertigung ein: in ihm »wird dem Menschen eine Selbstbeziehung erschlossen, die seine Identität für die Übernahme des Unterschiedes von Gott und Mensch in den Selbstvollzug öffnet« (Rendtorff, 171). Solcher Glaube befreit von der Last, unmittelbar durch sich selbst sein zu müssen, und von ihren Folgen: dem Wechsel von Selbstüberforderung und Depression, Aktionismus und Resignation, von Herrschaft und Knechtschaft. Er schwächt den Impuls zur Weltgestaltung nicht ab, sondern entideologisiert ihn. Nicht nur die Einstellung zur Schöpfung, zu Eigentum und Arbeit, sondern auch das Urteil über die in Kategorien der Herrschaft und Macht konzipierte politisch-gesellschaftliche Freiheit wird von ihm betroffen. Weil Menschen zur Freiheit bestimmt, aber nicht von Natur aus schon frei sind, trennt er sich im Namen der Schwachen vom Liberalismus, aber bleibt auch in seiner Solidarität zu Befreiungsbewegungen kritisch, wenn sie Menschen strategisch behandeln, und kritisch erst recht gegen die das Subjekt absorbierende, auf Selbststeigerung fixierte technokratische Fortschrittsgesellschaft.

Dabei erschöpft sich christliche Freiheit weder im Begreifen dessen, was ist, noch in der Forderung dessen, was sein soll; sie pflegt nicht den Adel reiner Gesinnung und übt nicht die große Verweigerung; sie stilisiert nicht den zuletzt vergeblichen Akt der Revolte zum Glück des Absurden noch rundet sie in metaphysischer Trauer das Ganze zum Unwahren ab, sondern hält sich an die in den Verhältnissen der Unfreiheit erschienene Befreiung und geht ohne Angst, sich in der Entäußerung zu verlieren, auf die widerspruchsvolle Wirklichkeit ein, um zu tun, was Menschen tun können. Weil sie sich bejaht weiß, kann sie Schuld eingestehen und vergeben, die geheime Selbstverachtung überwinden und mit ihr den Rechtfertigungs-, Verfeindungs- und Verurteilungszwang. Entlastet von der Sorge um sich selbst, kann sie das Eigene einsetzen und die Selbstvergessenheit finden, die konkrete Nähe zum anderen und Wahrnehmung von Leiden ermöglicht. Angesichts der latenten Verzweiflung und Despotie eines Handelns, das alles, was es erwarten kann, erst hervorbringen muß, riskiert sie die zirkuläre, aber lebensfördernde Logik der Praxis, die schon voraussetzt, was sie darstellen will – und voraussetzen darf: weil Gnade nicht, wie Kant meinte, erst Ergebnis, sondern der Anfang freien Tuns ist.

Wegen des Gegebenseins ihrer Wahrheit und der praktischen Form ihrer Bewährung kann die Theologie dem Glauben zwar Möglichkeiten seiner Vergegenwärtigung erschließen, ihn aber niemals ersetzen. Zudem darf sie nicht damit rechnen, sich als Antwort auf gegebene Fragen präsentieren zu können. Daß mit der christlichen Begründung des Freiheitsgedankens endlich auch dessen Perspektiven verschwinden, bleibt möglich. Auch deshalb bleibt die Theologie der Freiheit angewiesen auf das Zeugnis gläubig innovatorischer Praxis. Ohne sie, die sie Rechenschaft gebend und nach außen wie innen kritisch begleitet, würde sie selber gegenstandslos. Daß an die in Jesus schon begonnene Verheißung erinnert und Vergebung geglaubt werden darf, hält die Möglichkeit solcher Praxis offen.

H. M. Baumgartner (Hrsg.), Prinzip Freiheit. Eine Auseinandersetzung um Chancen und Grenzen transzendentalphilosophischen Denkens, Freiburg/München 1979;
J. Baur, Freiheit und Emanzipation. Ein philosophisch-theologischer Traktat, Stuttgart 1974;
O. Bayer, Umstrittene Freiheit. Theologisch-philosophische Kontroversen, Tübingen 1981;
G. Greshake, Geschenkte Freiheit. Einführung in die Gnadenlehre, Freiburg 1977;
J. Heinrichs, Ideologie oder Freiheitslehre? Zur Rezipierbarkeit der thomanischen Gnadenlehre von einem transzendentaldialogischen Standpunkt: ThPh 49 (1974) 395–436;
E. Käsemann, Der Ruf der Freiheit, Tübingen ³1968;
H. Krämer, Die Grundlegung des Freiheitsbegriffs in der Antike: *J. Simon* (Hrsg.), Freiheit. Theoretische und praktische Aspekte des Problems, Freiburg/München 1977, 239–270;
H. Krings, System und Freiheit. Gesammelte Aufsätze, Freiburg/München 1980;
M. Müller, Freiheit: *ders.*, Erfahrung und Geschichte, Freiburg/München 1971, 298–322;
D. Nestle, Eleutheria. Studien zum Wesen der Freiheit bei den Griechen und im Neuen Testament, Teil I: Die Griechen, Tübingen 1967;
K. Niederwimmer, Der Begriff der Freiheit im Neuen Testament, Berlin 1966;
L. Oeing-Hanhoff, Zur thomistischen Freiheitslehre: Schol 31 (1956) 161–181;
W. Pannenberg, Gottesgedanke und menschliche Freiheit, Göttingen 1972;
O. H. Pesch, Hinführung zu Luther, Mainz 1982, 176–188;
R. Pesch, Jesus, ein freier Mann: Conc 10 (1974) 182–188;
H. Peukert, Wissenschaftstheorie – Handlungstheorie – Fundamentale Theologie. Analysen zu Ansatz und Status theologischer Theoriebildung, Düsseldorf 1976;
K. Rahner, Theologie der Freiheit: *ders.*, Schriften VI, 215–237;
T. Rendtorff, Emanzipation und christliche Freiheit: ChGimG Bd. 18, 149–179;
P. Ricœur, Die Freiheit im Lichte der Hoffnung: *ders.*, Hermeneutik und Strukturalismus. Der Konflikt der Interpretationen I, München 1973, 199–226;

H. Schlier, Über das vollkommene Gesetz der Freiheit: *ders.*, Die Zeit der Kirche, Freiburg ³1962, 193–206;

W. Schulz, Die Wandlungen des Freiheitsbegriffs bei Schelling: *J. Simon* (Hrsg.), a.a.O., 299–314;

W. Warnach/O. H. Pesch/R. Spaemann, Freiheit: Hist. Wörterbuch der Philosophie, Bd. 2, Darmstadt (Basel) 1972, 1064–1098;

B. Welte, Thomas von Aquin über das Böse: *ders.*, Auf der Spur des Ewigen, Freiburg 1965, 155–169.

Schleiermachers Bestimmung des Christentums und der Erlösung

Zur Problematik der transzendental-anthropologischen Hermeneutik des Glaubens[1]

I. Hinführung

Um in die Frage- und Aufgabenstellung, die das Thema meint, einzuführen, möchte ich mit drei Vorbemerkungen beginnen. Sie betreffen erstens die Wahl Schleiermachers als Beispiel für die im Untertitel angezeigte Thematik, zweitens die eigenen Äußerungen Schleiermachers zum Verhältnis seiner Dogmatik zur Philosophie und drittens die Beschränkung meiner Überlegungen auf sein theologisches Hauptwerk, die Glaubenslehre.

Zunächst also: Mein Interesse ist weniger historisch als systematisch und hermeneutisch. Es geht mir um die Suche nach einer dogmatischen Denkform, die dem Zeugnis des Glaubens entspricht und sich philosophisch vertreten läßt. Die Problematik, die sich dabei auftut, ließe sich in analoger Weise wohl auch mit Bezug auf gegenwärtigere Ansätze anthropologisch vermittelter Theologie deutlich machen. Doch scheint mir das Beispiel ihres Prototyps Schleiermacher besonders geeignet und instruktiv, weil er – eingehender als etwa Gerhard Ebeling – die philosophischen Voraussetzungen seiner Theologie expliziert hat und weil er – eindeutiger als etwa die philosophischen Arbeiten Karl Rahners – die Einsichten der transzendentalen Dialektik Kants und die ihnen entsprechende Begrenzung der theoretischen Vernunft akzeptiert hat[2]. Mit seinem Versuch,

---

[1] Der hier veröffentlichte Text lag leicht gekürzt einer Vorlesung zugrunde, die am 20.5.87 in Münster auf Einladung der Kath.-Theol. Fakultät gehalten wurde. Den Vortragsstil habe ich unverändert gelassen. Bei den Zitaten werden folgende Abkürzungen verwendet: *F. Schleiermacher*, Über die Religion. Reden an die Gebildeten unter ihren Verächtern. Hamburg 1958 (= R); *ders.*, Kurze Darstellung des theologischen Studiums zum Behuf einleitender Vorlesungen (ed. *H. Scholz*). Darmstadt 1969 (= KD); *ders.*, Der christliche Glaube nach den Grundsätzen der evangelischen Kirche im Zusammenhange dargestellt (ed. *M. Redeker*). 2 Bde. Berlin ⁷1960 (zitiert mit bloßer Paragraphen- oder Band- und Seitenangabe); *ders.*, Über seine Glaubenslehre, an Herrn Dr. Lücke (Erstes und zweites Sendschreiben), in: *H. Bolli* (Hrsg.), Schleiermacher-Auswahl (Siebenstern-TB 113/114). München – Hamburg 1968, 120–175 (= L).
[2] *G. Ebelings* über sein ganzes Werk verstreuten anthropologischen Analysen scheinen mir, sofern sie die wesentliche Worthaftigkeit des Menschen und besonders seine Gewißheits- und Rechtfertigungsproblematik betreffen, auf den äußersten Fragehorizont bezogen, den philosophische Reflexion erreichen kann. Doch handelt es sich zumeist um eher deskriptiv-phänomenologische Ausführungen, deren transzendentalphilosophische Rekonstruktion ebenso nötig

das Wesen der Frömmigkeit im Rahmen einer Analyse der zeitlichen Subjektivität zu ermitteln, hat er als erster Theologe das Problemfeld beschritten, auf dem heute, wie ich meine, die Entscheidung über die Möglichkeit der Vermittlung des Glaubens, soweit sie Sache philosophischer Reflexion ist, tatsächlich fällt. Von Dilthey wegen dieser transzendentalphilosophischen Wende zum Subjekt als »Kant der Theologie« gerühmt[3], hat sich Schleiermacher mit ihr doch auch ebenso entschieden von Kants *moralischer* Hermeneutik des Glaubens *getrennt*. Ohne Zweifel haben nun gerade sein Rückgang auf das »unmittelbare Selbstbewußtsein« und besonders die Redeweise vom »frommen Gefühl« die »vom Bürgertum vollzogene Zurückdrängung der Religion ins Private« nachhaltig begünstigt[4], doch sollte jede Kritik daran die Tendenzen zur moralischen Reduktion der Offenbarungswahrheit nicht vergessen, wie sie Schleiermacher mit der Aufklärungstheologie und Kants Religionsschrift unmittelbar vor Augen standen. Wenn christlicher Glaube, wie ich meine, sich als das unumkehrbare Geschehen vollzieht, daß ein Mensch, vermittelt durch das Zeugnis mitmenschlicher Freiheit, von Gottes offenbarer, zuvorkommender Liebe bestimmt *wird*, in sie einstimmend sich *selber* bestimmt und dies in den Verhältnissen des Lebens *darstellt*, dann wird man Schleiermachers Unterscheidung der Religion auch von der Moral wohl mitvollziehen müssen. Wie wenig er ihre *Trennung* intendierte, beweist nicht nur seine Zuordnung des Christentums zum »teleologischen«, d. h. dem auf tätige Äußerung gerichteten Typ der Frömmigkeit (§ 9); es zeigt auch die Tatsache, daß er eine gesonderte Behandlung der christlichen Glaubens- und Sittenlehre nur empfehlen mochte, sofern die eine eben die das fromme Bewußtsein reflektierenden Vorstellungen

---

wie lohnend sein dürfte. Im Blick auf *K. Rahner* muß hier der Hinweis genügen, daß seit seiner Konzeption des »übernatürlichen Existentials« und der »transzendentalen Offenbarung« die Unterscheidung von Philosophie und Theologie, obwohl formal aufrechterhalten, für ihn zunehmend an methodischer Bedeutung verlor. Gleichwohl blieben seine frühen, dezidiert philosophischen Arbeiten (Geist in Welt. Zur Metaphysik der endlichen Erkenntnis bei Thomas von Aquin. Innsbruck 1939; Hörer des Wortes. Zur Grundlegung einer Religionsphilosophie. München 1941) für sein Denken prägend. Von der Transzendentalphilosophie Kants unterscheiden sie sich nicht erst im Ergebnis, sondern schon im Ausgangspunkt und der Methode. Auch dürfte ihr erkenntnismetaphysischer Ansatz wohl der Grund dafür sein, daß die Erkenntnis- und Urteilsanalyse Rahners leitendes Argumentationsmodell blieb und die Freiheitsthematik nicht in die systematisch entscheidende Stellung einrückte.

[3] Zur Würdigung und Kritik Schleiermachers durch Dilthey vgl. *W. Trillhaas*, Der Mittelpunkt der Glaubenslehre Schleiermachers: NZSTh 10 (1968) 289–309, 291 f. (Belege). Von Schleiermacher als »Kant der protestantischen Theologie« hatte schon D. F. Strauss gesprochen, aber dieses Dictum mehr auf die Art der Stellung und Wirkung Schleiermachers bezogen; als philosophische »Grundlage« der Glaubenslehre glaubte er dagegen Spinozismus namhaft machen zu können: vgl. *H.-J. Birkner*, Theologie und Philosophie. Einführung in Probleme der Schleiermacher-Interpretation. München 1974, 17.

[4] *D. Schellong*, Bürgertum und christliche Religion. Anpassungsprobleme der Theologie seit Schleiermacher. München ²1984, 41.

und die andere die Handlungen zum Gegenstand hat, die jedoch ebenso ursprünglich aus ihm hervorgehen[5]. Jedenfalls konnte er sich im Christentum »keinen vollkommen ausgebildeten frommen Moment denken, welcher nicht entweder selbst in etwas Tätiges übergehen oder auf die vorhandenen Tätigkeiten auf bestimmte Weise einwirken« sollte (I, 306). Und was endlich seine Befangenheit in bürgerlich-sittlichen Vorstellungen angeht, so hat ihm Karl Barth doch immerhin eine im Vergleich zur Gemächlichkeit der Großkirche wie zum deutschen Bildungspublikum seiner Zeit bemerkenswerte Sensibilität für das »soziale Problem« attestiert[6].

Zweitens: Sofern Schleiermacher nun, wie schon angedeutet, im Zusammenhang einer Strukturtheorie der menschlichen Subjektivität den Begriff der Frömmigkeit erhebt und mit ihm die allgemeinen Bestimmungen gewinnt, die in den Begriff der *christlichen* Frömmigkeit und über ihn in die Darstellung der gesamten Glaubenslehre eingehen, spreche ich von einer *transzendental-anthropologischen Hermeneutik des Glaubens* und – finde mich sogleich in den wohl heftigsten und jedenfalls schon längsten Streit der Schleiermacher-Interpreten verstrickt, der eben das Verhältnis von Theologie und Philosophie, und zwar namentlich in der Glaubenslehre, betrifft. Er selbst hat dazu nicht geringen Anlaß gegeben, indem er einerseits die Entschlossenheit seiner Philosophie und Dogmatik, »sich nicht zu widersprechen«, bekundete[7] und es dem »Wissenden« sogar auferlegte, sich der »Zusammenstimmung beider«, der spekulativen und der dogmatischen Aussagen, auch »positiv« zu vergewissern (I, 160), auf der anderen Seite aber mit Nachdruck erklärte, seiner Philosophie »keinen Einfluß auf den Inhalt der Glaubenslehre gestattet zu haben« (L 172). Nur in *formaler* Hinsicht, d. h. um des »dialektischen Charakters« ihrer Sprache und der Klarheit und des Zusammenhangs ihrer Begriffe willen, sei sie an die Philosophie gewiesen (§§ 16–18.28). Aber gibt es denn das überhaupt: die theologische Aneignung einer Sprache, bei der die Inhalte unberührt blieben? Macht nicht gerade die modifizierende Adaption vorgegebener Denkformen

---

[5] Gerade weil die Frömmigkeit, »rein für sich betrachtet« (I, 14), als Bestimmung des unmittelbaren Selbstbewußtseins von Wissen und Tun differenziert werden muß, kann sie – so wie das unmittelbare Selbstbewußtsein überhaupt die Einheit des Subjekts im Wechsel seiner Vollzüge verbürgt – den Übergang zwischen den Momenten des vorherrschenden Wissens und denen des vorherrschenden Tuns vermitteln, also von beiden nicht schlechthin geschieden sein. Vielmehr muß sie beide »als Keime in sich schließen« und ihr Hervortreten »aufregen« können, so daß »das erregte [fromme] Gefühl dann in einem es fixierenden Denken zur Ruhe kommt, dann in ein es aussprechendes Handeln sich ergießt« (I, 19.21). Zu Schleiermachers Verhältnisbestimmung von christlicher Glaubens- und Sittenlehre s. *H.-J. Birkner*, Schleiermachers christliche Sittenlehre im Zusammenhang seines philosophisch-theologischen Systems. Berlin 1964, 66–81.
[6] *K. Barth*, Die protestantische Theologie im 19. Jahrhundert. Zürich ³1960, 392.
[7] Brief an Jacobi vom 30. 3. 1818, in: *Bolli* (s. Anm. 1) 116–119, 118.

und -gehalte die eigentliche Dramatik der Glaubensüberlieferung aus?[8] Schleiermachers Erklärungen machen Sinn, sofern sie auf zweierlei bedacht sind: Sie wollen die Unabhängigkeit der unmittelbar-subjektiven Gottesgewißheit vom Gottesgedanken der Spekulation, die ihm als »höchste objektive Funktion« der Vernunft gilt (I, 160), klarstellen, und sie wollen zugleich jeden begründenden Einfluß der Philosophie auf die Glaubensüberzeugung gerade in ihrer christlichen *Besonderheit* abwehren[9]. Denn Dogmatik hat es nach seinem Verständnis allein »mit der Darstellung und kritischen Erörterung der vorgegebenen, sich geltend machenden christlichen Lehre« zu tun[10], die ihrerseits als Ausdruck des christlich-frommen Selbstbewußtseins genommen wird und einzig aus ihm ihre Gewißheit bezieht. Was aber bedeutet es dann, daß Schleiermacher, um die eigene dogmatische Arbeit zu leisten und die kirchliche Lehre weiterzubilden, den dabei leitenden Begriff der *christlichen* Frömmigkeit einem Begriff von Frömmigkeit *überhaupt* subsumiert, der seinerseits philosophisch erstellt ist? Dies ist ja gewiß keine spekulative Begründung, wohl aber – und dies durchaus bewußt – eine anthropologische Ortsangabe und damit philosophische Vermittlung des Glaubens[11]. Wie wird sie sich auf die Inhalte der Dogmatik auswirken? Auf diesen Punkt möchte ich im folgenden die Aufmerksamkeit richten und deshalb die theologischen Überlegungen mit philosophischen verbinden. Aber dies nun keineswegs in der Absicht, Schleiermachers Intention einer philosophischen Vermittlung des Glaubens zu denunzieren, sondern um sie in der Kritik ihrer Durchführung aufrechterhalten zu können. Dabei kann Karl Barths

---

[8] Nimmt man hinzu, daß alles, was Schleiermacher – wenn auch nach Reflexionsgraden unterschieden – zum (stets geschichtlich geprägten) Ausdruck des christlich-frommen Selbstbewußtseins zählt, zugleich dasjenige ist, was dessen christliche Bestimmtheit (allererst) vermittelt, kann der Dogmatiker gegenüber den verschiedenen philosophischen Sprachen kaum gleichgültig bleiben. Tatsächlich hat ja auch Schleiermacher inhaltliche Minimalkriterien für die dogmatische Rezeption einer philosophischen Sprache genannt (I, 155; ähnlich KD § 214). Sie betreffen die Differenz von Gott und Welt sowie den (seinerseits durch die bestimmte Unterscheidung des Geistigen und Sinnlichen im Menschen erläuterten) Gegensatz von Gut und Böse – also eben die Bestimmungen, die in seiner eigenen Explikation des christlichen Glaubens als grundlegende fungieren. Zur tatsächlichen Abhängigkeit der dogmatischen Aussagen Schleiermachers (und namentlich seiner Gotteslehre) »von erkenntnistheoretischen und metaphysischen Hintergründen« vgl. auch das nüchterne Urteil von E. *Hirsch* und seine Empfehlung, die »wirklichen Zusammenhänge« aufzuspüren, statt sich allein an Schleiermachers allgemeine Erklärungen zu halten (Geschichte der neuern evangelischen Theologie 5. Gütersloh ⁴1968, 284).
[9] »Niemals ... werde ich mich dazu bekennen können, daß mein Glaube an Christum von dem Wissen oder der Philosophie her sei« (L 147 f.).
[10] *Birkner* (s. Anm. 3) 40.
[11] Daß er »die christliche Frömmigkeit aus dem allgemeinen menschlichen frommen Bewußtsein erklären« wolle, hat Schleiermacher mit der präzisen Einschränkung, daß dabei nur an ihre »Ortsbestimmung«, nicht ihre apriorische Demonstration zu denken sei, ausdrücklich zugestanden (L 162).

harte und hellsichtige Bemerkung, daß Feuerbach das »böse Gewissen« und die »Kompromittierung« der neueren, von Schleiermacher ausgehenden Theologie sei[12], durchaus die theologische Wachsamkeit schärfen, aber kaum schon als abschließendes Wort über Schleiermacher gelten. Und noch weniger als Verbot, den von ihm eröffneten Weg überhaupt noch zu betreten. Denn wenn es wahr ist, was Ebeling, Barth ergänzend, formulierte[13]: daß nämlich Gott sich *selber* verifiziert, *indem* er den *Menschen* verifiziert – dann ist damit ein Zusammenhang benannt, den darzustellen und auch gegenüber der Philosophie zu vertreten für die Theologie eine ständige Aufgabe bleibt. Es sei denn, sie überließe die emanzipierte Vernunft ihrem historischen Schicksal und riskierte zugleich den Rückfall in einen Extrinsezismus, aus dem Schleiermacher die evangelische Theologie – wie Karl Rahner die katholische – herausgeführt hat.

Drittens noch ein Wort, weshalb ich mich auf die Glaubenslehre beschränke. Schon die »Reden über die Religion« hatten ja die Selbständigkeit der Religion gegenüber Metaphysik und Moral proklamiert, ihr »eine eigne Provinz im Gemüte« zugewiesen (R 20) und auch eine Bestimmung des Christentums geboten. Doch konnte Schleiermacher, je strenger er Philosoph und je bewußter er Theologe wurde, bei den Aussagen seines genialischen Frühwerks nicht bleiben. Ich nenne nur drei, unser Thema betreffende Punkte. Zum einen wurde durch die Beschreibung der Religion als »Anschauung des Universums« und als »Sinn und Geschmack fürs Unendliche« (R 30 f.) noch verdeckt, was die Verbindung von Anschauung und Gefühl und die Formel von der Hinnahme des Endlichen *als* »Darstellung des Unendlichen« (R 32) doch signalisierten: die komplexe Struktur des religiösen Vollzuges, die noch weiterer Aufhellung bedurfte[14]. Zweitens brachte die Idealisierung des Christentums mit seiner radi-

---

[12] Vgl. *Barth* (s. Anm. 6) 515; *ders.*, Nachwort, in: *Bolli* (s. Anm. 1) 290–312, 306.
[13] Vgl. G. *Ebeling*, Gott und Wort. Tübingen 1966, bes. 77 ff.; K. *Barth*, Die kirchliche Dogmatik I/1. Zürich ⁸1964, 194 ff.
[14] Philosophisch ungeklärt blieb vor allem der zentrale Begriff der »Anschauung des Universums«, die ja weder als sinnliche Anschauung im Sinne Kants noch als intellektuelle im Sinne Fichtes oder Schellings gedacht war. Was Schleiermacher unter ihrem Namen beschrieb, zeigt sich – näher besehen – vielmehr als »die Zusammensetzung eines Absolutheitsgefühls mit einem Phantasieakt, der bestimmte Welterfahrungen zur Ganzheit vervollständigt und abschließt« – eine Bestimmung des Wesens der Religion, die »bestenfalls als religionspsychologische Beschreibung bestimmter Erscheinungen des religiösen Bewußtseins« beurteilt werden kann, aber kaum religionsphilosophischen Ansprüchen genügte (E. *Hirsch*, Geschichte der neuern evangelischen Theologie 4. Gütersloh ⁴1968, 521). Es war insofern nur konsequent, daß Schleiermacher den Begriff der religiösen Anschauung seit der Neuauflage der Reden fallenließ und sich der Analyse des religiösen Gefühls zuwandte, wobei freilich »gerade das eigentümlich Romantische, das der Urauflage ihren besonderen Duft gibt«, verlorenging (ebd. 563). Ob sich in diesem Schritt, wie Hirsch mit guten Gründen annimmt (ebd. 563 f.), ein letztes Mal der gedanklich zwingende Einfluß *Fichtes* auswirkte, mag hier dahingestellt bleiben. Sachlich jedenfalls verdient es Interesse, daß Fichtes Vortrag der Wissenschaftslehre von 1801 (auf dem Wege der Selbstdurchdringung und -begrenzung des absoluten Wissens und seiner

kalen Polemik gegen das allem Wirklichen einwohnende Prinzip des Verderbens (R 161 ff.) den Religionsbegriff selbst in eine zerreißende Spannung[15]. Sprechend dafür die Darstellung des Kreuzes: nicht etwa als Kommen der Liebe Gottes zu den Sündern, sondern als »Apotheose« der Gottheit im Zerbrechen der irdischen Gestalt (R 168). War ein solches Christentumsverständnis nicht nur ein weiterer Ausdruck für die Antinomie des romantischen Verlangens, die Erscheinung des Absoluten *im Endlichen* zu finden und es doch *als Absolutes* zu wollen? Jedenfalls bleibt als drittes der Eindruck, daß im Erlöser der Zwiespalt weniger versöhnt als nur in seiner prinzipiell dauernden Versöhnungs*bedürftigkeit* offenbar wurde[16]. In der »Weihnachtsfeier« jedoch ist an die Stelle der »unbefriedigten Sehnsucht« und »heiligen Wehmut« (R 166) die Freude über

---

Wendung zum Absoluten) ein Gefühl »ursprünglicher Gebundenheit« aufdeckte, es als Dasein des Absoluten im absoluten Wissen erklärte und als »Gefühl der Abhängigkeit und Bedingtheit« beschrieb (WW [ed. *I. H. Fichte*] 2. Berlin 1971, 61 f.).

[15] Diese Spannung bleibt auch, wenn man nicht übersieht, daß die Religion stets »in einer Entzweiung des Endlichen, das über sich hinausweist«, entspringt und »doch auf dieses Endliche ständig zurückbezogen« bleibt (*J. Ringleben*, Die Reden über die Religion, in: *D. Lange* (Hrsg.), Friedrich Schleiermacher 1768–1834. Theologe – Philosoph – Pädagoge. Göttingen 1985, 236–258, 244). Denn so, als Transparenz des Endlichen für sein Gegenteil verstanden, ist sie doch, wie transitorisch auch immer, »aktuelle Koinzidenz des Entgegengesetzten« (ebd.): »Mitten in der Endlichkeit Eins werden mit dem Unendlichen und ewig sein in einem Augenblick« (R 74) – während im Christentum (nach Schleiermachers Darstellung) nicht nur dieses Wesen der Religion bewußt, sondern der in ihr aufgehende Unterschied in seiner Reinheit gefaßt und somit, im prinzipiellen Wissen von »der dem Universum entgegengesetzten ... Tendenz alles Endlichen« (R 164), die Erscheinung des Absoluten überhaupt zum Problem und eben deshalb »das Verderben und die Erlösung, die Feindschaft und die Vermittlung« (R 162) zur wesentlichen Idee wird. Zur angesprochenen Problematik vgl. auch *H. Timm*, Die heilige Revolution. Schleiermacher – Novalis – Friedrich Schlegel. Frankfurt 1978, 62–73.

[16] Als das »wahrhaft Göttliche« an dem »erhabene[n] Urheber des Herrlichsten ..., was es bis jetzt gibt in der Religion«, gilt Schleiermacher »die herrliche Klarheit, zu welcher die große Idee, welche darzustellen er gekommen war, die Idee daß Alles Endliche höherer Vermittlungen bedarf um mit der Gottheit zusammenzuhängen, sich in seiner Seele ausbildete« (R 167). »Aber nie hat er behauptet das einzige Objekt der Anwendung seiner Idee, der einzige Mittler zu sein« (R 169). »Zeiten des Verderbens stehen allem Irdischen bevor, ... neue Gottesgesendete werden nötig ..., und jede solche Epoche der Menschheit wird die Palingenesie des Christentumes« (R 171 f.). – Angemerkt sei noch, daß wesentliche Züge des Christentums, wie es die »Reden« zeichnen, in der romantischen Christentumsauffassung wiederbegegnen, die *Schelling* vier Jahre später in seinen »Vorlesungen über die Methode des akademischen Studiums« auf den Begriff gebracht hat (Schriften von 1801–1804. Darmstadt 1973, 441–586, 520 ff.): die Anschauung des Universums als Geschichte; die Ausrichtung »auf das Unendliche unmittelbar an sich selbst« und die Herabsetzung des Endlichen zu seiner »Allegorie«; die »nur vorübergehende«, »flüchtige« Offenbarung des Göttlichen und die Unmöglichkeit seiner »absoluten Gegenwart«; das Kreuz als Gestalt der Inkarnation und die Versöhnung des Endlichen durch seine »Opferung«; die Unterscheidung von Exoterischem und Esoterischem, von Buchstabe und lebendigem Geist, von »empirischem Christentum« und »Idee des Christentums«; die Erwartung der »Geburt« des Unendlichen »in ewig neuen Formen« u. a. m. Kaum akzentuiert ist freilich die Stimmung der Wehmut, stärker dagegen die an sich schon geltende Versöhnung.

die Gegenwart der Erlösung getreten und zudem ein (freilich noch andeutungshafter) Versuch unternommen, Christus als geschichtlichen Ursprung der neuen Wirklichkeit zu denken. Etwa zur gleichen Zeit zeigt die Neuauflage der Reden, in der nun der Begriff des Gefühls dominiert, die Entscheidung für einen subjekttheoretischen Ansatz[17]. Was Schleiermacher von allem Früheren wesentlich war, hat in der Glaubenslehre dann seine Stelle gefunden. Aber erst in ihr (und besonders der noch konsistenteren zweiten Fassung) war seine Bestimmung des Christentums in einer Weise ausgearbeitet und dogmatisch erprobt, die theologisch wie philosophisch diskutiert werden kann. Eine solche Erörterung möchte ich, im Blick auf die Erlösungslehre und Christologie, im dritten und vierten Abschnitt versuchen, um dann im fünften die sich abzeichnenden Konsequenzen zu nennen. Doch sind zuvor die entscheidenden Schritte bis zur Wesensbestimmung des Christentums zu skizzieren und dabei die Kategorien aufzusammeln, die wir zum Verständnis des Weiteren brauchen.

II. Die Schritte bis zur Wesensbestimmung des Christentums

Um den Ort, an dem die Weichenstellung für unsere Problematik erfolgt, in den Blick zu bekommen, ist von Schleiermachers Theologiekonzept auszugehen[18]. Ihm lag die Überzeugung zugrunde, daß die Einheit der Theologie als Wissenschaft nicht mehr durch einen spezifischen Sachbereich oder besondere Erkenntnisprinzipien, sondern allein durch ihren praktischen Zweck garantiert werden kann: durch das »Interesse am Christentum« (KD § 8) und die Aufgabe einer »zusammenstimmenden« Kirchenleitung (KD § 5). So ist sie – ähnlich wie Medizin und Jurisprudenz – eine »positive Wissenschaft« (KD § 1), konstituiert durch die Bedürfnisse einer unentbehrlichen Praxis[19]: ein Ensemble wissenschaftlicher Disziplinen, die an sich auch ohne die kirchliche Aufgabenstellung betrieben werden können (obwohl die gläubige Zugehörigkeit zur Kirche, namentlich im Fall der Dogmatik, nicht ohne Einfluß auf die Art der Behandlung ist). Von den Neuerungen, die der Bezug auf die allgemeine Wissenschaftssyste-

---

[17] Vgl. Anm. 14.
[18] Zu Schleiermachers allgemeiner Wissenschaftssystematik, seiner Organisation der theologischen Wissenschaft und seinem Dogmatikverständnis s. sehr klar und ausführlich *Birkner* (s. Anm. 5) 30–64; *ders.*, Beobachtungen zu Schleiermachers Programm der Dogmatik: NZSTh 5 (1963) 119–131; *ders.* (s. Anm. 3) 25–42; zum problemgeschichtlichen Kontext seiner Neukonzeption auch *T. Rendtorff*, Kirche und Theologie. Die systematische Funktion des Kirchenbegriffs in der neueren Theologie. Gütersloh ²1970, 139–167; *D. Lange*, Neugestaltung christlicher Glaubenslehre, in: *ders.* (s. Anm. 15) 85–105.
[19] »Die ›positive‹ Aufgabe der Theologie folgt der ›positiven‹ Gegebenheit der Religion nach« (*Rendtorff* [s. Anm. 18] 152). Zur verschiedenen Bedeutung von »positiv« s. *Birkner* (s. Anm. 5) 50f.

matik für die innere Gliederung der Theologie mit sich brachte, müssen uns besonders zwei interessieren: zum einen die Zuordnung der Dogmatik zur historischen Theologie, die der unableitbaren Gegebenheit des christlichen Glaubens Rechnung tragen soll, und zum anderen die Fundierung der gesamten Theologie, also auch der Dogmatik, in einer »philosophischen Theologie«. Ihr fällt die Aufgabe zu, das Wesen des Christentums »in seinem Gegensatz gegen andere Glaubensweisen und Kirchen« zu bestimmen und zugleich »das Wesen der Frömmigkeit und der frommen Gemeinschaften [überhaupt] im Zusammenhang mit den übrigen Tätigkeiten des menschlichen Geistes zu verstehen« (KD § 21). Um die Ausführung dieses Programms wenigstens soweit, wie es die Dogmatik verlangte, zu bieten, hat Schleiermacher in der Einleitung zur Glaubenslehre das Verfahren von »Lehnsätzen« gewählt. Ihre Bezugswissenschaften sind eine anthropologisch-soziologische Theorie der Religion und eine vergleichende Religionsphilosophie – beides Abteilungen der Ethik, die bei Schleiermacher den Rang einer »spekulativen Darstellung der Vernunft in ihrer Gesamtwirksamkeit« hat (I, 14) und als solche die Verstehenskategorien für alle Erscheinungen des geschichtlichen Lebens bereitstellt. So entwickeln die »Lehnsätze aus der Ethik« den Begriff der Frömmigkeit und der Kirche überhaupt, während die »aus der Religionsphilosophie« die von diesen Begriffen aus mögliche Einteilung der frommen Gemeinschaften vornehmen. Erst dann können die »Lehnsätze aus der Apologetik« das »eigentümliche Wesen« des Christentums bestimmen – und zwar so, daß sie das, was sich nur »empirisch« (d.h. historisch) aufnehmen läßt, in den Rahmen dessen einfügen, was philosophisch »konstruiert« werden kann (KD § 32). Ohne Zweifel sind damit, jedenfalls formal, wesentliche Vorentscheidungen gefallen. Mit welchen Folgen für die Dogmatik, muß die Ausführung zeigen.

Es war Schleiermachers erklärtes Interesse, die Frömmigkeit als »ein für die Entwicklung des menschlichen Geistes notwendiges Element« verstehen zu können[20]. Und so wundert es nicht, daß die Bestimmung ihres *Begriffs* mit ihrem Nachweis als *Wesen*element des Menschen in eins fällt. Eben darum geht es in dem berühmten Abschnitt (§ 4), der das »schlechthinnige Abhängigkeitsgefühl« als Bestimmung des unmittelbaren Selbstbewußtseins aufzeigt. Ich will versuchen, nur die entscheidenden Etappen und tragenden Argumente zu nennen. Ausgangspunkt ist das tatsächlich existierende Bewußtsein. In allem Wechsel seiner Gehalte wissen wir *uns* doch stets als *dieselben*, und dieses Selbstbewußtsein ist nur als spontanes Sichselbstsetzen verstehbar. Zugleich wissen wir, daß die *Bestimmtheit*, in der wir uns finden, *nicht* aus unserer Selbsttätig-

---

[20] Zwar ist diese Aussage (KD § 22) unmittelbar auf das Bestehen frommer Gemeinschaften bezogen, doch gilt sie ursprünglicher noch von der Frömmigkeit, die ja »die Basis aller kirchlichen Gemeinschaften ausmacht« (I, 14).

keit hervorging. Also existiert das Selbstbewußtsein als das Zugleich von »Sichselbstsetzen und Sichselbstnichtsogesetzthaben« (I, 24). Sofern nun das Bestimmt*sein* das Vermögen, bestimmt zu *werden*, voraussetzt, zeigt sich als Struktur des Subjekts die Einheit von »Empfänglichkeit und Selbsttätigkeit« (ebd.). Und so wie sich mit dem Getroffensein der Empfänglichkeit ein Abhängigkeitsgefühl verbindet, so mit der Selbsttätigkeit ein Freiheitsgefühl. Faßt man nun, wie das Bewußtsein es tut, das Woher allen Getroffenseins zur Einheit zusammen, erscheint als Grundsituation des Subjekts sein »Zusammensein mit der Welt« (I, 26). Da in diesem Verhältnis der »Wechselwirkung« (ebd.) die Selbsttätigkeit nie absolut ist noch jemals völlig verschwindet, können Freiheit und Abhängigkeit auf diesem Gebiet immer nur partiell sein. Zugleich steht von vornherein fest, daß ein Gefühl *schlechthinniger* Abhängigkeit, falls es das gibt, auf die *Welt* jedenfalls *nicht* bezogen werden kann. Außerdem ergibt sich, daß ein schlechthinniges *Freiheits*gefühl *überhaupt nicht* vorkommen kann. Denn nicht nur jede herausgehende Tätigkeit des Erkennens und Handelns, sondern auch noch unsere innerste Selbsttätigkeit geht ja stets von einem Getroffensein durch anderes aus.

Wie aber kann es dann ein schlechthinniges *Abhängigkeits*gefühl geben? Weil – so Schleiermacher – das alle Selbsttätigkeit und somit, weil diese niemals Null ist, »unser ganzes Dasein begleitende, schlechthinnige Freiheit verneinende Selbstbewußtsein« zugleich das Bewußtsein davon ist, »daß unsere ganze Selbsttätigkeit ... von anderwärts her ist«[21]. Denn wäre sie aus sich selber, wäre sie nicht an die Struktur der Empfänglichkeit gebunden. Gerade *als Freie* wissen wir uns *unfrei*, die Einheit von Selbsttätigkeit und Empfänglichkeit zu sein. Schlechthinnig ist diese Abhängigkeit, weil sie auf nichts beziehbar ist, das in den Bereich des Gegebenen fallen könnte und insofern Selbsttätigkeit zuließe; und ein Nicht-Wissen ist das Bewußtsein von ihr, weil es kein intentionales Korrelat hat, das in irgendeiner Weise des Wissens bestimmt werden könnte[22]. *Gefühl* kann es heißen, sofern es über seinen Inhalt weder verfügt noch ihn

---

[21] Diese Aussage (I, 28) entspricht der vorhergehenden, daß »unser ganzes Dasein uns nicht als aus unserer Selbsttätigkeit hervorgegangen zum Bewußtsein kommt« (ebd.). Mit der folgenden (transzendentalphilosophischen) Interpretation dieser knappen, aber entscheidenden Stellen folge ich *K. Cramer*, Die subjektivitätstheoretischen Prämissen von Schleiermachers Bestimmung des religiösen Selbstbewußtseins, in: *Lange* (s. Anm. 15) 129–162, 148 ff.

[22] Das Bewußtsein von »derjenigen Funktionseinheit von Selbsttätigkeit und Empfänglichkeit, die wir sind, die zu sein wir uns aber nicht selbsttätig erzeugt haben, kann nicht selber nach dem Modell dessen rekonstruiert werden, was jemals bewußter Inhalt unter der Bedingung dieser Funktionseinheit sein kann« (*Cramer* [s. Anm. 21] 152). »Es ist kein Bewußtsein von etwas, das mit dem Subjekt entweder nicht identisch oder identisch wäre, und doch dasjenige Bewußtsein des Selbst von sich, in welchem es sich aufgrund des Wissens von seiner Struktur den Ungrund dieser Struktur in ihr selbst und in allem, dessen es aufgrund ihrer mächtig ist, zu Bewußtsein bringt« (156).

gegenständlich zu deuten vermag. Doch ist es nicht etwa, wie alle anderen Gefühle, das Bewußtsein von einer zufälligen Empfindung, die das Subjekt sich als seinen Zustand zueignet, sondern Bewußtsein von der *ursprünglichen Faktizität der Vernunft* und deshalb *Selbst*bewußtsein – und zwar, wie Schleiermacher überzeugt ist, unmittelbares. In der aufgezeigten, ihm wesentlichen Bestimmtheit hat er es gleichgesetzt mit dem Bewußtsein unserer »Beziehung mit Gott« (I, 23). Dies aber nicht so, als ginge ein Gottesgedanke diesem Gefühl schon vorher, sondern umgekehrt: was das Wort »Gott« bedeutet, geht mit ihm allererst auf[23]. Gott ist das »Mitbestimmende« im Gefühl schlechthinniger Abhängigkeit, das in ihm »mitgesetzte *Woher* unseres empfänglichen und selbsttätigen Daseins« (I, 30.28). Indem dieses Gefühl sich ausspricht, entsteht die ursprüngliche Vorstellung Gottes. Und sie wird notwendig in dem Maße, als es sich selber klar wird: Klares Selbstbewußtsein ist eo ipso Gottesbewußtsein.

Das beschriebene unmittelbare Selbstbewußtsein hat Schleiermacher als das »höhere« bezeichnet und es vom »niederen« oder »sinnlichen« Selbstbewußtsein, das sich als Weltverhältnis vollzieht, unterschieden. Behält man aber im Blick, daß es nur mit dem niederen zusammen real ist und mit ihm sich verbinden soll, ergeben sich die weiteren Bestimmungen von selber[24]. Erstens werden *Entwicklungsstufen* der Frömmigkeit unterscheidbar, deren höchste die monotheistische ist. Denn erst auf ihr hat sich das höhere Selbstbewußtsein so klar vom niederen differenziert, daß es dessen ganzen möglichen Gehalt, also die Welt, in sein schlechthinniges Abhängigkeitsgefühl einschließt und dieses einzig auf Gott, die »absolute ungeteilte Einheit« (I, 173), bezieht. Zweitens ist klar, daß sich die Frömmigkeit nicht in der Absonderung, sondern nur in der *Durchdringung des zeitlichen Lebens* vollendet. Je kräftiger das Subjekt sich in den realen Momenten des Daseins als schlechthin abhängig setzt, desto frömmer ist es. Und je leichter und dauernder dies gelingt, je weniger gehemmt durch die Macht des sinnlichen Bewußtseins – desto näher das Ideal: die stete Kraft und Seligkeit des Gottesbewußtseins. Drittens lassen sich *Arten* der Frömmigkeit unterscheiden: die »ästhetische« und die »teleologische«. In der ästhetischen nimmt das fromme Selbstbewußtsein die verschiedenen weltlichen Gehalte nur in sein Gefühl schlechthinniger Abhängigkeit auf, in der teleologischen werden sie ihm Anlaß, eine bestimmte Tätigkeit anzuregen. Viertens ist

---

[23] Vgl. I, 29. In der Verdeutlichung dieses hermeneutischen Sachverhalts, die schon in der Formulierung der Leitsätze (§ 9 der ersten und § 4 der zweiten Auflage) zum Ausdruck kommt, liegt ein wichtiger Fortschritt der zweiten Auflage.
[24] Im folgenden fasse ich wieder nur die für das Verständnis des Weiteren unentbehrlichen Aussagen der §§ 5–10 zusammen. Eine eingehende, organische Interpretation dieser Abschnitte bietet *G. Ebeling*, Schlechthinniges Abhängigkeitsgefühl als Gottesgewißheit, in: *ders.*, Wort und Glaube 3: Beiträge zur Fundamentaltheologie, Soteriologie und Ekklesiologie. Tübingen 1975, 116–136.

die Tatsache wichtig, daß die Frömmigkeit, so wesentlich sie im Menschen angelegt ist, in der Regel doch erst »durch die mitteilende und erregende Kraft der Äußerung« anderer *geweckt* wird (I, 43). Durch solche Mitteilung, die immer geschichtlich geprägter Selbstausdruck ist, werden fünftens die frommen *Gemeinschaften* konstituiert. Von Kirchen kann man freilich erst sprechen, wenn der »Umlauf des frommen Selbstbewußtseins« (I, 45) sich in relativ festen Formen vollzieht und dabei ein äußeres und inneres Unterscheidungsmerkmal erfüllt ist: Sie müssen von einem geschichtlichen Anfang aus sich stetig entwickeln und den mit anderen gemeinsamen »Stoff« der Frömmigkeit auf unverwechselbar individuelle Weise gestalten.

Das Gesagte genügt, um das Christentum nun anthropologisch und religionsphilosophisch einordnen zu können: Es ist eine geschichtliche Gestaltung gemeinsamer Frömmigkeit, die der monotheistischen Stufe und der teleologischen Art angehört. Als sein eigentümliches, nur geschichtlich sich zeigendes Wesensmerkmal aber kommt hinzu, daß in ihm »alles ... bezogen wird auf die durch Jesum von Nazareth vollbrachte Erlösung« (I, 74). Hier fallen äußeres und inneres Merkmal zusammen: »Jesus ist nur auf die Weise Stifter einer frommen Gemeinschaft, als die Glieder derselben sich der Erlösung durch ihn bewußt werden« (I, 79).

III. Zur dogmatischen Entfaltung der Wesensbestimmung

Um es zuvor nochmals zu sagen: Nicht daß Schleiermacher den christlichen Glauben überhaupt anthropologisch vermittelt, scheint mir Kritik zu verdienen. Und auch nicht, daß er eine *Wesens*bestimmung des Christentums versucht. Denn damit gibt er nur Rechenschaft über Prämissen, die mehr oder minder bewußt die Arbeit eines jeden Dogmatikers leiten. Des »Versuchsweisen« seines Vorschlags und des Zirkels, der bei derartigen Begriffsbildungen zwischen Inhalts- und Umfangsbestimmung, zwischen Verstehen und Kritik herrscht, war sich der Hermeneutiker Schleiermacher bewußt[25]. Immerhin konnte er es als eine Bestätigung seiner Grundformel empfinden, daß schon sie allein ihm eine Typologie möglicher Glaubensabweichungen erlaubte (§§ 21.22). Man braucht nur auf die unmittelbaren Implikate des Ausdrucks »Erlösung« zu achten. Sofern nämlich die Erlösungs*bedürftigkeit* wie die Erlösungs*fähigkeit* des Menschen einseitig betont werden kann, sind zwei *anthropologische* Häresien denkbar: der Manichäismus und der Pelagianismus. Und je nachdem, ob Christi ausschlie-

---

[25] Vgl. die einleitenden und abschließenden Reflexionen in § 11 sowie die Ausführungen des § 25 über das »Eigentümliche« jeder Dogmatik und die ihr aufgegebene Verbindung von »Orthodoxie« und »Heterodoxie« (ähnlich KD §§ 196.197.201–209).

ßender *Vorzug* oder aber seine wesentliche *Gleichheit* mit den Menschen verabsolutiert wird, zwei *christologische* Ketzereien: die doketische und die ebionitische.

Was diese Abgrenzungen dogmatisch tatsächlich leisten, hängt natürlich vom *Inhalt* des *Erlösungs*begriffs ab. Daß ihm überhaupt die systematische Schlüsselrolle zufällt, ist bereits mit dem Ansatz beim christlichen Selbstbewußtsein entschieden, das den Zustand der Erlösung »als Wirkung auf Christum als Ursache« bezieht (I, 95) und deshalb an Aussagen über ihn nur zuläßt, was »mit seiner erlösenden Ursächlichkeit in Verbindung steht« (I, 163). In der Verklammerung der Lehren von Person und Werk Christi, die Schleiermacher wiederherstellt (§ 92), hat also die zweite den noetischen Primat. Doch ist ebenso eindeutig sein Interesse erkennbar, die Ansprüche der kirchlichen Christologie einzulösen. Weil das Christentum sich als diejenige Gestaltung des Gottesbewußtseins versteht, in die »alle andern ... bestimmt sind überzugehen« (II, 34), und da es gleichzeitig bekennt, sich zum Erlöser doch stets im Verhältnis »aufnehmender Empfänglichkeit« zu befinden (II, 29), muß Jesus Christus als der selbst nicht erlösungsbedürftige Erlöser *allen* Menschen *gegenübergestellt* und jeder Fortschritt der Frömmigkeit an ihn *gebunden* werden (I, 81).

Man darf also gespannt sein, ob es der inhaltlichen Entfaltung des Erlösungsbewußtseins gelingt, diesen wesentlichen Bezug auf Christus einsehen zu lassen. Und gespannt um so mehr, als die schon entwickelten anthropologischen Kategorien nun zum vollen Einsatz gelangen. Unter Erlösungs*bedürftigkeit* wird nämlich die wegen der Dominanz des sinnlichen Selbstbewußtseins »nicht vorhandene Leichtigkeit« verstanden, »das Gottesbewußtsein in den Zusammenhang der wirklichen Lebensmomente einzuführen und darin festzuhalten« (I, 77). Christi ausschließender *Vorzug* aber ist die »stetige Kräftigkeit seines Gottesbewußtseins«, die als »ein eigentliches Sein Gottes in ihm« zu begreifen ist (II, 43). Und die *Erlösung* geschieht, indem er – vermittelt durch das von ihm gestiftete neue Gesamtleben – die Gläubigen in die »Gemeinschaft seiner Tätigkeit«, also »in die Kräftigkeit seines Gottesbewußtseins« aufnimmt (II, 90) und ihnen seine »unsündliche Vollkommenheit« mitteilt (II, 18).

Um diese Vollkommenheit des Erlösers sicherzustellen, seine Wirksamkeit von der eines bloßen Vorbilds zu unterscheiden und jedes Hinausgehen über ihn auszuschließen, hat Schleiermacher die geschichtliche Existenz Jesu als »urbildlich« bezeichnet (§ 93) – und damit die schärfste Kritik auf sich gezogen. Doch sind hier, meine ich, Differenzierungen nötig[26]. Wenn etwa Ferdinand Christian

---

[26] Dabei beziehe ich mich vor allem auf *F. Ch. Baur*, den bedeutendsten der frühen Schleiermacher-Kritiker, weil er seine Kritik auf die Einheit des urbildlichen und geschichtlichen Christus konzentriert und die sachlich naheliegenden Einwände exemplarisch formuliert hat. Obwohl diese, ihrem »materialen Gehalt« nach, durchgehend dieselben Punkte betreffen (*H. Liebing*, Ferdinand Christian Baurs Kritik an Schleiermachers Glaubenslehre: ZThK 54 [1957] 225–243, 229), hat sich seit Baurs Hegelrezeption die Tendenz seiner Kritik doch geradezu

Baur jede individuelle Verwirklichung der Idee für unmöglich erklärte[27] und David Friedrich Strauss die Konsequenz zog, als das Subjekt der christologischen Prädikate komme allein die »reale Idee«, also nurmehr die menschliche Gattung in Frage[28], dann war dies doch nur unter Hegelschen Voraussetzungen einleuchtend. Schleiermacher selbst hat Jesu Urbildlichkeit nicht auf die endlichen Äußerungen, sondern auf die sich äußernde *Kraft* seines Gottesbewußtseins, die im Einzelnen oder gar nicht real ist, bezogen (II, 35) und insofern den Weg zu Strauss (und Feuerbach) abgeschnitten[29]. Aber auch die Kritik am sogenannten christologischen Rückschlußverfahren, das nur zur Projektion von Ideen und zu historisch unausgewiesenen Postulaten gelange, trifft Schleiermacher

---

umgekehrt: Zielte sie bis zum »Tübinger Osterprogramm« (1827) und dessen »Selbstanzeige« (1828) darauf, daß Jesus »eigentlich nur die persönlich gedachte Idee der Erlösung« sei (Selbstanzeige: TZTh 1 [1828] 220–264, 241), so stößt Baur sich seit der »Christlichen Gnosis« (1835) gerade an der Inkonsequenz, mit der Schleiermachers Christologie an der Bedeutung der durch Jesus geschichtlich vollbrachten Erlösung und seiner Urbildlichkeit festhalte. Doch braucht diese Tendenzwende der Kritik Baurs im vorliegenden Zusammenhang ebenso wie weitere (eher historische) Fragen nicht näher zu interessieren: so etwa die Frage nach den Fehlinterpretationen der Glaubenslehre durch Baur, nach der gegenseitigen Beeinflussung von Baur und Strauss (dazu *D. Lange*, Historischer Jesus oder mythischer Christus. Untersuchungen zu dem Gegensatz zwischen Friedrich Schleiermacher und David Friedrich Strauss. Gütersloh 1975, 196–205) und nach den Spuren der Auseinandersetzung Schleiermachers mit der (frühen) Kritik Baurs in der Zweitauflage der Glaubenslehre (dazu *H. Gerdes*, Anmerkungen zur Christologie der Glaubenslehre Schleiermachers: NZSTh 25 [1983] 112–125). Wichtige Hinweise zur Kritik Baurs an Schleiermacher verdanke ich auch dem Gespräch mit Frau Maureen Junker.
[27] »Der urbildliche Mensch, der Gottmensch, hat seine objective Realität in sich selbst, in seinem Begriff, wird sie aber in die historische Existenz eines bestimmten einzelnen Individuums gesetzt, so wird sie dadurch subjectiv an ein endliches vergängliches Seyn geknüpft, wovon die natürliche Folge ist, daß das Urbildliche sich immer wieder davon lostrennt, weil es nie in eine vollkommene Einheit mit ihm zusammengehen kann« (Die christliche Lehre von der Dreieinigkeit und Menschwerdung Gottes in ihrer geschichtlichen Entwicklung III. Tübingen 1843, 865).
[28] Das Leben Jesu II (1836). Darmstadt 1969, 734f.
[29] Schleiermachers Unterscheidung (nicht Trennung) von »innerstem Wesen« und »Erscheinung« Jesu, die der anthropologischen Differenz von unmittelbarem Selbstbewußtsein und dessen Äußerung entspricht, hat *Strauss* ausdrücklich abgelehnt und durch den Gedanken der in der Gesamtheit der Individuen sich realisierenden Idee der Menschheit ersetzt (*ders*. [s. Anm. 28] 716f.). Damit sollte Schleiermachers Versuch, eine Perfektibilität des Christentums zu konzipieren, die doch »immer nur eine vollkommnere Darlegung seines [sc. Jesu] innersten Wesens« und nur ein »sich immer mehr vervollkommnende[s] Verständnis Christi« sein könne (II, 37.35), der Boden entzogen werden. Indessen hat schon die Glaubenslehre das Unsinnige des Vorschlags durchschaut, bei »einer freien sich entwickelnden Gattung« von einer gegenseitigen Ergänzung der Individuen zur Vollkommenheit zu sprechen, wenn dabei »die Vollkommenheit einer wesentlichen Lebensfunktion im Begriff gesetzt ..., aber in keinem einzelnen gegeben« sei (II, 36) – eine Einsicht, die ein helles Licht auf die Aporien und Defizite der Anthropologie Feuerbachs vorauswirft. Nicht weniger relevant dürfte der festgehaltene Unterschied von Selbst und Erscheinung für die Christologie sein – und zwar gerade auch dann, wenn man den Inhalt des unmittelbaren Selbstbewußtseins, der die Einzigartigkeit Jesu ausmacht, anders als Schleiermacher bestimmt.

nicht ganz so vernichtend, wie sie seit Baur meist vorgetragen wird. Denn er hat ja nicht nur die Wirklichkeit Jesu als Grund vom Erlösungsbewußtsein als dem Begründeten unterschieden, sondern immerhin auch – wie unzulänglich auch immer – seine Christologie im Neuen Testament »nachzuweisen« gesucht[30]. Bleibt freilich Baurs dritter, auf den Inhalt zielender Einwand: Wozu eigentlich dem menschlichen Subjekt ein anderes gegenüberstellen, »durch dessen Thätigkeit ihm allein mitgetheilt werden soll, was doch an sich zur Natur des Selbstbewusstseins gehört«?[31] Ist Gottes »eigentliches Sein« in Christus denn mehr als die Realität des Ideals, das im Wesen des Menschen schon angelegt ist?

Angesichts dieses Bedenkens versteht man das Gewicht, das der *Sünden*thematik im systematischen Gefüge der Glaubenslehre zufällt. An der universalen und dauernden Angewiesenheit auf den Erlöser durfte kein Zweifel aufkommen. Darum erscheint die Sünde als »positiver Widerstreit des Fleisches gegen den Geist« (I, 355), als die Macht, unter der sich jeder einzelne findet, und doch seine eigene »Schuld«, da er sie »selbsttätig« vollzieht, befestigt und fortpflanzt (I, 366. 376): als die »Gesamttat und Gesamtschuld« des Menschengeschlechts also (I, 374), die sich auswirkt als »vollkommne Unfähigkeit zum Guten« (I, 369) und auch von den Erlösten niemals ganz abgetan sein wird.

---

[30] Beides hat *Baur* von Anfang an gesehen und anerkannt, bei Schleiermachers dogmatischem Verfahren bleibe »das Historische, wie es im N.T. gegeben ist, in seiner vollen Gültigkeit stehen, nur soll daraus das Christliche nicht erst bewiesen, sondern nur darin nachgewiesen werden, indem kein anderes Ansehen der Schrift vorher aufzustellen ist, als für diejenigen, die schon glauben ..., und nicht um den Glauben darauf zu gründen« (Brief an den Bruder Friedrich August vom 26. 7. 1823, in: *Liebing* [s. Anm. 26] 238–243, 241). Sogar der Satz, den er später als katholisierend verwarf (Lehrbuch der christlichen Dogmengeschichte. Darmstadt 1974, 393 f.), hat zunächst seine Zustimmung gefunden: daß nämlich »eine Lehre nicht deshalb zum Christentum gehöre, weil sie in der Schrift enthalten ist, sondern vielmehr nur deshalb natürlich in der Schrift enthalten ist, weil sie zum Christentum gehört« (Brief, 241). Sein dann gleichwohl erhobener Einwand, daß es eine »nur durch eine historische Untersuchung der schriftlichen Urkunden der evangelischen Geschichte« zu beantwortende »rein historische Frage« sei, ob »die Person Jesu von Nazareth wirklich die Eigenschaften habe, die in dem ... Begriffe des Erlösers angenommen werden« (Selbstanzeige [s. Anm. 26] 242), hing mit einer prinzipiellen Kritik an der Reichweite des Rückschlußverfahrens zusammen: »Mit welchem Rechte wird ... angenommen, daß das, was in allen Einzelnen, die zur christlichen Gemeinschaft gehören, nur auf relative Weise ist, in dem Stifter derselben auf absolute Weise ist« (Geschichte der christlichen Kirche [ed. *E. Zeller*] 5. Leipzig ²1877, 210)? Gegenüber diesem Argument hatte Schleiermacher tatsächlich nur auf das Zeugnis des christlichen Bewußtseins verweisen, aber dabei doch immerhin verdeutlichen können, daß mit der Leugnung der »schlechthinnigen Vollkommenheit« Jesu (also seiner Urbildlichkeit, die tatsächlich »das Sein des Begriffes selbst« in ihm meine) ein Hinausgehen über ihn zugelassen, zugleich aber die Vollkommenheit nur als möglich gesetzt und mit beidem die Tatsache der Erlösung aufgehoben, also die Grenze des Christlichen überschritten werde (II, 35 f.). Daß diese Auskunft der Begründungsproblematik der Christologie nicht genügt, wird man freilich – seit der durch die Bultmann-Schule aufgeworfenen »neuen Frage nach dem historischen Jesus« und der Diskussion über ihre »theologische Relevanz« – kaum noch bestreiten.

[31] Geschichte der christlichen Kirche (s. Anm. 30) 5, 203.

Aber ist es nicht immer mißlich für eine Dogmatik, wenn sie die Heilsbedeutung Jesu von Tatsache und Ausmaß der Sünde abhängig machen muß? Allerdings bedeutet Gottes offenbare Liebe Vergebung der Sünde und Befreiung aus ihrer tötenden Macht – aber erschöpft sich ihr Sinn denn darin? Doch immerhin: Nimmt man Schleiermachers Voraussetzungen an, leuchtet die *faktische* Angewiesenheit auf Erlösung wohl ein.

Indessen mußte er nicht weniger darauf achten, die »ursprüngliche Vollkommenheit« des menschlichen *Wesens* unangetastet zu lassen[32]. Von einer »Störung der Natur« durch die Sünde (I, 361) kann ja nur sprechen, wer an der Möglichkeit ihrer »unsündlichen Entwicklung« festhält (II, 43). Ohne diese Prämisse und ohne ein Minimum an Gottesbewußtsein wäre weder das Bewußtsein der Schuld noch die Empfänglichkeit für die Erlösung begreifbar und die Erlösung selbst nicht eigentlich als Erlösung, sondern nur als »gänzliche Umschaffung« des Menschen möglich gewesen[33]. Um so auffälliger aber ist Schleiermachers Bemühen, die Tatsache der Sünde dennoch bis an die Grenze ihrer Unvermeidbarkeit verständlich zu machen. Beachtet man nämlich die »ungleichmäßige Entwicklung« von Sinnlichkeit und Vernunft, von Einsicht und Willenskraft im einzelnen Menschen (I, 360) und rechnet man seine Eingebundenheit in das »Gesamtleben der Sünde« hinzu (II, 15), muß die Sünde als

---

[32] Unter der »ursprünglichen Vollkommenheit des Menschen« versteht Schleiermacher die »Richtung auf das Gottesbewußtsein«, die als lebendiger Impuls »nur aus der inneren Wahrheit des Wesens hervorgehen [kann], welches er eben mit konstituiert« (I, 321). Die »Stetigkeit des Gottesbewußtseins« ist deshalb nicht nur »an und für sich betrachtet möglich« (I, 322), sondern auch als »ursprüngliche Forderung« begründet; »und die menschliche Natur ... erscheint zulänglich zu ihrer Erfüllung« (I, 324).

[33] I, 131. Dem letztgenannten, oft wiederkehrenden (vgl. etwa I, 77. 372) und für die Frage der anthropologischen Vermittlung des Glaubens tatsächlich entscheidenden Argument wäre freilich auch entsprochen, wenn man nicht ein der Erlösung (bzw. der Offenbarung) schon vorhergehendes Gottes- und Sündenbewußtsein, sondern nur eine (noch nicht weiter bestimmte) Empfänglichkeit für sie annimmt, die überdies nicht einmal aktualisiert sein müßte. Neben vielen Stellen, an denen Schleiermacher eine der Gnade vorgängige Anerkennung der eigenen Erlösungsbedürftigkeit – und d.h. für ihn der Sünde – voraussetzt (so etwa I, 349.91.161), rechnet er allerdings an anderen damit, daß jedenfalls ein »vollständiges« Bewußtsein der Sünde und mit ihr der Erlösungsbedürftigkeit wohl erst in der Begegnung mit Christus entsteht und somit die Klarheit des Bedürfnisses mit seiner anfänglichen Erfüllung in eins fällt (I, 97.365; II, 20.22.25.92). In jedem Fall aber gilt ihm die Sündenerkenntnis als Bedingung für das Bewußtsein und die Anerkennung des »Unterschied[s] zwischen dem Erlöser und uns« (I, 161; II, 20. 92 u.ö.) – ein klarer Beleg für das systematische Gewicht der Sündenlehre und ihre unentbehrliche Funktion, die Folgen der inhaltlichen Unterbestimmung der Differenz von Anthropologie und Christologie aufzuhalten. Eine Bestätigung dieser Beobachtung darf man wohl auch in Schleiermachers Feststellung erblicken, »daß streng genommen nichts, was ausschließend einer Zeit angehört, welche der christlichen Entwicklung jenes Gegensatzes [von Sünde und Gnade] vorangeht, und ebensowenig, was einer Zeit angehört, welche erst beginnen soll, wenn die Unfähigkeit [zur Frömmigkeit] gänzlich besiegt und verschwunden ist, mit in den Umfang der christlichen Lehre im eigentlichen Sinne aufgenommen werden kann« (I, 163).

geradezu notwendige Entwicklungsstufe der Menschheit erscheinen[34]. Dabei war es ein theologisches Problem, was Schleiermacher bedrängte: daß nämlich die Sünde, auch als Tat des Menschen betrachtet, aus der Abhängigkeit von Gott nicht herausfallen könne[35]. Wie aber kann Gott bewirken, was seinem Willen entgegensteht? Die Antwort führt ins Zentrum der Gotteslehre: Gott hat die Sünde geordnet, *weil* die *Erlösung* sein sollte (I, 354.429; II, 24). Obwohl dem Menschen als realer Zwiespalt bewußt, ist sie doch für Gott selber ein Nichts: ein zum Verschwinden Bestimmtes (I, 427.437). Und im Blick auf den »*einen* ungeteilten ewigen göttlichen Ratschluß« wäre sogar zu empfehlen, statt vom Erlöser vom »zweiten Adam« zu sprechen, in dem »die Schöpfung der menschlichen Natur«, also »der Begriff des Menschen als Subjekt des Gottesbewußtseins vollendet« und der Anfang des »vollkommneren menschlichen Lebens« gesetzt ist (II, 23 f.38.47 f.).

Aber auch für diese Perspektive soll nun gelten, »daß durch den von Adam aus sich entwickelnden Naturzusammenhang zu diesem höheren Leben nicht zu gelangen war« (II, 24). Und so finden wir die ganze Glaubenslehre hindurch zwei Aussagereihen: Auf der einen Seite soll die Erscheinung Christi einem »schöpferischen göttlichen Akt«, ja einer »anfangenden göttlichen Tätigkeit« entstammen, also aus dem Lebenskreis, in dem er auftrat, nicht erklärbar und insofern *über*natürlich sein (II, 22.38). Zugleich aber soll sie in der »ursprünglichen Einrichtung der menschlichen *Natur*« gründen, ihr von jeher »auf unzeitliche Weise schon eingepflanzt« sein und »somit als die höchste Entwicklung ihrer geistigen Kraft angesehen werden« und als ihre »ursprüngliche Tat« gelten können (I, 90; II, 26.47). Vereinbar aber sind beide Aussagen[36] nur noch durch den Rekurs auf Gottes »ewige Allmacht« (I, 265), die den Naturzusammenhang als ganzen schafft und erhält und die – da es in ihr selbst keine Veränderung, keinen Unter-

---

[34] Ausdrücklich heißt es I, 440, daß »die nur allmähliche und unvollkommne Entwicklung der Kraft des Gottesbewußtseins zu den Bedingungen der Existenzstufe gehört, auf welcher das menschliche Geschlecht steht«.

[35] Vgl. §§ 65. 79–81. 89. Daß Schleiermacher gerade zur Bewältigung dieser Frage seine ganze dialektische Kunst aufbieten mußte, entsprach – wie *Hirsch* (s. Anm. 8) 310 klar herausgestellt hat – seiner Intention, die »monistische Grundlage der Glaubenslehre« mit dem »Dualismus« in Einklang zu bringen, »der von dem religiösen Erleben gerade in einem teleologisch-ethisch gerichteten Erlösungsglauben unabtrennlich ist«. Welches Verständnis der Wirksamkeit Gottes wie der menschlichen Freiheit seine Problemstellung und -lösung impliziert, wird noch deutlicher werden.

[36] Thematisch wird ihre Spannung und sichtbar das Gefälle ihres Ausgleichs bereits in § 13, der den Begriff einer »schlechthinnigen« Übernatürlichkeit und Übervernünftigkeit für die Erscheinung des Erlösers abweist und bezüglich seiner Wirkungen zu der weitgehenden Aussage gelangt, daß »in der menschlichen Vernunft selbst schon auf gewisse Weise das gesetzt [ist], was durch den göttlichen Geist hervorgebracht wird«, und daß insofern »der göttliche Geist selbst als die höchste Steigerung der menschlichen Vernunft gedacht werden [kann], und die Differenz zwischen beiden als aufgehoben« (I, 91).

schied von Können und Wollen, Wollen und Wissen, Wissen und Tun gibt – in einem einzigen unteilbaren Akt alles ordnet und wirkt, was sich in der Zeitform des Geschaffenen entfaltet und sich im Wirkzusammenhang des Lebendigen nach uns unerforschlichen, doch göttlich geordneten Gesetzen erfüllt[37].

Es war Schleiermachers Anspruch, mit dieser Lösung den zeitgenössischen

---

[37] Eine Interpretation des grundlegenden allgemeinen Teils der Gotteslehre, wie sie zur Erhärtung dieser und der noch folgenden Feststellungen erforderlich wäre, kann hier nicht geboten werden. Doch sei wenigstens auf ihre für den vorliegenden Zusammenhang entscheidenden Auskünfte verwiesen. Ihren zentralen Gedanken, auf den sie »alle in der christlichen Glaubenslehre zu behandelnden göttlichen Eigenschaften« zurückführt, findet sie – ihrem Ausgang vom Gefühl schlechthinniger Abhängigkeit entsprechend – in der »göttlichen Ursächlichkeit« (I, 260), die – sofern sie »dem Umfang nach« mit der Gesamtheit der endlich-natürlicher Ursächlichkeit zusammenfällt – als »göttliche Allmacht« und – sofern sie aller Ursächlichkeit im Bereich der Wechselwirkung entgegengesetzt ist und als »schlechthin zeitlose Ursächlichkeit« mit allem Zeitlichen auch die Zeit selber bedingt – als »göttliche Ewigkeit« bezeichnet wird (I, 264. 267), genauso wie sie, sofern sie als »schlechthin raumlose Ursächlichkeit« alles Räumliche und den Raum selber bedingt, Gottes »Allgegenwart« genannt wird (I, 272). Mit dem Gedanken der göttlichen Ewigkeit, der jede Veränderung, jeden »Wechsel« und »willkürlichen« Beschluß von Gott ausschließt (I, 90.198.204.271), entfällt in Gott auch jede Differenz von »wirklich und möglich«, von Können, Wollen und Tun (I, 282 f.); desgleichen ist seine »Allwissenheit« nur als »die schlechthinnige Geistigkeit« seiner alles bewirkenden Allmacht verstehbar (I, 289 ff.). Für seine gesamte schaffende und erhaltende Tätigkeit aber, die beide »an und für sich betrachtet« ebenfalls »völlig gleich« sind (I, 186), ergibt sich die Notwendigkeit, sie als *einen* zeitlosen Akt zu denken (I, 192.231), der sich auf Einzelnes nur richtet, sofern es zugleich durch den Naturzusammenhang »vollkommen bedingt« ist und »durch anderes bewirkt« wird (I, 225. 285). Denn »geschaffen wurde die Welt, und alles Einzelne als solches nur in und mit dem Ganzen und ebensogut für das andere als für sich« (II, 92). Deshalb sind »die innere Gewißheit der schlechthinnigen Abhängigkeit alles Endlichen von Gott« und »die vollkommenste Überzeugung, daß alles in der Gesamtheit des Naturzusammenhanges vollständig bedingt und begründet ist«, konkurrenzlos vereinbar und lediglich als »Gesichtspunkte« unterscheidbar (I, 228 f.). Ausgeschlossen aber ist die Ansicht, daß durch Gottes Allmacht »zu irgendeiner Zeit etwas ... erst werden« könne, da vielmehr durch sie »immer alles schon gesetzt [ist], was durch die endliche Ursächlichkeit freilich in Zeit und Raum erst werden soll« (I, 280). – Welches Verständnis von Geschichte und menschlicher Freiheit diesen Voraussetzungen entspricht, ist noch zu zeigen. In jedem Fall aber erklären sie Schleiermachers Bemühen, einen Begriff von »übernatürlich« für die Erscheinung Christi zu konzipieren, der auf den »bestehenden Geschichtszusammenhang«, in den er eintrat und aus dem er sich doch nicht begreifen läßt (I, 72.88; II, 38.47), relativiert bleibt, also nur den »Eintritt des Erlösers in die Welt«, den »Anfang seines Lebens« betrifft (II, 22.47; L 174). Denn damit ließ es sich verbinden, das »Einpflanzen« des Göttlichen, das in Jesus hervortrat, als »ewigen Akt« Gottes und zugleich »das zeitliche Hervortreten dieses Aktes ... als eine in der ursprünglichen Einrichtung der menschlichen Natur begründete, und durch alles Frühere vorbereitete Tat derselben« anzusehen (I, 89 f.) – als eine »ursprüngliche« Tat der menschlichen Natur zwar, »d. h. als eine Tat derselben als nicht von der Sünde affizierter« (II, 47), doch gleichwohl als ein »durch das Vorherige bedingtes Hervortreten einer neuen Entwicklungsstufe« dieser Natur (II, 23). Die ursprüngliche Neuheit der Erscheinung Christi war dann freilich, angesichts ihrer Herkunft »aus der allgemeinen Quelle des geistigen Lebens« (II, 38), nurmehr durch denselben Gedanken zu sichern, der zugleich Gottes erschaffendes und vollendendes Handeln zur Einheit eines (»im höhern Sinn« zu verstehenden) »uns unerreichbaren Naturzusammenhang[s]« verband (II, 48): durch die

Gegensatz von Rationalismus und Supranaturalismus überwunden zu haben. Doch scheint mir, daß gerade die Gotteslehre, die diesen Ausgleich abstützen soll, das problematische Gefälle des Gesamtentwurfs ans Licht bringt und endgültig befestigt. Denn was sie, beeindruckt von Fichtes Kritik des traditionellen Theismus, mit geradezu eifernder Sorge abwehrt, ist ja eben jede Möglichkeit eines *besonderen göttlichen Handelns*. Weggefallen ist darum die Differenz von Schöpfung und Erwählung, aufgehoben alle Verheißung in Gottes allmächtige Vorsehung und Weisheit, undenkbar geworden die Freiheitsgeschichte, in der Gott selbst sich den Menschen zuwendet und sie zu Teilhabern seiner Liebe beruft. Der zeitenthobenen Allwirksamkeit Gottes, wie Schleiermacher sie dachte, *konnte* er nur dadurch entsprechen, daß er das Geschehen des Heils, der Sünde und der Gnade als *Entwicklungsprozeß der menschlichen Natur* explizierte[38]. Und darum bleibt es schwer zu begreifen, warum die Vernunft, zu sich selber gekommen, den Erlöser schließlich nicht doch als »Entwicklungspunkt« (I, 81) ihrer eigenen Geschichte einordnen sollte.

IV. Zur Kritik der philosophischen Prämissen

Daß Schleiermachers Erlösungslehre und Christologie nur die Realisierung dessen thematisieren, was bereits die Anthropologie als Wesensbestand sichert, oder daß – umgekehrt formuliert – die Anthropologie inhaltlich schon enthält, was doch erst durch Jesus gegeben sein soll – in der Geschlossenheit dieses Zirkels sehe ich die Problematik seiner Hermeneutik des Glaubens[39]. Und sie

---

Berufung auf die »Einheit des göttlichen Gedankens« und die von Gottes ewigem »Ratschluß« der menschlichen Natur eingestifteten, doch menschlicher Einsicht unzugänglichen »Gesetze« (I, 88.90; II, 23.48.62). Was immer man von dieser Konstruktion halten mag – sie kennt jedenfalls eine Differenz von Christologie und Anthropologie nur innerhalb der »Selbigkeit der menschlichen Natur« (II, 23), also nur als graduelle. Dies wird nicht zuletzt dadurch bestätigt, daß Schleiermacher eine Auszeichnung des »Seins Gottes« im Erlöser, das auch erst die zweite Auflage ein »eigentliches« nennt, gegenüber Gottes Sein in der übrigen Vernunftkreatur nur durch den Rekurs auf die Trübung und Hemmung des Gottesbewußtseins in allen Menschen außer Christus gelingt (II, 45 f.).

[38] Schon *F. Ch. Baur* hat bemerkt, daß hier eigentlich das subjektive Bewußtsein von Gott, eben das Gefühl schlechthinniger Abhängigkeit, »sich mit sich selbst vermittelt« (Die christliche Gnosis oder die christliche Religions-Philosophie in ihrer geschichtlichen Entwicklung. Tübingen 1835, 634).

[39] Im Blick auf Schleiermachers Anthropologie hat *O. Bayer* von einer »fundamentalontologische[n] Ausweitung eines ganz bestimmten ontischen Existenzverständnisses«, nämlich des christlichen Schöpfungsglaubens, gesprochen und darum die von ihr geleitete Darstellung des christlichen Glaubens als ein Verfahren bezeichnet, das »nur darum nicht tautologisch [ist], weil das Kriterium der Verstehbarkeit des zu Verstehenden das *formalisierte* Merkmal des zu Verstehenden ist« (Was ist das: Theologie? Eine Skizze. Stuttgart 1973, 43 f.). Der Preis aber für diese »Ontologisierung der Gnade« sei die nurmehr »quantitative« Differenz von Sünde und

weist bereits auf den Ansatz. Auch seine Gotteslehre hat Schleiermacher nur als Entfaltung dessen verstanden, was im Gefühl schlechthinniger Abhängigkeit gesetzt ist[40]. Angesichts der imponierenden Konsistenz, die seine Glaubenslehre in ihren Teilen wie als ganze auszeichnet, käme eine Kritik, die sich mit der Anmeldung einzelner theologischer Bedenken begnügte, wohl zu spät. Wie will sie sich noch den Folgen verschließen, wenn sie die Vorentscheidungen unbesehen hingehen ließ?

Kehren wir also noch einmal zum Anfang, zur Analyse des zeitlichen Bewußtseins zurück. Was Schleiermacher dort, wie auf anderen Wegen die Spätphilosophien Fichtes und Schellings, überzeugend entwickelt, ist die Einsicht in die abgründige Faktizität der Vernunft – ein theologisch überaus relevantes Ergebnis, denn bereits mit ihm war ja die entscheidende Bestimmung für den Gedanken eines von Welt und Mensch verschiedenen Gottes verifiziert und das Argument beigebracht, das in der Auseinandersetzung mit Hegel und Feuerbach zählt[41]. Einen Augenblick auch überlegt man, ob es Schleiermacher nicht vielleicht doch nur auf diese Bestimmung, also auf die gedankliche *Möglichkeit* der Gotteserfahrung ankam. Die Präsenz Gottes für das Selbstbewußtsein, gelegentlich auch als »ursprüngliche Offenbarung« (I, 30) und als »unmittelbares Existentialverhältnis« (L 126) bezeichnet, wäre dann eine theologische Prämisse – es gäbe ja gute Gründe dafür. Daß es Schleiermacher jedoch anders gemeint hat, zeigt nicht nur die ganze Anlage des Arguments und dessen spätere durchgehende Verwendung, sondern auch seine Unfähigkeit, den Atheismus als theoreti-

---

Gnade (50). Sofern Schleiermacher tatsächlich nicht nur die Einsicht in die radikale Endlichkeit der Vernunft, sondern auch noch die Gottesgewißheit als menschliche Wesensmöglichkeit reklamiert, scheinen mir Bayers Beobachtungen zutreffend und überaus erhellend. Aber soll man aus ihnen nun folgern, auf den Aufweis eines »transcendentalen«, das die »anthropologische Kontinuität« in Sünde und Gnade gewährleistet (48), überhaupt zu verzichten? Fällt die anstehende Aufgabe nicht doch eher mit der Frage zusammen, ob dieses »transcendentale« so bestimmt werden kann, daß mit der menschlichen Ansprechbarkeit für Gottes Offenbarung zugleich deren wesentliche Unverfügbarkeit, also das Verhältnis von Glaube und Vernunft als *Bestimmungs*verhältnis einsichtig wird?

[40] Vgl. Anm. 37.
[41] *Feuerbachs* spätere Zurückführung des menschlichen Abhängigkeitsgefühls auf »ursprünglich nichts andres als die Natur« (Das Wesen der Religion: WW [ed. E. Thies] 4. Frankfurt 1975, 81 ff.) muß man schon deshalb als Rückfall unter das von Schleiermacher erreichte Reflexionsniveau bewerten, weil dieser gerade das aus dem Naturzusammenhang nicht erklärbare Dasein der *Freiheit* in den Blick gefaßt hatte (I, 28 f.172 f.). Desgleichen konnte er sich, sofern mit der Einsicht in die Kontingenz der Vernunft auch die *Transzendenz Gottes* feststand, zu Recht dagegen verwahren, mit den »spekulativen Dogmatikern« zusammengestellt zu werden und das von ihm als »Sein Gottes in dem Menschen« bezeichnete Gottesbewußtsein mit dem göttlichen Selbstbewußtsein, also »Gott selbst« gleichzusetzen (L 132). Daß die Transzendenz Gottes ihrerseits aber nur auf dem Weg der Selbstreflexion der *Vernunft* gedanklich verifiziert werden kann – diese Einsicht Schleiermachers (wie Fichtes, Schellings und Kierkegaards) könnte eine Hermeneutik des Glaubens nur auf die Gefahr hin mißachten, ihre philosophische Rechenschaft überhaupt schuldig zu bleiben.

sche Möglichkeit zuzulassen (I, 176 f.). Was in seiner Dialektik den Status einer Voraussetzung hat: Gott als Möglichkeitsgrund des Erkennens und Handelns[42], das sieht die Glaubenslehre als im menschlichen Wesen begründete Gewißheit: von der »Intelligenz in ihrer subjektiven Funktion« ist das Gottesbewußtsein unabtrennbar (I, 175)[43]. Ist es Schleiermacher verborgen geblieben, daß seine Gleichsetzung von Kontingenz- und Gottesbewußtsein Optionen enthielt, die in philosophischer Instanz keineswegs mehr verbürgt werden können?

Jedenfalls scheint es mir mehr als ein Zufall, daß seine Analyse zwar auch das *Freiheits*bewußtsein beansprucht, das *unbedingte* Moment menschlicher Freiheit jedoch, ihr ursprüngliches Sichentschließen und Sichverhaltenkönnen, nirgendwo in Betracht zieht[44]. Gleichwohl ist geltend zu machen: Wo immer ein

---

[42] Vgl. dazu *Hirsch* (s. Anm. 8) 285–299; *H.-W. Schütte*, Das getröstete Denken. Zu Schleiermachers Dialektik, in: *Lange* (s. Anm. 15) 72–84.

[43] An diesem Punkt scheint mir die Bemerkung Barths über Feuerbach als Kompromittierung der Schleiermacherschen Theologie ihren philosophisch entscheidenden Anhalt zu haben. Denn je wesentlicher und unmittelbarer der Ineinsfall des Gottes- mit dem Selbstbewußtsein, desto näherliegend seine Identifizierung mit ihm und endlich seine anthropologische Dechiffrierung. Es dürfte lohnen, dies am neuzeitlichen Schicksal des Gottesproblems zu verfolgen. Auf die bemerkenswerten Parallelen, die Schleiermachers Interiorisierung der Gottesgewißheit zu Descartes' meditativer Gottes- und Selbstvergewisserung aufweist, hat O. *Bayer* hingewiesen und im Blick auf Feuerbach deutlich gemacht, wie dieser gerade mit der psychologischen Wendung seiner Religionskritik sich auf Schleiermacher beziehen konnte (Umstrittene Freiheit. Theologisch-philosophische Kontroversen. Tübingen 1981, 64 f. 104 f.; *ders.* [s. Anm. 39] 12 f. 19 ff.). Indessen ist dabei doch zu sehen, daß Feuerbachs Beanspruchung Schleiermachers als »Stütze« seiner »aus der Natur des Gefühls gefolgerten Behauptungen« (Zur Beurteilung der Schrift »Das Wesen des Christentums«: WW [ed. *E. Thies*] 3. Frankfurt 1975, 211) wie auch die entsprechende theologische Kritik an Schleiermacher nur soweit hingeht, als er das Resultat seiner Analyse in der Auswertung überzieht. Folgt man ihm nur bis zur beschriebenen Einsicht in die Faktizität der Vernunft, läßt sich gerade mit ihm gegen Feuerbach argumentieren.

[44] Daß »ohne alles Freiheitsgefühl ... ein schlechthinniges Abhängigkeitsgefühl nicht möglich« wäre und jenes gegenüber allem Welthaften niemals verschwindet, hat die Analyse gezeigt und wird von Schleiermacher immer wieder betont (I, 28.173.250). Insofern traf Hegels Spott, daß nach Schleiermacher der Hund der beste Christ sei, tatsächlich ins Leere. Desgleichen ist klar, daß – sofern »dasjenige ganz von uns her sein müßte, in Bezug worauf wir ein schlechthinniges Freiheitsgefühl haben sollten« (I, 28) – die in ihrer Wirklichkeit an die Empfänglichkeit gebundene und auf Gegebenes angewiesene Freiheit nicht »schlechthinnig« sein kann. Aber ist mit der Selbstverständlichkeit, daß menschliche Freiheit nicht absolut ist, schon alles Wesentliche zu ihr gesagt? Auffallend ist bereits, daß Schleiermacher die Möglichkeit der Analyse, sofern sie auf einem Akt freier Reflexion beruht und nichts durch die Empfänglichkeit Gegebenes betrifft, nicht eigens bedenkt, geschweige denn, daß er die Selbstgewißheit des Ich zu ihrem evidenten Ausgangs- und bleibenden Bezugspunkt gewählt hätte. Vielmehr wird die Vorstellbarkeit des »Ich an sich«, obwohl für die Vergewisserung der Identität des Ich in seinem »veränderlichen Sosein« durchaus in Anschlag gebracht, nur noch erwähnt, um mit dem Hinweis auf die »unbestimmte Agilität« des reinen Selbstbewußtseins und seine realiter unlösbare Zusammengehörigkeit mit einem Moment der »erregten Empfänglichkeit« fortan unbeachtet zu bleiben (I, 24.28). Dem Ansatz der Analyse beim Faktum des existierenden Bewußtseins entspricht nun nicht nur ihre (im Unterschied etwa zu der von Fichte erreichten genetischen Evidenz und

Mensch die Ambivalenz seiner zwischen Angst und Vertrauen schwankenden Daseinserfahrung dadurch entscheidet, daß er die Frage absoluter Begründung aufwirft und als beantwortet setzt[45], da handelt er in dieser Freiheit – und zwar von dem Bedürfnis geleitet, daß seine unbedingte Sinnintention, die eben *ihrer*

Selbstreflexivität des Denkens) bloß äußerlich reflektierende Methode, sondern es erklärt sich durch sie vielleicht auch die Täuschung über den tatsächlichen Anteil der freien Reflexion (und Entscheidung) am Kontingenz- und erst recht am Gottesbewußtsein (vgl. Anm. 45). Darüber hinaus aber ist festzustellen, daß die formale Unbedingtheit der Freiheit, die in ihrem ursprünglichen Sichentschließen sowie ihrer Fähigkeit hervortritt, sich zu allem (auch noch zum eigenen Dasein und dessen Grund) ins Verhältnis zu setzen, für Schleiermacher auch sonst keinerlei Bedeutung gewinnt. Vielmehr geht sein ganzes Interesse dahin, gegenüber Gott *jegliches* Gefühl der Freiheit (als mit ihrer »absoluten Abhängigkeit« von ihm unvereinbar) auszuschließen (I, 173; L 130), sie vielmehr als »mitlebenden Teil« (I, 173) in den Naturzusammenhang einzubinden und dessen Abhängigkeit von Gott so zu denken, wie es die Ewigkeit seiner Allmacht verlangt. Zwar wird die Freiheit dabei nicht etwa der Notwendigkeit des allgemeinen Naturmechanismus geopfert, wohl aber – wenn auch als Höchstfall, bei dem sich das Selbst- zum Weltbewußtsein erweitert und alles Endliche ins nunmehr schlechthinnige Abhängigkeitsgefühl einschließt – einem Begriff von »Ursächlichkeit« subsumiert, der sich seinerseits auf alles Lebendige, nur irgendwie »für sich Bestehende« und »sich selbst Bewegende« erstreckt (I, 249 ff.) und innerhalb des »individualisierten Lebens« nur noch graduelle Freiheitsunterschiede zuläßt (I, 251. 254. 435). Die Geschlossenheit des Naturzusammenhangs, in dem jedes vermöge der »ihm eingepflanzten Ursächlichkeit« alles übrige bedingt wie von ihm bedingt wird und in dem das Einzelne »für sich« wie auch sein »Ort ... im Gebiet der allgemeinen Wechselwirkung« von Gott gewollt und geordnet und noch »den freiesten Ursachen ... ihr Maß« bestimmt ist (I, 236. 245. 252. 279. 281. 285. 294), macht nun allerdings jede »Wechselwirkung ... zwischen Schöpfer und Geschöpf«, die Gott der Veränderung aussetzen und in die »Sphäre der Beschränktheit« herabziehen müßte, entbehrlich (I, 236, 436; II, 381; L 131). Erst recht scheidet aus, daß Gott etwa in seiner Achtung der menschlichen Freiheit »Akte der Selbstbeschränkung« ausüben könnte (L 130). Aber auch die anthropologischen Konsequenzen werden, trotz aller Differenzierungen, wünschenswert klar: Mit »Freiheit des Willens« kann nur noch die »Verneinung einer äußeren Nötigung« und die Tatsache gemeint sein, daß unbeschadet der schlechthinnigen Abhängigkeit »die Tätigkeiten der freien Wesen doch von innen bestimmt sind« (I, 436. 252); und daß »das göttliche Wissen um die freien Handlungen der Menschen mit dieser Freiheit bestehen kann«, ist schon deshalb entschieden, weil sonst die Rede »von einem ewigen Ratschluß« hinfällig und »überhaupt die Geschichte etwas würde, was Gott nur allmählich erführe, mithin der Begriff der Vorsehung ganz müßte aufgegeben werden« (I, 300). Verständlich nun auch, weshalb jede »Wahl«, statt als wesentliches Moment des Glaubens wie der Sünde zu gelten, nur Indiz einer »auf Schwanken und Unsicherheit gegründeten Freiheit« (L 136), die Sünde ihrerseits nur von Gott geordnet und nur »Hemmung« des Gottesbewußtseins und endlich »ein schlechthinniger Widerspruch« gegen Gott überhaupt nicht möglich sein kann (I, 439). Was aus solchen Voraussetzungen für das Geschichtsdenken folgen muß, liegt auf der Hand; nicht weniger machen sie die Eigentümlichkeiten der Schleiermacherschen Ethik verständlich (vgl. Anm. 46).

[45] Daß dabei ein mehrschichtiges Reflexionsgefüge vorliegt, zeigt gerade auch Schleiermachers Aufweis des Gottesbewußtseins. Denn dieser umfaßt 1. die Reflexion auf die invariante Struktur wirklicher Freiheit als Einheit von Selbsttätigkeit und Empfänglichkeit, 2. die Reflexion auf diese Struktur als der Freiheit selbst unverfügbare und von ihr nicht begründete und 3. die Setzung des Woher der so verfaßten Freiheit als eines dem Wissen doch schlechthin entzogenen. Aber während die beiden ersten Schritte der freien Reflexion zumutbar und ihre Einsichten dann unabweisbar sind, impliziert der dritte, der über alles durch irgendein Wissen zu

(formalen) Unbedingtheit entstammt, nicht vergeblich sein möchte. Aber dies bedeutet nun auch, daß die Sinn*gewißheit* der Freiheit, ihr selbst unverfügbar, nur *geschenkt* werden kann. Für Schleiermacher konnte Gottes Offenbarung nur affirmieren, was im Wesen des Menschen gesetzt ist. So wie sie das Vertrauen in die geschichtliche Wirksamkeit der Vernunft nur bestärkte, das seine ganze Ethik trägt und das er mit den meisten der Zeitgenossen teilte[46]. Es war der Geschichtsoptimismus einer Epoche, die aus der eigenen Vernunft zu schöpfen meinte, wo sie in Wahrheit ein historisches Erbe aufzehrte. Eine Selbstgewißheit der Vernunft freilich auch, die schon Hegel am Ende seines Systems angesichts der unversöhnten Realität nur noch die Auskunft übrigließ, daß es Sache der »zeitliche[n], empirische[n] Gegenwart« sei, wie sie »aus ihrem Zwiespalt herausfinde« und »sich gestalte«[47].

Schleiermacher hat Freiheit durchweg als Selbsttätigkeit des Lebendigen verstanden. Eine *radikalere* Freiheitsauffassung hätte nicht nur sein Gottes- und Geschichtsverständnis von Grund auf verändern müssen, sondern wohl auch den Zirkel zwischen Anthropologie und Christologie öffnen können. Gnade wäre denkbar geworden als das Geschehen, in dem uns allererst zukommt, wofür wir geschaffen wurden. Und unmöglich geworden die Verharm-

---

Sichernde hinauszielt, zumindest die (ihrerseits nur aus der formalen Unbedingtheit der Freiheit verständliche, tatsächlich aber umstrittene) Prämisse, daß das Faktum der Freiheit, um sinnvoll zu sein, nicht als unbegründet hinnehmbar sei. Als kaum haltbar erweist sich damit nun aber auch Schleiermachers These von der *Unmittelbarkeit* des Gottesbewußtseins wie zuvor schon des Bewußtseins der Faktizität unseres Daseins (mögen ihr auch Dilthey und Heidegger gefolgt sein). Denn zu fragen ist eben, mit welchem Recht ein Selbstbewußtsein, dessen Bestimmtheit allein im Ausgang vom vermittelten und durch Negation eines schlechthinnigen Freiheitsbewußtseins eruiert werden kann, überhaupt noch – mag es gewöhnlich auch als unentwickeltes vorkommen – als unmittelbares behauptet werden kann (vgl. auch *Cramer* [s. Anm. 21] 150–159).

[46] Zum Prozeß der Einigung von Vernunft und Natur als Grundthema der Schleiermacherschen Ethik und ihrer optimistischen Beurteilung der Kulturentwicklung, zu ihrer Hingabe an die Objektivität der sittlichen Welt und ihrem nachgängig-verstehenden, eher beschreibenden als normativen Charakter, ihrer Vorordnung der Güter- vor die Tugend- und Pflichtenlehre, ihrer Ausweitung des Person- und Individualitätsbegriffs und ihrer Zurückstellung des einzelnen, ihrer Nivellierung absoluter, qualitativer Gegensätze (gut und böse, Freiheit und Notwendigkeit) zu quantitativ-relativen, ihrer Auslassung der eigentlichen Gewissens- und der Vergebungsthematik sowie überhaupt zu Schleiermachers Sicht des Verhältnisses von Christentum und Kultur s. *Hirsch* (s. Anm. 14) 547–559; *Birkner* (s. Anm. 5) 46–49. 91–93. Pointiert hat *Schellong* (s. Anm. 4) 43 ff. von Schleiermachers Theologie als »Theologie in der Gewalt des Evolutionsdenkens« gesprochen, während *E. Herms* davon ausgeht, daß die Schleiermacher präsente Gestalt des ethischen Lebens »der ethische Prozeß unter der Bedingung des Christentums« war und seine »philosophische Ethik selber unter dieser Bedingung der Christlichkeit (eben des Lebens ihres Autors) entwickelt worden ist« (Reich Gottes und menschliches Handeln, in: *Lange* [s. Anm. 15] 161–192, 166.180).

[47] *G. W. F. Hegel*, Vorlesungen über die Philosophie der Religion II (Theorie Werkausgabe 17). Frankfurt 1969, 344.

losung der Sünde zum Entwicklungsproblem der Vernunft. Daß Sünde, wie Kierkegaard sagte, eine »Krankheit im Geist« *selbst* ist[48], das verzweifelte »Selbstseinwollen« der vom Bewußtsein ihrer Kontingenz geängstigten und im Endlichen sich behauptenden Freiheit – das hatte sich Schleiermacher schon im Ansatz verstellt. Und damit eine Einsicht verschlossen, die für die Aufklärung der Freiheitsgeschichte in ihrer tatsächlichen Dialektik unverzichtbar ist und hinter die es – jedenfalls heute, im Stadium ihrer manifesten Krise – kein Zurück mehr geben darf.

V. Konsequenzen für eine transzendental-anthropologische Hermeneutik des Glaubens

Ich möchte sie in sechs Thesen formulieren, die sich auf die durch Schleiermacher der Theologie aufgegebenen und – wie ich meine – zentralen systematischen Probleme beziehen und die Perspektive verdeutlichen sollen, die meine Zustimmung und meine Kritik an seinem Entwurf geleitet hat[49].

1. Die *wesentliche Bezogenheit des Glaubens auf Jesus Christus* kann erst einsichtig werden, wenn die *Gebundenheit seines Inhalts an die Form seiner Mitteilung* bedacht wird. Weil Gott sich selbst in Verkündigung, Tod und Auferweckung Jesu als *Liebe* geoffenbart hat und diese Wahrheit in ihrer Bestimmtheit nur bewahrt wird, wenn ihr *freies Gegebensein* anerkannt bleibt, ist Jesus Christus der unüberholbare Ursprung der Geschichte des Glaubens und diese auf die Geschichte der Vernunft zwar bezogen, aber unaufhebbar in sie. Durch Erinnerung und Hoffnung, Bitte und Dank transzendiert christlicher Glaube die Verfügungsmacht der Vernunft.

2. Der Wahrheit des Glaubens kann nur ein philosophisches Denken entsprechen, das des Menschen *Ansprechbarkeit für sie* aufzeigt und zugleich einsieht, sie selbst *weder ableiten noch sicherstellen* zu können: ein auf die *Freiheit* bezogenes Denken also. Denn es liegt im Wesen menschlicher Freiheit, daß die Wirklichkeit, die ihr gemäß ist, nur geschenkt werden kann: die Anerkennung durch Mitmenschen und noch mehr die Selbstmitteilung Gottes.

3. Die Probleme der anthropologischen Hermeneutik des Glaubens sind vermeidbar und ihre Aufgaben erfüllbar, wenn sie ein *konsequent transzendentalphilosophisches* Denken beansprucht. Als solches aber erweist sich *das Denken*

---

[48] S. *Kierkegaard*, Die Krankheit zum Tode (GTB 620). Gütersloh ²1982, 8 ff.
[49] Zur weiteren Verdeutlichung und ansatzweisen Ausführung s. *Th. Pröpper*, Erlösungsglaube und Freiheitsgeschichte. Eine Skizze zur Soteriologie. München 1985, 45–75. 88–124; zur Bedeutung eines auf die Freiheitsthematik bezogenen transzendentalphilosophischen Denkens für die Theologie s. auch *W. Kasper*, Das Wahrheitsverständnis der Theologie, in: *E. Coreth* (Hrsg.), Wahrheit in Einheit und Vielheit. Düsseldorf 1987, 170–193, 186 f.

der Freiheit, da es mit dem Rückgang auf die Unbedingtheit der Freiheit einer Vernunftforderung folgt und eine letztverbindliche Instanz geltend macht, mit der Einsicht in das formale Wesen dieser Unbedingtheit aber auch das Wissen um seine Grenze erreicht. *Es schafft und verbürgt also die Wirklichkeit nicht, deren humane Bedeutung es prüft und erschließt.* Dies gilt für alle Bedingungen und Gehalte geschichtlich sich realisierender Freiheit. Es gilt erst recht für den Selbsterweis Gottes als des absoluten Daseins- und Sinngrunds der Freiheit.

4. *Die transzendental-anthropologische Vermittlung des Glaubens* kann sich *nur als ein Moment in dessen Überlieferung* verstehen. Schon der eigenen faktischen Möglichkeit nach weiß sie sich von dem Geschehen abhängig, dessen Sinn sie vermittelt. Und ohne die Praxis des Glaubens, von der sie herkommt und in die sie zurückweist, würde sie gegenstandslos, postulatorisch oder ideologisch.

5. Sie ist dennoch *ein unverzichtbares Moment*, da sie im Streit um die Bestimmung des Menschen, in den christlicher Glaube eintritt, zu *argumentieren* erlaubt. Indem sie – auf die unbedingte Intention menschlicher Freiheit und die Freiheit aller verpflichtet – sowohl diese Intention als auch die Aporien ihrer selbstmächtigen Realisierung aus dem antinomischen Wesen des Menschen (als endlicher Freiheit) versteht und daher die Not verfehlter Selbstbestimmung zu erkennen, die tödliche Logik der Selbstbehauptung aufzudecken und den faktischen Gang der Freiheitsgeschichte wie die von ihr geschaffenen Verhältnisse begründet zu kritisieren vermag, *vertritt sie das Angebot des Evangeliums und seinen Anspruch*, noch im bestimmten Widerspruch *der Vernunft zu entsprechen*.

6. Sie ist ebenso unverzichtbar für die *Explikation der überlieferten Wahrheit* selber, deren menschliche Bedeutung sie aufschließt. Es ist möglich und sinnvoll, *Gott* als die vollkommene Freiheit zu denken, die allein das unbedingte Seinsollen zu verbürgen vermag, das Menschen intendieren, wenn sie sich selber annehmen und einander unbedingt anerkennen. Und es widerspricht seiner Vollkommenheit nicht, daß er sich selber bestimmte, sich von der Freiheit des Menschen bestimmen zu lassen – vorausgesetzt nur, man findet diese Vollkommenheit in der Treue und Ursprünglichkeit seiner Liebe, deren Möglichkeiten niemals erschöpft sind. *Jesus Christus* aber ist »Urbild« des Menschen, *weil* er Gottes Dasein für uns ist. Denn erst, indem Gottes entschiedene Liebe, durch die unmittelbar von ihr bestimmte und ihr entsprechende Freiheit Jesu vermittelt, selbst menschliche Wirklichkeit wurde, hat unsere Freiheit ihre definitive Bestimmung erfahren. Nicht also, daß wir ins eigene Wesen gelangen, ist unsere *Erlösung*, sondern daß wir leben dürfen aus der Zuwendung Gottes. Daß uns, da seine Liebe noch den Widerspruch der Sünde aushielt und die Herrschaft des Todes über das Leben zerbrach, die Möglichkeit einer Selbstbestimmung gewährt ist, die vom Gesetz der Angst und Selbstbehauptung frei wird. Und damit ein geschichtliches Handeln eröffnet, das sich gehalten und orientiert weiß von der schon angebrochenen Verheißung.

Das Faktum der Sünde und die Konstitution menschlicher Identität

Ein Beitrag zur kritischen Aneignung der Anthropologie Wolfhart Pannenbergs[1]

Daß heutige Theologie, namentlich die theologische Anthropologie, sich ernsthafter auf die Einsichten und die Theoriebildung der Humanwissenschaften einlassen müsse, gehört zu den Aufgaben, die öfter gefordert als geleistet zu werden pflegen. Mit seiner »Anthropologie in theologischer Perspektive« hat sie Wolfhart Pannenberg jedoch auf so umfassende, detaillierte und zugleich zielbewußt-integrative Weise in Angriff genommen, daß man dieses Werk nur als Pioniertat bezeichnen kann[2]. Pannenberg selbst hat – besonders engagiert stets gegenüber der Entschlossenheit Karl Barths, als Theologe »mit Gott selber zu beginnen« (16) – seit jeher die nicht weniger markante These vertreten, daß »die erste und grundlegende Entscheidung darüber, ob das Reden von Gott theoretischen Wahrheitsgehalt beanspruchen kann oder als irrationaler Ausdruck anderweitig ... zu erklärender menschlicher Einstellungen zu beurteilen ist«, nur auf »dem Boden anthropologischer Argumentation« fallen könne[3]. Im Zuge der neuzeitlichen Anthropologisierung der Gottesidee wie der anthropologischen Konzentration ihrer atheistischen Bestreitung sei die theologische Anthropologie geradezu in den »Rang einer Fundamentaltheologie« eingerückt[4]. Als solche müsse sie freilich nicht nur an der philosophischen Subjektivitätsreflexion teilnehmen und sich ein selbständiges Urteil über deren Problemgeschichte bilden, sondern ebenso eingehend auch die »Außenseite« der Subjektproblematik, und das heißt die verschiedenen Disziplinen empirisch orientierter Anthropologie, beachten[5]. Was mit letzterem gemeint ist, hatten bereits die 1962 unter dem Titel »Was ist der Mensch?« veröffentlichten Vorträge vorgeführt[6], indem sie namentlich das Phänomen der Weltoffenheit des

---

[1] Text eines Vortrags, der (in leicht gekürzter Fassung) am 12.1.1990 in Tübingen und am 11.6.1990 in Bochum jeweils auf Einladung der Kath.-Theol. Fakultät gehalten wurde. Den Vortragsstil habe ich zumeist unverändert gelassen.
[2] W. *Pannenberg*, Anthropologie in theologischer Perspektive. Göttingen 1983. Ich zitiere aus diesem Werk mit bloßer Seitenangabe im Text.
[3] W. *Pannenberg*, Gottesgedanke und menschliche Freiheit. Göttingen 1972, 16.
[4] A.a.O. 20.
[5] A.a.O. 20–24.
[6] W. *Pannenberg*, Was ist der Mensch? Die Anthropologie der Gegenwart im Lichte der Theologie. Göttingen 1962.

Menschen als »Ausdruck« seiner Angewiesenheit auf eine alles Endliche übersteigende unendliche Wirklichkeit auslegten[7]. Auch die seit 1983 vorliegende Anthropologie, die sich nun der »Wirklichkeit des Menschen in ihrer ganzen Breite« und mit der umfassenden Absicht zuwendet, »die religiöse Dimension der menschlichen Lebenswirklichkeit in ihrer strukturellen Eigenart und in ihren wichtigsten Erscheinungsformen« zu thematisieren (7), begründet ihr Vorhaben mit den bereits vertrauten Motiven, stellt aber ebenso nachdrücklich klar, daß die theologische Aneignung der nichttheologischen anthropologischen Forschung nur eine *kritische* sein könne – kritisch nicht allein wegen der von Barth beschworenen prinzipiellen »Gefahr einer anthropozentrischen Umklammerung der Theologie« (15), sondern kritisch auch angesichts des bedrückenden historischen Umstands, daß in den empirisch ausgerichteten Wissenschaften vom Menschen, seit sie sich unter dem Namen »Anthropologie« von der theologisch gebundenen metaphysischen Tradition emanzipierten und zur Grundlage der nach den Konfessionskriegen entstehenden säkularen Kultur avancierten, die Tendenz immer herrschender wurde, die »konstitutive Bedeutung des religiösen Bezugs für das Menschsein« bis zur Unerkennbarkeit in den Hintergrund treten zu lassen (17 f.). Dem »öffentlichen Bewußtsein von der Natur des Menschen seine religiöse Dimension zurückzugeben« und so auch der Beschränkung der »spezifisch christlichen Aussagen über den Menschen auf ein kulturelles Abseits« entgegenzuwirken, ist Pannenbergs erklärtes Interesse (7 f.). Als kritisch soll sich deshalb seine theologische Inanspruchnahme der von den Humanwissenschaften behandelten Phänomene erweisen, indem sie deren »säkulare Beschreibung als eine nur vorläufige Auffassung der Sachverhalte« nimmt und dadurch vertieft, »daß an den anthropologischen Befunden selbst eine weitere, theologisch relevante Dimension aufgewiesen wird« (19). Daß dies im einzelnen möglich sei, nennt Pannenberg die »Generalhypothese« seines Buches. Die nötige Zuversicht aber schöpft das großangelegte Projekt aus dem Glauben, daß »der Gott der Bibel der Schöpfer aller Wirklichkeit ist« (18 f.).

Meine folgenden Überlegungen zielen nun darauf, die Resultate Pannenbergs ihrerseits »kritisch anzueignen«. Ohne den Material- und Gedankenreichtum seines Werkes auch nur andeuten zu können, sollen zwei Fragen ins Auge gefaßt werden. Die erste, fundamentaltheologisch motivierte, betrifft den Aufweis der »religiösen und also theologisch relevanten Implikationen« der »empirisch erhobenen anthropologischen Phänomene« (21): In welcher Instanz geschieht er und mit welchem Anspruch auf Geltung? Und was folgt dann für Status und theologische Rezeption der Resultate? Allerdings soll diese Frage, obwohl stets gegenwärtig, ausdrücklich erst am Schluß auf breiterer Basis

---

[7] Gottesgedanke und menschliche Freiheit (s. Anm. 3) 21.

erörtert werden. Die zweite, zuvor im Mittelpunkt stehende Frage verfolgt – in notwendiger thematischer Begrenzung – dogmatische Interessen. Sie legt sich nahe aufgrund der hermeneutischen Einsicht, daß mit einer »theologischen Interpretation der Implikationen nichttheologischer ... Forschung«, wie Pannenberg sie anzielt (20), stets eine Interpretation der theologischen Interpretamente selber einhergeht. Obwohl Pannenbergs Anthropologie sich als »fundamentaltheologisch« firmiert (21) und ihre Argumentation deshalb (sofern es um den Aufweis religiöser Implikationen humanwissenschaftlicher Befunde geht) von Glaubensprämissen freihalten möchte, entwickelt sie (indem sie die Ergebnisse solcher Analysen theologisch sich aneignet und interpretiert) über weite Strecken doch auch bedeutsame Beiträge für Lehrstücke der Dogmatik. Dies gilt namentlich für die beiden Zentralthemen theologischer Anthropologie: Gottebenbildlichkeit und Sünde. Was erbringt Pannenbergs empirisch einsetzende Untersuchung für die Problematik der Sünden- und Erbsündenlehre? Auf dieses theologiegeschichtlich so bewegte und bis heute bewegende Thema will ich mich konzentrieren. In der Diskussion von Pannenbergs Beitrag zu ihm werde ich jedoch einen Gesichtspunkt anmelden, dem dann auch für die Erörterung der erstgenannten Fragen, die auf das Ganze seiner Anthropologie ausgreifen, eine Schlüsselrolle zufällt.

I. Gottebenbildlichkeit und Sünde im Ansatz Pannenbergs

Um die anstehenden Themen einordnen zu können, zunächst eine kurze Orientierung über die Anlage des Werkes. Den thematischen Leitfaden, der alle Einzeluntersuchungen verbindet, bildet die Identitätsproblematik – näherhin die Frage nach der Entstehung des Selbst sowie den subjektiven und objektiven Bedingungen menschlicher Identität. Daß sie religiöse Implikationen enthalten, stellt sich jeweils als Skopus der ausgedehnten Erörterungen heraus. In methodischer Hinsicht wählt Pannenberg das Verfahren, von den fundamentalen, aber noch abstrakten Gesichtspunkten zu den konkreteren fortzuschreiten, so daß jeder neue Fragekreis die Ergebnisse des vorhergehenden voraussetzt und in sich aufhebt. So gewinnt der *erste* Teil (mit Bezug auf Humanbiologie, Verhaltensforschung und »philosophische Anthropologie«) zunächst eine Wesensbeschreibung des Menschen in seinem Unterschied zum Tierreich und arbeitet die strukturellen Grundzüge der menschlichen Daseinsform heraus. Im *zweiten* Teil wird (im Anschluß an Sozial-, Entwicklungs- und analytische Psychologie) der Prozeß der individuellen Identitätsbildung innerhalb seines sozialen Bezugsfeldes behandelt, während der *dritte* sich endlich der kulturellen Lebenswelt als dem gemeinsamen Boden jeder individuellen Identität zuwendet und dabei dezidiert in die Diskussionen der Sprach- und Sozialphilosophie, der

Kulturanthropologie und Soziologie eingreift⁸. Er schließt mit prinzipiellen Überlegungen zum Begriff der Geschichte, die Pannenberg als »principium individuationis« (472) für den realen Bildungsprozeß der Menschen auf dem Wege zu ihrer Bestimmung begreift und theologisch als Stätte der wirksamen Gegenwart des schöpferischen Gottesgeistes deutet.

Wenden wir uns nun dem ersten Teil zu, der die wesentlichen Aussagen zur Sündenlehre bietet. Sie ist jedoch nur zu verstehen, wenn wir bei der Darstellung der Gottebenbildlichkeit des Menschen einsetzen, wie sie Pannenberg im Anschluß an die empirisch-anthropologische Forschung und als Interpretation ihrer Befunde entwickelt. Daß er sich dabei vornehmlich auf die Arbeiten der sogenannten »philosophischen Anthropologie« stützt, rechtfertigt er überzeugend damit, daß sich sowohl die extrem empiristische als auch die gleichsam aprioristische Deutung des menschlichen Verhaltens als unzureichend erwiesen: Das behavioristische Modell von Reiz und Reaktion wurde nämlich seiner Eigenart als *Sich*verhalten, die Erklärung durch angeborene Verhaltensschemata aber seiner »Plastizität« und »natürlichen Unstabilität« nicht gerecht (32). Die damit erneut ins Zentrum der Aufmerksamkeit gerückte »Sonderstellung« des Menschen innerhalb der Evolution des Lebendigen ist bekanntlich von Max Scheler und Arnold Gehlen als »Weltoffenheit« und von Helmuth Plessner durch den Ausdruck »Exzentrizität« bezeichnet worden. Doch während Schelers Erklärung dieses Phänomens noch auf ein besonderes Geistprinzip zurückgriff und Plessner die Exzentrizität, die er primär als Fähigkeit zur Selbstreflexion (und der aus ihr folgenden Distanznahme zu den Dingen) beschrieb, zwar als »eine strukturelle Modifikation des Lebens selber« auffaßte (35), sie aber ebenfalls als ursprünglichen Sachverhalt verstand, hat Gehlen die Weltoffenheit auf den Hiatus zwischen Wahrnehmungen und Antrieben zurückgeführt und diese Instinktschwäche wiederum auf die leibliche Konstitution des Menschen als »Mängelwesen« (37). Entscheidend für Pannenbergs Gedankengang ist nun, daß er sich bei der Würdigung dieser biologischen Ausgangslage des Menschen von Gehlens Kompensationsthese und insbesondere der mit ihr verbundenen Grundauffassung vom Menschen als dem handelnd-selbstschöpferischen Wesen trennt und statt dessen eine Perspektive aufnimmt, die er schon bei Herder (auf den auch Gehlen verwiesen hatte) gegeben findet. Denn Herder hat in den konstitutionellen Schwächen des Menschen, dieses »verwaistesten Kindes der Natur« (40), nur das Gegenstück seiner Anlage zu Vernunft und Freiheit und damit seiner Berufung zur Selbstvervollkommnung gesehen – zu einer Selbst-

---

⁸ Daß sich Diskussion und theologische Aneignung der humanwissenschaftlichen Befunde stets auch mit eingehenden geistes- und theologiegeschichtlichen Erörterungen verbinden und sich detailliert auf die Auseinandersetzung mit den jeweils relevanten philosophischen Richtungen einlassen, versteht sich bei Pannenberg von selbst.

vervollkommnung allerdings, deren *Richtung* Gott selbst durch sein Bild dem Menschen ins Herz gepflanzt hat, deren *Ziel* also eine mit Religion vereinte Humanität ist, deren *Verwirklichung* aber außer von eigener Vernunfttätigkeit und Erfahrung von Tradition und mitmenschlicher Belehrung abhängt, von der göttlichen Vorsehung geleitet wird und somit, alles zusammengenommen, zu begreifen ist als die Bildungsgeschichte des Menschen zu seiner Bestimmung: der Bestimmung der Gottebenbildlichkeit.

Obwohl der Gedanke einer »werdenden Gottebenbildlichkeit« (47) schon im Renaissancehumanismus begegnet und als Idee moralischer Perfektibilität in der Aufklärung weiterlebt, verbindet Herder in ihm doch gerade *die* Elemente, die Pannenberg für wesentlich hält. Verabschiedet ist *erstens* die traditionelle theologische Lehre vom vollkommenen Urzustand des Menschen und also auch von dessen Verlust – mochte dieser nun als Verlust nur der aktuellen Gottesgemeinschaft (der »iustitia originalis«) oder auch der natürlichen Anlage zu ihr (also der Gottebenbildlichkeit im Sinne einer formalen Struktureigenschaft des menschlichen Wesens) verstanden worden sein. An die Stelle der Urstandslehre tritt die »Lehre von der Bestimmung des Menschen« – und die evangelische Theologie des 19. Jahrhunderts hat sich, nachdem auch Schleiermacher die historisierende Auffassung der biblischen Urgeschichte verwarf, zumeist (ausdrücklich seit K. G. Bretschneider und I. A. Dorner) an diese Perspektive gehalten (50 ff.). Spätere Erneuerungen der Lehre vom »Sündenfall« aber, wie sie etwa Emil Brunner versuchte, ohne doch einen verlorenen vollkommenen Urstand als historische Realität behaupten zu wollen, lehnt Pannenberg als »gekünstelte Rettungsversuche«, als unvereinbar »mit dem heute erreichbaren Wissen über die naturgeschichtlichen Anfänge der Menschheit« strikt ab (54). Ihre immerhin berechtigte Intention liege im Hinweis auf die Erfahrung des faktischen Widerspruchs zur menschlichen Bestimmung: auf das Bewußtsein einer Verpflichtung, »der gegenüber der Mensch immer schon versagt hat« (54). Schon innerhalb der biblischen Überlieferung selber stehe ja der mythischen Urzeitorientierung der jahwistischen Paradieseserzählung die zunehmende Bedeutung der Geschichte und Zukunft als Horizont der Vollendung entgegen (54). Als *zweites* würdigt Pannenberg die Skepsis, mit der Herder, obwohl auch er als »Kind seiner Zeit« die Bedrohung des Menschen durch das Böse noch unterschätzte (55), sich doch zunehmend vom Optimismus der aufgeklärten Zeitgenossen und ihrer Idee sittlicher Selbstverwirklichung distanzierte. Sein Bildungsgedanke, der so eindringlich die Angewiesenheit auf Tradition, mitmenschliche Einwirkung und zugleich das Walten der Vorsehung hervorhebt, entspreche genau dem Wissen um die Ambivalenz der natürlichen Ausgangslage des Menschen, in der seine Perfektibilität, aber eben auch Korruptibilität beschlossen liegt (49). Herders *dritte* Leistung sieht Pannenberg darin, daß er überhaupt die »Einengung der menschlichen Lebensproblematik auf eine moralische Aufgabe« überwand und die wesentliche »Angewiesenheit des Menschen auf Gottes gnädiges Wirken« (50) bereits dadurch zum Ausdruck brachte, daß er die »Zukunft seiner Bestimmung« als dasjenige dachte, »was den Menschen schon in den Eigentümlichkeiten seines natürlichen Daseins konstituiert« (57). Wie auch sollte Gottes wirksame Schöpfungsabsicht der menschlichen Daseinsverfassung ganz äußerlich bleiben können? Allerdings wäre, so Pannenberg, dieser Sachverhalt klarer als bei Herder zu explizieren und dabei die wesentliche Zusammengehörigkeit des spezifisch menschlichen Lebensvollzugs mit seiner Verwiesenheit auf die göttliche Wirklichkeit auch nicht nur, wie es Scheler tat, zu behaupten, sondern im Ausgang von den Phänomenen »argumentativ zu entfalten« (63). Eben dies nun unternimmt Pannenberg, indem er zunächst als primäres Moment des weltoffenen, durch Sachlichkeit ausgezeichneten Verhaltens, wie es Scheler beschrieb, aber auch der Exzentrizität, die Plessner untersuchte, die Selbsttranszendenz des Menschen herausstellt und sie als die Fähigkeit bestimmt, »beim andern seiner selbst« zu sein – und zwar, im Unterschied zur Distanzlosigkeit der Tiere, bei ihm »*als* einem andern« zu sein (58 f.). Die nähere Analyse dieses Vollzugs, auf die ich noch zurückkommen werde, ergibt dann, daß er ermöglicht ist durch einen Ausgriff, der – wenn auch gewöhnlich und jedenfalls zunächst nur in unausdrücklicher Weise – sich nicht nur auf das Ganze der Welt als »die Gesamtheit aller gegebenen und möglichen Wahrnehmungsgegenstände« erstreckt, sondern noch über sie hinausreicht (65). In ihm, so Pannenberg, »verhält sich … der Mensch exzentrisch zu einer ihm vorgegebenen *Wirklichkeit*«, denn auch noch in ihm bleibt er »bezogen auf ein anderes seiner selbst, nun aber auf ein Anderes jenseits aller Gegenstände seiner Welt, das zugleich diese ganze Welt umgreift« und ihm so »die mögliche Einheit seines Lebensvollzugs« in ihr verbürgt (66). Also ist der religiöse Bezug, ob als solcher thematisiert oder nicht, unveräußerliches Implikat der menschlichen Daseinsform und somit auch – das hat der Fortgang der Untersuchungen dann im einzelnen zu erweisen – eine wesentliche Dimension, ja das eigentliche »Integral« (92) aller Vermittlungen auf dem Wege des Menschen zu seiner exzentrischen Bestimmung, »vom anderen her sich selber [zu] finden« (68).

Mit dem bisher Gesagten sind die entscheidenden Weichen für Pannenbergs Sündenlehre gestellt. Den empirischen Einstieg findet er bei Plessner, der auf »die Spannung zwischen Zentriertheit und Exzentrizität des Menschen« aufmerksam gemacht hat (77). Diese allerdings ist, sofern das Ich auf beiden Seiten des Unterschieds auftritt, d. h. ebenso ursprünglich beim anderen ist wie auch mit seinem Leibe sich eins weiß, nicht etwa (wie es bei Plessner erscheint) als Gegensatz des Ich oder des Selbstbewußtseins zum Leib aufzufassen, sondern als Polarität in der Struktur des Ich selber: als die im Selbstbewußtsein erfahrene Spannung nämlich zwischen der zentralen Organisationsform des

Menschen, die er mit den höheren Tieren teilt und die im Ichzentrum kulminiert, und seiner ebenso konstitutiven exzentrischen Bestimmung (79 ff. 102). Hier liegt die »Wurzel des Bruches im Ich«, und der Bruch wird akut, wo dem Ich gerade das Sein beim andern zum Mittel der Entgegensetzung und beherrschenden Aneignung wird, genauer noch: wenn es, in sich selber verschlossen, »*alles* andere nur noch als Mittel seiner Selbstbehauptung« sich dienstbar zu machen strebt – mit dem »ironischen Resultat« allerdings, auf diesem Weg sich *selbst* verfehlen zu müssen (82). Die tatsächliche *Gebrochenheit* der menschlichen Daseinsform aber, die Plessner ebenfalls bemerkte, ist dann so zu bestimmen, daß die Spannung im Ich schon immer zugunsten der Zentralinstanz und ihrer Dominanz über die exzentrische Bestimmung aufgelöst *ist* (102 f.).

Den Kronzeugen für die theologische Rezipierbarkeit dieses Befundes sieht Pannenberg in Augustinus und dessen Lehre von der Konkupiszenz, von eben der falschen Begehrlichkeit also, die in ihrer Hinwendung zu den niederen Gütern Mittel und Zweck (*uti* und *frui*) vertauscht und damit die Ordnung des Universums verkehrt. Die theologiegeschichtlich so folgenschwere Interpretationsschwierigkeit, ob die Konkupiszenz selber Sünde sei oder als Folge oder auch als das »materiale« der Sünde von ihr unterschieden, erläutert Pannenberg dabei in einer Weise, die auf die eigene Grundthese vorausweist: Sofern nämlich das begehrliche Ich sich selbst als Mittelpunkt und letzten Zweck will und sich damit die Stelle anmaßt, die in der wahren Ordnung dem Schöpfer gebührt, sei der ichsüchtige Hochmut der Kern solchen Begehrens und also implizit schon Sünde vorhanden, obwohl diese in ihrem Wesen, der *superbia* als Gottesfeindschaft, auch für sich offen hervortreten könne und sich insofern von der Konkupiszenz unterscheide (85 f.). Gerade dies aber, daß der Zusammenhang von Hochmut und Konkupiszenz empirisch gezeigt und die Abwendung von Gott als Implikat des erfahrbaren Selbst- und Weltverhältnisses dargetan werden könne[9], auch wenn die Tiefe der Verkehrung erst im Licht der Offenbarung aufgehe – dies verschaffe Augustins psychologischer Darstellung der mensch-

---

[9] Zu Recht insistiert Pannenberg darauf, daß die Rede des Glaubens von der Sünde und ihrem Unheil realen Anhalt am Lebensvollzug und der Selbsterfahrung des Menschen haben müsse: »Was ... soll man sagen zu einer Botschaft, die Versöhnung und Befreiung verkündet von einem Übel, dessen bedrückende Gewalt und katastrophale Folgen nicht unleugbar vorhanden sind, sondern erst geglaubt werden müssen, damit man sich von ihm befreien lassen kann?« Auch daß es »zur Verderbtheit des Menschen gehört, sich der Einsicht in sein Elend zu verschließen, sich über den eigenen Zustand hinwegzutäuschen, schließt nicht aus, daß die Wirklichkeit des eigenen Lebens gegen ihn zum Zeugen angerufen werden kann« (89 f.). Ebenso zutreffend wird man es finden, daß es einen aufweisbaren Zusammenhang von Hochmut und Konkupiszenz gibt und sich dieses Verhalten theologisch als »Abwendung von Gott« interpretieren läßt. Allerdings muß dabei klar bleiben, daß die Bestimmung des Hochmuts als Abwendung von Gott nicht mehr als notwendiges Implikat des aufweisbaren Sachverhalts dargetan werden kann. Denn selbst, wenn es (etwa im Gefolge Kierkegaards) gelänge zu zeigen, daß ein Selbsteinwollen ohne Gott (im Sinne des Sich-selbst-begründen-Wollens und deshalb

lichen Sündhaftigkeit ihre überzeugende und bis heute erhellende Kraft (87 f.). Die epochal bedingte Grenze ihrer Evidenz freilich liege darin, daß sie das Wesen der Sünde als Verkehrung der Ordnung des Universums und erst in deren Folge als menschliche Selbstverfehlung bestimmt, während in der Neuzeit, klassisch in Kierkegaards Analyse der Sünde als Verzweiflung, gerade dieser Selbstwiderspruch ins Zentrum des Sündenbegriffs tritt.

Wie aber kommt die Sünde in den Menschen, woher ihre immer schon einnehmende Macht? Wie steht es mit ihrem Anfang, ihrer Allgemeinheit, mit Verantwortung, Schuld? Da mit dem Wegfall der klassischen Urstands- und Erbsündenlehre und ihrer nicht mehr vollziehbaren Prämissen natürlich auch ihre Lösungsmöglichkeiten ausscheiden – wie *dann* läßt sich die Genesis der Sünde in jedem einzelnen erhellen? Pannenbergs Position zu diesen Fragen gewinnt ihr Profil mit der Abweisung aller Konzeptionen, die nicht auf der Linie seiner Ausgangsbestimmungen liegen. So zunächst die vielfältigen neueren Versuche, um der menschlichen Verantwortung willen die Rede vom Sündenfall irgendwie aufrechtzuerhalten – sei es auf gleichsam »origenistischen Bahnen« (129) im Sinne einer präexistenten Entscheidung (wie schon im vorigen Jahrhundert bei Julius Müller) oder auf eher existentialistische bzw. idealistische Weise im Sinne einer »Totalitätsbestimmung«, »Urentscheidung« und »Lebenstat« (128 f.) oder auch eines »Sprungs« in die »entfremdete Existenz« (274 f.): so die wichtigsten Varianten bei Paul Althaus, Emil Brunner, Karl Barth und Paul Tillich. Sie alle scheitern daran, das Ereignis des Falls wie sein logisch erforderliches Prius nicht überzeugend erhellen oder es als stets schon stattgefundenes bzw. verlorenes nur postulieren zu können. Ähnlich die Ansätze, die von der sozialen Verflochtenheit der Individuen ausgehen. Diese Linie reicht von Kants »Reich des Bösen«, in dem die Menschen »einander wechselseitig in ihrer moralischen Anlage zu verderben und ... böse zu machen pflegen« (122), über Schleiermachers Vorstellung vom »Gesamtleben der Sünde«: »in jedem das Werk aller und in allen das Werk eines Jeden« (123), dann Albrecht Ritschls Gedanken der Verbindung der einzelnen zum Subjekt des gemeinsamen Bösen (123) bis hin zu Piet Schoonenbergs und Karl Rahners Ansätzen beim »Situiertsein« des Menschen und der »Schuldbestimmtheit der Freiheitssituation« (124 f.)[10]. Gegen sie richtet Pannenberg das Bedenken, daß der Rekurs auf den doch stets distanzierbaren sozialen Lebenszusammenhang die Radikalität der Verkehrung im Subjekt selbst nicht erreiche (125). Aber warum denn, möchte man fragen, warum eigentlich nicht die Sünde aus der

---

Sich-behaupten-Müssens) Unwahrheit und in der Konsequenz Verzweiflung bedeutet, wäre damit ja noch nichts über die Wirklichkeit Gottes entschieden.
[10] Natürlich wäre auf dieser Linie auch die heute weithin rezipierte Rede von der »sozialen« und »strukturellen Sünde« einzuordnen.

Freiheit hervorgehen lassen und ihre letzte Unerklärbarkeit akzeptieren? Weil, so Pannenbergs von Schleiermacher übernommenes Hauptargument: weil eine Entstehung der Sünde »ohne schon vorhandene Sündhaftigkeit« nicht vorstellbar sei (98) – eine Sündhaftigkeit, »die jeder persönlichen Stellungnahme vorausgeht« (125). Insofern habe auch Kant, der das »radikale Böse« trotz seiner Verankerung in der ambivalenten Grundverfassung der Freiheit des endlichen Vernunftwesens doch als hervorgegangen aus einer »intelligiblen Tat« dachte[11] und es deshalb (nur) als eine Umkehrung der sittlichen Ordnung der Triebfedern menschlichen Handelns beschrieb, gerade seine Radikalität, nämlich »seine Wurzel im menschlichen Lebensvollzug«, kaum erfaßt (83), genauso wie bei dem schon genannten Julius Müller, der an der »formalen Freiheit« als Vermögen der Wahl zwischen dem Guten und Bösen und als Voraussetzung von Schuldbewußtsein und Verantwortung festhielt (108 f.) und auf ihrem Anteil an der selbstsüchtigen Verkehrung des (im Gottesbewußtsein begründeten) Selbstbewußtseins bestand, dessen »sinnliche Vermittlung« verkannt sei und die Entstehung der Sünde »etwas völlig Unbegreifliches« werde (86 f.). Ähnlich der Einwand gegen Ricœur: Seine Unterscheidung zwischen der wesentlichen Disproportionalität als der konstitutionellen Schwäche des Menschen und der Wirklichkeit des Bösen, zwischen Fehlbarkeit und Gefallensein, beruhe auf einer Abstraktion ohne realen Sinn (101 f.). Selbst Kierkegaard, dessen berühmte Analyse der Angst eine psychologische Annäherung an den Anfang der Sünde versuchte, ohne dabei doch die qualitative Grenze zu ihr überschreiten zu wollen, habe Schleiermachers Argument der notwendig »schon vorhandenen Sündhaftigkeit« nicht erledigt. Denn die Angst, meint Pannenberg mit Berufung auf Heideggers Analytik des von der Sorge um sich selber bestimmten Daseins, sei keineswegs die gesuchte »Zwischenbestimmung« im Übergang von einer ursprünglichen Unschuld zur Sünde, sondern selber schon »Ausdruck« der Sünde (99 f.).

Welche Möglichkeit steht nach alledem noch offen? Pannenbergs These lautet: Da »jeder Mensch in seiner vorfindlichen Daseinsstruktur immer schon durch die Zentralität des Ich bestimmt ist« und diese Ichbezogenheit den Wesenskern der Sünde bildet, »ist Sünde nicht nur und erst etwas Moralisches, sondern eng verflochten mit den *Naturbedingungen* unseres Daseins« und in ihnen »verankert« (104). Insofern – so die weiteren Erläuterungen – ist der Mensch tatsächlich »*von Natur aus* Sünder« und dennoch seine »Wesensnatur« gut geschaffen, da ihre Struktur die exzentrische Bestimmung ja einschließt: als gegebene Aufgabe gleichsam (105). Auch ein die Sünde »perpetuierendes« Wol-

---

[11] Vgl. dazu und insbesondere zu den Differenzierungen des Kantischen Freiheitsbegriffs K. *Konhardt,* Die Unbegreiflichkeit der Freiheit. Überlegungen zu Kants Lehre vom Bösen: ZPhF 42 (1988) 379–416.

len ist immer schon wirksam, wenn auch kaum in ausdrücklicher Weise (106). Sogar von Schuld und Verantwortung kann man sprechen, vorausgesetzt nur, daß man die künstliche Abstraktion einer gegenüber Gut und Böse neutralen Indifferenzfreiheit aufgibt, vielmehr Freiheit an ihrer realen Möglichkeit zur Transzendenz des Vorhandenen bemißt und dementsprechend die Verantwortung des Menschen nicht etwa in der Urheberschaft für die Anfangsbedingungen seines Lebens, sondern in der Zumutung begründet, seinen faktisch selbstverschlossenen Zustand als eigenen zu übernehmen, um ihn verändernd zu überschreiten – eine Zumutung, die ihn nicht etwa nur äußerlich trifft, sondern seinem Wesen schon eingestiftet und in der Gewissenserfahrung, entsprechend seinem Bewußtsein von seiner Bestimmung, als Anruf des eigenen Selbstseins aktuell ist (107–115). Der Widerspruch gegen Gott aber, in der Begierde schon implizit vorhanden und durch das Gesetz zum Bewußtsein gebracht, wird in seiner vollen Tiefe und Allgemeinheit erst durch den auferweckten Gekreuzigten enthüllt. In seinem Licht erst wird die universale Sünde »retrospektiv« und doch als reale *Voraus*setzung der Erlösung erkennbar und zugleich das Urteil der Schuld den Individuen zugemutet und annehmbar (130–133). Also ist die Allgemeinheit der Sünde »einerseits empirisch aufweisbar in der Begierde und ihren Implikationen ... Andererseits (als Schuld vor Gott) wird sie erkannt im Lichte der in Jesus Christus offenbaren Bestimmung des Menschen« (134 f.).

II. Sünde, Freiheit, Identität: Probleme und Perspektiven

Beginnen wir unsere Erörterung mit dem, was an Pannenbergs konsistentem Entwurf als erstes ins Auge springen muß: Es ist mir (abgesehen von Schleiermacher) keine andere Sündenlehre bekannt, die so umstandslos darauf verzichtet, den Ursprung der Sünde mit der menschlichen Freiheit zu verbinden. Pannenbergs Verantwortungsbegriff kann ja, trotz vieler bedeutsamer Aspekte[12],

---

[12] Dazu gehören m. E. vor allem die Hinweise auf den Zusammenhang von Offenbarung und qualifizierter Sündenerkenntnis sowie auf die Bedeutung der Erlösung (bzw. Vergebung) als Befähigung zum Eingeständnis von Schuld und zur veränderungsbereiten Übernahme der Schuldwirklichkeit. Auch daß die Aktualität und Entwicklung des Verantwortungsbewußtseins durch die Begegnung anderer Freiheit und ihren Aufforderungscharakter vermittelt sind, ist zu betonen. Allerdings ist dadurch weder schon die Übernahme der Verpflichtung erklärt noch deren unbedingter Geltungsanspruch begründet. Einer solchen Begründung bedarf aber auch noch der Sollensanspruch der zunächst nur empirisch-deskriptiv erhobenen »exzentrischen Bestimmung« des Menschen. Pannenbergs Vorschlag, das moralische Gesetz bei Kant als »Ausdruck der exzentrischen Bestimmung des Menschen im Medium ihrer totalisierenden Thematisierung« zu würdigen, hat diese Geltungsproblematik offenbar nicht im Blick; er verbindet sich vielmehr sogleich mit einer Kritik an Kants »abstrakter Behandlung der moralischen Thematik« (83). Nun hat Kants transzendentale Kritik allerdings nur die unbedingte *Form* des sittlichen Willens bestimmt, doch dürfte das (seinen Intentionen gemäße) Desiderat eher darin

nicht verdecken, daß ein Mensch am Zustandekommen des Zustands, in dem er sich findet, nicht schon deshalb schuldig sein kann, weil er ihn verantwortlich übernimmt. Aber schuldig im Sinne der Urheberschaft *soll* er ja auch nicht sein. Es ist die naturhaft bestimmte Ausgangslage des Menschen, aus der nach Pannenberg das Böse hervorgeht und die, obwohl selbst noch nicht »moralisch« oder »intentional« böse, doch wegen ihrer faktischen, wenn auch ihr selber verborgenen Verschlossenheit gegenüber Gott und der menschlichen Bestimmung »Sünde« genannt wird (142). Sie ist der *terminus a quo*, von dem die menschliche Bildungsgeschichte anhebt, die letztlich *Gott* zum Leiter und Urheber hat[13]. Aber warum denn eigentlich, möchte man fragen, einen solchen (»jeder persönlichen Stellungnahme vorausgehenden«) Anfang schon als *Sünde* bezeichnen? Hier nur ein terminologisches Problem zu vermuten, wäre freilich verfehlt. Denn der Grund, scheint mir, liegt eben in Pannenbergs Freiheitsverständnis, das die als konkrete Fähigkeit zur Transzendenz einer gegebenen Lebenssituation begriffene Freiheit in der jeweiligen Antizipation der »realen Möglichkeit« des Selbstseins begründet und an ihr bemißt (233.111). Derart vom »höchstmöglichen Selbstsein« (108) begründet und in Anspruch genommen, ist menschliche Freiheit wesentlich »Freiheit zum Guten« – eine Freiheit der Wahl *zwischen* dem Guten und Bösen wäre deshalb, so Pannenberg, ein ebenso widersprüchlicher Gedanke wie eine Freiheit *gegenüber* dem Guten oder gegenüber »Gott als dem Grunde des eigenen künftigen Selbstseins und somit dem Inbegriff des Guten« (113 f.). Eben dieser Widerspruch jedoch sei der Preis, der von den antignostischen Vätern für die Zurückführung der Sünde auf die menschliche Wahlfreiheit gezahlt worden sei – eine Erklärung, die letztlich den »christlichen Gedanken der Gnade« verletze (108 f.). Zwar könne jemand das objektiv Schlechte vorziehen, aber immer nur »sub ratione boni«. Möglich auch, daß der Wählende sich dabei täuscht und der Macht der Lüge erliegt – doch habe solche Unfreiheit als zwanghaft zu gelten (113–115). Sind

---

bestehen, nach der *unbedingten Aktualität* des regelsetzenden Willens zu fragen und in ihr den Grund moralischer Verbindlichkeit aufzusuchen: vgl. H. Krings, System und Freiheit. Freiburg – München 1980, 57 ff.

[13] Vgl. bes. die Erörterungen zu Herder (40 ff.) sowie zur »Geschichte als Bildungsprozeß des Subjekts« (488 ff.): »Wenn die Geschichte der Menschheit der Bildungsprozeß des Menschen zu vollendeter Humanität sein sollte, so kann sie das nur durch das Walten der göttlichen Vorsehung sein« (501). Daß diese freilich »nicht als dem Lauf der Geschichte vorausgehende Festlegung der Ereignisse« zu verstehen ist, hat Pannenberg auch sonst oft betont. Wohl aber »kann die Antizipation von Endzuständen menschlicher Identität, die zum Orientierungsrahmen für die Zwecksetzungen menschlichen Handelns werden, sich der Inspiration durch ein Wissen um Gott als Ziel der Geschichte verdanken, nur so auch einem Wissen von den Zielen Gottes mit der Menschheit«, die er »nicht ohne den Menschen, sondern mit Beteiligung seiner Schöpfung und durch die Antagonismen menschlicher Zwecke und Interessen hindurch erstrebt und erreicht« (501). Voraussetzung dieser Erläuterung ist allerdings Pannenbergs (noch zu erörterndes) Verständnis menschlicher Freiheit.

aber, so bleibt doch zu fragen, diese gegen eine neutrale Indifferenzfreiheit seit jeher so bestechenden Argumente nicht schon dabei, das eigentlich humane und – wie man wohl hinzufügen darf[14] – von Gott selber anerkannte *unbedingte Moment* menschlicher Freiheit zu übergehen und zu vergessen: ihre ursprüngliche Fähigkeit nämlich, sich zu *allem*, auch zu Gott, zum eigenen Dasein und der eigenen Bestimmung, verhalten zu können?[15] Dann aber wäre – sofern man, aus philosophischen und theologischen Gründen, die Beachtung dieses Aspektes menschlicher Freiheit für unabdingbar ansieht[16] – ein anderer Ansatz zu wählen: Sünde ist – so schwer ihre naturhaften Konditionen auch wiegen und so bedrückend sich ihre eigenen Objektivationen und Folgen auswirken – doch wesentlich *Freiheitsgeschehen* und ihre Geschichte koextensiv mit der Geschich-

---

[14] Hinzufügen namentlich im Blick auf die Gestalt von Gottes geschichtlichem Handeln in Jesus Christus; s. dazu Th. *Pröpper*, Erlösungsglaube und Freiheitsgeschichte. Eine Skizze zur Soteriologie. München ²1988, 97 ff.176 ff.

[15] Da Pannenberg Freiheit dezidiert als »reale Möglichkeit« des Selbstseins ansetzt (233), die Möglichkeit der »formalen Freiheit« deshalb am jeweiligen Verständnis realer Freiheit bemißt (111) und dementsprechend die »positiven Möglichkeiten des Handelns« nur auf das einzelne »innerhalb eines anderweitig gewährleisteten Lebensganzen« bezieht (356), das »lebendige Verhalten« an die Voraussetzung der »Gegenwart eines den jeweiligen Moment übersteigenden Lebensganzen« (253) und ebenso die Reflexion an ein immer schon vorgegebenes Allgemeines als ihr »Bewegungsfeld« bindet (371), findet die formale Unbedingtheit der Freiheit und ihres Sichverhaltens keine Beachtung. Und da die Beziehung zu Gott den »Wurzelgrund« menschlicher Identität bildet (467) und sich in der Thematisierung einer die Einheit der Welt begründenden göttlichen Wirklichkeit immer auch schon ein Wissen um das »göttliche Geheimnis« bekundet und vorausgesetzt bleibt (372), kommt ein freies Sichverhalten nur gegenüber den einzelnen Reflexionsbestimmungen der göttlichen Wirklichkeit in Betracht. Insofern erscheint die Kritik an Karl Rahner, der (trotz seiner sehr ähnlichen Begründung menschlicher Freiheit) doch an der Möglichkeit auch eines »unthematischen Ja oder Nein« gegenüber Gott festhielt, nur konsequent (113 Anm. 92). Gleichwohl kann man fragen, ob die vielleicht doch berechtigten Intentionen Rahners nicht eine andere gedankliche Fassung verlangen. Angesichts etwa der beiderseits begründeten Intentionen, wie sie schon im klassischen Gnadenstreit aufeinanderstießen, kann ich jedenfalls nicht ohne weiteres die Auffassung Pannenbergs teilen, daß die patristische Rückführung der Sünde auf die Wahlfreiheit des Menschen den »christlichen Gedanken der Gnade« verletze.

[16] Der hier favorisierte transzendentalphilosophische Ansatz muß keineswegs zur »Hypertrophie« eines Subjektdenkens führen, das »alle Gegebenheit in Handlung« aufhebt (356). Die Freiheit, auf die als unübergehbare Instanz er sich verpflichtet, ist nicht Prinzip aller Realität; vielmehr kann sie die Einsicht in ihre vielfache Bedingtheit wie die Unverfügbarkeit ihrer Sinnerfüllung in eigener Selbstbesinnung vollziehen. Obwohl formal unbedingt, ist sie nicht unmittelbar, sondern nur dadurch real, daß ein realer Bedingungskomplex durch sie »begründet« und »gesetzt«, d.h. distanziert (überschritten), affirmiert oder negiert (bzw. modifiziert) wird (vgl. *Krings* [s. Anm. 12] 196 u.ö.). – Anmerken möchte ich hier auch, daß es im folgenden natürlich unmöglich ist, diesen Ansatz oder auch eine eigene Sündenlehre zu entfalten. Es muß genügen, die leitenden Optionen der Auseinandersetzung und die mit ihr anfallenden Aufgaben zu benennen. Für die Verdeutlichung und Begründung der dabei beanspruchten Voraussetzungen verweise ich auf »Erlösungsglaube und Freiheitsgeschichte« (s. Anm. 14), insbesondere das 4., 5. und 7. Kapitel, und für weitere Aspekte der Freiheitsthematik auf meinen Artikel »Freiheit« in: NHThG 1, 374–403.

te der Freiheit, des einzelnen wie aller Menschen. Von dieser Vorgabe der Tradition wäre auszugehen – nicht nur angesichts der Theodizeeproblematik, sondern auch wegen der, wie ich meine, nicht ganz unbedenklichen Art, wie Pannenberg den Menschen und seine Geschichte einfügt in die als Werk des Gottesgeistes gedeutete »ekstatische Bewegung des Lebens« (513), die den theologischen Zielgedanken seiner Anthropologie bildet[17].

Was folgt für die Sündenlehre, wenn der Freiheitsansatz gewählt wird? Zunächst sind Möglichkeit und Anfang der Sünde in das Selbstverhältnis des Menschen zu setzen, näherhin (mit Kierkegaard gesprochen) in das Sichverhalten zu der Synthesis, als die er existiert und die zu realisieren ihm aufgegeben ist: die Synthesis von Endlichkeit und Unendlichkeit, von Notwendigkeit und Möglichkeit oder wie sonst man diese spannungsvolle Struktur verdeutlichen mag[18]; oder auch (prinzipiell formuliert): in das Sichverhalten zu der Aufgabe, die mit der Existenz endlicher Freiheit gegeben ist und in ihrem Wesen beschlossen liegt. Zugleich wäre, wenn dieses Selbstverhältnis nicht nur die Beziehung zu Welt und Mitmenschen einschließen und betreffen, sondern auch (eben als Sünde) aktuelles Gottesverhältnis sein soll, mit einem Angerufensein des Menschen durch Gott zu rechnen, das mit der Geschichte seiner Freiheit einhergeht – in welcher thematischen Bewußtheit auch immer[19]. Sodann und vor allem hätte man die qualitative Differenz zwischen Disposition zur Sünde und Faktum der Sünde anzuerkennen und die analogen Unterscheidungen von Kant, Kierkegaard und Ricœur aufzunehmen. Auf die Seite der Disposition würden die Naturbedingungen des menschlichen Daseins und sein evolutionsgeschichtliches Erbe gehören, aber auch die ambivalente Verfassung der endlichen Freiheit selber und nicht zuletzt die Schuldbestimmtheit der historischen Situation, die jede Freiheit in der realen Möglichkeit zur Selbstbestimmung negativ konditioniert, sie bis ins Innere affiziert, durch ihre Einstimmung ihrerseits befestigt und fortgesetzt wird und so alle, als Opfer und Täter, in die Schuldgefangenschaft verstrickt.

Mit der Differenz von Disposition und faktischer Sünde kehren natürlich

---

[17] Danach tritt in der exzentrischen Existenz des Menschen »die lebenschaffende Dynamik des Geistes ... in gesteigerter Weise in Erscheinung« (509), erscheint »Personalität als ein Sonderfall der Wirksamkeit des Geistes« (513). Auch wird einmal die Möglichkeit einer »aus der Perspektive der Wirksamkeit des göttlichen Geistes in allem Lebendigen gedachte[n] biologische[n] Evolutionstheorie« angedeutet, die »an der Schwelle der Menschheitsentwicklung zum Übergang auf eine neue methodische Ebene« nicht genötigt wäre (155).

[18] S. Kierkegaard, Die Krankheit zum Tode (GTB 620). Gütersloh ²1982, 8 ff.

[19] In diesem Sinn scheint mir Karl Rahners theologische Prämisse eines »übernatürlichen Existentials« unentbehrlich, nur sollte es nicht (wie bei Rahner) schon durch den spezifischen Gehalt der Christusoffenbarung bestimmt sein. Auch wird noch darauf einzugehen sein, daß das Faktum eines solchen ursprünglichen Gewahrseins der göttlichen Wirklichkeit durch philosophische Reflexion kaum sicherzustellen sein dürfte.

die Schwierigkeiten wieder, die Pannenbergs Entwurf auf elegante Weise erledigt: die Fragen nach Anfang und Allgemeinheit der Sünde. An der Unableitbarkeit ihrer freien Faktizität findet jedes sich annähernde Verstehen in der Tat seine Grenze. Daß die Sünde ihre Macht über mich doch von mir hat – das wird man stehenlassen müssen[20]. Und ebenso, daß ich jedesmal mit ihr beginne, was ich schon begonnen *hatte*[21]. So verliert sich der Anfang der Geschichte der Sünde wie der Freiheit selber im dunkeln, beim einzelnen wie im Ganzen. Dennoch sind Verständniszugänge möglich. So vor allem gehört es ja gerade zum Dasein menschlicher Freiheit, daß sie den verbindlichen Entschluß zu sich selbst und ihrer wesensgemäßen Bestimmung, in dem der Mensch sich als verantwortliches Subjekt übernimmt (und insofern auch »konstituiert«), *als Aufgabe vor sich hat* und stets erneut vor sich hat, *ohne* daß doch gesagt werden könnte, sie sei vorher als Sichverhalten nicht wirksam[22]. Nicht als Wahl des

---

[20] Vgl. die eindringlichen Verdeutlichungen bei *J. Werbick*, Schulderfahrung und Bußsakrament. Mainz 1985, 77 ff.

[21] Vgl. a. a. O. 73 ff.

[22] Gerade für diesen Aspekt der Sündenproblematik dürfte Kants Lehre vom »radikalen Bösen« in seiner Religionsschrift besonders relevant sein (Zitate nach der Akad.-Ausg. Bd. VI). Beachtet man nämlich Kants Unterscheidung zwischen der freien Willkür als der die »Natur des Menschen« (21) auszeichnenden Fähigkeit, überhaupt (in Distanz zu den Antrieben der Sinnlichkeit) Maximen zu bilden, einerseits und der Freiheit des Willens (also dem autonom bestimmten sittlichen Willen) andererseits und nimmt man hinzu, daß entsprechend der unbedingten Verbindlichkeit des moralischen Gesetzes allein die Freiheit unter moralischen Gesetzen (das Subjekt der Moralität) als *un*bedingter Zweck gelten kann, dann läßt sich das »radikale Böse«, also der angeborene und gleichwohl »uns von uns selber zugezogene« Hang, »die Triebfeder aus dem moralischen Gesetz andern (nicht moralischen) nachzusetzen« (30.32), auch als Konditionierung der gebotenen bedingungslosen Anerkennung des unbedingten Zwecks und somit als Verfehlung der menschlichen Bestimmung kennzeichnen. In ihr wird nicht eigentlich das Böse *als* Böses, wohl aber das Gute nicht *un*bedingt gewählt – und eben dies ist das Böse: ein negatives, verweigerndes Sichverhalten *gegenüber* dem Guten, das als Anspruch gewußt wird. Dieses Böse ist durchaus eine Möglichkeit (und deshalb auch zurechenbare Tat) der freien Willkür, da diese den Ort darstellt, an dem die intelligiblen und sensiblen Bestimmungsmomente des Menschen sich ineinander verschränken, und somit die unbedingte Anerkennung des moralischen Gesetzes, gerade als gebotene, nicht selbstverständlich ist. *Konhardt* (s. Anm. 11) hat deshalb erhellend von der »Freiheit zur Unterbestimmung« gesprochen und diese Unterbestimmung als den »wissentlich-willentliche[n] Verzicht auf die (positive) Möglichkeit der Selbstbestimmung des Menschen als des ›Subjekts der Moralität‹« dargestellt (411). In sachlicher Übereinstimmung damit (wenn auch in einem anderen Begriffs- und Begründungskontext) hat *Krings* (s. Anm. 12) »transzendentale Verweigerung und Entzug als ... Ursprung des Bösen« bestimmt und dabei die »Struktur der Setzung« betont (67.36). Ebenfalls im Anschluß an Kant, aber auch an Heidegger hat *P. Hünermann* die »Selbst-Aufgegebenheit« der Freiheit und die zugleich »im Menschen selber sich meldende Unselbstverständlichkeit, diese Aufgabe zu bejahen«, herausgestellt und die Bedeutung dieser Einsichten für die Sündenproblematik gezeigt (Erlöste Freiheit. Dogmatische Reflexionen im Ausgang von den Menschenrechten: ThQ 165 [1985] 1–14, 7 f.): »Der Mensch steht ›vor‹ der Entschiedenheit zum Guten. Menschliche Freiheit bewegt sich nicht in ihrem eigenen Wesen als ergriffenem und erfülltem, sondern befindet sich in einem Abstand dazu« (9). Derselbe Sachverhalt

Bösen *als* Bösen, sondern eher als Verweigerung dieses (möglichen) unbedingten Entschlusses zum Guten wäre dann die Geschichte des Bösen zu denken. Dasselbe ergibt sich in theologischer Perspektive: Statt der Vorstellung eines dramatischen »Sündenfalls« anzuhängen, sollte man beachten, was Hans Urs von Balthasar als »Analogie der Sünde« und Gesetz ihrer Steigerung beschrieb: daß nämlich »die je-tiefere Einsicht in den Gott der liebenden Selbstoffenbarung auch die Sünde ihm gegenüber vergrößert«[23]. Das offenbare Ja Gottes treibt das vollkommene Nein des Sünders aus seiner Latenz erst hervor. Wie dieses Ja einerseits die Umkehr ermöglicht, so wohnt andererseits dem Bösen ein Sog zum Je-Böseren, der Rechthaberei des Sünders ein Zug zum Rechtbehalten inne, der alle verfügbaren Mittel in seinen Dienst nimmt[24].

Wäre in diesem Vorgang nicht auch die Bedeutung der *Angst* angemessener zu bewerten? »Ausdruck« der Sünde und deren »Erscheinungsform« im Selbstbewußtsein (100.147) ist sie doch erst, sofern sie zum Gesetz des Lebens *eingesetzt* wurde. Gerade wenn nun aber jeder Freiheit der Entschluß zu sich selber als stete Aufgabe bevorsteht und sie deshalb aus der Geborgenheit im Unmittelbaren und vielfacher Verfallenheit heraus muß; gerade wenn sie in der Abstraktheit ihrer Selbstgewißheit zugleich der Unverfügbarkeit ihres zufälligen Daseins und ihres Sinnes gewiß wird und deshalb, um ihre Identität vom freien anderen her zu finden, es wagen muß, auf ihn (hin) sich zu »verlassen«; gerade wenn sie auch im Glauben die Angst nicht einfach auslöscht, sondern überwindet und auszuhalten lernt: gehört dann Angst nicht *wesentlich* zur Freiheit, die sich als endliche weiß? Allerdings ist ihre Wirkung ambivalent, und als beides hat sie Kierkegaard beschrieben: als den »Schwindel der Freiheit«[25], der sie ans Verfügbare fesselt und in die verzweifelte Dynamik kompensatorischer Selbstvergewisserung hineintreibt, aber auch als dienende Macht »in Richtung auf Freiheit«[26], da sie ihre Täuschungen aufzehrt, sie vor sich selbst führt und in

---

wäre, meine ich, besonders eindringlich und genau auch im Anschluß an Kierkegaard zu entfalten, insbesondere seine Darstellung des Übergangs von der ästhetischen zur ethischen Existenz sowie seine Analyse der »Selbstwahl«; s. dazu H. *Fahrenbach*, Kierkegaards ethische Existenzanalyse (als »Korrektiv« der Kantisch-idealistischen Moralphilosophie), in: M. *Theunissen* – W. *Greve* (Hrsg.), Materialien zur Philosophie Kierkegaards (stw 214). Frankfurt 1979, 216–240.

[23] H. U. von Balthasar, Theodramatik. Bd. III: Die Handlung. Einsiedeln 1980, 153.
[24] Vgl. a. a. O. 399.152.
[25] S. Kierkegaard, Der Begriff Angst (GTB 608). Gütersloh ²1982, 60f.
[26] A. a. O. 66. Zur Angst als »bildender« Macht und »dienendem Geist« in Richtung auf die Bestimmung des Menschen vgl. bes. 161–169. Dazu auch T. *Koch*, Die Angst und das Selbst- und Gottesverhältnis. Überlegungen im Anschluß an Kierkegaards »Der Begriff Angst«, in: J. *Rohls* – G. *Wenz* (Hrsg.), Vernunft des Glaubens. Wissenschaftliche Theologie und kirchliche Lehre (FS W. Pannenberg). Göttingen 1988, 176–195. Zum Thema außerdem E. *Drewermann*, Psychoanalyse und Moraltheologie. Bd. 1: Angst und Schuld. Mainz 1982.

die Krise der Wahl stellt, ob sie glauben will oder nicht, Gott trauen oder verzweifeln.

Und wie die Angst als Begleiterin der Freiheit, so wäre der Anteil der Freiheit an der *Lüge* zu sehen. Wie oft denn mußte sie geschehen, um zur unentrinnbaren Lebenslüge zu werden? Vollzog sie sich nur zwanghaft oder nicht auch als »Niederhalten der Wahrheit«, als – wie Balthasar formulierte – »ein primäres Bewußtsein dessen, was ursprünglich wahr ist und gelten sollte, und die dauernde Selbstbeschwichtigung, daß es unwahr ist und nicht gilt«[27]? Es gibt doch die Weigerung, wissen zu wollen, was man durchaus schon weiß oder doch wissen könnte. Es gibt – gerade weil der bedingungslose Entschluß der Freiheit zum Guten das Nichtselbstverständliche ist – die gewollte Selbstabsetzung als Subjekt moralisch-verantwortlichen Handelns. Schon Kant hat das »radikale Böse« eben darin erkannt, daß der Mensch gegenüber dem *un*bedingten Anspruch des Gesollten seiner egozentrischen Selbstliebe durchaus bewußte *Ausnahmen* gestattet[28].

Diese Hinweise müssen genügen, um jetzt noch den Blick auf das Ganze von Pannenbergs Anthropologie ausweiten und dabei die noch anstehenden Eingangsfragen aufnehmen zu können. Denn es zeigt sich, daß das in Pannenbergs Sündenlehre vermißte unbedingte Moment menschlicher Freiheit auch sonst nicht in Anschlag gebracht wird – mit erheblichen Konsequenzen für die Aneignung seiner Resultate, wie ich meine. Das ganze Interesse seiner empirisch einsetzenden Untersuchungen zielt ja darauf, die realen Konstitutionsbedingungen menschlicher Identität und deren religiöse Implikationen aufzuzeigen – und zwar im bewußten Gegenzug zur Subjektivitätsphilosophie. Das Grundargument gegen sie lautet, daß die Einheit von Ich und Selbst im Selbstbewußtsein nicht Ergebnis einer Handlung des Ich sein könne (194 ff.) und daß der Gedanke der Selbstkonstitution der Subjektivität dem Widerspruch erliege, das Subjekt zugleich als Prinzip und Resultat anzusetzen[29]. Dieser vielfach abgewandelte Einwand richtet sich nicht nur gegen die Transzendentalphilosophie Kants und Fichtes, die »das Ich und seine Identität als letzte transzendentale Grundlage aller Bewußtseinsleistungen« behauptete (206), nicht nur gegen Kierkegaards Gedanken der »Selbstwahl« (98) oder Sartres Auffassung vom »Ich als Totalität« (208), sondern auch noch gegen die Sozialpsychologie G. H. Meads und E. H. Eriksons, sofern Mead die soziale Abhängigkeit auf das »me«, das vom Ich abgelöste Selbst, beschränkte (183 f.) und auch Erikson ein stehendes

---

[27] *Balthasar* (s. Anm. 23) 150.
[28] Vgl. Anm. 22.
[29] Beispiele und (je nach Problemkontext) Varianten dieses Arguments: 57.58.62.98.156.205. 230 f.356.488.513 f. u. ö.

Ich als organisierende Zentralinstanz seiner wechselnden Ichsynthesen unbefragt annahm (190 ff.).

Pannenbergs Gegenposition meldet sich schon darin, daß er die menschliche Exzentrizität, in deutlicher Absetzung von Plessners Orientierung am Phänomen der Selbstreflexion (35.60 f.), von Beginn an als ursprüngliches »Sein beim andern« und sogar als Konstitution des Ich »vom andern her« veranschlagt (59.68.82): als die Angewiesenheit des Ich, die Einheit seiner mit sich selbst in jedem Augenblick »zu empfangen« (103)[30]. Die großangelegte Begründung für diese These, welche die traditionelle, namentlich seit Fichte geläufige Verhältnisbestimmung von Ich und Selbst umkehrt, setzt ein bei der heute vieldiskutierten ursprünglichen »Vertrautheit« des Ich (bzw. des Bewußtseins) mit »sich« – einer präreflexiven Vertrautheit, die der späteren Ausbildung eines expliziten Selbstbewußtseins zugrunde liegt, sich symbiotisch auch auf den gesamten bergenden Lebenskontext erstreckt und die – dies ist nun entscheidend – in ihrer bloßen Augenblickhaftigkeit der Grund dafür ist, daß das Ich eine den Einzelmoment überdauernde Kontinuität und Identität nur im Spiegel des sozial konstituierten Selbst (d.h. der ihm zugeschriebenen Totalität seiner Zustände, Qualitäten und Handlungen) gewinnen kann (213 ff.). Damit ist zugleich die Brücke geschlagen, um später die soziale Lebens- und Kulturwelt, deren Einheit ihrerseits durch ein gemeinschaftliches Sinnbewußtsein konstituiert ist (385), als den Boden jeder individuellen Identität thematisieren zu können[31]. Bleibt freilich noch zu klären, wie die im Zuge der Differenzierung von Selbst- und Weltbewußtsein auftretenden spezifischen Leistungen des Sichidentifizierens und vor allem der kritischen Distanz möglich sind. Die Basis dafür bildet wiederum das sozial vermittelte Selbst, mit dem sich das Ich im

---

[30] Vgl. 395: Aufgrund seiner exzentrischen Lebensform »hat der Mensch trotz aller Ichzentriertheit seines Verhaltens die Einheit seines Wesens nicht in sich selbst. Er muß, was seinem Leben Einheit und Identität geben soll, außer sich suchen«. Zu beachten ist auch die Herausstellung der (exzentrischen) Strukturgleichheit seiner Weltoffenheit mit seiner Sozialität (158) und dem »extra nos« des Glaubens (68).
[31] Vgl. 477: »Das Zentrum außerhalb seiner selbst findet der Mensch in der gemeinsamen Welt und ihrer Ordnung, allerdings nur insofern, als sie ihm Ort der Präsenz der göttlichen Wirklichkeit ist.« Dieser Satz vereint wesentliche Motive Pannenbergs im III. Teil seines Werks. Zunächst: »Die Identität der Individuen wird zwar vermittelt durch den gesellschaftlichen Lebenszusammenhang, aber ihren Wurzelgrund findet sie erst in der Beziehung zu Gott« (467). Dem entspricht: Die jeweilige Gemeinschaftsbildung mit ihrer Ordnung ist als »Darstellung« der die »irdischen Bedingungen übersteigenden Bestimmung der Menschen und ihrer Gemeinschaft« zu begreifen, als »jeweils besondere Manifestation des in allem Lebendigen wirkenden Gottesgeistes, die aber ebenso wie beim einzelnen Menschen von der Beziehung auf Gott losgerissen« werden kann (468.515). Aus beidem folgt: »Dieselbe Wahrheit, in der die gesellschaftliche Ordnung begründet ist, ermöglicht zugleich die Selbständigkeit des Individuums gegenüber der faktischen Gestalt dieser Ordnung.« Das heißt zugleich: Erst auf dieser Ebene, einer »religiösen Basis« also, kann »der Antagonismus von Individuum und institutioneller Ordnung der Gesellschaft seine Auflösung« finden (433).

Fürsichsein seines Selbstbewußtseins identisch, aber auch nichtidentisch wissen kann (230). Letzteres aber, so Pannenberg, ist nur denkbar aufgrund einer Gegenwärtigkeit der noch ausstehenden *Ganzheit* des Selbst und des eigenen Daseins, die »letztlich im Gottesbezug begründet ist« (234). Aus alledem resultiert der Begriff der Person: Sie »ist die Gegenwart des Selbst im Augenblick des Ich, in der Beanspruchung des Ich durch unser wahrhaftes Selbst und im vorwegnehmenden Bewußtsein unserer Identität« (233). Und da sich in diesem Anruf zugleich die das Selbstsein begründende Wirklichkeit meldet (112), kann der Theologe abschließend formulieren, »daß der Mensch als Person Geschöpf des Geistes ist« (514)[32].

Die Analysen zur affektiven Seite der Identitätsbildung entsprechen im Ergebnis dieser Grundbestimmung genau. Sie nehmen das Phänomen der ursprünglichen Vertrautheit des Individuums mit sich und seiner symbiotischen Sphäre in Anspruch, um den Begriff des Gefühls einzuführen und nun dessen Ganzheits-, aber auch impliziten Selbstbezug herauszustellen: »Im Gefühl sind wir mit uns selbst im Ganzen unseres Seins vertraut« (244); und da es »in seinem Ausgriff auf das Lebensganze« (245) dem Auseinandertreten des Selbst-, Welt- und Gottesbewußtseins als Bedingung vorausliegt, kann es mit Schleiermacher als »unmittelbare Gegenwart des ganzen ungetheilten Daseins« gekennzeichnet werden (240). Das Gefühl der Entfremdung entspricht dann – jedenfalls in seiner Tiefe – der faktischen Entfernung vom »wahren Selbst« (278), der Gebrochenheit der menschlichen Daseinsform also, die als Sünde identifiziert wurde: dem Zustand der »Verschlossenheit gegen Gott und damit gegen die Zukunft der eigenen Bestimmung« (266). Im Schuldbewußtsein wird dieser noch unbestimmte Gegensatz an der konkreten Verfehlung bewußt und zugleich das Ich (als Subjekt der Tat) Gegenstand des Bewußtseins. Also vermittelt das Gewissen mit der Negativität seines Urteils den Übergang vom Selbstgefühl zum eigentlichen Selbstbewußtsein (299 f.). Und in dem Maße, wie der implizite Gottesbezug als solcher hervortritt und bejaht wird, wird der Mensch auch »seiner Welt gegenüber im Gewissen vereinzelt« und »zu kritischer Selbständigkeit befreit« (301.234).

Soweit die Darstellung Pannenbergs. Seine Untersuchungen erhellen über weite Strecken und in überzeugender Weise die faktische Genese und externen Konstitutionsbedingungen *realer* menschlicher Identität. Daß sie jedoch eine transzendentale Theorie des Selbstbewußtseins und der Freiheit erübrigen könnten, scheint mir schon deshalb fraglich, weil sie – vielleicht eben wegen

---

[32] Pannenberg führt diese Formel als Zusammenfassung der »Konstitutionsbedingungen der Subjektivität« ein (514). Dieser integrative Sinn erschließt sich allerdings erst, wenn man sich auch die Ausführungen des III. Teils über die kulturell-gesellschaftliche Lebenswelt sowie die abschließende geisttheologische Deutung der Resultate des gesamten Werkes (505 ff.) vergegenwärtigt, was hier nicht mehr geschehen kann.

der engen Verbindung ihrer empirischen Orientierung mit theologischen Interessen – die interne Struktur des Subjekts sowie seine ursprüngliche Fähigkeit des Sichverhaltens und Sichentschließens gar nicht, soweit ich sehe, *als solche* thematisieren[33]. Daß die Aktualität dieser Vollzüge in vielfacher Weise bedingt ist, widerspricht ihrer Ursprünglichkeit ja keineswegs, denn bedingt, vermittelt oder veranlaßt sein heißt nicht *bewirkt* sein oder auch nur schon vollständig »konstituiert« sein. Und es verdiente wohl eingehende Prüfung, ob und in welchen Fällen sie ihrerseits als Erklärungsgrund der Phänomene, die Pannenberg im (impliziten) religiösen Bezug des Menschen fundiert sieht, nicht ausreichen würden[34]. Doch muß dies hier ebenso dahingestellt bleiben wie die Rechenschaft über die Frage, welche menschlichen »Phänomene« es sind, die ein sub-

---

[33] Wenn ich Pannenbergs Konzeption der Konstitution menschlicher Identität recht überblicke, so liegt ja ihre Pointe darin, daß sie – unter Voraussetzung allerdings der ursprünglichen Vertrautheit des Individuums mit sich, die einen unthematischen Selbstbezug schon einschließt und im übrigen (seiner exzentrischen Daseinsform entsprechend) auch auf den symbiotischen Lebenszusammenhang bezogen, ja als »symbiotische Seinsgewißheit des Gefühls« auf das Ganze der Welt geöffnet und ihres »tragenden Grundes« gewahr ist (213.244.258 f.372) – die Genesis menschlicher Identität aus ihren externen Bedingungen verständlich zu machen sucht und dabei jeden Rekurs auf spontane Vermögen und Leistungen des Ich vermeidet: so etwa bei der Begründung der »Wendung zum Selbstbewußtsein«, der »Selbstreflexion, in der die in der exzentrischen Lebensform implizierte Selbstbeziehung des Individuums thematisch wird«, aus dem »Sein beim anderen Menschen« (181); ebenso bei der Rückführung der Kontinuität und Identität des Ich auf die Stabilität des seinerseits sozial konstituierten Selbst, mit dem es sich identisch weiß (216), oder auch bei der Erklärung der Bildung der »Einheit des Bewußtseins« aus »der sprachlich gefaßten Identität der Dinge und ihrer Ordnung« (505). Für das Verständnis der Handlung allerdings nennt Pannenberg »die zeitüberbrückende Einheit des Ich« und somit den Begriff des Subjekts »unentbehrlich«, um sogleich aber zu erinnern, daß sich diese »Einheit und Selbigkeit des Ich« ihrerseits den Prozessen der Identitätsbildung verdankt und zudem die Zwecksetzung jeder Handlung, da sie sich nach Kriterien des Identitätsbewußtseins bemißt, »innerhalb eines anderwärtig gegebenen Lebensganzen« verbleibt (356.500) – eine Vorgabe, von der auf ihre Weise auch die Reflexion abhängig und begrenzt bleibt (vgl. Anm. 15). Für die Erklärung der Identifikations- und Distanzfähigkeit aber kann die Gegenwärtigkeit der noch ausstehenden Ganzheit des Selbst im Gefühl herangezogen werden. Da diese Gegenwart aber und ebenso die in ihr gründende Antizipationsfähigkeit (von der das »Bewußtsein eigener Identität« innerhalb der Geschichte, die »Reflexivität eines Sichverhaltens« zu ihr und die Möglichkeit des Handelns dann letztlich abhängen: 500 f.510) nun allein noch im Gottesbezug zu begründen sind, erscheint die präzis zusammenfassende geisttheologische Deutung menschlicher Subjektivität plausibel und legitimiert: »Die Gegenwart des Geistes konstituiert so im Medium der menschlichen Seele und am Ort des beseelten Leibes die Identität der Person als Gegenwart des Selbst im Augenblick des Ich. Identität der Person in zeitüberbrückender Gegenwart aber ermöglicht allererst jene Selbständigkeit, die den Menschen als Subjekt verantwortlichen Handelns auszeichnet« (513).

[34] Dies dürfte (abgesehen vom ganzen Phänomenbereich des Ethischen) namentlich für die Phänomene der Reflexion und Selbstreflexion, der Identifikation und Distanz, des Überschreitens und der Antizipation möglich sein, jedenfalls in einer transzendentalen Freiheitslehre. Allerdings bedürfte die Wahl dieses Ansatzes umfassenderer Begründung. Auch wie sich die Probleme einer transzendentalen Logik und der Konstitution von Wissen in ihm darstellen, kann hier nicht thematisiert werden. Vgl. aber *Krings* (s. Anm. 12) 105 ff.133 ff.

jekt- oder transzendentalphilosophisches Denken verlangen, und wie sich *ihm* das Verhältnis zu den Humanwissenschaften darstellt. Immerhin hat Dieter Henrich, der vom Selbstbewußtsein als »unauflösbare[r] Einheit aufeinander nicht reduzierbarer Momente« ausgeht und es – sofern es die Möglichkeit zu Distanz und planvollem Handeln begründet und nur in ihm sich »die Idee von der Kontinuität eines Lebens, von der Einheit einer Person« aufbauen kann – als »Prinzip von Aktivitäten« veranschlagt[35], die damit anhängige Aufgabe in eine »Theorie des freigesetzten, mit sich selber vertrauten Bewußtseins« gesetzt, die ihrerseits die ursprünglich erfahrene Abhängigkeit des »in seinen Aktivitäten nur an sich selber gebundenen Selbstbewußtseins« einsichtig werden läßt und zugleich – im Blick auf die vielfachen Dependenzen seiner Genese – Begriffe für die Integration und Interpretation der erfahrungswissenschaftlichen Fakten anbietet[36]. Wir können das, wie gesagt, nicht verfolgen. Interessieren aber muß noch die Frage, ob der transzendentalphilosophischen Reflexion nicht gerade bei einer *theologischen* Aneignung humanwissenschaftlicher Forschung eine unentbehrliche *Vermittlungsrolle* zufällt. Und zusammen damit die Frage, worin ihr Beitrag für eine »kritische Aneignung« der Anthropologie Pannenbergs liegen könnte.

Konzentrieren wir uns zunächst auf ein Beispiel: Pannenbergs schon erwähnten Aufweis der Gottverwiesenheit des Menschen im Zusammenhang seiner Weltoffenheit. Da er sich auf die Daseins*struktur* des Menschen bezieht, bei der Grundform seines exzentrischen Verhaltens ansetzt (63.227) und sein Ergebnis fortan vorausgesetzt bleibt, darf er allerdings als grundlegend gelten. Schon bei ihm jedoch fällt es nicht leicht zu entscheiden, in welcher Instanz er geschieht, welche Geltung er beansprucht und worauf er eigentlich zielt: ob nur auf die Unveräußerlichkeit der »*Frage* nach Gott« und der »religiösen Thematik« (69 f.) oder doch auf das Gewahrsein der *Wirklichkeit* eines von Welt und Mensch verschiedenen Gottes als faktisches Implikat menschlichen Weltverhaltens (65 ff.). Ein »Gottesbeweis« soll es ausdrücklich nicht sein (70), gleichwohl stand eine »argumentative Entfaltung« bereits im Programm (63) und findet sich im Ergebnis, daß der Mensch in dem Ausgriff, der sein spezifisches Gegenstandsverhalten ermöglicht, auf ein die Welt umgreifendes Anderes jenseits der Welt als eine »ihm vorgegebene Wirklichkeit« bezogen und daher »implizit die göttliche Wirklichkeit mitbejaht« ist (66). Vielleicht hellt sich die Schwierigkeit auf, wenn wir die bei Pannenberg auch sonst zentralen Unterscheidungen zwi-

---

[35] D. Henrich, Selbstverhältnisse. Gedanken und Auslegungen zu den Grundlagen der klassischen deutschen Philosophie. Stuttgart 1982, 9.100. Vgl. auch 66 ff.
[36] A.a.O. 105. Interesse verdienen auch Henrichs Hinweise auf die Rückkehr des Themas »Selbstbewußtsein« in die Analyse des Sprachgebrauchs, namentlich in der angelsächsischen Diskussion; vgl. D. Henrich, Konzepte. Essays zur Philosophie in der Zeit (es 1400). Frankfurt 1987, 30 ff. 71 ff.

schen Kenntnis und Erkenntnis Gottes, Gefühl und Reflexion, religiöser Erfahrung und philosophischem Gottdenken beachten³⁷: Denn zwar ein faktischer, aber doch nur *un*thematischer Gottesbezug wird ja behauptet. Wie aber kann die weltbegründende göttliche Wirklichkeit (66) schon unthematisch erfahren und mitbejaht sein, wenn dieser Unterschied (von Gott und Welt) doch erst der Reflexion aufgeht?³⁸ Unmöglich wäre es nicht, wie Pannenberg in anderem Zusammenhang erläutert: Eine Kenntnis des *Daseins* Gottes, das nicht als Dasein *Gottes* gewußt wird, ist denkbar (so wie ja auch sonst ein »Da« erst später als Dasein eines »etwas« und auch so erst eigentlich als Da-*seiendes* erkannt werden kann)³⁹. Soll dies im gegenwärtigen Fall nun aber mehr als eine Behauptung sein, bleibt eigentlich kein anderer Weg, als das behauptete Faktum im strengen

---

³⁷ Die Annahme einer unmittelbaren, noch unthematischen Seinsgewißheit des Gefühls, die dem Auseinandertreten von Selbst-, Welt- und Gottesbewußtsein zugrunde liegt und sie aufeinander beziehbar bleiben läßt, bildet einen der organisierenden Grundgedanken in Pannenbergs Anthropologie (vgl. 241 ff. 371 f.). Ihr entspricht die systematische Relevanz der oben genannten Unterscheidungen für seine Theologie überhaupt; vgl. bes. W. *Pannenberg*, Systematische Theologie I. Göttingen 1988, 104 ff. 119 ff. 127 ff. 383 ff. (aus diesem Werk die folgenden Zitate). Vorausgesetzt ist das Faktum einer unthematischen, doch aktuellen Kenntnis von Gott (120.129), ein der »ursprünglichen Gegenwart Gottes im menschlichen Geist« (383) entsprechendes Gewahrsein des »unbestimmt Unendlichen«, das somit weder schon eigentlich gewußt noch als seiend gesetzt, also noch nicht erkannt ist (385 f.). Erst in der Welterfahrung, ausdrücklich in der Gotteserfahrung der Religionen (131) tritt – Gottes »wirksamer Gegenwart in der Weltwirklichkeit« entsprechend (387) – in eins Gottes Wesen und Dasein in Erscheinung, so daß sich die Religionsgeschichte als Geschichte der (noch strittigen) Offenbarung des Wesens des einen Gottes begreifen läßt (387 f.). Möglichkeit und Sinn philosophischer Reflexion (auch der »Gottesbeweise«) wiederum liegen darin, die »anthropologische Notwendigkeit einer Erhebung zum Gedanken des Unendlichen und Absoluten« aufzuzeigen, ihn zu entwickeln und damit Kriterien für die (religiöse) Rede von Gott zu erstellen wie zugleich ihre Intelligibilität und ihren Anhalt an der Wirklichkeit menschlicher Selbsterfahrung zu sichern (106 f. 119 f.). Vgl. auch W. *Pannenberg*, Metaphysik und Gottesgedanke. Göttingen 1988, 18 ff.
³⁸ Das klassische Beispiel für dieses Problem bietet Schleiermachers These von der Unmittelbarkeit des Gottesbewußtseins. Denn wie läßt sich dessen Unmittelbarkeit behaupten, wenn seine Tatsächlichkeit auf dem Weg der Negation eines schlechthinnigen Freiheitsbewußtseins erst gezeigt werden muß? Daß dabei ein transzendentales Verfahren mit einem wenigstens dreischichtigen Reflexionsgefüge vorliegt (dessen Ergebnis hier nicht diskutiert werden soll), hat *K. Cramer* präzis rekonstruiert (Die subjektivitätstheoretischen Prämissen von Schleiermachers Bestimmung des religiösen Bewußtseins, in: *D. Lange* [Hrsg.], Friedrich Schleiermacher 1786–1834. Theologe – Philosoph – Pädagoge. Göttingen 1985, 129–162, 150 ff.). Auch Pannenberg kritisiert, daß die Auffassung des »unmittelbaren Selbstbewußtseins« als Gottesbewußtsein »nach soviel reflektierender Bemühung kaum noch ›unmittelbar‹ genannt werden kann« (246 Anm. 32) – eine Kritik allerdings in der Absicht, den Gefühlsbegriff aus seiner Verhaftung an die (idealistische) Selbstbewußtseinsthematik bei Schleiermacher zu lösen und ihn für die symbiotische Vertrautheit mit dem Lebensganzen, die noch undifferenzierte Einheit von Selbst-, Welt- und Gotteserfahrung, in Anspruch zu nehmen (241–246). Die Frage nach der Tatsächlichkeit eines unthematischen Gewahrseins der göttlichen Wirklichkeit bleibt damit natürlich offen.
³⁹ Vgl. Syst. Theol. I (s. Anm. 37) 383 f.

Sinn als Implikat eines anderen (unbestrittenen) Faktums, und das heißt: das Gewahrsein der göttlichen Wirklichkeit als Bedingung der Möglichkeit menschlicher Weltoffenheit, aufzuweisen. Gelingt dies nicht, bliebe es bei der Behauptung; gelingt es, läge ein transzendentalphilosophischer Gottesbeweis vor, der als solcher zu benennen und zu prüfen wäre[40]. So betrachtet, zeigt sich allerdings, daß Pannenbergs Gedankengang, der sich den entsprechenden Ausführungen Karl Rahners durchaus verwandt weiß[41] und im wesentlichen der

---

[40] Ich denke, daß man vor einer entsprechenden Alternative auch bei der Rezeption des Arguments für Gottes Dasein in der 3. Meditation des Descartes steht: dem Aufweis der Existenz Gottes aus der Idee des höchst vollkommenen Wesens, die der Selbsterfassung des selbstgewissen Ich als eines endlichen (und der Endlichkeit aller Dinge) vorausliegt und für die es seinerseits nicht aufkommen kann. Pannenberg, der sich wiederholt auf Descartes als Gewährsmann bezieht (vgl. Syst. Theol. I [s. Anm. 37] 101 ff.127 ff.379 ff.; die folgenden Zitate aus diesem Werk), liegt vor allem am Primat der »Intuition des Unendlichen als Bedingung aller Vorstellung endlicher Gegenstände« mit »Einschluß des eigenen Ich« (380); zugleich kritisiert er, daß Descartes den Unterschied zwischen dem »verworrenen Gewahrsein« und dem »Reflexionsbegriff des Unendlichen« nicht herausgearbeitet habe, um dann seinerseits das unthematische Gewahrsein des unbestimmt Unendlichen mit der »Unbestimmtheit des symbiotischen Lebenszusammenhangs« in Verbindung zu bringen (127) und es als die »Urintuition unseres Gewahrseins von Wirklichkeit überhaupt« anzusetzen (386) – eines Gewahrseins, das als solches natürlich nicht schon Gottesbewußtsein sei, obwohl dann auf dem Standpunkt eines im Zusammenhang der Welterfahrung ausgearbeiteten philosophischen Gottesgedankens das in ihm ausdrücklich Erfaßte durchaus »als Bedingung aller Bestimmung endlicher Gegenstände erkannt« und somit gesagt werden könne, »daß jenes unthematische Bewußtsein des Unendlichen eigentlich schon ein Bewußtsein von Gott war« (382 f.128). Daß Pannenberg gleichwohl nirgends von einem »Gottesbeweis« spricht, dürfte sich nicht zuletzt aus seinem Anliegen erklären, der Behauptung Gottes objektiven Anhalt zu sichern und sie dem Verdacht zu entziehen, nur eine Projektion des Erklärungs- und »Sinnbedürfnis[ses] der menschlichen Vernunft angesichts der Unselbständigkeit der Welterfahrung« zu sein (106.104.119). Wie aber läßt sich mit dieser Vorsicht die Behauptung einer ursprünglichen, wenn auch noch nicht als Dasein *Gottes* gewußten »Gegenwart Gottes im menschlichen Geist« als »Bedingung aller Gegenstandsvorstellung« vereinen (383) und wie – vor allem – begründen? Eine Diskussion über die hier anstehenden Fragen müßte nicht nur auf Probleme der Descartes-Interpretation (insbesondere die verwickelte Interdependenz von Selbst- und Gottesgewißheit) eingehen, sondern ebenso auf Pannenbergs Rückgriff auf die Diskussionslage vor Kant, der die von Descartes nur eingeleitete anthropologische Begründung des Gottesgedankens mit seiner Auffassung des »transzendentalen Ideals« als eines »Abschlußgedankens« der Vernunft vollendet, dabei aber (weil schon in seiner Raum-Auffassung) dessen »theologische Implikationen« nicht berücksichtigt habe (382.104). In der Tat dürfte sich schließlich als eine der entscheidenden Fragen erweisen, wieweit der Gottes*gedanke* »auf der Basis der endlichen Subjektivität des Menschen und als ihr Produkt« verständlich gemacht werden kann – eine Frage, die ihrerseits zur Konstitutionsproblematik der menschlichen Subjektivität selber zurückführt (vgl. Metaphysik und Gottesgedanke [s. Anm. 37] 17; zu den angeschnittenen Themen auch 18 f.22 ff.34 ff.45 ff.).

[41] Vgl. 65 Anm. 64. Zu beachten ist aber, daß Pannenberg sein eigenes »eher phänomenologisches Verfahren« zutreffend von Rahners »transzendentaler Reflexionsfigur« unterscheidet (371 Anm. 181), desgleichen den Ausdruck »transzendentale Erfahrung« nach Kant »als hölzernes Eisen« empfindet (Syst. Theol. I [s. Anm. 37] 128 Anm. 177) und den aller Erfahrung endlicher Wesenheiten und Begriffe vorhergehenden unendlichen Horizont nicht als Woraufhin eines antizipierenden »Vorgriffs«, sondern eher im Sinne »einer intuitiven An-

Logik der Bedeutungs- und Grenzerfassung von Gegenständen folgt, für den entscheidenden Schritt, nämlich die Erfassung alles Endlichen als solchen und damit der Gott-Welt-Differenz, das Kontingenzbewußtsein benötigt und so eine Frage beansprucht, die eine genuine und äußerste Leistung der freien Reflexion ist[42]: die Frage absoluter Begründung – eine Frage nun allerdings auch, für deren Antwort sie nicht mehr aufkommen kann, weil das Sinnbedürfnis, das dabei im Spiel wäre, von ihr als Reflexion nicht garantiert wird. Bei Pannenberg allerdings stellt sich der Sachverhalt anders dar: Gegenüber Plessner, der auf die Distanzierbarkeit auch noch des Gottesgedankens (der »Idee des Weltgrundes«) durch die Reflexion hinwies, macht er geltend, daß dies nur für die »gedankliche Bestimmung« des »Unbedingten oder Unendlichen« gelte, während der »faktische Bezug« zu ihm davon unberührt bleibe und seinerseits auch »im Gewahrwerden der Zufälligkeit, Bedingtheit, Überschreitbarkeit aller endlichen Inhalte« schon zugrunde liege (66f.). Bedarf die Reflexion aber für ihr alles überschreitendes Fragen überhaupt einer Begründung, wenn es doch ihre eigene, ursprünglich vollziehbare Möglichkeit ist? Und wie vor allem sollte sie – als Reflexion – jenes ihm zugrunde liegende »Faktum« verbürgen können? Das soll sie nach Pannenberg nun freilich auch nicht. Gleichwohl scheint es für ihn nur die *Näher*bestimmung der Wirklichkeit, die als alles bestimmende schon

---

schauung oder eines Gefühlsraumes« verstanden haben möchte (Metaphysik und Gottesgedanke [s. Anm. 37] 74f.). Aufschlußreich für seine empirisch-phänomenologische Orientierung scheint mir auch die Replik auf die Kritik, die Walter Schulz an Plessners zweideutiger Argumentation mit ihrer Verbindung von Selbstreflexion und empirischer Forschung geübt hatte (61f. Anm. 57).

[42] Dieser Schritt erscheint freilich etwas verdeckt, weil Pannenberg die religiöse Thematik im Unterschied zu Plessner, der sie erst mit der »Erfahrung der Zufälligkeit aller Dinge und des eigenen Daseins« verband (63 Anm. 58), bereits als Implikat der Gegenstandswahrnehmung aufzeigen möchte und deshalb bei diesem Phänomen einsetzt. Er wird gleichwohl insofern beansprucht, als schon der die Gegenstandswahrnehmung ermöglichende Ausgriff ja »über die Gesamtheit aller gegebenen und möglichen Wahrnehmungsgegenstände, also über die Welt« hinausgehen soll – freilich in unthematischer Weise (65). Daß erst »die Reflexion auf die Endlichkeit des Endlichen ... auf den expliziten Gedanken des Unendlichen« (das »Andere des Endlichen als solchen«) führt und insofern die »Form der Negation des Endlichen hat«, stellt auch Pannenberg heraus, nur daß für ihn solche Reflexion zugleich durch das unthematische Gewahrsein des Unendlichen bedingt ist (Metaphysik und Gottesgedanke [s. Anm. 37] 21.23). Es mag dahingestellt sein, welcher Anteil der Reflexion auch schon beim »Gewahrwerden« der Zufälligkeit alles Endlichen (67) zukommen könnte – die ausdrückliche Frage nach absoluter Begründung jedoch muß als ihre eigene, ursprünglich vollziehbare Möglichkeit gelten, und zwar auch dann, wenn sie in der Aktualität dieses Vollzugs durch ein unmittelbares Gewahrsein der Wirklichkeit Gottes bedingt sein sollte. Allerdings kommen hier philosophische (und theologische) Grundoptionen ins Spiel, die nicht ausgeführt werden können. Immerhin wird man sagen können: So wenig der Versuch, ein unmittelbares Gewahrsein der göttlichen Wirklichkeit aufzuzeigen, *ohne* Reflexion begonnen werden kann, so sicher ist er *durch* Reflexion nicht vollendbar, weil sie die Frage nach absoluter Begründung ebenso wesentlich aufwerfen kann, wie sie über die Antwort nicht mehr verfügt.

bestimmt oder jedenfalls doch bestimmbar ist, noch zu sein, was eigentlich strittig ist und geschichtlich auf dem Spiel steht[43]. Zwar bilde erst die Reflexion den Gedanken der weltbegründenden göttlichen Wirklichkeit, doch sei die »Ebene solcher Reflexion« nichts Nachträgliches, sondern das »ureigene Feld« ihrer Aufmerksamkeit, in dem sie »immer schon zu Hause ist« (66). Damit stimmt später genau überein, daß Pannenberg auch bei der Ausbildung des sogenannten »Grundvertrauens« das eigentliche Problem nicht etwa in seiner abgründigen Fraglichkeit, sondern nur in seiner angemessenen Gegenstandsorientierung sieht und deshalb (gegen Hans Küng) dem Akt der Entscheidung nur untergeordnete Bedeutung beimißt (219 ff.). Auch hier erscheint die Bezogenheit auf Gott als so unveräußerliches Implikat menschlichen Verhaltens, daß Alternativen zum religiösen Glauben nur in Gestalt von »Ersatzgebilden« vorstellbar sind (226 f.)[44].

Was nun könnte der Beitrag transzendentaler Reflexion, namentlich des Freiheitsdenkens, für die Aneignung von Pannenbergs Anthropologie sein? Mit drei Thesen, die an das soeben Ausgeführte anschließen, um sodann auch früher berührte Probleme aufzunehmen, möchte ich die Richtungen einer Antwort andeuten[45]:

Die *erste* betrifft Status und Geltung von Pannenbergs Resultaten. Seine

---

[43] Vgl. auch W. *Pannenberg*, Wissenschaftstheorie und Theologie. Frankfurt 1973, 303 ff. Nach diesen Ausführungen scheint der philosophisch und bedeutungslogisch notwendige Gedanke der »Totalität des Wirklichen« seinerseits ohne die Voraussetzung einer »einenden Einheit« oder »alles bestimmenden Wirklichkeit«, die wiederum zu Recht als unverzichtbare »Nominaldefinition« Gottes angesetzt ist, nicht denkbar und insofern nicht eigentlich die Wirklichkeit Gottes, sondern nur seine nähere Bestimmung strittig zu sein.

[44] Da das Grundvertrauen sich »in seinem eigentlichen Sinn auf diejenige Instanz richtet, die das Selbst in seiner Ganzheit zu bergen und zu fördern vermag«, ist es »von vorneherein ein religiöses Phänomen« (224.226). Seine enge Zusammengehörigkeit mit der Weltoffenheit gründet in der exzentrischen Struktur beider Phänomene und ihrem Ganzheitsbezug: So wie sich in der Schrankenlosigkeit des Grundvertrauens die mit der strukturellen Weltoffenheit zusammenhängende Verwiesenheit auf Gott »konkretisiert« (227), so führt das Bewußtsein der Verwiesenheit über alles Endliche hinaus zu der »Frage nach dem Grundvertrauen, das unser Leben trägt« (69). Es entspricht Pannenbergs Darstellung der exzentrischen und stets durch Gottes Wirken schon bestimmten Konstitution menschlicher Identität, daß er vor allem die unser persönliches Leben umfangenden und den eigenen Entscheidungen vorausgehenden »Vorgaben« hervorhebt (226), aber dabei kommt weder die mit der Grundverfassung endlicher Freiheit verbundene Dialektik von Vertrauen und Angst noch das unabnehmbare Wagnis der Freiheit, noch überhaupt ihr ursprünglicher Anteil am Vollzug des Vertrauens angemessen zur Sprache. Allerdings bleibt jedes Vertrauen*können* auf Vorgaben angewiesen, aber formal und als Akt wäre Vertrauen zugleich als Entschluß der Freiheit zu bestimmen. Insofern zögere ich auch gegenüber der heute kaum problematisierten Bezeichnung der symbiotischen Geborgenheit schon des Kleinkindes als Grund*vertrauen*. Sollte man überhaupt von Vertrauen nicht erst im Maße seiner Freiheitsentwicklung sprechen?

[45] Zur Verdeutlichung der im folgenden leitenden Optionen s. die Hinweise in Anm. 16.

Untersuchungen thematisieren auf beispiellose Weise die Problemüberhänge der Humanwissenschaften und bereiten so bis ins einzelne das Feld, auf dem die Virulenz der »religiösen Thematik« gegenwärtig und die anthropologische Relevanz des christlichen Glaubens zu vertreten ist. Sofern jedoch, wie sich transzendentaler Reflexion zeigen kann, in Pannenbergs Aufweise religiöser Implikationen der anthropologischen Befunde bereits bestimmte Sinnoptionen eingehen, sind schon sie als Interpretationen, Interpretationen »in theologischer Perspektive«, zu betrachten, die Alternativen nicht argumentativ ausschließen können. Transzendentales Freiheitsdenken würde sich damit bescheiden, Gottes geschichtliche Selbstoffenbarung als identitätsstiftende Sinnerfüllung menschlicher Freiheit zu explizieren, ihre gedankliche Möglichkeit zu zeigen und ihre Bedeutung für alle Freiheitsvollzüge zu konkretisieren – und dies so, daß sich die Freiheit selber beansprucht und vor die Entscheidung zwischen Glaube und Unglaube geführt sieht. »Gott kann nur durch Gott selbst erkannt werden«, formuliert Pannenberg: »durch die Offenbarung der göttlichen Wirklichkeit«[46] – allerdings, möchte ich hinzufügen, erschließt er sich nur einer Freiheit, die sich zu seiner Wahrnehmung entschließen *läßt* und als derart beteiligte auch im Prozeß der Verifikation schon stets involviert ist. *Insofern* möchte ich aufnehmen, was Eberhard Jüngel in seiner jüngsten Diskussion mit Pannenberg bemerkte: Durch das »Nadelöhr des Kierkegaardschen *ceterum censeo*«, das auf der »Subjektivität« menschlicher Existenz als Ort der Bewahrheitung insistiert, muß jeder Versuch einsichtiger Glaubensvermittlung hindurch: »Der *Inhalt* des Glaubens selber verlangt danach, nichts anderes als der Inhalt des *Glaubens* zu sein.«[47]

Die *zweite* These betrifft praktische Aspekte, insbesondere die Möglichkeit autonom-ethischen Argumentierens – ein ebenfalls mit der Freiheitsthematik zusammenhängendes Desiderat in Pannenbergs Anthropologie. Zwar behandelt sie die exzentrische Bestimmung des Menschen stets als Sollensbegriff, doch ist dessen Geltungsanspruch von ihrem deskriptiven Ansatz aus nicht

---

[46] Syst. Theol. I (s. Anm. 37) 107.
[47] E. *Jüngel*, Nihil divinitatis, ubi non fides. Ist christliche Dogmatik in rein theoretischer Perspektive möglich? Bemerkungen zu einem theologischen Entwurf von Rang: ZThK 86 (1989) 204–235, 233. Hinzuzunehmen ist W. *Pannenberg*, Den Glauben an ihm selbs fassen und verstehen. Eine Antwort: a.a.O. 355–370, 368 ff. Ich zitiere Jüngels Bemerkung nicht im Sinne einer Kritik an Pannenbergs eindrucksvoll verfolgter Intention der anthropologischen Vermittlung des Glaubens, sondern nur im Sinne der Akzentuierung eines Moments im Akt der Wahrnehmung und Aneignung der Glaubenswahrheit und im Prozeß ihrer Bewährung: sofern nämlich die Wahrheit des Glaubens (Gottes in Jesus Christus begegnende, unbedingt für den Menschen entschiedene Liebe) ihrem Inhalt und der ihm gemäßen Form seiner Mitteilung entsprechend *an die Freiheit* des Menschen sich richtet, ihm eine neue Möglichkeit der Selbstbestimmung eröffnet und nur in dem Maß, wie ein Mensch auf sie setzt, ihre tragende Kraft sich erweisen und ihr menschlicher Sinn sich aufschließen kann.

begründbar⁴⁸. Ihre religiös-metaphysische Fassung des Freiheitsbegriffs wiederum, die das unbedingte Moment menschlicher Freiheit zurückstellt⁴⁹, macht die ethischen Fragen von der Sinnthematik abhängig und revoziert so Kants Unterscheidung zwischen der Verbindlichkeit und dem Sinn moralischen Handelns⁵⁰. An der Möglichkeit, die unbedingte Geltung von Sollensansprüchen in der Instanz autonomer Vernunft zu begründen, hängt aber die Verbindlichkeit ethischer Diskurse und Kritik (und übrigens auch der Versuch, die Bedeutung des Glaubens im Problemfeld der praktischen Vernunft zu vermitteln). Transzendentales Freiheitsdenken versucht solche Begründung, indem es eben die Freiheit als unbedingte Bedingung des Sollensphänomens eruiert und aus der Analyse ihres formal-unbedingten Wesens die obersten Kriterien sittlichen Handelns gewinnt: daß Freiheit *sein* soll, daß sie *als* Freiheit nur in unbedingter Anerkennung *anderer* Freiheit sein kann und daß sie Verantwortung für eine Welt trägt, in der die Bestimmung jedes Menschen zur Freiheit gefördert wird und ihre gemeinsame Darstellung findet. Und dies alles im Wissen, daß ihre Sinnintention weiter reicht als das Vermögen von Menschen. Ob aber selbstverpflichtete Freiheit überhaupt aktualisiert ist und sich in dieser Weise über sich verständigen kann, hängt allerdings auch von historischen Vorgaben und Bedingungen ab.

Damit sind wir bei der *dritten* These; sie betrifft die Vermittlung des christlichen Glaubens in der säkularisierten Welt. Angesichts des Sinnverlusts der säkularen Gesellschaft und des Legitimitätszerfalls ihrer Institutionen, die Pan-

---

⁴⁸ Vgl. Anm. 12.
⁴⁹ Vgl. Anm. 15. – Schon in »Gottesgedanke und menschliche Freiheit« (s. Anm. 3) hatte Pannenberg angesichts des Atheismus der Freiheit Gott »als Ursprung der Freiheit, als die die Subjektivität des Menschen ermöglichende Wirklichkeit« zu denken versucht (41). Jetzt lauten übereinstimmend die zusammenfassenden Formeln: Gott als »Grund und Wesen« menschlicher Freiheit (372), als »Konstitutionsgrund und höchstes Gut der Subjektivität«, als ihr »Ursprung und Ziel« (Metaphysik und Gottesgedanke [s. Anm. 37] 46.48). In ihnen sucht Pannenberg das »beim späten Fichte, bei Schelling und Hegel entwickelte[n] Verständnis der Freiheit als begründet in der Einheit mit dem Absoluten« zu verbinden mit dem Begriff von Freiheit als »Ausdruck erreichter Identität mit dem eigenen Wesen«, dem »Kern schon von Kants Autonomiegedanken« (246 Anm. 33). Ihre Verbindung mit den Ergebnissen der Anthropologie hat ihren Sinn präzisiert: »Im tieferen Sinn ist Freiheit die reale Möglichkeit, ich selbst zu sein – der eigentliche Sinn auch von Autonomie im Sinne Kants, als Ausdruck meiner Identität als Vernunftwesen. In diesem Sinn gehören Freiheit und Personsein zusammen, sofern Personalität die Gegenwart des Selbst im Ich bezeichnet« (233). Und sie münden in die theologische Formel, »daß der Mensch als Person Geschöpf des Geistes ist« (514).
⁵⁰ In Pannenbergs Zweifel, »ob der kategorische Imperativ in seiner formalen Allgemeinheit jene Konstitution des individuellen Selbstseins zu leisten vermag, aus dem die Motivation zu einem Handeln aus Freiheit entspringt«, kann man vielleicht ein Indiz für die angedeutete Gefahr sehen (112). Zur Differenz von »principium diiudicationis« und »principium executionis« und dem Problem ihrer Einheit in einer »Ethik der Autonomie« vgl. *Henrich* (s. Anm. 35) 6–56. Zum Thema auch *Krings* (s. Anm. 12) 40–68.

nenberg als Folge der Emanzipation von ihren religiösen Wurzeln beurteilt und die ihn um ihren Fortbestand fürchten lassen, möchte er die Einsicht zur öffentlichen Geltung bringen, daß es sich bei der Religion um »eine Konstante des Menschseins von seinen Anfängen an« handelt, »die für die Eigenart des Menschen kennzeichnend ist« (469). Wie aber soll man verstehen, daß dieser »Sachverhalt ... dann nicht weiter individuellem Belieben überlassen werden könne[n]« (470)? Und wie, wenn jene Einsicht – falls sie die *gültige* Bestimmung des Menschen aussagen will – umstritten bleibt, ihre Sinnoptionen nicht abrufbar sind und ihre normative Valenz dahinsteht? Die Dringlichkeit geschichtlicher »Identitätspräsentation« (495) stünde auch dann außer Frage, doch hängt ihre Akzeptanz, namentlich auch der überlieferten christlichen Wahrheit, gerade angesichts des säkularen Bewußtseins und der vielfach beschädigten Menschen von fundamentalen Bedingungen ab: von der Suche nach realen Vermittlungsprozessen des Glaubens, durch die alle zur Freiheit vor Gott Bestimmten sich zu ihrem Subjektsein tatsächlich ermutigt erfahren und so ihre theonome Bestimmung aus autonomer Zustimmung zu vollziehen vermögen. Transzendentales Freiheitsdenken setzt darauf, daß sich Menschen durch Gottes Zusage unbedingt angenommen erfahren, die Intention ihrer Freiheit angesprochen und verheißungsvoll wahr gemacht finden und deshalb zustimmen *können*. Als eines der Momente in der Überlieferung des Glaubens, der durch persönliches und praktisches Bekenntnis zur Wirklichkeit kommt, wird es seinen Beitrag dazu leisten, daß Gottes unverfügbare Liebe die Zeitgenossen als ihre Wahrheit erreicht: eine Wahrheit, die neue Identität eröffnet, zugleich aber – angesichts der faktischen Sünde – Umkehr zumutet und für Gottes Gerechtigkeitswillen beansprucht.

Erstphilosophischer Begriff oder Aufweis letztgültigen Sinnes?

Anfragen an Hansjürgen Verweyens
»Grundriß der Fundamentaltheologie«[1]

Anfragen an Hansjürgen Verweyens »Grundriß der Fundamentaltheologie« – diesen sachlichen, aber auch etwas spröden Arbeitstitel hätte ich bei der Vorbereitung wohl noch gerne geändert und durch folgende Formulierung ersetzt: »Anfragen an einen fundamentaltheologischen Entwurf von Rang«. Doch wäre das ein gestohlener Titel gewesen: entnommen einem Aufsatz *Eberhard Jüngels* anläßlich seiner letzten Kontroverse mit *Wolfhart Pannenberg* über die theologische Bedeutung der »natürlichen Theologie«[2]. Also unterblieb die Veränderung – und ich erwähne trotzdem meinen nicht realisierbaren Einfall, um vorab zu den kritischen Anfragen, die vorzutragen mir auferlegt ist, so kräftig und nachhaltig wie möglich meinen Respekt vor Hansjürgen Verweyens »Grundriß der Fundamentaltheologie« zu bekunden: einem »Entwurf von Rang« nicht nur, weil er mit der Präzision seiner Aufgabenstellung und der systematischen Konsistenz ihrer Bearbeitung Maßstäbe setzt, sondern weil er die Fundamentaltheologie auch auf das Problemniveau verpflichtet, das ihr durch die in der neuzeitlichen Philosophie erreichte Selbstreflexivität des Denkens auferlegt ist. Mag man auch bedauern, daß im Zuge der Konzentration auf das, was Verweyen

---

[1] Text eines Vortrags, der am 24. 4. 1993 auf einer Tagung der Katholischen Akademie der Erzdiözese Freiburg »Zum fundamentaltheologischen Entwurf von Hansjürgen Verweyen« gehalten wurde. Obwohl die mit ihm beabsichtigte Diskussion bereits bei dem Freiburger Treffen auf erfreuliche Weise in Gang kam und inzwischen bei verschiedenen Gelegenheiten fortgesetzt werden konnte, habe ich auf nachträgliche Erweiterungen meiner damaligen Ausführungen (auch in Anmerkungen) verzichtet. Alle Seitenangaben im Text beziehen sich auf H. *Verweyen*, Gottes letztes Wort. Grundriß der Fundamentaltheologie, Düsseldorf 1991. – Danken möchte ich *Peter Hünermann* und *Bernd Jochen Hilberath*, die zum Abschluß ihres Rahner-Seminars im Wintersemester 1993/94 bei einem Symposion in Tübingen Hansjürgen Verweyen und mir Gelegenheit boten, über unsere Kritik an der Transzendentaltheologie Karl Rahners Rechenschaft zu geben. Denn auch wenn das Interesse an einer erstphilosophisch ausweisbaren Vermittlung des Glaubens, das wir in unterschiedlicher Weise verfolgen, uns tatsächlich von Rahners Denken entfernt hat, glauben wir uns dabei doch auf dem Weg, den Rahner wie kein zweiter der katholischen Theologie überhaupt ermöglicht hat.

[2] *E. Jüngel*, Nihil divinitatis, ubi non fides. Ist christliche Dogmatik in rein theoretischer Perspektive möglich? Bemerkungen zu einem theologischen Entwurf von Rang: ZThK 86 (1989) 204–235; *W. Pannenberg*, Den Glauben an ihm selbs fassen und verstehen. Eine Antwort: a. a. O. 355–370.

die Aufgabe der Fundamentaltheologie »im engeren Sinn« nennt (s. u.), sowie der spezifischen Lösung, die er für sie findet, bestimmte Problembereiche zurücktreten und deshalb andere Richtungen der Fundamentaltheologie – ich denke besonders an die Beiträge von *Johann Baptist Metz* und *Helmut Peukert* – nur eine sehr knappe Würdigung finden, so schmälert dies doch die genannten exemplarischen Leistungen nicht. Es handelt sich wirklich, wie die Einleitung verspricht, um einen »*Grundriß* der Fundamentaltheologie«, in dem nicht nur, wie es noch das verdienstvolle »Handbuch der Fundamentaltheologie« vorzog, »das Gelände vermessen und der einschlägige Stoff geordnet«, sondern »ein klarer systematischer Aufweis der tragenden Linien für einen ›Neubau‹ der Fundamentaltheologie« zur Diskussion gestellt wird (32). Wenn Verweyen freilich hinzufügt, daß bei diesem Neubau »an ein vorerst bescheidenes, aber erweiterungsfähiges Gebäude gedacht [sei], das möglichst bald an die Stelle des zusammengestürzten alten Hauses treten sollte, damit weiteren Landschaftszersiedlungen auf fundamentaltheologischem Boden wirksam begegnet werden kann« (32), so muß er realistischerweise auf die geschärfte Wachsamkeit der Fachkollegen gefaßt sein – und sei es auch nur, weil systematische Theologen in der Regel wenig geneigt sind, sich als ausführende Handwerker nützlich zu machen, wenn sie nicht zuvor selbst die Architekten waren oder doch wenigstens im Architektenbüro mitgeplant haben. Mag dieses Motiv gesteigerter Aufmerksamkeit auch nicht gerade das edelste sein, so kann es sich doch, sofern es die Argumentationsbereitschaft nicht hindert, für die Sache als nützlich erweisen. Meinerseits möchte ich jedenfalls gestehen, daß mich selten ein theologischer Ansatz so fasziniert und angeregt, zugleich aber auch so herausgefordert hat wie Verweyens großer Entwurf.

Trotz dieser ambivalenten Gefühlslage (die ich mir selbst nur durch eine gewisse Affinität des Denkens, die freilich für Differenzen um so empfindlicher macht, erklären kann) habe ich jetzt den Part des kritischen Befragers zu spielen und will das versuchen, indem ich eher narrativ, also von meinen Evidenz-, Übereinstimmungs- und Verwunderungserlebnissen erzählend zu den systematischen Kernthesen und endlich den mir wesentlichen Anfragen vorstoße. Dabei werde ich mich ausschließlich auf das Hauptwerk »Gottes letztes Wort« stützen und auch bei ihm noch auf den relativ knappen dritten Teil verzichten und den zweiten nur ausblickhaft behandeln. Mein Ziel ist, die Begründungsverhältnisse in Verweyens konstruktivem Ansatz zu beleuchten – und zwar so, daß über die formalen Beobachtungen die entscheidenden inhaltlichen Gedanken in den Blick kommen und ihre Tragweite diskutiert werden kann. Deshalb werde ich mich auch auf die theologie- und philosophiegeschichtlichen Durchgänge nur insoweit beziehen, als sie Verweyens eigene Position profilieren.

I. Entwicklung der fundamentaltheologischen Aufgabenstellung

Mit zumeist voller, oft sogar begeisterter Zustimmung habe ich die Exposition der fundamentaltheologischen *Aufgabenstellung* verfolgt. Ich erinnere nur die wichtigsten Schritte. Da ist zuerst Verweyens Ausgang von der »Grundaffirmation« des Glaubens, die sich »auf ein von Gott verfügtes, sinnstiftendes Geschehen der Vergangenheit, das in dieser doppelten Qualität auch heute noch erfahrbar sein soll«, bezieht und somit in zweifacher Hinsicht zu verantworten ist: zum einen hinsichtlich ihrer »spezifischen *Sinn*behauptung«, zum anderen hinsichtlich der Behauptung, »daß dieser Sinn sich *tatsächlich verwirklicht* hat und eine bleibende Realität darstellt« (28). Dieser Ansatz wahrt den Anschluß an die traditionellen Traktate der Fundamentaltheologie, integriert aber von vornherein die verschiedenen Grundrichtungen ihres Fragens. Dies gilt namentlich für die »demonstratio religiosa«, als deren zentrales Thema nicht mehr die von aller heilsgeschichtlichen Gottesbegegnung unabhängige Sicherstellung einer rationalen Gotteserkenntnis identifiziert wird, sondern sogleich die bescheidenere und doch weiterreichende (weil jeden Extrinsezismus schon überwindende) Frage »nach der strukturellen Offenheit des Menschen auf den sich in der Geschichte manifestierenden Gott« in den Blick kommt (29). Daß die Verantwortung der behaupteten *Wirklichkeit* einer geschichtlich ergangenen und weitervermittelten Offenbarung dann an das Forum der *historischen* Vernunft, die Rechenschaft aber über den *Sinn* dieses Geschehens und die wesentliche Hinordnung des Menschen auf ihn an die Instanz der *philosophischen* Vernunft verwiesen wird (46), ist klar und nicht weiter überraschend; bemerkenswert dagegen der Nachdruck, mit dem Verweyen die philosophische Aufgabe noch differenziert: als Frage nach der »Vernehmbarkeit« dessen, was Christen als das letzte Wort Gottes verstehen, nach den Möglichkeitsbedingungen also, »die auf Seiten der menschlichen Vernunft gegeben sein müssen, damit ein solches Wort als sinnstiftend und verpflichtend erfahren werden kann« (39), zielt sie nämlich nicht nur auf einen Vorbegriff von Sinn, der als angemessenes »Raster« für ein letztgültiges Wort Gottes in Betracht kommt, sondern umfaßt auch die hermeneutisch und methodologisch folgenreiche Frage, unter welchen Bedingungen in dieser Welt kontingenter Faktizität ein Ereignis letztgültigen Sinnes überhaupt erkannt werden kann (47.76). Sehr überzeugend im weiteren auch der Weg, auf dem Verweyen bei der Suche nach dem rechtmäßigen *Forum* rationaler Glaubensverantwortung sowohl die Entgegensetzungen der dialektischen Theologie wie auch die unrealistische Annahme einer vorfindlichen glaubens*neutralen* Vernunft und erst recht jede unkritische Korrelationstheologie überwindet und am Phänomen der Reue sowie im Anschluß an das »unentschuldbar« von Röm 1, 20 klarmacht, daß die gesuchte Instanz nur jene Vernünftigkeit sein kann, die von der *im* Glauben freigesetzten Vernunft erst enthüllt wird und doch innerhalb der Vernunft *vor* dem Glauben schon wirksam war; denn sie ist es, die den Übergang ermöglicht, indem sie es dem Menschen ermöglicht, in der Begegnung mit Christus die ihn angehende Wahrheit zu erkennen – Verweyen formuliert sogar: »seine eigene, eigentliche Wahrheit zu erkennen« (61). Ist nun aber diese wahre und dem Glauben gegenüber methodisch eigenständige Rationalität *vor* Prozeßbeginn nicht einfach schon als aktualisierte vorhanden, stellt sich um so dringlicher das Problem, wie sie angesichts der unausweichlichen Relativität hermeneutischen Verstehens im komplexen dialektischen Prozeß der Glaubensverantwortung tatsächlich *freigelegt* werden kann.

Doch zuvor – das wäre das zweite – ein nochmaliger Anlauf zur Präzisierung der Aufgabenstellung, diesmal im Ausgang von der Sinn*mitte* des Glaubens, die zunächst – um die systematische Kohärenz der Fundamentaltheologie in der Verschiedenheit ihrer Fragedimensionen zu sichern – *inhaltlich* bestimmt wird. Über die dabei waltende Zirkularität, dergemäß die vom Glauben freigesetzte Vernunft in seine Wesensbestimmung miteingeht, ist sich Verweyen im klaren. Ob nun die Wahl des Begriffs der vierfach differenzierten »traditio« (69) im Blick auf die damit vorgezeichnete philosophische Aufgabe nicht bereits eine Überbestimmung darstellt, sei vorerst noch dahingestellt. Daß aber jede Wesensbestimmung, wie immer sie ausfällt, erst als hinreichend gelten kann, wenn sie die wesentliche Entsprechung zwischen Inhalt und Gestalt der Offenbarung und Offenbarungsvermittlung einsichtig macht, möchte ich nachdrücklich unterstreichen. Und unterstreichen erst recht die formale Kennzeichnung christlicher Offenbarung durch den Anspruch der Letztgültigkeit: Letztgültigkeit nicht nur im Sinne des Wahrheitsanspruchs, wie jede Religion ihn erhebt, sondern als Kennzeichnung des geschichtlichen Ereignisses selbst, sofern es als ein für allemal ergangen, unüberholbar und unbedingt einfordernd bekannt wird (76).

Völlige Zustimmung drittens zu Verweyens Aufweis der theologischen Notwendigkeit von hermeneutischem Verstehen und Erster (d. h. auf Letztbegründung verpflichteter) Philosophie; desgleichen zu seiner Bestimmung des Verhältnisses beider. Das für die Fundamentaltheologie im engeren Sinn entscheidende Resultat lautet: Erst wenn die Vernunft in eigener Autonomie den *Begriff* eines letzten Sinnes unumstößlich gefaßt hat, kann sie ehrlich vor einem *erfahrenen* Ereignis, eben sofern es diesen Begriff erfüllt, als letztgültig überzeugt sein und diese Überzeugung auch anderen als in Freiheit vollziehbar zumuten (86.97). Ohne die Möglichkeit eines solchen nicht mehr hinterfragbaren Begriffs wäre der christlichen Glaubensverantwortung der Boden entzogen – es wäre (wie zu Recht namentlich gegenüber *Wolfhart Pannenbergs* bedeutungslogischen Analysen herausgestellt wird) die Behauptung eines Ein-für-allemal nicht als sinnvoll legitimierbar, seine Evidenz rational nicht verantwortbar (90). Aber auch die universale Offenheit des hermeneutischen Verstehens selbst bedarf, soll es nicht in einen haltlosen Pluralismus abgleiten, einer erstphilosophischen Orientierung und Reflexion ihrer Möglichkeit. Wollte man die Suche nach unbedingten (also vernünftig auszuweisenden) Kriterien für die Gültigkeit des hermeneutisch verstandenen Sinnes sogar grundsätzlich abweisen, wäre das gerade nicht Zeichen kommunikativer Offenheit, sondern die Entscheidung eines Dogmatismus individueller Ungebundenheit, der sich dem Risiko jeder ehrlichen Frage, durch eine Antwort überholt zu werden, entzieht und sich ebenso dem in der Rede *anderer* begegnenden Anspruch der einfordernden Wahrheit verweigert (99 f.).

II. Abgrenzungen und Standortbestimmung

Daß Verweyen bei seinem Anmarsch zur ersten Aufgabe, der Ermittlung eines Begriffs letztgültigen Sinnes, die klassischen *Beweisarten für das Dasein Gottes* diskutiert und sie außer an ihrem eigenen Beweisziel vor allem an ihrem Ertrag für die Frage nach der wesentlichen Verwiesenheit des Menschen auf Gottes Offenbarung bemißt, ist nach der Sicherung des gewählten Ansatzes und namentlich der präzisierten Aufgabenbestimmung für die demonstratio religiosa ganz konsequent. Ich will jetzt aber, statt die wiederum weitreichenden Übereinstimmungen zu nennen, nur einige Punkte markieren, die mich, weil sie das Kommende ahnen ließen, hellhörig machten. Schon beim *kosmologischen* Beweis ist es der ihn tragende Akt ursprünglichen Staunens, der offenbar beerbt werden soll, da in ihm die Differenz zwischen dem Seienden und dem es gründenden Sein aufbricht, die das wahrhafte Fragen der Vernunft allererst in Gang bringt (109 f.); auch in anderen Zusammenhängen, insbesondere bei der Wahrnehmung der Sollensevidenz und der maßgeblichen Macht der Gottesidee, hebt Verweyen diesen Aspekt der Verwunderung und des Staunens hervor (146). Beim *ontologischen* Argument und dann vollends bei den Ansätzen, die Verweyen unter der Kennzeichnung »transzendentallogisch« zusammenfaßt, kommt die Bewegung des Denkens selbst in den Blick: Was *Kants* Ideenlehre versäumt habe, nämlich »nach dem zureichenden Grund für die Bewegtheit der menschlichen Vernunft durch ein Unbedingtes« zu fragen (125), das sei (wenn auch durch spätscholastische Begrifflichkeit verstellt) ausgeführt in *Descartes'* dritter Meditation – ja die der Vernunft eingeprägte, mit ihrer Selbstgewißheit gleichursprünglich erfaßte Gottesidee und ihre Dignität als *Maßstab* der Vernunft bei ihrem ruhelosen Fortschreiten und schließlichen Hinausgehen über den Bereich möglicher Objekte (die Sphäre der schlechten Unendlichkeit) sei bereits bei *Augustinus* ansichtig geworden und dann in *Anselms* Gottesbegriff präzise zur Sprache gebracht (115–138). Gegen den *moralischen* Gottesbeweis endlich wird eingewandt, daß *Kants* Ausgang von der Sollensevidenz im »Faktum der reinen Vernunft« über den Bereich der praktischen Vernunft nicht hinausführe, für eine erstphilosophische Fragestellung nicht den erforderlichen unhinterfragbaren Ausgangspunkt biete und vor allem die Wirklichkeit Gottes erst angesichts der Realisierungsproblematik des Sollens, nicht aber im Zusammenhang der Frage nach dem *Ursprung* der Sollensevidenz thematisiere (145 ff.).

Nicht weniger signifikant die Erörterung der bisher unternommenen Ansätze zum ausdrücklichen Aufweis der *menschlichen Hinordnung auf die Offenbarung* – diesmal natürlich unter dem Gesichtspunkt, ob sie erstphilosophischen Ansprüchen genügen. Auffallend zunächst Verweyens Vorliebe für *Anselm*, der die Reflexion solcher Hinordnung bis zu den Mysterien der Trinität und Menschwerdung Gottes vorantrieb; bemerkenswert ebenso die Wertschätzung *Maurice Blondels*, bei dem freilich das Verhältnis von Hermeneutik und Erstphilosophie noch ungeklärt blieb. Ferner die umsichtige Würdigung des in der *Maréchal*-Schule geübten »retorsiven« Verfahrens, das jedoch höchstens bis zum unvermeidbaren *Anspruch* auf unbedingte Wahrheit gelange (160); sodann – im Blick auf *Karl Rahners* »Hörer des Wortes« – die Kennzeichnung von Frage und Behauptung als objektivierender, vom ursprünglichen Staunen bereits abkünftiger Vollzüge der Vernunft, durch deren Analyse die Hinordnung auf ein inkarniertes Wort Gottes kaum zugänglich werde (162 f.). Schließlich das Bedauern – ich teile es zutiefst – über die Verabschiedung erstphilosophischen Fragens, wie sie seit Rahners Wende zur Transzendental*theologie* und der verbreiteten Rezeption seiner Theorie des »übernatürlichen Existentials« fast überall erfolgte und die auch *Johann Baptist Metz* mit seiner begründeten Abkehr von Rahners »transzendentaler Erfahrung« zugunsten der geschichtlichen Kategorien Erinnerung und Erzählung nicht etwa widerrufen, sondern weiter befestigt habe. Im handlungstheoretischen Ansatz von *Helmut Peukert* wiederum, der die Letztbegründungsproblematik wiederaufnahm, sei jedoch – abgesehen von anderen Einwänden, deren Recht ich jetzt nicht diskutieren kann – das Apriori der idealen Kommunikationsgemeinschaft als Konvergenzpunkt der wissenschaftstheoretischen Grundprobleme nur aufgenommen, nicht apodiktisch gesichert worden (176) – so daß Verweyen sich zuletzt der Transzendentalpragmatik *Karl-Otto Apels* zuwendet, die als Entwurf einer postkonventionellen Moral mit Letztbegründungsansprüchen und wegen ihres im Rahmen des »linguistic turn« energisch verfolgten retorsiven Argumentierens besondere Aufmerksamkeit findet. Aber auch sie, so das Ergebnis, sei als Ausgangspunkt für die fundamentaltheologisch geforderte Reflexion auf letztgültigen Sinn nicht übernehmbar, da erstens mit ihrem Rekurs auf die pragmatische Unvermeidbarkeit der Setzung von Diskursnormen keineswegs schon deren ethische Verbindlichkeit begründet und die Evidenz des Sollens geklärt sei, weil zweitens ihre diskursethische Perspektive das Phänomen der Kommunikation verenge und keinen adäquaten Begriff des letztlich angestrebten kommunikativen Sinnes erlaube und weil sie drittens nicht bereit sei, den eigentlich doch auch in ihrem Rahmen unentbehrlichen Rückgang auf das in letzter Instanz vor sich selbst verantwortliche Ich und die Evidenz seines Wissens zu gestatten (182–194). Bleibt noch der transzendentalphilosophische Ansatz von *Hermann Krings*, der Apel ja ebenfalls hinsichtlich seiner Letztbegründungsansprüche kritisiert hat. Indessen, so Verweyen (und hier nun muß ich mich von seinem Weg trennen), habe auch Krings »mit der transzendentallogischen Klärung der *Herkunft* des ›Ich denke‹ aus der ›transzendentalen Anerkennung von Freiheit durch Freiheit‹ nicht die Frage nach der *Gültigkeit* von Freiheitssetzungen« geklärt (194). Kommt denn etwa der Rückgang auf die formal unbedingte Freiheit als Letztinstanz ethischer Begründung und Ausgangspunkt eines Begriffs letztgültigen Sinnes schon deshalb nicht in Betracht, weil von ihr aus eine vollkommene, schlechthin unbedingte Freiheit nur in der Weise des Vorgriffs erreichbar und somit das Wissen auszuhalten ist, daß Menschen die konstitutionelle Antinomie, die sie als endliche Freiheit selbst sind, nicht selber zu lösen vermögen?

Wenn Verweyen dann seinerseits bei der »kargen Cartesischen Selbstgewißheit des denkenden Ich« einsetzt (195), so offenbar deshalb, um die Regionalität der retorsiv argumentierenden Ansätze auf eine schlechthin *universale* Sinnfrage hin überschreiten zu können und zugleich die *Unhintergehbarkeit* des eigenen Ausgangspunktes zu sichern. Ich will nun versuchen, in acht Punkten die Argumentationsstruktur seiner konstruktiven Lösung der philosophischen Doppelaufgabe der Fundamentaltheologie zu rekonstruieren (III), um dann meine Anfragen zu formulieren (IV) und von ihnen zu einigen abschließenden Bemerkungen überzugehen, die noch den zweiten Teil des »Grundrisses« betreffen sollen (V).

III. Der zentrale Argumentationsgang

1. Verweyens Ausgangspunkt ist also die Selbstgewißheit des Ich – des Ich allerdings, sofern es in allen seinen Akten durch die unhintergehbare Kategorie des Einen bestimmt ist. Daß diese Idee als solche nur im Ausgang vom Gegensatz und doch nicht durch Annäherung erfaßt werden kann, widerlegt ihre transzendentale Funktionalität nicht, sondern bestätigt sie. Ebensowenig wie nun aber die reine Einfachheit in der Objektsphäre antreffbar ist, kann sie mit der Einheit des Ich-denke gleichgesetzt werden, denn das Ich kann sich als schlechthinnige Einheit nicht setzen, ohne sich etwas entgegenzusetzen. Andererseits kann die ursprüngliche Einfachheit, die unser Bewußtsein bewegt, nicht an ihr selbst durch die Notwendigkeit einer Entzweiung bedingt sein, weil dann das elementare Bedürfnis des Ich nicht verständlich wäre, »trotz seiner unaufhebbaren antithetischen Struktur auf *unbedingte* Einheit aus zu sein« (200).

2. Obwohl mit dem Letzten über die Existenz des unbedingt Einen schon entschieden ist, trägt dieses Ergebnis für die Sinnthematik unmittelbar noch nichts aus und bleibt daher zurückgestellt. Formulierbar aber ist jetzt, auf der Basis der aufgewiesenen Elementarstruktur des Bewußtseins, die universale *Frage* nach Sinn und mit ihr Camus' »Mythos von Sisyphos« transzendentallogisch eingeholt: Wie kann die Vernunft, die trotz des Gegensatzes, in dem sie unausweichlich steht, dazu getrieben ist, unbedingte (jeglichen Zwiespalt überwindende) Einheit zu setzen, sich in diesem Widerspruch als sinngerichtet verstehen (201 f.)?

3. Als Anweisung gelesen – und so verlangt es auch schon ein vollständiger Begriff des Absurden (202) – fällt diese Frage mit der Aufgabe zusammen, die Möglichkeit des Gefragten zu denken: die Möglichkeit also, »in dem Gegensatz, der aller endlichen Vernunft anhaftet, unbedingte Einheit wirklich zu vollziehen« (201). Um diese Möglichkeit geht es im *Begriff* letztgültigen Sinnes.

4. Bei durchgehaltener Differenz von Subjekt und Objekt ist unbedingte Einheit nur denkbar, wenn dem Ich ein Gegenüber als vollkommenes Bild seiner selbst begegnet – eine Freiheit also, die darin aufgeht, das Wesen des ihr Begegnenden uneingeschränkt ans Licht zu bringen (235). Denn es ist die innerste Möglichkeit und unvertretbare Tat einzig der Freiheit, sich selbst zu etwas zu machen, worin sie ganz aufgeht. Solche Entscheidung müßte streng reziprok und überdies das wechselseitige Zum-Bild-Werden universal sein: alle Vernunftwesen einschließend. Die materielle Welt aber müßte, wenn unbedingte Einheit sein soll, sich als ermöglichendes *Medium* interpersonaler Anerkennung erweisen.

5. Obwohl die Erfahrung zwischenmenschlicher Verpflichtung unmittelbar anhebt, fordert sie, je mehr sie bewußt wird, eine Erklärung. Soll also die unbedingte Bejahung nicht unbegründet erscheinen, ist nach dem unbedingten Wert des Anderen als Grundlage seiner Anerkennung zu fragen – es ist eben die Frage nach dem Woher seiner unbedingten Bestimmtheit. Hier also ist die Stelle, wo – um den Sinnbegriff weiterentwickeln zu können – die früher transzendentallogisch angezielte, ja schon erreichte Einsicht aufgenommen und nun auch eindeutig ausgesprochen wird, daß die Prägung des Menschen durch ein Unbedingtes, da sie anders nicht zu erklären sei, die Annahme eines wirklich existierenden schlechthin Unbedingten verlange (244).

6. Die Annahme der Existenz des schlechthin Unbedingten führt gleichwohl erst über Zwischeneinsichten zur Lösung der Ausgangsfrage nach der Vernünftigkeit der Bejahung des Anderen. Denn zunächst bringt sie nur in die Schwierigkeit, daß – wenn das unbedingt Einfache *ist* – die Selbstgewißheit des denkenden Ich bloßer Schein zu sein droht. Im Anschluß an die (stark plotinisch gelesene) Spätphilosophie *Fichtes* mit ihrer Unterscheidung des Absoluten und seiner Erscheinung (als Gottes Sein außer seinem Sein) löst Verweyen

das Dilemma: Seiendes außerhalb des unbedingten Seins ist nur dann nicht bloßer Schein, wenn das unbedingte Sein sich selbst als Bild äußert und so endlicher Vernunft die Möglichkeit einräumt, durch die freie Hineingabe in dieses Bild wirkliches »Dasein« des Unbedingten zu werden. Daraus ergibt sich erstens als die wesentliche Bestimmung des Menschen, sich im Akt seiner Freiheit zum reinen Bild des Unbedingten zu bilden. Zweitens ergibt sich, daß alle Phänomenalität (die gesamte Welt des Bewußtseins) als Möglichkeitsbedingung dieses Bildwerdens zu verstehen ist: angefangen beim Seienden der sinnlichen Gewißheit, von dem her das Ich-denke auf sich als Konstitutionsprinzip alles Erscheinenden und Ort apodiktischer Seinsgewißheit zurückkommt und als formale Freiheit vermittels der Unbedingtheitsidee über jedes Endliche hinaus ist, bis diese Freiheit dann durch ihr freies Bildwerden für das Unbedingte (als dessen erscheinenlassendes »Durch«) den ihr einzig adäquaten Gehalt findet – eben den wahren, nun erstphilosophisch rekonstruierten Gehalt der Sollensevidenz, die *Kant* als Faktum bloß konstatierte. Wenn aber *jede* Freiheit dazu da ist, Bild des Unbedingten zu werden, dann bedeutet dies endlich auch drittens, »dafür da zu sein, daß alle wirkliche oder mögliche Freiheit als Bild des Unbedingten ans Licht kommen kann« (252), damit Gott alles in allem werde.

7. Ist mit dem Gesagten nun der Begriff endgültigen Sinnes umrissen und als sein notwendiges Implikat ein unbedingtes Sollen und dessen wahrer Inhalt ausgemacht, so ist damit doch noch nichts über die *Tatsächlichkeit* der Sollenserfahrung und die Bedingungen ihres Zustandekommens gesagt. Wenn jedoch in jeder wahren Sollenserfahrung das Unbedingte selbst zur Erscheinung drängt und andererseits gezeigt werden kann, daß sich bei der intersubjektiven Konstitution des Ich-denke zugleich die grundlegende Evidenz des Sollens vermittelt, so ist damit auch ein erstphilosophischer Lösungsweg für die zweite philosophische Aufgabe der Fundamentaltheologie, die Frage nach der *Möglichkeit geschichtlicher Offenbarung*, eröffnet. Verweyen sieht ihn in *Fichtes* früher Aufforderungslehre gegeben, sofern man nur darauf achtet, daß das Ich die auffordernde Freiheit, die es zu seinem Selbstbewußtsein vermittelt, bereits seinerseits bejaht hat und bejahen mußte, um durch sie sich selber zu finden. Von *Offenbarung* freilich läßt sich erst sprechen, wo Menschen zu ihrer Bestimmung, Bild Gottes zu sein, auf den Weg gebracht werden – freigesetzt also durch andere Freiheit, die vom Unbedingten so in Anspruch genommen ist, daß dieses als *Gott* ansprechbar wird. Und *letztgültig* dürfte sie heißen, wenn »ein Mensch seine ganze Existenz darangibt, Wort und Bild des Unbedingten zu sein«, und dadurch als Einlösung des Versprechens erkennbar wird, das sich jedem Menschen bei der Konstituierung seines Selbstbewußtseins schon mitteilt (266). Sie würde in eins mit der Erfahrung tiefsten Anerkanntseins und unbedingter Inanspruchnahme die feste Hoffnung auf das vollendete Erscheinen Gottes in allen Menschen vermitteln.

8. Durchaus erstphilosophisch, wenn auch unter Voraussetzung des Faktums der Sünde, sind die Überlegungen gemeint, mit denen Verweyen »remoto Christo« die Offenbarungsgestalt noch bis ins Äußerste konturiert und ihre Bedeutung als Ermöglichung letztgültigen, d.h. auch der sich verweigernden Freiheit noch offengehaltenen Sinnes apriori erschließt. Es ist der Versuch, unter Aufnahme von *Platons* »Tod des Gerechten« und in subtiler Weiterführung von *Anselms* »Cur deus homo« die gleichursprüngliche Offenbarung der Barmherzigkeit und Gerechtigkeit Gottes als geschichtlichen Austrag des Widerspruchs zu denken, der sich im unbedingten Sein selbst aufgrund des menschlichen Widerspruchs zu seinem Erscheinensollen erhebt. Der Kerngedanke besagt, daß dem Gerechten auch noch die an sich unzerstörbare Gewißheit der Gottesnähe, wie sie allein ihm in der vollendeten Hingabe an den Gotteswillen zuteil ward, am Ende seines Weges genommen wird und Gott diesen »wunderbaren Tausch« verfügte, damit das Licht des Gerechten an den Ort der Sünde gelangte. Dies hieße zugleich, den Schrei der Gottverlassenheit »als den Augenblick zu begreifen, in dem der definitive Anbruch letztgültigen Sinns trotz sich verweigernder Freiheit offenbar wird: als Gottes letztes Wort, in dem sein eigenes Wesen voll erscheint« (279).

IV. Kritische Inspektion der erstphilosophischen Grundthesen

Nun also meine Fragen. Sie entstammen einer Sicht der angesprochenen Aufgaben und Probleme, die ich im folgenden weder verbergen möchte noch angemessen begründen kann[3]. Vorerst mag es genügen, wenn sie für die Kritik von heuristischem Nutzen ist. Ich beginne mit einer Vorfrage von außen, um dann zu den grundlegenden Thesen zu kommen.

1. Ist es eigentlich – so die Vorfrage – notwendig, d.h. fundamentaltheologisch erforderlich, den Entwurf eines Begriffs möglichen letztgültigen Sinnes als Apriori für die Vernehmbarkeit der Offenbarung unter so weitgehende erstphilosophische Ansprüche zu stellen, wie Verweyen es tut? Wäre der hermeneutische Relativismus nicht auch schon überwunden und dem Letztbegründungsbedürfnis der Vernunft nicht Genüge getan, wenn nur überhaupt ein

---

[3] Zur Ausführung dieser Sicht s. aber Th. *Pröpper*, Erlösungsglaube und Freiheitsgeschichte. Eine Skizze zur Soteriologie, München ³1991; zum leitenden Ansatz der folgenden Kritik *ders*., Freiheit als philosophisches Prinzip der Dogmatik. Systematische Reflexionen im Anschluß an Walter Kaspers Konzeption der Dogmatik: E. *Schockenhoff* / P. *Walter* (Hg.), Dogma und Glaube. Bausteine für eine theologische Erkenntnislehre. FS für Bischof Walter Kasper, Mainz 1993, 165–192; im am Schluß des Vortrags nur angesprochenen, auf den Freiburger Tagung ausführlich diskutierten Theodizeefrage *ders*., Fragende und Gefragte zugleich. Notizen zur Theodizee: T. R. *Peters* / Th. *Pröpper* / H. *Steinkamp* (Hg.), Erinnern und Erkennen. Denkanstöße aus der Theologie von Johann Baptist Metz, Düsseldorf 1993, 61–72.

Unbedingtes als Basis des Sinnbegriffs namhaft gemacht werden könnte? Natürlich müßte es ein Unbedingtes sein, ohne das eigentliches Menschsein nicht denkbar wäre, zugleich auch geeignet, die Hinordnung des Menschen auf Gottes geschichtliche Offenbarung wie sein Eingefordertsein durch sie als für ihn wesentlich einsehen zu lassen. Allerdings muß die formal unbedingte Freiheit, die dafür allein in Betracht kommen kann, sich zu sich selber entschließen, sich durch den Anruf ihres eigenen Wesens verpflichten lassen, um einen verbindlichen Gedankengang tragen zu können. Mag insofern ihre Gewißheit und jeder retorsive Versuch ihrer Vergewisserung auch durch irgendeinen »diabolos« (244) leichter zu erschüttern sein als das »karge cogito« in seiner Bestimmtheit durch die Einheitsidee – ganz ohne einen Entschluß der Freiheit (den Entschluß nämlich, die Vernunft widerspruchsfrei zu denken und ihren Implikationen vertrauensvoll nachzugehen) kommt auch Verweyen nicht aus, wie er selbst beiläufig bemerkt (256). Hinzu kommt, daß der Vorteil seines fundamentum inconcussum und der Überregionalität der von ihm her entwickelten Sinnthematik durch eine auffallende Umwegigkeit der Beweisführung im einzelnen und vor allem eine hohe Formalisierung erkauft wird, die dann phänomenologisch »aufgefüllt« wird; so etwa wird erst über den Gedanken der Einheit von Subjekt und Objekt und die Vermittlung des Bildbegriffs das Verhältnis gegenseitiger Anerkennung erreicht, dessen Darstellung dann auch vom Bildbegriff dominiert bleibt. Aber, wie gesagt, das sind vorerst nur Vorbehalte; wer den Beweisgang für zwingend ansieht, wird sie natürlich für müßig erachten.

2. Verweyens gesamte Konstruktion des Sinnbegriffs hängt an der transzendentallogisch begründeten These der Existenz des schlechthin Unbedingten. Ohne sie wäre schon die Verpflichtung zur Bejahung anderer Freiheit und erst recht alles Weitere nicht mehr begründbar. Meine Frage aber ist, ob für die *Idee* des schlechthin Unbedingten nicht doch das endliche Subjekt selber aufkommen kann. Also wäre erneut über *Anselms* Gottesbegriff, *Descartes'* dritte Meditation, die Ideenlehre *Kants* und wohl auch über den Status der Spätphilosophie *Fichtes* zu verhandeln; immerhin gibt es ja Interpretationen, die in Fichtes Denken nach 1810 ein verschärftes Faktizitätsbewußtsein erkennen und seine spätesten Entwürfe nicht mehr als begründende Einkehr des Wissens ins Absolute, sondern nur noch – mit einem Wort *Günter Schultes*[4] – als Philosophie »des möglichen Gottes« auslegen. Ich muß mich hier freilich mit der Anmeldung meiner Zweifel an Verweyens Begründung begnügen. Natürlich ist die Idee des schlechthin Unbedingten weder auf Empirisches rückführbar noch

---

[4] G. *Schulte*, Einleitung und Kommentar zu *J. G. Fichte*, Die Wissenschaftslehre in ihrem allgemeinen Umriß (1810), Frankfurt 1976, 47. Vgl. *ders*., Die Wissenschaftslehre des späten Fichte, Frankfurt 1971; W. *Lautemann*, Transzendentalphilosophie als Anthropologie und als Erscheinungslehre. Ein Panorama neuerer Fichte-Interpretationen: Philosophische Rundschau 23 (1976) 197–256.

als Selbstprojektion der Vernunft in ihrem perennierenden Fortschreiten zu erklären: erst im Überstieg über die Sphäre schlechter Unendlichkeit wird sie ja gebildet. Aber könnte dieser Akt, die Negation des Endlichen als solchen, nicht doch die genuine Leistung der freien Reflexion sein? Es wäre eben der Akt, in dem sie – staunend durchaus, aber wohl auch mit Erschrecken – der abgründigen Faktizität der freien Vernunft und alles Seienden innewird und die Frage absoluter Begründung aufwirft, ohne sie jedoch beantworten zu können, weil die Sinnprämisse, die dabei im Spiel wäre, von ihr selbst als Reflexion nicht garantiert werden kann. Ist eine solche Auffassung nun möglich (und sie ist es, meine ich, wenn die formale Unbedingtheit der Freiheit anerkannt wird), dann wäre freilich die Ausarbeitung der *Frage* nach Sinn und eines ihr gemäßen Begriffs *möglichen* Sinnes das Äußerste, was redliche Philosophie zu leisten vermag – womit ich übrigens ganz einverstanden wäre. Aber auch Verweyens Aufweis käme über die Situation des Sisyphos nicht hinaus – was ihm nun freilich gar nicht gelegen sein dürfte. Ich komme darauf zurück.

Zuvor (3.) noch ein Wort zur Stellung des Gedankens der *Freiheit*. Verweyen würdigt sie in ihrer wahren Gestalt als sittlich entschiedene Freiheit: als »Wählbarkeit des Ichs durch jenen heiligen Willen, die in der Evidenz des Sollens an ihr Ziel kommt« (250), während er die Wahlfreiheit als »bloße Vorform« (145), ja »bloßen Schein von Freiheit« bezeichnet (denn »in der Erkenntnis des Sollens vergeht dem Ich alle Wahl«) und ihren »unendlichen Spielraum im Endlichen« aus der »Determiniertheit aller Vernunft« durch die Idee des Unbedingten erklärt (249 f.), andererseits aber durchaus auch ihre Entschlußfähigkeit zum Bildwerden hervorhebt und sogar ihre Kraft der Negation – etwa in der Gestalt des dem Sollen trotzenden und sich Gott wissend verweigernden Camilo aus *Paul Claudels* Drama »Der seidene Schuh« (237.268) – eindrücklich schildert. In ihrer formalen Unbedingtheit jedoch als ursprüngliches Sichverhalten, Sichöffnen und Sichentschließen wird sie nicht eigens thematisiert und jedenfalls nirgends als Argumentationsinstanz geltend gemacht. Ist aber der Preis dafür nicht zu hoch? Zumindest drei Folgen scheinen mir bedenklich. Zum einen wird (im Gegensatz zu *Kant*) die Ethik der Sinnthematik subordiniert: Gelingt der Sinnaufweis nicht, ist auch ethisches Sollen nicht mehr begründbar. Zum anderen wird das unbedingte Seinsollen, wie es Freiheiten in direkter Begegnung als Anspruch erfahren und im Entschluß füreinander ursprünglich intendieren, dennoch nicht in ihnen selber verankert, sondern durch ihr mögliches Bildsein für das Unbedingte vermittelt. Ausdrücklich wird ja gesagt, daß die Unbedingtheit zwischenmenschlicher Verpflichtung »aus der endlich-kontingenten Verfaßtheit des menschlichen Wesens« nicht erklärt werden könne (242). Drittens entfällt so überhaupt die Möglichkeit autonomer Moral und mit ihr nicht zuletzt auch (woran der Fundamentaltheologie doch gelegen sein sollte) die Möglichkeit, die Verbindlichkeit der Anerkennung Gottes und seiner Offenbarung auf nicht-zirkuläre Weise zu begründen: eben weil der Verbindlichkeits*grund* in Gott gesetzt wird, um dessen auszuweisenden sittlichen Anspruch auf den Menschen es doch zuerst einmal geht.

4. ist nun hervorzuheben, was ich bisher nur angedeutet habe. Genau besehen ist Verweyens Sinnkonstruktion nämlich nicht nur der Entwurf eines Begriffs *möglichen* Sinnes, über dessen Wahrheit somit erst noch entschieden werden müßte; sie ist vielmehr (und zwar spätestens seit der Annahme der Existenz des schlechthin Unbedingten) selbst schon als Sinn*aufweis* zu lesen – oder vorsichtiger und genauer gesagt: sie ist die philosophische Vergewisserung des Sinnes, der jedem Menschen von seinem Wesen her offensteht, auch wenn von seiner Wirklichkeit natürlich erst gesprochen werden kann, wenn er praktisch vollzogen ist. Für das Verhältnis von Vernunft und Offenbarung aber heißt das, daß es nicht etwa als *Bestimmungs*verhältnis gefaßt wird – derart also, daß die offene Sinnfrage des Menschen durch die Offenbarung determiniert und letztgültig beantwortet würde, sondern als *Vermittlungs*verhältnis in eben dem Sinn, wie jeder Mensch intersubjektiv zur Aktualität seines Selbstbewußtseins und der Sollensevidenz vermittelt wird. Offenbarung ist »ein Geschehen, das Freiheit für sich selbst erschließt« (267); ihr Ziel ist, »in allen Menschen das ihnen je eigene Bild Gottes sichtbar werden zu lassen« (467); sie darf sich »nicht als Selbstvermittlung eines den Menschen unnahbaren Gottes darstellen«, sondern »als Einlösung jenes Versprechens ..., das sich jedem Menschen bei der Konstituierung seines Selbstbewußtseins mitteilt« (266). Aufschlußreich in diesem Zusammenhang Verweyens Zustimmung zur Staatslehre *Fichtes*, dergemäß sich Offenbarung und Vernunft nicht inhaltlich, sondern nur »in Absicht der Form« unterscheiden und die Offenbarung der Philosophie nur insofern vorausgeht, als dieser das Objekt, das sie in eigener Instanz rekonstruiert, zuvor faktisch gegeben sein mußte (310). Verständlich von daher nun aber auch das entscheidende Gewicht, das dem Faktum der *Sünde* in Verweyens Systematik zuwächst, denn sie allein ist es, die die Einzigartigkeit Jesu sichtbar werden läßt und die faktische Angewiesenheit auf ihn garantiert – wobei Sünde wiederum als Selbstverfehlung der Freiheit, als »Verfehlen des ihr wesentlichen Sinnes« gefaßt wird (73). Es ist im entscheidenden eben die »Sündlosigkeit Jesu«, dies Geheimnis seiner »vollendeten Freiheit«, die ihn als letztgültigen Offenbarer zu identifizieren erlaubt, auch den eigentlichen Gehalt der »Formel von Chalkedon« zusammenfaßt und überhaupt »das einzige Mysterium ist, das die ›differentia specifica‹ des Christlichen ausmacht« (469 ff.). Unübersehbar auch hier Verweyens Affinität zu *Anselm*, dessen faszinierende Rationalität er schon dadurch vor einem Rationalismus neuzeitlichen Stils geschützt sieht, daß Anselm ja um die Sünde weiß: um die Sünde, die daran hindert, »das Bild Gottes, das von der Schöpfung her jede menschliche Vernunft ist, wahrzunehmen und angemessen zu betätigen« (294 f.). Meinerseits darf ich wohl noch die frappieren-

de Strukturgleichheit zur Glaubenslehre *Schleiermachers* erwähnen, der ja ebenfalls, nachdem er das Gottesbewußtsein als menschliche Wesensbestimmung erwiesen zu haben glaubte, die Sünde stark machen mußte, um Jesus durch Sündlosigkeit und die ursprüngliche Kräftigkeit seines Gottesbewußtseins auszeichnen und das von ihm ausgehende geschichtliche Gesamtleben an ihn binden zu können. Ich bezweifle jedoch (abgesehen von anderen Fragen), daß auf diese Weise eine *wesentliche* Bezogenheit des Glaubens auf Jesus einsichtig wird. Denn dies scheint mir erst möglich, wenn der Inhalt sowohl der Offenbarungswahrheit als auch des philosophischen Sinnbegriffs so gefaßt werden kann, daß beidemal freie Mitteilung als die wesentliche Form seiner Realisierung erkannt wird. Mit anderen Worten: Das Verhältnis von Gott und Mensch wäre nicht im Schema Absolutes-Erscheinung, sondern primär als Verhältnis von Freiheiten zu denken und die Bedeutung von Jesu Geschichte darin zu sehen, der endgültige Erweis der frei für die Menschen entschiedenen Liebe Gottes zu sein.

V. Problematisierung der offenbarungstheoretischen Folgen

Mit dem letzten Punkt bin ich bereits zum zweiten Teil des Grundrisses übergegangen und möchte sogleich freimütig den Eindruck äußern, der sich mir bei der Lektüre eingestellt hat: den Eindruck nämlich, daß auch die Rechenschaft über das *Ergangensein* von Gottes letztgültigem Wort ihren entscheidenden Evidenzgrund im erbrachten Sinnaufweis hat. Denn, so hieß es schon dort lapidar, »was das unbedingte Sein will, das *wird* auch sein« (277); und inhaltlich genauer noch: »Ein unbedingtes Sein, das erscheinen *will* – und das kündet jedes unbedingte Sollen an –, *wird* aber auch unweigerlich erscheinen, eben weil es unbedingtes Sein ist« (268). Gesichert war damit zugleich, daß es *Gott* ist, der in jeder menschlichen Hingabe an das Sollen erscheint. Also galt es für den Fundamentaltheologen, vom Sinnbegriff zur Ermittlung eines *Begriffs letztgültiger Offenbarung* weiterzugehen und das hieß nun: apriori die denkbar äußerste Gestalt menschlicher Hingabe an das für andere beanspruchende Sollen zu entwerfen. Aufgabe des zweiten Teils mußte dann sein, den geschichtlichen Ort auszuweisen, »an dem sich dieser Begriff *realisiert*«, wobei ebenfalls schon klar war, daß er nur »im Fleische Jesu«, in der Spanne zwischen Empfängnis und Tod, zu finden sein könne (467). Es ist genau diese adaequatio des geschichtlichen Ereignisses zum Begriff letztgültiger Offenbarung, was die Behauptung des Ein-für-allemal in der fundamentaltheologisch geforderten Weise verantwortbar macht. Hier liegt der wesentliche Grund dafür, daß der Begriff der »traditio« *einschließlich* des Moments der Selbstauslieferung Jesu für die philosophisch zu rekonstruierende Sinnmitte des Glaubens unverzichtbar war. Aber weil es bei dieser Argumentationsfigur in der Sache doch nur um die

Realisierung des Begriffs eines letztgültigen Sinnes geht, dessen Wahrheit sich zumindest post factum auch philosophisch vergewissern läßt (im Gegensatz etwa zu Aussagen, die Offenbarung als ein wesentlich freies geschichtliches Verhältnis Gottes zum Menschen behaupten) – deshalb habe ich endlich auch begriffen, warum sich der Verfasser angesichts der Fragen, die Theologen wie meinesgleichen umtreiben, so auffallend gelassen zeigen kann. Ich will das an den beiden brisantesten Themen des zweiten Teils noch kurz erklären.

Da ist einmal das *Problem der historischen Rückfrage nach Jesus*, der zumindest keine *kriteriologische* Bedeutung zukommen soll. Verweyen sucht das *Lessing*-Problem des garstig-breiten Grabens zu überwinden, insistiert aber gegenüber *Kierkegaard* und der Kerygma-Theologie darauf, daß die »Basis der unbedingten Zustimmung« das »in der Kontingenz geschichtlichen Geschehens« vermittelte »Faktum« der letztgültigen Offenbarung selber sein müsse (388.390). Da andererseits die historisch erreichbare Wahrscheinlichkeit niemals der Gewißheit entspricht, wie sie für eine existenzbegründende Wahrheit und das Glaubensengagement erforderlich ist, kommt als angemessene Vermittlung nur das Geschehen der »traditio« in Frage: jener Nexus gegenseitiger Anerkennung also – die »fortlaufende Kette sich selbst entrissener Freiheit« (401) –, »in dem sich die angesprochene Freiheit selbst auf den an sie ergehenden Anspruch verpflichtet« (398) und so die »Wahrheit des Gewesenen« erneut sich ereignet (394). Im Blick auf die exegetisch-historische Problematik folgert Verweyen, daß »als der ursprüngliche Ort ..., an dem sich die wahre Bedeutung der Gestalt Jesu erschließt«, die theologische Endgestalt der Texte gelten müsse und sich deshalb die Rückfrage »auf den als verbindlich bezeugten Blick der neutestamentlichen Autoren und das darin bereits gegebene integrale Bild Jesu« zu richten habe (414) – eine in sich durchaus stimmige Lösung. Gleichwohl hängt sie daran, daß über die aufzufindende Sache inhaltlich schon entschieden ist. Denn immer geht es darum, als das Eigentliche die »persönliche conversio« der Zeugen (414), den »Totalumbruch der Existenz« zu identifizieren, den der jeweilige Verfasser, »von der Wirkmacht des Ein-für-allemal getroffen«, erfahren hat (405), und als ihren »Kern ... das ursprünglich eingefallene Licht« selbst zu erfassen (415). Wie aber, wenn nun die Wahrheit des Glaubens wesentlich eine geschichtlich gegebene ist und von diesem Ursprung her maßgeblich bestimmt? Auch ich würde die *Praxis* des Glaubens, in der auf seine Wahrheit gesetzt wird und diese Wahrheit jeweils zur Wirklichkeit kommt, als die fundamentale Dimension im Prozeß der Überlieferung ansetzen, zugleich aber darauf insistieren, daß sie in Bekenntnis und Erinnerung ihren ermöglichenden Grund doch von sich selbst unterscheidet und deshalb jedes inhaltlich bestimmte Zeugnis der Tradition am historisch erreichbaren Wissen über die Geschichte Jesu zumindest zu bewähren ist *und* gegebenenfalls eben auch *korrigiert* werden muß.

Zur umstrittenen *Auferstehungsthematik*, dem zweiten Problem, nur noch ein paar Andeutungen. Daß Verweyen Begegnungen des auferweckten Gekreuzigten, deren Tatsächlichkeit er durchaus nicht bestreitet (446), aus der de-iure-Basis des Osterglaubens und dem Begründungszusammenhang der Christologie so dezidiert ausschließen kann, ist ja ebenfalls durch den philosophischen Begriff letztgültiger Offenbarung schon vorentschieden. In ihm sind menschliche Hingabe an das Sollen und Offenbarwerden Gottes von vornherein verbunden und so proportioniert, daß der Akt äußerster Selbsthingabe als Kulminationspunkt der Offenbarungsevidenz apriori gesichert ist. Zugleich ist er inhaltlich so konzipiert, daß Probleme wie etwa die Vollmachtsfrage erst gar nicht aufkommen können. *Anders* wiederum, wenn man über solche philosophische Gottesgewißheit nicht verfügt und Offenbarung als freien geschichtlichen Selbsterweis Gottes versteht. Dann ist es *seine* Sache, Sache seiner Freiheit, wie er sich zu uns verhält (auch wenn man wohl sagen kann: Ein anderer Gott als der Gott Jesu verdiente es nicht, daß man ihm glaubt); dann ist ein Mensch, der es wagt, an Gottes Stelle zu handeln, prinzipiell rechtfertigungsbedürftig; dann gewinnt zumindest die Katastrophe von Karfreitag, jedenfalls in gnoseologischer Hinsicht, wohl doch an Gewicht; dann bedarf unser Glaube an Gott wohl überhaupt der ermutigenden Zeichen – kurz: dann haben die Bekundungen des Auferweckten einen glaubenskonstitutiveren Status, als daß man sie als bloß faktische Zugeständnisse an die Schwäche der Sünde einstufen könnte. Auch würde durch sie keineswegs Gottes Offenbarung »im Fleische« (448) entwertet – es gilt nur zu sehen, daß Jesu Verkündigung, Tod und Auferweckung einen Ereignis- und Bedeutungszusammenhang darstellen, der als *Einheit* genommen Gottes Selbstoffenbarung ist und in dem jedes Moment – isoliert man es von den anderen – seine Bestimmungsvalenz für diese Offenbarung verlöre; die Auferweckung wäre dann in der Tat ein sinnloses Mirakel, allerdings auch das Kreuz vielleicht nur das absurde Schicksal des Gerechten: ein unschuldiges Opfer mehr. Ohne ihre menschliche Gestalt in Jesu Leben und Sterben hätte Gottes Liebe nicht ihre unwiderrufliche Bestimmtheit für uns gewonnen, ohne seine offenbare Auferweckung aber wäre diese bis zuletzt erwiesene Liebe vielleicht eben doch nur der Erweis des Äußersten, was Menschen möglich ist. Ich sehe auch nicht, inwiefern diese theologische Option auf einen Gegensatz im Gottesbild hinauslaufen soll, und wehre mich dagegen, die Tat des Gottes, der den getöteten Zeugen seiner Liebe aus dem Tode errettet und an ihm für uns seine Treue erweist, mit dem Gehabe eines »machtvoll thronenden Herrschers« zu vergleichen (446 f.). Sollen wir denn etwa – meint das der Hinweis auf die Gottesbegriffe, »worüberhinaus Größeres in der Tat gedacht werden kann« (142)? – auf die Allmacht als Gottesprädikat verzichten?

»Mehr kann kein Gott tun, um die Angst von uns zu nehmen, als auf diese grauenvolle Art als Mensch für uns zu sterben« (472), erklärt Verweyen mit

Eugen Drewermann und spricht vom Vollbringen der Liebe, »die stärker ist als der Tod« (448). Aber weder ist diese eindrucksvolle Formel selbstevident, noch wird sie hinreichend evident durch Jesu Tod (473), solange ihr Sinn so zweideutig ist. Denn zunächst besagt sie ja nur, daß keine Angst vor dem Tod Jesus gehindert hat, in seiner Hingabe »bis an das Ende« zu gehen (Joh 13, 1). In der Tat wäre dies der Erweis des Glaubens und seiner Kraft: daß die Angst vor dem Tod – die Angst um uns selbst – aufhört, das alles beherrschende Gesetz unseres Lebens und Handelns zu sein. Und doch wäre die Formel von Jesu »Sieg über den Tod« (471) und von der Liebe, »die stärker ist als der Tod« (448), nur eine weitere unter den Formeln der Absurdität, wenn auch die humanste und eindrucksvollste von ihnen – wenn kein Gott ist, der das Versprechen, das jede ernste Liebe für das *Sein*sollen der anderen intendiert, auch realiter einlösen wird und ebenso die Geopferten rettet.

Warum spricht Verweyen fast gar nicht (oder doch nur pejorativ) von der Verheißung und *Hoffnung* der Auferweckung vom Tod? Mit ausdrücklichem Bezug auf *Platons* Unsterblichkeitslehre heißt es: »Es gibt nur einen Weg zur unbedingten Gewißheit, daß das ›Ich‹ nicht vergeht, nämlich es aufgehen zu lassen ins Bild des unbedingten Seins. Vom Unbedingten selbst in Anspruch genommen, kann das Ich nicht mehr ins Nichts zurückfallen« (278). Worin aber gründet diese Gewißheit? Und sollte hier gar die Lösung der *Theodizeefrage* liegen? Jede Möglichkeit »nachträglicher« Versöhnung, diese »immer schon zu spät kommende ›Rettung von oben herab‹« (144), weist Verweyen mit *Iwan Karamasow* ja ab – »Als alles darauf ankam, an jenem furchtbaren Balken, war nichts von Gott wahrzunehmen« (447) – und sucht offenbar eine Perspektive, die »den Anschein der Sinnlosigkeit des Leidens von innen her unterläuft« (144) und darauf hofft, es möge sich »als Teil der Erscheinung des unbedingten Seins« enthüllen (247). Ich achte jeden Versuch, im Leiden mit der Gegenwart Gottes zu rechnen – nur (und darauf muß ich mit *Johann Baptist Metz* bestehen): eine Lösung des Theodizee-Problems ist das nicht. Die gibt es m. E., wenn überhaupt, nur in Gestalt einer Hoffnung, die darauf setzt, daß Gott die Leiden realiter versöhnt und seine Liebe trotz der fürchterlichen Umwege zum Heil, die sie zuließ, sich doch noch zu rechtfertigen vermag. So daß die Frage an uns ist, ob wir Gott diese Möglichkeit noch zutrauen oder aber, mit Berufung auf die definitive Unaufwiegbarkeit des bereits geschehenen Leidens, ihm jetzt schon absagen wollen. Insofern, scheint mir, ist wohl das schwerste Bedenken, das an Verweyens großen Entwurf zu richten ist, der gänzliche Ausfall der Eschatologie …

Ich breche hier ab und schließe mit der Hoffnung, daß meine Anfragen trotz aller Kritik als Ausdruck meines Respekts wahrnehmbar waren. Und daß sie eine Diskussion anstoßen mögen, die uns gemeinsam weiterbringt.

Sollensevidenz, Sinnvollzug und Offenbarung

Im Gespräch mit Hansjürgen Verweyen

Wie könnte ich Hansjürgen Verweyen zum 60. Geburtstag angemessener ehren als dadurch, daß ich den Faden unseres Gesprächs über die Fragen, die uns nun schon seit etlichen Jahren gemeinsam bewegen, an der Stelle wieder aufnehme und weiterspinne, die wir zuletzt publik gemacht hatten? Die Gelegenheit, die mir dazu die Mitarbeit an diesem Band bietet, nehme ich umso freudiger wahr, als ich, nachdem Verweyen auf meine ausführliche Darstellung und Kritik seines fundamentaltheologischen Entwurfs ebenso ausführlich geantwortet hat[1], nach den üblichen Spielregeln ohnehin an der Reihe bin und die Replik, die ich noch auf dem Herzen habe, nun loswerden kann. Da wir uns der grundlegenden Verbundenheit in der Zielsetzung, nämlich der Aufgabe einer transzendental- bzw. erstphilosophischen Hermeneutik und Rechenschaft des Glaubens, gewiß sind, kann ich auf eine erneute Würdigung von Verweyens großem Entwurf und wohl auch auf eine nochmalige Rekonstruktion seines tragenden Argumentationsgangs verzichten und mich sogleich den Differenzen und offenen

---

[1] Vgl. *Th. Pröpper*, Erstphilosophischer Begriff oder Aufweis letztgültigen Sinnes? Anfragen an Hansjürgen Verweyens »Grundriß der Fundamentaltheologie«: ThQ 174 (1994) 272–287; *H. Verweyen*, Glaubensverantwortung heute. Zu den »Anfragen« von Thomas Pröpper: a. a. O. 288–303. Aus beiden Aufsätzen zitiere ich im folgenden mit bloßer Seitenangabe im Text und in den Anmerkungen. Außerdem mit folgenden Siglen aus: *H. Verweyen*, Gottes letztes Wort. Grundriß der Fundamentaltheologie, Düsseldorf 1991 (= G); *ders.*, »Auferstehung«: ein Wort verstellt die Sache: *ders.* (Hg.), Osterglaube ohne Auferstehung? Diskussion mit Gerd Lüdemann, Freiburg 1995, 105–144 (= W). Aus meinen (für das Thema unseres Gesprächs relevanten) Arbeiten zitiere ich mit folgenden Siglen: Erlösungsglaube und Freiheitsgeschichte. Eine Skizze zur Soteriologie, München ³1991 (= E); »Daß nichts uns scheiden kann von Gottes Liebe ...« Ein Beitrag zum Verständnis der »Endgültigkeit« der Erlösung: *A. Angenendt / H. Vorgrimler* (Hg.), Sie wandern von Kraft zu Kraft. Aufbrüche, Wege, Begegnungen (FS Bischof Reinhard Lettmann), Kevelaer 1993, 301–319 (= L); Freiheit als philosophisches Prinzip der Dogmatik. Systematische Reflexionen im Anschluß an W. Kaspers Konzeption der Dogmatik: *E. Schockenhoff / P. Walter* (Hg.), Dogma und Glaube. Bausteine für eine theologische Erkenntnislehre (FS Bischof Walter Kasper), Mainz 1993, 165–192 (= F); Fragende und Gefragte zugleich. Notizen zur Theodizee: *T. R. Peters / Th. Pröpper / H. Steinkamp* (Hg.), Erinnern und Erkennen. Denkanstöße aus der Theologie von Johann Baptist Metz, Düsseldorf 1993, 61–72 (= T); Autonomie und Solidarität. Begründungsprobleme sozialethischer Verpflichtung: *E. Arens* (Hg.), Anerkennung der Anderen. Eine theologische Grunddimension interkultureller Kommunikation (QD 156), Freiburg 1995, 95–112 (= A).

Fragen zuwenden, die aus meiner Sicht den derzeitigen Stand unserer Diskussion über die Ausführung der Aufgabe markieren. Gleichwohl scheint es mir ratsam, schon um die Leser nicht zu sehr – mit der Tür ins Haus fallend – zu überrumpeln, daß ich zuvor kurz die wichtigsten Punkte meiner systematischen und kritischen Diagnose von Verweyens konstruktivem Ansatz in Erinnerung rufe (I) und auch die eigene Position wenigstens soweit kennzeichne, wie es zum Verständnis meiner Replik erforderlich ist (II). Diese soll dann im wesentlichen der schon bisher von uns eingehaltenen Gliederung folgen, also zunächst die mit dem erstphilosophischen Aufweis der »Vernehmbarkeit« von Gottes letztgültiger Offenbarung verbundenen Probleme betreffen (III) und sodann auf einige der Fragen eingehen, die bezüglich ihres »Ergangenseins« zwischen uns kontrovers sind (IV).

I.

Zunächst also die (notwendigerweise äußerst knappe) Erinnerung[2] an die Argumente, die ich herausgestellt (und problematisiert) habe als die tragenden Elemente in Verweyens konstruktiver Einlösung der philosophischen Doppelaufgabe der Fundamentaltheologie, in der Instanz erstphilosophischer, d.h. auf Letztbegründung verpflichteter Argumentation einen Begriff letztgültigen Sinnes zu erstellen und ihn zu einem Begriff letztgültiger Offenbarung weiterzubestimmen, der es erlaubt, ein geschichtliches Ereignis, sofern es diesen Begriff erfüllt, tatsächlich als Gottes letztgültige, d.h. ein für allemal ergangene, unüberholbare und den Menschen unbedingt angehende und einfordernde Offenbarung zu identifizieren und als solche zu vertreten.

1. In Verweyens Ausführung dieser Aufgabe schienen mir die folgenden, systematisch entscheidenden Argumente miteinander verbunden: erstens ein transzendentallogischer, strukturell dem Gottesbeweis in Descartes' dritter Meditation gleichender Aufweis der Existenz des schlechthin Unbedingten, ohne die die Prägung des Menschen durch ein Unbedingtes und sein Bewegtsein von der Idee des schlechthin Einen (Unbedingten) nicht erklärt werden könne; zweitens ein im Anschluß an die Bildlehre des späten Fichte entwickelter Aufweis der Bestimmung des Menschen zum Bild des schlechthin Unbedingten, sofern nämlich angesichts der Existenz dieses Unbedingten die Selbstgewißheit des Ich nur dann kein bloßer Schein sei, wenn das unbedingte Sein sich selbst als Bild äußert und so die Möglichkeit der endlichen Vernunft konstituiert, durch die freie Hineingabe in ihr wesenhaftes Bildsein zum erscheinenlassenden »Durch« und wirklichen »Dasein« des Unbedingten zu werden. Die syste-

---

[2] Vgl. bes. 278–284.

matische Funktion dieser Argumentation erkannte ich darin, daß durch sie die Aufgabe des Menschen, sich im Akt seiner Freiheit zum reinen Bild des Unbedingten zu bilden, wie auch seine Verpflichtung, »dafür da zu sein, daß alle wirkliche oder mögliche Freiheit als Bild des Unbedingten ans Licht kommen kann« (G 252), transzendentallogisch begründet, also der wahre Gehalt der Sollensevidenz, die Kant als Faktum bloß konstatierte, erstphilosopisch rekonstruiert und zudem das Recht sichergestellt werden sollte, jede wirkliche Hingabe an das Sollen – sofern sie die Einheit vollzieht, durch deren Verwirklichung der Sinnbegriff bestimmt war – als Sinnvollzug und zugleich – eben weil es das Unbedingte selbst ist, was in der Sollenserfahrung auf sein Erscheinen drängt – als Erscheinung, ja sogar (wenn auch unter weiteren Konditionen) als Offenbarung des schlechthin Unbedingten verstehen zu dürfen.

War im beschriebenen Zusammenhang unter der Hinsicht des Sinnbegriffs auch schon das Verhältnis der Intersubjektivität (nämlich als wechselseitiges Zum-Bild-Werden) zur Sprache gekommen und als Geltungsgrund für die Forderung zur unbedingten Anerkennung des Anderen dessen Prägung durch das Unbedingte bzw. sein mögliches Bildsein für es gefunden, so blieben doch die Möglichkeit der tatsächlichen Sinn- und Sollenserfahrung und die Bedingungen ihrer Genese noch klärungsbedürftig. Deshalb arbeitet Verweyen drittens, im Anschluß an Fichtes frühe Aufforderungslehre, die mit der interpersonalen Konstitution des Selbstbewußtseins anhebende Vermittlung dieser Erfahrung heraus und erreicht endlich den Offenbarungsbegriff: Von Offenbarung lasse sich sprechen, wo Menschen zu ihrer Bestimmung, Bild Gottes zu sein, auf den Weg gebracht werden – freigesetzt also durch andere Freiheit, die vom Unbedingten so in Anspruch genommen ist, daß dieses als Gott ansprechbar wird. Und letztgültig dürfe sie heißen, wenn »ein Mensch seine ganze Existenz darangibt, Wort und Bild des Unbedingten zu sein« (G 266), und dadurch (sofern er in eins mit der Erfahrung tiefsten Anerkanntseins und unbedingter Inanspruchnahme die feste Hoffnung auf das vollendete Erscheinen Gottes in allen Menschen vermittelt) als Einlösung des Versprechens erkennbar wird, das sich jedem Menschen bei der Konstituierung seines Selbstbewußtseins schon mitteilt. Auf den letzten Schritt, durch den im Blick auf die sündig sich verweigernde Freiheit die Offenbarungsgestalt noch bis ins denkbar Äußerste (den Schrei der Gottverlassenheit des sterbenden Gerechten) erstphilosophisch konturiert wird, sei hier nur noch verwiesen, zumal Verweyen ihn inzwischen präzisiert hat (292).

2. In meiner »kritischen Inspektion der erstphilosophischen Grundthesen« habe ich den transzendentallogischen Aufweis der Existenz des schlechthin Unbedingten in Zweifel gezogen und dabei nicht nur auf die Problematik des cartesianischen Gottesbeweises und den umstrittenen Status der Spätphilosophie Fichtes verwiesen, sondern auch die These ins Spiel gebracht, daß die freie

Vernunft selbst für die Frage absoluter Begründung und die *Idee* des schlechthin Unbedingten aufkommen könne und damit jener Aufweis hinfällig werde. Zudem habe ich zu bedenken gegeben, daß infolge des Verzichts auf eine prinzipielle argumentative Inanspruchnahme der formalen Unbedingtheit menschlicher Freiheit 1. die Begründung der Ethik vom Gelingen des Sinnaufweises abhängig sei, 2. der Geltungsgrund für das unbedingte Seinsollen der Freiheit und die Forderung ihrer Anerkennung nicht unmittelbar in den sich begegnenden Freiheiten selbst, sondern in ihrem möglichen Bildsein für das Unbedingte verankert werde und mit dieser Preisgabe eines autonomen Ansatzes für die Moral 3. auch die Möglichkeit schwinde, die sittliche Verbindlichkeit des (in seiner Offenbarung ergehenden) Anspruchs Gottes an den Menschen nicht-zirkulär zu begründen. In summa glaubte ich feststellen zu können, daß Verweyens Sinnkonstruktion nicht nur einen Begriff möglichen Sinnes entwirft, sondern faktisch im systematischen Gebrauch selbst schon als Sinn*aufweis* fungiert oder doch – vorsichtiger formuliert – eine philosophische Vergewisserung des Sinnes darstellt, der jedem Menschen von seinem *Wesen* her offensteht, auch wenn von seiner Wirklichkeit natürlich erst gesprochen werden kann, wenn er praktisch (und intersubjektiv vermittelt) vollzogen ist. Diese Beobachtung war mir aufschlußreich, weil ihr die weitere entsprach, daß das Verhältnis von Offenbarung und Vernunft nicht als *Bestimmungs*–, sondern als *Vermittlungs*verhältnis in eben dem Sinne gefaßt ist, wie jeder Mensch intersubjektiv zur Aktualität seines Selbstbewußtseins und der Sollensevidenz vermittelt wird. Auch wenn sich Verweyen (wie schon Schleiermacher) dem Gefälle des neuzeitlichen Denkens zur Überführung der Glaubenswahrheit in Vernunfteinsicht durch die Herausstellung der vollkommenen Sündlosigkeit Jesu (als des auszeichnenden Prädikats des letztgültigen Offenbarers) entgegenstemmt, habe ich doch insistiert, daß auf diese Weise vielleicht eine faktische Angewiesenheit der Gläubigen auf Jesus Christus, nicht aber ihre wesentliche, also auch bleibende Bezogenheit auf ihn einsichtig werden könne. Denn dies scheint mir nur möglich, wenn der Inhalt sowohl der Offenbarung als auch des erstphilosophischen Sinnbegriffs so gefaßt ist, daß freie Mitteilung als die wesentliche Form seiner Realisierung begreiflich wird, wenn also – so mein Gegenvorschlag – das Verhältnis von Gott und Mensch nicht im Schema Absolutes-Erscheinung, sondern primär als Verhältnis von Freiheiten gedacht und die Bedeutung von Jesu Geschichte darin erkannt wird, der endgültige Erweis der frei für die Menschen entschiedenen Liebe Gottes zu sein.

Erst von hier aus habe ich mich noch einigen Themen aus dem II. Teil des »Grundrisses« zugewandt und im wesentlichen zu zeigen versucht, daß auch Verweyens Rechenschaft über das *Ergangensein* von Gottes letztgültigem Wort ihren entscheidenden Evidenzgrund im erbrachten Sinnaufweis hat. Denn schon mit ihm war ja gesichert, daß es Gott ist, der in jeder Hingabe an das

Sollen erscheint und sie zum Sinnvollzug werden läßt. Desgleichen waren im Begriff letztgültiger Offenbarung diese Hingabe an das für andere beanspruchende Sollen und das Offenbarwerden Gottes a priori so proportioniert, daß ein Akt äußerster Selbsthingabe als Kulminationspunkt der Offenbarungsevidenz gelten durfte und für das Offenbarungsgeschehen allein die irdische Existenz Jesu bis zu seinem Tod in Betracht kam. Zugleich war er inhaltlich so konzipiert, daß Probleme wie das eines bestätigungsbedürftigen Vollmachtsanspruchs nicht mehr aufkommen konnten. Bei aller Bewunderung für die interne Konsistenz des Gesamtentwurfs kam es mir doch darauf an, durch einige Problemanzeigen zur »historischen Rückfrage« und Auferweckungsthematik für eine veränderte inhaltliche Fassung des Offenbarungsgeschehens zu werben – und für eine ihr entsprechende Ermäßigung der Vernunftansprüche, auf die schon meine philosophischen Anfragen zielten. Soweit Verweyens Antwort es erforderlich macht, komme ich auf Näheres zurück (IV).

II.

Da Hansjürgen Verweyens fundamentaltheologischer Entwurf zur Diskussion stand, wurde meine eigene Position »nur in groben Konturen erkennbar« (292). Auch jetzt – nach erfolgter Gegenkritik – kann ich sie hier nicht zusammenhängend darstellen, sondern nur ein paar Punkte benennen, die für die systematische Einordnung meiner Replik vielleicht dienlich sind[3].

1. Als Grundwahrheit des christlichen Glaubens, ohne deren ausdrückliche Bestimmung auch mir systematische Theologie nicht möglich scheint, setze ich die schon genannte Aussage an, daß es die wesentliche Bedeutung der Geschichte Jesu ausmacht, der endgültige Erweis der unbedingt für die Menschen entschiedenen Liebe Gottes und als solcher Selbstoffenbarung Gottes zu sein. Durch sie wird der geschichtliche Ursprung des Glaubens als sein ursprünglicher Gegenstand anerkannt. Da seine begriffliche Bestimmung aber zunächst nur eine subjektive Verstehensleistung darstellt, hat sie sich zu bewähren: 1. durch ihre Leistung für ein zusammenhängendes Verstehen des über die Geschichte Jesu (um deren Bedeutung es ja geht) erreichbaren historischen Wissens, 2. durch die Ermöglichung einer erschließenden (und kritischen) Aneignung der neutestamentlichen und späteren Tradition, 3. durch ihre Fruchtbarkeit für die systematische Darstellung und Vergegenwärtigung des Glaubens sowie 4. durch ihre Rezipierbarkeit für die kirchliche Glaubensgemeinschaft. Dabei verstehe ich die theologische Reflexion als *ein* Moment im Überlieferungsprozeß: dialektisch

---

[3] Zur Ausführung der folgenden Andeutungen s. bes. F 171–192.

bezogen auf die Praxis des Glaubens, aus der sie herkommt und in die sie zurückverweist.

2. Für die Verantwortung und Explikation dieser Wahrheit beanspruche ich eine transzendentale Analytik der Freiheit, da sie mir wegen ihres Rückgangs auf die Instanz der formal-unbedingten Freiheit für eine erstphilosophische Hermeneutik des Glaubens ausreichend und zugleich zur Erschließung seines Inhalts besonders geeignet scheint. Sie eruiert Freiheit als die unbedingte Bedingung, ohne die spezifisch humane Vollzüge (Moralität, Kommunikation usw.) nicht gedacht werden können, und begreift sie als unbedingtes Sichverhalten, grenzenloses Sichöffnen und ursprüngliches Sichentschließen: als Fähigkeit der Selbstbestimmung, bei der sie 1. das durch sich Bestimmbare, 2. das (durch die Affirmation eines Inhalts) sich Bestimmende und 3. in ihrer formalen Unbedingtheit der Maßstab der wirklichen Selbstbestimmung ist. Die Verpflichtung der Freiheit auf ihn verbürgt ihre Autonomie: Sie ist sich selber Gesetz, sich selbst als Aufgabe gegeben. Da ihrem unbedingten Sichöffnen aber nur ein seinerseits Unbedingtes gemäß ist, gilt die unbedingte Anerkennung anderer Freiheit als oberste ethische Norm. Zugleich zeigt sich, daß die unbedingte Bejahung wie das intendierte Seinsollen des Anderen der Vermittlung durch endliche Gehalte bedürfen und deshalb nur symbolisch, bedingt und vorläufig realisiert werden können.

Für unsere Diskussion ist nun relevant, daß ich diesem Freiheitsdenken 1. die Begründung einer autonomen Ethik zutraue, daß es 2. in freier Reflexion auf die Kontingenz alles Endlichen (insbesondere die vorfindliche, aus ihr selbst und allem Welthaften nicht erklärbare Struktur der existierenden Freiheit selbst) die *Frage* absoluter Begründung und mit ihr die Minimalbestimmung des Gottesgedankens erreicht und daß es 3. im Ausgang von der in der Symbolstruktur realer Affirmation von Freiheit beschlossenen Aporie ihre wesenhafte Hinordnung auf Gott nichtzirkulär aufzuzeigen vermag: sofern nämlich nur Gott das unbedingte Seinsollen einlösen kann, das Freiheiten intendieren, wenn sie sich unbedingt anerkennen. Für den damit erstellbaren Sinnbegriff ist wesentlich, daß in ihm Gott primär als vollkommene (auch material unbedingte) *Freiheit* gedacht, seine mögliche Selbstmitteilung in seiner Liebe (wenn sie ergeht) als unbedingt bedeutsam und beanspruchend ausgewiesen und zugleich ihre wesenhafte Gratuität eingesehen ist. Und natürlich schließt er, sofern *Gottes* Liebe *absolute* Affirmation der menschlichen Freiheit besagt, nicht nur ihre zuvorkommend und jetzt schon gültige Bejahung, sondern auch die reale Erfüllung ihres unbedingten Seinsollens ein.

III.

Obwohl sich mit Verweyens Antwort auf meine »Anfragen« der Schwerpunkt unseres Gesprächs auf die Thematik des II. Teils des Grundrisses (wohl auch im Kontext der von G. Lüdemann erneut angestoßenen Auferstehungsdebatte) zu verlagern begonnen hat, möchte ich bei den erstphilosophischen Fragen wegen ihrer m. E. weichenstellenden systematischen Bedeutung noch etwas eingehender verweilen.

1. Hansjürgen Verweyen beginnt mit der Klarstellung eines für meine philosophische Kritik grundlegenden Mißverständnisses, an dem er »leider nicht ganz unschuldig« sei. Denn tatsächlich stimme er mit mir überein, daß »die Ausarbeitung der *Frage* nach Sinn und eines ihr gemäßen Begriffs *möglichen* Sinnes das Äußerste [sei], was redliche Philosophie zu leisten vermag« (289). Auch sein eigener Aufweis komme »über die Situation des Sisyphos nicht hinaus«, da er trotz der Nähe zu Descartes und zu Fichtes Spätphilosophie »keinen spekulativen Schritt in die Metaphysik hinein unternehme«, sondern der Schluß »auf die *Existenz* Gottes wie auf die *Verpflichtung* durch ein unbedingtes Sollen« einen »erstphilosophisch unbehebbaren hypothetischen Charakter« besitze (290). Ob es nun wirklich (angesichts der zahlreichen Belege gerade in dieser Frage) nur ein »Mißverständnis« war, dem ich erlegen bin, will ich gerne auf sich beruhen lassen und mich jetzt nur an die Erläuterungen halten. Und hier stimme ich nun zunächst ganz mit Verweyen überein, daß die »unmittelbare Evidenz der unbedingten Einforderung durch ein Du« in der Begegnung mit ihm aufgeht, aber dann auch um der Vermeidung eines moralischen Dezisionismus und der Erstellung verbindlicher Beurteilungskriterien konkreter Sollensansprüche willen »eine transzendentale Deduktion der *Möglichkeit* jener Erfahrung notwendig ist« (290). Desgleichen darin, daß diese Deduktion als transzendental-*genetische* die Möglichkeit der Inanspruchnahme autonomer Freiheit durch ein *geschichtliches Geschehen* zu erhellen und als transzendental-*logische* ihren *Unbedingtheitscharakter* zu klären hat. Was den ersten Aspekt betrifft, habe ich selbst oft betont, daß die Freiheit in die Aktualität ihres Selbstvollzugs und der Sollensevidenz durch andere Freiheit vermittelt wird, und habe zur transzendentalen Aufhellung dieses Faktums gelegentlich ebenfalls auf Fichtes frühe Aufforderungslehre verwiesen (E 117.186; F 185.191; A 101 f.). Hier also gibt es keinen Dissens. Anders jedoch bei der Rekonstruktion des Unbedingtheitscharakters der Sollenserfahrung, sofern ich sie im Ausgang von der formalen Unbedingtheit der beanspruchten Freiheit für möglich ansehe, während Verweyen sich weiter an Fichtes späte Wissenschaftslehre anschließt, von wo aus sich »allein zufriedenstellend der Unbedingtheitscharakter eines vom endlichen Du ausgehenden Anrufs klären« lasse (290), und ebenso am Bildbegriff als einem »streng apriorischen« (291) festhält. Wie nun ist der tran-

szendentallogische Aufweis zu verstehen? Verweyen erläutert: »*Wenn* ich das Fragen nach einer hinreichenden Erklärung für die immanente Logik der Vernunft nicht abbreche, dann ergibt einzig die Annahme der Existenz eines unbedingten Seins [...] eine adäquate Antwort. Was aber veranlaßt mich, mein Fragen in dieser Radikalität durchzuhalten [...], wenn nicht die geschichtlich begegnende Freiheit eines anderen, die mir zu dieser Radikalität der Wahrheitssuche Mut macht?« (290) Besteht der »hypothetische Charakter des Schlusses auf die Existenz Gottes« demnach nur in seiner Abhängigkeit von der vollzogenen Ausgangserfahrung, von dem – verstehe ich das richtig? – durch den Vollzug gegenseitiger Anerkennung ermutigten Vollzug erstphilosophischen Fragens? Daß generell jede transzendentale Erklärung das zu erklärende Faktum voraussetzt, unterschreibe ich natürlich. Ich bezweifle nur, solange ich die eigene für ausreichend halte (s. II.2), Verweyens *Erklärung* der Sollensevidenz. Auch räume ich gern ein, daß es zum Stellen und Durchhalten letzter Fragen wohl eines durch begegnende Freiheit ermutigten Vertrauens bedarf und daß sogar, *wenn* Menschen ihr moralisches Handeln und ihr äußerstes Fragen bereits *als* letztlich sinnvoll vollziehen, eine implizite Bejahung Gottes nachweisbar sein mag. Doch sehe ich nicht, warum die freie Vernunft, das »Vermögen des Unbedingten« (Kant), nicht selbst für ihre Letztfragen aufkommen könnte, noch wie sie als Reflexion zur sinngerechten Antwort übergehen und dieser der Status erstphilosophischen Wissens zukommen könnte. Ich meine also, daß Verweyen seine transzendentallogische Erklärung des Sollensphänomens zumindest noch verdeutlichen müßte. Gelingt sie, wäre ihr auf jeden Fall methodische Autonomie zu attestieren, auch wenn ich – solange der Verbindlichkeitsgrund der Anerkennung von Freiheit in ihr (mögliches) Bildsein für Gott gesetzt bleibt – immer noch Schwierigkeiten hätte, von Autonomie im ethischen Sinne zu sprechen.

Daß in unserer philosophischen Hauptfrage noch Klärungsbedarf besteht, deutet Verweyen (mit Hinweis auf den umstrittenen transzendentalen Stellenwert der Spätphilosophie Fichtes) selbst an (292 f.). Und ich würde auf ihr auch nicht so hartnäckig insistieren, wenn von ihr nicht die *Gleichsetzung von Sollens-, Sinn- und Gotteserfahrung* abhinge, von der Verweyen in seiner Antwort faktisch weiterhin ausgeht. Dies belegt bereits seine prinzipielle Erwiderung auf meine Anfragen zum Offenbarungsbegriff. Denn auch sie verwendet die Unterscheidung von transzendentallogischem und -genetischem Aufweis lediglich dazu, durch den letzteren die Erwartung einer letztgültigen Offenbarung in die Geschichte eingewiesen zu sehen – näherhin in die »Spur jenes ›Versprechens‹ [...], das bei jedem ersten Erwecken von Selbstbewußtsein, wie defizitär auch immer, gegeben wird«; ob aber »auch nur eine minimale reale Chance für die Einlösung des Versprechens besteht«, bleibt unausgemacht (291). Indessen betraf meine Kritik gar nicht die Lozierung der Offenbarung im geschichtlichintersubjektiven Anerkennungsgeschehen, denn darin stimme ich ja emphatisch zu (vgl. schon E 103.194 ff.), sondern ihre *Beschränkung* auf den irdischen Jesus, also den transzendentalen Vorentwurf ihres *Inhalts*. Und dies nicht nur wegen ihrer damit verbundenen Depotenzierung zur Vermittlerin des jedem Menschen »wesentlichen Sinnes« (G 73), sondern auch wegen der Erkenntnisprobleme ihres Ergangenseins, die womöglich auf Verweyen zurückfallen könnten. Denn mit welchem Recht wäre, falls die philosophische Gleichsetzung von menschlicher Sollenshingabe und Erscheinung des Absoluten entfiele, allein schon Jesu Hingabe »bis ans Ende« (Joh 13,1) noch als Offenbarung vertretbar? Und zuvor schon: Welchen Status hat eigentlich jenes »Versprechen«? Könnte es nicht ebenso sein, daß Menschen, wenn sie unbedingt lieben, einander mehr wünschen und »versprechen«, vielleicht auch postulieren oder antizipieren (»Du wirst nicht sterben«, G. Marcel), als sie einlösen oder auch nur philosophisch vergewissern können? Daß also, transzendentallogisch besehen, dieses Versprechen nur eine wesenhafte *Intention* menschlicher Freiheit, vielleicht sogar eine absurde, wäre? Und sie deshalb, um das unbedingte Ja füreinander nicht als vergeblichen Widerstand gegen das unabwendbare Schicksal vollziehen zu müssen, einer Ermutigung zu sich selbst und ihrer Freiheit bedürften, die eine reale Verheißung einschlösse?

2. Meiner philosophischen Hauptanfrage korrespondiert genau – Beweis unserer »Einheit im Widerspruch« (293) – Verweyens »systematisch entscheidende« Gegenfrage, »ob es möglich ist, im Ausgang von der bloß formalen Unbedingtheit der Freiheit transzendentallogisch zwingend den Menschen als ›Hörer(in) des Wortes‹ zu erweisen. In den bisher vorliegenden Ausführungen Pröppers zu diesem Thema scheint mir ein in seiner Notwendigkeit nicht belegter Schritt von der (im Hegelschen Sinn) ›schlechten‹ Unendlichkeit formaler Freiheit zur Selbstverpflichtung auf die als unbedingt zu respektierende Freiheit anderer vorzuliegen [...]. Wodurch legt sich für diesen in sich konsistent scheinenden Entwurf einer formal unbedingten Freiheit die unbedingte Bejahung des anderen als des einzig angemessenen Inhalts ihres unbedingten Sichöffnens nahe – mit allen weiteren Implikationen, die Pröpper auf der Basis dieser Annahme aufzeigt« (293)?

Die Verbindung der Teilfragen, die Verweyen hier vornimmt, entspricht der oben (II.2) angedeuteten und in ihrer Richtigkeit offenbar nicht bezweifelten logischen Dependenz meines Aufweises für die wesenhafte Gottverwiesenheit des Menschen vom Aufweis für die Verpflichtung zur unbedingten Anerkennung anderer Freiheit, so daß ich den ersten, der sich im Ausgang von der in der Symbolstruktur realer Affirmation beschlossenen Aporie führen läßt, hier nicht zu erläutern brauche. Erinnert sei nur, daß er im Resultat nicht so weit gelangt, wie es Verweyen beansprucht, dafür aber die Offenheit für Gott wie die Anerkennung seines (in seiner möglichen Offenbarung enthaltenen) Anspruchs an den Menschen nicht-zirkulär als im autonomen Sinn sittlich verbindliche aufzeigt. Und klar ist natürlich auch, daß er nicht »zwingender« sein kann als die Begründung der Forderung zur unbedingten Anerkennung *menschlicher* Freiheit, von der er abhängt.

Daß nun die intersubjektive Verpflichtung (und die Sollensevidenz überhaupt) vom Anderen her aufgeht und insofern das Aufgefordertsein (und wohl auch das antwortende Anerkennen) realiter früher ist als die transzendentale Reflexion auf seine Implikate, ist auch für mich keine Frage und unter verschiedener Hinsicht oft (Kant, Fichte, Levinas ...) eindrücklich dargestellt worden – realiter früher auch als die Selbstbesinnung der beanspruchten Freiheit, die als *nur* formal unbedingte ohnehin nie existiert. Doch ist die *Verbindlichkeit* ihres Beanspruchtseins damit keineswegs schon erklärt. Für diesen Aufweis aber sehe ich methodisch schon deshalb keine andere Möglichkeit, als bei ihr selbst in ihrer formalen Unbedingtheit einzusetzen, weil es 1. um *ihr* unbedingtes Verpflichtetsein geht, weil 2. sie selbst das einzige Unbedingte ist, dessen sie unmittelbar gewiß werden kann, weil 3. im Rückgang auf diese unbedingte Instanz dem Vernunftbedürfnis nach vollständiger Begründung Genüge getan und 4. die Autonomie der Verpflichtung gewährleistet ist. Daß die transzendentallogische Priorität der beanspruchten Freiheit im Ergebnis keineswegs zu einer Mediatisierung der anzuerkennenden Freiheit für das Selbstsein der anerkennenden führt, muß ich nicht eigens betonen – geht es doch um die Anerkennung des Anderen *als* Freiheit, also in *seiner* Unbedingtheit. Und es gibt, denke ich, keine ernsthaftere Achtung seiner Andersheit (und übrigens auch keine präzisere Realbestimmung der unaufhebbaren Differenz in der Einheit) als diese Freigabe in seine wesentlich unverfügbare, eigene Ursprünglichkeit.

Natürlich ist die Rede von dem ihrem unbedingten Sichöffnen adäquaten Inhalt der Freiheit, von der unbedingten Dignität ihres Terminus usw. (E 186; F 184 f.) reichlich formal, aber doch auch nicht abstrakter als die Formel von der »Einheit in unaufhebbarer Differenz« (291), sondern vielleicht sogar den realen Phänomenen noch näher. Denn ebenso wie die freie Vernunft als theoretische (wie oben angedeutet) in der Frage nach absoluter Begründung nicht nur das jeweils einzelne Endliche, sondern alles Endliche als solches zu übersteigen vermag, kann sie als praktische erfahren (und wissen), daß sie »in der Objektwelt einen ebenbürtigen Inhalt nicht finden, sondern sich selbst nur als perennierendes Streben verzehren, sich in die schlechte Unendlichkeit verlaufen und als ›nutzlose Leidenschaft‹ aufreiben könnte« (A 100). Gerade deshalb rekurriere ich ja auf die (ohne performativen Widerspruch kaum zu leugnende und faktisch auch selten ernsthaft geleugnete) formale Unbedingtheit der Freiheit, um angesichts ihrer herrschaftswilligen Selbstverwirklichung seit der Neuzeit wie ihrer postmodernen Bindungsunwilligkeit den Streit um das geltungswürdige Verständnis von Autonomie argumentativ führen zu können.

Und liegt sachlich nicht auch dem »Dilettantisme«, den Verweyen mit Blondel eindringlich schildert (293), ein Verkennen eben des adäquaten *Gehalts* der Freiheit zugrunde? Kierkegaard hat dasselbe Phänomen als »ästhetische Existenzweise« analysiert – nur daß er keine »völlige Unangefochtenheit« des ästhetisch seine formale Freiheit behauptenden Ich, sondern eine latente Verzweiflung bei seinen Versuchen diagnostizierte, das Bewußtsein der eigenen Bestimmung niederzuhalten.

Allerdings wird die von mir vertretene Erklärung intersubjektiver Verpflichtung »mit allen weiteren Implikationen« erst wirklich »einleuchten« können, wo eine Freiheit im unvertretbaren Akt ihrer »Selbstwahl« (Kierkegaard[4]) sich tatsächlich »zu sich selber entschließt und auf ihr eigenes Wesen als Maß ihrer Selbstbestimmung verpflichtet« (F 191). Und dann, als derart »selbstverpflichtete«, zu allen weiteren Pflichten und Einsichten steht. Mag sie dazu noch so sehr (und angesichts der gegenwärtigen Regression des Freiheitsbewußtseins geradezu dringend) der zuvorkommenden Aufforderung und Ermutigung durch andere Freiheit bedürfen und *insofern* ein »Sollen« in die formale Freiheit erst »kommen« (vgl. 293), so muß zur Erklärung ihrer aktuellen Sollensevidenz doch vorausgesetzt werden, daß ihr (als bedingt und vorfindlich existierender) »die Unbedingtheit ihres eigenen Wesens bewußt wird und sich als Anspruch geltend macht, an dem sie ihr Handeln orientieren soll« (A 99). Durch den Rekurs auf die »intersubjektive Konstitution« allein jedenfalls wäre weder das Gewissensphänomen hinreichend zu verstehen (vgl. W 108), noch ist mit ihm schon zum Ausdruck gebracht, daß die formale Freiheit zu ihrem Aufgefordertsein durch die begegnende Freiheit wie durch ihr eigenes Wesen sich selbst noch, wie ausdrücklich auch immer, verhält und sich überhaupt erst dadurch, daß sie sich zur Bejahung entschließt, als moralische konstituiert. *Daß* dies noch geschieht, läßt sich »zwingend« allerdings weder fordern noch transzendentallogisch deduzieren, obwohl einer Freiheit, die wenigstens ihre formale Unbedingtheit nicht verleugnet, immerhin noch aufgewiesen werden könnte, daß sie, was der Anruf des anderen wie des eigenen Wesens ihr »nahelegt« und gebietet, mit moralischer »Notwendigkeit« tun *müßte*. Und zumin-

---

[4] Zu Kierkegaards Darstellung des Übergangs von der ästhetischen zur ethischen Existenz sowie seiner Analyse der »Selbstwahl« s. *H. Fahrenbach*, Kierkegaards ethische Existenzanalyse (als »Korrektiv« der Kantisch-idealistischen Moralphilosophie): *M. Theunissen / W. Greve* (Hg.), Materialien zur Philosophie Kierkegaards (stw 214), Frankfurt 1979, 216–240. Daß auch Kant ein verweigerndes Sichverhalten gegenüber dem als Anspruch gewußten Guten im Sinne einer »Freiheit zur Unterbestimmung« kennt und diese Unterbestimmung als der »wesentlich-willentliche Verzicht auf die (positive) Möglichkeit der Selbstbestimmung des Menschen als ›Subjekts der Moralität‹« zu begreifen ist, hat herausgearbeitet *K. Konhardt*, Die Unbegreiflichkeit der Freiheit. Überlegungen zu Kants Lehre vom Bösen: ZPhF 42 (1988) 379–416 (hier 411). Zu Kierkegaard vgl. ferner *M. Bongardt*, Der Widerstand der Freiheit. Eine transzendentaldialogische Aneignung der Angstanalysen Kierkegaards, Frankfurt/M. 1995.

dest insofern, als erst dann – im Akt und Ausmaß solcher Bejahung, eben der Selbstverpflichtung der Freiheit – auch die Konstitution der Sollensevidenz sich vollendet, weiß ich mich mit Hansjürgen Verweyen seit unserer ersten Begegnung ganz einig, daß sie »niemals andemonstriert, sondern eigentlich nur aufgeklärt und somit auch nur auf rekonstruktive Weise begründet werden kann« (A 98).

IV.

Da Verweyen im III. Teil seiner Antwort, der die Fragen zum »Ergangensein« der Offenbarung aufnimmt (294–303), relativ ausführlich und mit Bezug auf weitere Diskussionspartner seinen theologischen Ansatz erläutert und ich die eigene Auffassung zu den angeschnittenen Fragen hier nicht ausbreiten kann, möchte ich nur noch auf seine mich direkt betreffenden Rückfragen sowie einige neue Akzente seiner Ausführungen eingehen.

1. Interessant ist für mich vor allem die – meine Diagnose einer weitgehenden philosophischen Vorentscheidung über den wesentlichen Inhalt der Offenbarung rückspiegelnde – Grundfrage nach Recht und Reichweite der transzendentalphilosophischen Hermeneutik des Glaubens: »inwieweit es möglich oder gestattet ist, im Ausgang von der nur geschichtlich erfahrbaren Offenbarung nach den ›rationes necessariae‹ dieser Offenbarung zu suchen« (296). Wie also halte ich's mit der Vernünftigkeit des Glaubens? Obwohl ich gegenüber Anselms Rekonstruktionsverfahren »sola ratione« meine Reserven bewahre, vermutet Verweyen doch richtig, daß auch ich – das »post factum« der Reflexion ernsthaft vorausgesetzt – eine *prinzipiell uneingeschränkte Sinnerhellung* des Glaubens intendiere. Gerade auch im Blick auf die Offenbarungs*gestalt* würde ich etwa von der »Notwendigkeit« der Inkarnation unter der Voraussetzung sprechen, *daß* Gott selbst in seiner Liebe die Menschen erreichen wollte (und deshalb nur auf menschliche Weise, durch die Mittlerschaft eines menschlichen Daseins, ihnen nahekommen *konnte*); desgleichen von der Angemessenheit des Weges Jesu »bis an das Ende« für Gottes Absicht, die Entschiedenheit seiner Liebe auf die ihr entsprechende Weise (also unter Achtung der menschlichen Freiheit) unter jeder Bedingung (also auch noch im Falle ihrer Ablehnung) offenbar (also wirklich) werden zu lassen[5]... Unsere eigentliche, nämlich die Ausführung betreffende Differenz sehe ich vielmehr (immer noch) darin, daß innerhalb des hermeneutischen Zirkels, in dem wir Systematiker uns bewegen, Verweyens Zutrauen in die philosophische Vergewisserung (und wohl auch

---

[5] In diesem Sinne ließe sich das »vult habere alios condiligentes« des Duns Scotus als Antwort auf Anselms »Cur Deus homo« ausführen: vgl. E 96 f.; L 311 f.

seine Stellung zur Auferstehungsfrage) zu einer Bestimmung des Offenbarungs-*inhalts* führt, die ihn m. E. kaum hinreichend vor seiner philosophischen »Aufhebung« schützt, während mir – angesichts der neuzeitlichen Polarisierung zwischen einer extrinsezistischen, den Glaubensinhalt immunisierenden Apologetik und einer ihn in ihr eigenes Wissen überführenden Vernunft – die Aufgabe dringlich scheint, die Einsicht in die unlösbare Gebundenheit des Offenbarungsinhalts (Gottes Geschenk seiner Liebe) an die Form seines freien geschichtlichen Gegebenseins durch ein ihr gemäßes, philosophisch auszuweisendes Verständnis des Menschen zu bewähren[6]. Daß Verweyen dieses »die unauslotbare Freiheit des Geschehens zwischen Gott und Mensch« achtende Offenbarungsverständnis »relativ voluntaristisch« nennt (296) – nun gut. Und wenn diese Vokabel mich näher an Duns Scotus und Ockham als an Anselm rücken soll, bin ich ebenfalls (weitere Erläuterungen vorbehalten) ganz einverstanden. Aber wenn dann (mit Bezug auf meine Position in der Auferstehungsdebatte) schon dem Ansatz das »Risiko« und die »Gefahr« attestiert werden, »doch wieder einen Raum für Glaubensbehauptungen offenzuhalten, deren Erschließungscharakter für die menschliche Existenz unaufgewiesen bleibt, und damit einer Immunisierungsstrategie gegenüber quälenden Fragen Vorschub zu leisten« (296), darf ich mit einem Selbstzitat erwidern, daß schon die hermeneutische Aufnahme des Freiheitsdenkens »die Verpflichtung zur Anerkennung auch der Ansprüche ein[schließt], die aus der Unbedingtheit der Freiheit resultieren« – die Bereitschaft der Theologie also, »den für die Explikation ihrer Wahrheit beanspruchten Freiheitsgedanken zugleich als deren Bestimmungsgrund gelten zu lassen« (F 183): »Dem Anspruch, daß kein Wissen gelten und kein Handeln verbindlich sein solle, das nicht mit der Freiheit verträglich und durch sie bestimmt sei«, könnte sich die Theologie »nur um den Preis eines heteronomen Doktrinalismus entziehen, der ihren Inhalt, Gottes Liebe zum Menschen, diskreditiert« (E 103 f.). Glaubenszumutungen, die mit der Vernunft nicht kompatibel wären, würde ich nicht akzeptieren, und solche, die für das Menschsein irrelevant sind, auf sich beruhen lassen. Etwas anderes aber ist doch die autonom vollzogene Einsicht in die antinomische Verfassung der Freiheit selbst: in die wesenhafte »Vorläufigkeit« aller unbedingten Anerkennung von Freiheit (II.2) und ihre daraus resultierende Angewiesenheit auf ein Wort der Zusage und Verheißung, das sie sich selbst weder sagen noch sicherstellen kann. Daß mit der Annahme eines solchen Wortes bzw. Geschehens, sofern es seinen unverfügbaren Inhalt von sich her zeigen und seine Erkenntnis verantwortet werden muß, meine Position nicht eben leichter wird, ist mir bewußt (s. IV. 3).

2. Auf die mir wichtige systematische Anfrage zur Bedeutung der ›histori-

---

[6] Die Entsprechung von Inhalt und Form der Offenbarung und ihre theologischen Konsequenzen habe ich oft dargestellt: vgl. u. a. E 122.137.236 ff.; L 312–316; F 186 f.

schen Rückfrage nach Jesus« (bzw. Jesu Geschichte) geht Verweyen in seinen grundsätzlichen Erläuterungen zum Thema nicht ein[7]. Dabei hatte ich seine Bestimmung der »traditio« als Nexus gegenseitiger Anerkennung, in dem die »Wahrheit des Gewesenen« erneut sich ereignet (G 394), und seine jetzt bekräftigte Grundthese, daß »ein für die sittlich-praktische Vernunft relevantes Geschichtsfaktum« eben in dem Maße, wie seine Wahrheit »anspruchsvoll« sei, »nur im Wagnis von Freiheit wahrgenommen« und adäquat nicht »außerhalb des Wirkraums der ursprünglichen Inanspruchnahme von Freiheit durch Freiheit« geschichtlich weitervermittelt werden könne (294 f.), doch meinerseits dadurch bestätigt, daß auch ich »die *Praxis* des Glaubens, in der auf seine Wahrheit gesetzt wird und diese Wahrheit jeweils zur Wirklichkeit kommt, als die fundamentale Dimension im Prozeß der Überlieferung ansetzen« würde (285). Denn ohne sie, meine ich in der Tat, müßten Glaube und Theologie zur bloßen Erinnerung an ein Ereignis der Vergangenheit werden – nicht notwendig unwahr, aber doch unwahrhaftig und in jedem Fall unglaubwürdig, weil ohne ihrer Wahrheit entsprechende und sie vergegenwärtigende Beweise ihrer Kraft. Allerdings hatte ich gegenüber der Ablehnung jeder für den Inhalt des Glaubens kriteriologischen Bedeutung der historisch-kritischen Arbeit und ihrer Beschränkung auf die »Ermittlung« der »Sinnspitze« und »Aussageintention« der neutestamentlichen Schriften in ihrer theologischen Endgestalt (295) doch darauf insistiert, daß die Praxis des Glaubens »in Bekenntnis und Erinnerung ihren ermöglichenden Grund doch von sich selbst unterscheidet und deshalb jedes inhaltlich bestimmte Zeugnis der Tradition am historisch erreichbaren Wissen über die Geschichte Jesu zumindest zu bewähren ist *und* gegebenenfalls auch *korrigiert* werden muß« (285). Meine Insistenz beruht also darauf, daß die Selbstunterscheidung der Glaubenspraxis von ihrem sie ermöglichenden und orientierenden geschichtlichen Grund Behauptungen impliziert, die vor der historischen Vernunft verantwortet werden müssen. Dabei verstehe ich den Vorentwurf der Glaubenswahrheit, der sich außer unter den weiteren in II.1 genannten Hinsichten eben auch durch seine Leistung für ein integratives Verstehen des historischen Einzelwissens über die Geschichte Jesu bewähren soll, durchaus als einen von einem Theologen oder einer Theologin innerhalb der Glaubensgemeinschaft erstellten und seine Bewährung nur als das der Theologie vom wissenschaftlichen Standard auferlegte Bemühen um die mögliche Objektivität ihres Verstehens. Aber mag durch die objektivierende Distanz dieses Verfahrens der »Kern des Jesusereignisses« (W 122) auch gleichsam neutralisiert, vielleicht auch reduziert und jedenfalls insofern noch nicht erreicht sein, als sein Anspruch methodisch sistiert und im »Wagnis von Freiheit« (vielleicht) noch nicht anerkannt ist, so ist es für die inhaltliche Bestimmung dieses Kerns

---

[7] Vgl. Teil III.1 seiner Antwort (294 f.).

doch nicht irrelevant. Dies gilt jedenfalls dann, wenn man als die wesentliche Bestimmung des Geschehens, die alle neutestamentliche und spätere Tradition doch bezeugen will, die sich durch ihre Verwirklichung frei offenbarende Liebe Gottes ansetzt (II.1) und somit das Geschehen von sich her diese Bedeutung erkennen lassen muß. Daß dieses Verfahren auf der inhaltlichen Ebene dann auch zu Korrekturen und Neuakzentuierungen bei der Aneignung der Überlieferung führen kann, sollte auch bei weitgehendem Vertrauen in das Traditionsprinzip nicht ausgeschlossen werden. Und wieviel der dramatische Erneuerungsprozeß der systematischen Theologie unseres Jahrhunderts (etwa in der Soteriologie) der historisch-kritischen Exegese verdankt und wie die Resultate dann auch für die Orientierung der Praxis des Glaubens – der dialektischen Bezogenheit der Theologie auf sie entsprechend (II.1) – nicht ganz unwirksam blieben, wissen wir doch alle.

Umgekehrt scheint mir die interne Plausibilität von Verweyens Konzeption (weiterhin) daran zu hängen, »daß über die aufzufindende Sache [des Glaubens] inhaltlich schon entschieden ist« (285). Wie sonst sollte die für die Anerkennung der (für die Sache Jesu) authentischen Schriften zuständige Gemeinschaft der Zeugen, desgleichen der »Zeugnisgehalt« dieser Schriften und schon der »Kern des Jesusereignisses« (295; W 122 f.) überhaupt identifiziert werden können? Auffallend bleibt jedenfalls, daß dieser Kern primär durch Kategorien der »sittlich-praktischen Vernunft« und der »Inanspruchnahme« (ebd.) gekennzeichnet wird, wobei die Vermittlung der Sinn- und Gotteserfahrung zwar wiederum mitgedacht sein wird, aber etwa Jesu vollmächtiger Zuspruch der zuvorkommenden Liebe Gottes kaum in den Blick kommt. Aber selbst im Blick auf die intendierte Überwindung des »garstigen breiten Grabens« bleiben offene Fragen. Denn wie soll man, ohne jede historische Rückfrage, etwa dem Verdacht entgegentreten, daß die vollkommene Sündlosigkeit Jesu nur die Projektion des Ideals seiner Anhänger sei? Schon Schleiermacher hatte gegenüber F. C. Baur in diesem Punkt nicht wenig Mühe[8]. Und wie sollte, umgekehrt, die Praxis der Zeugen, ohne die (auch historisch zu verantwortende) Erinnerung an Gottes in der Geschichte Jesu offenbarte je größere Vergebungsbereitschaft und Verheißung, die »Wirkmacht des Ein-für-allemal« (G 405) wohl ohne Abschwächung geschichtlich vermitteln und vergegenwärtigen können? Ich denke, daß an dieser Stelle auch der etwaige Hinweis auf das bei den Zeugen »ursprünglich

---

[8] S. dazu Th. Pröpper, Schleiermachers Bestimmung des Christentums und der Erlösung. Zur Problematik der transzendental-anthropologischen Hermeneutik des Glaubens: ThQ 168 (1988) 193–214, 205. – Natürlich meine ich nicht, daß die Sündlosigkeit eines Menschen feststellbar wäre; wohl aber, daß für die Bewährung einer entsprechenden Behauptung der objektivierbare Befund nicht irrelevant wäre. Im übrigen stellt sich für einen Ansatz, der der Offenbarung des Auferweckten eine bestätigende Funktion für Jesu Wirken zuerkennt, das fundamentaltheologische Problem nicht in dieser Schärfe (vgl. E 49).

eingefallene Licht« (G 415) und die jeweils erneut sich ereignende »Wahrheit des Gewesenen« (G 394) nicht weiterführen könnte, weil er die wesenhafte Bezogenheit der Gläubigen auf Jesus doch nur weiter relativieren müßte – ganz abgesehen davon, daß ich eine der Philosophie mögliche unmittelbare Gleichsetzung von Sollens- und Gotteserfahrung ja bezweifle. Und so gestehe ich, mich meinerseits vor besagtem Graben wiederfindend, ganz unumwunden, daß ich bei diesem garstigen Problem letztlich[9] keinen anderen Rat und für die »Schüler zweiter Hand« auch keinen anderen Trost weiß als den dezidiert theologischen, näherhin pneumatologischen: das Vertrauen also auf die wirksame und unserer Schwachheit aufhelfende Selbstgegenwart Gottes in seiner durch den Geist in unseren Herzen ausgegossenen Liebe (Röm 5,5). Durch diese Zusatzannahme wird nun aber Gottes Selbstbestimmung für uns in Jesu Geschichte nicht etwa entbehrlich. Denn ohne sie bliebe seine Selbstgegenwart durch den Geist (mit dessen universaler Wirksamkeit ich rechne) doch anonym, die Nähe seiner Liebe vieldeutig, ihre Intention dunkel, das von ihr gewirkte Vertrauen ohne reale Verheißung und ihre Gewißheit, angesichts der widersprechenden Realität, vorübergehend, anhaltlos und zerbrechlich. Wohl aber wird dieselbe Liebe, die der Glaube aufgrund ihrer realen Gestalt, die sie in der Geschichte Jesu sich gab, als bestimmte und für ihn »endgültige« Wahrheit erkennt, durch ihre Zueignung im Geist zum tragenden Grund seiner Vollzüge und zum eigentlichen Gehalt seines (wie ich es nenne) »darstellenden« Handelns – eines Handelns, das anderen symbolisch vermittelt, was es selber empfangen hat, und dabei in der Erinnerung an Jesu Geschichte seine verbindliche Orientierung und zugleich den Horizont der Verheißung bewahrt.

3. Seine Erwiderung auf meine Anfragen zur Auferstehungsthematik und inzwischen auch seine Kritik an den »Inkonsistenzen« derjenigen zeitgenössischen Theologen, die die Zugehörigkeit der Auferweckung Jesu (bzw. der Offenbarung des auferweckten Gekreuzigten) zum Begründungszusammenhang des christlichen Glaubens für unverzichtbar erachten, macht Verweyen an der Formel fest, mit der ich andernorts und schon öfter, um die Einheit der Selbstoffenbarung Gottes (s. II.1) in der Differenziertheit ihrer wesentlichen Momente zu erläutern, den als Bedeutungszusammenhang wahrzunehmenden Ereigniszusammenhang von Jesu Verkündigung, Tod und Auferweckung inhaltlich benannt habe und die hier, nachdem dies nun schon mehrfach in gegensätzlicher Absicht geschehen ist[10], ein weiteres Mal zitiert sei: »Ohne Jesu Verkün-

---

[9] Immerhin ließe sich in philosophisch-hermeneutischer Hinsicht noch sagen, daß ein Mensch sich von der unüberbietbaren humanen Relevanz der (glaubwürdig) bezeugten Sinnzusage so überzeugt haben kann, daß er im »Wagnis der Freiheit« und mit intellektueller Redlichkeit den Sprung über den Graben tun könnte.
[10] Bei *Verweyen* 297; W 111f. (vgl. G 450); bei *mir* (mit leichten Abwandlungen) E 197; L 309; F 180; bei *H. Kessler*, Sucht den Lebenden nicht bei den Toten. Die Auferstehung Jesu in bibli-

digung wäre Gott nicht als schon gegenwärtige und bedingungslos zuvorkommende Liebe, ohne seine erwiesene Bereitschaft zum Tod nicht der Ernst und die unwiderrufliche Entschiedenheit dieser Liebe und ohne seine Auferweckung nicht ihre verläßliche Treue und todüberwindende Macht und somit auch nicht Gott selbst als ihr wahrer Ursprung offenbar geworden«.

In Verweyens Kritik erkenne ich drei unterscheidbare Aspekte. Bezüglich (1.) der für ihn nicht mitvollziehbaren Logik des zitierten Satzes hat Hans Kessler inzwischen verdeutlicht, daß ich gerade nicht – wie Verweyen supponiert – behaupte, »daß schon mit dem Tod Jesu die [unwiderrufliche] Entschiedenheit der Liebe Gottes offenbar war, sondern daß diese Entschiedenheit *ohne* den Tod Jesu *nicht* offenbar geworden wäre, was logisch etwas anderes ist«[11]. Und nimmt man ernst, daß keines der drei genannten »Momente *ohne* die beiden anderen das besagen [kann], was es im Zusammenhang mit ihnen besagt«[12], ergibt sich auch die Antwort auf Verweyens Anschlußfrage, was man denn »von der schon vorher offenbarten« unwiderruflichen Entschiedenheit der göttlichen Liebe zu halten habe, wenn erst die Auferweckung ihre verläßliche Treue und todüberwindende Macht erweise (297). Ohne die Auferweckung des Gekreuzigten, so meine Antwort, in der Gott die Treue und Entschiedenheit seiner Liebe an ihrem getöteten Zeugen bewährte und durch deren Offenbarung er sich *für uns* mit Jesu Verkündigung identifizierte[13], wäre die von Jesus bis ins Äußerste vollbrachte Hingabe eben nicht auch schon *als* die unwiderruflich entschiedene Liebe *Gottes* und somit auch nicht ihre gültige Verheißung offenbar geworden. Allerdings hatte ich (2.) an der von Verweyen angezogenen Stelle (F 180) konzediert, daß »die historische Aufweisbarkeit der Ereignisse, auf die sich die neutestamentlichen Zeugen für die Begründung

---

scher, fundamentaltheologischer und systematischer Sicht. Neuausgabe mit ausführlicher Erörterung der aktuellen Fragen, Würzburg 1995, 448 f.

[11] *H. Kessler* (s. Anm. 10), 449. Meinerseits hatte ich den Sachverhalt in den Anfragen durch den Hinweis erläutert, daß in dem Ereigniszusammenhang, der »als *Einheit* genommen Gottes Selbstoffenbarung ist«, jedes Moment – isoliert von den anderen – seine »Bestimmungsvalenz für diese Offenbarung verlöre; die Auferweckung wäre dann in der Tat ein sinnloses Mirakel, allerdings auch das Kreuz vielleicht nur das absurde Schicksal des Gerechten: ein unschuldiges Opfer mehr. Ohne ihre menschliche Gestalt in Jesu Leben und Sterben hätte Gottes Liebe nicht ihre unwiderrufliche Bestimmtheit für uns gewonnen, ohne seine offenbare Auferweckung aber wäre diese bis zuletzt erwiesene Liebe vielleicht eben doch nur der Erweis des Äußersten, was *Menschen* möglich ist« (286).

[12] *H. Kessler* (s. Anm. 10), 449.

[13] Um den Verdacht einer Verkürzung der Inkarnationschristologie auszuschließen, habe ich stets das »für uns« bzw. »für die Menschen« dieser Identifikation, also ihre gnoseologische Bedeutung hervorgehoben. Vgl. etwa L 306: »Jesu Wirken identifiziert Gott als den Gott der schon gegenwärtigen und bedingungslos zuvorkommenden Liebe, während durch Jesu offenbare Auferweckung Gott sich selbst (für die Menschen) identifiziert als der Gott, der aus dem Tode errettet, und sich zugleich mit dem Gekreuzigten und also mit dem Gott identifiziert, den Jesus verkündet hatte«.

ihres Auferstehungsglaubens berufen, zumindest umstritten ist und in jedem Fall kontroverse historische wie erkenntnistheoretische Grundlagenprobleme aufwirft« – und habe mit dieser Äußerung, die als Hinweis auf die gegenwärtige Diskussionslage und als Anzeige anstehender Aufgaben gemeint war[14], mir nun die Kritik eingehandelt, daß mein »Verstehensentwurf der Geschichte Jesu«, da seine Überprüfung »mit der Zäsur zwischen Karfreitag und der Auferstehung« abbreche, gegenüber dem Kriterium seiner Leistungsfähigkeit für ein zusammenhängendes Verstehen des historischen Wissens über Jesu Geschichte versage (298). Inzwischen würde ich jedoch, nachdem Georg Essen mit seiner gründlichen Aufarbeitung der erkenntnis- und geschichtstheoretischen Problematik (wie auch mit seiner Ausführung einer freiheitstheoretischen Hermeneutik des Auferweckungsglaubens und seiner ihr entsprechenden symboltheoretischen Bestimmung des geschichtlichen Offenbarungshandelns Gottes) uns einen wichtigen Schritt weitergebracht hat[15], in dieser Sache nicht mehr so vorsichtig und konzessionsbereit sprechen. Und daß ich, was die Überprüfung selber angeht, mich nicht nur wegen ihrer explanatorischen Plausibilität für das *gesamte* einschlägige historische Material, sondern auch wegen ihrer überzeugenden Problematisierung der alternativen historisch-genetischen Rekonstruktionsversuche des Osterglaubens der Position Hans Kesslers anschließe[16], brauche ich gegenüber Hansjürgen Verweyen nicht eigens herauszustellen.

Bleibt freilich (3.) die tiefergehende Frage, ob »sich das Tun der Freiheit Jesu mit dem nachklappenden Handeln Gottes an ihm systematisch wie historisch als Einheit begreifen läßt« (299). Was den historischen Aspekt der Frage betrifft, lasse ich es bei den vorausgegangenen Hinweisen bewenden. Daß er für mich, anders als für Hansjürgen Verweyen, überhaupt so unabweisbar ist, beruht natürlich darauf, daß ich – und damit bin ich beim systematischen Aspekt – eine der Philosophie mögliche Gleichsetzung von menschlicher Sollenshingabe und göttlichem Handeln bezweifle, also der prinzipiellen, in Jesu Hinrichtung nur kulminierenden Legitimationsproblematik seiner vollmächtigen Verkündigung nicht ausweichen und insofern, also in *gnoseologischer* Hinsicht, die relativierende Rede von einem bloßen »Dogma des Ostergrabens« nicht teilen kann. Aber ist deshalb schon die Einheit des Offenbarungshandelns Got-

---

[14] Vgl. zu dieser Intention auch E 194 und L 306.
[15] G. Essen, Historische Vernunft und Auferweckung Jesu. Theologie und Historik im Streit um den Begriff geschichtlicher Wirklichkeit, Mainz 1995. Der historisch Urteilende, so das Ergebnis der Untersuchung, »der um die heuristische Priorität der ›historischen Frage‹ im Erkenntnisprozeß weiß, sie an der Reichweite transzendentaler Reflexion bemißt und sie im Zwischenschritt der Kritik überprüft, hat die Möglichkeit, die neutestamentliche ›Tatsachenbehauptung‹ als Antwort zu verstehen und ihr frei und verantwortet zuzustimmen« (457).
[16] Wegen ihrer Bedeutung für die Thematik des vorliegenden Bandes verweise ich auch auf H. Kesslers (s. Anm. 10) Stellungnahmen zu G. Lüdemann (420–442) und H. Verweyen (442–463).

tes durch Jesus Christus zerrissen? Ich halte doch, meinem freiheitstheoretischen Sinnbegriff (II.2) folgend, nur offen, daß Gottes Liebe über das »Äußerste, was Menschen möglich ist« (286), noch hinausreicht, und begreife die Auferweckung vom Tode als adäquate reale Erfüllung des in der Affirmation menschlicher Freiheit intendierten unbedingten Seinsollens. Es freut mich natürlich, daß Verweyen meine Herausstellung der menschlichen Freiheit Jesu als Vermittlungsinstanz der Selbstoffenbarung Gottes so aufmerksam würdigt (297; vgl. W 111). Aber ich habe, um die Heilsinitiative Gottes zu betonen, das Tun dieser Freiheit doch stets als »Darstellung ihrer ursprünglichen Bestimmtheit durch Gottes Liebe und ihrer Einstimmung in seine Menschenzuwendung« verstanden und auch der Todesbereitschaft Jesu gerade deshalb größte Bedeutung beigemessen, weil ohne sie sein Sterben »nicht Heilshandeln *Gottes*«, sondern »die Kontinuität seiner (durch Jesu Dasein für die anderen vermittelten) Zuwendung zu den Menschen unterbrochen« gewesen wäre (E 62.50 f.). Zugleich war deutlich, daß Jesus, so »entschieden er Gott als anwesenden setzte«, doch auch »die Zukunft seiner Zuwendung« noch antizipierte (E 198). Widerspricht es nun dieser durch Jesu Freiheit vermittelten Bewegung des Kommens Gottes zur Welt, wenn Gott »an ihm vollendet, was er in ihm für uns begann« (ebd.)? Und ihn so auch zur offenbaren *Verheißung* seiner Liebe werden läßt? Es bleibt doch dabei, daß Jesus »das geschichtliche Dasein des für die Menschen entschiedenen Gottes selbst« war (L 307) und daß ohne seine Hingabe des Lebens »Gottes Kommen ins Äußerste, seine Zuwendung noch zu den Feinden nicht wirklich und somit die Grund- und Maßlosigkeit seiner Liebe nicht offenbar geworden«, also diese Liebe »ohne den geschichtlich vollendeten Ausdruck ihrer Unbedingtheit geblieben wäre« (E 57). Eine Relativierung der Offenbarung Gottes »im Fleische Jesu« zur vorübergehenden Episode vermag ich dabei nicht zu erkennen. Und einen Wechsel zum Herrschaftsgott schon deshalb nicht, weil Gottes aus dem Tode rettende Macht seiner Liebe[17] ihre bis zur Todeshingabe des Sohnes erwiesene Achtung der menschlichen Freiheit nicht revoziert, sondern der Erweis ihrer Treue ihr nochmals (und zwar jetzt schon) zugute kommt: »damit sie, aus der Endgültigkeit dieser Zusage, ihre neuen Möglichkeiten als geschichtliche Freiheit ergreift« (L 311).

4. Mit Verweyens ausführlicher und eindringlicher Antwort auf meine eher andeutenden Fragen zur Theodizee und Eschatologie verlagert sich unser Gespräch auf ein Feld, das ich wegen des Gewichts der Problematik und aus Respekt vor Verweyens »Tasten« nach einem nicht länger von unseren angstdiktierten Begriffen von Macht verstellten Gott (303), aber auch wegen der eigenen Unmöglichkeit, mich hier zu den schweren Fragen noch angemessen zu äußern,

---

[17] Zur Allmacht Gottes als Allmacht seiner Liebe s. *Th. Pröpper*, Art. »Allmacht Gottes«: LThK 1, Freiburg ³1993, 412–417.

nur mit Zögern betrete. Es muß genügen, wenn ich die Hauptfragen, Argumente und Gegenargumente zu sondieren versuche und damit dem Fortgang unseres Gesprächs vielleicht diene.

Dankbar bin ich Hansjürgen Verweyen, daß er meine Bemerkung vom »gänzlichen Ausfall der Eschatologie« (287) in dem Kontext gelesen hat, in dem sie gefallen war: bezogen also auf die »Verantwortung unserer Hoffnung« angesichts der Theodizeeproblematik (302). Seine Erwiderung geht aus von der (wiederum schon früher formulierten) Alternative, auf die ich die »Transformation der nach dem Scheitern menschlicher Theodizee verbliebenen Theodizeeproblematik« hinauslaufen sehe und die »uns als Fragende so involviert, daß wir selber Gefragte sind: Ob wir nämlich Gottes Liebe die Möglichkeit, sich selbst zu rechtfertigen und aller Zustimmung zu gewinnen, noch zutrauen oder aber diese Möglichkeit, mit Berufung auf die Unaufwiegbarkeit des Leidens und die Unversöhnbarkeit der Schuld, für bereits definitiv und zwar negativ entschieden ansehen wollen« (T 71). Nun wird freilich die Angemessenheit (Vollständigkeit) dieser Alternative und mein Festhalten an ihr nur unter den Bedingungen verständlich, denen sie gerecht werden wollte: daß es nämlich um die fragliche Rechtfertigung Gottes gehe, daß diese ohne reale Versöhnung der Opfer der Geschichte nicht zu denken sei und daß aus beiden Gründen die »Antwort« nicht (mit Odo Marquards bitter-ironischer Formulierung[18]) auf einen »Atheismus ad maiorem Dei gloriam«, also die Aufhebung des Problems hinauslaufen dürfe. Deshalb habe ich auch, um vor den harten und legitimen Fragen der Neuzeit Rechenschaft zu geben, die von ihnen bedrängte und zum äußersten gespannte Erwartung des Glaubens an Gott inhaltlich zu benennen und die Bedingungen eschatologischer Versöhnung in einer Weise zu bestimmen versucht (T 67–71), die als bloßer »Verweis auf einen auferweckenden Gott, der erst im Nachhinein zur Folterung die Dinge ins rechte Lot und Licht rückt« (300), sicher nicht angemessen gekennzeichnet wäre. Definitiv entschieden ist freilich schon jetzt – und darauf beruhte ja meine Alternative –, daß die Leiden der Geschichte durch keine Zukunft mehr ungeschehen zu machen sind.

Verweyens Abweisung meiner Alternative und sein theologischer dritter Weg resultieren entscheidend daraus, daß er die in meiner Option implizierte Auferweckungshoffnung als »Vertröstung« beurteilt und sie als inadäquate Antwort auf die Infragestellung Gottes verwirft (303). Falls und soweit jedoch dieses Argument im traditionellen religions- und ideologiekritischen Sinne gemeint wäre, würde ich es nicht als zwingend ansehen. Nicht als ob der die Praxis des Glaubens begleitende Verdacht der Vertröstung nicht weiterhin aktuell und als ihr Kriterium gültig wäre: Ein Glaube »an Auferweckung, der –

---

[18] *O. Marquard*, Schwierigkeiten beim Ja-Sagen: *W. Oelmüller* (Hg.), Theodizee – Gott vor Gericht?, München 1990, 87–102, 97.

statt die gegenwärtige Relevanz des Zukünftigen zu bewähren und die Entmachtung des Todes im Leben vor dem Tod darzustellen – das ewige Heil gegen die irdischen Aufgaben ausspielt oder seine Hoffnung wie ein privates Trostkapital hütet, diskreditiert sich nicht nur vor anderen, sondern betrügt sich auch selbst« (E 219). Etwas anderes aber, nämlich eine Metabasis wäre es, wenn der Verdacht sich zum generellen Urteil verfestigt und dann (ohne weitere Argumente) auch über die *Wahrheit* des Glaubens entscheidet – genauso wie eine Skepsis, die eine Hoffnung schon deshalb als erledigt betrachtet, weil sie der menschlichen Sinnfrage gemäß ist, sich ihrerseits fragen lassen müßte, in wessen Namen sie eigentlich spricht. Im Blick auf ihre Praxis werden sich alle, gerade auch die beiden in meiner Alternative genannten Positionen zur Theodizeefrage, verantworten müssen: »die des Glaubens vor der Instanz der religionskritischen Argumente, die atheistische gegenüber der Frage, ob man angesichts des definitiven Unrechts und endgültiger Vernichtung leben kann, ohne sich den Leidenden durch Vergessen und Abwendung zu entziehen« (T 71).

Aber Verweyen sucht ja eine dritte Alternative – und religionskritisch im beschriebenen Sinn sind wohl weder sein Ziel noch die Argumente, obwohl ich mich häufig gefragt habe, warum er eigentlich jede futurische Hoffnung, namentlich die apokalyptische Erwartung (»Philosophie des Habens«), aber auch die »generelle Überlebenshoffnung des Menschen« (»Projektion der Selbstbehauptung«, des »sublimierten Egoismus«) fast nur mit negativen Konnotationen belegt (301; W 107 u. ö.), desgleichen die individuelle Hoffnung so streng vom anderen her begründet und an die Hoffnung für ihn bindet (W 107 f.), als dürfe sie nie zur eigenen werden (womit ich ihre Bindung an die Hoffnung für den anderen und das Hoffen *mit* ihm aber nun keineswegs revoziere: eben ihre Verbindung, die Dialektik ihrer gegenseitigen Ermöglichung einschließlich der Vorgabe des Glaubens gälte es ja zu begreifen – und dann kann letzte Hoffnung für mich – praktisch – gerade Sichselbstvergessen zugunsten des anderen bedeuten). Gleichwohl: Verweyens Argument der Vertröstung reicht tiefer. Es zieht seine Kraft aus moralischer Evidenz und entzündet sich, zumal moralische Pflicht und göttlicher Wille unmittelbar eins sind, an einem Widerspruch, der zum Widerspruch in Gott selbst werden müßte, wenn ihm nicht – »schon hier und jetzt« – ein gemäßerer »Begriff von Gott« zu begegnen vermöchte: an dem »ungeheuren Widerspruch« nämlich »zwischen dem *göttlichen* (und als Verpflichtung autonomer Sittlichkeit nachzuvollziehenden) *Gebot*, keinen Unschuldigen zu töten und überhaupt keinen Menschen zu foltern, und einem *göttlichen Handeln*, das der ›in dieser Erdenzeit‹ verfügbaren menschlichen Einsicht zufolge jeder unbedingt evidenten Verpflichtung *aller* reinen praktischen Vernunft zuwiderläuft« (300). Das Gewicht des Arguments drückt umso schwerer, als es im Namen der »intellektuellen Redlichkeit« (300) auftritt und als auch ich (mit Ernst Bloch) einen »Gott, der weniger als moralisch wäre«, nicht akzeptieren, geschweige denn ihm vertrauen könnte (T 70). Und dennoch: Impliziert dieses Argument nicht ein Urteil, das mehr weiß nicht nur als meine Alternative, sondern mehr auch, als wir überhaupt »in dieser Erdenzeit« wissen können? Die Flut der Fragen, die hier auf mich einstürzt, wage ich kaum anzudeuten, weil sie Mißverständnisse provozieren und an Abgründe stoßen: Was wissen wir über die Schuld Gottes, die der formulierte Widerspruch, wenn er gilt, voraussetzen würde? Was über die Implikationen der Erschaffung freigelassener und doch nur in Gott erfüllbarer Freiheit? Was über das »göttliche Dilemma« von sofortiger Gerechtigkeit und Geduld (Berkovits: T 68)? Ist das Erlittene definitiv unversöhnbar? Und gibt es nicht (schon menschlich) eine höhere Dignität der Vergebung (wenn auch nie ohne das Gericht der Wahrheit) gegenüber der Insistenz auf der Schuld? Was wissen wir über die Möglichkeiten Gottes und die doch nicht auszuschließende Bereitschaft der Gequälten, ihrerseits zu vergeben? Und könnte es nicht sein, daß Gott selbst auf uns hofft … Ich entscheide das alles nicht und spreche nur im eigenen Namen. Ist es »philosophischer Suizid« (300), es noch offenzuhalten?

Doch betont nicht gerade auch Verweyen das Sich-nicht-abfinden-können und -dürfen mit dem Vernichtetsein eines anderen als conditio sine qua non humaner Vernunft? Das ist in der Tat unsere unbeirrbar-gemeinsame Basis (296), auch wenn ich – falls der transzendentallogische Gottesaufweis entfällt – nicht mehr weiß, wie das zwingende »Postulat einer von Gott geretteten Geschichte«, von dem Verweyen spricht (296; W 107) und das mir nur als wesenhafte *Intention* menschlicher Freiheit gilt, hinsichtlich seiner Erfüllung noch als verbürgt gelten könnte. Den Glauben an die Auferweckung (Jesu und der Toten) als Bestätigung und adäquate Verwirklichung dieses Postulats weist Verweyen ja ab – eben weil sie für die *Rechtfertigung* Gottes zu spät und somit für die anstehende Hauptfrage nicht in Betracht kommt[19].

So scheint in der Tat die Aufgabe unabweisbar, den »Begriff von Gott« so zu fassen, daß er jenem »ungeheuren Widerspruch« begegnet, und primär die Prädikation seiner Allmacht – ohne Rekurs auf »jenseitige göttliche Ressourcen« (W 142) – an dem zu bemessen, was das »Integral des Hingangs Jesu« von Gott zu erkennen gibt (300). Verweyens tastende Annäherung an die damit eröffnete Erfahrung und sein Versuch, sie als Erfahrung von Sinn zu erschließen, lassen sich summarisch nicht referieren. Manches schien mir dem zu begegnen, was ich selbst meine, wenn ich über die Befreiung von der Herrschaft des Todes nachdenke – nur eben, daß ich die Logik dieses Übergangs »vom Tod in das Leben« (1 Joh 3, 14) anders begreife, ihn als praktischen, vergegenwärti-

---

[19] Vgl. W 108 ff. sowie die strikte Unterscheidung zwischen der Hoffnung auf die reale Einlösung des Versprechens, »das jede ernste Liebe für das *Sein*sollen der anderen intendiert«, und der Hoffnung, daß Gottes Liebe »sich doch noch zu rechtfertigen vermag« (299).

genden Vollzug der erinnerten Verheißung verstehe (E 198). Und so brauche ich auch die zurückgebliebenen, sich verschlingenden Fragen nicht zu verschweigen. Hält Verweyens dritte Alternative den oben genannten, für mich verbindlichen Bedingungen des Theodizeeproblems stand? Wie ist die auch von ihm unabdingbar erhoffte reale Versöhnung zu denken, nachdem die Schreie der Geopferten verstummt, ja vergessen sind? Hatte der nüchterne Kant nicht doch recht, wenn er die Dialektik der praktischen Vernunft so radikal exponierte? Läßt sich, wenn eine Realbestimmung der Differenz nicht erkennbar ist, das göttliche vom menschlichen Handeln, die Soteriologie von der Ethik, die Nähe Gottes vom Glück der Absurdität unterscheiden und ihrer Gleichsetzung wehren? Und schließlich: Wie wird, falls meine philosophischen Bedenken (II) nicht gegenstandslos sein sollten, die Fundamentaltheologie ihren erstphilosophischen Anspruch einlösen?

Oder liegt unsere Differenz vielleicht nur darin, daß Verweyen sich ein »Zuviel an Verheißung« versagt, weil sie so leicht die Wahrnehmung der Wirklichkeit behindert (vgl. 303; W 106.144), während mich zunehmend die Sorge bedrückt, daß womöglich auch der moralische Impuls noch erlischt, wenn diese Verheißung aus dem Bewußtsein der Gegenwart weiter verschwände? Hansjürgen Verweyens bohrendes Denken zwingt dazu, die eigenen Karten offenzulegen und erkennen zu lassen, wie wir nicht nur mit dem Kopf, sondern auch den eigenen Hoffnungen, Befürchtungen und Optionen in die theologische Arbeit involviert sind. Dafür danke ich ihm und verbinde damit meinen Wunsch, daß unser Gespräch noch viele Jahre andauern möge.

III ■ Einweisung in die Geschichte:
Anwege zur Gotteslehre

Die auf die Freiheit als ihr philosophisches Prinzip verpflichtete theologische Hermeneutik ist ein ebenso entschiedenes wie sich bescheidendes Denken: kann sie das glaubenbegründende Geschehen, dessen Sinn sie erschließt, doch weder ersetzen noch garantieren. Nicht nur ist sie der eigenen Möglichkeit nach in ihm begründet (und faktisch wohl auch die volle Selbsterfassung der Freiheit von ihm bedingt), sondern sie ist auch – seine Gratuität einsehend – sich dieses konstitutiven Bezuges *bewußt:* Einweisung in die Geschichte also, in der Gott sich wahrnehmbar für die Menschen bestimmte und die Hoffnung des Glaubens ihren Grund, doch ebenso den Ort ihrer Bewährung hat. Die theologische Reflexion aber, von der Bedeutung der Offenbarung für uns zu ihrem Ursprung sich wendend, wird zur Gotteslehre und diese nicht mehr nachträgliche Korrektur ihres alten metaphysischen Erbes sein, sondern Näherbestimmung der Minimalbestimmung des Gottesgedankens, für die transzendentales Denken aufkommen kann. Denn Gott wird erkannt, indem er sich zu erkennen *gibt.* Gerade der Gott der von ihm eröffneten Geschichte aber wird dann auch Thema: Was eigentlich besagt es, für uns und für ihn, daß er freie Menschen erschuf und zu Mitliebenden wollte?

In den Beiträgen dieses III. Teils wird die angedeutete Denkbewegung vollzogen. Der *erste* – er ist der älteste des Bandes – nimmt die traditionelle Wunderthematik auf, um zunächst die Wahrnehmbarkeit von Gottes Handeln zu klären. Und er versucht es aus fundamentaltheologischer Perspektive, indem er die äußere Gegebenheit der fraglichen Ereignisse ernst nimmt, die apologetischen Wunderkonzepte jedoch als aporetisch, dem Wesen wissenschaftlichen Erklärens inadäquat erweist, statt dessen die anthropologischen Voraussetzungen der Wundererfahrung erhebt und schließlich – vom menschlich-intersubjektiven zum Offenbarungsgeschehen vordringend und von dort die Möglichkeit gläubiger Welterfahrung wiedergewinnend – die symbolische Dignität der Ereignisse expliziert, die dem Menschen den unverfügbaren Sinn seines Seins indizieren und seiner Selbstgewißheit die Wahrheit freien Anerkanntseins eröffnen. Der *zweite* Beitrag (245–265), einer der jüngsten des Bandes, entwickelt ein zusammenhängendes, nun genuin theologisches Verständnis der verschiedenen Weisen der Gegenwart Gottes und Jesu Christi, das die Verstehensvorgaben der Glaubensgeschichte Israels bekräftigt, in Gottes Selbstoffenbarung, deren trinitarische Vollgestalt nun expliziert wird, begründet ist und dann – nach der Andeutung religionstheologischer Perspektiven – über den Begriff des »darstellenden«, Gottes zugewandte Liebe bezeugenden Handelns und die auf ihm basierende Theorie der Glaubensüberlieferung zur Spezialfrage der eucharistischen Realpräsenz Jesu Christi vordringt, deren Neufassung hier Probierstein für den Gesamtentwurf und seine Denkmittel ist.

Der als *dritter* Beitrag aufgenommene Brief an *Johann Baptist Metz* zur Frage der Theodizee (266–275) spricht von den Irritationen des Glaubens und seiner dennoch aufrechterhaltenen Option, daß Gott zur Liebe entschieden ist: konstituiert sie doch allererst das Problem und gibt – gegen das Vergessen – die Würde der Leidenden nicht auf. Aber er versucht auch, diese Frage – um die von ihr zum Äußersten angespannte Erwartung an Gott vertreten zu können – trotz des Scheiterns menschlicher Theodizee zu *bedenken* – bis hin zu der Alternative, die die Fragenden selbst Gefragte sein läßt. Ebenfalls in Briefform gehalten ist der *vierte* Text (276–287): meine Antwort auf *Tiemo Rainer Peters'* »Thesen zu einer Christologie nach Auschwitz« – ein Name, den ich als schwerste Instanz gegen den Glauben empfinde. Mein Ziel war, die Vorgaben der Thesen mit den aus meiner Sicht wesentlichen Erfordernissen für eine Christologie so eindeutig zu vermitteln, daß diese – vor allem – keinen Anlaß zum Verdikt des Antijudaismus mehr gebe.

In den noch *folgenden Texten* rückt die Gotteslehre ins Zentrum. Dabei explizieren die Artikel »Allmacht Gottes« (288–293) und »Freiheit Gottes« (294–299) vor allem die Bestimmtheit und Eigenschaften, die aufgrund seines Schöpfungs- und Geschichtshandelns Gott selber zu prädizieren und heute vordringlich neu zu erschließen sind: im Bedenken der Zeugnisse der Schrift wie des Problemstands der theologisch-philosophischen Tradition. Im *Schlußbeitrag* (300–321), der den gewählten Ansatz an Schlüsselproblemen, die dieser selbst als unabweisbar ins Licht rückt, erprobt, laufen viele Linien des Buches zusammen. Er legitimiert den theologischen Gebrauch des Freiheitsparadigmas, arbeitet dann – im Blick auf die kontroverse Auslegungsgeschichte des Gottebenbildlichkeitsgedankens sowie die jüngste Diskussion über die Rechtfertigung – die formal unbedingte Freiheit als Prinzip der von Gottes Offenbarung und Gnade selbst beanspruchten menschlichen Ansprechbarkeit und Antwortfähigkeit heraus, bringt andererseits die bedrängenden, aber weithin verdrängten Aporien des neuzeitlichen Gnadenstreits in Erinnerung, um endlich methodischen Zugang zur Gotteslehre und das Verständnis Gottes selbst zu skizzieren, das der Offenheit seiner Geschichte mit den Menschen gemäß ist: die Innovationsmacht seiner Liebe, das Verhältnis seiner Ewigkeit zur Zeit, seine Treue zu sich selbst in der Kontingenz seiner Entschlüsse – und zu den Menschen, deren Freundschaft er sucht.

Thesen zum Wunderverständnis[1]

Das Bittgebet, wie es uns in der christlichen Tradition begegnet, und schon die Bitten, welche nach dem Neuen Testament von den Menschen an Jesus herangetragen werden, rechnen in ursprünglich-vorreflexiver Offenheit damit, daß sie »erhört« werden können und daß Gott in den Gang der den Menschen bestimmenden Ereignisse »einzugreifen« vermag. Eine Erörterung der Probleme, die das Bittgebet aufwirft, wird deshalb unausweichlich auch das Thema der Wunder berühren und die Fragen nach ihrer Möglichkeit und Erkennbarkeit stellen.

Die Frage nach der Wundererkenntnis setzt nun freilich den Wunderbegriff schon voraus. Andererseits zeigt es sich als die Eigenart dieses Begriffes von Wundern, daß die Rücksicht auf die Weise ihrer Erkenntnis in ihn miteingeht. Diesem Sachverhalt suchen die folgenden Thesen Rechnung zu tragen, indem sie zunächst ein vorläufiges Wunderverständnis entwickeln (I), sodann einige Aporien herkömmlicher Konzepte der Wundererkenntnis behandeln (II) und auf diesem Weg zu einer schärferen Fassung des Wunderbegriffs hingeführt werden (III).

I. Voraussetzungen

1. Will man sich nicht von vorneherein der Wunderproblematik entziehen, wie sie vom Neuen Testament, von der Gebets- und Glaubenserfahrung der christlichen Tradition und von der Theologiegeschichte aufgegeben ist, dann geht

---

[1] Die hier veröffentlichten Thesen wurden im Sommer 1974 für eine Diskussionsrunde formuliert und im Wintersemester 1974/75 am dogmatischen Seminar der Universität Wien als Seminarvorlage verwendet. Ihrem Thesencharakter entsprechend wurde auf eine ausdrückliche Auseinandersetzung mit der umfangreichen Literatur zur Wunderfrage verzichtet. Wichtige Anregungen verdanken sie A. M. K. *Müller*/W. *Pannenberg*, Erwägungen zu einer Theologie der Natur, Gütersloh 1970; W. *Pannenberg*, Wissenschaftstheorie und Theologie, Frankfurt 1973. Der III. Teil berührt Gedanken, die inzwischen in anderem Zusammenhang ausführlicher dargestellt wurden; vgl. Th. *Pröpper*, Der Jesus der Philosophen und der Jesus des Glaubens. Ein theologisches Gespräch mit Jaspers, Bloch, Kolakowski, Gardavsky, Machovec, Fromm, Ben-Chorin, Mainz 1976.

zunächst eine Beschränkung des Wunderbegriffs auf Fälle bloß inneren Geschehens (Glaube, Umkehr usw.) nicht an. Solche Spiritualisierung müßte die biblischen Wunderberichte nicht nur aus ihrem Zusammenhang mit der umfassenden Heilsankündigung lösen, sondern sie bezöge auch einen gegenüber der neuzeitlichen Wunderkritik unbekümmert-immunisierten und wohl auch in theologischer Hinsicht bestreitbaren Standpunkt. Denn die Zuordnung von Wundergeschehen und Glauben würde dabei zu unvermittelt, nämlich ohne Rücksicht auf die Geschichtlichkeit aller Heils- und Sinnerfahrung angesetzt und dadurch der Gefahr der Ununterscheidbarkeit von Gnade und Freiheit ausgesetzt. Geht man dagegen von der schöpfungstheologisch auszuweisenden anthropologischen Voraussetzung aus, daß menschliche Freiheit ihrer formellen Absolutheit nach in ihrer ursprünglichen Gottesbeziehung und Gottebenbildlichkeit gründet und deshalb für Gott selber ansprechbar ist, gleichzeitig jedoch – aufgrund ihrer ebenso konstitutiven endlichen, welthaften und intersubjektiven Verfassung – zur Realisierung und Erfüllung ihrer Sinnbestimmung äußerer Vermittlung bedarf, durch die sie aufgerufen, eingeladen und mit Angeboten konkreter Selbstverwirklichung beschenkt wird, dann wäre damit ein Vorverständnis des Problemzusammenhangs skizziert, in dem die Bestimmung des Wunders (wie immer sie näherhin zu geben sein wird) jedenfalls nicht von vorneherein um den Aspekt seiner Welthaftigkeit verkürzt werden müßte.

2. Die Kennzeichnung eines Ereignisses als Wunder bezieht sich also auf äußerlich wahrnehmbares Geschehen. Doch ist sie in besonderer Weise eine Sinn- oder Deutungsaussage. Diese Bemerkung soll nicht nur den allgemeinen Sachverhalt ansprechen, daß überhaupt jede Feststellung eines Faktums es immer auch schon »verstanden«, d. h. es in Zusammenhänge gestellt und durch sie bestimmt haben muß (es also »kein Daß ohne Was« gibt), sondern sie meint (im Falle des Wunders) darüber hinaus, daß die Deutung das Ereignis (statt nur auf andere endliche Wirklichkeit) auf Gott als den absoluten Grund aller Wirklichkeit bezieht, und auf ihn wiederum nicht nur, insofern er in allem Geschehen »mitwirkt«, sondern insofern er sich in diesem Ereignis in ausgezeichneter Weise manifestieren (»offenbaren«) und für den Menschen bestimmen soll.

3. Gott *als* Gott kann jedoch unmittelbar nicht erscheinen. Soll die Differenz, die der Ausdruck Manifestation anzeigt, anerkannt bleiben und Gott nicht mit einer der welthaften Erscheinungen oder ihrer Gesamtheit einfachhin gleichgesetzt werden, dann ist er in seiner absoluten Freiheit und Transzendenz von jeder seiner Erscheinungen als ihr Grund zu unterscheiden. Dies gilt ebenso wie die Einsicht, daß die Erscheinung, um seine geschichtliche Äußerung zu sein, ihm selber entsprechen und (formal wie inhaltlich) geeignet sein muß, auf seine Anwesenheit zu verweisen. (Und es gilt auch noch und gerade für jenes Geschehen, in dem Gott dem Menschen als unwiderrufliche Liebe begegnet, ihm damit am eigenen Wesen teilgibt und insofern *selber* geschichtliche

Wirklichkeit wird.) Gott erscheint also so, daß er endliche Wirklichkeit zu seinem *Zeichen* qualifiziert. Wiederum unter der Voraussetzung, daß der Mensch aufgrund seines absoluten Sinnhorizontes für Gott offen und auf ihn ansprechbar ist, läßt sich die Besonderheit solcher zeichenhaften Geschehnisse vorläufig dahingehend charakterisieren, daß sich in ihnen in signifikanter und unverfügbarer, geschichtlich-vorläufiger oder geschichtlich-unüberbietbarer Weise absoluter Sinn manifestiert.

Es ist wesentlich, daß die »Machttaten« Jesu immer in Bezug auf diesen Sinnhorizont stehen. Indem Jesus das, was in ihnen geschieht, als Anbruch der Gottesherrschaft auslegt, wird durch sie absoluter Sinn zugleich inhaltlich offengelegt und verwirklicht: Einerseits wird die menschliche Sinnoffenheit durch die reale Erfahrung von Liebe erfüllt, andererseits diese Liebe in Gottes endgültigem Willen begründet und somit Gott selber als Gott unbedingter Liebe zum Menschen und diese Liebe als absoluter Sinn des Menschen erklärt. Mit der Annahme der unverfügbaren Herkunft dieser Zeichen und ihrer Transparenz für den bezeichneten absoluten Gehalt anerkennt der solcher Verkündigung entsprechende Glaube die Göttlichkeit Gottes, aufgrund seiner Empfänglichkeit für ihre konkrete Sinnhaftigkeit erfährt er Gottes einladende Gegenwart in gewinnender Evidenz. Wird der Wunderbegriff dagegen ohne Blick auf den Gott Jesu abstrakt durch die Isolierung des Mächtigkeitsmerkmals entworfen, führt er leicht zur Dämonisierung des Gottesgedankens. Das kann entweder so geschehen, daß man von der menschlichen Sinnfrage überhaupt absieht und das fragliche Ereignis als bloßes Mirakel fixiert, in dem überweltliche Kräfte willkürlich ihre Macht demonstrieren; oder so, daß man sich der nahegelegten Sinndimension der Ereignisse verschließt, sich durch sie nicht (mehr) auf den Gott menschenfreundlicher Liebe ansprechen läßt und ihre unleugbare, doch verunsichernde Eindrücklichkeit womöglich als täuschendes Teufelswerk abtut (Mk 3, 22 ff. par); schließlich auch so, daß man – durch sinnwidrige Ereignisse übermächtigt – sich in seiner Sinnerwartung enttäuscht sieht und diesen Widerspruch zwischen Erwartung und Wirklichkeit als Schuld Gottes thematisiert (Problem der Theodizee).

4. Auf seiten des Menschen ist dementsprechend der sozusagen psychologische Grund der Wahrnehmung eines Ereignisses als Wunder die Betroffenheit durch es. Diese hat einerseits den Charakter der Überraschung (durch das Unerwartete, Neuartige, Unverfügbare, von außen Kommende des Geschehens), andererseits setzt sie eine ursprüngliche Vertrautheit mit dem im Zeichen sich Mitteilenden voraus, eben den Horizont und die Ansprechbarkeit für Gott als den Grund und Inhalt absoluten Sinnes.

Dem entspricht die biblisch bezeugte und theologisch oft erörterte Verschränkung von Glaube und Wunder. Nur *vom* Glauben werden Wunder erkannt, aber sie werden als Wunder *für* den Glauben erkannt, d. h. anerkannt als dem Glauben gegeben. Umgekehrt wird durch das Wunder der Glaube aufgerufen und wirklich, aber auch er wird nur aktuell, indem er zugleich vorausgesetzt wird. So ist der Glaube Grund für das Wunder: als Fähigkeit und Bereitschaft, es unverfügbare Wirklichkeit sein und sie als solche von Gott sich geben zu lassen; und das Wunder ist Grund des Glaubens: als Inhalt, ohne den der Glaube keine Realität hat. Dieser Zirkel ist unauflöslich, doch hat er selbst eine doppelte Dimension: eine transzendentale und eine geschichtlich-reale. Es gibt eine den einzelnen Ereignissen vorangehende Möglichkeit des Glaubens, die durch die Selbsterfahrung menschlicher Freiheit konstituiert ist: durch das ursprüngliche und alle Erfahrungen begleitende Bewußtsein von der erstaunlichen Kontingenz ihres eigenen Seins und der Abgründigkeit des Seienden überhaupt. Wo ein Mensch – freilich wohl schon immer durch geschichtliche Erfahrung getragen – diese Grundsituation in bewußtem oder unausdrücklichem Vertrauen auf den geheimnisvollen Grund aller Wirklichkeit übernimmt und bejaht, kann man von »Grundglauben« im Sinne einer leitenden Einstellung oder Grundhaltung sprechen. Dieser kann sich geschichtlich als Bereitschaft vollziehen, alle Wirklichkeit als wohltätiges Geschenk und sinnvolle Fügung zu nehmen (darin liegt die Bedeutung des universalisierten Wunderbegriffs, wie sie die Tradition im Gedanken des »natürlichen« Wunders anzielte). Er kann sich, besonders in Situationen der Not und Bedrängnis, als vertrauensvolle Bitte um besondere Hilfe und Rettung artikulieren. Er kann aber auch, eben weil er sich geschichtlich vollziehen und bewähren muß und dabei ebensosehr der Bedrohung und Fraglichkeit ausgesetzt ist, aufgegeben werden oder unrealisierte Möglichkeit bleiben, dann nämlich, wenn die begegnende Wirklichkeit einem Menschen Sinn nicht erschließt oder sein Sinnvertrauen erschüttert. Ereignisse dagegen, welche die Fähigkeit haben, von sich aus den absoluten Sinn der Wirklichkeit aufscheinen zu lassen, die Glaubensbereitschaft zu kräftigen, das Vertrauen, das sich in der Bitte aussprach, zu bestätigen oder auch allererst Glauben zu »wecken«, sind dann die Wunder im engeren Sinn.

II. Wunder und Wissenschaft

5. Verschärftem erkenntniskritischen Anspruch wird die Erkennbarkeit solcher Wunder allerdings zum Problem. Es besteht eben in der Frage, welche Erkenntnisweise denn adäquat ist, wenn mit dem Begriff Wunder ein Geschehen nicht in seiner objektiv-feststellbaren Bestimmtheit, sondern in seiner Qualität als Manifestation absoluten Sinnes bezeichnet sein soll. Doch betrifft diese Frage nicht etwa nur die anthropologischen Voraussetzungen der Wundererkenntnis, sondern zugleich – sofern die Sinnerfahrung durch reales Geschehen vermittelt

sein soll – die Eigentümlichkeit, durch die dem Ereignis selber der Charakter eines solchen Zeichens zukommt.

6. Angesichts der eingangs erwähnten leichtfertigen Tendenz, sich dem letztgenannten Aspekt des Problems durch Verinnerlichung der Wundererfahrung zu entziehen, sollte man es zunächst als Verdienst der traditionellen Apologetik ansehen, die durch das Wunder in seiner äußeren Gegebenheit aufgeworfene Erkenntnisproblematik ernst genommen zu haben. Gleichwohl muß man ihren Versuch, für die Sicherung objektiver Wunderbehauptung das Kriterium einer Durchbrechung der Naturgesetze in Anspruch zu nehmen, um mit seiner Hilfe auf Gott als absoluten, übernatürlichen Urheber des fraglichen Ereignisses zu schließen, als unkritische Übernahme neuzeitlicher Denkgewohnheiten und unglückliche Verfehlung wesentlicher Gesichtspunkte der Wunderfrage bedauern. Eine Apologetik, die den absoluten Sinnbezug, der ein Geschehen zum Wunderzeichen qualifiziert, nicht ausdrücklich thematisiert und selber allererst anthropologisch vermittelt, muß es von vornherein schwer haben, überhaupt menschliches Interesse zu finden. Doch abgesehen von diesem Mangel existentieller Belanglosigkeit muß sie sich auch – schon für sich betrachtet – in widersprüchliche und theologisch unhaltbare Vorstellungen verstricken. Denn eine übernatürlich verursachte Wirkung könnte überhaupt nicht zustande kommen, ohne als welthaftes Geschehen zugleich unter den Bedingungen der Welt zu stehen, also ihnen zu entsprechen und somit von ihnen abhängig zu sein. Oder Gott müßte selbst unmittelbar auch die Stelle der innerweltlichen Wirkung einnehmen, dann aber fiele er mit der wahrnehmbaren Erscheinung zusammen, was auf eine Mythisierung der Wirklichkeit und in der Konsequenz (um der Einheit der Wirklichkeit und der Unendlichkeit Gottes willen) auf einen primitiven Pantheismus und schließlich auf die Preisgabe des Gottesgedankens hinauslaufen würde, so daß nicht erklärt wäre, was erklärt werden sollte. Schon die allgemeine Beobachtung, daß jedes Sein höherer Art sich nur so mit der niederen Wirklichkeit verbindet, daß es deren Gesetze integriert und voraussetzt, statt sie zu durchbrechen (im lebendigen Organismus z. B. bleiben die Gesetze der Mechanik in Kraft, menschliche Freiheitsäußerung wiederum ist an organische Vollzüge gebunden), spricht gegen die unbesehene Verwendung des Kausalitätsgesetzes (seine voreilige Einschränkung einerseits und ungerechtfertigte Ausweitung andererseits) in solchen Erklärungsversuchen. Aber auch die klassische Theologie läßt sich gegen sie und ihre Konsequenzen anrufen: Stets hat sie den Schöpfer von seinem Werk unterschieden und behauptet, Gott könne innerhalb der Welt nur wirken, indem er sich der Vermittlung geschöpflicher Zweitursachen bediene.

7. Der genannte Versuch hält aber auch einer Reflexion auf das Wesen wissenschaftlichen Verfahrens nicht stand. Beanspruchte der naturwissenschaftliche Determinismus – wie er freilich in der Vergangenheit häufig den Anschein

erweckte – den Rang einer Ontologie, d. h. einer Wesensauslegung des Seienden als solchen oder gar einer erschöpfenden Sinndeutung der Wirklichkeit überhaupt, dann wäre der Konflikt zwischen wissenschaftlicher und gläubiger Auffassung der Wirklichkeit in der Tat unvermeidlich, allerdings dann auch grundsätzlicher auszutragen, als es der traditionellen Apologetik mit ihrer Fixierung der aufgedrängten Problemstellung gelang. Indessen ist jener Determinismus – wie heute allgemein anerkannt wird – lediglich Prämisse einer aus Gründen methodisch gesicherten Erkenntnisgewinnes reduzierten Betrachtung. Indem er Wirklichkeit durch den Aspekt sinnlicher Wahrnehmbarkeit und in diesem Sinn als Erscheinung definiert, sie als Tatsache hinnimmt und die Einheit dieses seines Gegenstandes nur unter Voraussetzung der durchgängigen und gesetzmäßigen Verknüpfung aller Einzelerscheinungen gewährleistet sieht, muß er sich apriori auch auf die Erscheinungswirklichkeit in ihrer Gesamtheit erstrecken. Er kann daher mit hypothetischer, aber für ihn konstitutiver Notwendigkeit keine Erscheinung von der Bestimmtheit durch Erscheinungsursachen nach allgemeinen Gesetzen ausnehmen. Das aber heißt: Naturwissenschaft *als solche* kann weder ein Wunder erkennen noch einen Wunderbegriff zulassen, der ihre Betrachtungsweise in direkter Weise negiert. Wohl aber läßt sie die Möglichkeit andersartiger Gesichtspunkte offen, die über die Aspekte, durch die sie *für sich* die Wirklichkeit hinreichend bestimmt sieht, hinausgehen und doch gleichzeitig mit ihnen bestehen. Diese Unzuständigkeitserklärung des Naturwissenschaftlers in Sachen Wunder muß dem Theologen genügen. Der Versuch, ihn zu mehr zu verpflichten, kann sich nur sein Unverständnis einhandeln.

8. Der die soeben beschriebene Apologetik modifizierende Versuch, im Begriff des »relativen Wunders« sich zwar auf die apriorische Universalität dieses methodologischen Determinismus (und Atheismus) der Wissenschaft einzustellen, dessen ungeachtet sich jedoch ihren faktisch immer nur vorläufigen Erkenntnisstand zunutze zu machen und den ihr noch entzogenen (weil noch nicht erforschten) Bereich für Wundergeschehen in Anschlag zu bringen, verfällt ebenfalls einem offensichtlichen Selbstwiderspruch. Während er nämlich grundsätzlich (wenn auch stillschweigend) vom absoluten Verständnis des Wunders als Durchbrechung der Naturgesetze und d. h. doch als nicht *erklärbar* durch sie ausgeht, nimmt er diesen Begriff doch sofort wieder auf inkonsequente Weise zurück, indem er sich bezüglich einzelner Wunderbehauptungen mit dem Kriterium wissenschaftlicher *Unerklärtheit* begnügt. Es dürfte zweifelhaft sein, ob das Merkmal der Unerklärtheit eines Geschehens selbst im Rahmen von Untersuchungen, die den immer geschichtlich bedingten Plausibilitätskontext der Wundererfahrung erörtern, in seiner Bedeutung hoch veranschlagt werden kann. Auf keinen Fall jedoch eröffnet der besagte Begriff des »relativen Wunders« die Möglichkeit wissenschaftlicher Wundererkenntnis, weil Wissen-

schaft, die sich nicht selber aufgeben will, auch im Verlegenheitsfall prinzipiell an der Erklärungswürdigkeit und -möglichkeit des fraglichen Ereignisses festhält. Ausgerechnet, um wissenschaftlich auftreten zu können, höhlt also eine solche Apologetik den Wunderbegriff aus, indem sie ihn subjektiviert. Sucht sie aber einen Bereich absoluter *und* objektiv feststellbarer Wunder dadurch zu retten, daß sie die Wissenschaft auf ihren derzeitigen Stand festlegt, mischt sie sich faktisch in deren Geschäft und muß sich dann wohl oder übel auch auf ihre Ebene und ihre Spielregeln einlassen. Wo dies geschah, konnte die Folge nur sein, daß sie sich in entmutigenden Rückzugsgefechten erschöpfte und in einem Schauspiel kläglicher Konkurrenz alle Glaubwürdigkeit allmählich verspielte.

9. Auch der bisweilen bei Theologen beliebte Rekurs auf die sogenannte »Unschärferelation« führt in der Wunderfrage nicht etwa unmittelbar weiter, sondern zeigt mit dem angesprochenen Sachverhalt zunächst nur das Ende der alten apologetischen Problemstellung an. Die Schwierigkeiten objektiver Beobachtung im Quantenbereich haben allerdings entscheidenden Anteil daran, den hermeneutisch-zirkulären Charakter auch der exakten Wissenschaften und den dialektischen Charakter ihres Wirklichkeitsbegriffs ins Bewußtsein zu heben. Ebenso ist im Zusammenhang des gescheiterten Bemühens um eine einheitlich-eindeutige Wissenschaftssprache die Grenze der Objektivierbarkeit inzwischen grundsätzlich reflektiert. Ein systemtheoretischer Erklärungsbegriff, wie ihn einige Disziplinen (Biologie, Medizin) schon länger erfolgreich benutzen, findet deshalb auch in anderen Wissenschaften zunehmend Verwendung. Er versucht den Interdependenzen von Subjekt und Objekt, Wirklichkeit und Sprache Rechnung zu tragen, ergänzt die Einlinigkeit mechanistischen Denkens durch stärkere Beobachtung der Wechselwirkung aller Faktoren und macht sich den heuristischen Wert des Zweckgedankens zunutze. Gleichzeitig hat er die kritische Besinnung auf den Geltungsbereich induktiv gewonnener Erkenntnis sowie auf den pragmatischen Sinn der wissenschaftlichen Leitprinzipien vollzogen und dementsprechend den Anspruch der Verifizierbarkeit erklärender Paradigmen durch die Forderung nach ihrer Kontrollierbarkeit (Falsifikationsmöglichkeit) ersetzt. Doch trotz aller mit dieser Entwicklung verbundenen Hypothetisierung naturwissenschaftlicher Erkenntnis ist keineswegs eine Möglichkeit ihrer direkten Inanspruchnahme für Wundererkenntnis gewonnen oder gar ein gesonderter Bereich der Natur als Freiraum des Wundergeschehens entdeckt. Denn auch das systemtheoretische Verfahren hält am Ziel der Erklärung und methodisch an der Voraussetzung durchgängiger und regelhafter Bestimmtheit aller Erscheinungswirklichkeit fest, und in seinem Rahmen behält das Objektivitäts- bzw. Kontrollpostulat nach wie vor seine unverzichtbare operationale und kriteriologische Funktion. Soweit und solange solche Erklärung gelingt, hat sie die Wunderhypothese nicht nötig, wo sie jedoch scheitert, wird

sie sich korrigieren und differenzieren, kurz: sich weiterbemühen. Daß sie auf die apodiktische Behauptung objektiv und universal gültiger Gesetze verzichtet, daraus folgt bezüglich der (herkömmlichen) Wunderfrage eigentlich nur, daß sie auch deren Durchbrechung nicht feststellen kann. Indem sie andererseits freilich ihre Voraussetzungen, deren Problematizität sie hervorhebt, durch erfolgreichen Gebrauch bewährt findet, verweist sie (durch die Wirklichkeit ihres Vollzugs) erneut auf naturphilosophische Fragen, die auch für die Theologie bedenkenswert sein dürften.

10. Auf voreilige Grenzüberschreitungen und eine unkontrollierte Vermischung inkommensurabler Bedeutungsebenen läuft es schließlich hinaus, bei der Identifikation eines Geschehens als Wunder sich lediglich auf seinen faktisch nie vollständig erkennbaren *individuellen* Charakter zu berufen. Insofern derartige Versuche das Kriterium der Durchbrechung von Naturgesetzen verabschieden und auf die prinzipielle Differenz von unmittelbar wahrzunehmendem Faktum und objektivierender, begrifflich vermittelter Erkenntnis überhaupt aufmerksam werden, stoßen sie in der Tat zu einer grundsätzlicheren Problemstellung durch. Doch statt in Konsequenz dieser Einsicht wissenschaftliches Erklären um so unbehelligter auf dem Weg unendlichen Bestimmens fortschreiten zu lassen, verpflichten sie es für die Wundererkenntnis, indem sie es bei seiner Vorläufigkeit behaften und sein Erklärungsdefizit durch den unmittelbaren Einsatz einer absoluten Kausalität kompensieren. Auch wenn man zugibt, daß die grundlegende Kontingenz allen Geschehens die Möglichkeit absoluter Begründung eröffnet, bleibt es doch zu bemängeln, wenn solcher Übergang ohne Ausweis spezifischer Kriterien geschieht und stattdessen zwischen wissenschaftlicher und gläubiger Wirklichkeitsdeutung das Verhältnis der Konkurrenz zementiert wird. Die Vereinbarkeit beider Erklärungsweisen zeigt sich dagegen, wenn man auf ihre prinzipielle Andersartigkeit achtgibt und jeder ihr eigentümliches Recht läßt:

Entweder nämlich nimmt man Individualität streng als individuelle *Erscheinung*. Dann jedoch bleibt ihre vollständige Bestimmung durchaus Ziel, wenn auch unerreichbarer Grenzfall wissenschaftlicher Erklärung. Denn als Erscheinung überhaupt ist das Ereignis bestimmt durch die konstitutiven Bedingungen aller Erscheinung und als diese einmalige Erscheinung durch die Totalität ihrer prinzipiell wahrnehmbaren Einzelbezüge, auch wenn diese wegen der Unabgeschlossenheit, unumkehrbaren Einmaligkeit und unbegrenzten Komplexität des gesamten Geschehensverlaufs sowie der unendlichen Differenzierbarkeit des betrachteten Phänomens selber faktisch nie erschöpfend begrifflich rekonstruiert werden kann. Wissenschaft will durchaus die wirkliche Welt, d. h. Ereignisse erklären, die als solche immer individuell und einmalig sind. Sofern es ihr um begrifflich vermittelte und methodisch geordnete Erkenntnis zu tun ist, muß sie in der Benennung der Fakten wie in der Beschreibung der Zusammenhänge zwischen ihnen allerdings abstrahierend verfahren. Und sie wird dies um so mehr tun, als sie – wie im Falle der Naturwissenschaften – an verwertbarem, d. h. nachprüfbarem und prognostizierbarem Wissen und an der Feststellung klassifizierbarer und regelhafter Zusammenhänge interessiert ist. Doch dürfte die Naturwissenschaft mit solcher Zielsetzung nur einen Sonderfall wissenschaftlicher Beschreibung darstellen, denn selbst die Geschichtswissenschaften – so sehr sie ihre Aufmerksamkeit auch auf die einmalige Besonderheit der Ereignisse richten – können sich der Notwendigkeit nicht entschlagen, innerhalb des Geschehens Bedeutungseinheiten zu konstituieren. Gegenläufig zu dieser Notwendigkeit aber macht sich nun geltend, daß die einzelnen Phänomene gerade auch in ihrer Besonderheit Aufschluß verlangen. Dadurch wird das wissenschaftliche Bemühen gleichzeitig veranlaßt, durch fortschreitende Differenzierung die Abstraktheit seiner Erklärungen zu konkretisieren und durch Integration immer zahlreicherer Aspekte sich einer Beschreibung der Gesamtwirklichkeit zu nähern, in der jedes durch alles bestimmt und so das Einmalige in seiner Allgemeinheit erkannt ist. Auch wenn die Reflexion auf diesen Prozeß einsehen kann, daß er unabschließbar sein muß und sich eher in einer unübersehbaren Differenzierung von Einzelwissenschaften und Fragestellungen verliert als zu einer integrativen Gesamtschau zurückkehrt, kann Wissenschaft als ganze nicht anders, als sich von dieser Grenzidee (als zumindest prinzipieller Voraussetzung) leiten zu lassen. Getreu den Maximen, die Kant in der Methodenlehre seiner Vernunftkritik aufgestellt hat, ist ihr wesentliches Interesse das diskursive Bestimmen; im gleichen Augenblick, wo sie den Bestimmungsüberschuß zum Kriterium des Wunders erheben und Gott zuschreiben wollte, wäre sie zur »faulen Vernunft« heruntergekommen.

Oder aber – die zweite Möglichkeit – individuelle Erscheinung wird *als Äußerung* (Selbstbestimmung und Realisierung) menschlicher oder göttlicher *Freiheit* verstanden und als solche mit dem Hinweis verteidigt, daß sie wissenschaftlich zwar nicht erkannt oder gar prognostiziert, aber ebensowenig auch verneint werden könne. Damit tritt eine Beziehung ins Blickfeld, die in der Tat für den Wunderbegriff wesentlich ist, sich aber wissenschaftlicher Feststellung, die auf der Ebene der Erscheinungen verbleibt, grundsätzlich und zugegebenermaßen entzieht. Denn Freiheit selber ist keine objektivierbare Bestimmung; Wissenschaft betrachtet sie nur, insofern sie sich realisiert *hat*. Sie schließt also nicht aus, daß es Freiheit gibt und daß sie wirksam sein könne, sie entscheidet nur nichts darüber und prognostiziert diese Wirksamkeit nicht. Allerdings setzt sie voraus, daß Freiheit, sobald sie sich äußert, sich den allgemeinen Regeln und besonderen Gegebenheiten der Erscheinungswelt fügt. Blieb also die individuelle Erscheinung als solche durchaus Grenzfall für die Erklärung und deren Annäherungswert nur graduell zu bemessen, so gilt dies auch für die besondere Erscheinung als Realität der Freiheit. Wer gleichwohl dafür hält, daß in ihr

Freiheit sich selber bestimmt und bestimmt wird, ohne sich – weil beider Differenz absolut ist – in ihr zu erschöpfen und mit ihr einfachhin zusammenzufallen, wird zunächst darauf hinweisen, daß die durchgängige Bestimmtheit eines Ereignisses als Erscheinung keineswegs dadurch aufgehoben wird, daß man es zugleich auf (menschliche oder göttliche) Freiheit bezieht (vgl. Kants Lösung der dritten Antinomie seiner transzendentalen Dialektik). Wie es diesen Bezug jedoch von sich aus nahelegen und der Mensch ihn auffassen könne, ist eine ganz andere Frage und jedenfalls nicht in der Instanz objektivierender Wissenschaft zu lösen.

III. Erwägungen zu einem symbolischen Wunderbegriff

11. Die Besinnung auf die Eigenart wissenschaftlichen Verfahrens weist in die von den einleitenden Bestimmungen eingeschlagene Richtung und erlaubt nun, zunächst die anthropologischen Voraussetzungen der Wundererfahrung präziser zu fassen. Es wurde klar, daß Wissenschaft überhaupt auf die unendlichendliche Bestimmtheit allen Geschehens und als Naturwissenschaft näherhin auf seine Regelhaftigkeit aus ist und diese Absicht nicht aufgeben kann. Deshalb ist sie für die Wunderfrage inkompetent und der auf ihr Verfahren verpflichtete Wunderbegriff verfehlt. Doch wurde ebenso deutlich, daß namentlich die Erwartung der Gesetzlichkeit eine apriorische Einstellung gegenüber der Wirklichkeit darstellt, die – auch wo sie sich bestätigt findet – deren prinzipiell kontingenten Charakter keineswegs aufhebt. Wirklichkeit überhaupt und im einzelnen bleibt immer *gegeben*, so gut sie auch erklärt werden mag. Aber noch mehr: Auch in ihren spezifischen Regelverläufen ist sie gegeben, denn sie soll – wie es das Kontrollpostulat aufgibt – die Entwürfe ihrer besonderen Zusammenhänge verifizieren, und dies gilt gerade auch dort, wo Wissenschaft, indem sie experimentell und methodisch verfährt, ihr nicht nur betrachtend zusieht, sondern ihr auch mit gewaltsamem Zugriff Fragen aufdrängt und sie dadurch verändert. Damit wird bestätigt, daß der Charakter der Kontingenz allem Geschehen anhaftet; zugleich aber ist es unerläßliche Bedingung wissenschaftlicher Erkenntnis, mit seiner regelmäßigen Ordnung und durchgängigen Bestimmtheit zu rechnen. Es geht also für Wissenschaft nicht an, in der Natur allgemeinvermitteltes und individuelles, notwendiges und zufälliges Geschehen wie getrennte Bereiche zu sondern (wie es die in *Teil II* erörterten Wunderkonzepte versuchten). Vielmehr gilt ihr *alles* Geschehen als *zugleich* kontingent und gesetzlich. Über ihren Standpunkt hinausgehend aber darf man nun sagen: Beides ist im Grunde gleichermaßen erstaunlich. Damit eröffnen sich neue Aspekte für den Wunderbegriff.

12. Zwar ist es verständlich, wenn die Erkenntnis, da sie nur im Element

der Allgemeinheit (d. h. als unterscheidendes Beziehen und vermittelndes Bestimmen) zu leben vermag, sich daran gewöhnt, daß die Wirklichkeit ihr die Möglichkeit bietet, sich in ihr heimisch zu fühlen und verläßliches Wissen über sie zu gewinnen. So konnte es geschehen, die Erfahrung des »Gewöhnlichen«, Gleichartigen und Regelmäßigen nicht als wunderbar zu empfinden, vielmehr die Wundererfahrung in der Begegnung mit Außergewöhnlichem und Unverstandenem zu lokalisieren. Und doch ist es ebensowohl möglich, Gesetzlichkeit und Zusammenhang der Wirklichkeit erstaunlich zu finden, weil der Mensch ebenso ursprünglich von der Erfahrung der Kontingenz allen Geschehens bestimmt ist. Wenn es – wie eine transzendentale Reflexion näher ausführen müßte – das Wesen menschlichen Geistes ausmacht, als Synthese von Freiheit und Weltgebundenheit zu existieren, und wenn er schon in der Erkenntnis dieses sein Wesen vollzieht, indem er seine faktischen Bestimmungen in der Weise sinnlicher Anschauung »hinnimmt« und sie im Medium der Reflexion zunehmend für sich selber begrifflich vermittelt (ohne sie jedoch dadurch als faktisch-kontingent aufzuheben), dann kann dies nur so geschehen, daß sich die im Erkennen konstituierte Welt selbst durch jene beiden, sich gegenseitig bedingenden Momente der Kontingenz und Allgemeinheit (Vermittlung) geprägt zeigt. Dabei muß er (weil er nur als das beschriebene Weltbewußtsein Erkenntnis gewinnen und sich selbst realisieren kann) sich in seiner Angewiesenheit auf Bestimmbares als ursprünglich abhängig erfahren; als Freiheit jedoch ist er ebenso unmittelbar bei sich selbst, kann *sich* als das Ursprüngliche und das Gegebene als *von ihm* in Erkennen und Handeln Bestimmtes und Abhängiges setzen; beide Sicht- und Erfahrungsweisen kann er nur dadurch vermitteln, daß er in seiner Wirklichkeit einen Grund sich voraus-setzt. Geschieht und bewährt sich nun Erkenntnis tatsächlich, dann ist die Möglichkeit einer Deutung eröffnet, welche die erkennbare Wirklichkeit (Welt) auf eine absolute Freiheit zurückführt, die sie für ihn, den Menschen, hervorbringt, und zwar so, daß er als Wesen der *Freiheit* in ihr *wirklich* und *wirksam* sein kann. Dazu muß sie den Charakter faktischer Gegebenheit haben (in dieser Unaufhebbarkeit seines Anfangs erfährt der Mensch seine Bindung) und zugleich so disponiert sein, daß er sie sich erkennend verfügbar machen und gestaltend aneignen kann (unter Voraussetzung dieser ihrer Gebundenheit realisiert der Mensch seine Freiheit). Theologisch läßt sich dieser gleichzeitig kontingente und gesetzliche Charakter allen Geschehens durchaus als Ausdruck der Treue Gottes zu den »Freigelassenen seiner Schöpfung« verstehen: Gott bringt eine solche Schöpfung hervor, daß *freie* Menschen in ihr *sein* können. Das würde noch einmal unterstreichen, daß auch die Einheit und Ordnung der Welt Anlaß zur Wundererfahrung sein kann, auch wenn der Mensch dazu neigt, ihn im Selbstgefühl der Aneignung der Welt zu übergehen. Das Alte Testament hat für die Regelmäßigkeit der Natur Gottes Güte gepriesen, auch die Griechen haben über den

Kosmos gestaunt; ihr Verhalten war offenbar von der erwähnten grundlegenden Kontingenzerfahrung bewegt. Je mehr freilich die neuzeitliche Physik theologische Voraussetzungen zurückstellte und die Beständigkeit und Gleichförmigkeit der Natur schließlich als Selbstverständlichkeit hinnahm, konnte die Theologie, indem sie sich auf diese unbefragte Einstellung einließ, Wunder folgerichtig nur noch als Durchbrechung der Naturgesetze auffassen. Seit Wissenschaft jedoch selber hervorhebt, daß dem Gesetzlichkeitsgedanken lediglich der Rang einer funktionalen Prämisse für ihre spezifische Einstellung zur Wirklichkeit zukommt, legt sie es auch von ihrer Seite aus nahe, die Wunderproblematik endgültig aus ihrer traditionellen Engführung zu lösen und eine tiefergehende Besinnung anzustellen, die Wundererfahrung als ursprüngliche Möglichkeit menschlichen Selbstvollzuges und Weltverhaltens ausweist.

13. Eine solche Reflexion ist durch das Bisherige nun keineswegs schon geleistet, sondern nur vorbereitet. Da jede Wundererfahrung das ursprüngliche Bewußtsein der Faktizität impliziert und durch sie bedingt ist, konnte die Beobachtung, daß die Wissenschaft an der Kontingenz allen Geschehens festhält, freilich nicht unwichtig sein. Denn damit ist auch ihrerseits die Möglichkeit offengelassen, daß die gesamte Wirklichkeit und jedes Geschehen in ihr Gegenstand der Wundererfahrung sein *kann*. Diese Einschränkung (»kann«) muß allerdings angebracht werden, weil sonst Wundererfahrung ein synonymer Begriff für die Erfahrung der Wirklichkeit überhaupt würde. Von der Möglichkeit des Menschen, alles Sein als wunderbar anzunehmen, wurde zwar eingangs gesprochen. Doch wurde hinzugefügt, daß eine solche Einstellung wohl immer schon von geschichtlicher Erfahrung getragen ist und der weiteren Bewährung bedarf, also von besonderen Erfahrungen abhängt, die den Charakter der bloßen Faktizität des Geschehens näher bestimmen. Denn die Erfahrung der Kontingenz für sich allein bliebe ambivalent und – je nach Umständen – für widersprüchliche Deutungen offen: Ebenso wie Gott könnte sie einen blinden Zufall, einen launischen Dämon oder eine grausame Sinnlosigkeit indizieren. Unter ihrer Voraussetzung könnte nun wohl – wie gezeigt – gerade die Ordnung der Welt dem Menschen als wunderbare und wohltätige Fügung erscheinen: Durch sie ist ja dem Faktischen das Bedrohend-Chaotische genommen und menschliche Freiheit in die Lage gesetzt, auf verläßlicher Basis die Welt ihrer eigenen Zwecke zu bauen. Dennoch empfiehlt es sich nicht, in ihr die vorzügliche Gelegenheit besonderer Wundererfahrung zu sehen: zum einen, weil die Natur gerade in ihrer Regelmäßigkeit auch den Zug unerbittlicher und alle Freiheit zerstörender Notwendigkeit annehmen kann; zum anderen, weil – wie schon bemerkt – eben ihre Beständigkeit den Menschen leicht dazu verleitet, im Prozeß seiner Selbstverwirklichung, in dem er die Wirklichkeit als Eigentum beschlagnahmt und zum Mittel seiner Entwürfe herabsetzt, den Zeichencharakter der Welt und der Ordnung in ihr zu übersehen; zum dritten und vor allem

schließlich, weil der Mensch in der Natur weder ursprünglich noch endgültig den eigentümlichen Sinn findet, der ihm als Wesen der Freiheit entspricht. Denn wenn er im Verlauf des Aneignungsprozesses die Frage aufwerfen sollte, warum denn überhaupt etwas ist und nicht etwa nichts, wird die ihm gefügige Natur die Antwort nicht geben. In ihr mit sich selber allein, kann er sein Sein in der Welt statt als wunderbares Geschenk auch als gleichgültiges Schicksal oder mit Angst und Erschrecken erfahren, wenn es nicht noch besondere Ereignisse gibt, die ihm einen *absoluten Sinn* dieses Seins indizieren.

14. Wunder im engeren Sinn – so läßt sich nun sagen – sind Ereignisse, die dem Menschen *Liebe* als absoluten Sinn seines Seins offenbaren. Nur eine andere *Freiheit*, die sich selber zur Liebe bestimmt, kann einem Menschen den Sinn bieten, der seiner eigenen Freiheit in ihrer formellen Absolutheit entspricht und ihr Halt gibt. Dies impliziert auf seiten des Empfangenden, für die Äußerungen solcher Freiheit eben empfänglich zu sein, empfänglich jedoch in der Weise, daß er auf sie angewiesen bleibt und sie als Mitteilung von Freiheit annimmt und anerkennt. Um diese Möglichkeit sowie den ontologischen Charakter derartiger Zeichen zu erläutern, ist noch einmal ins Auge zu fassen, wie weit die bisherigen anthropologischen Überlegungen führten. Diese hatten nämlich lediglich die Bedingungen erörtert, unter denen menschliche Freiheit überhaupt wirklich und wirksam sein kann. Eine Anthropologie jedoch, die den Menschen nur als Geist in Welt expliziert, muß nun in der Frage nach dem Warum dieser Wirklichkeit überhaupt ihre Grenzen erreichen; freilich kann sie diese wohl auch in eigener Instanz noch erreichen (selbst wenn sie, um jene Frage in aller ausdrücklichen Schärfe zu stellen, vermutlich geschichtlicher Anlässe, Vermittlungen, ja schon gewisser Antworten auf sie bedarf). Als *Antwort* innerhalb des Rahmens *ihrer* Möglichkeiten könnte indessen allenfalls diese Selbstverwirklichung weltlichen Geistes selber als sein Sinn ausgemacht werden. Der Mensch fände dann seinen (ihm selber verfügbaren) Sinn in dem, wozu er sich macht; den Sinn seiner Wirklichkeit in dieser Wirklichkeit selber. Es ist leicht zu sehen, daß eine solche Antwort hinter die aufgebrochene Frage zurückfallen und sich der Ausweglosigkeit jenes nihilistischen Zirkels aussetzen würde, der das Schicksal jeder Anthropologie darstellt, die den Menschen nur als monologisch-transzendentales Subjekt in seinem Weltbezug thematisiert und seine Freiheit ohne erfüllendes Ziel läßt. Der Begriff *absoluten* Sinnes erscheint dagegen erst, wenn man die Bezogenheit endlicher Freiheit auf andere Freiheit beachtet. Nicht nur, daß ich bin, daß ich meine Selbständigkeit als Welterkenntnis und -gestaltung behaupte, sondern daß ich sein darf und sein soll, kurz: daß ich *anerkannt* bin, und zwar unbedingt, ist eine Antwort, die der Radikalität jener Frage standhält. Dabei kann hier außer acht bleiben, ob nicht schon die absolute Warumfrage selber als unbestimmter Horizont solcher Antwort nur dadurch möglich war, daß das Subjekt innerlicher noch als durch

seinen Weltbezug durch ein ursprünglich absolutes Aufgerufensein konstituiert ist. In jedem Fall darf festgestellt werden, daß jene Frage – einmal gestellt – einleuchtet und nur noch schwer abweisbar ist. Nicht weniger entscheidend aber ist nun die Einsicht, daß die *Antwort*, die Anerkennung des Menschen, ihm jedenfalls nicht mehr durch reine Reflexion wirklich werden und gewiß bleiben kann. Denn diese würde – ihrer selbstbezüglichen Tendenz überlassen – eher ins Unbestimmte und Bodenlose abgleiten als zur Bestimmtheit und Wirklichkeit der Liebe gelangen. Nur wenn der Mensch ebenso wie bei sich auch beim andern sein kann, können dessen Äußerungen die Entschlossenheit wecken, welche die Voraussetzung für die Wahrnehmung ihrer Zeichenhaftigkeit darstellt. Und nur, wenn er tatsächlich aus sich selber herausgeht und auf sie als Äußerung eines anderen eingeht und bei ihm verweilt, können sie als (unabdingbar freie) Antwort auf die Frage ankommen und gelten, die der Mensch sich selbst wesentlich ist. Wie in seiner Existenz überhaupt ist menschlicher Geist also auch in seiner Sinnbestimmung durch die wahrnehmbare Wirklichkeit mit sich selber vermittelt, eine Wirklichkeit mit der Auszeichnung freilich, als meine Realität zugleich die Realität und unverfügbare Gestaltung anderer Freiheit zu sein, die durch sie sich selber mir mitteilen will.

15. Das Verhältnis der Intersubjektivität zeigt sich damit als die ausgezeichnete und ursprüngliche Situation, in der endlicher Freiheit die Erfüllung ihrer eigentümlichen Sinnmöglichkeit vermittelt wird und die Wirklichkeit die entwickelte *symbolische* Dignität hat. Menschen können sich den Sinn ihres Seins gegenseitig zusprechen, indem sie sich auf ihre Freiheit hin ansprechen, in ihr bejahen und anerkennen, d. h. lieben. Dies jedoch nicht nur in der Weise des Wortes, sondern auch in der Wirklichkeit ihres Verhaltens. Ohne das erste ermangelt das zweite der letzten Klarheit und Eindeutigkeit, ohne das zweite gewinnt das erste keine überzeugende und bewährende Realität. Doch ist es möglich und sogar erforderlich, daß in dem wahrnehmbaren Geschehen der bezeichnete Sinn in zumindest relativer Weise objektiv wird. Objektiv, weil das Geschehen auch schon durch sich bzw. für sich selbst »spricht« und sprechen muß, wenn in ihm die Liebe einer Freiheit bewährt werden soll; relativ jedoch, weil diese Möglichkeit abhängt von den Verständnisbedingungen der Situation. Die Frage, wodurch nun das Geschehen als Zeichen einer sich zur Liebe bestimmenden Freiheit einsichtig sein könne, umfaßt zwei Aspekte. Die grundlegende schwierige, aber allgemein anthropologische Frage, unter welchen Bedingungen wir überhaupt irgendetwas als Ausdruck menschlicher Freiheit auffassen, kann hier jedoch unerörtert bleiben. Wir setzen die Möglichkeit solchen Verstehens ständig so selbstverständlich voraus, daß sie auch hier in Anschlag gebracht werden darf. Die speziellere Frage, wodurch eine Wirklichkeit von sich aus als Äußerung einer zur Liebe entschlossenen Freiheit erscheine, kann in einer grundsätzlichen Besinnung freilich auch nur formal beantwortet werden. Dabei

ist nicht nur auf die natürliche Beschränkung der einzelnen Freiheit sowie auf die Tatsache zu achten, daß sie mit jeder Verwirklichung bestimmter Möglichkeiten andere Möglichkeiten verliert, sondern zugleich davon auszugehen, daß sich im Bereich der Erscheinung verschiedene Freiheiten gegenseitig bestimmen, also auch schon stets (in der einen Welt der Geschichte, der Sphäre objektiven Geistes) übereinander verfügt und sich eingegrenzt haben. Dieser Befund hat eine positive Seite: Auf der Gestaltung der einen Freiheit baut die andere weiter; doch die negativ-bedrückende Seite ist ebenso spürbar: Jede Freiheit, die sich zu realisieren versucht, tritt unter Bedingungen ein, in denen schon über sie verfügt worden ist. Jede Selbstbestimmung der Freiheit hat also das Doppelte an sich, daß sie, um Realität und Bestand zu gewinnen, zugleich sich festlegt und festgelegt wird, unter die Abhängigkeit von der Natur und die Herrschaft von Menschen gerät, sich in die Folgen eigener und fremder Entscheidungen verstrickt und vom Schicksal völliger Entfremdung bedroht ist. Soll eine Freiheit in solcher Lage anerkannt werden, dann heißt das konkret, daß sie durch für sie unverfügbare Handlungen so situiert werden muß, daß sie neue Möglichkeiten realer Selbstbestimmung gewinnt (Möglichkeiten, die sie entweder verloren hatte oder die auch noch nie in ihrem Horizont lagen), und daß sie, indem sie diese Möglichkeiten als anderer Freiheit zu verdanken erkennt, sich selber durch diese bejaht weiß. Zu solchen Handlungen, die auf die Freiheit eines Menschen abzielen, indem sie ihr Möglichkeiten der Verwirklichung schaffen, gehören sicher jederzeit Befreiung von Krankheit und Not, Zwängen und Furcht, Verurteilung und Vereinsamung, Unterdrückung und Abhängigkeit; Gewährung von Lebens- und Entfaltungsmöglichkeiten, Ermutigung und Vergebung, Achtung und Freundschaft. Wie sie aber konkret aussehen müssen, um wirksam zu sein und verstanden zu werden, kann nur in einer Analyse der jeweiligen gesellschaftlichen Situation (ihrer Hoffnungsbilder, Normgefüge, Entfremdungsgestalten usw.) sowie im Eingehen auf die Lage des einzelnen ausgemacht werden.

16. Solche Geschehnisse, die konkret auf einen Menschen eingehen und dabei ihn selber erreichen, die ihn zu seiner Bestimmung rufen und sie schon realisieren, die seiner tiefsten Sehnsucht, wie sie sich in Klage und Schrei, Bitte und Wunsch und noch in schweigender Erwartung ausdrücken kann, entgegenkommen oder auch unerwartet und beglückend begegnen, allererst Erwartungen begründen, Zutrauen zur Hoffnung wecken, Selbstverschlossenheit lösen, Entfremdung überwinden und zu Selbstvertrauen aufrichten, solche Geschehnisse nun – so lautete der Vorschlag – sollen *Wunder* genannt werden; nicht weil sie unser Erkenntnis- und Erklärungsvermögen in Verlegenheit bringen, sondern weil sie die Kraft haben, einen Menschen in seiner absoluten Sinnoffenheit anzusprechen und seinem Selbstsein die Wahrheit und Gewißheit freier Anerkennung zu geben. Was denn sonst will man Wunder nennen, und wo will man

sie finden, wenn nicht dort, wo eine Freiheit sich unbedingt und ursprünglich zu anderer Freiheit entschließt und ihr als schöpferische Liebe begegnet? Daß ihre Zeichen gerade in diesem absoluten Sinnbezug bezweifelbar bleiben und deshalb nur im Glauben ankommen können, liegt eben in ihrem Wesen, Freiheiten füreinander vermitteln zu wollen. Ebensowenig wie sie verfügt werden können, wollen sie über die Freiheit des Adressaten verfügen. Selbst wenn sie herausfordern, überwältigen sie nicht, weil sie einladen möchten. Liebe hat nur die Kraft ihrer situativen und symbolischen Evidenz; wo ein Mensch sich *selbst* in der Einstellung objektivierender Skepsis verschließt, können (wie in Nazaret) keine Wunder geschehen. Was aber zwischen Menschen überhaupt gilt, mußte – so läßt sich vorgreifend sagen – auch für einen Gott gelten, der sich ihnen auf menschliche Weise mitteilen wollte: Indem er sich zur geschichtlichen Realität seiner Liebe bestimmte und ihr so verbindliche Eindeutigkeit gab, nahm er zugleich die Zweideutigkeit alles Sichtbaren auf sich. Weil es ihm ernst war mit dieser Liebe, band er sich an die Freiheit der Menschen und nahm es auf sich, daß sie ihre Augen verschließen, ihre Herzen verstocken und ihn zur Rolle des Schwachen verurteilen können.

17. Die Heranziehung der intersubjektiven Situation als Ort des Wundergeschehens muß allerdings mit einer Reihe von Einwürfen rechnen, auf die noch kurz einzugehen ist, wenn der Vorschlag bewährt werden soll. Zunächst könnte eingewandt werden, der Wunderbegriff würde ungebührlich auf alles glückende zwischenmenschliche Geschehen ausgedehnt. Darauf ließe sich mit der Gegenfrage antworten, ob solche Erweiterung nicht eher als Gewinn und Bereicherung für die festgefahrene Wunderdebatte beurteilt werden sollte. Zudem wird jenes Bedenken sogleich dadurch relativiert, daß eine eindeutige Grenzziehung zwischen Wundern und nicht wunderbarem Geschehen auch in allen herkömmlichen Definitionen praktisch nicht möglich war. Ihnen gegenüber hat der vorliegende Vorschlag jedenfalls den entscheidenden Vorteil, den Wunderbegriff nicht aus seinem wesentlichen Sinngefüge zu lösen. Auch dürfte er namentlich im Blick auf das Auftreten Jesu gerechtfertigt sein, insofern dieses immer am Menschen Ausrichtung und Ziel fand und ihn selbst in seinem unbedingten Wert meinte. Und zweifellos wäre es eine Verengung, wollte man nicht Jesu *gesamtes* Verhalten, die Gestalt seines Lebens als ganzes, als Zeichen einer für andere bestimmten Freiheit betrachten. Damit soll keineswegs bestritten werden, daß Jesus »Außergewöhnliches, Überraschendes« tat, Handlungen vollbrachte, in denen sich jene Zuwendung in besonders sinnenfälliger, machtvoller und hilfreicher Weise verdichtete und die so auch ihre Unverfügbarkeit besonders eindringlich ausdrückten. Will man solchen Taten den Wunderbegriff reservieren, so wäre das eine Frage weiterer Definition innerhalb des vorgeschlagenen Rahmens. Nur muß man dann sehen, wie man es vermeidet, um einer objektiven Feststellung willen doch wieder zu sinnfremden Kriterien

zu greifen, die den symbolischen Charakter des Wundergeschehens mißachten und erneut in die traditionellen Aporien verstricken.

18. Die entscheidende Frage an das intersubjektive Wundermodell dürfte allerdings lauten, ob denn in seinem Rahmen überhaupt die *theologische* Dimension der Wunder einsichtig gemacht werden könne und ob nicht gerade der *absolute* Sinnhorizont insbesondere der Zeichenhandlungen Jesu zugunsten einer anthropologisch reduzierenden Auslegung eliminiert werde. Der Versuch einer Antwort soll in drei Schritten geschehen:

Zunächst ist darauf zu achten, daß durchaus jedes zwischenmenschliche Verhalten, wo es wirklich glückt und sich fähig erweist, absoluten Sinn zu eröffnen, zumindest implizit »theologisch« bestimmt ist. Denn es lebt dann davon, daß es das, was es vermittelt und realisiert, schon voraussetzt. Liebe kann nur gelingen, wo zugleich an Liebe *geglaubt* wird. Dies gilt nicht nur in dem Sinn, daß sie, ohne die Freiheit des anderen berechnen zu können, *anfangen* muß, wenn sie überhaupt glücken soll; es gilt auch in einem theologisch bedeutungsvolleren Sinn: Gerade wo eine Freiheit sich formell unbedingt für andere Freiheit entscheidet und damit deren eigener Unbedingtheit entspricht, verspricht sie mehr, als sie vergegenwärtigt und selber jemals vergegenwärtigen kann. Gerade indem sie den anderen *selbst* meint und an ihm festhält, verheißt sie ihm eine Zukunft, die sie ihrerseits nicht verbürgen und einlösen kann. Weil Anerkennung unbedingten Sinn meinen und ihn doch nur symbolisch, bedingt und vorläufig, mitteilen kann, widerspricht Liebe mit letztem Ernst auch noch dem Tod. *Wenn* sie also geschieht, und zwar so, daß sie sich weder als Widerstand gegen ein absurdes Schicksal versteht noch aus geheimer Angst um ihre Endlichkeit den anderen und sich selbst überfordert, sondern von ihrem intendierten, aber unverfügbaren Ziel bereits herkommt und es durch ihre Wirklichkeit »setzt«, sollte man nicht zögern, sie Wunder zu nennen.

Wo menschliche Freiheiten miteinander letzte Verbindlichkeit suchen und gerade deshalb ihre reale Grenze erfahren, wird jene Voraussetzung freilich leicht zum Problem. Einmal in Frage gestellt, ist sie durch Reflexion jedoch nicht mehr begründbar. Die Angst, nicht genug lieben zu können, kann dann zur Verzweiflung, die Angst, nicht genug Liebe zu finden, in Verhältnisse der Unterwerfung und Selbstsicherung führen. Deshalb wohl mischt sich in das Vertrauen lähmender Zweifel, in die Anerkennung der Hang zu verfügen und in die Großzügigkeit Vorbehalt ein. Die schöpferischen Wechselbeziehungen gegenseitigen Empfangens und Schenkens sind vielfach gefährdet: Sie können an Überforderung zugrunde gehen, zur Verfügung über Menschen entarten oder auch verkümmern zum resigniert-gleichgültigen Arrangement. Schon um ihre vorläufigen Möglichkeiten wahrnehmen und ausschöpfen zu können, bedarf menschliche Freiheit der Ermutigung durch geschichtliche Zeichen, die den Grund ihrer intendierten Hoffnung verbürgen. Damit ist der Hinweis auf die Bedeutung Jesu gegeben: Durch ihn wurde eben jene Voraussetzung als ausdrücklicher Grund und realer Anfang menschlicher Freiheitsgeschichte gesetzt. Daß er Liebe als definitiven göttlichen Willen verkündet, ist seine Vollmacht; daß er sie in seinem Wirken realisiert, indem er liebt bis zum Ende – das ist das Wunder schlechthin. Durch beides – die Inanspruchnahme Gottes und seine Vergegenwärtigung als Liebe – hat er menschlicher Freiheit geschichtlich ihre *absolute* Bestimmung eröffnet und sie zugleich anschaulich und gewiß werden lassen. An ihm, der aus der Zuwendung Gottes lebte und sie anderen mitteilte, ist sichtbar geworden, daß jedem Menschen die Einladung gilt, sich von Gott selber einen letzten Sinn seiner zutiefst zweideutigen Freiheit verbürgen zu lassen und aus seiner zuvorkommenden Liebe sich selbst und die eigene Freiheit neu zu gewinnen. Zugleich wurde sichtbar, wie Menschen, wenn sie sich für Gott öffnen und ihn als Grund unbedingter Hoffnung füreinander erschließen, miteinander zu sich selbst finden und schöpferisch Mensch werden können.

Indessen: So sehr Jesus Gott auch als anwesenden setzte und mit Gottes unbedingter Liebe auch seine unwiderrufliche Treue zusagte, blieb die Zukunft dieser Zuwendung doch antizipiert. Namentlich Jesu Zeichenhandlungen versprechen noch, was sie gleichwohl schon enthalten. Sie sind auch darin Symbol, daß sie absoluten Sinn nur aufscheinen lassen, ohne die Bedingungen wegzunehmen, die seine volle Realisierung noch hindern. Das Leben Jesu steht selbst unter der Fraglichkeit seines Scheiterns, in welchem die Verhältnisse des Egoismus, der Macht und des Todes ihre faktische Geltung behaupten. Schenkt man ihm, seiner Verkündigung und seinen Taten, dennoch den Glauben, daß sie den unverbrüchlichen Anfang der Geschichte absoluten Sinnes darstellen, dann ist dieser Glaube durch das Zeugnis ermutigt, Gott selber habe sich mit der Geschichte Jesu durch seine Auferweckung identifiziert und sie in neuer Weise weitergeführt. So wenig die historischen und hermeneutischen Probleme des Auferstehungsglaubens hier erörtert werden können, sein Sinngehalt für den Zusammenhang dieser Thesen ist klar: das Versprechen der Liebe, für die Jesus einstand, wäre in der denkbar äußersten Situation eingelöst worden; Gott selber wäre als unbegrenzt-schöpferische *Macht* der Liebe, als die ursprüngliche Liebe selbst und damit als die absolute Voraussetzung menschlicher Liebe verifiziert; menschlicher Freiheit stünde unbedrohte Zukunft und damit auch die ihrer formellen Unbedingtheit angemessene *Wirklichkeit* offen; Gottes Treue zu den Freigelassenen seiner Schöpfung würde in der neuen Schöpfung vollendet. Auferstehung ist in so unüberbietbarer Weise Ausdruck für den endgültig unverfügbaren Gehalt menschlicher Sinnintention, daß ihre Verwirklichung als »Zeichenhandlung« *Gottes* betrachtet und die menschliche Vorstellung von ihm durch sie geradezu definiert werden darf: von ihm, dessen Wesen es ist, das Nichtseiende ins Dasein zu rufen und das Tote lebendig zu machen.

19. Zwei Hinweise sollen noch angefügt werden, um das Resultat der Überlegungen zu beleuchten. Der erste führt auf die scheinbar ganz aus ihrem Blickfeld geratenen Geschehnisse im Naturbereich zurück. Weil bezweifelt wurde, daß diese den Sinnbezug, der für den Wunderbegriff konstitutiv ist, ursprünglich eröffnen, wurden sie nicht zur Erläuterung der Wundererfahrung beansprucht. Das schließt aber nicht aus, daß ein Mensch, dessen Glaubenstradition ihm einen persönlichen Gott als Schöpfer und Herrn aller Wirklichkeit schon bezeugt, mit ihm auch in den Ereignissen der Natur und den (nicht der direkten Absicht anderer Menschen zuzuschreibenden) Geschicken seines eigenen Lebens rechnet, ja um solches »Offenbarwerden« Gottes für sich oder andere bittet und sich durch die Hilfe, die in solchen Ereignissen begegnet, in seinem Glauben an diesen Gott, der aus Bedrängnissen herausreißt und noch aus dem Tod retten wird, wiederum bestärkt findet. An der Kontingenz allen Geschehens hält ja – wie gezeigt – auch Wissenschaft fest, und schon die Vernunftkritik Kants hat betont, daß die Bestimmtheit einer Wirklichkeit als Erscheinung eine gleichzeitige Kausalität durch Freiheit nicht ausschließt. Darüber hinaus hat sie sorgfältig auseinandergesetzt, in welcher Weise man etwa die Tatsache spezifischer Gesetzmäßigkeit oder teleologischer Phänomene in der Natur als zweckmäßig »beurteilen« kann. Nur: Um objektive Erkenntnisse handelt es sich bei solchen Deutungen nicht, und für eine auf wissenschaftliche Voraussetzungen festgelegte Apologetik fallen sie nicht ins Gewicht. Nur wenn die Theologie zunächst die hermeneutischen und praktischen Implikationen jeglicher Weltbetrachtung reflektiert und sodann die heute unabdingbare Aufgabe angeht, den Sinn des Gottesgedankens allererst selber im Horizont der Freiheitsproblematik zu vermitteln, wird sie auch die Möglichkeit eines gläubigen Verständnisses der Welt und des Geschehens in ihr erschließen und verantworten können.

Ein zweites – theologisches – Argument kommt hinzu: Die Tatsache, daß – wie christlicher Glaube bekennt – der Gott freier und unbedingter Liebe zum Menschen in der Gestalt eines menschlichen Lebens offenbar wurde, kann für eine über dieses Geschehen nachdenkende Theologie nicht zufällig sein. Versteht sie aber die Angemessenheit von Offenbarungsform und -gehalt, dann muß sie auch die Konsequenzen für die weitere Offenbarungsvermittlung beachten: Die mitmenschliche Begegnung bleibt die ausgezeichnete Situation, die absoluten Sinn eröffnen und so mitteilen kann, daß er seine Unverfügbarkeit behält und doch wahrnehmbar wird. Diese Bemerkung wirft ein Licht auf das seit Lessing virulente Problem, daß gegenwärtige Wundererfahrung nicht durch bloße Wunderberichte ersetzt werden kann. In der Tat: Wenn *absoluter* Sinn *einleuchten* soll, dann *müssen* »Beweise des Geistes und der Kraft« auch gegenwärtig geschehen. Wenn gleichzeitig aber reine Vernunftreflexion für ihn nicht einstehen kann – wie soll er dann anders als durch *geschichtliche* Vermittlung anderer *Freiheit* begegnen? Diese Folgerung muß keineswegs zur Ethisierung des Christentums führen; wo Liebe wirklich geschieht, ist sie über den Standpunkt bloßer Moralität ja hinaus, hat sie den Abgrund menschlicher Möglichkeiten berührt und Endgültigkeit antizipiert. Christlicher Glaube aber weiß sich von dem ausdrücklich überkommenen und lebendig vertretenen Zeugnis getragen, daß jener Sinngrund menschlicher Freiheit sich geschichtlich als Liebe bestimmt und seine Treue manifestiert hat. Wo die durch solche Erinnerung verbürgte Verheißung von menschlicher Freiheit ergriffen und in der Entschlossenheit der Liebe gegenwärtig gesetzt wird, *können* Wunder geschehen.

Die Bitte, die der Mensch wesentlich ist, muß also nicht ungehört bleiben. Christen rechnen damit, daß sie bereits erhört ist, daß Gottes Zuwendung gilt und sich immer von neuem ereignet: im Hören auf Gottes Wort und im gläubigen Blick auf die Ereignisse des Lebens. Nicht zuletzt wissen sie aber, daß das Ja, das Gott in Jesus Christus ausdrücklich zu den Menschen gesagt hat, ihnen selbst anvertraut wurde, damit sie sich gegenseitig Sinn und Freude des Daseins mitteilen und für seine Hoffnung einstehen.

Zur vielfältigen Rede von der Gegenwart Gottes und Jesu Christi
Versuch einer systematischen Erschließung[1]

1. Aufgabenstellung

1.1. *Ziel* der folgenden Überlegungen ist ein gedanklich geklärtes und zusammenhängendes Verständnis der verschiedenen Weisen der Präsenz Gottes wie auch der Gegenwart Jesu Christi für uns Menschen, von denen im Seminar schon die Rede war und noch eingehender sein soll. Ich will versuchen, einen gedanklichen Bogen zu spannen, der bei den für den christlichen Glauben grundlegenden Ereignissen der Gegenwart Gottes für die Menschen beginnt, von ihnen aus weitere Weisen seiner Präsenz und ihrer menschlichen Wahrnehmung erschließt und bis zu »Spezialfragen« vordringt: zum Problem namentlich der Realpräsenz Jesu Christi in den eucharistischen Gestalten, deren mögliches Verständnis besonders dringlich angemahnt wird und tatsächlich den »Probierstein« für den im folgenden gewählten Ansatz bilden kann.

1.2. Zumindest folgenden *Anforderungen* muß das angezielte Verständnis genügen:

1.2.1. Es muß systematisch sein, d. h. eine Zuordnung der verschiedenen Gegenwartsweisen erlauben, indem es die Einzelfragen auf der Basis der grundlegenden Bestimmungen im umfassenden Kontext zu klären versucht und dabei ein in sich konsistentes Denken (dieselbe »Denkform«) benutzt. Es geht nicht an, sich ad hoc beliebiger Denkmittel zu bedienen: so etwa die Feier der Glaubensmysterien mit platonischen, die eucharistische Präsenz Jesu Christi aber mit aristotelischen Kategorien zu konzipieren, die Einheit von Gottheit und Menschheit in ihm selbst wiederum neuchalkedonisch oder auch hegelianisch-spekulativ zu begreifen und zu-

---

[1] Der vorliegende Text wurde für ein Seminar erstellt, das mein Kollege Klemens Richter und ich zusammen mit unseren Mitarbeitern Dr. Dietmar Thönnes und Dr. Michael Borgardt im Sommersemester 1997 in Münster veranstaltet haben. Ich widme ihn Klemens Richter – es sollte eigentlich schon zu seinem 60. Geburtstag geschehen – in herzlicher Verbundenheit. In der Hoffnung, daß meine Überlegungen auch schon in ihrer Thesenform als Diskussionsbeitrag dienen können, aber auch um der systematischen Konzentration willen habe ich auf nachträgliche Erweiterungen, Absicherungen, Einzeldiskussionen usw. verzichtet. Im 8. Abschnitt beziehe ich mich gelegentlich auf einen Text, der ebenfalls im Seminar zirkulierte: *K. Koch*, Eucharistie als Quelle und Höhepunkt des kirchlichen Lebens: AnzSS 1997, 239–248. 287–292.

gleich für das Offenbarungs-, Überlieferungs- oder Gnadengeschehen einige freiheitstheoretisch erstellte Denkmittel zu verwenden. Denn damit würde, da mit dem Wechsel einer Denkform auch das in ihr Gedachte sich ändert, entweder die sachliche Interferenz der behandelten Themen oder die Inkompatibilität der benutzten Denkformen übersehen und in beiden Fällen die Kohärenzforderung vernünftigen Verstehens verletzt.

1.2.2. Das zum Verstehen beanspruchte Denken muß vernünftig ausweisbar, also dem historisch erreichten Problem- und Reflexionsstand gemäß und den zum Mitvollzug Bereiten (grundsätzlich) zugänglich sein. Gerade dafür aber bietet die von Grund auf aristotelisch geprägte Transsubstantiationslehre das prominenteste Negativbeispiel: So gültig ihre theologischen Intentionen auch bleiben, ist sie doch selbst, spätestens seit Kants Neufassung des Substanzbegriffs, nicht mehr vermittelbar und zudem das durch ihre Weitertradierung ausgelöste Verständnis – entsprechend den heute im Allgemeinbewußtsein mit »Substanz« verbundenen Konnotationen – vor einem »eucharistischen Materialismus« kaum noch geschützt.

1.2.3. Das angezielte Verständnis muß zur gedanklichen Klärung und kategorialen Erschließung nicht nur der einschlägigen verbindlichen Glaubensaussagen, sondern möglichst auch der theologisch geläufigen, aber durchaus noch bestimmungsbedürftigen Redeweisen (z. B. der Rede von Teilhabe, Selbstmitteilung, Vergegenwärtigung u. a.) sowie zahlreicher wirkmächtiger Metaphern beitragen. So etwa ist bei »Leib Christi« sowohl das organologische als auch jedes Verständnis auszuschließen, das Kirche als Quasisubjekt supponiert und ihre Konstitution durch Interaktion übergeht. Nur durch begriffliche Selbstdisziplin wehrt theologisches Reden den Gefahren, in die es sich durch die Adaption wohlfeiler Plausibilitäten begibt.

1.2.4. Die folgenden Überlegungen sind genuin theologisch, weil primär auf das Verständnis der maßgeblichen Glaubenszeugnisse verpflichtet. Das dafür herangezogene Denken muß deshalb nicht nur philosophisch vertretbar, sondern ebenso unabdingbar den glaubensbegründenden Ereignissen der Gegenwart Gottes gemäß und somit geeignet sein, ihre Struktur und innere Logik in einer Weise zu erhellen, in der das Glaubensbewußtsein das von ihm wesentlich Gemeinte gewahrt sieht und »wiedererkennt«. Zugleich müssen sich dabei Kriterien abzeichnen, die eine Würdigung, Erhellung und Prüfung jeder weiteren Rede von der Gegenwart Gottes sowie der Versuche, sie jeweils zu denken, eröffnen. Daß sich namentlich das Freiheitsdenken für diese Aufgaben eignet, ist schon angesichts seiner Affinität zu den biblisch bezeugten Erfahrungen, die ja selbst zu seinen geschichtlichen Wurzeln gehören, zu erwarten und jedenfalls im Weiteren meine leitende, allerdings auch noch zu bewährende Option.

2. Alttestamentliche und jüdische Voraussetzungen des christlichen Glaubens an Gottes Selbstoffenbarung in Jesus Christus

Als Grundereignis und zugleich ursprünglicher Gegenstand des christlichen Glaubens gilt ihm nach eigenem Zeugnis die als Selbstoffenbarung Gottes verstandene Geschichte Jesu Christi. In diesem Geschehen sind für ihn verbindliche Kriterien für jede Rede von Gott und seiner Gegenwart beschlossen. Allerdings ist es selbst nicht zugänglich und angemessen erfaßbar ohne das genuine Verständnis von Gott, Mensch, Welt, Geschichte usw., das in der Glaubensgeschichte Israels hervortrat, sich konsequent durchhielt und seine spezifische Ausprägung fand. Zwar wird dieses Verständnis durch Gottes Handeln in Jesus Christus nochmals näher und sogar endgültig *bestimmt*, aber dabei doch auch schon vorausgesetzt und somit *bekräftigt*. Vor allem folgende Aspekte scheinen mir (ohne Anspruch auf Vollständigkeit) von grundlegender Bedeutung:

2.1. Wie immer es mit numinosen Erfahrungen in der Frühzeit Israels bestellt gewesen sein mag – von Grund auf prägend für sein gesamtes Denken über Gott, Mensch, Welt usw. ist doch seine den Bann des mythischen Denkens durchbrechende Erfahrung des geschichtsmächtig handelnden Gottes (prototypisch im Geschehen des Exodus) geworden. Natürlich waren solche Erfahrungen – erkenntnistheoretisch betrachtet – Deutungen, die mit der Erfahrung späterer Ereignisse auf dem Spiel und zur Bewährung standen, durch sie weiter bestimmt wurden und so zur Konzeption von Ereignisfolgen als göttlicher Handlungszusammenhänge wie zu einer sie erinnernden, fortgesetzt deutenden und für die Zukunft öffnenden Überlieferungsgeschichte führten – das wäre ein eigenes Thema. Wichtiger ist zunächst die grundlegende Bestimmung, die sich für das Verständnis jeder Gegenwart Gottes ergibt: daß sie nämlich aus Gottes freier, durch Selbstbestimmung verfügter Zuwendung stammt und ebenso in ihr, wenn sie dauert, ihren aktuellen Ursprung *behält*. Gott wird erfahrbar, wenn er sich zu erfahren *gibt;* er ist und bleibt gegenwärtig, wenn und solange er gegenwärtig sein *will*. Hier liegt die fundamentale, weil ursprüngliche Differenz auch zur griechischen Metaphysik: Sofern sie das Göttliche nur in seiner notwendigen Begründungsfunktion für die bestehende Wirklichkeit, von der sie ausging, erfaßte, mußte die Möglichkeit eines freien geschichtlichen Handelns dieses Prinzips ihrem Denken verschlossen und außerhalb ihres Erwartungshorizonts bleiben.

2.2. Auch für Israels Verständnis von Gottes Wirken und Gegenwart in der Welt qua Natur erweist sich sein geschichtliches Handeln als das leitende Paradigma: ist der Schöpfungsglaube ja selbst erst Konsequenz aus Israels geschichtlicher Erfahrung des Herrseins Gottes über alles Geschehen. Dabei schließt das Bewußtsein seiner souveränen Schöpfermacht wie seiner

Transzendenz gegenüber allem Geschaffenen jede naturhaft-notwendige Verklammerung der Wirklichkeit Gottes mit der Welt und dem Geschehen in ihr aus; desgleichen jeden ontologisch konzipierten Partizipationsgedanken und somit auch jegliches Analogiedenken, das einen solchen voraussetzt. Im biblisch vorbereiteten und in der frühen Patristik sich durchsetzenden Gedanken der *creatio ex nihilo*, der die Differenz von Gottes allmächtigem Erschaffen zum gegensatzabhängigen Wirken der geschaffenen Mächte auf den Begriff bringt, wird wie der Monismus auch jeder Dualismus endgültig überwunden und doch der Abgrund der Schöpfungsdifferenz zum Schöpfer nicht nivelliert. Wird also Gottes Gegenwart im Geschehen der Weltwirklichkeit erfahren, dann nicht in der Weise, daß der notwendige Konnex von Prinzip und Begründetem, die Immanenz des einen im anderen aufscheint oder im Abbild das Urbild erschaut wird, sondern so, daß Gott das welthaft Wirkliche zur *Gestalt seiner Zuwendung* macht. Subjektive Basis für die Möglichkeit solcher Erfahrung ist Israels Wissen um die primäre *Kontingenz* jeglichen Geschehens: sie indiziert die Freiheit Gottes in seinem auf alles Wirkliche sich erstreckenden Handeln. So wird einerseits in der auffallenden Fügung kontingenter Ereignisse zugunsten des Menschen oder doch in Richtung auf ihn die besondere (erwählende, rettende usw.) Zuwendung Gottes erkennbar. Doch konnte Israel – andererseits – mit ebenso dankbarem Erstaunen wie für die Taten der heilsgeschichtlichen Führung seinen Gott auch für sein ordnendes, bestandgebendes Wirken und seine allgegenwärtige Fürsorge rühmen. Denn daß es in der Natur glücklicherweise – wie auch sonst sollten freie Menschen in ihr leben und Bestand finden können – ja auch und sogar überwiegend Gleichförmiges und verläßlich Regelmäßiges gibt, ist für Israels Glauben weniger Ausdruck einer ihr immanenten, ihren Verlauf notwendig festlegenden Gesetzlichkeit als vielmehr aktueller Erweis von Gottes *Treue*. Und auch noch in ihrer Treue sind Gottes Güte und Zuwendung *frei*.

2.3. Israels Achtung der unverfügbaren Freiheit Gottes in seinem (geschichtlichen) Handeln hat ihren klassischen und verbindlichen Ausdruck in der Namensoffenbarung Ex 3, 14 gefunden: wird durch sie doch Gottes Zusage seines Beistands als freie Erwählung und seine künftige Präsenz als Zuwendung dessen qualifiziert, der Gnade gewährt und Erbarmen schenkt, wem er will (Ex 33, 19). Und eben diese Unantastbarkeit seiner Freiheit – und nicht, jedenfalls nicht primär, so etwas wie ein metaphysisch gefaßtes, aus der Unendlichkeit oder Einfachheit des göttlichen Prinzips resultierendes Axiom von Gottes Unfaßbarkeit, Unbegreifbarkeit, Unsagbarkeit usw. – ist die genuin biblische Wurzel des *Bilderverbots* (Ex 20, 4 u. ö.). Die Möglichkeit, daß Gott sich, eben durch sein Handeln, von sich selbst her zu erkennen gibt, ist dadurch nicht ausgeschlossen, sondern gerade offengehalten: »Das hast du sehen dürfen, damit du erkennst: Jahwe ist der Gott, kein anderer außer ihm« (Dtn 4, 35).

2.4. Religionsgeschichtlich ebenso singulär wie das Bilderverbot in Israel ist die priesterschriftliche Auszeichnung des Menschen, jedes Menschen, als *Gottes Ebenbild* (Gen 1, 26 f. u. ö.). Im Blick auf die lange Auslegungsgeschichte dieses Motivs (einschließlich seiner neueren Deutungen in Exegese und systematischer Theologie) glaube ich den Kern der Gottebenbildlichkeitsaussagen darin erkennen zu dürfen, daß der Mensch als Gottes freies, ansprechbares und antwortfähiges Gegenüber auf Erden, als sein möglicher Partner erschaffen ist. Er ist das einzige der Geschöpfe, das Gott von allem anderen zu unterscheiden, sich bewußt zu ihm zu verhalten, ihn also *als* Gott anzuerkennen und seiner Zuwendung, wenn sie tatsächlich geschieht, zu entsprechen vermag. Erst dadurch wird Gottes Handeln und Gegenwart in der Schöpfung, die sonst ohne Adressaten und gleichsam ein monologisches Spiel Gottes mit seinen Werken sein würde, auch innerhalb der Schöpfung bewußt: als solche aktualisiert von seiten des Menschen. *Daß* der Mensch, als der »erste Freigelassene der Schöpfung« (Herder), eben dazu bestimmt ist und somit – Gottes zuvorkommende und faktisch zugleich die Verschlossenheit der Sünde öffnende Zuwendung freilich vorausgesetzt – aus eigener Wesensmöglichkeit Gott zu entsprechen vermag, macht seine unverlierbar-geschöpfliche Würde als Gottes Ebenbild aus. *Wenn* er es tut, geschieht die *Verherrlichung* Gottes, die in eins Sinnerfüllung des Menschen, Erfüllung seiner Bestimmung ist. »Gloria Dei vivens homo«, formulierte Irenäus: Gottes Ehre – der lebendige, frei ihm entsprechende Mensch. Und gerade diese durch die responsorische Existenz des Menschen aktualisierte Präsenz Gottes ist nun – so meine These – die Erfüllung der Intention des Bilderverbots. Sie ist es eben deshalb, weil sich der Mensch dann nicht mehr außerhalb des Verhältnisses zwischen Gott und seinem Bilde befindet und vermittels seiner über Gott zu verfügen versucht, sondern umgekehrt – im Vollzug seiner selbst und der eigenen Freiheit – von Gottes Zuwendung sich beanspruchen läßt und diese in einer Weise zur menschlich vollzogenen Gegenwart, zur Gegenwart Gottes *für* den Menschen wird, die der Gottheit Gottes gemäß ist.

2.5. Im Zuge der Verschärfung des Bewußtseins von der Transzendenz Gottes kommt es in Israels Denken zur Konzeption von Vermittlungsgestalten (Wort, Geist, Weisheit u. a.), die als Medien für Gottes Handeln in Welt und Geschichte fungieren und denen mit zunehmender Deutlichkeit Präexistenz und hypostatische Eigenständigkeit zuerkannt werden. Gleichwohl bleiben sie Geschöpfe, wenn auch Geschöpfe vor aller übrigen Schöpfung: subordinierte Vermittlungsgestalten, die das Verständnis Gottes selbst nicht tangieren. Die christliche Theologie hat (namentlich in der Christologie und der Pneumatologie) an diese Denkvorgaben anknüpfen können – mit einer entscheidenden Modifikation allerdings. Denn es lag in der Konsequenz des Glaubens an Gottes *Selbst*offenbarung, daß die Medien seiner Anwesenheit bei den Menschen (eben Jesus Christus als der Sohn und nicht anders der Geist) von Gottes eigener Wirklichkeit nicht mehr getrennt werden konnten, sondern Sein und Wesen des einzigen Gottes als in sich differenziert zu denken verlangten. Insofern ist die Trinitätslehre nichts anderes als der durchgeführte Versuch, die Selbstoffenbarung Gottes durch den Sohn und im Geist im strengen Sinn der *Selbstgegenwart* zu verstehen. Dabei ist die ökonomische Trinität insofern mit der immanenten identisch, als sie das geschichtliche Dasein Gottes *selbst* für uns ist; gleichwohl bleibt sie ein kontingentes Geschehen, zu dem der trinitarische Gott, wenn auch sich selber entsprechend, sich in Freiheit entschließt: unterschieden also von der immanenten Trinität, in der sie den Grund ihrer Möglichkeit und die Gewähr ihrer Freiheit hat.

3. Die Geschichte Jesu als Gottes Selbstoffenbarung

Christlicher Glaube erkennt die wesentliche Bedeutung der Geschichte Jesu darin, der Erweis der unbedingt für die Menschen entschiedenen Liebe Gottes und als solcher Gottes Selbstoffenbarung zu sein. Und dieses so verstandene Grundereignis ist zugleich die Grundwahrheit des christlichen Glaubens, durch die alle theologischen Einzelaussagen ebenso zu bestimmen sind, wie durch diese jenes Ereignis in seiner Bedeutung entfaltet wird. Was nun diese Entfaltung und zuvor schon die Begründung der Fundamentalaussage betrifft, muß und darf ich mich hier auf die für das Verständnis der Gegenwart Gottes relevanten Aspekte beschränken.

3.1. Gottes Liebe wird offenbar, indem sie unter den Menschen *geschieht* – und hätte anders nicht offenbar werden *können:* kann doch jede Liebe und darum auch Gottes Liebe zu den Menschen, da sie wesentlich frei ist und sein unverfügbares Verhältnis zu ihnen betrifft, für sie, denen sie gilt, zur eigenen und bestimmten Wahrheit nur werden, indem sie in der Wirklichkeit, die ihnen zugänglich ist, sich äußert und die Entschiedenheit seiner Freiheit einen Ausdruck gewinnt, der ihr gemäß ist und für sie spricht. Also sind Gottes Offenbarungs- und Heilshandeln dasselbe Geschehen: realisierendes Geschehen des Geoffenbarten. Und als Liebe *Gottes* wird dieses Geschehen offenbar, indem Jesus, der diese Liebe auf menschliche Weise verwirklicht, sein Handeln mit Gottes eigenem Tun identifiziert, und Gott seinerseits dadurch, daß er den getöteten Zeugen seiner Liebe vom Tode erweckt, sich mit Jesus und also auch dem Gott identifiziert, den Jesus verkündet und für sein Tun in Anspruch genommen hatte.

3.2. Bestritten wird nicht (das wäre religionstheologischer Exklusivismus), daß Gott auch außerhalb des Christusgeschehens sich kundmacht und handelt, und erst recht nicht Jesu Geschichte (theologisch oder hermeneutisch) aus ihrem Zusammenhang mit Israels Glaubens- und Bundesgeschichte gelöst. Behauptet wird nur, daß die besondere Geschichtsoffenbarung Gottes, die mit der Berufung seines erwählten Volkes Israel begann, in Leben und Geschick Jesu eine *Gestalt* fand, die es erlaubt und sogar fordert, sie als *endgültig* zu bezeichnen sowie im strengen Sinn von Gottes *Selbst*offenbarung zu sprechen.

3.3. *Endgültig* muß sie heißen, sofern die Entschiedenheit der Liebe Gottes, die sich in Jesu Geschichte erwies, als *unbedingt* gelten darf und jede unbedingte Liebe schon als solche die Zusage ihrer Treue, also Endgültigkeit impliziert. Und obwohl nun ebenso, wie der unbedingte Entschluß einer Freiheit sich in keiner seiner »symbolischen«, also stets endlichen und zeitlich begrenzten Äußerungen erschöpft, auch seine Intention, die unbedingte Bejahung des anderen, nur auf bedingte Weise realisierbar ist und einen objektiven Beweis seiner unbedingten Gesinnung auch Gott nicht (jedenfalls solange die Geschichte noch dauert) erbringen kann, darf doch als angemessener Indikator für die Unbedingtheit seiner Liebe die geschichtliche *Unüberbietbarkeit* ihres Ausdrucks, eben die als ihr geschichtlich nicht mehr widerlegbarer Erweis anzuerkennende Gestalt zählen, die sie in Leben und Geschick Jesu für uns findet: Denn wie in Jesu Verkündigung und Wirken ihre bedingungslose Zuvorkommenheit sichtbar wird und in Jesu erwiesener Bereitschaft zum Tod der Ernst ihrer Unwiderruflichkeit, so in Jesu (offenbarter) Auferweckung ihre verheißungsvolle, todüberlegene göttliche Macht. In dieser Einheit ihrer wesentlichen Momente ist Jesu Geschichte also der Erweis der unbedingt für die Menschen entschiedenen Liebe Gottes und als solcher Versprechen ihrer Treue: Gewähr ihrer Endgültigkeit. Allerdings bleibt zu beachten:

3.3.1. Endgültigkeit heißt nicht schon Vollendung. *Vollendet* wird Gottes Zuwendung seiner Liebe erst in einer Gestalt ihrer Gegenwart sein, in der alles Wirkliche ihr Ausdruck oder Zeugnis geworden, alles Widersprechende von ihr überwunden und für sie gewonnen, die Bestimmung alles Geschaffenen erreicht, das Gelungene bewahrt und auch noch das Verlorene und Zerstörte wiederhergestellt und gerettet ist. Solange Israels äußerste Hoffnungen noch nicht eingelöst und wahr gemacht sind, steht die Vollendung der Liebe Gottes noch aus. So ist, was an Jesus sich schon erfüllte, für uns noch Verheißung – allerdings, eben weil sie in Jesu Auferweckung schon anbrach, als solche offenbar wurde und seitdem erinnert werden kann, eine an ihm schon bewährte, für uns verbürgte Verheißung, die uns tragen und orientieren kann.

3.3.2. Zu erinnern (und hermeneutisch zur Geltung zu bringen) ist außerdem, daß Jesu Geschichte nur in der Einheit ihrer wesentlichen Momente (Verkündigung, Tod und Auferweckung) das angegebene Verständnis erlaubt. Und dies heißt zugleich, daß jedes Einzelereignis seine bestimmte Bedeutung auch nur im Zusammenhang mit den anderen hat. So etwa ist Jesu Tod keineswegs (wie es Anselm von Canterbury tat) als Bedingung für Gottes Vergebung zu begreifen und auch nicht (wie es namentlich in der Frühromantik, aber auch gegenwärtig begegnet) philosophisch als Manifestation des Absoluten, das *als* Absolutes eben nur im Zerbrechen seiner irdischen Gestalt aufscheinen könne, zu interpretieren, sondern – auf der Linie von Jesu Verkündigung und im Licht seiner Auferweckung – als äußerste Gestalt der Menschen*zuwendung* Gottes, die gerade so – als Feindesliebe bis zuletzt – ihre rückhaltlose Vergebungsbereitschaft erweist.

3.4. Im strengen Sinn von *Selbst*offenbarung Gottes aber ist im Blick auf Jesu Geschichte zu sprechen, weil sich in ihr – dieser Basisgedanke kommt hier erneut zum Zuge – die Unbedingtheit der Liebe Gottes für uns erwies *und* weil – dies ist nun der entscheidende Zwischengedanke – in jedem Geschehen unbedingter Liebe der Liebende selbst, ja als er selbst anwesend ist und in seinem unbedingt-vorbehaltlosen Entschluß für den anderen nicht irgend etwas, auch nicht nur etwas von sich (*über* sich) mitteilt, sondern eben sich selbst – Selbstmitteilung hier nicht primär als Information über bisher noch Verborgenes, aber auch nicht als ontologische Teilgabe oder gar seinshafte Verschmelzung, sondern streng freiheitstheoretisch gedacht: als Entschlossenheit des Liebenden und rückhaltlose Identifizierung des Wählenden mit dem realisierten Entschluß seiner Freiheit, nicht mehr er selbst ohne den anderen sein zu wollen. Derart teilt also ein freies Wesen sich selbst einem anderen mit, daß es sein Selbst nicht für sich bewahrt und auch in der Mitteilung sich noch vorenthält und verschließt, sondern gerade *in* ihrem Vollzug es *selbst* und mit ihrem Inhalt, der sich äußernden Bejahung des anderen, identisch ist. Und so gilt nun: Ist Jesus (wie es sein Anspruch war und seine Auferweckung es bestätigt) die aktuelle Gegenwart der unbedingten Liebe *Gottes* zu den Menschen (er hatte sie ja nicht nur verheißen, sondern als jetzt schon gültige gesetzt), dann ist er Offenbarung auch im strengen Sinn der Selbstoffenbarung, Selbstmitteilung und Selbstgegenwart Gottes: das geschichtliche Dasein des unbedingt für die Menschen entschiedenen Gottes selbst.

3.5. Achten wir darauf, daß diese Selbstgegenwart Gottes durch die Existenz eines *Menschen* vermittelt wird, ergeben sich weitere folgenreiche Einsichten und Bestimmungen:

3.5.1. Auch durch Jesus wurde Gottes Liebe nur in partieller Weise verwirklicht, obwohl er doch als ihre geschichtlich unüberbietbare, ihrer Unbedingtheit gemäße Offenbarungsgestalt gelten darf. In dieser unvermeidbaren Symbolizität ihrer für ihr Offenbarwerden doch unentbehrlichen Realisierung liegt der Grund der schon betonten Differenz von Endgültigkeit und Vollendung. Zugleich aber läßt sich – wenigstens *post factum* – begreifen, daß ihre Unbedingtheit auch anders als durch die Vermittlung eines Menschen nicht offenbar werden *konnte*: eines Menschen, der Gottes freies Verhältnis zu den Menschen bestimmt zu identifizieren und namentlich der Bedingungslosigkeit seiner Liebe ihren eindeutig sprechenden Ausdruck zu geben vermochte – einschließlich der ihre Unwiderruflichkeit besiegelnden Bereitschaft dieses Menschen für das Äußerste, das ihm in der Schutzlosigkeit der eigenen Liebe angetan werden konnte. Um Gottes unbedingte Entschiedenheit für uns zu indizieren, hätten Naturwunder, rettende Ereignisse usw. niemals genügt. Doch eben diese unbedingte Intention ist es auch, die Gott selbst dem begrenzenden, zumindest innergeschichtlich nicht aufhebbaren Gesetz symbolischer Selbstmitteilung unterwirft.

3.5.2. Denn Jesu Existenz ist im striktesten Sinn *Realsymbol Gottes:* nicht nur Hinweis auf eine ihr äußere Wahrheit oder von ihr verschiedene Begebenheit, nicht nur Manifestation einer (möglicherweise noch vorübergehenden) Wohlgesonnenheit Gottes oder ein ihm äußerlich bleibendes (wenn auch beauftragtes und freies) Instrument seiner Pläne, sondern die ursprünglich offenbarende Realgestalt des in seiner unbedingt entschiedenen Liebe präsenten Gottes selbst. Ist aber dieses Medium seiner Selbstgegenwart von ihm selbst nicht zu trennen – denn wie sollte es dann noch sein eigenes, ihn selbst offenbarendes geschichtliches Dasein sein können –, dann ist (nun in umgekehrter Perspektive betrachtet) durch Jesu Verhältnis zu Gott, durch das dieser sich selbst offenbart, auch Gottes eigenes Sein und Wesen bestimmt, also die Beziehung von Vater und Sohn als interne Bestimmung des (nur im Singular existierenden) göttlichen Wesens zu denken und damit der Einstieg in die *Trinitätslehre* vollzogen.

3.5.3. Die Vermittlung der unbedingten Liebe und in ihr der Selbstgegenwart Gottes geschieht dadurch, daß Jesus, der dieser Liebe (die ja nicht nur ihm, sondern allen Menschen gilt) ursprünglich gewiß ist, in ihre Menschenzuwendung einstimmt und diese Einstimmung durch sein Dasein für die anderen bis ins Äußerste realisiert. Durch sein Verhalten zu den Menschen, das in Jesu exklusivem Gottesverhältnis gründet, wird Gottes eigenes Menschenverhältnis vollzogen und durch diese Verwirklichung offenbar. Für die Struktur dieser Vermittlung ist die *doppelte Stellung* bezeichnend, die Jesus in ihr einnimmt: In der Ursprünglichkeit seiner Vollmacht, die seine unmittelbare Einheit mit Gott indiziert, gehört er auf die Seite Gottes (ist er Gottes eigene, endgültige Menschenzuwendung); durch sein gehorsames, dem Kommen Gottes dienendes menschliches Verhalten gehört er auf die Seite der Menschen (ist er Urbild und Vorbild des »wahren«, d.h. Gott entsprechenden Menschen). So ist er die Erfüllung und zugleich Überbietung der geschöpflichen Gottebenbildlichkeit des Menschen: ihre Erfüllung, weil er der Gott vollkommen entsprechende Mensch ist, und doch auch ihre Überbietung, sofern sein Menschsein die ursprüngliche Sichtbarkeit des für uns entschiedenen Gottes ist und darin von allen übrigen Menschen unterschieden bleibt. Entsprechend wird er vom Neuen Testament *das* Ebenbild Gottes genannt (Kol 1,15), während die übrigen Menschen dazu berufen sind, diesem Bild gleichgestaltet, d.h. dadurch, daß sie wie er (und durch ihn ermöglicht) der unbedingten Liebe Gottes entsprechen, in sein Sohnesverhältnis zum Vater als adoptierte Töchter und Söhne einbezogen zu werden. Die christologisch-soteriologischen Gottebenbildlichkeitsaussagen widersprechen also der geschöpflichen Gottebenbildlichkeit so wenig, als sie vielmehr ihre reale, von Gott frei gewährte Zielbestimmung bezeichnen, die in eins unverdienbare Vorgabe, beanspruchende Aufgabe und verbürgte Verheißung ist.

3.5.4. In Jesu Geschichte, in der Gott selbst uns menschlich begegnet, hat seine Liebe durch ihre konkrete Realisierung für uns ihre endgültige Bestimmtheit gewonnen. Die Kehrseite der so erreichten Selbstbestimmung Gottes für uns besteht freilich darin, daß seine in ihr beschlossene Selbstgegenwart auch auf dieses Geschehen begrenzt blieb. Für die, die mit Jesus gleichzeitig waren und zu unmittelbaren Zeugen der Offenbarung des auferweckten Gekreuzigten wurden, mochte dies vielleicht – es mag hier dahingestellt bleiben – noch kein Problem bedeuten. Eindeutig anders jedoch für die Späteren: Für sie, die »Schüler zweiter Hand« (wie Kierkegaard sie nannte), wäre Gottes Selbstgegenwart in seiner Liebe, wenn sie in deren Verwirklichung in Jesu Geschichte sich erschöpfte, zu einem Ereignis der Vergangenheit geworden: ein für das Menschsein zwar durchaus relevantes und hoffnungsstiftendes Ereignis, zumal Gottes unwiderrufliche Vergebungsbereitschaft und seine in Jesus schon angebrochene Verheißung ja weiter erinnert werden könnten – von aktueller Selbstpräsenz Gottes indessen könnte nicht mehr die Rede sein.

4. Die Selbstpräsenz Gottes und Jesu Christi im Geschenk des Geistes

4.1. Nach Röm 5,5 (der pneumatologischen Spitzenaussage des Paulus) ist durch den Geist, der uns gegeben ist, die Liebe Gottes ausgegossen in unsere Herzen. Da diese Liebe keine andere sein kann als die, die in Jesu Geschichte ihre Unbedingtheit erwies, halte ich es für begründet, von Gottes Selbstpräsenz auch im Geschenk seines Geistes zu sprechen. Auf weitere Belege für diese These wie auch eine Reflexion zur Göttlichkeit des Geistes und seiner hypostatischen Eigenständigkeit im Wesen des einzigen Gottes will ich jetzt verzichten und stattdessen nur unterstreichen, daß sein Wirken, so weit es für die subjektive Glaubensmöglichkeit der in ihrer Schwäche gefährdeten und faktisch sündigen Menschen auch reicht, doch keinesfalls so gedacht werden kann, als ob er als göttliches Subjekt gleichsam an unsere Stelle treten, unsere Freiheit übergehen, wenn nicht ausschalten und sogar den unvertretbar-eigenen Zustimmungsakt noch ersetzen würde, sondern präzise so, wie es nur die Selbstgegenwart von Liebenden und also auch Gottes in seiner Liebe, deren Medium der Geist ist, vermag und anders nicht will: daß sie nämlich unsere Verschlossenheit öffnet, uns für seine in Jesus begegnete Wahrheit empfänglich macht, ihre Wahrnehmung leitet, uns ihrer gewiß werden läßt und ihre Annahme trägt. Sie ist gleichsam die Vorgabe für das Vertrauen an der Wurzel unserer Glaubensentscheidung, die Ermutigung zum Wagnis der Bejahung, die Kräftigung auch der entschiedenen Treue, die Helle, in der wir unsere Bestimmung erblicken und ihr folgen: Gottes in unser Herz geschriebener Wille – eben seine unmittelbar-wirksame, uns zu sich bewegende, für sich gewinnende, unsere Befangenheit in uns lösende und unser Sinnen verwandelnde, auch für andere und Fremdes uns öffnende und bei allem – über den Abgrund menschlicher Möglichkeit hinweg – uns stärkende, erfreuende, tröstende Selbstgegenwart für uns, durch die er uns näher und innerlicher ist zwar nicht als wir selbst, aber doch als alles andere, was uns innerlich und nahe sein kann.

4.2. Bei der Rede von Gottes Selbstgegenwart war bis hier und naheliegenderweise – entsprechend den trinitarischen Bezügen, wie sie heilsökonomisch hervortreten – an Gott den Vater gedacht. Er ist der eigentliche Terminus des christlichen Glaubensvollzugs. Nun läßt das Neue Testament aber ebenfalls keinen Zweifel daran, daß durch den Geist auch Jesus Christus, sofern er als Erhöhter beim Vater lebt und (wie die weitere Glaubensreflexion erkennt) als der Sohn in Gottes Wesen gehört, selbst in uns gegenwärtig ist, »bei uns Wohnung nimmt« usw. Deshalb kann auch er (wie der Vater) die Stellung des »Gegenüber« für den Glauben einnehmen, doch kommt die Stellung des »Neben uns« hinzu (Entsprechendes wäre sogar vom Geist zu sagen, sofern er »in uns« doch »uns gegenüber« bleibt). Mit anderen Worten: Was der Geist in uns präsentiert, ist die lebendige, für uns nun geöffnete Beziehung der Liebe von Vater und Sohn; und entsprechend besteht sein Wirken im Blick auf Jesus Christus darin, daß dieser selbst (kraft auch *seines* Geistes) uns »an seine Seite« zieht, also in sein Sohnesverhältnis uns einbezieht – und das heißt praktisch: in seine irdische Nachfolge führt und uns, die wir den Tod noch vor uns haben, durch sein in uns schon gegenwärtiges, die Herrschaft der Todesangst über uns brechendes Auferstehungsleben in dieser Nachfolge stärkt und wirklich selbst uns begleitet.

5. Der vollständige Begriff der Selbstoffenbarung als Zusammenkunft der Selbstbestimmung Gottes für uns in Jesus Christus und der Selbstgegenwart Gottes und Jesu Christi in uns durch den Geist

5.1. Ohne Gottes aktuelle Selbstgegenwart in uns durch den Geist, so ist nochmals zu betonen, könnte von Selbstgegenwart Gottes, nachdem die in seiner geschichtlichen Selbstbestimmung für uns beschlossene Präsenz zu einem Ereignis der Vergangenheit wurde, nicht mehr ernsthaft die Rede sein. Und doch wird durch seine pneumatische Selbstgegenwart nun keineswegs etwa das real-geschichtliche Ereignis, in dem er sich für uns bestimmte, überholt und entbehrlich. Zwar ist mit der Wirksamkeit des Geistes natürlich auch außerhalb des explizit auf die biblischen Zeugnisse bezogenen Glaubens zu rechnen – für seine universale Präsenz sprechen zwingende theologische Gründe. Gleichwohl bliebe, käme die Erinnerung an die geschichtliche Selbstbestimmung Gottes für uns nicht hinzu, seine Selbstgegenwart im Geist – wo immer sie auch geschieht – noch anonym, die Nähe seiner Liebe vieldeutig, ihre Intention dunkel, das von ihr gewirkte Vertrauen ohne reale, endgültige Verheißung und ihre Gewißheit, angesichts der widersprechenden Realität, vorübergehend, anhaltlos und zerbrechlich. Als uns nur innerliche Selbstpräsenz Gottes würde sie eben der Bestimmtheit entbehren, an der sich – jedenfalls für uns – Gottes definitives Verhältnis zum Menschen entscheidet, und ebenso dem Bewußtsein von ihr die äußere Bewahrheitung fehlen, ohne die es dem Projektionsverdacht ausgesetzt bliebe und alles Bemühen der Reflexion sich selbst überlassen ...

5.2. Aus der gegenseitigen Angewiesenheit beider Weisen der Selbstpräsenz Gottes resultiert der vollständige Begriff seiner Selbstoffenbarung. Diese ereignet sich eben als Zusammenkunft der erinnerten geschichtlichen Selbstbestimmung Gottes für uns in Jesus Christus mit der Selbstpräsenz Gottes und Jesu Christi in uns durch den Geist. Nur in dieser doppelten Weise, als Geschehen äußerer und innerer Gnade zugleich, konnte Gottes unbedingt entschiedene Liebe ihre Erwählten, die geschichtlich existierenden Menschen, erkennbar und wirksam erreichen. Denn in Jesu Geschichte gewinnt sie ihre reale, endgültige Bestimmtheit, durch den Geist bleibende, universale Gegenwart. In Jesus Christus, der sie ein für allemal vollbrachte, begegnet Gott selbst uns Menschen als Mitmensch, durch den Geist, der sie zueignet, kommt er selbst (in der Gemeinschaft des Sohnes) in steter Aktualität bei uns an. Gottes Gegenwart in seiner Liebe geschieht somit im Modus vermittelter Unmittelbarkeit – jedenfalls hat und behält sie nur so ihre eschatologische Dignität (die anders uns nicht bewußt, also von uns auch nicht aktualisierbar sein würde). So hat sie eine wesentlich trinitarische Struktur, ja als Gottes freie Mitteilung seiner selbst an die ebenbildlichen Geschöpfe *ist* sie die ökonomische Trinität.

5.3. Der entwickelte Offenbarungsbegriff impliziert Perspektiven für eine pneumatologisch fundierte Theologie der Religionen, die diese nicht nur als Werk der von sich aus nach Gott ausgreifenden Menschen, sondern als auch schon menschliche Antwort auf Gottes unmittelbare Selbstbekundung würdigt und zudem reale Offenbarungen in ihnen nicht ausschließt. Auch weiß sie, wenn sie das Verhältnis der durch Gottes Selbstbestimmung in Jesus Christus eröffneten Wahrheit zur Wahrheit der Religionen als *Bestimmungs*verhältnis begreift, daß anders als in ihrer Begegnung auch die eigene Wahrheit zur Fülle ihrer Bedeutung nicht findet. Allerdings bliebe ihr Ansatz inklusivistisch – aber kann, wer sich von der menschlichen Bedeutung des christlichen Offenbarungsglaubens im Ernst überzeugt hat, davon lassen? Entscheidend für die Dialogfähigkeit der Christen ist doch, daß sie allein auf diese Überzeugungskraft ihrer Wahrheit setzen und sich konsequent daran halten, daß diese als erstes die unbedingte Achtung, ja Förderung der anderen Freiheit verlangt und selbst das Gericht über jede ihren Inhalt diskreditierende Gestalt ihrer Bezeugung ist.

6. Der Begriff des Glaubens als der die Selbstgegenwart Gottes aktualisierenden und ihr entsprechenden menschlichen Antwort

6.1. Entsprechend der unverfügbaren Freiheit des in seiner Liebe selbst begegnenden und sich mitteilenden Gottes hat und behält seine Selbstgegenwart zu jeder Zeit ihren Geschenk- und Ereignischarakter. Ebenso wesentlich bleibt sie ein relationales Geschehen, das differente Ursprünge voraussetzt und sinngerecht nicht einseitig konstituierbar ist.

6.2. Demgemäß ist der Begriff des Glaubens zu fassen, in dem die freie Menschenzuwendung Gottes durch die ihr entsprechende Antwort des Menschen zum Ziel kommt. Solcher Glaube vollzieht sich, indem der Mensch vermöge der eigenen Freiheit, aber schon vorgängig durch die (disponierende) eschatologisch bestimmte Selbstpräsenz Gottes bestimmt, in diese seinerseits unbedingt einstimmt, d.h. aus ihr grundlegend sich selbst bestimmt und so – auf dem Weg der Auszeitigung seiner unbedingten Entschiedenheit – auch sein konkretes Dasein bestimmt. Er gewinnt sein Selbstsein (seine wirkliche Identität), indem er in der zuvorkommenden Gegenwart Gottes und seiner unbedingt bejahenden Liebe sich gründet – und auch noch fortan sich gründet und gründen kann, weil sie zugleich Zusage ihrer Treue, Vergebung der Schuld und Lösung aus der Sündenmacht ist. Und da es Gottes *uneingeschränkte* Menschenzuwendung ist, in die er einstimmt, entspricht er ihr realiter dadurch, daß er diese Intention sich zu eigen macht und sie als Liebe zum Nächsten verwirklicht.

6.3. Primär ist der Glaube als praktischer Vollzug zu bestimmen. Denn es ist ja der Entschluß seiner Freiheit, durch den der Mensch Gottes Gegenwart gleichsam an sich heranläßt, seine Liebe in das eigene Leben hereinläßt und in der Tat auf sie setzt. Doch geschieht dies nicht etwa bewußtlos: gehört die Unterscheidung von Gott und Mensch doch unabdingbar zum Leben des Glaubens. Namentlich in den Vollzügen des Lobes, des Dankes und auch der Bitte wendet sich der beschenkte Mensch an das göttliche Subjekt der empfangenen Liebe zurück und gibt ihm die Ehre. So kommt die Selbstgegenwart Gottes in der Verherrlichung Gottes, die in eins Sinnerfüllung des Menschen, Freude an der Gnade und Feier ihres Gelingens ist, zu ihrem Ziel.

7. Der Begriff des »darstellenden Handelns« und die Bedeutung einer »Theorie gläubiger Praxis« als Basistheorie für das Verständnis der Glaubensüberlieferung und aller gläubigen und kirchlichen Vollzüge

7.1. Aus dem zum Glauben Gesagten ergibt sich der Begriff des »darstellenden Handelns«, d.h. eben des Handelns, in dem die Glaubenden auf symbolische, niemals erschöpfende Weise praktisch bezeugen und dadurch anderen vermitteln, was sie selber empfangen haben und ständig empfangen: Gottes unbedingt und für alle entschiedene Liebe.
7.1.1. Das Verständnis des »darstellenden Handelns« setzt einen angemessenen Begriff des intersubjektiv-kommunikativen Handelns voraus, wie es dem Menschen durch das (formal unbedingte) Wesen der eigenen Freiheit schon aufgegeben ist. Wesentlich für solches Handeln ist, daß es – ethisch betrachtet – seine oberste Norm und ebenso – in anthropologisch-existentieller Sicht – seinen genuinen Sinn in der unbedingten Anerkennung anderer Freiheit (d.h. der freien bzw. zur Freiheit bestimmten Anderen) hat und diese Anerkennung nicht nur durch identifizierende Worte, sondern auch – es wäre sonst nicht ernsthaft – durch konkrete Gehalte verwirklicht,

die das intendierte Seinsollen der anderen Freiheit auszudrücken vermögen und es realiter fördern. Entscheidend für den hier zum Zuge kommenden Symbolbegriff ist, daß in ihm die Präsenz des frei sich Mitteilenden und die Unbedingtheit der Anerkennung mit der Endlichkeit ihrer Realisierung zusammengedacht sind: die symbolische Wirklichkeit ist die reale Gestalt der unbedingt für den anderen entschiedenen Freiheit selbst. Und »darstellendes Handeln« darf solches symbolisches Handeln (auch schon als *nur* menschliches) heißen, weil der Entschluß zur Liebe bereits vor ihrer Äußerung gilt und seine Unbedingtheit sich in keiner Gestaltung erschöpft. Zugleich freilich zeigt sich eben hier auch die Aporie, daß Menschen das unbedingte Seinsollen des anderen zwar intendieren, aber – da sie es stets nur symbolisch, bedingt und vorläufig realisieren – niemals vollenden und das heißt: die Intention unbedingter Bejahung nicht einlösen können.

7.1.2. Durch die Gründung in Gottes zuvorkommender Liebe wird das beschriebene Handeln neu qualifiziert: es ist jetzt nicht mehr nur (ethisch) gefordertes, sondern von Gott her ermöglichtes und getragenes Handeln. Der Begriff »darstellendes Handeln« gewinnt hier seinen näher bestimmten, spezifisch theologischen Sinn. Zwar bleibt es die eigene Liebe, die Menschen aus freiem Entschluß einander mitteilen, doch lebt sie dabei und weiß sich bestimmt von der Präsenz des unbedingt liebenden Gottes, für den sie darum zum Zeugnis werden und dessen Liebe sie dann durch ihr menschliches Tun auch durchaus für andere vermitteln, allerdings nicht eigentlich realisieren und erst recht nicht erschöpfen, sondern – streng genommen – nur indizieren kann: wird dieses Tun doch nicht zu Gottes eigener, sondern zur ihm menschlich entsprechenden Liebe. Es bleibt also die *menschliche* Freiheit, deren Entschluß zu lieben im symbolisch-darstellenden Handeln sich äußert – eine Freiheit nun aber, die ihren Entschluß als Nach- und Mitvollzug der Entschiedenheit Gottes verstehen darf, dies ebenfalls »darstellen« und erst dadurch vollständiges Zeugnis wird (7.2.) und die – vor allem – ihr praktisches Tun in den Horizont der Möglichkeiten Gottes versetzt weiß, durch die ihm auch selbst und schon jetzt neue Möglichkeiten zuwachsen. Befreit wird es namentlich – angesichts der realen Zukunft, die Gottes Liebe verheißt und zu verbürgen vermag – von der Aporetik des nur moralischen Handelns: es ist nun wahrhaft indikativisches, sein Ziel nicht nur intendierendes, sondern auch schon versprechendes und somit tatsächlich antizipierendes Handeln.

7.2. Im Sinne des »darstellenden Handelns« wird eine »Theorie gläubiger Praxis« konzipierbar, die sich zugleich als Basistheorie für das Verständnis der Glaubensüberlieferung wie aller gläubigen und kirchlichen Vollzüge empfiehlt.

7.2.1. Der primär praktische Charakter des Glaubens verlangt es, auch das Verständnis der Glaubens*überlieferung* in Gestalt einer »Theorie gläubiger Praxis« zu entwickeln. Denn diese Überlieferung müßte ja zur bloßen, distanzierten und dadurch zwar noch nicht unwahren, aber doch unglaubwürdigen Erinnerung an Vergangenes werden, wenn sie nicht mit einer Praxis einherginge, in der auf die Wahrheit des Glaubens, den in Christus begegnenden und im Geist aktuell gegenwärtigen Gott, im Entschluß der Freiheit gesetzt, seine Liebe in die realen Verhältnisse des Lebens eingelassen und für andere so wirksam dargestellt würde, daß diese ihrerseits für den auch ihnen selbst nahen Gott bereit und aufmerksam werden können. Auf der anderen Seite wäre die gläubige Praxis nicht Praxis des *Glaubens*, wenn sie ihren ermöglichenden, orientierenden und tragenden Grund nicht von sich selbst unterschiede – so wie es in den performativen Akten von Lob, Dank, Bitte und Klage und den zeitlich gespannten Vollzügen der Erinnerung und Erwartung ausdrücklich geschieht. Erst durch sie wird die Praxis zu dem vollständigen Zeugnis, das sie ebenfalls schuldet. Denn gerade weil Gottes Liebe nur durch die sie realisierende, aber auch identifizierende Gestalt eines Menschen als endgültige offenbar werden konnte, bedarf sie auch im weiteren der treuen Zeugnisbereitschaft von Menschen, um in dieser Bestimmtheit nicht vergessen zu werden, sondern die Menschen jeder Gegenwart, denen sie »zugedacht« ist, als Angebot zu erreichen und zur realen Möglichkeit eigenen Glaubens zu werden: eben als die auch ihnen bedingungslos eröffnete, unwiderruflich dargebotene und noch im Tod verläßliche Liebe, von der nichts mehr sie trennen kann.

7.2.2. Die genannten Vollzüge sind für die Praxis des Glaubens so wesentlich, daß sie zumindest virtuell in ihr enthalten sein müssen, ohne doch alle – so entspricht es nun einmal der Disparatheit unseres zeitlichen Lebens – simultan aktualisiert werden zu können. Möglich zuweilen auch, daß sie sämtlich nur implizit bleiben: kann doch etwa der Gedanke an Gott, wie Simone Weil einmal bemerkte, unserer Aufmerksamkeit für einen anderen sogar hinderlich sein, zumal dieser – und so will es ja auch Gott selbst – von unserer Zuwendung selber gemeint sein muß. Auf der anderen Seite eröffnet gerade die Selbstunterscheidung der gläubigen Praxis von ihrem Grund eine solche Vielfalt differenzierter (und doch miteinander verbundener) Vollzüge, daß es naheliegt, die Theorie gläubiger Praxis als Basistheorie des gläubigen und kirchlichen Lebens überhaupt anzusetzen. Selbst die Theologie, obwohl sie als abstandnehmende Reflexion das praktische Tun unterbricht, kommt ihm doch ebenso, wie sie von ihm herkommt, in geradezu unverzichtbarer Weise auch wieder zugute: eben indem sie die von der Glaubenspraxis selbst vorausgesetzte, stets schon beanspruchte und faktisch behauptete Wahrheit als solche thematisiert, sie also von ihr und der Überlieferung überhaupt als ihnen durch das Offenbarungsgeschehen vorgegebene unterscheidet und gerade so – im dialektischen Rückbezug auf sie – *in* ihnen zur Geltung bringt: als unüberholbaren Grund und normativen Maßstab, als Ermutigung, Gericht und Verheißung. Und indem sie zugleich die Bedeutung dieser Wahrheit erschließt und sie argumentierend vertritt, weist sie überdies den so leicht kirchlich sich einspinnenden Glauben in die Gegenwart ein. Anders ausgerichtet die Vollzüge, die nicht primär in einem theoretischen, kritischen oder vermittelnden Interesse, sondern – wie Lob, Dank und Bitte, die aneignende Erinnerung und antizipierende Hoffnung – in existentieller Öffnung und Hinwendung zum Grund des Glaubens geschehen: zum einen, um Gott die eigene, unvertretbare Antwort und die ihm zukommende Ehre zu geben, zum anderen, um das persönliche und gemeinschaftliche Leben erneut in seiner aktuellen Gegenwart zu gründen. Die damit skizzierte Struktur, denke ich, läßt sich konkret wohl an jedem liturgischen und sakramentalen Geschehen durchdeklinieren. Ich will mich – abschließend – auf das angekündete »Spezialproblem« beschränken.

8. Konsequenzen für das Verständnis der Selbstpräsenz Gottes und Jesu Christi in der Eucharistie

8.1. Angezielt ist keine Theologie der Eucharistie, sondern eine Konzentration auf das angezeigte und als »Probierstein« für das Bisherige fungierende Thema. Die theologischen Grundbestimmungen sind entwickelt, die erforderlichen Denkmittel erarbeitet – weitere tunlichst zu vermeiden. Ich begnüge mich mit einer knappen Thesenreihe, die jedoch aus dem erstellten Gesamtrahmen verständlich (und leicht auffüllbar) sein dürfte, und untergliedere sie durch Zwischenüberschriften.
8.2. Zur »Verortung« der Eucharistie im Gesamt gläubiger Praxis:
8.2.1. Nach der Liturgiekonstitution des II. Vatikanums ist die Eucharistie »culmen et fons vitae ecclesiasticae«: »Höhepunkt, dem das Tun der Kirche zustrebt, und zugleich die Quelle, aus der all ihre Kraft strömt« (SC 10). Nach dem bisher Gesagten heißt das: Die Eucharistie ist der wichtigste der ausdrücklichen Vollzüge, in denen die Gläubigen den in seiner Liebe gegenwärtigen Gott verherrlichen und zugleich stets neu ihr gesamtes Leben in ihm gründen.
8.2.2. Solche Gründung ist freilich als reale nur möglich aufgrund der Selbstpräsenz Gottes und Jesu Christi im Geist. Daß diese in ihrer freien Aktualität unverfügbar bleibt und nur erbeten werden kann, bringt am

deutlichsten die Epiklese zum Ausdruck: die Herabrufung des Geistes auf die Gemeinde wie auf die Gaben.

8.2.3. Die Konzentration der Eucharistie impliziert allerdings auch eine unvermeidliche Begrenzung: eben weil die Gläubigen in der Regel »unter sich« sind und ihre alltägliche Glaubenspraxis unterbrochen wird, obwohl die Kirche gemäß ihrer wesentlichen Bestimmung doch dem Reich Gottes, dem Kommen seiner Liebe zu den Menschen, zu dienen hat. Gleichwohl bleibt jene Konzentration (als ausdrückliche Gründung des gemeinschaftlichen Glaubens) unentbehrlich und hat sogar (als Feier der gegenwärtigen Gnade und als Verherrlichung Gottes) einen nicht mehr problematisierbaren Sinn in sich selbst, solange nur die Rückbindung an den Glaubensalltag nicht verloren geht, sondern hergestellt bleibt (Vergebungsbitte, Predigt, Fürbitten, Gabenbereitung, Entlassung usw.).

8.3. Die Selbstpräsenz Gottes des Vaters:
Daß wie Jesus Christus auch Gott der Vater in der Eucharistie durch den Geist gegenwärtig ist, versteht sich schon deshalb, weil in der Liebe, die der Geist uns zueignet, Vater und Sohn miteinander verbunden und beide, weil sie unbedingt ist, auch selber für uns präsent sind. Er – Gott der Vater – bleibt auch in der Eucharistie der primäre Terminus des Glaubensvollzugs, so wie es die Doxologie ausdrücklich realisiert.

8.4. Die doppelte Stellung des durch den Geist selbst gegenwärtigen Erhöhten:
8.4.1. Auch der als Erhöhter gegenwärtige Christus hat die Stellung des »Gegenüber« zu uns, sofern er die wesentliche Signatur des verkündenden und gekreuzigten Jesus bewahrt und für immer das Entgegenkommen der durch ihn eschatologisch bestimmten Liebe Gottes ist, in der wir uns gründen.

8.4.2. Zugleich eignet ihm die Stellung des »Neben uns«, sofern durch ihn, den ursprünglich wahrhaft Gott entsprechenden Menschen und nun Erhöhten, der Vater verherrlicht wird und sein Wirken (auch in der Eucharistie) darauf geht, uns in sein Sohnesverhältnis einzubeziehen und sich selbst gleichzugestalten.

8.4.3. In dieser doppelten Stellung ist er der (ursprünglich-unüberholbare) Erste von vielen Schwestern und Brüdern und das »Haupt« der Kirche, die er (vermittels des Geistes und namentlich in der Eucharistie: 8.6.3.) als seinen »sichtbaren Leib« konstituiert.

8.5. Zur Frage nach dem Subjekt der Eucharistie:
8.5.1. Sofern die Eucharistie das je neue Gründungsgeschehen des Glaubens in der durch Christus aktuell uns entgegenkommenden Liebe Gottes ist, kann die Würde des einladenden Gastgebers und primären Subjekts der Eucharistie allein Jesus Christus zukommen.

8.5.2. Die gleichwohl unvertretbare Beteiligung der Gläubigen als Subjekte der Eucharistie liegt darin, daß sie um dieses Entgegenkommen der Liebe Gottes bitten, im Entschluß des Glaubens in ihre Gegenwart einstimmen, durch solche Aneignung sich grundlegend selbst bestimmen und in eins ihre Bereitschaft für den konkreten Weg ihrer Gleichgestaltung mit Jesus Christus vollziehen. Gleichzeitig (und eben darin) sind sie als Subjekte beteiligt an der Verherrlichung Gottes, sofern diese ja die affirmierende Aktualisierung seiner Selbstgegenwart seitens der Menschen ist und diese (entsprechend ihrer beiderseitigen Konstitution) in jener ihre sinngerechte Erfüllung findet.

8.5.3. Daß ein Mitglied der Gemeinde bei der Eucharistie die Rolle des (im Namen Jesu Christi handelnden und bei einigen Vollzügen der Gemeinde auch gegenübertretenden) Vorstehers ausübt, ist sinngerechter Ausdruck für die bedingungslose Vorgegebenheit der (in Jesu Geschichte vollbrachten und durch ihn als Erhöhten aktuell begegnenden) Liebe Gottes und ihrer unwiderruflichen, von unserer Würdigkeit ganz unabhängigen Gültigkeit. Daß mit diesem Argument, zumal jene Funktion eine Beauftragung verlangt, die Frage des Amtes berührt, aber über die diesbezüglichen Einzelprobleme noch keineswegs entschieden ist, ist hier nicht auszuführen.

8.6. Eucharistie als »Opfer« und Mahl:

8.6.1. Im Blick auf Jesus Christus läßt sich die Eucharistie als »Opfer« in dem abgeleiteten Sinne bezeichnen, daß er als Erhöhter die geschichtlich von ihm durch die Hingabe bis zum Tod vollbrachte Liebe uns (vermittels des Geistes) zueignet und durch solches Wirken an und für uns seine irdische Proexistenz fortsetzt.

8.6.2. Von einem Opfer der Gläubigen kann nur im Sinne ihrer Bereitschaft die Rede sein, sich von Gottes gegenwärtiger und allen Menschen geltender Liebe real in Anspruch nehmen und sich dafür schon jetzt von allem festgehaltenen Eigenen, das dieser Beanspruchung widerstrebt oder sie vorab begrenzen will, befreien zu lassen. Lob und Dank (als Verherrlichung Gottes und Feier seiner Liebe) lassen sich ebenso wie die Bitte nicht als Opfer bezeichnen.

8.6.3. Im eucharistischen Mahl geschieht der »Empfang« der durch Jesus endgültig vollbrachten und in seiner fortdauernden und zudem hier realsymbolisch vollzogenen Proexistenz aktuell begegnenden Liebe Gottes; so ist es die symbolisch verdichtete Gründung der *communio* mit Gott und der Gläubigen untereinander durch Einbeziehung in Jesu für uns Menschen geöffnetes und im Geist gegenwärtiges Sohnesverhältnis zum Vater.

8.7. Zur Näherbestimmung der Präsenz Jesu Christi und seines Wirkens: Die durch den Geist vermittelte Selbstgegenwart des jetzt beim Vater lebenden Erhöhten ist die einzig »wirkliche« und deshalb alle anderen Gegenwartsweisen fundierende eucharistische Präsenz Jesu Christi. Was Menschen in seinem Namen tun und symbolisch vollziehen, kann darum wirksame Gestalt seiner Anwesenheit nur sein, weil er selbst in seiner aktuell-personalen Präsenz es dazu qualifiziert. Allerdings entspricht es *unserer* geschichtlichen Situation und leibhaft-geistigen Verfassung, daß er auch als Erhöhter (wie schon als irdischer Jesus) uns Gottes Liebe in sinnlich-symbolisierter Weise zuwendet. Es scheint mir sinnlos, ja unmöglich, weitere eigenständige Präsenzweisen von der fundamentalen zu unterscheiden. Was in dieser Hinsicht genannt wird, ist vielmehr als ihr zugeordnete Näherbestimmung zu denken:

8.7.1. Durch die sog. »kommemorative Aktualpräsenz« wird das geschichtliche Heilswerk Jesu Christi (nur) so vergegenwärtigt, wie eben die Erinnerung es vermag: es wird dadurch nicht wiederholt. Wohl aber wird es wirksam, weil der Erhöhte (in der aktuellen Zuwendung seiner durch den Tod hindurchgegangenen Liebe) es an uns wirksam werden läßt. Dabei hat die Erinnerung den unverzichtbaren Sinn, daß wir (als noch geschichtlich existierende Menschen) die Identität des Erhöhten mit dem irdischen und gekreuzigten Jesus festhalten und uns lernend auf den Weg seiner Nachfolge (der konkreten Gleichgestaltung mit ihm) einweisen lassen, auf dem er uns kraft seines Auferstehungslebens stärkt und begleitet.

8.7.2. Auch von einer eigenen »proleptischen Finalpräsenz« läßt sich insofern kaum sprechen, als Christus noch nicht *als* der Wiederkommende, sondern als der Erhöhte bei uns gegenwärtig ist, von dem wir – ebenfalls aufgrund der Erinnerung, nämlich der Erinnerung an die im auferweckten Gekreuzigten schon angebrochene Verheißung – allerdings »wissen«, daß er wiederkommt und dann alles neu gemacht wird: so daß wir (in der uns wirksam begleitenden Präsenz des Erhöhten) schon jetzt hoffend auf dieses Ziel zugehen können. Sofern die Gegenwart von Gottes unbedingter Liebe in der Eucharistie ihre Endgültigkeit, also das (verbürgte) Versprechen ihrer Vollendung impliziert, kann man das eucharistische Mahl zutreffend als Antizipation des Mahles in der Vollendung bezeichnen, nicht aber als »eschatologisches Intermezzo« oder gar »Aperitif« (K. Koch). Denn immer ist in der Präsenz seiner unbedingten Liebe für uns, die noch unterwegs sind, der Liebende schon selbst und als er selbst da, aber immer verspricht er auch noch seine Treue.

8.7.3. Die durch die Erinnerung an den irdischen Jesus legitimierten eucharistischen Gestalten (Brot und Wein) werden durch den im Geist personal-präsenten Erhöhten zu wirksamen Zeichen seiner aktuell-dauernden Hingabe für uns (Proexistenz) qualifiziert und damit im strengen Sinn als Realsymbol verstehbar: als uns auf menschliche Weise erreichendes Dasein seiner für uns entschiedenen Freiheit. Der Unterschied zu dem

Realsymbol, das die Existenz Jesu als geschichtliches Dasein des für uns entschiedenen Gottes ist, liegt darin, daß Jesus in seinem aktuellen Tun der unbedingten Liebe Gottes sich selbst in ursprünglich-unmittelbarer Vollmacht mit Gott selbst (dem Ursprung der vergegenwärtigten Liebe) identifizierte und deshalb als »der Sohn«, als zu Gottes eigenem Sein und Wesen gehörig, gedacht werden muß, während die in ihrem Gebrauch durch die Erinnerung an Jesus legitimierten (und an sich vom Sein und Wesen Jesu Christi trennbaren) eucharistischen Gestalten ihre realsymbolische Dignität der aktuell-unbedingten Identifikation des Erhöhten mit ihrem eucharistischen Gebrauch verdanken. Aber diese einschränkende Präzisierung mindert doch nicht, sondern ermöglicht vielmehr, sie als konkrete Gegenwartsgestalt seiner unbedingten Liebe und in ihr seiner selbst zu verstehen und in diesem Sinn als das Da-sein seiner für uns entschiedenen Freiheit zu bezeichnen. Mit diesem – wie ich hoffe – unverkürzten Verständnis seiner »Realpräsenz« ist der Lehre von der Transsubstantiation allerdings der Abschied gegeben. Ob ihre gültige Intention auch auf vollziehbare Weise reformuliert ist, sei der Diskussion überlassen.

Fragende und Gefragte zugleich

Notizen zur Theodizee

Lieber Baptist! Unter den Fragen, die mich, seit ich in Münster bin, fast ständig begleiten, ist die bedrängendste die Frage der Theodizee – bedrängender noch geworden, als sie es vorher schon war. Und zu diesem Thema etwas zu sagen, habe ich mich (abgesehen von einem gemeinsamen Seminar mit Erich Zenger und Hans-Peter Müller) bisher kaum getraut. Der Grund: Du hast es mir schwerer gemacht – schwerer nicht nur jede Äußerung zur eigentlichen Theodizeeproblematik, sondern überhaupt die Rede von Gott, die uns Theologen beinahe alltäglich auferlegt ist und dem Dogmatiker, wenn ich so sagen darf, besonders direkt. Sicher wird mein Geständnis Dich nicht verwundern, denn eben dies ist ja, was Du willst: die Verblüffungsfestigkeit jeder Theologie irritieren, deren Affirmationsbereitschaft sich über die Widerständigkeit der menschlichen Leidensgeschichte allzu unbeschädigt hinwegsetzt. Was Dein korrektiver, tiefreichender Einspruch bei mir ausgelöst hat, davon möchte ich Dir, wenigstens bruchstückhaft und andeutungsweise, einmal Rückmeldung geben: von meinen Irritationen und dennoch aufrechterhaltenen Optionen und wie ich mich deshalb durch das Problemlabyrinth hindurchzutasten versuche – unfertige Gedanken also, ungeschützt allemal. Und ich wähle die Briefform, weil sie mir die Ungeschütztheit erleichtert und zugleich mit meinem Dank den Wunsch signalisiert, daß die zwischen uns begonnenen und stets in mir nachwirkenden Gespräche noch sehr lange fortgesetzt werden mögen.[1]

---

[1] Die im folgenden nicht belegten Zitate stammen von Dir, zumeist aus Deinen Beiträgen in: *W. Oelmüller* (Hg.), Theodizee – Gott vor Gericht? München 1990; *ders.* (Hg.), Worüber man nicht schweigen kann. Neue Diskussionen zur Theodizeefrage, München 1992. – Weitere Autoren des letztgenannten Bandes zitiere ich mit »W« und Seitenangabe. Außerdem nur mit Seitenangabe: *E. Berkovits*, Das Verbergen Gottes: *M. Brocke/H. Jochum* (Hg.), Wolkensäule und Feuerschein. Jüdische Theologie des Holocaust, München 1982, 43–72; *G. Büchner*, Werke und Briefe, München 1980; *A. Camus*, Die Pest (rororo 15), Hamburg 1950; *F. M. Dostojewskij*, Die Brüder Karamasow (dtv 2043), München 1978; *H. Jonas*, Der Gottesbegriff nach Auschwitz (st 1516), Frankfurt 1987; *I. Kant*, Werke in zehn Bänden, Bd. 9 (ed. *W. Weischedel*), Darmstadt 1970; *S. Kierkegaard*, Die Krankheit zum Tode (GTB 620), Gütersloh ²1982; *ders.*, Stadien auf des Lebens Weg 2 (GTB 611), Gütersloh 1982 (= S); *H. Lübbe*, Religion nach der Aufklärung, Graz – Wien – Köln 1986; *C. Péguy*, Das Mysterium der Hoffnung, Wien 1952; *K. Rahner*, Grundkurs des Glaubens, Freiburg 1976; *H. Vorgrimler*, Der Tod im Denken und Leben des Christen, Düsseldorf 1978.

Unabweisbar scheint mir Dein Ansatz schon wegen der unbedingten Instanz, die Du der Theologie in Erinnerung bringst: »die schreckliche Würde des menschlichen Leidens«, die Menschenwürde der Leidenden selbst. Aber nicht nur der Theologie rufst Du sie ins Gewissen, sondern durch sie – eine »theodizee-empfindliche« Theologie nämlich, wie Du sie vertrittst – auch dem Bewußtsein einer Gesellschaft, die sich von den Leidenden abschirmt und ihr Gedächtnis verrät. Die Logik, die beide Intentionen verklammert, leuchtet mir ein. Und deshalb auch die Entschiedenheit, mit der Du die Leidens- und Theodizeefrage verbindest, die Theodizee an die Theologie und die Theologie an das Gedächtnis der Leidenden bindest: Nur wenn die Frage des Leidens vor *Gott* gebracht wird, wahrt die Erinnerung für die Leidenden ja das Maß, das ihrer Würde entspricht. Denn allein Gott kann die Vernichteten retten und den Vergessenen Gerechtigkeit schaffen. Aber auch nur, wenn diese Antwort von Gott selbst, von seinem wirklichen Handeln erst noch erwartet wird, also ihm überantwortet bleibt, unterscheidet sich solche Hoffnung von einem Wissen, das die realen Leiden aufhebt in ihren Begriff und als derart vorzeitige, scheinhafte Versöhnung schließlich nur noch die gesellschaftlich verordnete Leidensvergessenheit befestigt. Deshalb also (wenn ich's denn richtig verstehe) stellst Du die Theodizeefrage dezidiert als »Rückfrage an Gott«, nennst sie »*die* eschatologische Frage«, arbeitest am »Begriff einer zeitlich gespannten Erwartung«: daß, wenn überhaupt, Gott selbst »an seinem Tag« sich rechtfertige angesichts der abgründigen Leidensgeschichte der Welt, »seiner Welt«. Deshalb der eschatologische Index, den Du der Schöpfungslehre, der Christologie und Erlösungslehre einprägst; deshalb Deine Wachsamkeit gegenüber jeder Spielart idealistischer Wahrnehmung der Geschichte, Dein Widerstand auch gegen die Faszination des evolutiven Denkens, Dein Insistieren auf der Befristung der Zeit.

Das Schicksal der Theodizee in der Neuzeit, denke ich, bestätigt Deine Option, verdeutlicht sie ex negativo. Denn die Logik, die es vorantreibt und in ihm sich erfüllt, gehorcht erkennbar dem Willen zu einer Rationalisierung des Leidens, die in Wissen zu überführen versuchte, was doch allenfalls erhofft werden kann – bis sie endlich, unter dem Aporiendruck der von der Erbschaft des Theodizeeproblems überforderten Anthropodizee, sich die Offenheit und den Ernst der unabgegoltenen Leidensfrage selber verstellte. Da ich bei diesem Thema mit Deiner vollen Zustimmung rechne, zu ihm nur nochmals so viel: Die Theodizee, als *philosophische* jedenfalls, ist am Ende. Sie war es spätestens mit der Feststellung Kants, »daß unsre Vernunft zur Einsicht des Verhältnisses, in welchem eine Welt, so wie wir sie durch Erfahrung immer kennen mögen, zu der höchsten Weisheit stehe, schlechterdings unvermögend sei« (114). Kant traf die Basis des großangelegten Projekts und zugleich den für Dich entscheidenden Punkt: die Hypertrophie einer Vernunft, die sich vorab zu aller Erfahrung – »hinter dem Rücken der menschlichen Leidensgeschichte« – mit Gott zu verabreden wußte. Gerade weil im Rahmen des metaphysischen Rationalismus, der die klassische Ausführung des Problems bei Leibniz beherrscht, mit den Prämissen (also der apriori gesicherten Existenz des allmächtigen, allwissenden und allgütigen Gottes) auch das Ergebnis (die Rechtfertigung der bestehenden als der besten aller möglichen Welten) schon feststand, war ja Leibniz' Bemühen, der königlichen Freundin das schon bewiesene Resultat auch noch aposteriori so detailliert wie möglich zu illustrieren und sich dafür des ganzen Arsenals der traditionellen Argumente mit ihrer Instrumentalisierung und Ästhetisierung des Leidens zu bedienen, in jenen geradezu zwanghaften Eifer geraten, der schon Voltaires bitteren Spott provozierte und in der Tat wie Zynismus anmutet. Auch dem nochmaligen Kraftakt der Vernunft, mit dem Hegel seine »Philosophie der Geschichte« als Theodizee inszenierte, gelang in Wahrheit doch nur (wie Du genau formulierst) die »Herabdeutung des Leidens auf dessen Begriff« – genauso wie die logische Notwendigkeit, die Hegel der Geschichte des Absoluten auferlegte, schon bald und zu Recht durchschaut wurde als das, was sie war: eine Selbstprojektion der Menschenvernunft und ihrer immanenten Gesetze. Die fortan propagierte »einfachste Lösung«, daß nämlich – Nietzsche hat Stendhal um dieses Diktum beneidet – die »einzige Entschuldigung für Gott« darin bestehe, »daß er nicht existiert« – sie war nun zwar endlich mit der Theodizeefrage fertig, doch entschwand mit Gott als der Instanz, die man immerhin noch hätte anklagen können, auch der Grund einer noch möglichen Hoffnung: die Sinnlosigkeit des geschichtlichen Leidens wurde definitiv. Der Rationalisierungswille blendet ab, was sich rationalisieren nicht läßt. Es zeigt ja Konsequenz, wenn das gegenwärtige, dem Glückszwang verschriebene Bewußtsein die Berührung und jede Erinnerung des tatsächlichen Leidens, das seinen Traum von ungetrübt-endloser Dauer und seinen heimlichen Allmachtswunsch hartnäckig widerlegt, geradezu systematisch vermeidet und abzudrängen sucht.

Wird der unabgegoltene Anspruch des ungerechtfertigten Leidens und in ihm die unbedingte Würde der Vergessenen und Verstummten überhaupt noch empfunden? Das Redlichste, was Philosophie heute tun kann, wäre doch wohl, was etwa Willi Oelmüller versucht: »in größerer Nähe zu den Leidenden« nämlich über die Widerfahrnisse »der nicht beendeten grauenvollen Geschichte der Natur und der Menschen zu sprechen«, die »im Erfahrungshorizont Gott« entwickelten Fragen und Antwortversuche zu prüfen, die »unglaubwürdigen« zu verwerfen und zugleich dem Anschein zu wehren, »als ob es für Tod und Untergang ernsthaft einen von Menschen oder von der Natur geschaffenen Ausgleich gäbe« oder die Philosophie eine Perspektive besäße, nach der das jetzt noch trostlose Leiden »an sich schon versöhnt« sei und »uns nicht mehr beunruhigen müßte« (W 85). Aber wo denn in der philosophischen Szene findet solche Beunruhigung noch eine Sprache? Wohl kaum in jener Historisierung der Theodizee, die sich primär mit ihrer Leistung als »Konzepterzeuger« und »Theoriengenerator« beschäftigt. Steht der »Zeitgewinn«, den sich Odo Marquard vom Offenhalten der Theodizeefrage verspricht, indem er sie weder für lösbar noch ihre Lösung für wünschenswert hält (W 179 f.), nicht bereits im Dienst einer Distanzierung des Leidens? Sind die Motive (der Kompensationsgedanke vor allem), die er »aus der Konkursmasse der Theodizee« rezipiert, um die »Zustimmungsbereitschaft zur vorhandenen, zur modernen Welt« zu bestärken (101), nicht mit einer »Diätetik der Sinnerwartung« verbündet, die ihren Frieden mit der Antwortlosigkeit sucht und allzu unbedingtes Fragen längst neutralisiert hat? Und mutet – andererseits – der strikte Theodizeeverzicht, den Hermann Lübbe der Religion auferlegt, damit sie als »konditionsfreie Annahme unverfügbarer und in Handlungssinn nicht transformierbarer Daseinskontingenz« funktioniere (205), uns Theologen nicht ein Verständnis von Religion zu, das sie ins Abseits einer kulturellen Schutzmacht der »erfolgreichen« Aufklärung verweist und dabei die Affirmation unserer »schlechthinnigen Abhängigkeit« so inhaltsleer und umstandslos fordert, daß nicht nur notwendige Unterscheidungen verschwimmen, sondern eben auch der spontane Protest gegen das sinnwidrige Leiden und erst recht das Beharren auf seiner Unversöhntheit verstummen? Und folglich auch die biblische Klage, der Appell und Aufschrei des Leidens bis hin zur Anklage Gottes unter das Verdikt des Verbotenen geraten?

Doch sollte ich Dir, Baptist, solche Fragen nicht stellen – hast doch gerade Du jedes Denken, das human sein will, auf die geschärfte Wahrnehmung des Leidens, zumal des fremden und noch des vergangenen, verpflichtet und jedenfalls die *Theologie* nicht von der Last des Theodizeeproblems dispensiert. Eben weil es ihr – anders als herrschender Religionstheorie und postmoderner Religionsfreudigkeit – um *Gott* geht, während die an seinen Namen gebundene Vision von Rettung und universaler Gerechtigkeit *aussteht*, klagst Du »ihre Hörsamkeit gegenüber Gott als ein Hören auf das Schweigen der Verschwundenen« ein, bestimmst ihr Wissen als »eine Form des Vermissens« – letzteres so eindringlich, ja so akzentuiert, daß mir manchmal fast schon verdeckt scheint, was doch ebenfalls bei Dir zu lernen war. Jedenfalls habe ich die »memoria passionis, mortis et resurrectionis Jesu Christi«, mit der Du die anamnetisch verfaßte Identität des Christentums bezeichnest, stets so verstanden, daß die Erinnerung an die in der Auferweckung des Gekreuzigten schon angebrochene Verheißung unabdingbar – sie würde sonst in der Tat mythologisch – in die Nachfolge Jesu und das Gedächtnis der Leidenden einweist und zur realen Solidarität mit ihnen verpflichtet, aber diese Hinwendung doch zugleich auch ermöglicht und trägt. Auch dieser zweite Aspekt scheint mir wichtig, sogar konstitutiv. Gründet nicht schon Israels »Unfähigkeit, sich durch Mythen und Ideen trösten zu lassen«, auf seiner Option für die verläßliche Güte Jahwes –

einer Option allerdings, die hier keineswegs, wie man seit Descartes und Leibniz vermeinte, gesichertes Wissen der Vernunft war, sondern Vertrauen, das aus geschichtlichen Erfahrungen stammte und somit weiterhin auf dem Spiel stand? Hat nicht diese aus Erinnerung gespeiste Hoffnung Israels ebenso empfindliche wie treue Nähe zur Wirklichkeit des Leidens und seine in der Antike ebenfalls vergleichslose Radikalisierung der Leidens*frage* gerade ermöglicht – genauso wie umgekehrt die wachsende Bedrängnis die Steigerung seiner Hoffnung bis zur äußersten Anspannung vorantrieb? Die Klage der Psalmen lebt vom Versprechen, das sie »einklagt«; noch in der Anklage, im »Anschrei« steckt ein Appell: Protest zwar und doch auch Erwartung, daß Jahwe seine Treue erweist ... Ich sage dies alles, Baptist, bestimmt nicht zugunsten eines einäugig bilanzierenden Optimismus, der sich, um unbeschädigt davonzukommen, ans »Positive« anklammert. Es geht mir allein um die Interdependenz von erinnerter »Heilserfahrung« und Leidenswahrnehmung. Denn es bedrückt mich zunehmend der Gedanke, daß gegen die Immunisierung unserer Gesellschaft kritische Invektiven immer weniger ausrichten werden und womöglich der moralische Impuls selber erlischt, wenn das Zeugnis vom »Grund unserer Hoffnung« verschwände: ein Zeugnis, das ebenso ausdrücklich bekannt und erzählt wie praktisch bewährt und denkend verantwortet werden muß.

Meine zweite Frage (oder vielleicht nur Akzentverlagerung?) schließe ich gleich an: Geht es denn für Glaube und Theologie allein darum, die Theodizeefrage offenzuhalten? Oder muß jedenfalls die Theologie sie nicht auch bedenken? Sie muß es, meine ich, schon deshalb, weil ja gerade der Glaube die Prämissen ins Spiel bringt und wachhält, die diese Frage konstituieren und in ihrer Schärfe dann unausweichlich machen. Schon der Glaube tut dies, nicht erst die Theologie. Die Theodizeefrage gibt es, weil Menschen, die glauben wollen, in der Bedrängnis von Leid und Unrecht sie stellen; sie braucht weder von Theologen erfunden zu werden: »exklusiv ein Seminar-Problem«, wie Lübbe spottet (197), noch geht es darum, wie er unterstellt, die Glaubensbereitschaft an die erfolgreiche »handlungssinnanaloge« Erklärung des Leidens zu binden – ist doch der Glaube selbst schon Voraussetzung des Problems, nicht erst Resultat seiner Lösung. Sicher sind die nächsten Formen gläubiger Reaktion auf das Leiden der Schrecken und Schrei, der abwehrende Protest, die Klage und dann vielleicht das Gebet, das den Leidenden vor dem beziehungslosen Verstummen bewahrt und andere befähigen kann, bei ihm zu bleiben. Aber irgendwann kommen die Fragen und werden sich kaum abdrängen lassen: weder durch einen Aktionismus, der sie nur aufschiebt, noch durch fromme Beschwichtigungen oder Verbote, die unsere menschlichsten Regungen unterdrücken. Muß ich dann, um das Leiden der Gequälten unverstellt wahrnehmen und ihrer Würde gerecht werden zu können, vom Gott der Liebe wegblicken? Muß ich ihn gleichsam solange vergessen? Oder muß ich umgekehrt, um nicht an ihm irre zu werden, die Realität des Leidens verraten? Verweigere ich jedoch dieses Dilemma, weil ich das zweite aus moralischen Gründen nicht darf und im ersten Fall auch alle Hoffnung verlöre, dann werde ich die Spannung, in die ich als Nachdenkender stürze, auch übernehmen und das heißt: die Perspektive, daß Gott Liebe ist, der Härte des Leids aussetzen müssen, wohin immer das führt ...

Doch hier, vermute ich, muß ich mich Dir erklären: Was heißt denn und wie ist es möglich, vom Gott der Liebe zu sprechen? Welchen Status hat diese Rede? Schon länger (Du weißt es) versuche ich, den christlichen Glauben an Gottes Selbstoffenbarung in Jesu Geschichte und mit ihr die »Endgültigkeit« der Erlösung so zu verstehen, daß Israels eschatologisches Gewissen nicht stillgelegt wird. Versuche also, das »Schon« des »Noch-nicht« und das »Nochnicht« im »Schon« zu bestimmen – mit Kategorien der Freiheit natürlich (mit denen ich ja, gegen subjektloses Seins- und idealistisches Geschichtsdenken skeptisch wie Du, dem biblischen Bundesdenken gerecht werden möchte). Wesentlich dabei ist, daß jede Freiheit, auch wenn sie unbedingt sich für andere Freiheit entschließt, sich in der Geschichte doch nur »symbolisch«, also bedingt und vorläufig mitteilen kann: obwohl in der Gestalt ihrer Zuwendung selbst gegenwärtig, verspricht sie noch ihre Zukunft und Treue. Wenn ich nun Jesu Verkündigung, Tod und Auferweckung als Erweis der unbedingt für die Menschen entschiedenen Liebe Gottes bezeichne, so fehlt doch nicht der »Verheißungsvermerk«: eben weil die Unbedingtheit der Liebe, sofern man auf ihren Zeitindex achtet, zwar das Versprechen der Treue und insofern »Endgültigkeit« impliziert, Endgültigkeit aber nicht schon Vollendung besagt. Solange wir also um das Kommen seines Reiches noch bitten, bleibt unsere Rede von Gott, die in seiner Selbstoffenbarung gründet und ihre Versprechensstruktur nicht übersieht, Rede im Modus der Hoffnung. Aber auch so, ja selbst dann, wenn man von dieser Begründung absehen wollte und allein das Unabgegoltene der Hoffnung betont, wird sich die Theodizeefrage stellen – vorausgesetzt nur, daß es nicht beim vagen Abwarten bleibt (»wir werden ja sehen«), sondern tatsächlich auf das Erhoffte gesetzt wird. Wird nämlich, wie solche Hoffnung »behauptet«, sich Gott uns als Liebe erweisen, dann ist er der Gott der Liebe auch jetzt und war es schon immer. Eben dies ist der Punkt, an dem sich das Denken entzündet. Denn dann lautet die Frage nicht nur: »Wo bleibt Gott?« und »Wie lange noch?«, sondern auch: »Warum? Warum dieses Jetzt und warum die entsetzliche Geschichte der vergangenen Leiden?«

Also kehren alle Fragen zurück, an denen die Theodizee der Neuzeit zerbrach. Und sie behalten ihr menschliches Recht, auch wenn wir eine menschliche Antwort nicht wissen. Wird die Theologie, trotzdem, nicht auf sie eingehen müssen – und sei es auch nur, um ihre von diesen Fragen bedrängte und nochmals angespannte Erwartung an Gott inhaltlich zu benennen und so – im

Blick auf die möglichen Alternativen – bestimmte Rechenschaft von ihr zu geben?

Sollen wir etwa, wie es zuletzt Hans Jonas getan hat, zugunsten der Güte Gottes seine *Allmacht* preisgeben? Ich achte diesen Versuch, der den Ermordeten von Auschwitz »so etwas wie eine Antwort auf ihren längst verhallten Schrei zu einem stummen Gott« geben wollte (7) – und kann ihm dennoch nicht folgen. Und dies weniger, weil mich schon seine Fassung und Kritik des Allmachtsbegriffs nicht überzeugen, sondern entscheidend, weil sein Mythos des »werdenden Gottes« (27), der sich als Schöpfer seiner Gottheit entkleidet, um sie »in die fragwürdige Verwahrung des Menschen« zu geben und »von der Odyssee der Zeit« zurückzuempfangen (23.17), alle Hoffnung in die Aporien der Anthropodizee zurückwirft. Denn »hat Gott nichts zu geben«, weil er alles schon gab, und ist es allein noch an uns, »ihm zu geben« (47) – an wen sollte der Appell um Gerechtigkeit, das Gedenken der Toten sich richten? Ein Glaube, der – wie Kierkegaard definierte – »verrückt für Möglichkeit kämpft«, wäre a limine sinnlos: »Soll man beten, so muß ein Gott sein ... und Möglichkeit im prägnanten Sinn, denn Gott ist dies, daß alles möglich ist« (35.37).

Oder hilft vielleicht der Rekurs auf die menschliche *Freiheit?* Ich gestehe, Baptist, daß mir eine Antwort hier schwer fällt. Denn einerseits möchte ich Deine Kritik am großen Augustinus voll unterschreiben: an seiner ausschließlichen und historisch so verhängnisvollen Moralisierung des Leidens, an seiner Verengung der Soteriologie auf das Thema der Schuld, an seiner Stillegung der eschatologischen Frage nach Gerechtigkeit, Heilung und Rettung. Im Blick auf Augustins späte Sünden- und Prädestinationslehre würde ich Deine Kritik sogar noch verschärfen, da mit ihr sein letzter Theodizee-Entwurf nicht einfach nur scheitert, sondern den verteidigten Gott auch fast unverhüllt desavouiert. Denn die angezielte Spitzenaussage: Wenn Gott erwählt, ist er barmherzig; wenn er verwirft, ist er gerecht – sie wurde ja erst durch die Voraussetzung möglich, daß Gott die Sünde Adams allen Späteren als *eigene* Schuld imputiert. Ein solcher Gott aber, ich gestehe es offen, wäre für mich nicht akzeptabel: inakzeptabel aus moralischen Gründen.

Unberührt davon bleibt – andererseits – ein Gedanke, den ich nicht aufgeben kann: daß nämlich Gott selbst sich dazu bestimmt hat, in seinem Handeln die menschliche Freiheit zu achten und sich von ihr sogar bestimmen zu lassen. Wie sonst wäre eine Geschichte des Bundes, ein Verhältnis der Liebe noch denkbar? Die Erwägung Karl Rahners, Gott könne durchaus »in seiner absoluten Souveränität die Freiheit als gute oder als böse Freiheit setzen, ohne dadurch die Freiheit selbst zu zerstören« (112), bleibt mir jedenfalls verschlossen. Auch Du sprichst ja von »Schuldfähigkeit« als »Auszeichnung« menschlicher Freiheit: sie ist zumindest ihr Preis. Natürlich macht auch mir das Argument Lübbes zu schaffen, der »Respekt vor der Freiheit« habe spätestens bei

»ihrem Mißbrauch zu Lasten Dritter« zu enden (201) – und bin mir gleichwohl nicht sicher, ob dieser Einwand, zu Ende gedacht, die Freiheit faktisch nicht widerruft. Immerhin vertritt etwa Eliezer Berkovits die These, daß Gott nicht immer eingreifen könne, wenn Menschen ihre Freiheit mißbrauchen: »Wenn es den Menschen geben soll, muß Gott mit ihm Geduld haben ... Während er (jedoch) mit den Frevlern Nachsicht übt, muß er sich den Gepeinigten, die in ihrer Qual zu ihm rufen, verschließen ... Deshalb unsere Schlußfolgerung: Wer von Gott Gerechtigkeit verlangt, muß den Menschen aufgeben; wer außer Gerechtigkeit von Gott Liebe und Barmherzigkeit erwartet, muß sich mit dem Leiden abfinden. Man kann es als das göttliche Dilemma bezeichnen« (64 ff.). Allerdings spricht Berkovits auch von der geschichtlichen Gegenwart Gottes – und worauf ich eigentlich hinauswill, ist ein ganz ähnlicher Gedanke: Wenn Gott wirklich das Risiko einer Freiheitsgeschichte einging, dann wird umso unentbehrlicher auch das Zeugnis, daß Gott sich nicht unbeteiligt heraushielt, sondern sich von ihr und ihrem Leiden betreffen läßt, ja sich selber ihm aussetzt. Mehr noch als die Anthropomorphismusgefahr, die hier lauert und kontrolliert werden muß, fürchte ich die erdrückenden, ruinösen Folgen, die das Apathie-Axiom für den Glaubensvollzug und eben auch die »Theodizee« haben müßte. Sogar trinitätstheologische Überlegungen möchte ich offenhalten, allerdings – um dies deutlich zu akzentuieren – nicht zu dem Ziel, die menschliche Leidensgeschichte »in Gott aufheben« zu können, was in der Tat ihrer Verklärung, Verdoppelung und womöglich sogar Verewigung gleichkäme und das kategorische Nichtseinsollen des Leids ignorierte, sondern um allein den Gedanken zu schützen, daß Gott, um den Menschen in seiner Liebe selbst nahezukommen, sich zugunsten der Menschen ihrem Widerspruch (also dem Leiden *an* ihnen und *durch* sie) ausgesetzt hat und aussetzen konnte, ohne als Gott in ihm unterzugehen ...

Ich will dies jetzt nicht weiter verfolgen, denn im Entscheidenden sind wir einig: Die Tragweite des Freilassungs-Arguments bleibt begrenzt. Selbst wenn man nur fragt, wie Gott die schuldiggewordene Freiheit zulassen konnte, hat man ihn für das Risiko der offenen Geschichte schon verantwortlich gemacht – ganz zu schweigen von seiner Zuständigkeit für die »leiddurchkreuzte Welt«, in der das Ausmaß der faktischen Not jedes mögliche Maß menschlicher Schuld übersteigt. Die äußersten Zuspitzungen der Theodizeefrage, die ich kenne, beruhen nun aber gerade darauf, daß sie auf der bereits erlittenen Qual als entscheidender Instanz insistieren. »Merke dir«, so lapidar Georg Büchner, »warum leide ich? Das ist der Fels des Atheismus. Das leiseste Zucken des Schmerzes und rege es sich nur in einem Atom, macht einen Riß in der Schöpfung von oben bis unten« (44). Auch Camus zieht aus den Leiden der Schöpfung den Schluß, es sei vielleicht »besser für Gott, wenn man nicht an ihn glaubt« (77). Iwan Karamasow forciert noch ihr argumentatives Gewicht, indem er sie als

Einwand sogar gegen die ausdrücklich bejahte Möglichkeit aufrechterhält, daß Gott selber die Tränen abwischen will. Nicht nur ringt er dem Bruder das Eingeständnis ab, daß alle künftige Harmonie die Tränen eines einzigen zu Tode gequälten Kindes nicht wert ist, sondern aporetisiert auch die Perspektive ausgleichender Strafe wie die Möglichkeit gelingender Vollendung: »Was kann die Hölle wiedergutmachen ... Und was ist das für eine Harmonie, wenn es noch eine Hölle gibt?« Überdies fügt er dem Motiv der Unaufwiegbarkeit des Schmerzes das der Unversöhnbarkeit der Schuld noch hinzu: Selbst wenn das Kind seinem Peiniger verziehe, die Mutter darf es nicht wagen, unter allen Umständen nicht (330f.).

Wer nun so abschließend zu argumentieren weder fähig noch willens ist – wie angespannt und weitreichend aber muß seine Hoffnung dann sein, daß sie diese Einwände aushält? Bei Leibniz findet sich einmal die Bemerkung, es sei ein Mangel an Liebe zu Gott, nicht zu glauben, daß die Welt die beste aller möglichen Welten ist (W 194). Richtig finde ich daran immerhin, daß die sinnwidrigen Leiden unbedingt noch der Rechtfertigung bedürfen und jedenfalls der Gläubige kaum anders kann, als sie von Gott zu erhoffen. Denn wäre es völlig grundlos, pure Willkür gewesen, daß alles so ging, wie es ging und eben nicht anders, nicht ohne das Leiden – wie sollten Menschen Gott dann vertrauen können? Ein Gott, der weniger als moralisch wäre, wäre durch sie im Prinzip überholbar; Ernst Bloch hat dieses Argument, mit Bezug auf die Moralität Ijobs und die Humanität Jesu, hartnäckig wiederholt. Müssen wir also von Gott nicht einen so überzeugenden Erweis seiner Liebe erhoffen, daß sie das Verstehen der Menschen gewinnt oder doch wenigstens alle, namentlich die unschuldig gelitten haben, ihr frei zustimmen können und wollen? Und schließlich nicht auch die anderen, die Schuldigen? Sicherlich: Keine Versöhnung ohne Gerechtigkeit, keine Gerechtigkeit ohne Gericht, kein Gericht ohne den brennenden Schmerz der uns einholenden Wahrheit. Aber dürfen wir (wie Herbert Vorgrimler formuliert) von Gott nicht erhoffen, »daß er am Ende die Henker nicht über die Opfer triumphieren lasse und doch alle zu sich rette« (93)? Wäre eine nur partikulare Versöhnung nicht für seinen Heilswillen ein Skandal und für die Geretteten eine bleibende Wunde? Allerdings: Nicht allein Gott dürfte vergeben, auch die Opfer selbst müßten es wollen und so die Würde ihrer beschädigten Freiheit geachtet sein; sie bleiben (mit einem Wort Kierkegaards) »Zwischeninstanz, eine berechtigte, die nicht übergangen werden darf« (S 405). Müssen wir also Gottes Liebe nicht ebenfalls zutrauen, daß sie zu solcher Versöhnung befähigt? Und hätte diese nicht höhere Dignität als Iwans irreversible Behaftung der Schuld? Alle diese Hoffnungen verbinde ich mit der (von Dir erinnerten) Frage Guardinis, die er nach seinem Tod an Gott selbst richten wollte und auf die er ganz offenbar Antwort erwartete: »Warum, Gott, zum Heil die fürchterlichen Umwege, das Leid der Unschuldigen, die Schuld?«

Guardinis hoffende Frage und Iwan Karamasows ablehnende Antwort markieren die Alternative, auf die – soweit ich es heute verstehe – die Transformation der nach dem Scheitern menschlicher Theodizee verbliebenen Theodizeeproblematik hinausläuft und die uns Fragende so involviert, daß wir selber Gefragte sind: Ob wir nämlich Gottes Liebe die Möglichkeit, sich selbst zu rechtfertigen und aller Zustimmung zu gewinnen, noch zutrauen oder aber diese Möglichkeit, mit Berufung auf die Unaufwiegbarkeit des Leidens und die Unversöhnbarkeit der Schuld, für bereits definitiv und zwar negativ entschieden ansehen wollen. Beide Optionen werden sich, gerade auch praktisch, verantworten müssen: die des Glaubens vor der Instanz der religionskritischen Argumente, die atheistische gegenüber der Frage, ob man angesichts des definitiven Unrechts und endgültiger Vernichtung leben kann, ohne sich den Leidenden durch Vergessen und Abwendung zu entziehen. In beiden Fällen haben – daran hast Du erinnert – die »Opfer ein letztes Wort«: moralisch ohnehin, aber – wie Mt 25 bekräftigt – auch religiös.

Noch ein letzter Aspekt und Wechsel der Perspektive, wenigstens andeutungsweise. Als ich vor 30 Jahren Camus las und mit den Klassengefährten erstmals über Theodizee diskutierte, stieß ich auf einen Satz von Péguy (106 f.), den ich nicht mehr vergessen habe: »Gott ist zuvorgekommen. Er hat begonnen ... Gott hat auf uns gehofft; soll es denn heißen, wir hofften jedoch nicht auf ihn?«

Eine durch Erinnerung begründete Hoffnung, die auf die ausstehenden Verheißungen wartet und sich am Unverstandenen, Widerständigen wundreibt – so haben wir doch Gott und Gott auch uns noch nicht verloren. Macht solche Hoffnung nun glücklich? War Israel etwa glücklich mit Jahwe, Jesus glücklich mit seinem Vater? Macht Religion glücklich? Schenkt sie Identität? Beruhigt sie die Angst? Manchmal, Baptist, glaube ich zu verstehen, was Du mit diesen Fragen andeuten willst – und gebe Dir recht. Wir selbst *sind* ja die Frage, die erst beantwortet ist, wenn Gott wirklich und für alle vollendet, wozu er uns schuf. Bis dahin gelingt auch Identität nur im Modus der Hoffnung, bleiben Traurigkeit, Zweifel, Vermissen, Verweigerung des Vergessens, auch Angst. Aber darin doch auch schon das Starke und Widerständige der Hoffnung. Vielleicht sogar, daß die Angst aufhört, das alles beherrschende Gesetz des Lebens zu sein und wir frei werden zu tun, was Menschen tun können – und müssen ...

Ich breche hier ab und wüßte, Baptist, doch gern, was Du von alledem denkst. Habe ich Deine Intentionen nicht überhört und sie mit den meinigen vielleicht sogar so verbunden, daß Du zustimmen könntest? Oder habe ich mich vor dem Korrektiv, das Deine Theologie sein will (»tüchtig einseitig«, wie Du mit Kierkegaard sagst), nur wieder ins Vertraute geflüchtet und womöglich das Wichtigste überhaupt nicht begriffen?

Wegmarken zu einer Christologie nach Auschwitz

Lieber Tiemo! Eine »Kommentierung« Deiner Thesen zu einer Christologie nach Auschwitz, wie sie die Herausgeber dieses Bandes wünschen, fällt mir nicht leicht. Denn ich weiß ja um die kritische Distanz, aus der Du die Art, wie ich Christologie und überhaupt Theologie treibe, betrachtest und die ich, obwohl ich mich lieber an das uns Verbindende halte, womöglich jetzt noch verstärke. Hinzu kommt die eher pragmatische Schwierigkeit, daß Deine Thesen zwar die Bedingungen und Anforderungen, unter die jede Christologie nach Auschwitz gestellt ist, benennen und sehr eindringlich Deine leitenden Optionen markieren, aber kaum schon einen konkreten Weg für die *Ausführung* der christologischen Aufgabe skizzieren und mir insofern auch nicht immer ganz klar ist, wie weit jene Anforderungen tatsächlich reichen und was sie im einzelnen für die dogmatische Arbeit besagen. Ich will deshalb versuchen, die Vorgaben Deiner Thesen mit den aus meiner Sicht wesentlichen Erfordernissen für einen christologischen Entwurf zu vermitteln und dann Dir das Urteil zu überlassen, ob und in welchem Maß ich mich dabei noch auf der Linie Deiner Intentionen bewege. Allerdings kann ich nur wenige, wenn auch für mich entscheidende Punkte ansprechen und riskiere es in der Form eines spontan und ebenfalls thesenhaft antwortenden Briefes: ohne wissenschaftliche Absicherung also und ohne ausdrücklichen Bezug auf die einschlägigen Diskussionen in der Literatur. Falls Dir meine Antwort zu apologetisch und herkömmlich ausfällt, um Dich mit ihr befreunden zu können, hätte ich mich dennoch den Fragen, die Dich bewegen, nicht völlig entzogen. Falls Du Deine Überlegungen jedoch aufgenommen findest und Dich auch Deinerseits anfragen läßt, hätten wir ein Stück der Verbundenheit praktiziert, die das Projekt, dem Du Dich verschrieben hast, uns Theologen auferlegt: eben weil die Fragen, die Dich dabei bewegen, nicht nur *Deine* Fragen sein dürfen.

1. Ich beginne mit einer ziemlich persönlichen Erklärung. Es ist ja wahr, daß mir der Name Auschwitz nur selten über die Lippen kommt. Was er in mir bewirkt: Entsetzen, Scham und Empörung und auch wohl unwillkürlich die Regung eines hilflos-stummen Gebets – ich kann darüber kaum reden. Schon früh hat mein Vater (wenn auch vielleicht noch zu schonend, aber doch deutlicher als etwa die Eltern meiner Freunde) von den Verbrechen der Deutschen am

jüdischen Volk zu mir gesprochen – und Eugen Kogons Bericht »Der SS-Staat«, den ich 1956 als Fünfzehnjähriger las und überhaupt nur mit Mühe bis ans Ende zu lesen vermochte, habe ich nie mehr vergessen. Dieses Buch hat (neben der Lektüre von Camus und einigen anderen) den Glauben meiner Kindheit und Jugend beendet; es hat Jahre gedauert, wieder Boden zu finden. *Mein* Problem wurde die *Hoffnung*, die dennoch möglich sein könnte und ehrlich vertretbar. Als Instanz *gegen* den Glauben wirkt der Gedanke an Auschwitz jedenfalls auf mich so stark, daß ich ihn kaum aushalten kann – und doch gerade im Glauben ihn aushalten *muß!* Auf diese kriteriologische Bedeutung von Auschwitz fand ich mich durch Baptist und Dich von neuem verwiesen; ich kann nur hoffen, daß meine Theologie ihr wenigstens nicht widerspricht. Aber davon zu sprechen vermag ich nur schwer. Denn tragender *Grund* des Glaubens ist solche Erinnerung nicht – und auch ein Argument für ihn nur dann und insofern, als er zu ihr, die uns moralisch geboten ist, tatsächlich befähigt. Aber als ihn einfordernde Bewährung ist sie auch seine Gefährdung: äußerste Infragestellung, offene Wunde, lastendes Gegengewicht.

2. »Auschwitz kann nicht verstanden werden« – mit Dir stimme ich Dolf Sternberger zu. Zumindest jedes Denken, das die Katastrophe »spekulativ zu verarbeiten oder gar einzuordnen« sich traut, findet im kategorischen Nichtsein-Sollen des Furchtbaren, das geschehen ist, die es richtende Instanz. Dieselbe moralische Evidenz ist es, die das psychologische Verstehen- wie das soziologische Erklärenwollen in seine Schranken verweist, desgleichen die historische Objektivierung unterbricht, die das Geschehene neutralisiert und die Erinnerung aushöhlt. Nicht aber durch Auschwitz diskreditiert, sondern dringlicher noch als zuvor schon auferlegt ist ein Denken, das sich selbst in der Erfahrung unbedingten Sollens (konkret: der Anerkennung des Anderen) faktisch verankert und bei allem, was es zu sagen hat, an sie gebunden weiß. Und das sich dann auch, *als* derart verpflichtetes, über sich selbst zu verständigen sucht, um im Streit darüber, was gelten muß, verbindlich argumentieren zu können.

3. Ebenfalls entschieden teile ich Deine Ablehnung der Tendenzen, »Auschwitz christologisch zu deuten und theologisch zu überhöhen«. Und wieder ist es primär die Achtung der Opfer, die dies verbietet. Aber es wäre auch theologisch ein Abweg: setzt doch die Geschichte zwischen Gott und den Menschen ihr unaufhebbares Gegenüber voraus. Weder ist sie als ein Geschehen *in* Gott zu begreifen noch das Sterben Jesu unmittelbar mit dem Tod der in Auschwitz Ermordeten zu verbinden. Auch die äußerste Menschenzuwendung Gottes, wie sie die Christen in Jesu Wirken, Tod und Auferweckung erkennen, löst die Theodizeefrage nicht, sondern treibt sie verschärfend hervor. Aber so hält sie diese Frage auch wach: als Frage an Gott. Denn was sie eröffnet, ist gerade keine Erklärung des abgründigen Verlaufs der Geschichte. Wohl aber Hoffnung, die

der Verzweiflung an ihr widersteht. Die Verzweiflung aber wäre: das Vernichtetsein der Toten (die Vergeblichkeit ihrer Schreie) für definitiv erklären, d. h. faktisch affirmieren zu müssen.

4. Die Möglichkeit einer Christologie nach Auschwitz setzt voraus, daß ihr Anspruch auf Wahrheit nicht in der Glaubwürdigkeit der Christen, sondern in dem Geschehen gründet, auf das ihr christologischer Glaube nur Antwort sein kann. Denn wäre es anders, so hätte ihre Schuld an den Juden eo ipso auch den Geltungsanspruch ihrer Glaubenswahrheit vernichtet. Gleichwohl konnte und ist es geschehen, daß sie diese Wahrheit durch ihren Mißbrauch bis zur diametralen Sinnverkehrung entstellten – und dies bedeutet: daß sie, indem ihre Christologie »als Speerspitze des Antijudaismus funktionierte oder funktionalisiert wurde«, zugleich an ihrer eigenen Wahrheit schuldig wurden. Die hier fälligen Unterscheidungen zu treffen – darin sehe ich die eigentliche Aufgabe der »kritischen Christologie«, die Du forderst: in der Revision der »theologischen und religiösen Stereotypen des Antijudaismus«, durch deren Produktion der christologische Glaube seine moralische und politische Unschuld verlor. In vielen Punkten (vor allem im Blick auf das Substitutions-Theorem und das verhängnisvolle Gottesmörder-Verdikt) ist die Dringlichkeit dieser Aufgabe so evident, daß sich weitere Diskussionen verbieten. Dennoch bedrängt mich eine Schwierigkeit, die ich nicht leicht von der Hand weisen kann: wird doch gelegentlich auch schon der Versuch, überhaupt nur die *Besonderheit* des christlichen Glaubens zu bestimmen und über sie Rechenschaft zu geben, unter den Verdacht des Antijudaismus gerückt. Dies ist die Stelle, wo ich Klärung brauche und ehrlich Hilfe suche: Was genau heißt »Antijudaismus«? Und wie ist eine Christologie möglich, die zu diesem Verdikt keinerlei Anlaß mehr gibt? Und deshalb meine Bitte an Dich, das Weitere unter diesem Gesichtspunkt zu prüfen und mir Dein Urteil nicht zu verschweigen.

5. Die Christologie, heißt es in Deiner vierten These, »will ursprünglich nichts anderes, als den Gott Israels zu verdeutlichen, ihn nicht zu widerrufen, sondern zu erläutern«. Und mag hier der Ausdruck »erläutern« auch noch erläuterungsbedürftig erscheinen, so präzisierst Du doch in der zehnten These, daß »jegliche Christologie sich aus dem Bewußtsein speist, daß in Jesus Christus etwas definitiv von Gott her geschehen ist und daß dies zuletzt durch die Auferstehung bestätigt wurde«. Darf ich also mit Deiner Zustimmung rechnen, wenn ich die Beziehung des durch Jesus Christus eröffneten zum jüdischen Glauben an Gott als ein *Bestimmungsverhältnis* begreife – so also, daß Israels Glaube zwar näher bestimmt, aber dabei doch nicht etwa zurückgelassen oder gar »widerrufen«, sondern vorausgesetzt wird und bewahrt bleibt? Allerdings hängt das Recht einer solchen (und erst recht einer »definitiven«) Näherbestimmung daran, daß sie auf Gottes eigener Selbstbestimmung für uns beruht, also in Jesus Christus tatsächlich »etwas definitiv von Gott her geschehen ist«. Ge-

nau dies meine ich, wenn ich (inhaltlich bestimmter) Jesu Leben und Geschick als die (innergeschichtlich) endgültige Gestalt der Menschenzuwendung des Gottes Israels bezeichne und als Basisaussage christlicher Theologie den Satz formuliere, daß es die wesentliche Bedeutung der Geschichte Jesu ausmacht, der Erweis (d. h. das endgültig offenbarende Geschehen) der unbedingt für die Menschen entschiedenen Liebe Gottes zu sein. Was dies im Blick auf unser Thema bedeutet, muß ich freilich nun meinerseits erläutern.

6. Was zunächst die *Begründung* meiner »Basisaussage« betrifft, so kann sie m. E. *ohne Verzeichnung des jüdischen Glaubens* gelingen. Denn sie rekurriert nicht auf Entgegensetzungen zu ihm, sondern positiv auf die *Ursprünglichkeit* (und unverfügbare Freiheit) des in Jesus Christus von Gott her Geschehenen: sichtbar an Jesu vollmächtiger, d. h. *aktueller* Inanspruchnahme von Gottes bedingungslos zuvorkommender Liebe für sein eigenes Handeln, die dann aufgrund seiner offenbaren Auferweckung als gerechtfertigt gelten konnte und deshalb auch sein Sterben als Erweis der von ihm vergegenwärtigter Liebe (nämlich ihrer Unwiderruflichkeit und rückhaltlosen Vergebungsbereitschaft) zu verstehen erlaubt. Aber impliziert nicht – so der zu erwartende Einwand – auch schon die beanspruchte »Ursprünglichkeit« dieses Geschehens (und erst recht die Behauptung seiner Endgültigkeit) wenn nicht eine Entgegensetzung zum jüdischen Glauben, so doch den Aspekt der Überbietung? Und wäre damit über den antijudaistischen Grundzug christlicher Theologie nicht doch schon entschieden? Hier liegt in der Tat meine bedrängende Hauptschwierigkeit – ich komme auf sie zurück. Grundsätzlich jedoch wird man zulassen müssen, daß es zur unantastbaren Freiheit und unerschöpflichen Innovationsmacht des Gottes Israels gehört, Neues zu tun, wie er (in seiner Treue) es will. Und auf keinen Fall wird das der Gratuität solchen Handelns entsprechende Verhalten des Menschen dann darin bestehen, sich zu irgendeiner »auftrumpfenden, komparativischen Attitüde« berechtigt zu fühlen.

7. Übrigens sehe ich in der prinzipiellen Legitimationsbedürftigkeit und der aus menschlichem Vermögen nicht überwindbaren Zweideutigkeit des Vollmachtsanspruchs Jesu einen der wichtigsten Gründe, die es gerade *theologisch* unmöglich machen, sich gegenüber denjenigen unter den Juden, die tatsächlich Ärgernis an Jesu Auftreten nahmen, Schuldsprüche anmaßen zu wollen. Ich meine in der Tat (und jeder christologische Ansatz »von unten«, wie er für eine rechenschaftspflichtige Christologie geboten ist, hätte deutlich davon zu sprechen), daß – aus menschlicher Perspektive geurteilt – die Konstellation, die Jesus durch die Unmittelbarkeit seines Vollmachtsanspruchs heraufbeschwor, weit eher tragisch genannt als noch moralisch beurteilt werden kann und ihre letzte Aufhellung (erst recht jede bewertende) eine Ebene der Betrachtung erfordern würde, die uns verschlossen ist. Daß ein Mensch sich selbst (faktisch) als Ort der Gegenwart Gottes (des in seiner Freiheit entschiedenen Gottes)

ausgab – konnte es nicht *tatsächlich* Gotteslästerung, Usurpation göttlicher Prärogative, angemaßte Gottgleichheit sein (vgl. Mk 2,7; Joh 5,18; Mt 11,6; Lk 12,8 f.; Mk 14,62 ff.)? Und wenn Paulus Röm 9,32 f. vom »Stolperstein« spricht, zu dem Jesus (bzw. der auferweckte Gekreuzigte) den Angehörigen seines Volkes ausgerechnet wegen ihrer gehorsamen Treue zu ihrem Bundesgott wurde – weist dies nicht sogar (und zwar schon unabhängig vom problematischen Prädestinations- und Verstockungsmotiv) auf die Verantwortung *Gottes*, der diesen Stolperstein setzte? Natürlich müßte darüber viel gründlicher als hier möglich nachgedacht werden – und ich spreche diesen Punkt auch nur an, weil das Verstummen der traditionellen christlichen Schuldvorwürfe aus moralisch schlechtem Gewissen (und wahrhaftig berechtigtem schlechtem Gewissen!) ja keineswegs auch schon eine Revision des Denkens und die Überwindung der verfeindungsbereiten Grundhaltung bedeutet.

8. Der Glaube an das in Jesus Christus ursprünglich von Gott her Geschehene findet seine Ermöglichung und Begründung in diesem Geschehen selbst: in seiner durch seine Einzelmomente (Verkündigung, Tod und Auferweckung Jesu) konstituierten *hinreichenden Bestimmtheit* (fundamentaltheologischer Aspekt) wie in der *Bedingungslosigkeit* des in ihm angebotenen Heils (soteriologischer Aspekt). Nur so war und ist es ja denkbar, daß die Heiden, ohne erst Juden zu werden (und werden zu können), die Bedeutung der Zuwendung Gottes in Jesus Christus für sie einsehen und bejahen, also zur Gemeinschaft mit dem Bundesgott Israels hinzutreten können. Dies freilich impliziert, daß *für sie* die soteriologische Bedeutung der Thora zugunsten des dem Christusgeschehen entsprechenden Glaubens zurücktritt bzw. in ihm eine veränderte Stellung gewinnt. Gleichwohl ist auch dieser Gedanke weder als »Ausschließlichkeits-Argument« für den christlichen Heilsweg verwendbar, noch besagt er, daß die Christen »im Grunde das Volk und den Bund Gottes mit Israel nicht mehr brauchen«. Denn so gewiß Israels Glaube durch das Christusgeschehen näher bestimmt wird, so wesentlich wird er dabei vorausgesetzt und bekräftigt, so daß nun auch der Glaube der Christen von dieser Wurzel sich nährt. Wieviel dadurch an Gemeinsamkeiten gestiftet ist, die bis in die Konstitution christlicher Identität reichen, brauche ich hier nicht aufzuzählen. Zu recht betonst Du das (religionsgeschichtlich vergleichslose) Wissen von Juden und Christen um die Option ihres Gottes für die Geringen und Armen: »seine Nähe zu den Kleinen, seine Tendenz nach unten«. Aber auch schon das grundlegende und ebenfalls sehr spezifische Menschen-, Welt-, Zeit- und Geschichtsverständnis gehört dazu, das eben in der Ausprägung, die es in Israels Glaubensgeschichte (und in deutlicher Abhängigkeit von seinem Gottesbewußtsein) gewann, zur Grundsignatur auch der christlichen Glaubensaussagen wurde und für das einzutreten – auch im philosophischen Diskurs einzutreten! – angesichts der grassierenden postmodernen Mentalität und der Inflation neupaganen mythischen Denkens

zu einer immer dringlicheren fundamentaltheologischen (und zugleich öffentlich-humanen) Aufgabe wird.

9. Am nachhaltigsten erweist sich die unlösbare Gebundenheit des christlichen an den jüdischen Glauben in der bleibenden *kriteriologischen Bedeutung der Verheißungen Israels für die christliche Soteriologie*. Denn wenn Paulus von Christus Jesus, dem »verwirklichten Ja« Gottes, bezeugt: »Er ist das Ja zu allem, was Gott verheißen hat« (2 Kor 1,19f.), dann behauptet er ja eindeutig *nicht*, daß durch Christus – um es mit Deiner Kennzeichnung des christlichen Triumphalismus zu sagen – auch schon »alles erfüllt« sei. So wirksam namentlich die Offenbarung des auferweckten Gekreuzigten die jüdische Auferstehungshoffnung, die sie zugleich als Verstehensvoraussetzung beanspruchte, auch bestätigt (und für die Heidenchristen überhaupt erst begründet) hat, so wenig ist der Anbruch der Verheißung in diesem Einzelnen schon die reale Erlösung der Welt und Geschichte, die sich nach jüdischer Erwartung mit dem Kommen des Messias verbindet. Wie Du weißt (und ich schon oft näher ausgeführt habe[1]), verwende ich, um den berechtigten jüdischen Einsprüchen gegen die christliche Messias-Prädikation Rechnung zu tragen und die von ihr verursachten Mißverständnisse zu korrigieren, die Unterscheidung zwischen *Endgültigkeit* und *Vollendung* der Erlösung (oder besser: der Offenbarung und Menschenzuwendung Gottes). Denn diese Unterscheidung – mit freiheits- und symboltheoretischen Kategorien entwickelt – erlaubt es, das »Schon« des »Noch-nicht« und das »Noch-nicht« im »Schon« inhaltlich zu bestimmen: d.h. einerseits der Ereigniszusammenhang von Jesu Verkündigung, Tod und Auferweckung als die der Unbedingtheit der Liebe Gottes gemäße (weil geschichtlich nicht mehr widerlegbare und insofern unüberbietbare) Offenbarungsgestalt zu begreifen, sie in diesem Sinn als »end-gültig« zu bezeichnen und sogar von Gottes Selbstgegenwart in dieser realen Präsenz seiner unbedingten Liebe zu sprechen, zugleich und andererseits aber – im Blick auf die zeitliche und stets nur endlich-symbolische Realisierung jeder unbedingten Bejahung von Freiheit – das in dieser endgültigen Zuwendung von Gottes Liebe verbürgte Versprechen ihrer Treue als stets noch einzulösendes und seine Erfüllung angesichts der andauernden Heillosigkeit unserer Welt und Geschichte als noch nicht vollendete zu bedenken und dadurch jeder soteriologischen Konzeption entgegenzutreten, in der Israels eschatologisches Gewissen stillgelegt ist. Für den Glaubensvollzug der Christen bedeutet die so verstandene »Endgültigkeit«, daß sie bei allem, was sie beginnen und zu wirken versuchen, von Gottes unbedingt entschiedener Liebe, ihrer nie erschöpften Vergebungsbereitschaft und todüberlegenen Treue,

---

[1] Am ausführlichsten in: *Th. Pröpper*, »Daß nichts uns scheiden kann von Gottes Liebe ...«. Ein Beitrag zum Verständnis der »Endgültigkeit« der Erlösung: *A. Angenendt/H. Vorgrimler* (Hg.), Sie wandern von Kraft zu Kraft, Kevelaer 1993, 300–319.

schon ausgehen dürfen und daß es, obwohl ihre umfassende Verwirklichung noch aussteht, doch schon jetzt keine Situation mehr zu geben braucht, in der sie sich von ihr getrennt glauben müßten (Röm 8, 38 f.). Eben diese *Vorgabe* für den Glauben mit ihrem ganzen befreienden wie kritischen Potential im Bewußtsein der Gegenwart zur Geltung zu bringen, empfinde ich als die genuine (und indispensable) Pflicht christlicher Theologie; als ihren spezifischen Auftrag zugleich für die Humanisierung der verheißungs- und gnadenlosen Verhältnisse unserer in sich selbst sich einspinnenden Gesellschaft. Dabei übersehe und verkleinere ich nicht, wie blind und weitgehend der christlich-soteriologische Triumphalismus, zumal er sich historisch nur um den Preis einer Verinnerlichung der Erlösung durchhalten ließ, sich gerade seiner Verantwortung für die reale Geschichte entzog – und angesichts dieser geradezu konstitutionellen Versuchung des christlichen Glaubens zur »Ideologie der Erfüllung« (Bloch) mag es sich sogar nahelegen, seine wesenhafte Angewiesenheit auf das lebendige jüdische Glaubenszeugnis darin zu erkennen, von ihm – gleichsam als dem Stachel im eigenen Fleisch – beharrlich an die Unerlöstheit der Welt gewiesen zu werden. Trotzdem würde ich nicht so weit gehen, aus diesem Gedanken so etwas wie eine Komplementarität heilsgeschichtlicher Berufungen zu konstruieren: zum einen, weil eine solche geschichtstheologische Spekulation uns unerschwinglich und ihre Perspektive anmaßend wäre, und zum anderen, weil sie mit ihrer funktionalen Zuordnung den Gehalt des jüdischen wie des christlichen Glaubens verkürzend fixiert und die Eigenständigkeit namentlich des jüdischen Selbstverständnisses verletzt.

10. Die bereits angesprochene, mich bedrängende Frage nach dem (womöglich wesentlichen) antijudaistischen Charakter christlicher Theologie sollte sich m. E. nicht – wie Du das nennst und ebenfalls ablehnst – durch Übung im theologischen »Besitzverzicht«, sondern daran entscheiden, ob es ihr gelingt, den *eigenen Weg Israels zum Heil* ehrlich anzuerkennen und so die *Weggemeinschaft* des jüdischen und christlichen Glaubens – ihrer Verbundenheit aus ihrer gemeinsamen Wurzel entsprechend – theologisch wirksam zu motivieren. Was dieses gemeinsame Unterwegssein konkret an Möglichkeiten und Aufgaben einschließt – dazu muß hier freilich das schon Angedeutete (und eher implizit Gesagte) genügen. Bezüglich der grundlegenden Frage nach der Anerkennung von Israels besonderem Heilsweg aber versteht es sich, daß sie – sofern es eben die Christen sind, die hier Klarheit schulden – nur auf der Basis ihrer eigenen theologischen Voraussetzungen eine Antwort finden kann: im Rahmen einer christlichen Theologie des Judentums also, die sich gleichwohl keine Definitionsmacht über das Selbstverständnis des jüdischen Glaubens anmaßen dürfte. Ich denke, daß ein solcher Versuch auf die Frage hinauslaufen könnte, ob und wie die häufig von jüdischer Seite formulierte Sicht des Christentums als Öffnung des Väter- und Sinaibundes für die Völkerwelt aus christlicher Perspektive

reformuliert und so angeeignet werden kann. Auf die Vorgaben, die Paulus mit seinen verschlungenen Reflexionen in Röm 9–11 dafür möglicherweise bietet, kann ich jetzt leider ebenfalls nicht eingehen: weder auf das Motiv des »Stolpersteins«, das (wie schon angedeutet) die Schuldfrage auf jeden Fall (und auch schon unabhängig vom problembeladenen Verstockungskonzept) unserer Beurteilungskompetenz entzieht, noch auf die verschränkten Aussagen über den (faktischen) Bedingungszusammenhang, in den Paulus die (unwiderrufliche) Erwählung und den Ungehorsam Israels, das Erbarmen Gottes für die (ungehorsamen) Heiden und sein schließliches Erbarmen für alle rückt – Aussagen, die sich zwar kaum zu einer geschichtstheologischen, die heilsgeschichtlichen Daten dialektisch verrechnenden Theorie über Gottes mit Notwendigkeit ablaufenden Heilsplan verfestigen lassen, aber umso eindringlicher vor Augen führen, wie grundlegend die Heidenchristen an der Erwählungsgeschichte Israels profitieren und ebenso Gottes Heilsinitiative in Jesus Christus beiden zugute kommt. Im Blick auf mein Leitproblem verdient es nun jedoch höchstes Interesse[2], daß Paulus mit dem Argument, daß Gott durch die Aufkündigung seiner Treue zu den Verheißungen an die Väter sich selbst und seinem eigenen Wort untreu und sein Handeln selbstwidersprüchlich würde, nicht erst nachträglich oder zusätzlich operiert, sondern daß er – eben weil er Israels unwiderrufliche Erwählung konkret im Blick auf dessen Nein zum Evangelium Jesu Christi zu verstehen bemüht ist – dieses auf jeden Fall gültige Argument von vornherein so eng mit seiner in der Christologie gründenden Lehre von der Rechtfertigung allein aus Gottes freier, konditionsloser und überreicher Gnade, dem Zentrum seiner Theologie, verbindet, daß es – durch diese Lehre bekräftigt – sich zugleich in seiner konkreten Tragweite erschloß und die Ansage der Errettung ganz Israels in der Begegnung mit dem Parusie-Christus sich konsequent aus ihr ergab. Gerade weil Paulus das Evangelium Jesu Christi, der für alle gestorben ist, als das definitive Heilsangebot Gottes und der auferweckte Gekreuzigte als der Messias Israels und Herr aller Völker gilt (10, 4.6–13; 1, 3–5; 9, 5), konnte und mußte er von seiner Parusie die treue Erfüllung der Verheißungen Gottes für Gesamtisrael erwarten, eben deshalb aber auch den eigenständigen, unverwechselbaren Weg Israels anerkennen, der in jedem Fall auf die heilvolle Begegnung mit diesem Christus Gottes zuläuft und den in seiner *Besonderheit* von ihren eigenen Voraussetzungen her zu verstehen wir heute um so bereitwilliger den Juden selbst überlassen können, als wir – anders als wohl Paulus in der von ihm zu bewältigenden Situation – keinen Anlaß mehr haben, den Sinn dieser Besonderheit primär oder gar ausschließlich von Israels Nein zum Evangelium Jesu Christi her zu ergründen. Gern, Tiemo, würde ich wissen, ob Dir eine

---

[2] Die im folgenden angedeutete Perspektive verdanke ich *M. Theobald*, Kirche und Israel nach Röm 9–11: Kairos. Neue Folge 29 (1987) 1–22.

solche Perspektive ausreichend erscheint – sie bleibt ja immer noch christologisch fundiert. Aber sie durchbricht und verhindert doch, eben weil sich die Wahrheit des Evangeliums Jesu Christi und der durch ihn begegnenden eschatologischen Gnade nicht von den Christen und der Kirche vereinnahmen und ihre Gültigkeit sich erst recht nicht von ihnen abhängig machen läßt, jeden ekklesiologischen Exklusivismus und bietet uns so die Möglichkeit, die Besonderheit des Weges zum Heil, auf dem die Juden in Treue zur gültigen Heilsgabe ihrer Thora unterwegs sind, aus der Mitte unseres Glaubens heraus zu bejahen.

11. Auf die eigentliche *Ausführung* der Christologie und namentlich die *altkirchliche Lehrentwicklung* bin ich nun überhaupt noch nicht eingegangen – und zwar einfach deshalb nicht, weil sie in ihrem Ergebnis (Wesenseinheit Jesu mit Gott und Trinitätslehre) zwar die inhaltlichen und als solche tiefreichenden (vielleicht sogar unüberbrückbaren und dann wohl nur auszuhaltenden) Differenzen des christlichen zum jüdischen Glauben in ihrer entwickelten Gestalt präsentiert und schmerzhaft fixiert, aber von ihrer wesentlichen *Intention* her – wenn man die vorgeschlagene »Basisaussage« christlicher Theologie akzeptiert – nicht eigentlich (im beschriebenen Sinn) antijudaistisch genannt werden kann. Denn jene Aussage, also die Wahrnehmung von Jesu Geschichte als dem endgültigen Erweis der für die Menschen entschiedenen Liebe des Gottes Israels (und dann näherhin die Selbstgegenwart und Selbstmitteilung Gottes in der Unbedingtheit seiner durch Jesus vergegenwärtigten Liebe) impliziert nun einmal den im strengen Sinn zu fassenden Gedanken der *Selbstoffenbarung* Gottes und deshalb (ebenso wie der Begriff seiner definitiven Selbstbestimmung für uns in Jesu Geschichte) die Konsequenz, daß fortan – sobald nur erst danach gefragt ist – das Sein und Wesen Gottes selbst nicht mehr ohne seine Bestimmtheit durch Jesus Christus »erläutert« und »verdeutlicht« werden kann (wobei dann auch die Metapher der »Einwohnung« Gottes, an die Du erinnerst, zumindest noch bestimmungsbedürftig wäre). Ohne dies alles ausführen zu können[3], möchte ich nur sagen: Die Resultate der altkirchlichen Christologie halte ich in genau dem Maße für sachlich legitimiert und irreversibel (und natürlich daraufhin auch für prüfungsbedürftig), wie der Glaube an Gottes Selbstoffenbarung in Jesus Christus, die mit seinem »endgültigen« Heilshandeln eins ist, zu ihnen nötigte, um im Denken geschützt und durchgehalten zu werden. Daß dies mit den Mitteln desjenigen Denkens geschah, auf das man sich (wie zuvor schon Philo, der Diasporajude) einlassen mußte, wenn man der Herausforderung zur gedanklichen Rechenschaft und Erschließung des eigenen

---

[3] Vgl. aber *Th. Pröpper*, Freiheit als philosophisches Prinzip theologischer Hermeneutik: Bijdragen 59 (1998) 20–40, 21 ff.; zu der im folgenden angesprochenen hermeneutischen Problematik auch *G. Essen/Th. Pröpper*, Aneignungsprobleme der christologischen Überlieferung. Hermeneutische Vorüberlegungen: *R. Laufen* (Hg.), Gottes ewiger Sohn. Die Präexistenz Christi, Paderborn 1997, 163–178.

Glaubens wie zur Auseinandersetzung mit dem längst ausgearbeiteten philosophischen Gottesverständnis nicht ausweichen wollte, war der unvermeidliche Preis: auf ein Denken in der Tat, das der jüdischen Grundsignatur der christlichen Glaubensaussagen nur in Einzelaspekten entgegenkam und namentlich für das Bekenntnis zu Gottes souveräner Schöpfermacht, seiner freien Geschichts- und personalen Beziehungsfähigkeit von Haus aus verschlossen war. Umso mehr bleibt es anzuerkennen, daß die patristische Christologie, als ihr einerseits durch Arius und andererseits durch Apollinaris (und einige Spätere) klar wurde, wie weit sie in die Hellenisierungsfalle schon hineingetappt war, es zum einen in Nikaia gewagt hat, den hermetischen mittelplatonischen Gottesbegriff auf die Möglichkeit der geschichtlichen Selbstmitteilung Gottes hin zu öffnen, und daß sie zum anderen – was Dir vor allem wichtig ist – auf ihrem Weg bis Chalkedon, dem Weg einer ebenfalls »rückläufigen Hellenisierung« (A. Grillmeier), die mächtige Tendenz niederrang, aus dem Mittler zwischen Gott und den Menschen ein gottmenschliches Mischwesen werden zu lassen. Gleichwohl ist ihr – trotz dieser und noch einiger weiterer erheblicher Korrekturen – die Transformation der adaptierten antiken Philosophie zu einer konsistenten, dem biblischen Glauben gemäßen Denkform nicht gelungen. Für immer tragisch bleibt auch, daß mit dem frühen Scheitern eines respektvollen Nebeneinanders der judenchristlichen Tradition und des hellenistisch sich inkulturierenden Christentums die lebendige Verbindung zu den jüdischen Wurzeln des Glaubens zerriß. Und wahr ist vor allem, daß die gleichsam fertigen christologischen Resultate, je weniger der Weg, der zu ihnen nötigte, noch erinnert wurde, nicht nur für vielfältige Verzeichnung und Remythisierung, sondern eben auch für eine ideologische, namentlich antijudaistische Verwertung anfällig wurden, die Gottes eigener Gesinnung und Handlungsweise, wie sie im Weg Jesu sich realisierte, direkt widersprach. Die Konsequenz aus alledem kann jedoch m. E. nur sein, durch geduldig erschließende und kritisch unterscheidende, auf die Sachlogik der Glaubensüberlieferung seit ihren Anfängen achtende hermeneutische Arbeit den gültigen Gehalt ihrer Ergebnisse zu bestimmen, ihn mit Hilfe eines dem biblischen Glauben gemäßen und zugleich philosophisch vertretbaren Denkens zu reformulieren und ihn so angesichts der stets möglichen Regression des Glaubensbewußtseins zu bewahren wie gegen dessen blinde Akkomodation an die Plausibilitäten des jeweils herrschenden Zeitbewußtseins zur Geltung zu bringen. Entscheidend ist dabei nicht, ob überhaupt mit »Wesensbegriffen« gearbeitet wird, sondern welche es sind – wie anders sollte denn auch, worauf Du mit Eberhard Jüngel bestehst, der Gott Abrahams, Isaaks und Jakobs (und Jesu Christi) noch »denkbar bleiben« können? Übrigens würde ich auch das patristische Motiv der »Vergöttlichung« nicht ganz so streng kritisieren, wie es Dir nötig erscheint: vermochte es trotz aller platonischen Einfärbung doch zu Bewußtsein zu bringen, daß sich der

Mensch schon durch sein geschöpfliches *Wesen* auf Gott verwiesen erfährt und darum auch, um *nur* Mensch sein zu können und nicht *un*menschlich zu werden, der erfüllenden Zuwendung seiner Liebe bedarf. Und was endlich die von Chalkedon hinterlassenen, bis heute offenen »spekulativen« Fragen betrifft, so möchte ich auf ein »dialektisches« oder »paradoxales« Denken schon deshalb nicht setzen, weil mit dessen Empfehlung zu oft schon – an historischen Beispielen fehlt es ja nicht – eine Abdrängung der bereits aufgebrochenen Probleme, wenn nicht sogar eine Immunisierung des Glaubens gegen die Ansprüche der Vernunft überhaupt sich verband. Umso klarer müßte ich jetzt freilich, zumal ich mir wie Du keine weiterführende Hilfe von den Kategorien griechischer Provenienz mehr verspreche, die alternative Denkform benennen, die ich meinerseits für die Vergegenwärtigung und gedankliche Erschließung des christologischen Dogmas favorisiere. Aber das wäre nun wirklich – Fontane möge mich dispensieren – »ein *zu* weites Feld«.

12. Stattdessen noch die Frage, welches *Gewicht* der christologischen Reflexion eigentlich zukommen soll. Denn angesichts der so gern sich versteigenden, selbstgenügsamen Spekulation wie auch der kirchlich-neurotischen Fixierung auf eine »150prozentige« Verbalorthodoxie kann ich Deine entschiedene Rückbindung der Christologie an die Praxis des Glaubens nur unterstützen. Zwar würde ich sie deshalb nicht schon eine »praktische Wissenschaft« nennen, aber auf jeden Fall ihre konstitutionelle Eingebundenheit in den Prozeß der Glaubensüberlieferung einschärfen, dessen fundamentale Dimension eben die Praxis zu sein hat, in der im Entschluß der Freiheit auf die Wahrheit des Glaubens tatsächlich gesetzt wird und diese jeweils zur Wirklichkeit kommt. Allerdings wäre solche Praxis nicht Praxis des *Glaubens*, wenn sie ihren ermöglichenden, orientierenden und tragenden Grund nicht von sich selbst unterschiede – so wie es in den zeitlich ausgreifenden Vollzügen der Erinnerung und Erwartung und den existentiellen Akten von Lob, Dank, Bitte und Klage ja auch ausdrücklich geschieht. Aus derselben Differenz aber resultiert auch die Aufgabe der *Theologie:* Denn indem sie die praktisch vom Glauben beanspruchte und behauptete Wahrheit als solche thematisiert, nachdenkend erschließt und argumentierend vertritt, wirkt sie ihrerseits orientierend, stützend und kritisch auf die Praxis, von der sie ausging, zurück und bleibt so dialektisch auf sie bezogen. So wesentlich nun diese Eingebundenheit, so unentbehrlich doch auch die unterbrechende, abstandnehmende Reflexion. Indem sie die theoretische Möglichkeit der Glaubenswahrheit aufzeigt und ihre menschliche Bedeutung erschließt, schützt sie die Erinnerung des Glaubens und ersetzt sie doch so wenig, wie sie selbst für das den Glauben gründende Geschehen nicht aufkommen, sondern dieses nur erzählt werden kann. Zugleich wehrt sie (auch mit den Mitteln historisch-kritischer Arbeit) der Verselbständigung der Überlieferung gegenüber ihrem zu bezeugenden Ursprung, öffnet andererseits den sich einspinnenden

persönlichen und kirchlichen Glauben für das Bewußtsein der Gegenwart und weist ihn in die aufgegebene historische Situation ein. Indem sie näherhin – als Christologie im engeren Sinn – das Geschehen der Selbstoffenbarung Gottes auf Jesus selbst und seine Einheit mit Gott hin bedenkt, achtet sie es als Gottes eigenes Dasein für uns und wahrt seine nie zu erschöpfende Bedeutung. In eins aber begreift sie, daß seine Wahrheit nur auf dem Weg zu gewinnen ist, auf dem sie Wirklichkeit für uns wurde: in der praktischen Einstimmung unserer Freiheit, die faktisch Umkehr bedeutet und angesichts unserer Wirklichkeit, wie sie ist, die Bereitschaft zur Nachfolge – »Umkehr zum Kreuz« – impliziert. Daß auf diesem Weg der christliche Glaube an die Seite des jüdischen geführt werde, das ist – nach Auschwitz – meine Hoffnung.

Allmacht Gottes

I. Biblisch:

Das Alte Testament teilt mit seiner Umwelt die Überzeugung, daß alles Geschehen auf göttliches Handeln zurückgeht; doch bestimmend für sein Gottesverständnis wurden die geschichtsmächtigen Taten, die Israel als Jahwes Volk konstituieren (Ex 20,2). So besingt älteste Dichtung Jahwe als Kriegsheld (15,21); formelhafte Erinnerung hält fest, was er »mit starker Hand und hoch erhobenem Arm« für Israel vollbrachte (Dtn 4,34; 2Kön 17,36), auch alte Namen wie »der Starke Jakobs«, »Israels Fels« oder »Schild« heben die rettende, verläßliche Macht als primäres Attribut Gottes hervor (Gen 15,1; 49,24; 2Sam 23,3). Seine Allmacht aber wurde erst denkbar, als die in den Geschichtserfahrungen und der Jahwe-Monolatrie begründete Tendenz, Jahwes Macht und Zuständigkeit auf alle Lebensbereiche und über Israel hinaus (Am 1f.; Jes 7,18ff.; Jer 27,6) auszuweiten, im expliziten Monotheismus des Dtn und Deuterojesajas zum entscheidenden Durchbruch gelangte: »Jahwe ist der Gott, kein anderer ist außer ihm« (Dtn 4,35). Seine Einzigkeit und unvergleichliche Größe erweist sich in seiner universalen, uneingeschränkten Wirkkraft (Jes 40,25–28; 43,10–13; 44,6–8.24; Dtn 3,24; 6,4; 10,17), wobei seine Allmacht weniger aus seinen Namen (die Bedeutung von *schaddaj*, in der LXX mit παντοκράτωρ und in der Vulgata mit *omnipotens* übersetzt, ist unsicher) als aus den reflektierenden Aussagen über ihn und sein freies, analogieloses Wirken ersichtlich ist: Als »der Erste und der Letzte« und als »ewiger Gott« ist er vor dem Dasein der Welt (Jes 40,28; 44,6; Ps 90,2); sein Handeln und Schaffen ist anfangsetzend (vgl. 2Makk 7,28; anders Weish 11,17) und erstreckt sich auf alles (Jes 44,24; Ijob 38); es erfolgt durch Gottes gebietendes und vollbringendes Wort (Gen 1,3; Ps 33,6.9; Jes 55,11; Weish 9,1); er vermag alles, was er will, und es geschieht, wenn er es will (Ps 135,6; Jes 46,10; Ijob 42,2), nichts ist ihm unmöglich (Gen 18,14; Jer 32,17.27). Obwohl er aufbaut und niederreißt, Heil und Unheil schafft (Jer 45,4; Jes 45,7), bleibt seine Allmacht durch Güte zu den Geschöpfen und seinen Heilswillen für Israel und alle Völker geleitet (Ps 36,6; 136; Jes 49,6). Wie als erschaffende wird Gottes Allmacht als bestandgebende, fürsorgende und allgegenwärtige geglaubt (Ps 23; 104; Weish 11,25f.; Jer 5,24; 32,19). Allwirksamkeit (Jes 45,7) aber heißt nicht Alleinwirksamkeit (Gen 1,26; Ps 8); auch Gottes Fügungen der Geschichte schließen menschliche Verantwortung nicht aus (Gen 50,20; Ex 8,15). Einsatz, Verheißung und Nähe der Allmacht Gottes gelten besonders den Niedrigen und Bedrückten (Am 4–6; Ps 113) und seinem geschundenen Knecht (Jes 42; 49; 52 f.); aus der Hoffnung auf ihre Treue erwächst schließlich die Auferstehungserwartung (Dan 12,1 ff.).

Das Neue Testament setzt den alttestamentlichen Glauben an die Allmacht Gottes voraus. Daß er Schöpfer, Erhalter, Lenker der Geschichte und Richter ist (Mk 13,19; Eph 3,9; Apg 4,24; 1,7; Röm 2,5 f.), steht ebenso fest wie die unbedingte Freiheit, Verfügungsgewalt und Unerschöpflichkeit seiner Allmacht (Hebr 11,3; Röm 9,20 f.; Lk 1,37; Mt 19,26). Zahlreiche Doxologien rühmen Gottes »ewige Macht« (1Tim 6,16; 1Petr 4,11), wobei die Offb (sonst nur 2Kor 6,18) den Titel παντοκράτωρ verwendet. Nach Röm 1,20 sind Gottes δύναμις und θειότης an den Werken der Schöpfung erkennbar. Zentral ist, daß Gottes Allmacht, seine ursprüngliche ἐξουσία und δύναμις, als endgültiger Heilswille in Jesus Christus begegnet. Seine Verkündigung und seine Taten, die das Ankommen der Herrschaft Gottes darstellen, geschehen mit »Vollmacht und Kraft« (Lk 4,36). Sein Herrsein aber bewährt sich in der Freiheit zu dienen, seine Vollmacht – als Vollmacht der Liebe – in der Bereitschaft zur Ohnmacht (Mt 20,24–28; Joh 13,1.13 f.; Phil 2,5–8). So wird die Auferweckung des Gekreuzigten zum entscheidenden Machterweis Gottes und weist zugleich an den Ort, wo Gott zu finden ist und seine Kraft erhofft werden darf: in der Gemeinschaft und auf dem Weg Jesu Christi (2Kor 13,4; 4,6 ff.). Im Blick auf den »Erstgeborenen der Toten« und den zur Rechten Gottes Erhöhten wird erkannt, daß alles »auf ihn hin«, ja »durch ihn« erschaffen ist und er die Allherrschaft ausübt, zu deren Zeugnis in »Kraft und Stärke« sein Geist auch die Gläubigen ermächtigt (Röm 1,4; Kol 1,15–20; Eph 1,17–23; Hebr 1,2 f.; Mt 28,18; Apg 1,8). So ist der Glaube an das Evangelium, das »Kraft Gottes« ist (Röm 1,16), selber Teilhabe an Gottes Allmacht (Mk 9,23) – gesandt in die unerlösten Verhältnisse der Welt und »fest überzeugt, daß Gott die Macht besitzt, zu tun, was er verheißen hat« (Röm 4,21; 8,18 ff.). Das Bekenntnis zu ihm, »der die Toten lebendig macht und das Nichtseiende ins Dasein ruft« (4,17), bindet Schöpfungs- und Auferstehungsglauben zusammen, bestimmt den Sinn der Allmacht Gottes und fundiert in ihr die Gewißheit, daß nichts »uns trennen kann von Gottes Liebe in Christus Jesus« (8,38 f.).

II. Historisch-theologisch:

Mit der patristischen Aufnahme der hellenistischen Philosophie wird auch deren Spannung zum biblischen Glauben an Gottes freie Allmacht bewußt. Denn das dem griechischen Denken des wahrhaft Göttlichen eigentümliche Rückschlußverfahren blieb nicht nur der Zweiheit von Gewirktem und Wirkendem verhaftet, sondern konnte auch das Göttliche nur als Grund der bestehenden Wirklichkeit und diese Beziehung nur als notwendige erfassen. Durch die These der *creatio ex nihilo* – zuerst bei Pastor Hermae (mand. 1,1) und seit Irenaeus (Haer. 2,10) reflexes Glaubensgut – wird jede Beschränkung der Allmacht Gottes auf eine bloße Formkraft der Materie überwunden, mit der Güte Gottes als alleinigem Schöpfungsmotiv auch die völlige Freiheit seiner Entschlüsse von innerer Notwendigkeit oder eigener Bedürftigkeit betont (Clem. Alex. strom. VII,7; Aug. civ. Dei XI, 24) und zudem die origenistische Begrenzung der Allmacht Gottes auf das faktisch Seiende abgewiesen (DS 410). Schon Justin führt den Auferstehungsglauben dafür an, »daß bei Gott nichts unmöglich ist« (1. Apol. 18). Gott heißt allmächtig, definiert Augustinus, »weil er kann, was immer er will« (Ench. 96); auch der Ausschluß des innerlich Unmöglichen und seiner Vollkommenheit Widersprechenden schränkt Gottes Allmacht nicht ein (C. Faust. 26,5).

Die mittelalterliche Theologie widmet der unbedingten Schöpfermacht Gottes verstärktes Interesse und lehnt mit Ausnahme Abaelards jedes außergöttliche Maß für sie ab. Während Petrus Damiani sie sogar den Regeln der Dialektik enthebt, Anselm von Canterbury sie aber an Gottes Weisheit und Gerechtigkeit bindet, setzt mit Petrus Lombardus das Bemühen ein, ihre Zuordnung zu Gottes Wesen und seinen übrigen Attributen systematisch zu klären. Thomas von Aquin erörtert Gottes Allmacht im Rahmen der Eigenschaften, die sich aus der Erkenntnis Gottes als *prima causa* ergeben, und bestimmt sie als das Vermögen, alles bewirken zu können, was sein kann (S.th. I, 25, 3). Duns Scotus erklärt sie zur Glaubenswahrheit, da weder ihre Freiheit noch ihr unmittelbares Erwirken von Kontingentem philosophisch erweisbar sei. Und während nach Thomas der Weltplan als ganzer aus Gottes praktischem Intellekt hervorgeht und sein Handeln *de potentia absoluta* bloße Denkmöglichkeit bleibt, betont Scotus die Fähigkeit seines jede gegenwärtige Ordnung überschreitenden (doch immer geordneten) Handelns und verankert sie in der Spontaneität seines frei sich bestimmenden Willens, der als Liebe sein Wesen ist. Wilhelm von Ockham nutzt den Gedanken der *potentia absoluta*, um Gottes schöpferische Freiheit und wirksame Unmittelbarkeit in jedem Moment auch seines geordneten Handelns zu denken. Luther hebt an Gottes Allmacht ihr unfehlbares, verborgenes Wirken, ihre Verfügungsmacht über alle Kreaturen und ihre freie Lebendigkeit hervor, die alles wirkt, was geschieht (WA 18, 718; 7, 574). Die seit Augustinus anstehende Frage nach der Vereinbarkeit der Allmacht Gottes mit der menschlichen Freiheit bricht, verschärft durch das neuzeitliche Freiheitsbewußtsein, im »Gnadenstreit« auf und bleibt aporetisch.

Das autonome Denken der Neuzeit thematisiert Gottes Allmacht innerhalb der eigenen Problemkonstellationen. In Descartes' Neufassung des ontologischen Arguments gewinnt die Idee des allmächtigen, auch des eigenen Daseins mächtigen Gottes eine folgenreiche Schlüsselfunktion, da mit Spinozas Definition der Substanz als Aseität und somit Gottes als einziger Substanz der Gedanke freier Allmacht entfällt. Leibniz rehabilitiert den Schöpfungsglauben, denkt Gottes Allmacht, Weisheit und Güte aber in einer Weise verbunden, aus der die Erschaffung der besten aller möglichen Welten notwendig folgt. Kant macht geltend, daß Gott als Ursprung nicht nur des Daseins, sondern auch der Möglichkeit aller Dinge zu denken sei; die Existenz des allmächtigen Welturhebers aber wird zum Postulat der sinnbedürftigen Moralität. Schleiermacher, dessen Analyse des schlechthinnigen Abhängigkeitsgefühls das Kontingenzproblem subjektphilosophisch reformuliert, sieht dennoch Gottes Allmacht »in der Gesamtheit des endlichen Seins vollkommen dargestellt« (Glaubenslehre § 54). Gegen Hegels Philosophie der Selbstvermittlung des Absoluten, in deren logischer Nezessität die freie Allmacht Gottes verschwindet, erinnert Schelling den Gott, der »nicht bloße Vernunft-Idee ist«, sondern »der Herr des Seyns«, der »etwas anfangen kann« (Philos. der Offenbarung 1. Darmstadt 1966, 172 93). Kierkegaard denkt Gottes Allmacht als freilassende Güte: als die jeder endlichen (gegensatzabhängigen und abhängig haltenden) Macht überlegene Fähigkeit, das andere als Unabhängiges, frei sich Verhaltendes hervorbringen und sein lassen zu können. Die Gegenwart problematisiert Gottes Allmacht im Namen menschlicher Freiheit und besonders bedrängend im Namen des Leidens: mit Auschwitz sei Gottes Gutsein nur vereinbar, wenn er nicht allmächtig ist (H. Jonas). Die Theologie versucht, oft in kreuzestheologischer Konzentration, Gottes Allmacht als die Macht seiner Liebe zu denken.

III. Systematisch-theologisch:

Alle Glaubenssymbole bekennen die Allmacht Gottes (DS 2 ff. 10–22 u. ö.), ursprünglich als dem Vater zugesprochenes Attribut. Das Lehramt strukturiert dieses Bekenntnis trinitarisch (DS 75 451; 800: *coomnipotentes;* 1331), nimmt die Formel der *creatio ex nihilo* auf (DS 285 800 3025), weist die Bemessung der Allmacht Gottes vom Faktischen her ab (DS 410 726), betont die Güte als Schöpfungsmotiv und besonders die Freiheit des Schöpfers (DS 1333; 3002: *liberrimo consilio*).

Eine systematische Erörterung der Allmacht Gottes hat zunächst den Gedanken der *creatio ex nihilo* aufzunehmen, da er jeden Monismus und Dualismus ausschließt und die qualitative Differenz der Allmacht Gottes zu jeder endlichen (gegensatzabhängigen) Macht festhält. Positiv besagt er, daß Gott die Welt ihrem gesamten Seins- und Möglichkeitsbestand nach hervorbringt, das Seiende *als Seiendes* setzt und es ermächtigt, gerade aufgrund seiner restlosen Abhängigkeit in geschenkter Eigenständigkeit es selber zu sein. Da Gott aber Grund der wesenhaft kontingenten Welt bleibt, ist sein ins Dasein rufendes zugleich auch im Dasein erhaltendes Wirken *(creatio continua; conservatio)*, aus dem nichts (auch der Widerspruch gegen Gott nicht) herausfällt: Allwirksamkeit aber nicht im Sinne der Alleinwirksamkeit, sondern der Ermächtigung des Erwirkten zu eigenem Wirken unter Wahrung seiner Selbständigkeit und Freiheit *(cooperatio; concursus divinus)*. Bedeutsam bleibt ebenso der Gedanke der *potentia absoluta*, da er mit der Differenz von Allwirksamkeit und Allvermögen, Tun und Können die Freiheit Gottes in seinem faktischen Handeln bewußtmacht und zudem den Horizont der vom Wirklichen und seinen Potenzen aus nicht bestimmbaren, allein in Gott gründenden Möglichkeiten offenhält, ohne den jede eschatologische Hoffnung entfiele. Als Setzen einer analogielosen Ursprungsbeziehung ist das Schaffen aus nichts zwar nicht positiv zu begreifen, doch kann die freie Reflexion der Vernunft auf die eigene Faktizität wie auf die Kontingenz aller Dinge die Frage absoluter Begründung aufwerfen und die Bestimmung beibringen, ohne die ein von Welt und Mensch unterschiedener Gott nicht zu denken ist. Überdies läßt sich in einer Analyse menschlicher Freiheit der Gedanke einer vollkommenen (formal *und* material unbedingten, allen Gehalt eröffnenden) Freiheit als sinnvoll erweisen, und zwar so, daß mögliche Selbstmitteilung als primäres Prädikat Gottes und mit ihr eine Geschichte denkbar wird, in der Gott sich selbst dazu bestimmt, sich von menschlicher Freiheit bestimmen zu lassen, und doch in seinen kontingenten Handlungen seinem Heilswillen treu und mit sich identisch bleibt. Daß solche Selbsterschließung in Israels Geschichte geschah und in Jesu Verkündigung, Tod und Auferweckung eine so endgültige Gestalt fand, daß der Glaube den offenbaren Gott selber als Liebe erkennt, spezifiziert das theologische Allmachts-Verständnis. Denn dieses Geschehen bekräftigt den philosophisch nicht beweisbaren Glauben an den Schöpfer und seine unerschöpflichen Möglichkeiten; es vereindeutigt und bewährt die unbedingte Schöpfungsabsicht des Gottes, der das Leben der Geschöpfe will und ihre Gemeinschaft sucht; es öffnet eine Perspektive für die Wahrnehmung auch seines erhaltenden, fürsorgenden Wirkens, das Zeit zur Entfaltung läßt und geduldige (oft kaum verstehbare) Zurückhaltung übt. Vor allem aber zeigt Gottes Handeln sich in seiner Achtung der menschlichen Freiheit um der Liebe willen durch Liebe bestimmt. Solche Selbstbegrenzung bis zur Ohnmacht des Kreuzes müßte als Widerlegung der Allmacht Gottes erscheinen, wenn nicht Jesu Tod in Einheit mit seiner Auferweckung gerade ihr göttliches Wesen erschlösse. Da Größeres nicht denkbar ist als eine Liebe, die andere Freiheit will und zu ihren Gunsten, ohne vernichtet zu sein, auf ihre tötende Negation eingeht, kann erst solche Liebe als wahrhafte Allmacht gelten: als das Ereignis »quo nil maius fieri potest« (Schelling). Als theologische Aufgabe folgt, Gottes Allmacht als »die Allmacht seiner freien Liebe« (Barth KD 2/1, 597) zu denken und ihren Erweis wie dessen Möglichkeit trinitarisch zu explizieren: Gott zu denken als die ursprüngliche Liebe selbst (immanente Trinität), die in ihrer absoluten, nur durch sie selbst bestimmten Macht fähig war, sich selbst auch anderer Freiheit zu schenken, ihr also Dasein zu geben und in der Sendung des Sohnes und des Geistes sich mitzuteilen (ökonomische Trinität), die dabei den Widerspruch zu sich auf sich nahm und durchlitt, ihn schöpferisch überwand und deshalb als die Macht geglaubt werden darf, ihre Verheißungen zu erfüllen. Mit solchem Glauben sind die Fragen der Theodizee nicht erledigt, doch kann er, weil er mit Gottes unerschöpften Möglichkeiten rechnet und seiner Liebe ihre endgültige Rechtfertigung zutraut, Hoffnung bewahren. Seine praktische Relevanz liegt deshalb darin, sich in den unversöhnten, machtverzerrten Verhältnissen der Geschichte der schöpferischen Allmacht der Liebe anvertrauen und im Handeln schon jetzt auf sie setzen zu können.

Lit.: ThWNT 2, 286–318 559–571 649 ff.; 3,913 f. (Lit.); TRE 13, 608–708 (Lit.); Barth KD 2/1, 551–685; Th. Blatter: Die Macht und Herrschaft Gottes. Eine bibeltheologische Studie. Fri 1962; Pannenberg G 1, 296–346; W. Kern: Zur theologischen Auslegung des Schöpfungsglaubens: MySal 2, 464–544; K. Bannach: Die Lehre von der doppelten Macht Gottes bei Wilhelm von Ockham. Wi 1975; Gott, der einzige. Zur Entstehung des Monotheismus in Israel, hg. von E. Haag. Fr 1985; E. Jüngel: Gottes ursprüngliches Anfangen als schöpferische Selbstbegrenzung: Gottes Zukunft – Zukunft der Welt. FS J. Moltmann. M 1986, 265–275; H. Jonas: Der Gottesbegriff nach Auschwitz. F 1987; Pannenberg Sy 1, 365–483.

Freiheit Gottes

I. Biblisch-theologisch:

1. *Altes Testament.* Das Bewußtsein der Freiheit Jahwes, aus der Befreiungserfahrung des Exodus erwachsen, wurde für Israels genuines Verständnis von Gott, Welt und Geschichte konstitutiv. Indem es auch die kosmologischen Vorstellungen prägte und die Welt als freie, allein durch Gottes Befehlswort gesetzte Schöpfung bestimmte (Jes 44,24; Gen 1; Ps 33,6.9), durchbrach es den Bann mythischen Denkens und schloß jede naturhafte Verbindung Gottes mit Welt und Mensch, aber auch jede dualistische Denkweise aus (Jes 45,7). Um so mehr wird, der Transzendenz Gottes zu allem Geschaffenen entsprechend, die Immanenz seines Waltens in Natur und Geschichte als freie, durch Selbstbestimmung verfügte Zuwendung bewußt. Das im Alten Testament am häufigsten von Gott prädizierte Verb »sprechen« wird zur Erfassungskategorie seines Wirkens, insofern es neben dessen uneingeschränkter Macht vor allem seinen personhaft-bewußten Charakter betont: Alles, was Jahwe will, vollbringt er; nichts ist ihm unmöglich (Ps 135,6; Jes 43,12f.; 55,10f.; Jer 32,17.26; Sir 39,18). Daß sein stetes Wirken als Erhalter der Kreatur und Herr der Geschichte (Ps 104,27ff.; 147,8f.; Jes 46,9ff.; Jer 27,5f.) auch das Handeln der Menschen umfaßt (Jes 6,9f.; Jer 10,23; Spr 21,1), mindert ihre Eigentätigkeit und Verantwortung nicht (Ex 9,12.34; Sir 15,11–20) – ist der ebenbildliche Mensch doch zum antwortfähigen Partner Gottes erschaffen (Gen 1,26; Sir 17,1–12) und »der Macht eigener Entscheidung überlassen« (15,14). Initiator der Bundesgeschichte aber ist allein und in allen Phasen Jahwe (Dtn 7,6–9; Ez 16,3–14), wobei die Innovationsmacht seiner Freiheit, für deren Erwählungs- und Heilshandeln Deuterojesaja sogar Schöpfungstermini verwendet (Jes 43,1.15.19), ebenso hervortritt wie die wesenhafte Unverfügbarkeit ihrer Menschenzuwendung, die schon mit der Beistandszusage Ex 3,14 enthüllt und 33,19 expliziert wird: »Ich gewähre Gnade, wem ich will, und schenke Erbarmen, wem ich will.« Die Unantastbarkeit dieser Freiheit wahren die Verbote von Bild und Mißbrauch des Namens Jahwes (Ex 20,4.7); selbst der Tempel kann nicht Garantie seiner Präsenz, sondern nur der Ort sein, an dem Gottes gnädige Deszendenz erhofft wird (1Kön 8,27–30; Jes 66,1f.). Denn vor allem ist Israel gefordert, der Selbstverpflichtung Jahwes

durch das »Tun seines Willens« zu entsprechen (Dtn 26,16 ff.; Am 3,2; Ps 40,7 ff.). Seit Hosea wird der Bundesgott als Gott der Liebe (sogar »ewiger Liebe«) verkündet und damit das tiefste, seit jeher leitende Motiv seines Verhaltens benannt (Hos 11; 14,5; Jer 31,3; Jes 54,8 f.); gerade in der Freiheit zur größeren Gnade, die auf verdiente Strafe verzichtet, erweist er seine Treue zu sich selbst und seinem ursprünglichen Entschluß (Gen 8,21 f.; 9,8–17; Hos 11,1–9; Jona 4,2.11). Israels Bereitschaft, in der kontingenten Folge der göttlichen Taten (oft im Kollektivplural erinnert: Ri 2,7; Ps 77,12) mit der Kontinuität eines Heilsplans zu rechnen (Jes 14,24–27; 46,10), hat die Entstehung geschichtlichen Denkens entscheidend gefördert und Israel selbst dazu bestimmt, im vollen Wissen um die Verborgenheit Gottes und die Unergründlichkeit seiner Wege (Jes 40,28; 45,15; 55,8 f.) auf die Verläßlichkeit seiner verbürgten Zusage zu setzen (Dtn 7,8 f.; Jes 41,8 ff.; Ez 20,5): »Jahwe – ein barmherziger und gnädiger Gott, langmütig, reich an Bundeshuld und Treue« (Ex 34,6).

2. Neues Testament. Im Neuen Testament und in Jesu Verkündigung wird das alttestamentliche Verständnis der Freiheit Gottes und seines Wirkens vorausgesetzt (Mt 6,10.26–32; 10,29 f.; Mk 10,27; 13,19; Röm 4,17; Hebr 11,3), doch vor allem das von ihnen bezeugte Geschehen selbst in Gottes Freiheit begründet. Nicht nur der Zeitpunkt der anbrechenden Basileia (Mk 1,15; vgl. Gal 4,4), sondern auch die Teilhabe an ihr (Mk 4,11; 10,25 ff.; Lk 12,32), die Erwählung der Geringen (Mt 11,25 f.; 1Kor 1,26 ff.), die wahre Gotteserkenntnis (8,2 f.; Gal 4,9), der Glaube und die Gemeinschaft mit Christus (Joh 6,37.44; Phil 1,29; Eph 2,8) sind Gottes Verfügung und freies Geschenk. Wie real Gottes Freiheit in Jesu Verkündigung involviert ist, erhellt schon aus ihrem Inhalt – liegt das Wesen seiner Vollmacht doch darin, daß er Gottes bedingungslose Güte für das eigene, aktuelle Wirken beansprucht, d. h. definitiv Gottes freies Verhältnis zum Menschen bestimmt, so daß im Licht seiner Auferweckung die eschatologische, auch Gott selbst betreffende Bedeutung seiner Geschichte expliziert werden kann: Jesu vollmächtiges Handeln als Gehorsam gegen den Willen des Vaters (Joh 4,34; 5,30; Mt 12,50; 26,42), seine Hingabe bis zum Tod als Erweis von Gottes unwiderruflicher Liebe (Joh 3,16; Röm 5,8; 8,31–39), ihre Gegenwart im Geist als reale Gemeinschaft mit Gott und Angeld der eschatologischen Vollendung (Röm 5,5; 8,15 ff.23 f.; 2Kor 1,22) und Christus selbst als »Ja zu allem, was Gott verheißen hat« (1,20). Da Gottes als endgültig geoffenbarter und sein ursprünglicher Wille eins sind, ist in Jesus Christus Gottes ewiger, freier Heilsratschluß enthüllt (Eph 1,3–14): daß Gott in ihm, durch den und auf den hin alles erschaffen ist (Kol 1,16; Joh 1,3), die Menschen im voraus dazu bestimmt hat, der Sohnschaft Jesu gleichgestaltet (Eph 1,4 f.; Röm 8,19.28 f.) und in die Gemeinschaft der Liebe einbezogen zu werden, die Vater und Sohn verbindet und Gottes Wesen ist (Joh 17,21 f.; 1Joh 4,8). So unumstößlich Gottes Heilsentschluß gilt (Röm 4,21; 11,29; Hebr

6, 13–18), bleibt der Gang der Geschichte doch offen und ihre Vollendung Gott vorbehalten (Mk 13, 32; 1Thess 5, 2; Apg 1, 7). Namentlich Paulus, der im Blick auf Israels Berufung die Dialektik der Gnadenwahl bedenkt und ihre Freiheit betont, schließt mit dem Lob der unerforschlichen Wege Gottes und der Hoffnung auf sein Erbarmen für alle (Röm 9–11).

II. Historisch-theologisch:

1. Patristik. Die patristische Aufnahme der hellenistischen Philosophie war mit starken Korrekturen an ihrem Verständnis des Göttlichen als notwendigem ontologischen Grund der vorhandenen Wirklichkeit verbunden. Die seit Tatian (or. 5, 7) und Theophilos von Antiochien (Autol. I,4) sich durchsetzende These der *creatio ex nihilo* sichert Gottes unbeschränkte Macht, die Betonung der Güte als des einzigen Schöpfungsmotivs die Freiheit seiner Entschlüsse auch von innerer Notwendigkeit (Clem. Alex. strom. VII,7). In der geschichtlichen Schau der Gesamtwirklichkeit, die Irenaeus entfaltet, tritt die Freiheit des welterschaffenden und sich in Christus als Liebe erschließenden Gottes eindrücklich hervor (haer. II,1; III,24). Gott, so Hippolyt, »tut alles, was er will, wie er will, wann er will« (Noet. 8). Schon für Irenaeus indiziert das Faktum der Schöpfung die Kontingenz auch der göttlichen Willensentscheidung (haer. II,10); bei Tertullian kommt die Selbstbeschränkung der göttlichen zugunsten der geschaffenen Freiheit, bei Gregorios Thaumaturgos sogar ihre Überlegenheit über jede naturhafte Apathie in den Blick. Gregor von Nyssa überbietet das philosophische Rückschlußverfahren, indem er Gott, von seiner primären Unendlichkeit ausgehend, als freie Seinsmacht und absolute, sein lassende Liebe (αὐτοχάρις: beat. 1) und die Welt als Resultat einer freien Substanzierung seines Willens begreift (or. catech. 24). Gleichwohl: Eine Umgestaltung der adaptierten Philosophie, die über eine additive Synthese mit den heilsökonomischen Postulaten hinausgeführt hätte, ist der patristischen Theologie (außer in der Trinitätslehre) wohl kaum gelungen. Die Interpretation der Anfanglosigkeit Gottes als Unveränderlichkeit (Thpl. Ant. Autol. II,2) und zeitabgeschiedener Ewigkeit hat das Verständnis seiner Freiheit und Treue in seinem geschichtlichen Handeln ebenso nachhaltig behindert wie die Aufnahme der stoischen Providenzlehre, die zudem der menschlichen Freiheit widersprach. Auch wo man Gottes Liebe mit der platonischen Idee des Guten verband oder seine unbegreifliche Andersheit aus seiner metaphysischen Einfachheit erklärte, wurde seine ursprüngliche Freiheit verfehlt. Zentral ist die Vorstellung von Gott als Wille in der westlichen Theologie, doch treten hier die ontologischen Fragen zurück. So hat namentlich Augustinus seinen voluntaristisch modifizierten Neuplatonismus dem biblischen Denken geöffnet, aber durch seine spätere Verabsolutierung der wirksamen Gnade und seine partikularistische Prädestinationslehre den biblischen Erwählungsgedanken auch verdunkelt und seine Wirkungsgeschichte belastet.

2. Im *Mittelalter* findet das Zueinander von Intellekt und Wille, die Gott als freier Weltursache eignen, besonderes Interesse. Während Thomas von Aquin den Willen Gottes an seine Weisheit gebunden, die Ideen des Geschaffenen in Gottes Wesen verankert und den Weltplan als gefügte Ordnung aus seinem praktischen Intellekt hervorgehen sieht, stellt Duns Scotus gegen den aristotelischen Determinismus die Spontaneität des als Liebe bestimmten göttlichen Willens und seine Fähigkeit zur Überschreitung jeder existierenden Ordnung heraus und denkt diese als *de potentia absoluta* sukzessiv generierte. Wilhelm von Ockham nutzt diesen Gedanken, um Gottes schöpferische Freiheit und wirksame Unmittelbarkeit in jedem Moment seines Handelns zu sichern und seinem Heilswillen die Möglichkeit offenzuhalten, sich jeweils auf die freien Geschöpfe einlassen zu können. Obwohl Ockhams Fassung der Unveränderlichkeit als Identität Gottes mit sich selbst in der Kontingenz seiner Entschlüsse das biblische Motiv seiner Treue erneuert, blieb die Wirkung seiner abstrakten Erörterungen der göttlichen Freiheit ambivalent. – Bei *Luther* steht der Gedanke an Gott als unergründlich wirkenden, frei über sein Geschöpf verfügenden Willen im Hintergrund des Glaubens, der sich ganz an Gottes verheißungsvolle Zusage in Christus hält; nach *Calvin* manifestiert sich Gottes majestätische Freiheit ebenso in der ewigen Vorbestimmung zum Heil wie zum Verderben (Inst III,21).

3. Die ambivalenten Tendenzen, die das Verständnis der Freiheit Gottes in der *Philosophie der Neuzeit* kennzeichnen, gehen aus von Descartes. Indem er den nominalistischen Ansatz zur Idee des absolut freien, auch des eigenen Daseins mächtigen Gottes steigert und seinem Willen die stetige Erhaltung der Geschöpfe und sogar die Setzung der notwendigen Wahrheiten zuschreibt, hingegen alle Veränderung in der Welt auf die Wechselwirkung der endlichen Substanzen zurückführt, fördert er die im Deismus und der Naturwissenschaft voranschreitende Verabschiedung Gottes aus Welt und Geschichte und wird zugleich Anlaß für das klassisch-monistische System Spinozas, der den *a se* existierenden Gott zur einzigen Substanz fortbestimmt und sie nur deshalb frei nennt, weil sie allein aus der Notwendigkeit ihrer eigenen Natur alles wirkt. Nach Leibniz, der den Schöpfungsglauben erneuert, ist Gott doch zur Erschaffung der vorauserkannten bestmöglichen Welt durch seine wesenhafte Güte genötigt und auch der Weltlauf determiniert. – Kants Auflösung der Antinomie von Freiheit und Naturnotwendigkeit nutzt der frühe Fichte, um die Möglichkeit einer geschichtlichen Offenbarung zu denken, und löst später mit seiner Kritik an der analog zum endlichen Selbstbewußtsein gebildeten Vorstellung eines persönlichen Gottes den Atheismusstreit aus. Schleiermacher, der das Kontingenzbewußtsein subjekttheoretisch reformuliert, hält gleichwohl die Frage, »ob ein Sein Gottes ohne Geschöpfe gedacht werden könne oder müsse«,

für belanglos (Glaubenslehre § 41,2). Bei Hegel ist sie entschieden, da er Freiheit primär als die Freiheit des Absoluten versteht, im Anderen seiner selbst bei sich selbst zu sein; denn dies verlangt, soll es mit dem Unterschied in Gott ernst sein, den Prozeß von Welt und Geschichte als seine notwendige Selbstvermittlung zu begreifen. Gegen solche Logisierung der Existenz sucht Schellings Spätphilosophie das notwendig Seiende als Gott, d. h. als freien Grund des Faktischen und »Herr des Seins«, zu erkennen, während Kierkegaard der Selbstbestimmung Gottes zur Achtung der menschlichen Freiheit nachdenkt, die als Bedingung der Mitteilbarkeit seiner Liebe ihre Offenbarungsgestalt bestimmte. – Die katholische Schultheologie hat Gottes Freiheit auf scholastischer Basis verteidigt; das Vatikanum I hält fest, daß Gott alle Kreatur »liberrimo consilio« erschuf (DH 3002). Die wesentliche Freiheit Gottes in seiner Offenbarung hat in der neueren Theologie vor allem K. Barth zur Geltung gebracht.

III. Systematisch-theologisch:

Zu den heutigen Aufgaben einer systematischen Explikation der Freiheit Gottes gehört 1., das in allen Glaubensaussagen behauptete Dasein eines freien Gottes als möglich zu vertreten, d. h. (entsprechend dem historisch erreichten philosophischen Problemstand) durch eine Reflexion auf die Struktur endlicher Freiheit, die weder aus Welthaftem noch aus ihr selbst zu erklären ist, die Minimalbestimmung einer von Welt und Mensch verschiedenen, alles begründenden göttlichen Wirklichkeit zu eruieren und das so gesicherte Kontingenzbewußtsein als Indiz für deren Freiheit geltend zu machen. Letzte Instanz gegen jeden Monismus ist das Bewußtsein der menschlichen Freiheit von der eigenen formalen Unbedingtheit: Soll dieses gelten, kann menschliche Freiheit sich nur noch als »ins Dasein geworfene« hinnehmen oder als durch einen freisetzenden Schöpfungsakt begründet verstehen. Solche Reflexion ist nicht theoretische Erkenntnis, doch legitimiert sie die Offenheit für die Existenz eines freien Gottes und seine geschichtliche Selbstbekundung, zumal Kants Lösung der 3. Antinomie (s. o.) auch für die göttliche Freiheit gilt.

2. sind der Sinn der geschichtlichen Selbstoffenbarung Gottes und besonders – da es Sinn für Freiheit nur gibt, wo sie frei affirmiert wird – die Relevanz ihrer Gratuität aufzuzeigen: Entweder ist das absolut Sinnerfüllende der menschlichen Freiheit selbst Freiheit (eben absolute, aller Wirklichkeit mächtige und zur Liebe entschlossene Freiheit), oder es ist kein letzter, der Freiheit gemäßer Sinn und ihr Dasein absurd. Wenn ebenso gilt, daß nur ein freies Geschöpf Gott als Gott anerkennen und deshalb Gott auch nur ihm das Höchste: in seiner Liebe sich selbst, schenken kann, dann schließt ihre Mitteilung, in der Gottes Ehre und menschlicher Sinn in eins sich ereignen, auch Gottes Achtung der menschlichen Freiheit ein.

Deshalb hat 3. jede Konzeption von Gottes Handeln zu bedenken, daß er selbst sich bestimmt hat, sich von der menschlichen Freiheit bestimmen zu lassen: in der Offenheit einer Geschichte, die ihre verheißungsvolle Zukunft Gottes unerschöpflicher Innovationsmacht und ihre Kontinuität der Treue seines unbedingten Heilswillens verdankt. Würden Prädestination und Vorsehung den Weltlauf im voraus festlegen, wäre der Mensch nur Mittel, die Geschichte Schicksal und Gottes Herrschaft Tyrannei. Gleichwohl ist sein unüberbietbarer Ratschluß unveränderlich, er selbst im Stehen zu sich und seiner je größeren Liebe beständig und beweglich, auf das Tun freier Menschen (bis zur eigenen Entäußerung) antworten zu können. Wird Gottes Ewigkeit als Gegenwart zu aller Zeit und Heilsgeschichte als sein eigenes Kommen zur Welt gedacht, bleibt seine Identität in der Kontingenz seines geschichtlichen Handelns gewahrt.

4. ist die Spannung auszuhalten, daß Gott im Entschluß zur Schöpfung und Heilsökonomie sich selbst (seinem Wesen als Liebe) entspricht und dieser Entschluß doch kontingent, von Gottes Ja zu sich selber verschieden ist, da sein Wesen sonst vom Dasein der Welt (als Realität der Idee oder Korrelat seiner Liebe) abhängig wäre und als Resultat ihres Prozesses nicht unerschöpflicher Anfang und Grund der Hoffnung sein könnte. Nur wenn Gott in sich ursprünglich-vollkommene Liebe ist, ist die Schöpfung »umsonst« und der Mensch selbst von Gottes Liebe »gemeint«. Insofern thematisiert die Trinitätslehre die Bedingung für die Gratuität der Schöpfung wie die Freiheit ihrer Einbeziehung in Gottes Leben.

Daß 5. auch das Handeln des transzendenten Gottes in Schöpfung und Heilsökonomie trinitarisch zu explizieren ist, wird offenbar, wo es die eschatologische Dignität seiner geschichtlichen Selbstgegenwart durch den Sohn und im Geist erreicht. Versuche (von Balthasar, Pannenberg u. a.), die Möglichkeit und Struktur dieses Handelns aus der internen Bestimmtheit des göttlichen Lebens selbst noch zu erhellen, verdienen aufmerksame Diskussion – insbesondere die Frage, in welchem (nichttritheistischen) Sinn Freiheit von den trinitarischen Personen zu prädizieren ist: in ihrem differenzierten Zusammenwirken nach außen wie im innergöttlichen Lebensvollzug. Läßt sich noch denken, daß die Liebe Gottes Wesen ist *und* durch die Freiheit der göttlichen Personen vermittelt? Erreicht schon im Gedanken des aus sich existierenden Wesens die Vernunft ihren Abgrund (Kant), so noch mehr, da das freie Geheimnis nahegekommen und als Liebe bestimmt ist.

Lit.: J. Möller: Zur philosophischen Bestimmung der Freiheit Gottes: Vitae et Veritati. FS K. Adam. Wü 1956, 144–164; E. Jüngel: Gottes Sein ist im Werden. Tü ²1967; MySal 2, 226–271 (A. Deissler); K. Bannach: Die Lehre von der doppelten Macht Gottes bei Wilhelm von Ockham. Wi 1975; Balthasar TD 2/1, 170–259; Pannenberg G 1, 296–346; H. Krings: System und Freiheit. Fr – M 1980; TRE 13, 652–668; Pannenberg Sy 1, 389–483; 2, 15–76.

Gott hat auf uns gehofft ...

Theologische Folgen des Freiheitsparadigmas

Meine sehr verehrten Damen und Herren!

»Gott hat auf uns gehofft« – dieses Wort von *Charles Péguy* geht mir nach, seit ich, noch während meiner Schulzeit, zum erstenmal auf es traf. Und da es so eindeutig – gerade mit seiner eindringlichen Akzentuierung – das abgründige Thema der Geschichte, der Geschichte Gottes mit uns Menschen anspricht, fiel es mir auch bald beim Nachgrübeln über die ehrenvolle Aufgabe ein, *Peter Hünermann* zur Feier des 70. Geburtstags mit einem Vortrag zu ehren[1]. Daß ich dies nun vom eigenen systematischen Ansatz aus versuche – dazu fand ich mich zumindest indirekt und insofern ermutigt, als der freundliche Einladungsbrief mich in ähnlicher Richtung unterwegs sieht, wie schon der zu Ehrende sie theologisch verfolgt hat. Zudem möchte ich mit den folgenden, umwegigen Überlegungen – so umwegig nun einmal, wie bei einem zunftgemäßen Vortrag üblich und kaum vermeidlich – doch eigentlich nur auf einen Gedanken hinaus, ihn einholend beleuchten, den Peter Hünermann selbst an zentraler Stelle seines Werkes entfaltet und von dem ich vermute, daß er ihn bei seiner theologischen Arbeit seit langem leitet und trägt. Ob jedoch auch die Akzente, die ich dabei setze und die mein Thema nur erst signalisiert, willkommen sein werden – das ist nun mein eigenes Risiko. Und in mehrfacher Hinsicht riskant auch der *Weg*, den ich einschlagen werde. Nach einer Rechenschaft über die Gründe, die mich zum theologischen Gebrauch des transzendentalen Freiheitsdenkens bestimmen, möchte ich mich nämlich in drei weiteren, sachlogisch folgenden Abschnitten auf einige Schlüsselprobleme einlassen, denen sich der gewählte Ansatz um so dringlicher zu stellen hat, als sie durch ihn wenn nicht verursacht, so doch von neuem hervorgeholt, z. T. auch nur insistierend verschärft, in jedem Fall aber unabweisbar werden.

---

[1] Der Vortrag wurde am 16. April 1999 in Tübingen gehalten. Ich widme ihn Peter Hünermann in dankbarer Verbundenheit. – Den Text habe ich unverändert gelassen und für die Drucklegung nur mit den erforderlichen, z. T. auch weiterführenden Anmerkungen versehen.

1. Zum theologischen Gebrauch des Freiheitsparadigmas

Zu Recht weithin anerkannt, meine Damen und Herren, ist heute der Grundsatz: Gott wird nur durch Gott erkannt². Aber schon daß dieser Satz, von *Karl Barth* der Theologie unseres Jahrhunderts in Erinnerung gerufen, auch im Zentrum des *Hegelschen* Denkens begegnet, zwingt doch zur Wachsamkeit. Einerseits warnt uns *Schellings* hegelkritisches Diktum: »Gott seinem höchsten Selbst nach ist nicht offenbar, er offenbart sich [...], eben damit er als das allerfreieste Wesen erscheine«³. Und: »Was er auch ist, das ist er durch *sich selbst*, nicht durch uns. Also kann ich ihm auch nicht zum voraus vorschreiben, was er seyn soll«⁴. Auf der anderen Seite bleibt (gegenüber *Barth*) der Einwand *Kants* zu bedenken (natürlich nicht auf Barth, doch auf *Jacobi* gemünzt), der »Begriff von Gott« könne »allein in der Vernunft angetroffen werden [...] und weder durch Eingebung, noch durch eine erteilte Nachricht, von noch so großer Auktorität, zuerst in uns kommen«⁵. Also wäre das klassische Axiom zu präzisieren: Gott wird erkannt (von *uns* erkannt), indem er sich zu erkennen *gibt*. So unbedingt deshalb christliche Theologie Gott als allerfreiestes Subjekt seiner Offenbarung zu ehren und *ihm* zu entsprechen hat, muß sie doch zugleich den Glauben als *actus humanus*, d. h. den Menschen als ebenso antwortfähigen wie zum Verstehen bestimmten *Empfänger* der Offenbarung begreifen und dann auch, zumal als rechenschaftspflichtige, zu explizieren bereit sein, *inwiefern* er denn die Wahrheit des Glaubens als bedeutsame, ihn sogar unbedingt angehende bejahen, in ihr sich selbst »wahr gemacht« finden⁶ und so als Subjekt seines Glaubens wie seines vernünftigen Wissens mit sich identisch sein könne.

Meine theologische Option für das transzendentale Freiheitsdenken be-

---

² Vgl. etwa W. *Pannenberg*, Systematische Theologie 1, Göttingen 1988, 107.
³ F. W. J. *Schelling*, Die Weltalter. Erstes Buch: ders., Schriften von 1813–1830, Darmstadt 1968, 1–150, 114.
⁴ F. W. J. *Schelling*, Briefwechsel mit Eschenmayer bezüglich der Abhandlung »Philosophische Untersuchungen über das Wesen der menschlichen Freiheit«: ders., Schriften von 1806–1813, Darmstadt 1974, 657–701, 680.
⁵ I. *Kant*, Was heißt: sich im Denken orientieren? A 321. Im selben Sinn formuliert W. *Cramer*, Gottesbeweise und ihre Kritik, Frankfurt a. M. 1967, 54 f.: »Von dem lebendigen Gott spricht Theologie, soweit sie Theologie aus dem Gehalte der Offenbarung ist [...] Offenbarung setzt den Ort voraus, aus dem die Offenbarung zu uns kommt. Dieser Ort kann uns nicht offenbart werden, weil wir sonst unter Offenbarung schlechterdings nichts denken könnten. Der absolute Ort ist zwar nicht notwendig auf unsere Vernunft, überhaupt nicht notwendig auf uns bezogen. Dann wäre unsere Vernunft seine Bedingung. Aber Vernunft ist die Bedingung der Offenbarung, weil Offenbarung sich an uns wendet und wir aus unserer Vernunft um den Ort wissen müssen, aus welchem sie kommt. Sonst wäre die Rede von Offenbarung uns sinnlose Rede [...] Den lebendigen Gott gegen den ›Philosophengott‹ zu setzen, ist denen zu überlassen, die Alleinvertretungsrechte usurpieren«.
⁶ Vgl. G. *Ebeling*, Gott und Wort, Tübingen 1966, 48 ff.; ders., Dogmatik des christlichen Glaubens II, Tübingen 1979, 116 ff.

ruht nun entscheidend darauf, daß es Perspektiven für eine konsistente Einlösung der angesprochenen Aufgaben bietet[7]. Es ist ja schon – erstens – allein die formal unbedingte *Freiheit* des Menschen, die als Instanz seiner *Antwortfähigkeit* in Betracht kommen kann: als die anthropologische, von Gottes Offenbarung und Gnade selbst beanspruchte Voraussetzung also, die auch durch die Sünde nicht zerstört oder derart gefangen sein kann, daß sie von der Gnade nicht geheilt und wieder *freigesetzt* werden könnte. Ohne diese Voraussetzung, die der Differenz von Gottes Schöpfungs- und Gnadenhandeln entspricht, würde seine Gnade nicht nur den alten Menschen erneuern, sondern allererst ihren Empfänger erschaffen: ein ganz anderes, nicht mehr mit dem früheren selbiges Subjekt, ja nicht einmal (fürchte ich) ein Subjekt: müßte doch der Glaube, wenn das ursprüngliche *Gegenüber* des Menschen zu Gott nicht mehr gedacht und nicht denkbar wäre, als bloßes Appendix eines letztlich *gottinternen* Geschehens erscheinen. Ebenso unentbehrlich dürfte – zweitens – der transzendentale Rekurs auf die Freiheit für die eigentlich *hermeneutischen* Aufgaben sein: Denn ohne ein Unbedingtes, das im Menschen selbst vorausgesetzt werden darf, wäre weder der Gottesgedanke vernünftig bestimmbar noch die uns unbedingt angehende Bedeutung der Selbstoffenbarung Gottes begründet vertretbar.

Zu beiden Aspekten dieser weitreichenden These, was die Ausführung angeht, jetzt nur so viel. Erforderlich ist jeweils nur ein Reflexionsakt, wie er der selbst freien Vernunft, dem Vermögen des Unbedingten (wie *Kant* sie beschrieb[8]), von Haus aus offensteht und deshalb zumutbar ist. Indem sie nämlich zum einen auf ihre eigene Wesensstruktur sich besinnt, die sie nicht selbst sich gegeben hat und ebensowenig aus etwas Welthaftem herleiten kann, vermag sie sich selbst als irreduzible Synthesis von unbedingter Spontaneität und Angewiesenheit auf Gegebenes zu erfassen und erreicht so die bestimmte Einsicht in die Kontingenz ihres Daseins und zugleich in dessen Nichtbegründbarkeit aus der Welt. Natürlich kann dieses Resultat, obwohl es jede anthropologische Reduktion der Gottesidee bereits abzuweisen erlaubt, sich nicht als Gottes*beweis* präsentieren: genügt doch der bloße Begriff des schlechthin Unbedingten, das wir – dem absoluten Sinn- und Begründungsbedürfnis der Ver-

---

[7] Zu diesen im folgenden knapp skizzierten Aufgaben und entsprechenden Reflexionsgängen vgl. *Th. Pröpper*, Freiheit als philosophisches Prinzip theologischer Hermeneutik: Bijdragen 59 (1998) 20–40; *ders*., Zur theoretischen Verantwortung der Rede von Gott. Kritische Adaption neuzeitlicher Denkvorgaben: *M. Knapp/Th. Kobusch* (Hg.), Religion – Metaphysik(kritik) – Theologie im Kontext der Moderne / Postmoderne, Berlin – New York 2001, 230–252; grundlegend auch *ders*., Erlösungsglaube und Freiheitsgeschichte. Eine Skizze zur Soteriologie, München ³1991, 171–194.
[8] Nämlich als Vermögen zum »Begriff des Unbedingten« (KrV B 379), »Forderung auf das Unbedingte« (KU B 339) und noch über den Verstand erhobene »reine Spontaneität« und »reine Selbsttätigkeit« (GMS B 107 f.). Vgl. ferner: KrV B XXI. 364.383 f.; KU B 341.

nunft folgend – zu allem Bedingten »hinzudenken« möchten, noch nicht für dessen Erkenntnis. Zwar wäre auch ein Naturalismus, der als das *ens necessarium* kurzerhand die ganze *Reihe* der empirischen Bedingungen eines Bedingten ansetzt, nicht beweisbar und auf jeden Fall mit der Auflage zu belasten, das Faktum von Bewußtsein und Freiheit, ohne deren Begriff zu verfehlen, nun auch als transitorisches Phänomen von Naturprozessen *erklären* zu müssen; aber theoretisch nicht ausgeschlossen bliebe immer noch die Auskunft, die Freiheit müsse sich nun einmal mit der Hinnahme ihrer selbst als »ins Dasein geworfener« bescheiden[9]. Tatsächlich *erreicht* jedoch ist mit der angedeuteten Reflexion die Einsicht, die als einzige (wie ich meine) theoretisch die *Möglichkeit* einer real von Welt und Mensch unterschiedenen göttlichen Wirklichkeit aufschließt und es überdies zuläßt, das zumindest für den Fall der freien Vernunft selbst gesicherte Kontingenzbewußtsein als Indiz für die *Freiheit* des möglichen Gottes zu werten und darum nicht nur die menschliche Freiheit als geschaffene, zu ihrem ursprünglichen Selbstvollzug *ermächtigte* zu deuten, sondern auch – zumal ein in sich Notwendiges in keinem Erkannten antreffbar ist – die *Welt* als Schöpfung zu glauben. Legitimiert ist zugleich die Bereitschaft, mit einem Handeln Gottes in Welt und Geschichte zu rechnen; und vernünftig ausgewiesen vor allem die Minimalbestimmung, die zwar noch nicht über Gottes Dasein entscheidet und erst recht nicht mit Gott seinem konkreten Wesen und »höchsten Selbst nach« bekannt macht, die aber in den genuin theologischen, also offenbarungsbegründeten Aussagen schon ebenso vorausgesetzt ist, wie sie erst von ihnen – gemäß Gottes eigener Selbstbestimmung für uns in Jesus Christus – ihre definitive Bestimmung erfährt.

Mit diesen Ergebnissen des ersten läßt sich ein zweiter Reflexionsgang verbinden, der – nun im Interesse der sinngerechten *Verwirklichung* der Freiheit – die Symbolstruktur und mit ihr die Bedingtheit jeder *realen Anerkennung* von Freiheit beleuchtet und dann angesichts der von ihr selbst nicht überwindbaren und ihr Handeln um so leichter gefährdenden Aporie, das unbedingte Seinsollen, das sie im Entschluß zu sich und zu anderer Freiheit intendiert, doch niemals vollenden noch irgendwie gewährleisten zu können, zur Idee Gottes als des letzten, unverfügbaren *Sinngrundes* endlicher Freiheit gelangt. Argumentationslogisch ist entscheidend, daß dieser Aufweis die menschliche Hinordnung auf Gott nicht (wie *Karl Rahner* und *Wolfhart Pannenberg*[10]) schon von Gott

---

[9] »Und wenn wir von Verlassenheit (ein Ausdruck, der Heidegger teuer ist) sprechen, so wollen wir nur sagen, daß Gott nicht existiert und man daraus die Folgerungen ziehen muß bis zu Ende [...] Der Mensch ist verurteilt, frei zu sein. Verurteilt, weil er sich nicht selbst erschaffen hat, anderweit aber dennoch frei, da er, einmal in die Welt geworfen, für alles verantwortlich ist, was er tut«: *J. P. Sartre*, Ist der Existentialismus ein Humanismus?: *ders.*, Drei Essays (Ullstein-TB 304), Frankfurt – Berlin 1962, 7–51, 15 f.
[10] Vgl. *Th. Pröpper*, Erlösungsglaube (s. Anm. 7), 123–135.269–272 (zu Rahner); *ders.*, Das

her erklärt und damit, um nicht zirkulär oder bloße Behauptung zu werden, von einem Gottesbeweis abhängig würde, sondern als Basis allein die Freiheit beansprucht, die er zugleich als Prinzip der menschlichen Antwortfähigkeit identifiziert. Und hermeneutisch ist wesentlich, daß er nicht nur Gott sogleich als vollkommene *Freiheit* und somit (gegen den Hauptstrom der traditionellen Metaphysik) die Möglichkeit freier Selbstmitteilung als primäres Gottesprädikat denkt, sondern daß er in eins mit der *unbedingten Bedeutung* von Gottes Mitteilung seiner selbst in der wirklichen Zuwendung seiner Liebe auch ihre *wesentliche Gratuität* einzusehen vermag – und dies *ohne* die Verlegenheiten der *Rahnerschen* Lösung[11], die doch das Natur-Gnade-Problem nur verschob, das Verhältnis der reinen Natur zur selbst schon gnadenhaften Hinordnung auf die Gnade nämlich ungeklärt ließ und vor allem die Forderung *de Lubacs* nicht einzulösen vermochte, Gottes Gnade als *bleibend* freie zu denken[12]. Nur was aus unverfügbarer Freiheit begegnet, kann die Freiheit, die wir selbst sind, erfüllen. Und daß Gott sein mit der Erschaffung endlicher Freiheit gestiftetes »Versprechen« tatsächlich hält, ist als Treueerweis seiner ursprünglichen Erwählung des Menschen so ungeschuldet wie diese selbst.

Wenn ich übrigens, meine Damen und Herren, in der Überschrift etwas modisch von Freiheits*paradigma* spreche, so doch gewiß nicht in der naiven Erwartung, seine Evidenzen als faktische Plausibilitäten einfach abrufen zu können. Im Gegenteil: Daß die unbedingte Frageintention der freien Vernunft im szientistisch-zerfächerten und als geltungstheoretischer Pluralismus sich etablierenden Denken der Gegenwart so wenige Anwälte hat, ruft nur die fällige Unterscheidung von Akkomodation und Hermeneutik des Glaubens ins Bewußtsein. Denn was der Glaube der Vernunft zu denken gibt, gibt er ihr in einer *ab ovo* innovativen und zudem – im Maße ihrer Verschlossenheit oder Verkehrung – eben auch kritisch-korrektiven, aber zugleich doch aufdeckenden Weise zu denken. Heuristische Perspektiven dafür aber bietet nun eben die Analytik der Freiheit: sowohl im Blick auf das verzweifelte Selbstseinwollen des Einzelnen, der sich dazu verurteilt hat oder glaubt, gnadenlos leben zu müssen, wie auch die andauernden, von der »Kultur der Teilnahmslosigkeit«[13] nur fröhlich

---

Faktum der Sünde und die Konstitution menschlicher Identität. Ein Beitrag zur kritischen Aneignung der Anthropologie Wolfhart Pannenbergs: ThQ 170 (1990) 267–289.

[11] Vgl. *K. Rahner*, Über das Verhältnis von Natur und Gnade: Schriften zur Theologie I, Einsiedeln ⁵1961, 323–345; *ders.*, Natur und Gnade: Schriften zur Theologie IV, Einsiedeln ²1961, 209–236; zur Kritik *Th. Pröpper*, Erlösungsglaube (s. Anm. 7), 277 ff.; *J. Heinrichs*, Ideologie oder Freiheitslehre? Zur Rezipierbarkeit der thomanischen Gnadenlehre von einem transzendentaldialogischen Standpunkt: ThPh 49 (1974) 395–436, bes. 404–416.

[12] Vgl. *H. de Lubac*, Die Freiheit der Gnade. Bd. II: Das Paradox des Menschen, Einsiedeln 1971, 85–144.

[13] *M. Walser*, Woran Gott stirbt. Über Georg Büchner: *ders.*, Liebeserklärungen, Frankfurt ²1983, 225–235, 234.

kaschierten historischen Prozesse, als deren Stimulans ebenfalls der aporetische Wille diagnostiziert werden kann, die Antinomie der endlichen Freiheit, ihres Bestandes und ihrer Erfüllung nicht mächtig zu sein, in eigener Verfügung zu lösen. Ausweisbare Verbindlichkeit wird solche Kritik jedoch nur beanspruchen können im Bunde mit einer *Ethik*, die sich ihrerseits als *autonome* versteht und dafür ebenfalls auf das Prinzip selbstverpflichteter Freiheit beruft. Und damit an dieser Stelle kein Mißverständnis entsteht: Selbstverpflichtung der Freiheit heißt *Anerkennung* der *anderen* Freiheit. Die Prinzipien der Autonomie und der Alterität wird gegeneinander nur ausspielen können, wer zwischen transzendentaler und real-genetischer Betrachtung partout nicht zu differenzieren bereit ist. Denn allerdings wird die Freiheit in die Aktualität ihres Selbstvollzugs überhaupt erst durch menschliche Begegnung gerufen, vom Anderen her geht die Evidenz ethischen Sollens mir auf[14]. Aber wie dieser Anspruch begründbar, wie durch ihn *ich* verpflichtet sein könne – das wird doch erst durch die Unbedingtheit der eigenen Freiheit begreifbar. Als Richtmaß ihrer Verwirklichung unmittelbar mir bewußt, weist sie mich zur Affirmation der ebenso unbedingten Freiheit des *Anderen* – und radikaler als dadurch, daß ich seine Freiheit in ihre Ursprünglichkeit freigebe und ihr Seinsollen will, *kann* ich doch gar nicht seine Andersheit achten, ja die Differenz nicht einmal *denken*.

Die Theologie aber, wenn sie sich mit der autonomen Ethik verbündet, verrät damit nicht ihren Glauben, daß es letztlich doch *Gott* ist, der als Schöpfer der menschlichen Freiheit durch ihr Wesensgesetz zu ihr spricht und sie auf sich finalisiert. Wohl aber erlaubt es überhaupt erst das Freiheitsprinzip, Gottes verbindlichen Anspruch an den Menschen, den sein Evangelium impliziert, dem Heteronomieverdacht zu entziehen und zudem die sündige Verschlossenheit gegen Gott, jedenfalls grundsätzlich, unter dem Aspekt moralischer Schuld zu betrachten – so wie umgekehrt die humane Relevanz der Gnade und ihrer Verheißung gerade angesichts der Antinomien einer *nur* moralisch orientierten Freiheit evident wird: sei es, weil sie ihrem Handeln die letzte Rechtfertigung ihres Daseins aufbürdet, oder auch, daß sie die Kosten ihrer Entschiedenheit zum Guten erfährt und vom Anschein letzter Vergeblichkeit heimgesucht wird. Allerdings, dies ist noch zu betonen, sind die Leistungen des Freiheitsdenkens nicht ohne dessen *Ansprüche* zu haben. Denn auch als philosophisches Co-

---

[14] Auch ist es natürlich der Andere selbst, der meine Anerkennung beansprucht und ihr realer, direkter Terminus ist – in einer eigentümlichen Selbstvergessenheit zudem, bei der alle meine Aufmerksamkeit dem Begegnenden gilt. Aber es sollte doch möglich sein, die phänomenologische Perspektive, in der namentlich *E. Lévinas* die Exteriorität des Anderen und die Beanspruchung durch ihn beleuchtet, als Einweisung in die ethische Erfahrung zu würdigen und doch auf der damit noch nicht geklärten geltungstheoretischen Problematik wie auch dem für die ethische Dignität des Anerkennungsaktes unabdingbaren Sichverhalten zu dem ergehenden Anspruch – und sei es auch noch so unwillkürlich und unausdrücklich – zu bestehen.

prinzip der theologischen Hermeneutik behält das Prinzip ethischer Autonomie seine genuine kriteriologische Dignität. Doch ist kein Grund, sich davor zu fürchten – hat doch auch *Gott* die Freiheit der Menschen, die er zu gewinnen suchte, *geachtet:* sichtbar am Weg Jesu in seiner bis zuletzt seine spezifische Vollmacht bewährenden Bereitschaft zur Ohnmacht. Und er achtet sie, da er sich zum Gekreuzigten bekannte, *definitiv:* eben weil nur ein freies Geschöpf ihn als Gott anerkennen und er deshalb auch nur ihm das Höchste: in seiner Liebe sich selbst, schenken kann.

2. Gottebenbildlichkeit des Menschen: eine ökumenische Frage

Wer als Theologe so vehement, meine Damen und Herren, wie Sie es eben vernahmen, für die Adaption des transzendentalen Freiheitsdenkens eintritt, muß darauf gefaßt sein, ökumenischen Anstoß zu erregen. Und in der Tat würde ich mir, zumal in Tübingen und angesichts der neuesten Diskussionen[15], Zurückhaltung auferlegen, wenn ich dem favorisierten Ansatz und seinen Kategorien nicht auch einen (womöglich sogar in den sensibleren Punkten) *vermittelnden* Beitrag zutraute. Umso freimütiger beginne ich – die geläufige und (wie ich meine) sachgemäße Zuordnung der Stichworte »Ansprechbarkeit« und »Antwortfähigkeit« zum Thema der *geschöpflichen Gottebenbildlichkeit* des Menschen aufnehmend – mit meinem Bedauern darüber, daß der berühmte, in den 30er Jahren geführte Streit um den sog. »Anknüpfungspunkt« durch den übermächtigen Einfluß *Karl Barths* eine Wendung nahm, bei der die Intentionen *Emil Brunners* wenn nicht verlorengingen, so doch weithin auf Eis gelegt wurden. Immerhin hatte Brunner[16], um die Hinordnung des Menschen auf die Gemeinschaft mit Gott so wesentlich wie möglich zu denken und zugleich die reformatorische Einsicht in die radikale, den Menschen als ganzen bestimmende Realität der Sünde und der Gnade zu reformulieren, sowohl die quantifizierende altprotestantische Rede von den *imago*-Resten als auch das katholische Zweistockwerkschema von Natur und Übernatur verworfen und mit seiner bewußt als »kategorial« firmierten Differenzierung von *formaler* und *materialer* Gottebenbildlichkeit (N 10 f.) einen Ansatz gewählt, der den als »responsorische Aktualität« existierenden Menschen (M 134) in seiner realen Ganzheit

---

[15] Ich darf hier an den Termin des Vortrags (16.4.1999) erinnern. Auch meine ich, so sehr ich mich über die »Gemeinsame Erklärung« vom 31.10.1999 freue, daß der in diesem Abschnitt beleuchtete *theologische* Diskussionsbedarf durchaus noch nicht erschöpft ist.

[16] Bei der Kennzeichnung seiner Position stütze ich mich auf *E. Brunner*, Natur und Gnade. Zum Gespräch mit Karl Barth (1934), Tübingen ²1935 (= N); *ders.*, Der Mensch im Widerspruch. Die christliche Lehre vom wahren und vom wirklichen Menschen (1937), Zürich – Stuttgart ⁴1965 (= M). Belege im Text.

unzerteilt ließ und es gleichwohl erlaubte, seine »rein formale Ansprechbarkeit« als die geschöpfliche, »formal unbedingte Voraussetzung« des Gnadengeschehens von diesem selbst zu unterscheiden und entsprechend die »Identität der formalen Personalität« als das Kontinuum des Menschen im Wechsel seiner soteriologischen Bestimmtheit zu begreifen: konstitutiv für seine Verantwortlichkeit, sein Verstehen der Gnadenbotschaft wie sein Sündigenkönnen (N 18–21) und zudem unentbehrlich, um das verkehrende Wesen der Sünde und ihre Totalität einzusehen und ihre innere Widersprüchlichkeit zu erhellen (M 134–140.163–172). Allerdings hatte Brunners aktualistische Fassung der wesenhaften Relationalität des responsorischen Menschen (M 98ff.113f.) weder dessen Gegenüber zu Gott und seine Entscheidungsfähigkeit noch die Differenz seiner geschöpflichen zur gnadenhaften Gottbezogenheit schon genauer bestimmt und es dadurch Barth leicht gemacht, ihn (Brunner) bei der Inkonsequenz zu behaften, daß er zwar im Ansatz den geschöpflichen Menschen als das Wesen, das »im Worte Gottes ist«, beschreibe, dann aber – im genauen Widerspruch zum »Begriff des durch das Wort Gottes konstituierten Menschen« – seine »Entscheidungsfähigkeit« im Sinne eines »bloßen neutralen Könnens« von derjenigen, »die in jenem Akt des gnädigen Handelns Gottes tatsächlich *verwirklicht* ist«, doch wieder distanziere[17]. Barth seinerseits fand die bleibende Gottebenbildlichkeit in Gottes freier Bundestreue verankert[18] und hat dementsprechend zwar eingehend die *analogia relationis* zwischen der *menschlichen* Existenz »im Gegenüber von Ich und Du« (1,207) und der (trinitarischen) Lebensform *Gottes* beleuchtet, aber die Frage, inwiefern der Mensch in seiner Ansprechbarkeit für »Seinesgleichen« (1,207) denn auch schon als »von Gott [!] anzuredendes Du« (1,222) gelten könne, nicht weiter verfolgt, vielmehr bei seiner Entfaltung des Satzes »Nicht *als*, sondern *zu* Gottes Bundesgenossen sind wir geschaffen« jedes Einfallstor für eine Interpretation auf der Linie Brunners nach Kräften verriegelt (2,385 ff.).

Barths Lösungsansatz, sein Rekurs auf Gottes Treue, begegnet fortan in zahlreichen Variationen – die Intention Brunners bleibt uneingelöst[19]. Bei *Hel-*

---

[17] KD III/2, 154–157.
[18] KD III/1, 223 ff. So konnte Barth, ohne die Gottebenbildlichkeit an die »physische Geschlechterfolge« als solche zu binden, den exegetischen Befund akzeptieren, nachdem er früher noch mit den Reformatoren den Verlust der *imago* durch den Sündenfall ausgesagt hatte: nicht nur in »Nein! Antwort an Emil Brunner« (München 1934), sondern auch in KD I/1, 251–254 und I/2, 336. – Zum folgenden vgl. KD III/1, 204–233; III/2, 242–391 (= § 45 »Der Mensch in seiner Bestimmung zu Gottes Bundesgenossen«). Weitere Belege mit Teilband- und Seitenangabe im Text.
[19] Immerhin hat *Paul Althaus* (Die christliche Wahrheit 2, Gütersloh ²1949) gegenüber der »Absage der Reformatoren an die überlieferte katholische Lehre«, sofern sie die »theologisch-notwendige Besonderung innerhalb des Begriffs ›Ebenbild‹ preisgab und diesen einfach mit der Urstandsgerechtigkeit gleichsetzte«, für eine »Mehrschichtigkeit im Begriffe ›Ebenbild Got-

mut Thielicke etwa, der die Virulenz der Denkformproblematik klar sieht, sie aber sogleich auf die Alternative von »Ontologismus und Personalismus« fixiert[20], bricht ein nun eindeutig theozentrischer Aktualismus sich unverhüllt Bahn: Nicht Eigenschaft, sondern »Außenschaft« des Menschen sei die geschöpfliche *imago* und er selbst wirklich nur »Spiegel« des *lumen alienum*, nicht etwa selbstleuchtendes »Phosphor« (298); die »Person [...] das Angeredet*werden* durch Gott« (277), *ohne* irgendein »eigenständiges proprium [...] *nur* als ›Sein in Relation‹« zu verstehen, und ihre »Kontinuität [...] die Kontinuität der Treue Gottes« (363–367). Noch für *Jürgen Moltmann* ist es allein das aktuelle »Menschenverhältnis Gottes«, das die Unverlierbarkeit der geschaffenen *imago* verbürgt[21] – wie aber soll man dann die »responsorische Existenz« der »Bildnatur« und wie die Möglichkeit ihrer sündigen »Perversion« begreifen, wovon Moltmann ebenfalls eindeutig spricht? *Wolfhart Pannenberg* wiederum insistiert energisch darauf, daß Gottes Schöpfungsabsicht dem Menschen nicht äußerlich bleibe, sondern wirksam *im* Menschen sein müsse[22] – um dann jedoch ebenso energisch jede Subjekttheorie zu belehren, die (sei es aus philosophischen oder theologischen Gründen) dem Ich mehr an spontaner Freiheit und Reflexivität zuerkennt, als *seine* Konzeption der externen und letztlich unmittelbar-theonomen Konstitution der Person es erlaubt[23]. Anders *Gerhard Ebeling* und *Eberhard Jüngel:* hat Ebeling doch eindringlich die Grundsituation des Menschen als Angewiesenheit auf ein unbedingt gewißmachendes, seine fragliche Existenz rechtfertigendes Wort dargestellt, desgleichen das menschliche Wortgeschehen als Ort der möglichen Anwesenheit Gottes erschlossen[24]

---

tes‹« plädiert (95 f.): »Unverloren und unverlierbar ist die wesensmäßige Bestimmung des Menschen für Gott, in der er verfaßt ist, das Sein vor Gott als personhafte und verantwortliche Willentlichkeit. Verloren ist [...] das Sein für Gott als Erfüllung dieser Bestimmung« (100).

[20] Vgl. *H. Thielicke*, Theologische Ethik 1, Tübingen 1951, 341 ff. Weitere Belege im Text.

[21] *J. Moltmann*, Gott in der Schöpfung. Ökologische Schöpfungslehre, München ²1985, 238 f. Hier auch die weiteren Zitate.

[22] Vgl. *W. Pannenberg*, Anthropologie in theologischer Perspektive, Göttingen 1983, 56 f.; *ders.*, Systematische Theologie 2, Göttingen 1991, 260 f.

[23] So nicht nur bei der weiteren Explikation der menschlichen Gottebenbildlichkeit im Kontext der genannten Stellen, sondern durchgehend in seinen Arbeiten seit der »Anthropologie«. Zur Analyse und Kritik dieser Position s. *Th. Pröpper*, Das Faktum der Sünde (s. Anm. 10), bes. 275 ff. 280 ff.; desgleichen *K. Müller*, Wenn ich ›ich‹ sage. Studien zur fundamentaltheologischen Relevanz selbstbewußter Subjektivität, Frankfurt 1994, 93–109. Auch *F. Wagner* konstatiert, »daß Pannenberg das Strukturmoment der Selbstbezüglichkeit, das für die Aussage, Menschen seien beim andern ihrer selbst als einem andern, unverzichtbar ist, im Zusammenhang der auf das Ganze der Welt ausgreifenden Gegenstandswahrnehmung unterbelichtet und im Kontext der auf ihr aufbauenden religiösen Dimension eskamotiert« (Was ist Religion? Studien zu ihrem Begriff und Thema in Geschichte und Gegenwart, Gütersloh 1986, 506; Zitat nach *K. Müller*, a. a. O. 103).

[24] Vgl. etwa Ebelings Analyse der »coram-Relation« als des ontologischen Schlüssels zur Anthropologie (Dogmatik des christlichen Glaubens I, Tübingen 1979, 346–355) oder seine Dar-

und Jüngel sogar die »Ansprechbarkeit des Menschen« als »ontologische Implikation« seiner Rechtfertigung durch Gottes Wort bezeichnet: denn sie »konstituiert den Menschen als *freien Partner Gottes*«[25]. Nur eben: auch von ihnen wird der Übergang von der phänomenologischen Erhellung zur transzendentalen Begründung, wie ihn m. E. die philosophische Rechenschaftspflicht der Theologie noch erfordert, nicht mehr gesucht. Täuscht mich der Eindruck, daß die formal unbedingte Freiheit, obwohl sie doch die konstitutive Relationalität menschlicher Existenz wie ihre Verwiesenheit auf Gott einsehen läßt, eben deshalb nirgends als der anthropologische Kern der geschöpflichen Imago in Betracht kommt, weil bei Freiheit sogleich an die real existierende, also schon soteriologisch qualifizierte, von der Sünde erst noch zu befreiende Freiheit gedacht ist und sie als *solche* auch in der Tat nicht die *imago* sein *kann*?

Und lauert, meine Damen und Herren, das damit anvisierte Problem womöglich sogar noch im Hintergrund der *aktuellen* ökumenischen Diskussion? Auch ich meine, als katholischer Theologe so ziemlich alles an *Jüngels* konstruktiv-positiver Darstellung der Rechtfertigung in seinem jüngsten Buch unterschreiben zu können[26] – vorausgesetzt nur, es bleibt mir gestattet, die jeweiligen freiheitstheoretischen Implikate zu benennen und damit einen Brückenschlag zu versuchen: so namentlich beim Glaubens- und natürlich auch Freiheitsbegriff sowie dem umstrittenen »*mere passive*« (155). Gerade das Freiheitsdenken *sieht ein*, daß Gottes Gnade – schon *wesenhaft* – durch nichts und niemals verdient (148), desgleichen nicht im eigentlichen Sinne »bewahrt« (175) oder gar »gehabt« (163), sondern stets nur – *sola fide* – empfangen werden kann (46) und daß überdies die Freiheit – beachtet man nur ernsthaft und in jeder Hinsicht die Bedingtheit ihrer wirklichen Vollzüge – aus der ihr ganzes Dasein bestimmenden Macht der Sünde und ihrer eigenen Verkehrung in die reale Möglichkeit des Glaubens erst *freigesetzt* (161) werden muß – wie auch *im* Glauben von der Gnade getragen ist und abhängig *bleibt*. Aber freigesetzt werden heißt nicht: überhaupt erst geschaffen! So weit und gern man sich mitnehmen zu lassen bereit ist, wie Jüngel den ins Geschehen der Rechtfertigung einbezogenen Menschen (127) und seinen beteiligten Glauben (201) beschreibt: als gehorsames Dabeisein (153) und das Geöffnetwerden sich gefallen-, wohlgefallen-Lassen (155), als spontane Untätigkeit, sabbatlich-kreative Passivität

---

stellung des Glaubens an Jesus als das Wort Gottes im Problemhorizont der Sprache (Dogmatik des christlichen Glaubens II, Tübingen 1979, 508–517).

[25] *E. Jüngel*, Der Gott entsprechende Mensch. Bemerkungen zur Gottebenbildlichkeit des Menschen als Grundfigur theologischer Anthropologie: *ders.*, Entsprechungen: Gott – Wahrheit – Mensch. Theologische Erörterungen, München 1980, 290–317, 314.

[26] *E. Jüngel*, Das Evangelium von der Rechtfertigung des Gottlosen als Zentrum des christlichen Glaubens. Eine theologische Studie in ökumenischer Absicht, Tübingen 1998. Die Aussagen und Formulierungen Jüngels, auf die ich mich bekräftigend, kritisch oder modifizierend beziehe, deute ich im folgenden Text durch Seitenangaben wenigstens an.

(155), als von Herzen kommendes Ja zur widerfahrenden Bejahung durch Gott (201) oder auch entdeckenden Nachvollzug der göttlichen Entscheidung über den Menschen (205) bis hin zur wohlverstandenen Selbstvergessenheit (206) – stets ist ein *Sich*einlassen, -beschenken*lassen*, das unvertretbar-eigene Zustimmen, zumindest Einstimmen doch *formaliter impliziert*. Durch dieses ursprüngliche *Sichverhalten* wird indessen weder der Glaube, durch den wir doch nur empfangen, verdienstlich oder gar die Gnade, das Geschenk *für* die Freiheit, als »eine Art Ersatzleistung« zur »Konkurrentin« der Freiheit (166) noch die bleibende *Externität* der realen Konstitution des gerechtfertigten Sünders verkehrt oder gemindert, wohl aber diese Konstitution als ihn angehende und von ihm affirmierte, desgleichen seine simultane Bestimmtheit durch die anhängende Sünde wie durch Gottes Zugewandtheit (188) als eigene, ihn betreffende Bestimmtheit allererst begreifbar und vor allem das »von sich aus« seiner tatsächlichen Beteiligung (201) beim zugehörigen Namen genannt. Einer entsprechenden Näherbestimmung bedürfte dann freilich nicht nur Jüngels Rede von der »ek-zentrischen Existenz« (205) und dem Aus-sich-Herausgesetztsein des im Innersten von der Gnade getroffenen Menschen (167), sondern wohl auch die von *Bernd Jochen Hilberath* favorisierte »relationale Ontologie«[27]: ist doch durch Wendungen wie »Sich von Gott her empfangen, von seiner Liebe her ek-sistieren« (110) oder »außer sich (extra se) zu sich selbst kommen« (182) oder »im Geist, also außer uns leben« (164) ein subjektloser Glaube schon ebensowenig ausgeschlossen wie umgekehrt durch *Hegels* geläufige Formel »im anderen bei sich selbst sein« ein monologisch-possessiver Subjektivismus[28]. Läßt sich eine bestimmte Relation denn *ohne* das Eigene ihrer Relata, das Sein beim anderen als anderem ohne das Für-sich des Selbstbewußtseins, die Beziehung von *Personen* überhaupt anders denn als *Differenz-Einheit* verschiedener, je-ursprünglicher *Freiheiten* begreifen? Durch die damit reklamierte formale

---

[27] B. J. Hilberath, Das Gemeinsame erkennen. Zu Eberhard Jüngels jüngster »Studie in ökumenischer Absicht«: HerKorr 53 (1999) 22–26, 25. – Die im Text noch folgenden Seitenangaben beziehen sich jedoch weiterhin auf das Buch Jüngels.

[28] Beides findet sich in Hilberaths verdienstvoller Stellungnahme zu Jüngels Studie (und auch sonst bei ihm) natürlich nicht. Ich nehme nur die Gelegenheit wahr, grundsätzlich auf das m. E. Unzureichende des Programmworts »relationale Ontologie« hinzuweisen. So erfreulich wie überfällig die theologische Verabschiedung substanz- und sachontologischer Denkformen war, betreffen die als »relationale Ontologie« firmierenden (phänomenologischen) Bemühungen doch häufig nur die Ebene der *realen* (intersubjektiven) Konstitution von Identität, Selbstsein usw. und bleiben, solange nicht die transzendentale (selbstbewußtseins- und freiheitstheoretische) Analyse dieser Phänomene hinzutritt, in ihrer Unterbestimmtheit durchaus noch ungeschützt gegen ein subjektloses Denken – ganz abgesehen von der Nichtwahrnehmung fundamentaltheologischer und hermeneutischer Möglichkeiten, die der Verzicht auf solche Analyse bedeutet. Zur Klärungsbedürftigkeit so mancher »Konzepte, die mit der Formel eines ›Bei-sich-sein(s) als Beim-andern-sein(s)‹ operieren oder von ›relationale(m) Beisichsein‹ sprechen«, s. auch *K. Müller*, Wenn ich »ich« sage (s. Anm. 23), 120.

Unbedingtheit der Freiheit bliebe gleichwohl, entsprechend ihrer Verwiesenheit auf die externe Konstitution ihres realen, wahrhaften Selbst und gemäß der Unverfügbarkeit der begegnenden Freiheit, die absolute Priorität der Gnade unangetastet; zugleich wäre – wenn es dem Tridentinum denn wirklich nur um die Wahrung des »Empfängers möglicher Gnade« zu tun war[29] – der *voluntaria susceptio gratiae*[30] vollauf Genüge getan.

Auf der anderen Seite aber brächte dieser Ansatz, nun auch für die *katholische* Dogmatik, Konsequenzen mit sich, die ich ebenfalls nicht völlig verschweigen mag. Gottes *Selbstmitteilung* wäre nicht mehr, wie es *Karl Rahner* zur Überwindung der dinghaft-»ontischen« Gnadenauffassung, aber noch unter den Zwängen der eigenen geistmetaphysischen Prämissen versuchte, als quasi-formalursächlich konstituierte entitative Vergöttlichung der menschlichen Transzendenz[31], sondern konsequent in dem schon von *Piet Fransen* empfohlenen, leider kaum beachteten »Präsenzmodell« zu denken[32] – ist sie doch das Ankommen Gottes bei uns *in* seiner uns bedingungslos in seine Gemeinschaft aufnehmenden Liebe: das Zugleich der im hörenden Glauben vergegenwärtigten Selbstbestimmung Gottes für uns in Jesus Christus *und* seiner wirksamen Selbstgegenwart in uns durch den Geist. Desgleichen wäre dem Begriff der *gratia creata*, statt ihn immer nur von neuem zu interpretieren, schon deshalb allmählich der Abschied zu geben, weil er – den Blick vom Geschehens- und Verhältnischarakter der Gnade und so auch von Gott als dem Subjekt und dauernden freien Ursprung der Gnade ablenkend – das eigentlich theologische Wesen der Gnade verfehlt und eine womöglich *nur* noch als »geschaffene«, wenn auch übernatürliche Wirklichkeit betrachtete Gnade noch unmöglich das mit Gott selbst Verbindende, ihn *selbst* Vergegenwärtigende sein könnte[33]. Deshalb gewinnen und behalten auch die *Bezeugungsgestalten* der Gnade ihre in

---

[29] So *B. J. Hilberath*, Das Gemeinsame erkennen (s. Anm. 27), 25 mit Berufung auf O. H. Pesch/A. Peters, Einführung in die Lehre von Gnade und Rechtfertigung, Darmstadt 1981, 178.
[30] DH 1528.
[31] Zur Kritik der von Rahners Gnadentheologie verwendeten Denkmittel, mit denen sich die freisetzende Einbeziehung des Menschen ins Gnadengeschehen und sein Gegenüber zu Gott kaum verdeutlichen lassen, s. ausführlicher Th. *Pröpper*, Erlösungsglaube (s. Anm. 7), 272 f.
[32] Vgl. *P. Fransen*, Das neue Sein des Menschen in Christus: MySal 4/2, 921–984, 927 f. 959 ff.
[33] Das letzte Argument deutet auch P. Fransen an (a.a.O. 954). Ich denke, daß man die ursprünglichen Intentionen der Rede von der *gratia creata* bei Thomas v. A. voll würdigen und trotzdem nicht bloß die Verkehrungen der Barockscholastik, sofern hier die *gratia creata* als fundierendes Moment der Gnade überhaupt erscheint, kritisieren, sondern auch schon – mit *Jüngel*, Das Evangelium (s. Anm. 26), 164 f. – die Unterscheidung von ungeschaffener und geschaffener Gnade als solche für einen »kategorialen Fehlgriff, der sich am Wesen der Gnade vergreift«, halten kann – und dies m. E. (außer den genannten Gründen) schon deshalb, weil die Bestimmtheit des im Gnadenverhältnis veränderten Menschen zwar die Schöpfungsdifferenz von Gott und Mensch voraussetzt, aber selbst schöpfungsterminologisch nicht angemessen erfaßbar ist.

die Unmittelbarkeit zu Gott vermittelnde symbolische Dignität nur in eins mit der aktuellen, im Glauben wahrgenommenen und durch die *memoria Jesu Christi* identifizierten *Selbstzuwendung* Gottes im Geist des Vaters und des Sohnes. Und ebenso bleibt der *Glaube* schon deshalb klar vom *Tun der Liebe* zu unterscheiden, weil er dessen Differenz zu der unverdienbaren *Vorgabe* für unsere Freiheit – zur Vorgabe ihres schon gültigen, verheißungsvollen Anerkanntseins – achtet und ausdrücklich offenhält, ohne die ihr Handeln weder die Möglichkeiten der *Freiheit des Glaubens* gewinnen noch wahrhaftes, gebührend Gott und Mensch unterscheidendes *Zeugnis* sein könnte.

Ich will diese Linien jetzt nicht weiter verfolgen. Worauf es mir ankam, habe ich ja nur zu verteidigen gesucht: Gott beteiligt, beansprucht und er *achtet* die ihm ebenbildliche menschliche Freiheit, die er für seine Gemeinschaft erschuf und in der Zuwendung seiner Liebe befreit. Es gilt nun, die *Reichweite* dieses Gedankens zu sehen.

3. Gottes wirksame Gnade: ein unerledigter Streit

Ich erinnere an den fast schon vergessenen »Gnadenstreit« (immerhin den längsten und heftigsten Streit der katholischen Theologie in der Neuzeit) nur kurz, um den Blick auf die damals nicht wahrgenommene Notwendigkeit zu lenken, den Bannkreis der Vorentscheidungen einer allzu dominierenden Tradition zu verlassen: in diesem Fall also der *augustinischen* mit ihrer extremen Auffassung von Gottes wirksamer Gnade. Indessen hatte Trient doch klar von der Möglichkeit des menschlichen Willens gesprochen, der Gnade sich auch verweigern zu können[34] – das Problem also war gestellt[35]. Unstrittig war natürlich die Notwendigkeit der zuvorkommenden Gnade für alle heilsbedeutsamen Akte, strittig aber auch nicht die ihr mögliche unfehlbare Wirksamkeit, sondern strittig allein das *Wie* des unfehlbaren Zusammenhangs der wirksamen Gnade

---

[34] Vgl. DH 1554.
[35] Der zunehmend abschätzigen Beurteilung des zuletzt tatsächlich stagnierenden klassischen »Gnadenstreits« in der Theologie des 20. Jahrhunderts, die womöglich – so berechtigt sie gegenüber der damaligen Problemexposition und den inadäquaten Denkmitteln sein würde – doch nur die Verdrängung des erstmals sensibel wahrgenommenen und für die Möglichkeit christlicher Theologie in der Neuzeit entscheidenden Kernproblems kaschiert, entspricht es, daß man für wirklich eingehende Darstellungen auf ältere Literatur sich angewiesen sieht. Bei der folgenden knappen Benennung der Hauptproblempunkte stütze ich mich deshalb vorwiegend auf G. *Schneemann*, Die Entstehung der thomistisch-molinistischen Controverse, Freiburg 1879, bes. 9–43. Vgl. ferner F. *Stegmüller*, Art. Molinismus: LThK² 7, 527–530; O. H. *Pesch*, Das Konzil von Trient (1545–1563) und die Folgen: *ders./A. Peters*, Einführung (s. Anm. 29), 169–221, bes. 213 ff.; J. *Heinrichs*, Ideologie (s. Anm. 11), 427–433; Th. *Pröpper*, Erlösungsglaube (s. Anm. 7), 279 ff.

mit der aktuellen Zustimmung des freien menschlichen Willens. Die *Aporien* der Lösungsversuche sind bekannt. Daß die *Thomisten*, die entschlossen bei der durch sich selbst wirksamen Gnade einsetzten und mit ihr die unfehlbar den Willen zum Akt bestimmende *praemotio physica* verbanden, tatsächlich die Freiheit nur noch verbal zu wahren vermochten, zeigt am schlagendsten ihre Verlegenheit, das »posse dissentire« des Konzils *in sensu diviso*[36] interpretieren, d. h. ein wahres Vermögen (eben das der Nicht-Zustimmung) behaupten zu müssen, dessen wirklichen Gebrauch die *gratia efficax* doch eindeutig ausschloß. Das System *Molinas* wiederum, das sich im Ansatz um der Freiheit der menschlichen Zustimmung willen mit der *gratia sufficiens* begnügte und deshalb als synthetisches Prinzip, das gleichwohl ihren Erfolg garantiere, die *scientia media* konzipierte, durch die Gott alle Eventualentscheidungen seiner freien Geschöpfe vorausweiß und so das ganze Heilsgeschehen in souveräner Hand hält – es stieß doch dadurch an seine Grenze, daß es den idealen Status der bedingt zukünftigen Freiheitsvollzüge ungeklärt ließ. Gegenüber der starken thomistischen These, ein von den prädeterminierenden göttlichen Beschlüssen unabhängiges Vorauswissen der freien kreatürlichen Akte sei gänzlich unmöglich, mußte die Auskunft, daß diese Akte nicht, weil Gott sie voraussieht, geschehen, sondern Gott sie voraussieht, weil sie geschehen[37], als eine hilflose Behauptung dastehen.

Man kann nun, meine Damen und Herren, den ganzen Streit historisch einordnen und das Sachproblem auf sich beruhen lassen – oder auch (mit einigem Recht) das infolge der fixierten Streitpunkte verengte Gnadenverständnis beklagen. *Otto-Hermann Pesch* konstatiert, daß keines der beiden Systeme für die »Pointe der mittelalterlichen Lehre« noch Platz bot, »wonach Gott, das freie Handeln begründend, *innerlich* im Willen wirkt«[38]. Aber genügt das, um es »heutzutage nicht mehr [für] nötig« zu halten, »zu diesen Theorien noch Stellung zu nehmen«[39]? Immerhin hat *Molina*, der Neuheit seines Entwurfs sich bewußt und so klar wie bis dahin noch niemand, die Theologie auf die unübergehbare Unbedingtheit der Freiheit im Glaubensakt selber verwiesen[40] und dabei für sich beanspruchen können, daß er weder pelagianisch die Priorität der Gnade verletze noch semipelagianisch das Heilsgeschehen aufteile, sondern den

---

[36] Statt *in sensu composito*, also in dem auf den Gesamtvorgang bezogenen Sinn.
[37] Zur Ausdifferenzierung der diesen Punkt betreffenden Argumente beider Parteien und den jeweils resultierenden Problemen s. G. Schneemann, Die Entstehung (s. Anm. 35), 33–39.
[38] O. H. Pesch, Das Konzil (s. Anm. 35), 217 f. Das Bedauern dieser Feststellung kann ich freilich umso weniger teilen, als mir fraglich ist, wie weit Pesch das damals aufgebrochene Problem, die Möglichkeit einer Freiheit auch *gegenüber* Gott, überhaupt als theologisch legitimes zuzulassen bereit ist.
[39] A. a. O. 216.
[40] Dies sieht und würdigt auch P. Eicher, Art. Neuzeitliche Theologien. A. Die katholische Theologie: NHthG (Erweiterte Neuausgabe) 4, 7–47, 26 f.

Zustimmungsakt ganz in Gott als dem Schöpfer der Freiheit und Geber seiner Gnade begründe und ihn doch dem Menschen als sein Eigenes lasse[41]. Wie auch sollte – *ohne* ihn – die Gegenliebe, die Gott uns ermöglicht und von uns will, humane Dignität haben und wie überhaupt zwischen Gott und Mensch das *Verhältnis der Liebe* sein können?

Bleibt noch der Weg, das damals ungelöste Problem als unlösbar zu akzeptieren und es dann möglichst *als* solches auch einsichtig zu machen[42]. So – mit redlichem Ernst und als einziger, soweit ich sehe – *Karl Rahner* mit seinem Versuch[43], das Verhältnis zwischen Gottes wirksamer Gnade und menschlicher Freiheit als den Höchstfall des nicht weiter mehr auflösbaren »ontologischen Urdatums« zu begreifen, daß im Verhältnis der Kreatur zu Gott Eigenstand und Abhängigkeit im selben, nicht im umgekehrten Maß wachsen. Doch so einsichtig die Unbegreifbarkeit dieses Urdatums wäre, so unausgewiesen bleibt seine Exposition. Einleuchtend ist doch nur, daß wir die *creatio ex nihilo* und erst recht das Geschaffensein der Freiheit nicht positiv begreifen und daß erst die Freiheit sich der schlechthinnigen Abhängigkeit ihres Daseins *bewußt* werden kann[44] – nicht aber, daß sie von Gott abhängiger wäre als die Steine und Tiere. Und daß Rahner sein ontologisches Axiom sogar auf das Gnadenverhältnis ausdehnte, stellt eine Metabasis dar[45], deren Ursache ich in seinem noch metaphysischen Freiheitsverständnis vermute. Nur so wird verständlich, daß er emphatisch an der Möglichkeit eines menschlichen Nein zu Gott festhielt und es doch nur als den »realen absoluten Widerspruch« zu denken vermochte, daß »Gott zugleich bejaht und verneint wird«[46]. Und daß sich Sätze wie der folgende finden: Gott könne durchaus »in seiner absoluten Souveränität die Freiheit als

---

[41] Vgl. das übereinstimmende Urteil von *F. Stegmüller*, Art. Molinismus (s. Anm. 35), 528.

[42] Zumeist freilich begnügt man sich mit dem ersten und findet sich, statt die Problemfassung und ihre Prämissen selbst ernsthaft in Frage zu stellen, damit ab, daß die Kontroverse – wie *H. Jedin* formuliert – unentschieden blieb und es wohl bleiben mußte, »weil das Mysterium des Zusammenwirkens der göttlichen Gnade mit dem freien Willen des Menschen der letzten Aufhellung durch die Vernunft trotzt« (HKG IV, 572 f.).

[43] Zum folgenden verweise ich nur auf *K. Rahner*, Art. Gnade und Freiheit: SM II, 469–476.

[44] Letzteres hat namentlich *Schleiermacher*, Der christliche Glaube I (ed. *M. Redeker*), Berlin ⁷1960, schon in seinen grundlegenden Analysen gezeigt (28) und dann durchgehend betont (173.250 u. ö.). *Kierkegaard* wiederum zielt mit seinen eindringlichen, oft zitierten Aussagen über Gottes als »Güte« zu verstehende Allmacht nicht etwa auf eine im Vergleich zur übrigen Kreatur größere Abhängigkeit des Menschen, sondern auf das »Unbegreifliche« seines Freigelassenseins: daß die Allmacht nicht bloß »der Welt sichtbare Totalität« hervorzubringen vermag, sondern sogar »ein gegenüber der Allmacht unabhängiges Wesen« (Tagebücher, München 1949, 216 f.).

[45] Eine Metabasis eben deshalb, weil sie das Gnadenverhältnis auf die Beziehung von göttlicher Erst- und geschöpflicher Zweitursächlichkeit, also auf die Ebene des *concursus divinus*, herabbuchstabiert und so seinen Begegnungscharakter verfehlt.

[46] *K. Rahner*, Grundkurs des Glaubens, Freiburg 1976, 106.

gute oder als böse Freiheit setzen, ohne dadurch die Freiheit selbst zu zerstören«[47].

Rahner hat alle Positionen des Gnadenstreits kritisiert, nicht aber seine Problemstellung und deren Basisannahmen[48]. Doch genau *diese* Konsequenz scheint mir geboten: nicht nur aus den schon vorgetragenen Gründen, sondern ebenso wegen des sonst unabweisbaren Problemdrucks, dessen Logik schon *Augustins* Denken heimsuchte. Ist Gottes wirksame Gnade, angesichts unserer tiefen Verlorenheit an die Sünde, erst einmal als *allein*wirksame, auch noch unsere Einstimmung ersetzende Gnade gedacht, muß sich unerbittlich eine Prädestinationsauffassung aufdrängen, deren Konsequenzen Augustinus nur noch dadurch entkam, daß er Adams Schuld als auch den Späteren anrechenbare begriff und damit seine intendierte Theodizee doch nur endgültig diskreditierte[49]. In eins mit der Prämisse einer unfehlbar wirksamen Gnade aber ist auch – wegen der sonst noch ruinöseren Folgen – der Gedanke eines göttlichen Vorherwissens der menschlichen Freiheitsentscheidungen (der tatsächlichen und der bedingt zukünftigen) preiszugeben. Denn es ist schlechterdings nicht ersichtlich (darin hatten die Thomisten ja Recht), wie solche Präszienz ohne Prädetermination gedacht werden und dann für echte Freiheit irgendeiner Kreatur im Weltlauf noch Raum bleiben könne[50] und somit nicht auch alle

---

[47] A.a.O. 112. Zu den ganz wenigen eindeutigen Protesten, die mir gegen diesen inakzeptablen Satz (und ähnliche Sätze) Rahners in der Literatur begegnet sind, gehört L. *Oeing-Hanhoff*, Das Reich der Freiheit als absoluter Endzweck der Welt. Tübinger und weitere Perspektiven: *J. Simon* (Hg.), Freiheit. Theoretische und praktische Aspekte des Problems, Freiburg – München 1977, 55–83, 81 f.
[48] Und dies nicht nur in dem Anm. 43 angegebenen Artikel, sondern durchgehend auch sonst. Vgl. schon *K. Rahner*, Art. Gnade. Systematik: LThK² 4, 991–998, 996 f.
[49] Die präzise Rekonstruktion des Denkweges, auf dem Augustinus schließlich mit seiner Erbschuldtheorie den verhängnisvollen Schritt über die gesamte vorhergegangene Tradition hinaus vollzieht, ist das Verdienst von *H. Häring*, Die Macht des Bösen. Das Erbe Augustins, Zürich – Köln 1979. Als Verbindungsstück zwischen der infolge der radikalisierten Sünden- und Gnadenauffassung unausweichlich gewordenen Prädestinationslehre und der weiterhin intendierten Theodizee konnte der Gedanke der universalen Schuldzumessung der Sünde Adams nämlich insofern fungieren, als er die unverzichtbare Minimalaussage zu retten schien: Wenn Gott erwählt, ist er barmherzig; wenn er verwirft, ist er gerecht. Mit Härings Ergebnissen konvergiert, offenbar ohne seine Studie zur Kenntnis genommen zu haben, *K. Flasch* in: Logik des Schreckens. Augustinus von Hippo. De diversis quaestionibus ad Simplicianum I 2. Hg. u. erklärt von *K. Flasch*, Mainz (2., verb. Aufl. mit Nachw.) 1995. Wollte man übrigens an der Prämisse der alleinwirksamen Gnade festhalten, aber – aus Gründen nicht zuletzt der Theodizee – eine partikularistische, auch die Reprobation einschließende Prädestinationslehre vermeiden, bliebe als Ausweg nur eine Apokatastasis-Lehre, die in ihrer thetischen Form ebenfalls theologisch unhaltbar wäre.
[50] Im Blick auf die in der Theologie des lateinischen Mittelalters scharfsinnig diskutierte Frage, »ob das im Verhältnis zu den vorausgehenden geschöpflichen Ursachen kontingent Zukünftige durch das göttliche Vorauswissen seiner Kontingenz beraubt wird und mit Notwendigkeit eintreten muß«, konstatiert zu Recht *W. Pannenberg*, Systematische Theologie 2 (s. Anm. 22), daß

Schuld an dem, was geschehen ist und geschieht, auf Gott zurückfallen müßte. Sich von der Hauptprämisse und den Lösungskonstrukten des Gnadenstreits trennen aber bedeutet im Klartext: Die Theologie muß den Gedanken aushalten, daß die Geschichte Gottes mit den Menschen eine wirklich *offene* ist[51].

4. Gottes offene Geschichte mit den Menschen: Probleme und Perspektiven

Der hier sich aufdrängenden Probleme sind so viele – ich will nur auf *zwei* noch verweisen. Natürlich ist es, in *spekulativer* Hinsicht, primär die *Gotteslehre*, die sich – um der Geschichte und erst recht der offenen Geschichte Gottes mit den Menschen zu entsprechen – ihres genuin theologischen Ansatzes und zugleich der Angemessenheit des für ihn beanspruchten Denkens zu vergewissern hat und sich dabei mit bloß nachträglichen Korrekturen ihres antiken metaphysischen Erbes wohl kaum noch begnügen kann. Denn obwohl die patristische Theologie die Metaphysik den heilsökonomischen Aussagen grundsätzlich subordinierte, in der Trinitätslehre kreative Wege beschritt und mit der These der *creatio ex nihilo* den latenten griechischen Dualismus überwandt, ist ihr die Umgestaltung der adaptierten Philosophie zu einer konsistenten, dem Glauben an Gottes geschichtsfähige Freiheit gemäßen Denkform doch kaum schon gelungen[52]. Nicht nur die Interpretation der Anfanglosigkeit Gottes als Unveränderlichkeit und zeitabgeschiedener Ewigkeit hat dies nachhaltig behindert – es

---

zur Abwehr dieser Konsequenz der Hinweis, »daß Gott das zukünftig Kontingente *als* kontingent eintretend vorhersehe«, nicht ausreichen konnte; aber auch das Argument, »daß Gottes Ewigkeit allem Geschöpflichen gleichzeitig sei«, konnte dafür allein nicht genügen (167); vgl. schon *ders.*, Gottesgedanke und menschliche Freiheit, Göttingen 1972, 38 f. Denn das Problem, auf das schließlich auch noch die christologische Konzentration des Erwählungsgedankens hinausläuft, liegt in der Frage, ob das Verhältnis von Ewigkeit und Zeit in einer Weise gedacht werden kann, die »Raum läßt für eine freie Entscheidung des Geschöpfs in seiner geschichtlichen Situation« (Systematische Theologie 3, Göttingen 1993, 485 ff.).

[51] Diese dezidierte Forderung zielt nicht auf eine Problematisierung der eschatologischen Dignität der Selbstoffenbarung Gottes in Jesus Christus, sondern allein auf die Ernstnahme des weitreichenden Gedankens, daß Gott in der Auszeitigung seiner offenbar gewordenen unbedingten Entschiedenheit für die Menschen weiter ihre Freiheit achtet. Gott bestimmt sich zum Gott der Menschen, indem er – hier darf ich zustimmend aus einem Brief *P. Hünermanns* (8.6.1999) zitieren – »Jesus Christus, den Gekreuzigten, sein Wort, zum Fürsprecher der Menschen und zum Richter der Lebenden und Toten macht. Die ontotheologisch konzipierte Präszienzia und Prädeterminatio werden zur christologisch und pneumatologisch vermittelten Conscientia und Intercessio. Dies sind die Formen, in denen der Mensch hoffen kann und in denen Gottes Heilsratschluß, sein Hoffen artikuliert ist. Im fleischgewordenen Wort haben wir dem Vater etwas zu sagen, im Geist für ihn geschichtlich Bedeutungsvolles zu tun«.

[52] Vgl. zu der hier und im folgenden berührten Problematik ausführlich *W. Pannenberg*, Die Aufnahme des philosophischen Gottesbegriffs als dogmatisches Problem der frühchristlichen Theologie: *ders.*, Grundfragen systematischer Theologie, Göttingen 1967, 296–346; *ders.*, Systematische Theologie 1 (s. Anm. 2), 370–376.389–399.

war vor allem die vom Gedanken der Erstursächlichkeit geforderte *Einfachheit* Gottes, die jede Zusammensetzung und Veränderung von ihm ausschloß und zudem – vielleicht noch wichtiger – seine erhabene *Unbegreiflichkeit* verbürgte. Zu erwägen wäre insofern sogar, ob die letzte Konsequenz der seit *Pseudo-Dionysios* ebenfalls ontologisch im Gedanken der Erstursächlichkeit fundierten Methode der drei sich ergänzenden Wege der Gotteserkenntnis nicht doch die *negative* Theologie gewesen wäre, die zur Zeit ja wieder so auffallend Konjunktur hat – eine die Bestimmtheit christlicher Theologie *zerstörende* Konsequenz allerdings. Denn, um es mit *Duns Scotus* zu sagen: »Negationes etiam non summe amamus«[53]. Das Problem jedenfalls lebte weiter in der mittelalterlichen Schwierigkeit, durch eine *reale* Prädikation der Vielheit der Eigenschaften Gottes seine Einfachheit zu gefährden oder eben, bei ihrer bloß *gedanklichen* Unterscheidung, als Gottes Wesen nur die bestimmungslose Einheit zu behalten. Hinzu kam, daß ein Rückschluß von der Wirkung auf das Wesen der Ursache allein im Falle einer natur*notwendigen* Verursachung zulässig war, eben diese Prämisse jedoch aufgrund des Schöpfungsglaubens entfiel und so erst recht die ausgesagten Eigenschaften nicht eigentlich Gottes Wesen, sondern nur die ihm äußerlichen Beziehungen zur Schöpfung betreffen konnten. Daß *Duns Scotus* die Eigenständigkeit analoger Prädikation zwischen univoker und äquivoker Aussageweise bestritt und seinerseits auf der Unentbehrlichkeit univoker Allgemeinbegriffe, fundamental des Seinsbegriffs, als Basis jeder theologischen Theoriebildung insistierte, das leuchtet mir (genauso wie *Wolfhart Pannenberg*) wohl ein[54].

Ich erlaube mir, meine Damen und Herren, diese großflächigen Bemerkungen nur, um anzudeuten, wovon jedenfalls eine freiheitstheoretisch zu explizierende Offenbarungstheologie sich trennt und trennen *kann*. Ihrer philosophischen Rechenschaftspflicht genügt sie, indem sie (wie eingangs gezeigt) die Möglichkeit einer freien, von Welt und Mensch verschiedenen göttlichen Wirklichkeit und somit die Minimalbestimmung ausweist, in der diese dann aussagenlogisch als Gegenstand der affirmativen, auf geschichtlicher Erfahrung beruhenden Eigenschaftszuschreibungen fungiert und die sich von vornherein als *bestimmbar* durch die biblisch bezeugten, im kirchlichen Bekenntnis festgehaltenen und zugleich dem Begründungsbedürfnis der freien Vernunft gemäßen Prädikate der freien Allmacht und der Einzigkeit Gottes wie auch seiner Allgegenwart, Allwissenheit und Ewigkeit erweist. Entscheidendes aber kommt noch hinzu. Wenn nämlich – was ich natürlich ausführen müßte – der Erweis der Unbedingtheit der Liebe Gottes zu uns in Jesu Geschichte den strengen Gedanken seiner *Selbst*offenbarung und dieser die Wesenseinheit Jesu mit Gott

---

[53] *Duns Scotus*, Ord.I d.3 p.1 q.1–2 n.10.
[54] Vgl. W. *Pannenberg*, Systematische Theologie 1 (s. Anm. 2), 372 f.

impliziert, so daß (unter Hinzunahme der Zeugnisse über den Geist) der johanneische Satz »Gott ist Liebe« als konkreter Wesensbegriff für den trinitarischen Gott gelten darf, dann sind – unter der weiteren generellen, durch seine Selbstoffenbarung in Jesus Christus ebenfalls legitimierten Prämisse, daß Gott in seinem Handeln *ad extra* sich selber entspricht und in diesem Sinn (mit *Hermann Cremer* gesprochen) »sein [...] Wesen bethätigt«[55] – zum einen alle Eigenschaften, die durch sein Schöpfungs- und Geschichtshandeln zugänglich werden, als durch dieses Wesen *bestimmte* zu denken, zugleich und andererseits aber – eben weil sie die erwiesene, ihm selbst eigene Möglichkeit zu solchem Handeln betreffen – auch in bestimmter Weise *ihm selber zu prädizieren*, ohne daß wir damit das frei sich eröffnende Geheimnis verletzen – im Gegenteil: wir werden es, ihm nachdenkend, überhaupt erst mit Bewußtsein erfahren.

Für die Denkbarkeit einer *offenen Geschichte* Gottes mit den Menschen aber ergibt sich: So einzigartig Gottes Allmacht gegenüber jeder endlichen, gegensatzabhängigen und abhängig haltenden Macht schon darin erscheint, daß sie freie, auch zu ihm sich verhaltende Wesen hervorbringt und sein lassen kann, so wenig kann es ihr widersprechen, daß er selber sich dazu bestimmte, sich von ihnen bestimmen zu lassen: bis hin zu dem Ereignis, *quo nil maius fieri potest*[56], in dem er sich selbst, doch ohne vernichtet zu werden, dem tötenden Widerspruch preisgab und seine Allmacht als Allmacht der *Liebe*, als wahrhaft *göttliche* Allmacht *erwies*. Ihr ursprüngliches Wesen erlaubt es grundsätzlich (eben dies intendierte ja schon der Begriff der *potentia Dei absoluta*), Gottes schöpferische Freiheit und wirksame Unmittelbarkeit in jedem Moment seines Handelns und eben damit seine Fähigkeit zu denken, auf das Tun der freien Menschen antwortend eingehen zu können[57] – dies aber so, daß sein grundlegender Heilsratschluß unverändert, er selbst im Stehen zu sich und seiner je größeren Liebe beständig, in seinen kontingenten Entschlüssen also mit sich identisch bleibt: primäres Subjekt einer offenen Geschichte, die ihre verheißungsvolle Zukunft seiner unerschöpflichen Innovationsmacht und ihre Kontinuität der Treue seines unbedingten Heilswillens verdankt. Die verbleibende und sicher schwierigste Frage, ob nun Gottes Allwissenheit nicht doch auch sein Vorherwissen der menschlichen Freiheitsakte einschließe – sie weist dann endgültig auf die grundlegende Frage nach dem Verhältnis der Ewigkeit Gottes zur Zeit. Denn so wenig die molinistische Auskunft, daß Gott jedes (tatsächliche wie bedingt-künftige) freie Geschehen *als solches* voraussieht, dessen Freiheit und Vorausgewußtsein zu vereinbaren wußte, so wenig wäre für die Frei-

---

[55] H. *Cremer*, Die christliche Lehre von den Eigenschaften Gottes (1897), Gütersloh (unveränderter Nachdruck) 1983, 19.
[56] *F. W. J. Schelling*, Philosophie der Offenbarung II, Darmstadt 1966, 169.
[57] Vgl. K. *Bannach*, Die Lehre von der doppelten Macht Gottes bei Wilhelm von Ockham. Problemgeschichtliche Voraussetzungen und Bedeutung, Wiesbaden 1975, 224 f. 247 f. 272 ff.

heit doch auch schon mit dem bloßen Rekurs auf Gottes Gleichzeitigkeit zu allen Zeiten gewonnen. Und so sehe auch ich keinen anderen Weg, als ähnlich wie *Pannenberg*[58] (und in jeweils eigener Weise auch *Jürgen Moltmann*[59] und *Eberhard Jüngel*[60]) der Perspektive *Karl Barths* zu folgen, der die uralte bloße Entgegensetzung der Ewigkeit zur Zeit energisch revidierte und auch über *Boethius*[61] noch hinausging, indem er unsere Gegenwart als Voranschreiten »vom Gewesenen zum Zukünftigen«, auf den ewigen Gott hin beschrieb und von Gott selbst als »der Quelle, dem Inbegriff und Grund aller Zeit« sprach[62]. Dies würde bedeuten, die Zeit, in der wir leben, als uns *zukommende*, unser Dasein als *je neu empfangenes* zu verstehen und Gott selbst, der »keine Zukunft außer sich hat«, als den Ewigen, der »die Zukunft seiner selbst und alles von ihm Verschiedenen« ist: als *vollkommene* Freiheit »Ursprung seiner selbst und seiner Geschöpfe«[63]. Nur so scheint es mir denkbar, daß Gott alle gestifteten Zeiten umgreift, um jedes Wirkliche und Mögliche weiß, sogar das Vergangene bei sich bewahrt und doch die Akte menschlicher Freiheit, die der noch nicht gegründeten Zeit angehören, von ihm nicht vorhergewußt und schon festgelegt sind[64].

---

[58] Vgl. W. *Pannenberg*, Systematische Theologie 1 (s. Anm. 2), 433–443.
[59] Vgl. bes. *J. Moltmann*, Gott in der Schöpfung (s. Anm. 21), 116–150; zu Moltmanns Konzeption der »verschränkten Zeiten der Geschichte« und dem von ihr herausgestellten, jede zukünftige Geschichte transzendierenden Verweis aller endlich realisierten Möglichkeiten auf die »Zukunft der Geschichte« als »Ursprung und Quelle der geschichtlichen Zeit« s. auch G. *Essen*, Historische Vernunft und Auferweckung Jesu. Theologie und Historik im Streit um den Begriff geschichtlicher Wirklichkeit, Mainz 1995, 87 ff.
[60] Vgl. etwa *E. Jüngel*, Thesen zur Ewigkeit des ewigen Lebens: ZThK 97 (2000) 80–87.
[61] *Boethius*, De consolatione philosophiae V,6: »Aeternitas igitur est interminabilis vitae tota simul et perfecta possessio«.
[62] KD III/2, 639 f.
[63] W. *Pannenberg*, Systematische Theologie 1 (s. Anm. 2), 443. – Übrigens ist leicht zu sehen, daß sich bei dem Gedanken »Zukunft seiner selbst« derselbe Abgrund – nur eben deutlicher unter dem Zeitaspekt – für unsere Vernunft auftut, vor den sie *Kant* durch ihre Idee des *ens necessarium* geführt sah: KrV B 641.
[64] Allerdings wird man hier auch die Frage noch zulassen müssen, wie weit es eigentlich erforderlich ist, Gott selbst jeglicher Zeitbestimmtheit enthoben zu denken. Denn muß Zeit nicht als Bedingung für die Möglichkeit jeder Interaktion von Freiheiten gelten? Ob diese Frage womöglich schon für das Verständnis des innertrinitarischen Lebens relevant ist, mag hier dahingestellt sein. Unausweichlich wird sie jedoch durch den Glauben an die Inkarnation. Aber sie ergibt sich doch auch schon insofern, als Gottes Achtung der menschlichen Freiheit eben seine Bereitschaft einschließt, auf ihre durch niemanden ersetzbare Antwort zu »warten« (und auf sie seinerseits antwortend einzugehen). Durch diese Selbstbindung und die ihr implizite Bereitschaft, sich zeitlich bestimmen zu lassen, hört Gott – der die Zeit von ihrer Zukunft her konstituierende Ursprung – indessen nicht auf, der Zeit und aller zeitunterworfenen Wirklichkeit mächtig und darin vom Menschen unterschieden zu sein, der – trotz seiner Fähigkeit zur Dimensionierung der Zeit und zeitüberbrückender Gegenwart – doch fundamental *in der Zeit* und ihr unterworfen ist und sich wesenhaft von zeitlich Gegebenes angewiesen findet (*Kants* These von der »transzendentalen Idealität« der Zeit kann ja ebensowenig überzeugen wie sein von seinen Prämissen her allerdings verständliches Bemühen, den Menschen qua Frei-

Gern würde ich, meine Damen und Herren, den Gedanken der Offenheit der Geschichte Gottes mit uns, um seine Reichweite zu ermessen, jetzt noch auf die *eschatologischen* Fragen beziehen – zumindest auf das Geschehen, das wir als Endgericht erwarten und von dem wir doch hoffen, daß Gott auch in ihm uns Menschen noch antworten und beteiligt sein läßt. Hoffen *dürfen*, meine ich, aus genuin theologischen Gründen: wird unser Richter doch der Gekreuzigte sein, in dem uns Gottes unbedingte Vergebungsbereitschaft begegnet. Aber zugleich, in der Konsequenz der moralisch gebotenen Affirmation jeder Freiheit, auch hoffen *müssen* – und dies umso brennender, je klarer wir die eschatologische Hoffnung, unsere einzige Antwort auf die nach dem Scheitern aller menschlichen Theodizee umso härter verbliebenen Fragen, zu artikulieren versuchen, um auch von ihr noch ihren Bestreitern, sofern sie moralisch argumentieren, die schuldige Rechenschaft geben zu können. Indessen: das Thema ist zu abgründig, problembeladen und schwer, um es im Vorbeigehen erörtern zu können – ich muß es beim bloßen Hinweis belassen[65].

Statt dessen nun endlich der Gedanke, der in allem Gesagten schon mitgemeint war. Denn es ging mir gewiß nicht um theologische Konsequenzmacherei und erst recht nicht um so etwas wie eine Anstiftung zur Selbstbespiegelung unserer gottebenbildlich erschaffenen Freiheit – es ging allein um das kohärente Verstehen und die Rechenschaft des Glaubens, für dessen Bestimmtheit in den verheißungs- und gnadenlosen Verhältnissen der Gegenwart einzutreten unsere Pflicht und Schuldigkeit ist. Aber es ging mir auch um die Haltung, die aus solchem Nachdenken erwachsen und ihm seine spezifische Prägung, Freude und Ernst, geben kann. In einem der schönsten Abschnitte seiner Christologie wählt *Peter Hünermann* das Wort »Freundschaft« als »Ansatz, die Gestalt erlösten Lebens [in der Geschichte], die aus der Begegnung mit Jesus Christus resultiert, begrifflich zu fassen«: »Freundschaft mit Jesus Christus«, durch die »vollendete Einlösung der Freundschaft Jesu« uns eröffnet[66]. Und dürfen wir dann nicht auch sagen: Freundschaft mit Gott?[67]

---

heitswesen in einem nicht zeitlich verfaßten *mundus intelligibilis* zu verorten. Um die Unbedingtheit des ursprünglichen Sichverhaltens der Freiheit zu wahren, muß man jedenfalls nicht die Zeitlichkeit ihres aktuellen Selbstvollzugs bestreiten).

[65] Doch verweise ich auf die Andeutungen in *Th. Pröpper*, Fragende und Gefragte zugleich. Notizen zur Theodizee: T. R. Peters, Th. Pröpper, H. Steinkamp (Hg.), Erinnern und Erkennen. Denkanstöße aus der Theologie von Johann Baptist Metz, Düsseldorf 1993, 61–72; desgleichen auf ihre sensible Weiterführung bei *M. Striet*, Versuch über die Auflehnung. Philosophisch-theologische Überlegungen zur Theodizeefrage: H. Wagner (Hg.), Mit Gott streiten. Neue Zugänge zum Theodizee-Problem, Freiburg 1998, 48–89.

[66] *P. Hünermann*, Jesus Christus Gottes Wort in der Zeit. Eine systematische Christologie, Münster 1994, 369.377.

[67] Peter Hünermann hat dem nachdrücklich zugestimmt und zugleich an die fundamentale Bedeutung dieses Motivs in der thomanischen Gnadenlehre erinnert. Vgl. dazu auch die schöne Arbeit von *H. Dörnemann*, Freundschaft als Paradigma der Erlösung. Eine Reflexion

Freundschaft mit Gott. Der Dank an ihn um so tiefer, als er, der alles uns gibt, uns die Würde freier Zustimmung läßt. Ein entschieden gewordenes Einverständnis mit ihm, das – jenseits von kindlicher Abhängigkeit und pubertierender Empörung – die widersprechende Wirklichkeit annimmt und den Preis der Liebe, die ohne Freiheit nicht sein kann, mitzutragen bereit ist. Wenn dann ein Nein zu Gott uns tatsächlich immer unmöglicher wird, so nicht mehr aufgrund eines Gehorsams, in dem wir zu uns selbst noch nicht fanden, und auch nicht nur, weil wir Größeres als die Gemeinschaft, in der seine Ehre und unser Sinn sich erfüllen, nicht wissen, sondern auch und fast mehr noch, weil schon der Gedanke, von ihm auch lassen zu können, wie ein Verrat uns beschämt. Und so viele Fragen, die wir an ihn richten möchten, uns ständig bedrücken und wir keinen Rat wissen, als ihre Antwort von *seiner*, der eschatologischen Theodizee zu erhoffen – vor dem Antlitz des Gekreuzigten, der (wie *Schelling* formulierte) im Äußersten offenbaren »göttlichen Gesinnung«[68], sind doch auch wir – unaufschiebbar schon jetzt – die *Gefragten:*

Er ist zuvorgekommen, er hat begonnen:
Gott hat auf uns gehofft –
soll es denn heißen, wir hofften jedoch nicht auf ihn?[69]

---

auf die Verbindung von Gnadenlehre, Tugendlehre und Christologie in der Summa theologiae des Thomas von Aquin, Würzburg 1997.
[68] *F. W. J. Schelling*, Philosophie der Offenbarung II (s. Anm. 56), 169.
[69] *Ch. Péguy*, Das Mysterium der Hoffnung, Wien – München 1952, 106 f.

Nachweis der Erstveröffentlichungen

Freiheit als philosophisches Prinzip theologischer Hermeneutik
  in: Bijdragen 59 (1998) 20–40

»Wenn alles gleich gültig ist …«. Subjektwerdung und Gottesgedächtnis
  in: *J. Jakobi* (Hg.), Aufbrechen – Gottes Spuren suchen, Münster 1996, 13–31

»Daß nichts uns scheiden kann von Gottes Liebe …«. Ein Beitrag zum Verständnis der »Endgültigkeit« der Erlösung
  in: *A. Angenendt/H. Vorgrimler* (Hg.), Sie wandern von Kraft zu Kraft. Aufbrüche, Wege, Begegnungen. FS für Bischof Reinhard Lettmann, Kevelaer 1993, 301–319

Autonomie und Solidarität. Begründungsprobleme sozialethischer Verpflichtung
  in: *E. Arens* (Hg.), Anerkennung der Anderen. Eine theologische Grunddimension interkultureller Kommunikation (QD 156), Freiburg 1995, 95–112

Zur theoretischen Verantwortung der Rede von Gott. Kritische Adaption neuzeitlicher Denkvorgaben
  in: *M. Knapp/Th. Kobusch* (Hg.), Religion – Metaphysik(kritik) – Theologie im Kontext der Moderne/Postmoderne, Berlin – New York 2001, 230–252

Art. »Theologie und Philosophie. II. Historisch-theologisch. III. Systematisch-theologisch«
  in: LThK 9, ³2000, 1451–1455

Art. »Freiheit«
  in: NHThG 1, München 1984, 374–403

Schleiermachers Bestimmung des Christentums und der Erlösung. Zur Problematik der transzendental-anthropologischen Hermeneutik des Glaubens
  in: ThQ 168 (1988) 193–214

Das Faktum der Sünde und die Konstitution menschlicher Identität. Ein Beitrag zur kritischen Aneignung der Anthropologie Wolfhart Pannenbergs
in: ThQ 170 (1990) 267–289

Erstphilosophischer Begriff oder Aufweis letztgültigen Sinnes? Anfragen an Hansjürgen Verweyens »Grundriß der Fundamentaltheologie«
in: ThQ 174 (1994) 272–287

Sollensevidenz, Sinnvollzug und Offenbarung. Im Gespräch mit Hansjürgen Verweyen
in: *G. Larcher/K. Müller/Th. Pröpper* (Hg.), Hoffnung, die Gründe nennt. Zu Hansjürgen Verweyens Projekt einer erstphilosophischen Glaubensverantwortung, Regensburg 1996, 27–48

Thesen zum Wunderverständnis
in: *G. Greshake/G. Lohfink* (Hg.), Bittgebet – Testfall des Glaubens, Mainz 1978, 71–91

Zur vielfältigen Rede von der Gegenwart Gottes und Jesu Christi. Versuch einer systematischen Erschließung
[unveröffentlicht]

Fragende und Gefragte zugleich. Notizen zur Theodizee
in: *T. R. Peters/Th. Pröpper/H. Steinkamp* (Hg.), Erinnern und Erkennen. Denkanstöße aus der Theologie von Johann Baptist Metz, Düsseldorf 1993, 61–72

Wegmarken zu einer Christologie nach Auschwitz
in: *J. Manemann/J. B. Metz* (Hg.), Christologie nach Auschwitz. Stellungnahmen im Anschluß an Thesen von Tiemo Rainer Peters, Münster 1998, 135–146

Art. »Allmacht Gottes«
in: LThK 1, ³1993, 412–417

Art. »Freiheit Gottes«
in: LThK 4, ³1995, 108–113

Gott hat auf uns gehofft ... Theologische Folgen des Freiheitsparadigmas
[unveröffentlicht]

Personenregister

Abaelard 94, 290
Adam, K. 299
Adorno, Th. W. 26
Althaus, P. 160, 307
Altwegg, J. 34, 35
Angenendt, A. 75, 197, 281, 322
Anselm von Canterbury 50, 83, 85, 86, 94, 110, 184, 185, 189, 190, 192, 208, 209, 252, 290
Antigone 104
Apel, K.-O. 16, 60, 123, 185, 186
Apollinaris von Laodicea 285
Arens, E. 27, 197, 322
Aristoteles 93, 94, 95, 104, 105, 106, 111, 112, 297
Arius 285
Auer, A. 67
Augustinus 40, 94, 109, 110, 159, 184, 272, 290, 296, 312, 315

Baius, M. 112, 114
Balthasar, H. U. von 167, 168, 299
Banez 113
Bannach, K. 293, 299, 318
Barth, K. 3, 25, 95, 131, 132, 133, 148, 153, 154, 160, 293, 298, 301, 306, 307, 319
Baumgartner, H. M. 59, 127
Baur, F. C. 140, 141, 142, 146, 211
Baur, J. 127
Bayer, O. 82, 126, 127, 146, 147, 148
Beck, U. 33, 34
Beck-Gernsheim, E. 33

Beethoven 36
Ben-Chorin, S. 40, 41, 225
Berkovits, E. 218, 266, 273
Birkner, H.-J. 130, 131, 132, 135, 150
Blatter, Th. 293
Bloch, E. 26, 37, 217, 225, 274, 282
Blondel, M. 95, 185, 207
Böckle, F. 67
Boethius 319
Bolli, H. 89, 129, 131, 133
Bongardt, M. 36, 207, 245
Bretschneider, K. G. 157
Brocke, M. 266
Brunner, E. 157, 160, 306, 307
Büchner, G. 266, 273, 304
Bultmann, R. 25, 142

Calvin 297
Camus, A. 26, 187, 266, 273, 275, 277
Caterus 83
Claudel, P. 191
Coreth, E. 151
Cramer, K. 88, 137, 150, 173
Cramer, W. 82, 301
Cremer, H. 318

Deissler, A. 299
Derrida, J. 35
Descartes, R. 17, 83, 84, 86, 87, 88, 115, 148, 174, 184, 186, 190, 198, 199, 203, 270, 291, 297
Dilthey, W. 130, 150
Dörnemann, H. 320
Dorner, I. A. 157
Dostojewskij, F. M. 266
Drewermann, E. 167, 196

Duns Scotus 16, 114, 208, 209, 290, 297, 317

Ebeling, G. 77, 97, 129, 133, 138, 301, 308
Eicher, P. 313
Epikur 105, 106
Erasmus 112
Erikson, E. H. 168
Eschenmayer, K. A. 301
Essen, G. 73, 214, 284, 319

Fahrenbach, H. 167, 207
Feuerbach, L. 82, 90, 123, 133, 141, 147, 148, 207
Fichte, I. H. 33, 35, 91, 134
Fichte, J. G. 16, 33, 35, 59, 85, 86, 87, 91, 116, 117, 133, 146, 147, 168, 169, 178, 187, 188, 190, 192, 198, 199, 203, 204, 206, 297
Flasch, K. 83, 315
Fontane, Th. 286
Foucault, M. 35
Fransen, P. 311
Freud, S. 120
Fromm, E. 225

Gabriel, K. 33, 37
Gardavsky, V. 225
Gehlen, A. 156
Gerdes, H. 141
Goethe, J. W. 34
Gregor von Nyssa 296
Gregorios Thaumaturgos 296
Greshake, G. 40, 127, 323
Greve, W. 167, 207
Grillmeier, A. 285
Guardini, R. 274, 275

Haag, E. 293
Habermas, J. 26, 123
Halder, A. 82
Hamilton, D. 35
Häring, H. 315
Hegel, G. W. F. 27, 85, 103, 116–121, 140, 141, 147, 148, 150, 178, 205, 245, 268, 291, 298, 301, 310
Heidegger, M. 121, 150, 161, 166, 303
Heinrichs, J. 16, 124, 127, 304, 312
Henrich, D. 16, 82, 83, 84, 172, 178
Herder, J. G. 156, 157, 158, 163, 249
Herms, E. 150
Hilberath, B. J. 180, 310, 311
Hippolyt 296
Hirsch, E. 132, 133, 144, 148, 150
Höffe, O. 82, 83
Hoffmann, P. 43
Holderegger, A. 5
Honneth, A. 34
Hume, D. 115
Hünermann, P. 166, 180, 300, 316, 320

Irenaeus 110, 249, 290, 296

Jacobi, F. H. 131, 301
Jakobi, J. 322
Jansenius 114
Jaspers, K. 23, 24, 33, 85, 86, 121, 225
Jedin, H. 314
Jochum, H. 266
Jonas, H. 266, 272, 291, 293
Jüngel, E. 177, 180, 285, 293, 299, 308, 309, 310, 311, 319
Junker, M. 141
Justin 93, 290

Kant, I. 16, 27, 33, 59, 62, 67, 68, 69, 70, 74, 78, 81, 83, 84, 85, 87, 91, 114, 116, 117, 119, 124, 127, 129, 130, 133, 160, 161, 162, 165, 166, 167, 168, 174, 178, 184, 188, 190, 191, 199, 204, 206, 207, 219, 233, 234, 243, 246, 266, 267, 291, 297, 298, 299, 301, 302, 319
Karamasow, I. 196, 273, 274, 275
Käsemann, E. 127
Kasper, W. 5, 26, 58, 151, 189, 197
Kaufmann, F. X. 37
Kern, W. 293
Kessler, H. 43, 72, 212, 213, 214
Kienzler, K. 82
Kierkegaard, S. 16, 33, 36, 53, 65, 68, 75, 81, 85, 91, 120, 147, 151, 159, 160, 161, 165, 167, 168, 177, 194, 207, 254, 266, 272, 274, 275, 291, 298, 314
Klemens von Alexandrien 93, 290, 296
Knapp, M. 302, 322
Kobusch, Th. 302, 322
Koch, K. 245, 264
Koch, T. 167
Kogon, E. 277
Kolakowski, L. 225
Konhardt, K. 33, 91, 161, 166, 207
Krämer, H. 105, 127
Krings, H. 16, 27, 59, 78, 87, 124, 127, 163, 164, 166, 171, 178, 186, 299
Küng, H. 176

Lange, D. 88, 134, 135, 137, 141, 150, 173
Larcher, G. 5, 323
Laufen, R. 73, 284
Lautemann, W. 190
Leibniz, G. W. 84, 116, 268, 270, 274, 291, 297
Lessing, G. E. 194, 243
Lettmann, R. 42, 75, 197, 322
Levinas, E. 16, 206, 305
Liebing, H. 140, 142
Lohfink, G. 323
Lubac, H. de 95, 304
Lübbe, H. 266, 269, 270, 272
Lücke, F. 89, 129

Lüdemann, G. 197, 203, 214
Luther, M. 95, 112, 113, 127, 290, 297

Machovec, M. 225
Manemann, J. 323
Marcel, G. 30, 62, 205
Maréchal, J. 95, 185
Marquard, O. 35, 216, 269
Marx, K. 118, 119, 121, 123
Mead, G. H. 168
Melanchthon, Ph. 95
Merklein, H. 43
Metz, J. B. 26, 37, 131, 185, 189, 196, 197, 223, 266–275, 320, 323
Meyer, H. 87
Mieth, D. 67
Molina, L. de 113, 312, 313, 314, 318
Möller, J. 81, 82, 299
Moltmann, J. 26, 293, 308, 319
Müller, A. M. K. 225
Müller, H.-P. 266
Müller, J. 160, 161
Müller, K. 5, 308, 310, 323
Müller, M. 127

Nestle, D. 103, 127
Niederwimmer, K. 107, 127
Nietzsche, F. 27, 35, 37, 41, 91, 120, 268
Nikolaus von Kues 59, 115
Novalis 134

Ockham, W. von 16, 95, 114, 209, 290, 293, 297, 299, 318
Oeing-Hanhoff, L. 127, 315
Oelmüller, W. 216, 266, 268
Origenes 94, 160, 250

Pannenberg, W. 5, 17, 27, 43, 68, 74, 75, 78, 82, 87, 88, 97, 101, 102, 122, 127, 153–179, 180, 183, 225, 293, 299, 301, 303, 304, 308, 315, 316, 317, 319, 323
Pastor Hermae 290
Péguy, Ch. 266, 275, 300, 321
Pesch, O.-H. 127, 128, 311, 312, 313

Pesch, R. 127
Peters, A. 311, 312
Peters, T. R. 189, 197, 224, 276–287, 320, 323
Petrus Damiani 94, 290
Petrus Lombardus 290
Peukert, H. 27, 57, 61, 62, 69, 81, 123, 127, 181, 185
Philon von Alexandrien 93, 284
Picasso, P. 35
Pico della Mirandola 115
Platon 93, 94, 104, 105, 106, 110, 111, 189, 196, 296
Plessner, H. 156, 158, 159, 169, 175
Plotin 93
Proklos 93
Pröpper, Th. 5, 12, 23, 27, 34, 42, 51, 54, 57, 58, 73, 74, 75, 78, 80, 85, 87, 88, 97, 151, 164, 189, 197, 205, 211, 215, 225, 281, 284, 302, 303, 304, 308, 311, 312, 320, 323
Pseudo-Dionysios 317

Rahner, K. 16, 17, 19, 25, 50, 51, 80, 87, 88, 89, 95, 97, 121, 127, 129, 130, 133, 160, 164, 165, 174, 180, 185, 266, 272, 303, 304, 311, 314, 315
Redeker, M. 73, 129, 314
Rehfus, W. D. 34
Rendtorff, T. 126, 127, 135
Richter, K. 245
Ricur, P. 69, 127, 161, 165
Ringleben, J. 134
Ritschl, A. 160
Rohls, J. 167
Rousseau, J. J. 115

Sartre, J. P. 29, 33, 79, 121, 168, 303
Schaeffler, R. 97
Scheler, M. 156, 158

Schelling, F. W. J. 9, 10, 16, 83, 85, 86, 119, 128, 133, 134, 147, 178, 291, 292, 298, 301, 318, 321
Schellong, D. 130, 150
Schillebeeckx, E. 54, 65, 69
Schlechta, K. 37
Schlegel, F. 134
Schleiermacher, F. 4, 16, 73, 77, 78, 88, 89, 95, 101, 129–151, 157, 160, 161, 162, 170, 173, 193, 200, 211, 291, 297, 314, 322
Schlier, H. 128
Schmidt, A. 34, 35
Schmitt, F. S. 83
Schneemann, G. 312, 313
Schockenhoff, E. 5, 58, 73, 189, 197
Scholem, G. 40
Scholz, H. 129
Schoonenberg, P. 160
Schopenhauer, A. 119, 120
Schulte, G. 190
Schulz, W. 82, 83, 85, 128, 175
Schulze, G. 36
Schütte, H.-W. 148
Seckler, M. 26, 97
Simmel, J. M. 34
Simon, J. 127, 128, 315
Simplicianus 315
Sobrino, J. 38
Sokrates 34, 104, 105, 106
Sophokles 104
Spaemann, R. 128
Spinoza, B. de 84, 85, 115, 130, 291, 297
Steffenski, F. 37
Stegmüller, F. 312, 314
Steinkamp, H. 189, 197, 320, 323
Stendhal 41, 268
Sternberger, D. 277
Strauss, D. F. 130, 141
Striet, M. 320

Tatian 296
Tertullian 94, 296
Theobald, M. 283
Theophilos von Antiochien 296
Theunissen, M. 167, 207
Thielicke, H. 308
Thies, E. 90, 147, 148
Thomas von Aquin 11, 16, 67, 73, 83, 94, 110, 111, 112, 113, 121, 127, 128, 130, 290, 297, 304, 311, 312, 313, 315, 320, 321
Thönnes, D. 245
Tillich, P. 32, 160
Timm, H. 134
Tizian 35
Trillhaas, W. 130
Troeltsch, E. 73
Türk, H. J. 34, 35

Verweyen, H. 5, 17, 80, 88, 97, 102, 180–219, 323
Voltaire 268
Vorgrimler, H. 75, 197, 266, 274, 281, 322

Wagner, F. 308
Wagner, H. 320
Walser, M. 304
Walt Disney 34
Walter, P. 5, 58, 73, 189, 197
Warnach, W. 128
Weil, S. 260
Weischedel, W. 82, 266
Welsch, W. 35, 77
Welte, B. 128
Wenz, G. 167
Werbick, J. 65, 166

Zapf, W. 34
Zeller, E. 142
Zenger, E. 43, 266